思想的・睿智的・獨見的

經典名著文庫

學術評議

丘為君	吳惠林	宋鎮照	林玉体	邱燮友
洪漢鼎	孫效智	秦夢群	高明士	高宣揚
張光宇	張炳陽	陳秀蓉	陳思賢	陳清秀
陳鼓應	曾永義	黃光國	黃光雄	黃昆輝
黃政傑	楊維哲	葉海煙	葉國良	廖達琪
劉滄龍	黎建球	盧美貴	薛化元	謝宗林
簡成熙	顏厥安	(以姓氏筆畫排序)

策劃 楊榮川

五南圖書出版公司 印行

經典名著文庫

學術評議者簡介（依姓氏筆畫排序）

- 丘為君　美國俄亥俄州立大學歷史研究所博士
- 吳惠林　美國芝加哥大學經濟系訪問研究、臺灣大學經濟系博士
- 宋鎮照　美國佛羅里達大學社會學博士
- 林玉体　美國愛荷華大學哲學博士
- 邱燮友　國立臺灣師範大學國文研究所文學碩士
- 洪漢鼎　德國杜塞爾多夫大學榮譽博士
- 孫效智　德國慕尼黑哲學院哲學博士
- 秦夢群　美國麥迪遜威斯康辛大學博士
- 高明士　日本東京大學歷史學博士
- 高宣揚　巴黎第一大學哲學系博士
- 張光宇　美國加州大學柏克萊校區語言學博士
- 張炳陽　國立臺灣大學哲學研究所博士
- 陳秀蓉　國立臺灣大學理學院心理學研究所臨床心理學組博士
- 陳思賢　美國約翰霍普金斯大學政治學博士
- 陳清秀　美國喬治城大學訪問研究、臺灣大學法學博士
- 陳鼓應　國立臺灣大學哲學研究所
- 曾永義　國家文學博士、中央研究院院士
- 黃光國　美國夏威夷大學社會心理學博士
- 黃光雄　國家教育學博士
- 黃昆輝　美國北科羅拉多州立大學博士
- 黃政傑　美國麥迪遜威斯康辛大學博士
- 楊維哲　美國普林斯頓大學數學博士
- 葉海煙　私立輔仁大學哲學研究所博士
- 葉國良　國立臺灣大學中文所博士
- 廖達琪　美國密西根大學政治學博士
- 劉滄龍　德國柏林洪堡大學哲學博士
- 黎建球　私立輔仁大學哲學研究所博士
- 盧美貴　國立臺灣師範大學教育學博士
- 薛化元　國立臺灣大學歷史學系博士
- 謝宗林　美國聖路易華盛頓大學經濟研究所博士候選人
- 簡成熙　國立高雄師範大學教育研究所博士
- 顏厥安　德國慕尼黑大學法學博士

經典名著文庫183

資本論（第一卷）
Das Kapital, Volume I

卡爾・馬克思(Karl Marx) 著
郭大力、王亞南 譯
李華夏 審定兼校譯

經典永恆・名著常在

五十週年的獻禮・「經典名著文庫」出版緣起

總策劃 楊榮川

> 閱讀好書就像與過去幾世紀的諸多傑出人物交談一樣——笛卡兒

五南，五十年了。半個世紀，人生旅程的一大半，我們走過來了。不敢說有多大成就，至少沒有凋零。

五南忝為學術出版的一員，在大專教材、學術專著、知識讀本已出版逾七千種之後，面對著當今圖書界媚俗的追逐、淺碟化的內容以及碎片化的資訊圖景當中，我們思索著：邁向百年的未來歷程裡，我們能為知識界、文化學術界作些什麼？在速食文化的生態下，有什麼值得讓人雋永品味的？

歷代經典・當今名著，經過時間的洗禮，千錘百鍊，流傳至今，光芒耀人；不僅使我們能領悟前人的智慧，同時也增深我們思考的深度與視野。十九世紀唯意志論開創者叔本華，在其「論閱讀和書籍」文中指出：「對任何時代所謂的暢銷書要持謹慎的態度。」他覺得讀書應該精挑細選，把時間用來閱讀那些「古今中外的偉大人物的著作」，閱讀那些「站在人類之巔的著作及享受不朽聲譽的人們的作品」。閱讀就要「讀原著」，是他的體悟。他甚至認為，閱讀經典原著，勝過於親炙教誨。他說：

> 「一個人的著作是這個人的思想菁華。所以，儘管一個人具有偉大的思想能力，但閱讀這個人的著作總會比與這個人的交往獲得更多的內容。就最重要的方面而言，閱讀這些著作的確可以取代，甚至遠遠超過與這個人的近身交往。」

為什麼？原因正在於這些著作正是他思想的完整呈現，是他所有的思考、研究和學習的結果；而與這個人的交往卻是片斷的、支離的、隨機的。何況，想與之交談，如今時空，只能徒呼負負，空留神往而已。

三十歲就當芝加哥大學校長、四十六歲榮任名譽校長的赫欽斯（Robert M. Hutchins, 1899-1977），是力倡人文教育的大師。「教育要教真理」，是其名言，強調「經典就是人文教育最佳的方式」。他認為：

> 「西方學術思想傳遞下來的永恆學識，即那些不因時代變遷而有所減損其價值的古代經典及現代名著，乃是真正的文化菁華所在。」

這些經典在一定程度上代表西方文明發展的軌跡，故而他為大學擬訂了從柏拉圖的「理想國」，以至愛因斯坦的「相對論」，構成著名的「大學百本經典名著課程」。成為大學通識教育課程的典範。

歷代經典‧當今名著，超越了時空，價值永恆。五南跟業

界一樣,過去已偶有引進,但都未系統化的完整鋪陳。我們決心投入巨資,有計劃的系統梳選,成立「經典名著文庫」,希望收入古今中外思想性的、充滿睿智與獨見的經典、名著,包括:

- 歷經千百年的時間洗禮,依然耀明的著作。遠溯二千三百年前,亞里斯多德的《尼克瑪克倫理學》、柏拉圖的《理想國》,還有奧古斯丁的《懺悔錄》。
- 聲震寰宇、澤流遐裔的著作。西方哲學不用說,東方哲學中,我國的孔孟、老莊哲學,古印度毗耶娑(Vyāsa)的《薄伽梵歌》、日本鈴木大拙的《禪與心理分析》,都不缺漏。
- 成就一家之言,獨領風騷之名著。諸如伽森狄(Pierre Gassendi)與笛卡兒論戰的《對笛卡兒『沉思』的詰難》、達爾文(Darwin)的《物種起源》、米塞斯(Mises)的《人的行為》,以至當今印度獲得諾貝爾經濟學獎阿馬蒂亞・森(Amartya Sen)的《貧困與饑荒》,及法國當代的哲學家及漢學家朱利安(François Jullien)的《功效論》。

梳選的書目已超過七百種,初期計劃首為三百種。先從思想性的經典開始,漸次及於專業性的論著。「江山代有才人出,各領風騷數百年」,這是一項理想性的、永續性的巨大出版工程。不在意讀者的眾寡,只考慮它的學術價值,力求完整展現先哲思想的軌跡。雖然不符合商業經營模式的考量,但只要能為知識界開啟一片智慧之窗,營造一座百花綻放的世界文

明公園，任君遨遊、取菁吸蜜、嘉惠學子，於願足矣！

最後，要感謝學界的支持與熱心參與。擔任「學術評議」的專家，義務的提供建言；各書「導讀」的撰寫者，不計代價地導引讀者進入堂奧；而著譯者日以繼夜，伏案疾書，更是辛苦，感謝你們。也期待熱心文化傳承的智者參與耕耘，共同經營這座「世界文明公園」。如能得到廣大讀者的共鳴與滋潤，那麼經典永恆，名著常在。就不是夢想了！

二〇一七年八月一日　於
五南圖書出版公司

原作者初版序

我現在刊行第一卷的這部著作，是1859年拙作《政治經濟體批判》的續篇。自前書刊行到現在，已間隔了長久的歲月。這是因多年宿疾，屢次中斷我的工作的緣故。

前書內容，已概述在此卷前數章內。此不僅為求連貫與完全。說明的方法也改良了。在情形許可的限度內，有許多點，只在前書略略提到的，在本書論述得更詳細了；反之，已在前書詳細討論過的，在本書，卻僅略略提到。前書敘述價值與貨幣學說史的幾部分，本書是完全刪除了。但前書的讀者，仍然可以在本書首章的注解內，對關於這兩種學說的歷史，獲得若干新的資料。

萬事起頭難。這一句話，可以適用在一切科學上。第一章（尤其是分析商品的那部分）的理解，是最難的。關於價值實體與價值量的分析，我已盡可能通俗化了[1]。以貨幣形態為其完成形態的價值形態，是極無內容、極單純的。兩千餘年來，人類考究這種單純形態的精神努力，毫無結果。反之，對內容更豐富且更複雜的形態的分析，卻至少已近於成功。為什麼呢？因為已經發育的身體，比構成身體的細胞更容易研究。在分析經濟形態時，既不能用顯微鏡，也不能用化學藥劑，而必須用抽象力。在資產階級社會內，勞動生產物的商品形態或商品的價值形

---

[1] 拉薩爾（F. Lassalle）在駁斥舒爾茨・德利奇（Schulze Delitzsch）的文章內，雖自稱已將拙見的「神髓」提出來，實則包含著嚴重的錯誤。想到這點，我覺得，我益加有通俗化的必要。——附帶我還要說，拉薩爾會從拙著，逐字引用（但絕未聲明），當作他經濟研究上的一般理論的命題（例如關於資本的歷史性、關於生產關係與生產方法的關係等等）。那或許是為宣傳的目的。當然，我們說的，不是他的解釋和應用。這一層我是沒有做的。

態,是經濟的細胞形態。在淺薄的人看來,這種形態的分析,是斤斤於細故。其所考究,誠為細故,但其所為,與顯微鏡下的解剖正是一樣。

除論價值形態的那一部分外,這書絕不能說是難解的。當然,沒有修學志願又不願有獨立思想的讀者,不能一概而論。

物理學者必在自然過程表現得最充實且最不受他物影響的地方,視察自然過程;如果可能,還要在過程確實正常進行的條件下,進行種種實驗。我在本書討論的,是資本主義生產方式及與其相應的生產關係和交換關係。直到現在,這種生產方法的故鄉還是英國,因此,在理論的說明上,我常以英國為主要的例解。但若德國方面的讀者,偽善的對英國工農勞動者的狀況聳一聳肩頭,或樂觀的以德國情形未必如此壞的話來安慰自己,我就必須告訴他說:「這也正是閣下的故事。」

資本主義生產的自然法則,引起社會的對立。我們原來的問題,不是這種對立已發展到多高的程度。我們所問的,是這種法則本身、是這種以鐵的必然性發生澈底的作用之趨勢。產業更發達的國家,只不過對產業更不發達的國家,預示了它們將來的景象。

如除此不論。德國已完全資本主義化的地方(例如真正的工廠),因無《工廠法》的抗衡能力,情形就比英國壞得多。在其他範圍,德國是像西歐大陸各國一樣,不僅受資本主義生產發達的苦,也受資本主義生產不發達的苦。除了近代生活所特有的種種痛苦,還有許多舊有的痛苦,壓迫著我們。這種種舊有的痛苦,是古老生產方法依然殘存的結果,而這種古老生產方法的殘存,自然會引起種種時代錯置的社會關係與政治關係。我們不僅吃生者的虧,且吃死者的虧。死者的財產死後即歸繼承人。

德國及西歐大陸各國的社會統計,與英國相較,是非常貧乏的。但這種社會統計,依然足以揭開黑幕,讓我們窺見幕內的魔鬼臉孔。假如德國的政府與國會,能像英國的政府與國會一樣,定期派遣委員會去調查經濟的狀況;假如這種委員會,又能像在英國一樣,有探求真理的全權,且能有像英國工廠監督專員、公共衛生報告員、女工童工剝削狀

態、居住狀態與飲食狀態的調查委員那樣勝任，且無黨無私的人來充任，我們對於德國的狀態，也一定會愕然吃驚的。珀耳修斯（Perseus）戴起一頂隱身的帽子，讓追逐的魔鬼看不見自己。我們德國人卻把隱身的帽子，緊遮著耳目，說沒有魔鬼。

我們不要在這點欺矇自己。十八世紀美國的獨立戰爭，已為歐洲的中產階級鳴起警鐘。十九世紀美國的南北戰爭，又為歐洲的勞動階級鳴起了警鐘。在英國，社會瓦解的過程是極明顯的。這個過程達到相當程度之後，必會在歐洲大陸發生反應。在英國，這個過程有時是採取更殘忍的形態，有時是更有人情味的形態，端看工人階級自身發展的程度而定。所以英國現在的支配階級，即使沒有高尚的動機，也不得不為自身利害打算，而將一切可以將法律干涉勞動階級發展的障礙去除。這也是我在本書細述英國《工廠法》（Factory Acts）歷史、內容與結果的一個理由。一個國家，應該從外國學習，也能夠從外國學習。本書的最終目的，是揭露近代社會運行的經濟法則，但一個社會即使已經發現自身運行的自然法則，也不能跳過，或以法令廢止其正常發展的相繼階段。它只能把生育時的陣痛減短或緩和。

為避免誤解，附帶聲明一筆。我絕非戴著玫瑰色眼鏡來描寫資本家及地主的姿態。在此，一切個人，都被視為經濟範疇之人格化，被視為特殊階級關係與利益之具體表現。經濟社會形成的演變，從我的立場來看，乃是自然史上的一個過程。無論個人在主觀方面可以怎樣超出周圍的種種事情，他在社會方面總歸是周圍種種事情的產物。從我的立場看，他對於這種種事情的發生，是和別人一樣不須負責任的。

自由的科學的研究在政治經濟範圍內所遇到的敵人，不僅和它在其他範圍內所遇到的相同。政治經濟研究的材料，含有一種特殊的性質，會把人心中最激烈、最卑鄙、最惡劣的感情喚起，把代表私人利益的仇神召到戰場上來，成為自由研究之敵。例如對英國教會。你在39個信條中攻擊了他38條倒不要緊，他也許還會原諒你，但若你在他的收入中，奪去了他的1/39，他一定恨你入骨。在今日，與批判現存財產關

係的批判論比較，無神論還是比較輕的罪。但就這一方面來說，進步依然是明顯的。例如英王駐外代表數星期前發表的一份藍皮書，《駐外使節關於產業問題及工會的通信錄》，就曾力言，勞資現存關係上的激烈變動，在德國、在法國，總之在歐洲大陸各文明國，將會像在英國一樣明顯、一樣不可避免。同時，在大西洋彼岸，美國副總統威德先生（Wado），也在公開場合上宣稱，奴隸制度廢除之後，資本與土地財產權關係上的激烈改變，將成為繼起的問題。這是時代的徵象，絕非紫斗篷黑僧服所能遮掩的。這種種事實，不足證明奇蹟將在明日發生，但可以證明支配階級本身也起了一種預感，感到了現下社會不是一個堅實的結晶體，而是一個能夠變化且不斷變化的有機體。

本書第二卷將討論資本的流通過程與總過程的各種形態；第三卷即終卷將討論學說史。

任何以科學批判為根據的判斷，我都歡迎。而以所謂輿論的偏見，卻是我從來不讓步的。關於這種偏見，佛羅倫斯詩人的格言，便是我的格言：

「走自己的路，讓別人去說。」

馬克思
1867 年 7 月 25 日倫敦

原作者第二版跋

　　現在先向第一版讀者，報告第二版有著怎樣的變更。書的篇別更一目了然。各處新加的注，都注明是第二版注。本文最重要的變更，則有下述各點。

　　第一章第一節，更科學而嚴密地分析了交換價值等式並泛論了價值。而第一版僅僅略述的價值實體和由社會必要勞動時間決定的價值量的關係，也表現得更嚴密了。第一章第三節（價值形態）完全改寫了。第一版的雙重說明，使我們必須如此。——在此我可以附帶說一說，這種雙重的說明，是經友人漢諾威的庫格曼博士（Dr. L. Kugelmann）的勸告寫的。1867年春，當初校樣由漢堡寄來時，我正好造訪他，他勸我爲了大多數讀者，對於價值形態，必須有一種補充的講義式說明。——第一章最後一節「商品的拜物教性質」，也大部分改寫了。第一篇第三章（價值尺度）也經過細密的修正，因爲這一節在第一版，不過提出了《政治經濟體批判》（1859年，柏林）所已提出的討論，卻討論得不甚周密。第七章，尤其是當中的第二節，也大大改寫了。

　　當然，把各處原文的改正一一列舉出來並沒有用處。這種改正，多半是文體上的改正。這是全書都有的。我現在正在校訂巴黎發行的法文譯本，在校正時我發覺德文原本有許多部分必須更澈底的改寫，在某些部分更必須在文體上改正，或將偶爾的錯誤，加以細密的刪減。但時間不許我這樣做。因爲1871年秋，我正忙於進行別的要務時，曾接到通知說第一版已售罄及第二版的印刷最遲須在1872年1月開始。

　　《資本論》迅速在德國勞動階級的廣大圈子裡，得到了理解。這種理解，對於我的勞動是一種無上的回報。在經濟方面站在中產階級立場上的梅耶先生（Meyer），維也納的製造商，也曾在德法戰爭中發行的一本小書上，巧妙地述說理論的包容性——這個東西，屢屢被稱爲德國的世襲財產——已在德國所謂有教養的階級中完全喪失，但卻在德國勞

動階級中復活。

　　直到現在，政治經濟體在德國還是一種外來的科學。古斯塔夫・馮・古利希（Gustav von Gülich）在其所著《工農商業史的發展》，尤其是在 1830 年刊行的同書第一、第二冊中，曾詳細檢測德國資本主義生產方式的發展，以及近代中產階級社會的開發曾受到哪幾種歷史的阻礙。政治經濟體在德國依然沒有發展的空間。這種科學依然作為成品，從英、法兩國輸入。德國的經濟學教授都還是學生。外國現實之理論的表現，在他們手上，成了若干教義的集成。他們周圍的世界是小型產業的世界。從這個世界的情形來詮釋，這種種理論從而被誤解。他們覺得在科學上自己沒有多大的能耐。他們還不安地知道，自己所探究的問題，實際是自己所不熟悉的問題。他們大都憑藉文史淵博的誇耀，或拼湊各種無關的材料──那是從所謂攝像科學（Kameralwissenschaften）借來一知半解知識的混合物，德國官僚的待命候補者必須通過這個煉獄──來儘量掩飾。

　　1848 年以來，資本主義生產在德國迅速發展，現今還正好在迷人的開花時期。但我們的專家時運還是不佳。當他們能坦率研究政治經濟時，近代經濟狀態在德國還不曾實際存在。而這種狀態確實存在，在中產者視野之內，又不許再有公平的研究了。政治經濟，在為中產階級經濟的限度內，換言之，即不把資本主義秩序，視為其演化的歷史階段，而把它視為社會生產之絕對最終形態，它只有在階級鬥爭仍在潛藏中，或仍為偶爾及孤立的現象時，還能是科學。

　　以英國為例。英國政治經濟，是屬於階級鬥爭未發展時期的，其最後一位偉大的代表李嘉圖（Ricardo），天真地認為階級利益的對立（即工資與利潤的對立，利潤與地租的對立）是社會的大自然法則，他還有意識地以這種對立為研究的出發點。但由此出發，中產經濟科學就達到了它不能跨越的界限。因此在李嘉圖有生之年，經濟科學已處於李嘉圖的反方，受到西斯蒙第（Sismondi）這樣的人的批判。

　　繼起的時期（自 1820 至 1830 年），在英國政治經濟界，科學活動

極蓬勃,這是李嘉圖學說庸俗化與普及化的時期,也正是該學說與舊派互相鬥爭的時期,這是一場出色的比賽。但因爭論主要散布在評論的文章,偶爾是著作和小冊書上,所以這種爭論,不大爲歐洲大陸方面知道。這一次爭論不偏倚的性質——但李嘉圖學說,已例外的,被用作攻擊中產經濟的武器——可由當時的情形來說明。1825年發生的危機(此爲近代生活週期循環的開始),固然是現代工業剛脫離稚幼時期的證明。資本與勞動間的階級鬥爭,在下述兩種鬥爭前,不得不暫居幕後:在政治方面,各政府與各封建貴族正開始在神聖同盟周圍集合,和中產階級所統率的民眾互相傾軋;在經濟方面,產業資本與貴族土地財產權也失和(這種失和在法國被大地主與小地主的對抗所隱蔽,在英國則以《穀物條例》爲背景,公然爆發)。英國這個時期的政治經濟文獻,頗讓我們想起魁奈醫生(Dr. Quesnay)死後法國的經濟狂飆運動。但這就像良辰美景的夏日,叫人想起春天。1830年,決定性的危機就發生了。

英、法兩國的中產階級,都已在那時奪得了政治權力。從此以後,無論從實際面,或從理論面來說,階級鬥爭都採取愈來愈公開及威嚇的形態。科學的中產經濟的喪鐘敲響了。從此以後,構成問題的不是眞理與非眞理的問題,只是於資本有益或有害、得當或不得當、政治上危險或不危險的問題。公正無私的調查員沒有了,代之的是領津貼的論難打手;眞正的科學研究沒有了,代之的是辯護論者(Apologetik)的歪曲良心和邪惡意圖。反《穀物條例》同盟在製造商科布登(Cobden)與布萊特(Bright)領導下濫發的破壞性小冊子,因曾提出論爭反對土地貴族,雖無科學的意義,也還有歷史的意義。但庸俗經濟的這個最後的刺激,自皮爾爵士(Sir Robert Peel)就位以來,也被自由貿易主義的立法奪去了。

1848年歐洲大陸的革命,在英國也曾產生反響。不願單爲統治階級詭辯、不願單向統治階級獻媚,仍相當要求科學立場的人,就嘗試調和資本的政治經濟和已不容忽視的無產者的訴求。於是一個淺薄的融合派誕生了。約翰・彌爾(John Stuart Mill)就是一個最著名的代表。這

正是中產階級經濟破產的宣告。關於此事，俄國的大學者、大批評家車爾尼雪夫斯基（N. Chernyshevsky）曾在其所著《彌爾所宣導的政治經濟綱要》中，說得很明白。

所以，資本主義生產方式在德國還沒有成熟時，其對立性質已在英、法兩國的階級激烈鬥爭上成為眾目昭彰的事實了。同時德國的無產者又比德國的中產者，有著更清晰的階級意識。所以，這時候中產政治經濟科學好像終於在德國成立了，但實際上依然不可能。

在這情形下，德國中產政治經濟的教授，分成了兩組。一方是精明、營利心重的實際的人，他們集合在巴斯夏（Bastiat）（庸俗經濟辯護論者中最淺薄卻最適當的代表）的旗幟下。另一方是以其科學專業資望自負的人，他們追隨在約翰・彌爾之後，企圖調和那不能調和的事務。所以，德國人在中產經濟的古典時代，固然只是學徒、是盲從者、是模仿者、是服務於外國大盤商的小零售商和小販；在其沒落時代，也是這樣。

德國社會的特殊的歷史發展，使德國在中產經濟上，不能有獨創的造就，但批判不包括在內。這種批判如果可以代表一個階級，那麼它只能代表無產階級。而這個階級之歷史的使命，是推翻資本主義生產方式和最終廢除一切階級。

德國中產階級的代言人，博學的、無學的，當初都想用沉默把《資本論》扼殺，這是他們對付我早期各種著作的老方法。當他們發覺這種戰術已不合時勢之後，他們才以批評為名，想寫下一個藥方，來「鎮靜中產階級的意識」。但在工人報紙——例如狄慈根（Joseph Dietzgen）在《人民國家報》發表的文章——上，他們卻發現了比他們更強而有力的對手。對於這些對手，他們直到現在還是沒有答辯[1]。

---

[1] 德國庸俗經濟學的空口饒舌家，曾非難拙著的文體及其說明方法。《資本論》的文字上的缺點，任何人都沒有我那樣痛切地感覺。不過，為使這一班先生們和他們的讀者快意起見，我且在這裡引述一個英國人和一個俄國人的

《資本論》已有一個優秀的俄文譯本，於 1872 年春出版於聖彼得堡。初版 3,000 冊差不多銷完了。1871 年基輔大學政治經濟教授齊貝爾先生（N. Sieber）已在其所著《李嘉圖的價值理論與資本理論》中認定我的價值、貨幣與資本的理論，根本是史密斯、李嘉圖學說的必然的結果。他還說，西歐人閱讀這部優秀的著作而感到驚異，是因為作者能一貫及堅守純理論的立場。

《資本論》運用的方法，常不為人理解。這一點，可由各種關於本書不同的觀念解釋其互相矛盾而知。

例如，巴黎的實證主義評論，既責備我以形上學方法探究經濟學，又（想像！）譴責我僅從事於既定事實之批判的分析，不為將來的食堂，寫出食譜（實證主義的嗎？）。關於形上學實際的責難，齊貝爾教授曾答說：「在論及實際理論時，馬克思的方法，不外是英國學派所通用的演繹法。其缺點與優點，也為最上乘的理論經濟學者所共有。」布洛克先生（M. Block）在《德意志社會主義理論家》一文（1872 年 7 月號與 8 月號《經濟學期刊》，曾摘錄該文）中，卻發現我的方法是分析的，並且說：「通過這項工作，馬克思先生躋身最傑出的分析思想家之列。」德國的評論家，則當然大聲非難我的黑格爾式的詭辯。聖彼得堡的《歐洲通信》，曾有一篇文章，專門探究《資本論》的方法（見 1872 年 5 月號，427 至 436 頁）。該文說，我的調查方法純然是寫實

批評如下。《星期六評論》雖完全反對我的見解，但關於《資本論》第一版，該誌卻評論說，該書的說明方法，「把一個最枯燥無味的問題，也說得有一種特別的風味」。《聖彼得堡雜誌》1872 年 4 月 20 日說：「除了一二特別專門的部分外，該書的說明方法，是以容易理解、明暢，和異常活躍（雖說它所探究的，是科學上異常繁雜的問題）為特色的。就這點而言，該書作者……與大多數德國學者，極不相同。……那些學者，用非常枯燥、非常曖昧的文字來著書，簡直把普通人的頭都榨破。」但現在德國國家自由主義的教授著作所榨破的，卻完全不是讀者的頭。

的，但我的敘述方法不幸是德國辯證法的。他說：「驟然依照它的敘述的形式來判斷，我們一定會說，馬克思是一位最偉大的唯心論哲學家，並且是德意志式的從惡意方面解釋的唯心論哲學家。但在經濟批判的工作上，他比其任一個先驅者，都極為寫實。……我們絕不能稱他為唯心論者。」為答覆這篇專文的作者，我最好從他的批評，摘錄幾段在這裡。這種摘錄對於不能直接閱讀俄文的讀者，或許有點幫助。

這位作者，從我的《政治經濟體批判》自序（柏林，1859年版序，第6至7頁）——我在該書中說明了我的方法的唯物論之基礎——中引用一段話之後，說：「在馬克思看來，只有一件事是重要的，那就是發現其所調研的現象的法則。但他認為重要的法則，不僅是在已知歷史時期具有確定形態且相互連繫的現象之法則。他更著重的，是現象變化的法則、是現象發展的法則、是由一形態到另一形態、由一系列關聯向另一系列關聯過渡的法則。這種法則一旦被發現，他就進一步，詳細調研這個法則在社會生活上表現的種種效果。……所以，馬克思只關心一件事：那就是藉由嚴密的科學調研，證明社會狀態相繼決定次序的必然性，並對於當作出發點和根據的種種事實，盡可能予以公正的確認。為達到這個目的，他只須證明現在的秩序有其必然性，同時又證明現在的秩序不可免的推進到別一秩序，也有其必然性，至於人是否相信它、是否意識到它，那倒是無關緊要的。馬克思認為社會的運轉，是一個自然史的過程；支配它的法則，不僅獨立於人的意志、意識和智能，並且反過來決定人的意志、意識和智能。……意識要素在文明史上位置既然如此低，則以文明為對象的批判性探究，自不能以意識的任何形態或結果為其基礎。這就是說，能作這種批判性探究的出發點的，不是觀念，只是物質的現象。批判性探究，不是拿事實和觀念來比較對照，而是拿事實和另一事實來比較對照。在這種批判性探究，最要緊的，是兩種事實必須盡可能的同受正確的調研；是這兩種事實互相形成同一演進過程的不同動能。但最重要的一點是，必須嚴謹分析該演進不同階段的相繼順序、連續與連結的系列。有人說，經濟生活的一般法則永遠是相同的；

適用於過去的法則,也必適用於現在。但這正是馬克思直接否定的事情。依他說,如此抽象的法則是不存在的。……依照他的意見,每一個歷史時期,皆有它本身的法則。……一旦社會維持一定的發展時期後即由一階段向另一階段推移,它就開始受別的法則支配。簡言之,經濟生活上呈現的現象,與生物學其他領域內的演進史,頗為相似。……舊經濟學者以經濟法則比擬於物理學法則或化學法則,他們是誤解了經濟法則的性質。更深刻的把現象分析一下,便知各社會有機體間,和各種動植物有機體間一樣,有根本的差別。……且不只此。同樣的現象,也因各種有機體的整體構造不相同、因它們的個別器官的變異、因這各種器官作用的條件不相同等等,而受制於完全不同的法則。例如,馬克思就否認人口法則是不分時地皆同的。他主張,各發展階段有各自的人口法則。……生產力的發展程度不同,社會狀態與支配社會狀態的法則也不同。馬克思的目的既然是從這個觀點,研究並說明由資本支配所建立的經濟制度,所以他所不得不做的,只是嚴密且科學地,把經濟生活的精準調研所必須有的這個目標制定起來,這樣一種探究的科學價值,在揭露一社會有機體的發生、生存、發展、死亡,以及由此進到另一高級社會有機體的演變,是受何種特殊的法則規範。馬克思這書實際也有這種價值。」

這位作者既如此明顯地敘述了我真正的研究方法,又如此大方地敘述了這個方法在我手上的應用,他所描寫的,不是辯證法還能是什麼呢?

敘述的方法,當然須在形式上與探究的方法有別。探究必須仔細蒐集材料,分析材料的不同發展形態,並追溯這不同形態的內部關聯。不先完成這種工作,則對於現實的運轉,必不能有適當的敘述。不過,敘述一旦成功,且主題的生命一旦像鏡子般理想地反映出來,那就好像是一個先驗的結構了。

我的辯證法,不僅與黑格爾(Hegel)的辯證法不同,且正好相反。在黑格爾,人類大腦的生命歷程,即思維的過程——他給它「觀念」的

名稱，甚至把它轉化為一個獨立的主體——是現實世界之造物主；且現實世界僅為「觀念」的外部及現象形態。但在我，觀念界卻不外是反映在人類頭腦中的物質界並轉成思維形態。

在黑格爾辯證法仍甚流行的將近30年前，我已批評過黑格爾辯證法的神祕姿容。但我寫作《資本論》第一卷時，暴躁的、自負的，在今日德國有教養中頗為猖狂的平庸抄襲者輩，卻已像萊辛（Lessing）時代勇敢的莫斯・孟德爾頌（Moses Mendelssohn）對待史賓諾沙（Spinoza）一樣，對待黑格爾，視他為一條「死狗」了。因此，我倒公然承認我是這位偉大思想家的門人。在論價值學說的那一章我甚至還在不同地方採用黑格爾特有的表達方式來賣弄。辯證法雖在黑格爾手中神祕化了，但全面涵蓋且有意識地敘述辯證法一般運行形態的，仍以他為第一人。在他手上，辯證法是倒立著。必須順過來，然後才能在神祕的外殼中，發現理性的核心。

辯證法，在其神祕形態上，是德國的流行品，因為它使現存事態顯得光彩和理想化；但在其理性形態上，卻引起中產階級及其純理論學者的憤慨與嫌惡。這是因為，辯證法對於現存事態固然包含著肯定理解及認可，但同時還包含著對它的否定的認可，即現存事態必然歸於瓦解的認可。這是因為，它認為每一歷史性發展的社會形態是在流動運行中，從而考慮到其易變的性質簡直是暫時性的存在；因為，它不甘受任何事物的威壓，在本質上它便是批判的、革命的。

資本主義社會運行的固有矛盾，在近代產業的週期循環的轉變中，最深刻地印在務實的中產階級心中。這種轉變的頂點，是普及的危機。當前危機尚在初期階段中，但卻再度在接近。危機舞臺是廣泛的，它的作用非常強烈，以致連神聖普魯士・德意志新帝國的暴發戶們，也不免要領教領教辯證法了。

馬克思
1873年1月24日倫敦

法譯本之序與跋

莫里斯・拉沙特爾先生：

　　親愛的先生！我十分贊成您定期分冊出版《資本論》譯本的想法。在這個形式上，這個著作必定更能與勞動階級靠近。而在我看來，這個考慮又比任何其他考慮都重要。

　　這是您的計畫的優點；但這個計畫也有它的缺陷。我所使用但尚未在經濟問題上運用過的分析方法，使最初數章的閱讀最難。法國公眾常常是沒有耐心、急求結論的，他們渴望知道一般原則和他們關心的直接問題的關聯。我擔心他們會因不能立即讀下去，使他們感到挫折。

　　這是一種不利。對於這種不利，我無能克服只有事先聲明，請渴求真理的讀者注意。在科學上沒有捷徑，只有不畏勞苦踏穩腳步的人，有機會攀到光輝的頂點。

你忠實的　馬克思
1872 年 3 月 18 號倫敦

致讀者

　　羅伊（J. Roy）先生曾盡可能使翻譯正確且逐字直譯。但就因為他這樣力求忠實，我不得不改變其行文，使讀者更容易了解。但這書是分冊出版的，這些改寫也全是匆促完成的。我做校正工作時，前後不能有一貫的注意，文體也自不免有前後參差的地方。

　　我既從事了校正工作，便又趁這個機會，將所根據的原文（德文第二版），也整理一番。有些地方的論述簡化了，有些地方論述更完整了，有些地方加進了若干歷史資料和統計資料，有些地方增加了若干批

判的注解等等。這個法文本,或許有文學上的缺點,但它仍然在原文之外,有獨立的科學上的價值;懂得德文的讀者,也有讀一讀它的必要。

我還要請讀者參看德文第二版跋文的若干段。這篇跋文說明了政治經濟體在德國的發展及本書應用的方法。

馬克思

1875 年 4 月 28 號倫敦

編者第三版序

馬克思不幸已不能見到這第三版的付印。這位有影響力的大思想家，在他的偉大面前，一向反對他的也不能不拜服。他在1883年3月14號去世了。

對於我，是喪失了一個相交40年的最好最眞實的朋友。對於他，我的感情和思念，是不能用言語形容的。此時，這第三版付印的準備及尙未發表的第二卷原稿的整理，都不得不由我負責了。在此，我應向讀者報告，我完成前一種義務的方法。

在第一卷前兩版，有許多理論的論點，未曾明確，有許多新的論點，也未經加入。最近發生的歷史資料與統計資料，也是未補充進去的。馬克思對於這些地方，本來有意要澈底改寫。但他的宿疾及完成第二卷的熱切希望，使他放棄了這計畫。因此，他所改正的地方，都是最關鍵處；偶有增補，不過是把已見於法文譯本 *Le Capital*（Maurice Lachâtre 譯，1873年，巴黎）中的若干補遺重新納入罷了。

在他的遺稿中，我發現了一份德文本，其中是有修改的。有些地方還特別標示著應參看法文譯本。我還發現一份法文本，他曾經細心標出某段話應被採用。除少數例外，這種改正和增補，概屬於本書最後討論資本積累過程的一篇。舊版以前各篇，皆曾經細密訂正。唯獨這一篇更依照原稿的樣子。因此這一篇文體更流利、更一氣呵成，但也更多疏忽、充斥著英式語氣，且不免有模糊之處，在論述上也偶有漏洞，有許多要點也只是略略提示到而已。

關於文體，馬克思曾修改這一篇的各節。從他多次親口對我提示的暗示，他給了我一個標準，讓我對於英文術語及用語，能有所取捨。增補處，概出於馬克思親筆；流暢的法語，也代以馬克思自己簡潔的德語。我對將已修好的部分轉為最近於原文而感到滿意。

所以，第三版所有改動的地方，我都確實知道，若作者尚在，他也會加以更動。德國經濟學者慣用的用語，例如「勞動給予者」（Arbeitgeber，即以現金取得他人勞動的人），與「勞動受取者」（Arbeitnehmer，即以勞動交換工資的人）那一類莫名其妙的行話，我當然不想引進《資本論》裡面去。法文「travail」一字，在日常生活上也含有「職業」的意思。但若經濟學者稱資本家為「donneur de travail」（勞動給予者），稱勞動者為「receveur de travail」（勞動受取者），法國人必定會說他是瘋子。

又，原文幾乎一律用英國貨幣與度量衡名稱，我不敢將它們換算為新德國式的名稱。當《資本論》初版發行之際，德國尚盛行多種度量衡制度，馬克（Mark）有2種——帝國馬克，當時尚只存在索伯（Soetbeer）頭腦中，這是他在十八世紀三○年代末發明的——古爾登（Gulden）有2種；元（Taler）至少有3種，其中有一種是以「新三分之二」（Nene Zweidrittel）為單位。在自然科學上，公制已為通用的制度；但世界市場仍以英國的度量衡為標準。本書既不得不專從英國產業關係中擷取事實作例證，自然應該採用英國度量衡的名稱。這個理由在今日仍未失效。就這方面來說，世界市場的相應關係，一直沒有多大的改變。幾種主要的產業（鐵工業與棉工業），依然採用英國的度量衡制度。

最後，我必須一提馬克思不被人理解的引用法。在純事實或敘述的陳述上，引文（例如英國的藍皮書）本身就是單純的文獻例證。但若引文是別的經濟學者的理論性見解，卻不是這樣。在這情況下，引用的目的只在陳述，在發展的進程中，一種經濟思想是最先在何處、何時、何人明白發表。馬克思所考量的是，這種經濟思想在經濟學史上是重要的，並且是當時經濟情形的適切理論表現。至於這種思想，從他的見解來看，是否尚有絕對或相對的妥當性，或已經成為歷史上的遺跡，那倒沒有關係。所以這些引用，不過是從經濟科學史借來對本文的現行註解，並從時代與原創人兩方面說明其在經濟學說上所建立的重要進展。

這種工作在經濟學上是極重要的，因為這種科學的歷史家，一向是以專業傾向不學無術為特徵。讀者參照第二版作者的跋，一定理解為什麼德國經濟學者的言論，馬克思很少引用，除了在非常例外的案例及場合。

本書第二卷，希望能在 1884 年內出版。

恩格斯
1883 年 11 月 7 號倫敦

英譯本第一卷編者序

《資本論》的英文本的刊行，無須任何的辯解。反之，需要我們說明的倒是這個英文本何以遲至今日才刊行。因為，本書提倡的理論在過去若干年間，就已經被英、美兩國的定期刊物及時下著述屢屢提及。有時被攻擊，有時被辯護，有時被解釋，有時則被誤解。

作者在1883年長逝了。其後不久，我們就實際感覺到刊行一份英文本的必要。摩爾先生（Samuel Moore）——馬克思多年的朋友，也是序文作者多年的朋友，他也許比任何人都更熟悉本書——慨然應承馬克思遺作處分人的願望，承擔了這份翻譯工作。我當時也答應，將來譯稿完成，由我取原著校對一遍，而在我認為必要的地方加以適當的訂正。但摩爾先生的專業職務，卻使他不能依我們大家所希望的期限迅速翻譯完成。當我們查覺到這點時，我們又欣然地接受了艾弗林博士（Dr. Aveling）分擔一部分工作的提議。同時，艾弗林夫人——馬克思的么女愛琳娜（Eleanor）——還自願校正書中的引文。原書中有無數引文，是從英國作家及藍皮書引用過來，而由馬克思譯成德文的。這些引文有賴她的仔細校訂，都恢復了它們的原文，當中只有少數無法避免的例外。

下述各部分，是艾弗林博士翻譯的：(1) 第十章（工作日）及第十一章（剩餘價值率與剩餘價值量）；(2) 第六篇（工資，包括第十九章至二十二章）；(3) 自第二十四章第四節，至本書終，包括第二十四章後半、第二十五章，及第八篇全部（第二十六章至三十三章）；(4) 作者的兩篇序。其餘各部分，都由摩爾先生擔任。譯者對他們各自譯的部分負責任，我則對全部負共同責任。[1]

我們這個翻譯，完全以德文本第三版為根據。第三版是我在1883

---

[1] 譯者注。這裡的篇次章次，是照第三版計算的，第四版略有改動的地方。

年，參照作者留下的筆記——注明第二版某章某節某段，應照1873年的法文譯本修改[2]——編訂發行的。第二版原文上的這種種修正，與馬克思為英文譯本——約在10年前，美國曾有人計畫將此書譯成英文，後來，主要是因為沒有適當人選擔任翻譯，所以沒有實現——所撰的譯文指引，大體是一致的。這個譯文指引，是由我們一位老朋友，紐吉薩河博根的佐爾格（Sorge）先生，交到我們手上的。這個指引指示我們還有些地方應穿插法譯本的語句，但此書，既然比第三版編輯指引早許多年，所以除了少數地方（特別是可以幫助我們解決困難的地方），我不敢隨便使用它。同樣的，法文本也在大多數困難之處被我們參照為指標，那指示了某些在原本上有完整內容，但在譯本上不得不割捨的東西，作者自己也是準備割捨的。

但有一個困難，我們無法為讀者免除。有些名詞的用法，不僅和該名詞日常生活上的用法相牴觸，且和它們在一般政治經濟體上的用法相牴觸。這是不能避免的。任何一種科學，每當有新面向提出時，總不免要在該科學的術語上產生革命。在這裡，化學是最好的例證。在化學上，全部術語差不多20年就會產生劇烈變化。在化學上，幾乎沒有一種有機化合物不曾經歷過一系列的不同名稱。政治經濟體一般是甘願採用工商業生活上的用語，並且是以這種用語來進行研究的。它完全忽略如此做，則會受這些用語所表達的觀念束縛，以致不能超出它們所劃定的狹隘範圍。所以古典派經濟學家雖然完全明白，利潤和地租不過是生產物（勞動者必須給與雇主的生產物，雇主雖不是生產物最後的專屬擁有者，但卻是它的最初擁有者）中的分讓割捨，是當中無給部分的碎片，但他們從未超脫利潤和地租的既成概念，從未把生產物中這個無給部分（馬克思名之為剩餘生產物）當作一個整體，並就其整體來檢驗。因此，對於這一部分生產物的起源及性質，或其價值接下再分配所依從

---

[2] 法文譯本，M. J. Roy 譯，曾經由馬克思逐字校正。這個譯本，尤其是後半，對於德文本第二版有許多的修正和增補。

的各種法則，就不能有清楚的理解了。又除農業或手工業外，一切產業（Industrie）都不加區別，籠統地被包括在製造業（Manufaktur）這個名詞內；這樣區分經濟史上兩個本質有別的大時代，就被抹掉了。這兩個時代，一個是以手工業分工爲基礎的眞正的製造業時代，一個是以機械爲基礎的近代現代工業時代。在這時候，別的作家莫不認爲近代資本主義生產是不可消滅的、最終的。這就無怪乎這個認爲近代資本主義生產僅是人類經濟史上一個過渡階段的理論，會使用一些和他們慣常使用不同的名詞了。

關於作者引文的方法，也不妨附帶一提。就大多數情況而言，引文的目的和通常的引文一樣，是在引述文獻證明來支持本文的主張。但也有許多地方作者引述經濟著述家話語的目的，是在說明某一種見解，最初是在什麼時候、什麼地方，由什麼人清楚發表出來。當所引用的意見，可切實表示社會生產與交換在當時盛行的狀態，而頗具重要性時，情形就是這樣。至於和馬克思自己是否認可這個主張的的普遍妥當性，完全沒有關係。所以這種引文，不過使本文得在這種科學的歷史上，以一種當前的注釋來補充。

我們的翻譯，僅包含這個著作的第一卷。但第一卷本身就幾乎可以說是全部，它曾作爲一部獨立的著作刊行了 20 年之久。我用德文在 1883 年刊行的第二卷，沒有第三卷便顯然是不完整的。第三卷，最快也要到 1887 年終，才能刊行。所以第二、第三卷的英文本的翻譯，到第三卷德文原本刊行後再考慮也是來得及的。

在歐洲大陸方面，《資本論》常常被稱爲勞動階級的聖經。本書所得的結論，一天天地成了勞動階級偉大運動的基本原則；不僅在德國、瑞士是這樣，即在法國、荷蘭、比利時、美國，甚至在義大利、西班牙也是如此。隨便何處，勞動階級都一天天更承認這種結論是他們的狀況與渴望的最適切表達。這是每一個熟悉勞動運動的人，都承認的。在英國目前，馬克思的理論，也在社會主義運動——不僅在勞動階級中傳布，且同樣在「有教養」的人群中傳布——上，產生有力的影響。但還

不只此，在不久的將來，澈底檢驗本國經濟地位的必要，在英國，就會強制成為一種不可抗拒的國民的必要了。產業制度在英國的運行，是以生產從而以市場之不斷及急速擴充為必要條件的。這種運行已經陷於停滯中。自由貿易的資源已經枯竭了；甚至曼徹斯特也懷疑它往昔的經濟福音了[3]。急速發展的外國產業與英國的生產有著到處勢不兩立的現象。不僅在有關稅保護的市場如此，即使在中立的市場、甚至在英吉利海峽的這一方也是如此。當生產力以幾何級數增加時，市場的擴大至多不過依算術級數進行。自 1825 至 1867 年，每 10 年一度且反覆無休止的循環——停滯，繁榮，生產過剩，危機——固然是在進行著，但那不過使我們進入一個長遠及慢性蕭條的絕境中。人們憧憬的繁榮時期將不再來，人們雖屢次感到繁榮時期將來的預兆，但這預兆也屢次化為烏有。在每一個冬天，都會產生這樣一個大問題：「如何處置失業的人？」但當失業人數一年一年增加時，卻沒有誰能答覆這個問題。這些失業的人，總有一天會忍耐不住。我們當可屈指以計，這些失業的人，將會在什麼時候把自己的命運握在自己手上。到這時有一個人的意見，就會被他們敬服了。這一個人，他的全部理論，是他終生研究英國經濟史及經濟狀況的結果；這種研究又使他下結論說，至少在歐洲，只有英國這個國家，這個不可避免的社會革命，能完全依賴和平及合法的手段來實行。當然，他絕沒有忘記加上一句：英國的統治階級，不經過「擁護奴隸制度的叛變」（Proslavery rebellion），絕不會甘心屈服在這種和平及合法的革命之前。

恩格斯
1886 年 11 月 5 號

---

[3] 在本日下午曼徹斯特商會的季會中，關於自由貿易問題，曾發生一次熱烈的爭辯。有人動議：「我們曾希望別國照樣採用自由貿易政策，但等待 40 年的結果，本商會覺得，重新考慮立場的時機已經到了。」這個動議僅以一票之差被打消，贊成者 21 票，反對者 22 票。（《旗幟晚報》，1886 年 11 月 1 日。）

編者第四版序

第四版我又訂正了一次，希望使原文和注解盡可能確定形式。在此一談訂正的方法。

我再次參考法文本和馬克思的原稿，將若干新材料增補到原文去。又依英文本與法文本的例，加入一個很長的關於礦工的注解。此外，還有一些小地方是技術上的改正。

在若干處所（特別是歷史狀況已經變化，必須附加說明的處所），我補入若干注解。這種補注都會於句末附記著我姓名的縮寫 F. E.。

英譯本近期的刊行，使若干引文有完全校訂的必要。馬克思的么女愛琳娜（Eleanor）曾不辭勞苦，替英文譯本比較引文與原語，使所有由英文抄引過來的文句（在本書的引文中占極大部分）不再是德文的重譯，而全是英語原文。因此在編訂第四版時，我不得不參照這個版本，並由此發現了一些細微的不正確處。頁數有錯誤，這種錯誤或由於抄寫、或由於排工，引號及省略號的位置也常常弄錯。從筆記抄錄這麼多的引文，自不免發生這種錯誤。有時我還發現若干引文的翻譯不甚妥當。有一些引文，是從馬克思 1843 年和 1845 年的舊稿轉錄下來的。那時他在巴黎，還不懂英文，必須從法文譯本讀英國經濟學家的著作。他從法文譯本翻譯過來，這種重譯自不免喪失原文某些意義；從史都華（Steuart）、烏爾（Ure）諸人引用的文句，就有這種情形。因此又不得不再參考原文。許多這樣的小錯誤和小疏忽都改正了。但若不怕麻煩，把第四版和前幾版對照著讀，便知這些細處的修正並未改動本書值得提及的內容。其中只有一個引文（理察·瓊斯的話，見本書第二十一章，注 4）是出處不明的。那多半是馬克思把書名寫錯了。其餘所有引文，都還保持完全的說服力。不只如此，自本版訂正之後它們的說服力更增加了。

在此，我們且追溯一件往事。

據我所知，馬克思的引文是否確實，只有一次被人懷疑。這個問題一直持續到馬克思去世之後，故不能不提。

1872年3月7日《協和》雜誌（德國製造廠主協會的機關雜誌，在柏林出版）曾登載一篇匿名文章，題名〈馬克思的引文〉。在此文內，作者義憤填膺，責備馬克思引用的格拉斯頓（Gladstone）1863年4月16日預算演說的話，是捏造的（這一句話，馬克思曾引用兩次，第一次是國際工人協會成立大會的演說，後又在《資本論》第一卷，第七篇引用）。這一句話是「財富與權力令人陶醉地增加，……全以有產階級為限」。這位匿名的評者，說《漢薩德》（Hansard）的速記國會議事錄（這是半官方性質的報告）沒有這一句話。他說：「在格拉斯頓演說中，無論哪裡都找不到這一句話。格拉斯頓的話正好與此相反。馬克思把這句話加入，在形式與實質上都是捏造的。」

馬克思於同年5月接到《協和》這一期，他於是在6月1日的《人民國家報》上，答覆這一位匿名的作者。當時他已記不清這一句話是從哪一份報紙抄引過來，不得不求其次，說明這句抄引的話，可以在兩種英國出版物上找到。他又抄引《泰晤士報》的報導，按照這報導，格拉斯頓是說：「以上所言，為我國財富的現狀。如果我相信，財富與權力令人陶醉地增加，是以養尊處優的階級為限，我應當以憂慮和痛苦的心情看待此事，這種增加對於勞動人口的狀態毫無關係。根據正確的報告，這種增加是完全以有產階級為限的。」

格拉斯頓是說，倘事實果然如此他必深以為歉，而事實確實是完全以有產階級為限。關於半官方性質的《漢薩德》，馬克思說：「當格拉斯頓整理他的演說稿付印時，足夠狡猾的刪掉這幾句話。以大英財政大臣的資格，這樣的話似乎不應該出自他之口。這是英國國會常見的辦法，絕不是拉斯克（Lasker）為欺騙倍倍爾（Bebel）發明的手段。」

這位匿名作者更被激怒了。在7月4日《協和》的答辯中，他把自己使用的間接的資料拋開，卻裝模作樣地說，「習慣上」是從速記議

事錄引用國會的演說；說《泰晤士報》的報導（包含這捏造的文句）與《漢薩德》的報導（不包含這偽造的文句）實質上是相同的；說《泰晤士報》報導的意思，「和這一段惡名昭彰的話在成立大會演說中的意思，正好相反」。但這位匿名的作者卻謹慎地隱去《泰晤士報》在這所謂「正好相反」之外，還包含「這一段的惡名昭彰的話」的事實。不過，他也覺得自己難以招架，不得不採用新的招術來自衛。因此，他既用「不誠實」、「不公正」、「不實的宣言」、「捏造引文」、「不要臉的謊言」，這一類啓發性用語，來混入他那一篇極無恥謊言的文章；又覺得，有轉換議題的必要。並預定在下一期「再發表一篇文章說明在我們（這個不說謊的匿名者）看來，格拉斯頓這字裡行間的解釋」。好像事實是可以任意曲解的。這篇預定的文章，果在 7 月 11 日出版的《協和》登出了。

馬克思在 8 月 7 日《人民國家報》上發表答辯，指明格拉斯頓當日的演說，曾登載在 1863 年 4 月 17 日《晨星報》與《每晨廣告》兩種報紙上。照這兩種報紙，格拉斯頓都曾說，假如財富與權力令人陶醉地增加，是以養尊處優的階級爲限，他應當以憂慮的心情看待。又說，這種增加實際是「全以有產階級爲限」。這兩種報紙，都一字不改的重現這據稱被「不實插入的」句子。馬克思還曾經以這三種獨立但內容相同（它們都包含格拉斯頓實際說過的話）的報紙翌日登載，和刪減以後的《漢薩德》報導相比較，證明他先前說過的話；即《漢薩德》所缺少的那一段話，是格拉斯頓事後照慣例「唸咒刪去」的（馬克思語）。最後馬克思聲明，他不願再花時間來和這一位匿名者辯駁。這位匿名的評者好像也不再多事。此後再沒有《協和》雜誌寄到馬克思那裡了。

問題表面上好像已經解決了。此後雖有某些與劍橋大學有關的人，不時透露口風，莫名其妙神祕謠傳馬克思在《資本論》裡，曾犯無以言表的寫作之罪。但無論怎麼調查，都無法得到確實的消息。1883 年 11 月 29 日，馬克思去世後 8 個月，《泰晤士報》才登載一篇自劍橋三一學院寄來，署名賽德利・泰勒（Sedley Taylor）的通信。劍橋曖昧的流

言和《協和》那位匿名者究竟是誰的問題,在這個幫閑的小子手裡方才捕捉到某些蛛絲馬跡。

　　三一學院這位小子說:「這篇大會的成立演說,不公正的從格拉斯頓的演說引用這一句話。怪的是,這種惡意直到布倫塔諾(Brentano,前任布勒斯洛大學教授,時任斯特拉斯堡大學教授)才暴露。馬克思在辯護自己時的膽量可佩,布倫塔諾的巧妙攻擊,使他無計可施,才說:格拉斯頓將演說發表在《漢薩德》以前,曾將 1863 年 4 月 17 日《泰晤士報》演說的報導修改,把那一段與財政大臣口吻不合的話刪掉。但布倫塔諾詳細比較原文,證明《泰晤士報》的報導與《漢薩德》的報導,皆完全一致不包含被巧妙地斷章取義的意義時,馬克思又以沒有時間為口實退卻了。」

　　這便是問題的核心!這便是《協和》雜誌上布倫塔諾的匿名論戰,在劍橋幫閑家想像中的輝煌樣貌!這位德國製造廠主協會的聖喬治,在他們的「巧妙的攻擊」上,就是這樣擺架式、這樣揮劍的。而地獄龍的馬克思,就這樣在聖喬治腳下無計可施了而急速嚥下最後一口氣。

　　但這種「阿里奧式」的戰鬥場景,僅足以掩飾這位聖喬治的詭計。他不再說「不實的插入」或「捏造」,只說「巧妙地斷章取義」了。問題全轉了方向,而聖喬治和其劍橋的衛士是非常清楚為何如此的。

　　愛琳娜所作的答辯,因《泰晤士報》拒絕登載,改在《今日》月刊 1884 年 2 月號提出。她把辯論歸納為一點,即這一句話是不是馬克思不實插入的。賽德利・泰勒答說,在他看來,馬克思與布倫塔諾的爭論中,重要的問題不是格拉斯頓演說有沒有包含這一句話,而是摘引這一句話的目的,是傳遞還是曲解格拉斯頓的意思。他認為《泰晤士報》的報導,固然包含用語上的矛盾,但從上下文氣解釋(也就是從自由主義的格拉斯頓的立場解釋),則格拉斯頓的意思非常清楚。(《今日》月刊,1884 年 3 月號。)關於這件事,最滑稽的一點是:匿名的布倫塔諾雖說,從《漢薩德》抄引已成習慣,《泰晤士報》的報導必粗製濫造,但劍橋這位小子,卻不從《漢薩德》抄引,而從《泰晤士報》抄引,

當然，這一纏訟的句子是《漢薩德》議事錄沒有的。

　　愛琳娜在同期《今日》月刊上，毫無困難將一切添油加醋的論點化解於無形。泰勒先生或已讀過或未讀過 1872 年辯論的文章。若已讀過，他就不僅是「不實插入」，而且是「不實隱瞞」；若未讀過，他最好三緘其口。但無論如何，他不敢再說布倫塔諾指責馬克思「不實」添加的話。相反地，他現在不說馬克思不實添加，卻非難馬克思曾隱瞞一句重要的話。但這句重要的話，馬克思不是在大會成立演說第 5 頁內引述過了嗎？這一句話和那一句被認為不實插入的話，不過相隔數行而已。關於格拉斯頓演說的持續淚訴矛盾，馬克思不是又在《資本論》第七篇，第二十三章，注 40 內指責過了嗎？不過，她不曾像賽德利‧泰勒那樣，以洋洋自得的自由主義情操來解決這矛盾。最後愛琳娜把答辯總結道：「正好相反，馬克思並未隱瞞任何重要的東西，也並未不實插入任何隻言片語。他不過把格拉斯頓演說中的一句話——確實說過但未記入《漢薩德》議事錄中的一句話——提出來，使其不致湮滅而已。」

　　賽德利‧泰勒先生不曾再有答辯。這個無稽的大學教授間的謎團，在兩大國流傳 20 年之久，但其結果是任何人都不敢再中傷馬克思在文獻上的忠誠了。自此以後，布倫塔諾先生將不再相信《漢薩德》絕對無誤，泰勒先生也不再相信布倫塔諾先生在文獻上的戰況報告了吧！

恩格斯
1890 年 6 月 25 日倫敦

中譯本譯者序[1]

恩格斯在《資本論》英譯本的序曾經說過,「《資本論》的英文本的刊行,無須任何的解釋。反之,需要我們說明的倒是這個英文本何以遲至今日才刊行。」這兩句話,完全可移用作為我們這個譯本的聲明。

在中國,一方面既有封建勢力的阻礙,另一方面又有帝國主義侵略勢力的摧殘,以致資本主義生產方法不能在中國正常發展。所以中國現階段的資產階級性的民權革命,是以反封建、反帝國主義為其主要任務。這一任務,從現階段世界革命運動意義上來說,又具有社會革命的性質,因此馬克思主義的思想和運動就在中國有了長足的進步,獲有廣大的擁護者,同時,反馬克思主義的運動也就隨之發生了。

但是,戰士們以及反對方的異議者諸君啊!對於諸君,這部解剖資本主義生產並從歷史方面指出資本主義生產的命運的經典,都早就該有一個譯本、早就該有一個完整的中文譯本了。

這部經典的翻譯,是 1928 年在一個寺院內開始的;在同年,我把第一卷譯完了。在一個寺院內著手翻譯這樣一部書,雖呈現一個滑稽的對照,但到現在還是使我感到心悸的倒不是這點,而是另外一件事。在那時,我對於這個大理論所從以出發的古典派經濟學,且也為這個大理論的主要批判對象的古典經濟學,還連初步的認識也沒有。但當時正在同一寺院中著手寫一部長篇小說,後來曾與我合譯幾部經濟學古典著作,現在又為本書合譯者的王亞南,就是這時候和我認識的,並且之後不久就成了最好的朋友。

理解古典經濟學,是理解馬克思經濟理論的必要預備。由於我的

---

[1] 編注:本文原名〈譯者跋〉,置於《資本論(第三卷)》(上海三聯書店出版)。

提議，我們決心系統地翻譯幾部古典經濟學著作，用這種翻譯作為一種細密研究的手段。我們選譯的第一部，是李嘉圖的《經濟學及賦稅之原理》；接著是亞當・史密斯的《國富論》。那都是我和亞南合譯，且已在 7 年以前先後出版了。接著我又獨力譯了馬爾薩斯的《人口論》和約翰・彌爾的《經濟學原理》，也先後出版了。此外我們還分別譯了若干經濟學上的重要著作，例如傑文斯（數理經濟學派的建立者）的《經濟學理論》、洛貝爾圖斯（德國的社會主義者，曾與馬克思爭發明權，但被恩格斯嚴厲打擊過的人）的《生產過剩與危機》（《洛貝爾圖斯・雅格佐博士書簡與社會政治論文集》之一），和克萊士的《經濟學範圍與研究方法》（改名為《經濟學緒論》出版）等等。

但在這種預備階段中，我們幾乎遺忘了原來的目標。假如不是一般社會對於這種缺少現實性和時代性的工作表現得冷淡，說不定我們就會像流通中的貨幣一樣，離出發點愈來愈遠了。在此，又是阻礙促使人前進。因此，我們再度向著我們的目標了。

第一卷原來的譯稿早已在一二八的炮火中被毀。當我們再進行幾年前已開始的工作時，我們不得不從最初的地方再開始。當時雖沒有想到出版的問題，但在再開始兩年之後，我們就得到了讀書生活出版社願為這個譯本負刊行責任的好意。

我們的工作雖曾因八一三的炮火而延遲，但是讀書生活出版社負責人鄭易里、黃洛峰兩位先生促其早日付印的好意，終於克服了所有的困難。

就第一卷來說，序、跋以及由第一至四篇是我譯的；第五篇至第一卷終是亞南譯的。就第二卷來說，序和第一篇是亞南譯的，第二、三篇是我譯的。但到第三卷，因為亞南擔任更重要工作的緣故，他只能翻譯極少的部分（第六篇，第三十七至四十章），其餘的部分就都歸到我肩上來了。我為使譯名統一、筆調近於一致，對全稿負起責任。但這絕不是代表我應享有較優的權利，因為沒有亞南的合作，這部書的完成絕不會這麼迅速，甚至也許根本就不會再開始。一個人對於一件事的貢獻，

絕不能單純由量來估計。

我們根據的版本,是馬恩研究院校正過的德文本。我們所加的若干附注大都是根據這個版本實行的。雖然這個版本也有若干排印上的錯誤,但它算是最新的了。此外,我們還參照了兩種英文譯本和兩種日文譯本,不過當中只有一種英譯本和一種日譯本是完整的。在格式方面,我們儘量保持原版的特色。在行文方面,我們儘量使其流暢,但當然,每一個地方我們都顧慮到了,讓它的文句不至於使它的意義含糊。我們努力了,而這個努力的結果的評價不是我們的工作。

關於譯名,有幾點要聲明。我們在譯名上所採取的原則是:使其精確但使其有望文生義的效果。音譯的方法,除了少數必要情況,我們是摒棄的。而在我國經濟通用語中,我們的選擇的標準是:如有適當的通用語便儘量採用,所以在本書,我們可以見到「成本」、「貼現」、「折舊」、「匯票」這一類的商場用語。但所有欠缺科學嚴密性的通用名詞,我們是棄而不用的。所以,我們不叫「金融資本」、「金融市場」但叫「貨幣經營資本」、「貨幣市場」;我們不叫「鈔票」,而叫「銀行券」;我們不叫「農民」,而分別叫他們為「自耕農民」和「租地農業家」,以及其他等等。

名詞的本身不是我們研究的目標。但沒有嚴密的名詞,絕難獲得正確的理解。不過,一個大作家在使用名詞時,往往也假定他的讀者有水準以上的識別力。所以,馬克思對於他們使用的名詞,並不是每一個都下定義的。他還偶有少數地方,把一個名詞用在兩種意義上。馬克思自己也是承認這點的。例如,對於「必要勞動」這個名詞,他就曾在一個注裡面(見第一卷)聲明那有雙重意義。「剩餘生產物」這個名詞,有時是指代表剩餘價值的生產物部分、有時是指代表平均利潤的生產物部分、有時是指代表剩餘利潤的生產物部分(見第三卷,第四十一章)。又如「流通」這個名詞,有時是用在「通貨」的意義上。甚至第一卷本文開頭第一句內「生產方法」(Produktionsweise)這個名詞,也是這樣。它本來應和 Produktionsmethoden 相區別的。前一個是指社會生產

關係的格式,後一個是指生產的技術的方法,但它們有時被混淆了。例如在第三卷,第三十八章的一段內。因為「方法」這個語義在中文上本來是多方面的,所以我們一律把它譯成「生產方法」。讀者在此只要稍稍留意,就可以判別它們的區別含義。又「Industrie」這個字,有時包括農業和工業,有時又單指工業,以與農業相區別。對於這個字,我們就其意義分別譯為「產業」或「工業」。

至於像可變資本與流動資本的區別、不變資本與固定資本的區別、流動資本與流通資本的區別、貨幣資本與貨幣經營資本的區別;像流動與流通的區別、勞動與勞動力的區別、累積與集中的區別;還有像生產價格與價值的區別,那都是原作者已經嚴密區分過的。當然,我們在翻譯時,曾假定讀者已經由別的經濟學著作知道了某些名詞的含義,而對於某一些名詞的含義,也能從本文的理解得到理解。但我們還想編一本說明的辭典,專門用來說明這些名詞,但這只好等待日後了。

這裡不是我解說任何一種理論的地方。對於這一部已有全世界各種主要文字翻譯並且具有劃時代和創造時代意義的著作,也用不著多費字句來介紹。我只希望無論贊成它的人還是反對它的人,都應先對它研究,不要撿拾到一兩句話就覺得滿足。我們很願意接受批評家的批評,但若有錯誤,那要由譯者負責,不能歸咎到原作者身上。

最後,我們應當感謝的是鄭易里先生,他不僅是這個譯本出版的促成者和實行者,且曾仔細為這個譯本擔任校正工作。黃洛峰、艾思奇、漢夫等各位先生也都有很大的幫助。蔡元培先生曾為本書題字一幅,深為感謝,但因在戰時遭失了,故沒有刊印出來。還有許多對這個譯本關心的友人們,我們只能廣泛地表示謝意了。

郭大力
1938 年 8 月 13 日在上海

導論暨審定兼校譯者序

智者千慮，尋解民患，已指禍源，為或不為？

　　《資本論》這部看似卷帙浩繁的鉅著，卻是馬克思未竟的書稿，從生前一再修改第一卷的安排到死後由恩格斯用其十二年餘生編輯的第二、三卷，可說是「好書多磨」。馬克思不僅是嚴謹的學者，還是有著實際投入政治活動的體驗，而這方面的實踐也影響了《資本論》的寫作和內容。如想，透徹理解及評論馬克思政治經濟體的理論一定得將其已正式出版的原文著作和未出版的手稿視為一個具連動性，且不斷納入當時最新事物的發展來推衍的開放式架構，才可一窺其全貌，更得留心不同版本和各種文字轉譯本所帶來語意和思維的困擾，中譯本自不待言。換言之，要想掌握馬克思的思想架構，必須進行跨文本的政治閱讀。順帶一提的是馬克思在晚年曾對古代社會史、歷史學、民族學做了大量的筆記，以期瞭解「資本主義前史」，足見馬克思是努力成就其跨學科的「通才」，來解救人類社會長久以來的桎梏——剝削；請注意馬克思的「剝削」絕非資本主義所獨有。

　　由於本書內容涉獵範圍繁多，僅列舉其值得讀者在研讀之餘加以體會的特色：

一、文學之筆：馬克思終其一生都極為重視其著作的風格與結構，喜將各類文學典故與文句緊密鑲嵌在其論證結構中。如《資本論》第一卷就穿插不少莎士比亞的文句，惜一再轉譯的關係難感受其文采。

二、邏輯之嚴：其方法論是先將現實的複雜現象分解成可個別處理的不同部分，並區別出其中的關鍵因素、面向、突顯的特質和因果作用力，以進行抽象思考；再將次要因素「存而不論」，從最簡單的

規定（確定特徵、勾勒輪廓、提出界定）出發，複在推論過程中逐步引進新的規定，由此藉助這些規定來解決舊問題，提出新問題；最終才在思路推衍中再度呈現具有許多規定和關係的豐富綜合總貌，這才完成從抽象上升到具體的邏輯過程。

三、史料之豐：如第一卷第十三章對機器不是使工人擺脫勞動，而是使工人的勞動毫無意義的描述；及第一卷第二十四章將蘇格蘭北部因清掃領地所發生的慘劇，除留下良心的記錄更可見馬克思蒐集資料之勤。

四、關懷之廣：本書除處處可見馬克思的人道關懷外，第二卷就指出「文明和產業的整個發展對森林的破壞從來就起很大的作用，對比之下，它所起的相反作用，即對森林的護養和生產所起的作用則微乎其微」以表現其對環境的關懷。第三卷在處理地租問題時，強調必須「研究地力枯竭合乎自然規律的現實原因」故對農業化學及地質學有廣泛的涉獵，得出「社會化的人……將合理地調節他們和自然之間的物質變換……靠消耗最小的力量，在最無愧於和最適合於他們的人類本性的條件下來進行這種物質變換」，顯示馬克思的生態視角，亦可見其思想的前瞻性。

或有人質疑馬克思所討論的十九世紀資本主義下勞動工人的困境對二十一世紀的人工智能社會有用嗎？如果看第一卷「資本不是一種物而是一種以物為中介的人與人之間的社會關係」及「一個人的身體即活的人體中存在的，每當他生產某種使用價值時就運用的體力和智力的總和」所指的勞動力，很清楚不限於單純的「體力勞動」，故馬克思的工人階級或無產階級是泛指「把自己的勞動力當作自己的財產，從而當作自己的商品」在市場上出售的各行各業受雇者。

如讀者有讀及馬克思和恩格斯 1848 年的《共產黨宣言》廣為人知的段落：

資產階級，由於開拓了世界市場，使一切國家的生產和消費都成為

世界性的，……這些工業所加工的，已經不是本地的原料，而是來自極其遙遠的地區原料；它們的產品不僅供本國消費，而且同時供世界各地消費。舊的、靠本國產品來滿足的需要，被新的，要靠極其遙遠的國家和地區的產品來滿足的需要所代替了。過去那種地方的和民族的自給自足和閉關自守狀態，被各民族的各方面的互相往來和各方面的互相依賴所代替了。

則「全球化」已在馬克思的視線內了。

　　總括一句，從《資本論》不僅可知曉馬克思所要建構的政治經濟體，還有其對社會理論、政治思想、社會科學、哲學、學術史的相關討論；更重要的是馬克思做研究的精神。讀者或可以此來思索除資本主義外各種可能的社會形態為解決全球日益嚴重的社會經濟失衡及其引發的反全球化運動，提供思想的資源！

　　另，在《資本論》此中譯本裡，除了經德、法、俄、拉丁文之轉譯有語法不同及無相應辭彙外，還有一個詞 Surplus labor 將其譯作「剩餘勞動」，本人深覺其有誤導之嫌（按馬克思的觀點指的是無給勞動）。因若是純「剩餘」則英文用詞為 residual。故為正本清源，實應改為「過量勞動」，以符合勞資關係中工人被剝削的衝擊或衝突狀態。循此，書內「剩餘價值」和「剩餘產出」均宜改為「過量價值」與「過量產出」，以便讀者更準確掌握本書的真諦。此次校訂，之所以沒有更改，是基於「剩餘」已成約定俗成的「專用語」。

李華夏
2024 年 5 月 5 日

目錄

原作者初版序 ………………………………………………… i

原作者第二版跋 ……………………………………………… v

法譯本之序與跋 ……………………………………………… xiii

編者第三版序 ………………………………………………… xv

英譯本第一卷編者序 ………………………………………… xviii

編者第四版序 ………………………………………………… xxii

中譯本譯者序 ………………………………………………… xxvii

導論暨審定兼校譯者序 ……………………………………… xxxi

第一篇　商品與貨幣 ………………………………………… 1
 第一章　商品 …………………………………………… 3
 第二章　交換過程 ……………………………………… 53
 第三章　貨幣或商品流通 ……………………………… 63

第二篇　貨幣的資本化 ……………………………………… 117
 第四章　貨幣的資本化 ………………………………… 119

第三篇　絕對剩餘價值的生產 ⋯⋯⋯⋯⋯⋯⋯⋯⋯⋯ 151

　　第五章　勞動過程與剩餘價值生產過程 ⋯⋯⋯⋯⋯⋯ 153

　　第六章　不變資本與可變資本 ⋯⋯⋯⋯⋯⋯⋯⋯⋯⋯ 175

　　第七章　剩餘價值率 ⋯⋯⋯⋯⋯⋯⋯⋯⋯⋯⋯⋯⋯⋯ 189

　　第八章　工作日 ⋯⋯⋯⋯⋯⋯⋯⋯⋯⋯⋯⋯⋯⋯⋯⋯ 209

　　第九章　剩餘價值率與剩餘價值量 ⋯⋯⋯⋯⋯⋯⋯⋯ 287

第四篇　相對剩餘價值的生產 ⋯⋯⋯⋯⋯⋯⋯⋯⋯⋯ 297

　　第十章　相對剩餘價值的概念 ⋯⋯⋯⋯⋯⋯⋯⋯⋯⋯ 299

　　第十一章　合作 ⋯⋯⋯⋯⋯⋯⋯⋯⋯⋯⋯⋯⋯⋯⋯⋯ 309

　　第十二章　分工與製造業 ⋯⋯⋯⋯⋯⋯⋯⋯⋯⋯⋯⋯ 325

　　第十三章　機械與現代工業 ⋯⋯⋯⋯⋯⋯⋯⋯⋯⋯⋯ 359

第五篇　絕對剩餘價值與相對剩餘價值的生產 ⋯⋯ 497

　　第十四章　絕對剩餘價值與相對剩餘價值 ⋯⋯⋯⋯⋯ 499

　　第十五章　勞動力價格和剩餘價值在量上的變化 ⋯⋯ 511

　　第十六章　剩餘價值率的種種方程式 ⋯⋯⋯⋯⋯⋯⋯ 523

第六篇　工資 ⋯⋯⋯⋯⋯⋯⋯⋯⋯⋯⋯⋯⋯⋯⋯⋯⋯⋯ 529

　　第十七章　勞動力價值（及各自價格）的工資化 ⋯⋯ 531

　　第十八章　計時工資 ⋯⋯⋯⋯⋯⋯⋯⋯⋯⋯⋯⋯⋯⋯ 541

- 第十九章　計件工資 ························ 551
- 第二十章　工資的全國性差異 ················ 561

第七篇　資本的積累過程 ···················· 569
- 導論 ····································· 571
- 第二十一章　單純再生產 ···················· 575
- 第二十二章　剩餘價值的資本化 ·············· 589
- 第二十三章　資本主義積累的一般法則 ········ 625
- 第二十四章　原始積累 ······················ 731
- 第二十五章　近世殖民學說 ·················· 785

第一篇

商品與貨幣

第一章

商　品

I 商品的兩個因素 —— 使用價值與價值（價值實體與價值量）

資本主義社會生產方式（Kapitalistische Produktionsweise）支配著的社會的財富，表現為「龐大的商品堆集」[1]，而以單個的商品（Ware）為元素形態（Elementar form）。所以，我們的研究必須從商品的分析開始。

一個商品，首先就是我們外界的一個客體，它有許多特質（Eigenschaft），可以滿足人類的某種欲望。這種欲望無論性質為何（比方說，無論是從胃喚起，或是由幻想生）都是一樣的[2]。這物是如何滿足人類欲望呢？是直接作為維生資料（換言之，作為享受的客體）或是間接作為生產資料呢？我們在這裡也是無須過問的。

每一種有用物，如鐵、紙等等，都可從雙重角度去觀察，即質（Qualität）的方面與量（Quantität）的方面。每一種有用物，都是許多特質的集合體，故可在不同方面有其用途。發現有用物的不同用途，是歷史的工作[3]。為此等有用客體的量建立社會公認的尺度，也是這樣。商品尺度的多種多樣，一部分由於所測量的客體有多種多樣的性質，一部分也由於因襲的習慣。

物的效用，使那物成為一個使用價值（Gebrauchswert）[4]。但這個效

---

[1] 卡爾·馬克思，《政治經濟體批判》，柏林，1859年版，第4頁。

[2] 「願望含有欲望；那是心的食欲，和飢餓之於身體一樣是自然的。……大多數（物）所以有價值，是因為它們滿足了心的欲望。」尼可拉斯·巴本（Nicholas Barbon）《新幣輕鑄論，駁洛克》，倫敦，1696年版，第2、3頁。

[3] 「物有其內在價值（巴本用以指示使用價值的特殊名詞），那在一切處所皆有相同的價值，例如磁石的吸鐵。」（前書第6頁）但磁石吸鐵的性質，在由這種性質發現磁極性之後，才是有用的。

[4] 「任何物的自然價值，皆存於其適宜性，適宜於供給人類生活的必需，或適

用，絕不是空談的。它受商品的物理特質限制著，故離開商品便不存在。像鐵、麥或鑽石那樣的商品只要是一個物件，都是一個使用價值，某種有用的物品。商品的這種特質，是和人類占有其效用時所必需的勞動量無關的。我們考量使用價值時，常常假定它有一定的量，例如手錶幾打、布幾碼、鐵幾噸。商品的使用價值，供給一種專門學問的材料，那就是商品的商業知識[5]。又使用價值僅由使用或消費而實現的。社會形態無論是怎樣，豐富的物質內容總是由使用價值構成的。在我們現今考量的社會形態中，使用價值同時又是交換價值（Tausch wert）之物質的載體。

交換價值，最先表現為一種使用價值與他種使用價值相交換之量的關係或比例[6]，這種關係是因時因地而變化不絕的。所以，交換價值好像是偶然的、是純然相對的。從而說商品有其不可分離的內在交換價值（固有價值），似乎是用語上矛盾的[7]。我們且更周密地，討論一下這個問題。

一定的商品，例如 1 夸特（quart）小麥，可與 x 量的鞋油，y 量的

宜於供給人類生活的便利。」〔約翰・洛克（John Locke）《論利息減低的結果》，1691 年初刊，1777 年，倫敦全集版，第 2 卷，第 28 頁。〕在十七世紀英國各著述家的著作中，我們屢屢看見「Worth」一字表示使用價值，「Value」一字表示交換價值。這種用法，和以條頓系字表示現實事物，以羅馬系字表示事物反射的語言精神，是完全吻合的。

[5] 資產階級社會中流行的假定是，每一個人作為商品購買者，對於商品，皆有百科辭典一樣的知識。

[6] 「價值是一物與他物間，一定量此種生產物與一定量彼種生產物間的交換比率。」勒・德洛尼（Le Trosne）著《社會的利益》，見德爾（Daire）編《重農主義者》，1846 年，巴黎版，第 889 頁。

[7] 「任何物皆不能有內在的交換價值。」（巴本，前書第 6 頁。）或如巴特勒（Butler）說一物的價值，「恰好和它所換來的物品相等」。

絲，或 z 量的金等等交換——總之，可以用種種比例，與其他商品相交換。因此小麥有許多交換價值，但，因為 x 量的鞋油，y 量的絲，z 量的金等等，既各代表 1 夸特小麥的交換價值，所以 x 量的鞋油，y 量的絲，z 量的金等等，必定也可以作為互相交換，或相等的交換價值。從而，第一，一種商品的各種有效的交換價值，表示某種等同物；第二，交換價值一般只是含於其中某物的表現方式或可知覺的形態，但可與其區別。

拿兩種商品來說，例如小麥與鐵。無論它們的交換比例如何，這比例總可由一個等式來表示。在這個等式中，一定量小麥與若干量鐵相等，例如 1 夸特小麥 = x 英擔鐵。這個等式有什麼意義呢？它告訴我們，在這兩種不同的東西裡面，即 1 夸特小麥和 x 英擔鐵中，存有等量的某種共通物。故此兩者，必等於既非小麥也非鐵的某第三者。小麥與鐵，只要同時是交換價值時，必定可以同樣換算為這第三者。

一個簡單的幾何學的例子，可以說明這點。因要確定並比較諸直線形的面積，我們把諸直線形分成三角形。但三角形的面積，又還原為全然與三角形不同的東西，換言之，還原為底乘高之積之 1/2。同樣，諸商品的交換價值，也必定可以由一種共通物來表示，它們各代表這共通物的多量或少量。

這共通物，不能是商品之幾何學的、物理學的、化學的，或任何自然的特質。該特質，只在它們使商品有用，從而使商品成為使用價值的時候，才使我們考慮。並且，在其他方面，各種商品的交換關係仍由其使用價值的完全抽象為顯著特徵。只要比例適當，一個使用價值和別的使用價值完全是一樣的。或如老巴本（Barbon）所說：「如果價值相等，一種商品和別種商品是一樣好的。價值相等的東西，是沒有差別或區別的。」[8] 作為使用價值，各種商品是異質的；但作為交換價值，它們

---

8 巴本，前書第 53 頁及 57 頁，說：「值 100 鎊的鉛或鐵，和值 100 鎊的金或銀，有同樣大的價值。」

只是異量,從而不包含一個使用價值的原子。

對商品的使用價值視若無睹時,商品就只留下一種共同屬性了──那就是它們都是勞動生產物(Arbeitsprodukten)。但連勞動生產物,也在我們手中起了一個變化,我們把勞動生產物的使用價值抽象,同時也就把使勞動生產物成為使用價值之物質成分和物質形態抽象了;它將不復是桌子、不復是房子、不復是紗、不復是任何有用物。其作為物件的存在都消失了。它不能視為是木匠勞動的生產物、泥水勞動的生產物、紡織勞動的生產物,或任何其他確定生產性勞動的生產物。生產物的有用質性不見了,體現在此等生產物內不同種類的勞動的有用特性,和勞動的具體形態,也不見了。它們不復彼此區分,全還原為同樣的勞動,抽象的人類勞動(gleiche menschliche Arbeit, abstrakt menschliche Arbeit)。

現在,我們且考量這些生產物的每項餘留。它包含同樣的非物質的實體,不外是同質的人類勞動的凝結。而人類勞動又不外是勞動力(Arbeitskraft)的支出,而不問其支出的形式。所以,此等物現在告訴我們:在它們的生產上所曾支出的人類勞動力,有人類勞動體現於其中。此等物當被視為它們所共有的社會實體之結晶時,它們便是價值(Werte)──是商品價值(Warenwerte)。

在商品的交換關係(Austauscnverhältnis)上,商品的交換價值在我們看來,似乎完全與它們的使用價值無關。若實際把其使用價值抽象,我們就得到了剛才所界定的價值。所以,商品在交換時表現在其交換價值上的共通物,便是它們的價值。我們的調研將會說明,交換價值是價值唯一的表現方式或顯現形態。但現在,我們先把這個形態撇開,來考量價值的性質。

一個使用價值或有用的物品之所以有價值,完全是因為有抽象的人類勞動體現或物質化於其中。然而,價值量如何量度呢?由其中所含的勞動(形成價值的實體)量來衡量。但勞動量以勞動時間(Arbeitszeit)量度,勞動時間又以時、日、週為其標準。

如果商品的價值,由其生產所支出的勞動量決定,或許有人會以為,勞動者愈是懶惰、愈是不熟練,他的商品將愈有價值了,因其生產所必要的勞動時間將愈多。但形成價值實體的勞動,是同質的人類勞動,是一致性勞動力的支出。社會的總勞動力,體現在該社會所生產一切商品的總合價值,雖由無數個別勞動力單位構成,但在此它是被視為一個同質的人類勞動力的。不論哪一個人,只要他的勞動力有社會平均勞動力(geesllsch aftlichen Durchschnitts-Arbeitskräfte)的性質,且作為社會平均勞動力來作用,換言之,只要他的勞動力生產一個商品所需要的勞動時間,不比平均所需要或社會所必要的勞動時間(die in Durchschnitt notwendige oder gesellschaftlich notwendige Arbeitszeit)更多,它便是同質的人類勞動力。社會所必要的勞動時間,即是在標準的生產條件(produktionsbedingungen)下,用當時平均的勞動熟練程度與強度,生產一個物品所需要的勞動時間。英國採用蒸汽織機的結果,一定量的紗織成布所需要的勞動時間,也許減少了一半。英國的手織工人,固然還需要和從前一樣多的勞動時間,但他一小時個人勞動的生產物,現今只不過代表 1/2 小時的社會勞動,故其價值也降為從前的一半。

由此可知,社會必要的勞動量,或生產一個物品的社會必要勞動時間,決定物品的價值量[9]。就這個關聯來說,每一個別商品,都是其同級的平均樣品[10]。體現等量勞動或能在同一勞動時間內生產的各種商品,有相同的價值。一商品的價值對於另一商品的價值的比例,等於一商品

---

[9] 第二版注。「它們(生活必需品)互相交換的價值,依它們生產所必定需要或普遍需用的勞動量來決定。」〔《論一般貨幣利息,尤其是公債等等的利息》(按:作者匿名),倫敦,第 36 頁。〕這本值得注意的匿名著作,是前世紀人寫的,但未注明刊行的日期。從其內容判斷,它顯然是喬治二世時代,1739 年或 1740 年前後刊行的。

[10] 「同一種類的生產物,本來只是一個整體,它的價格的決定無關於特殊情況,而是由一般的考慮決定的。」(勒・德洛尼,前書第 893 頁。)

生產所必要的勞動時間，對於另一商品生產所必要的勞動時間的比例。「當作為價值，一切商品，都只是凝固的勞動時間的一定量。」[11]

　　一種商品，如果生產上必要的勞動時間不變，其價值量也不變。但生產所必要的勞動時間，隨勞動生產力（produktivkraft der Arbeit）的變動而改變。勞動生產力，取決於多種事情，如勞動者平均的熟練度、如科學及其實際應用的程度、如生產的社會組織、如生產資料的範圍及作用能力、如各種自然狀態。比方說同量勞動在豐年表現為 8 蒲式耳（bushel）小麥，在凶年或將僅表現為 4 蒲式耳。同量勞動，從豐礦可以比從貧礦取得更多的礦石。鑽石絕少在地面上出現，平均來說，發現鑽石必須支出大量的勞動時間。所以，鑽石的小量，表示著多量的勞動。雅各（Jacob）曾懷疑，金也許從來不曾按照其充分的價值來支付。這個疑問尤其可以適用到鑽石上來。依艾什維格（Eschwege）來說，以 1823 年為止的過去 80 年間，巴西各鑽石礦山的總產出的價格，比同國砂糖、咖啡栽培業一年半平均生產物的價格還不如，雖然鑽石代表著更多的勞動，從而代表著更多的價值。假如礦山更豐饒，以致同量勞動體現為更多的鑽石，鑽石的價值就會減低。用少量勞動將碳素化為鑽石的試驗一旦成功，它的價值也許會降低，以致低於磚瓦的價值。總之，勞動生產力愈大，則生產一種物品所必要的勞動時間愈少，結晶於該物品內的勞動量愈小，該物品的價值也愈小。反之，勞動生產力愈小，則生產一種物品所必要的勞動時間愈多，該物品的價值也愈大。所以，商品的價值量與實現在商品內勞動的量成正比，與實現在商品內勞動的生產力成反比。

　　有使用價值之物，可以無價值。對人類有效用但非起源於勞動之物，便是如此。例如空氣、處女地、自然草地、野生林木等等。有效用又為人類勞動生產物之物，可以不是商品。以自身勞動生產物滿足自身

---

[11] 馬克思《政治經濟體批判》，第 6 頁。

欲望的人,即是只創造使用價值,而不創造商品。要生產商品,他不僅要生產使用價值,且還要生產為他人的使用價值——即社會的使用價值(Gebrauchswert für andre, gesellschaftlichen Gebrauchswert)。(單說「為他人」還是不夠的。中世紀的農民,為封建領主生產年貢的穀物、為神職人員生產什一稅的穀物,這種穀物雖是為他人創造的,但不是商品。要成為商品,生產物必須透過交換手段移入他人手中,對後者,成為使用價值。)[12] 最後,任一物,若不是有用物,必不能有價值。如果它是無用的,則其中所含的勞動也是無用的。這種勞動不算作勞動,故不創造價值。

II 體現在商品中的勞動的雙重性

乍看之下,商品表現為兩種事物——使用價值和交換價值的複合體[13]。因為這一點是政治經濟體的理解樞紐,故須更詳盡地說明。

任取兩種商品,例如 1 件上衣和 10 碼麻布,假定前者的價值是後者的兩倍。所以,如果 10 碼麻布 = W,1 件上衣 = 2W。

上衣是一個使用價值,可以滿足一種特殊的欲望。其存在是特種生產活動的結果。這種生產活動,是由其目的、操作方法、實體、手段及結果而定的。其效用由其生產物在使用上的價值來表示的勞動,換言之,使生產物成為一種使用價值的勞動,我們姑稱之為有用勞動(nützliche Arbeit)。從這觀點來看,我們只考量它的有用的效果。

上衣與麻布是兩種性質不同的使用價值;同樣,生產兩者形態的勞

---

[12] 第四版注。我插入括弧內的一段話,是要辟除一種普遍的誤解。常常有人誤認,一種生產物,只要是由生產者以外的人消費,便是馬克思所說的商品。——F. E.

[13] 馬克思《政治經濟體批判》,第 12、13 頁及其他諸頁。

動——裁縫勞動與織物勞動——也是性質不同的。這兩種物品，如果不是性質不同的使用價值、不是性質不同的有用勞動的生產物，便不能以商品來相互關聯。上衣不與上衣交換，同樣的使用價值不與同樣的使用價值交換。

不同型態使用價值，對應不同類型的有用勞動。這種種有用勞動，依目、屬、種與變種，而成為社會分工（gesellschaftliche Tèilung der Arbeit）。社會分工是商品生產的必要條件；不過，商品生產不是社會分工的必要條件。在原始印度共同生活體中，有社會分工，沒有商品生產。再舉一個比較近的例子。在每一個工廠內，勞動皆有系統的分配，但這種分工，也不以勞動者互相交換個人的生產物來運作。只有各自獨立進行且以私人為代銷的不同類型勞動，其生產物，才互為商品。

可見在每一商品的使用價值中，皆包含確定目的及確定類型的生產活動即有用勞動。各使用價值，倘若不是其中所體現的有用勞動，各有不同的性質，就無論如何不能互為商品。在生產物皆採取商品形態的社會內，換言之，在商品生產者的社會內，個別生產者為各自利益而獨立進行的有用勞動，有不同的質性。這種質性上的差別，發展成一個複雜的體系——即社會的分工。

上衣無論是由裁縫自己穿，或是由他的顧客穿，它總是當作一個使用價值。同樣的，上衣與生產上衣的勞動的關係，也不因裁縫勞動成為一種特殊職業、成為社會分工上一個獨立部門，便發生變化。在人類有穿衣服的欲望的地方，在還沒有一個人變成專業的裁縫師以前，人類就縫了幾千年的衣裳，但上衣和麻布的存在，卻和各種非天生的物質財富要素一樣，不能缺少以確定目的來進行的特殊生產活動。這種活動，使某種自然物質適合於某種人類欲望。所以，作為使用價值的創造者是有用勞動，在任一社會形態中皆是人類生存的必要條件；這是一個永恆的自然的必然（Naturnotwendigkeit），沒有它，人與大自然間將無物質的交換，也就無人類生活。

上衣、麻布等等使用價值，簡言之，那種種商品體皆是兩要素的

結合,即自然物質與勞動。把對上衣、麻布等物中付出各種有用勞動除去,總有一個不藉人力而天然存在的物質根基遺留下來。在生產過程上,人只能跟著大自然來做,也就是只能改變物質的形態[14]。不只如此,改變物質形態的勞動,也還不斷受自然力的幫助。所以,勞動不是它所生產的使用價值的唯一泉源,換言之,不是物質財富的唯一泉源。威廉‧配第(William Petty)說得好,勞動是物質財富之父,土地是其母。

在此,請由作為使用價值的商品,進而論商品的價值。

按照我們的假定,上衣的價值是麻布的兩倍。但這只是量的差異,在這裡還是和我們沒有關係。我們要記著,如果1件上衣的價值兩倍於10碼麻布,20碼麻布就與1件上衣有同樣大的價值了。作為價值,上衣與麻布是類似實質的物件,是本質相同勞動的客觀表現。裁縫勞動與織物勞動是性質不同的勞動。但同一人縫衣而兼織布的社會狀態,不是沒有;在這情況,這兩種不同的勞動形態,只是同一個人的勞動的變更,不是不同個人專門及固定的職業。這好比同一裁縫工人,今日縫一件上衣,明日縫一條褲子。那只隱含一個人的勞動的變異。再者,我們一看又知道,在資本主義社會中,依照變化的勞動需要(Arbeitsnachfrage),會有一定部分的人類勞動,在此時取得裁縫勞動的形態,在彼時取得織物勞動的形態。這勞動的形態變化,當然會遇

---

[14]「宇宙上的現象,無論是人手的產物,或是一般自然法則的產物,皆不表示現實的新創造,只表示物質的形態變化。結合和分開,這是人類智力在分析再生產觀念時所能發現的唯一要素。價值(指使用價值,不過維利在與重農主義派辯論時雖用價值指使用價值,但他自己並不知道他是指哪一種價值)的再生產和財富的再生產,也包括在內,無論這種再生產,是使土地、空氣、水分在田野中變成小麥,是使昆蟲的黏性分泌物依人手變成絲,或是使若干金屬片依人手變成鐘錶。」皮特羅‧維利(Pietro Verri)著《經濟學的一種考量》,1773年第1版,見庫斯托第(Custodi)編《義大利經濟學名著集》近世篇,第15卷,第22頁。

到阻礙，但有時不得不然。如果我們把生產活動的特定形態，即把勞動的有用特性置於度外，則生產活動的本質，不外是人類勞動力的支出（verausgabung Menschlicher Arbeit kraft）。裁縫勞動與織物勞動，雖然是質性不同的生產活動，但都是人類腦力、肌肉、神經、手等等的生產性支出，在這意義上，都是人類勞動。兩者僅為人類勞動力的兩種不同的支出方式。當然，人類勞動力仍在其一切變更下維持原樣，在能以多種方式支出以前，必已有某程度的發展。但商品價值所表示的，是抽象的人類勞動，是人類一般勞動的支出。在將軍或銀行家扮演著重要角色的社會中，單純的人，只是無足輕重[15]；人類勞動也是這樣。那是單純勞動力的支出，即平均來說，普通人除開任何特別發展，在他的有機體中，都存有的這種勞動力。單純的平均勞動（Die einfache Durchschnittsarbeit）的特性是隨不同國家、不同時期而異。但在特定的社會內，它卻是已知的。熟練勞動只被視為強化的或倍增的單純勞動。所以，一定小量的熟練勞動，會與大量的單純勞動相等。依經驗所昭示，這種換算也常常發生。一種商品，儘管是最複雜的勞動的生產物，但其價值，藉由使它和單純勞動的生產物相等，只表示一定量的單純勞動[16]。以單純勞動為標準，則不同類型勞動換算為單純勞動的比例，是由生產者背後的社會過程確定的，從而似乎是由習慣確定的。以下為了簡單起見，我們就把各種勞動視為不熟練、單純勞動，以省換算之煩。

把上衣和麻布當作價值來觀察時，它們的使用價值的差異就被抽離了。同樣，就此等價值所代表的勞動進行觀察時，裁縫勞動與織物勞動的有用形態的差異也被忽視。上衣與麻布這兩種使用價值，是特別生產活動與布或與紗之結合；反之，上衣與麻布這兩種價值，卻是同質的無

---

[15] 參照黑格爾（Hegel）《法律哲學》，柏林，1840年版，第250頁，第190節。
[16] 讀者應注意，我們此處講的，不是勞動所得的工資或價值，而是勞動者一日勞動對象化所化成的商品價值。工資這個範疇，在我們說明的這個階段，還是沒有存在的。

差別勞動凝結物（Arbeitsgallerten）。同樣的，體現在價值中的勞動之所以為勞動，也不是因為它和布和紗發生了生產的關係，而是因為它是人類勞動力的支出。裁縫勞動與織物勞動是創造上衣與麻布這兩種使用價值的必要要素，正因為這兩種勞動是不同質性，它們形成上衣與麻布這兩個價值的實體，只是因為它們的特殊質性已被抽離，只因為它們擁有相同的質性，即人類勞動的質性。

不過，上衣與麻布不只是價值，並且是定量的價值。按照我們的假定，1 件上衣的價值，是兩倍於 10 碼麻布的價值。其價值量的差異從何而來呢？那是由於這事實：麻布所含的勞動只有上衣所含的一半。從而勞動力的支出時間，在後者的生產上，必須倍於前者。

作為使用價值來看，商品內含的勞動，只從質的方面被考量。作為價值量來看，商品內含的勞動，須先還原為純粹及單純的人類勞動，而只從量的方面加以考量。在前一情況，是勞動「如何」或「為何」的問題；在後一情況，是勞動「多少」或「時間多長」的問題。商品的價值量，既只表示其體現勞動的量，所以，依照一定的比例，一切商品將會有同樣大的價值。

如果生產 1 件上衣所必要的一切不同類型有用勞動的生產力是不變的，上衣的價值量，將隨上衣件數一同增加。如果 1 件上衣表示 x 日勞動，2 件上衣就表示 2x 日勞動，以下可依此類推。且假定 1 件上衣生產所必要的勞動時間加倍了，或減半了。在加倍的情況，1 件上衣的價值，將等於從前 2 件上衣的價值。在減半的情況，2 件上衣的價值，將等於從前 1 件上衣的價值。上衣的效用，現在和從前相同，其所體現的有用勞動，現在也和從前有相同的品質。但其生產所支出的勞動量變化了。

使用價值的量的增加，即是物質財富的增加。2 件上衣，比 1 件多。2 件上衣可以供兩人穿，1 件上衣只能供一個人穿。但物質財富的量增加時，價值量可相應同時減少。這種對立的運動，是由勞動的雙重性引起的。生產力當然只指有用的具體的勞動之生產力；任何特別生產

活動的效能,在一定時間內有賴於其生產力的性能。所以,有用勞動,將與其生產力性能的增減成比例,成為豐富的或貧弱的生產物泉源。但這種生產力性能的變動,不會影響那表現為價值的勞動。生產力既然是屬於具體的有用勞動形態的,一旦我們抽離了這些具體有用的形態,它當然和表現為價值的勞動沒有關係。生產力無論怎麼變化,同一勞動在同一時間內所提供的價值量是不變的。但同一勞動在同一時間內所提供的使用價值量,卻將因而不等;生產力提昇,則增加;生產力下降,則減少。生產力的變化,如足以增加勞動成品率,從而增加勞動所生產的使用價值量,並縮短這較大量使用價值的生產所必要的勞動時間總和,它也就會減少這較大量使用價值的價值量;反之亦然。

　　從一方面來看,一切勞動,就生理學的意義來說,都是人類勞動力的支出。它,作為相同抽象的人類勞動,便形成商品價值。從其他方面來看,一切勞動,都是人類勞動力在具確定特殊目的的形態上的支出。它,作為具體的有用的勞動,便生產使用價值[17]。

---

[17] 第二版注。因要證明「勞動是唯一、最後的真實的尺度,在一切時候,一切商品的價值,均須由此評定和比較」,亞當·史密斯(Adam Smith)曾說,「等量勞動,無論在什麼時候、什麼地方,對於勞動者,皆持有同等的價值。勞動者如在常態的健康精力和活動力中,又有平均的熟練程度,則要提供等量勞動,便非犧牲等量的休息自由和幸福不可。」(《國富論》第1篇,第5章)一方面,亞當·史密斯在此處(不是在每一處)混淆了兩件事。他以為由商品生產所支出的勞動量決定價值,等於由勞動價值決定商品價值。因此,他要證明等量勞動常有同樣的價值。另一方面,他雖模糊覺得,在勞動表現為商品價值的限度內,勞動是只被視為勞動力的支出,但他又把這種支出,視為只是休息自由和幸福的犧牲,不視其為人類正常的生命活動。在此,他是把近代工資勞動者放在眼裡。—— 本章第9注腳所指那位匿名作者(亞當·史密斯的先驅)的話,更適切得多。他說,「某一個人,費一個星期,生產這種生活必需品。……在交換中給他以某種他物的人,要計算適當

Ⅲ 價值形態或交換價值（Die Wertform oder der Tauschwert）

商品是以鐵、麻布、小麥等等使用價值、物品或實體的形態，出現於世間的。這是它們具體、日常的自然形態。它們是商品，卻僅因為它們是雙重物，既是實用的客體，同時又是價值載體（wertträger）。所以，必須有自然形態（Naturalform）與價值形態（Wertform）的雙重形態，它們才表現為商品，才有商品的形態。

商品的價值客觀性（Wertgegenständlichkeit），和奎克利夫人（Dame Quickly）不同的一點，就在於我們不知道能在哪裡捉到它。商品的價值客觀性，與其實體粗糙的實質性正好相反，它的組成沒有一個自然物質的原子。無論我們怎樣翻檢單個商品，它作為價值物（Wertding）仍不能被掌握。但我們且記著，商品在體現或表現同樣的社會單位（即人類勞動）時，才有其價值的社會客觀性。它們的價值客觀性，既純然是社會的，則很明顯這客觀性也只能表現在商品與商品的社會關係上。我們要探索這背後隱藏的價值，實際也須從商品的交換價值或交換關係出發。現在，我們必須回來討論這個價值的外在形態（Erscheinungsform des Wertes）。

每個人至少都知道商品有一個共通的價值形態──貨幣形態（Geldform）──與其使用價值的雜多的自然形態形成鮮明對比。但我

的等價最好的方法，是計算怎樣所費的勞動和時間，才恰好相等。實際上，那不過是以一種物品內某一個人的一定時間的勞動，和另一種物品內另一個人的等時間的勞動相交換。」（《論一般貨幣利息，尤其是公債等等的利息》，倫敦，第 39 頁。）

第四版註。英語有一種便利。它有兩個不同的字，代表勞動的兩方面。創造使用價值，且只有質的規定的勞動，稱為 Work。創造價值，且只有量的規定的勞動，稱為 Labour。──F. E.

們現在要做的工作，是資產階級經濟體從未嘗試過的。那就是發現這貨幣形態的起源，探尋商品價值關係所包含的價值表現，是怎樣從最單純、最不可感覺的輪廓，發展到最炫目的貨幣形態。這樣，貨幣的謎，將會同時解決。

最單純的價值關係，明顯是一種商品與另一種商品（不問是哪一種）的價值關係。所以，兩種商品間的價值關係，為其中一種商品提示了最單純的價值表現（Wertusdruck）。

A 單純的、單一的，或偶然的價值形態（Einfache, Einzelne, oder Zufällige Wetform）

X 量商品 A = y 量商品 B，或

X 量商品 A 值 y 量商品 B。例如

20 碼麻布 = 1 件上衣，或

20 碼麻布值 1 件上衣。

a. 價值表現的兩極：相對價值形態與等價形態

一切價值形態的祕密，潛伏在這單純的價值形態中。故其分析，是我們最感困難的。

在這裡，種類不同的兩種商品 A 與 B（以上衣與麻布為例），顯然扮演著兩個不同的角色。麻布表現它的價值在上衣上，上衣則充當表現價值的材料。前一商品為主動的角色；後一商品為被動的角色。前一商品的價值，表現為相對的價值（relativer Wert），換言之，表現在相對價值形態（relativer Wertform）上。後一商品是作為等價（Aequivalent），換言之，表現在等價形態（Aequivalentform）上。

相對價值形態與等價形態，是價值表現相互依存、密切連繫而不可分的兩種要素，同時又是互相排斥，同一價值表現的相對立極端。這兩個形態，分配給兩種不同的商品，它們是依價值表現而產生相互關係的。以麻布價值表現於麻布上，是不可能的。20 碼麻布 = 20 碼麻布，

這不是價值的表現。這個等式，不過表示 20 碼麻布就是 20 碼麻布，是一定量的使用價值。所以，麻布的價值，只能相對表現，即表現在別種商品上。麻布要取得相對價值形態，必須有別種商品，與麻布對立，而處於等價形態上。在另一方面，作爲等價的商品，就不能同時表現在相對價值形態上了。它不表現自己的價值，而只是充當表現別種商品價值的材料。

當然，20 碼麻布 = 1 件上衣，或 20 碼麻布值 1 件上衣的表現，隱含相反的關係，即 1 件上衣 = 20 碼麻布，或 1 件上衣值 20 碼麻布。但若我願意相對表現上衣的價值，我必須把等式倒轉過來。但等式倒轉時，等價就爲麻布而非上衣了。所以，同一商品在同一價值表現中，不能同時取得兩種形態。這兩種形態是互相排斥的兩極。

一種商品，是在相對價值形態，還是相反的等價形態，全看它在價值表現中占有何種位置。換言之，看它是價值被表現的商品，還是價值賴以表現的商品。

b. 相對價值形態

1. 相對價值形態的內容

要發現一種商品的單純價值表現，如何潛藏在兩種商品的價值關係中，我們首先就要撇開它量的方面，來考量這種關係。但普通人的研究方法正好相反；他們在價值關係中，只看見一種比例，依這比例，兩種商品的一定量可以相等。他們忽略了不同物件在未換算爲同一單位以前，不能有量的比較。不同物件的量，必須當作同一單位的表現，才是同一衡量名稱的、因此是可以用同單位度量的量[18]。

---

[18] 少數經濟學者，像貝利（Bailey）一樣，雖曾從事於價值形態的分析，但無法得到任何結果。首先，因爲他們把價值形態和價值混爲一談；第二，因爲在實際資產者的卑俗的影響下，他們自始即僅能注意量的方面。「量的支配……構成價值。」（貝利《貨幣及其變遷》，倫敦，1837年，第 11 頁。）

不論 20 碼麻布 = 1 件上衣，或 20 件上衣，或 x 件上衣，換言之，不問一定量麻布值多少件上衣，每一個這樣的論述，總隱含這個意思：作為價值量，麻布與上衣是同一單位的表現、是同類的物件。麻布 = 上衣，是這個等式的基礎。

這兩種被認為質性相同的商品，扮演的角色是不同的。只有麻布的價值被表現。如何被表現呢？由其與上衣的關係。上衣作為等價物、作為能與麻布交換的物品。在這關係上，上衣是作為價值的存在方式、作為被體現的價值；只有這樣，上衣方才與麻布相同。在另一方面，麻布自身的價值也由此出現，有了獨立的表現；因為麻布必須是價值，才能與上衣價值相等、才能與上衣交換。舉個譬喻，丁酸和甲酸丙酯是兩種不同的物質。但兩者是由相同的化學元素（碳、氫、氧）依同樣的百分比例構成的，它們都是 $C_4H_8O_2$。如果我們以丁酸等於甲酸丙酯，則首先在這關係中，甲酸丙酯只作為 $C_4H_8O_2$ 的存在形態；第二，也就是說，丁酸也由 $C_4H_8O_2$ 構成。當我們以丁酸等於甲酸丙酯時，這個等式所表現的是兩者的化學構造，忽略它們的物體形態是有別的。

我們說，作為價值，商品只是人類勞動的凝結。那我們的分析，雖把商品化為價值抽象（Wertabstraktion），但卻未給它與自然形態不同的價值形態。一商品與另一商品的價值關係，不是這樣。在此，一商品的價值特性，是通過它與另一商品的關係表現出來的。

使上衣與麻布為等價，結果上衣所體現的勞動，與麻布所體現的勞動便也相等。製造上衣的裁縫勞動，和製造麻布的織物勞動，誠然是兩種不同的具體勞動。但使裁縫勞動等於織物勞動，實際即是把裁縫勞動換算為這兩種勞動實際相等之物、換算為人類勞動的共通特性。由這迂迴的方法，可以說織物勞動在它織出價值的限度內，是與裁縫勞動不能分別的，它們都是抽象的人類勞動。形成價值的勞動的這種特性，只有依不同種商品的等價表現（Aeguivalenzausdruck）才能表現出來。這樣不同種商品體現的不同種勞動，就實際被換算為它們的共通質性，換算

爲抽象的人類勞動了[19]。

構成麻布價値的勞動的這種特性，雖由此表現出來了，但問題還未解決。運行狀態中的人類勞動力或人類勞動創造價値，但本身不是價値。必須在凝結狀態中，以客體的形態體現，它才成爲價値。要把麻布價値表現爲人類勞動的凝結，它還須被表現爲以某種物質形體的一種客觀性存在。那是與麻布自身不同，但同時是麻布與其他一切商品所共有的。這樣問題就解決了。

在對麻布的價値關係中，上衣因爲是價値，故被視爲與麻布性質相等，或種類相同。在此上衣是當作表現價値的東西，它在它可以觸知的具體形態上，表示價値。但上衣本身，其商品體卻只是使用價値。上衣本身，是和前面的麻布一樣不表現價値的。這一點告訴我們，上衣在對麻布的價値關係中，要比在這關係外多一層意義；好比許多人一穿起輝煌的制服，就比穿便服多一層意義一樣。

在上衣的生產上，人類勞動力是在裁縫勞動的形態下實際支出的，人類勞動曾累積於上衣中。從這方面來看，上衣是「價値的載體」，雖然把上衣撕成紗，上衣的這種性質也不能被看見。並且，上衣在它作爲麻布等價物的價値等式中，也僅表現這個方面，從而被視爲體現的價値，爲價値體（Wertkörper）。譬如，甲對於乙不具有陛下的資格，除非在乙看來，陛下有甲的容貌風姿——也就是說每一新王登基時，陛下

---

[19] 第二版注。威廉・配第（William Petty）以後，洞見價値性質的第一個經濟學家是有名的富蘭克林（Franklin）。他說：「商業一般不外是以一種勞動交換他種勞動，一切物的價値，皆最公道的，由勞動來評價。」〔斯帕克斯（Sparkes）《富蘭克林全集》，波士頓，1836版，第2卷，第267頁。〕富蘭克林不曾發覺到，以「勞動」評價一切物時，互相交換的各種勞動的差別，須先行抽離，再換算爲等一的人類勞動。不過他無意中說的正是這點。他先說「一種勞動」，接著說「他種勞動」，最後說「勞動」，把它當作一切物的價値的實體，不加以任何限制。

的容貌、毛髮及其他許多特徵,都會有變。

在上衣是麻布等價物的價值方程式中,上衣形態是當作價值形態用的。商品麻布的價值,是表現在商品上衣的物體形態上。一種商品的價值,表現在別種商品的使用價值上。作為使用價值,麻布與上衣是明顯不同的東西;作為價值,它卻是與「上衣等同」的價值,且擁有上衣的外觀。麻布就這樣取得與其物理形態相異的價值形態。麻布的價值性,因麻布與上衣相等而顯現。譬如基督教徒的羊性,因基督教徒與神的羔羊相等而顯現。

商品價值分析所告訴我們的一切,在麻布與別種商品(上衣)相通時,一概由麻布自己講出來了,它只能用它所通曉的文字——商品語——傳達它的思想。為了告訴我們它自身的價值是由抽象的人類勞動創造,它就說,在上衣與它相等,並且在同是價值的限度內,它和它是由同樣的勞動構成的。為了告訴我們,它的崇高的價值客觀性,和它的粗硬的形體不同,它就說價值有上衣的外觀,所以,作為價值物,它和上衣就像兩粒豌豆一樣相像。在此,且附帶一提,商品語在希伯來語之外,還有許多其他的方言,也是相當正確的。例如,德文的 Wertsein(價值)這個字,雖然沒有羅馬語系動辭 Valere、Valor、Valoir 表示得那樣有力,但也可以表示商品 A 與商品 B 的相等,是商品 A 自我表現其價值的方式。「Paris vaut bien une messe!」(巴黎當然值一場彌撒!)[20]

以我們的等式表現價值關係(Werteverhältnis),商品 B 的具體形態,成了商品 A 的價值形態,或者說,成了商品 A 的價值之鏡(Wertspiegel)[21]。商品 A 在與作為價值體、作為由人類勞動構成的商品

---

[20] 意指:為得更多須有所犧牲。
[21] 在某種意義上,人是和商品一樣的。人到世間來,並沒有攜帶鏡子,也不像費希特(Fichte)派的哲學家一樣,說「我是我」。他最先是以另一個人反映出他自身。名叫彼得的人之所以認識他自己是人,最先是因為他認識名叫

B 有關時，是把使用價值 B，作爲表現 A 本身價值的材料。這樣依商品 B 的使用價值而表現的商品 A 的價值，便有相對價值形態（Form des relativen Werts）了。

2. 相對價值形態之量性規定

每一種價值被表現的商品，都是一定量的有用客體，如 15 蒲式耳穀物或 100 磅咖啡等等。任何一種商品的一定量，都包含一定量的人類勞動。所以，價值形態不僅須表現價值，且須表現定量的價值或價值量（Wertgrosse）。所以，在商品 A 對商品 B 的價值關係中，明白的說，在麻布對上衣的價值關係中，不僅商品上衣，被視爲一般價值體（Wertkorper überhaupt），在質性上與麻布相等，而且有一定量麻布（例如 20 碼麻布），與一定量價值體或等價物（例如 1 件上衣）相等。

20 碼麻布 = 1 件上衣，或 20 碼麻布值 1 件上衣這個等式，隱含 1 件上衣所體現的價值實體（Wertsubstanz）和 20 碼麻布所含的價值實體（凝結勞動）恰好爲等量的意思。也就是說，這兩種商品各耗費等量的勞動或等量的勞動時間。但生產 20 碼麻布或 1 件上衣所必要的勞動時間，會隨織物勞動或裁縫勞動的生產力一同變化。現在我們必須考量，這種變化對於價值量的相對表現的影響。

(1) 假定上衣的價值不變，麻布的價值變動[22]。例如，如果因爲栽種亞麻的土地豐碩度減低，生產麻布必要的勞動時間增加了一倍，麻布的價值也就增大一倍。我們的等式將不是 20 碼麻布 = 1 件上衣，而是 20 碼麻布 = 2 件上衣，因爲現在 1 件上衣所含的勞動時間，僅有 20 碼麻布所體現的勞動時間的一半。反之，如果因爲織機改良，麻布生產必要的勞動時間減少了一半，麻布的價值也減少一半。如是，我們的等式

保羅的人，和他自己相同。這樣，有皮膚毛髮的保羅，就用他的肉身，對於彼得，成了人類這個物種的表現形態了。

[22]「價值」一詞，在這裡用來指示量已限定的價值，換言之，用來指示價值量。以上也有時是這樣用的。

將是 20 碼麻布 = 1/2 件上衣。商品 A 的相對價值（即以商品 B 表現的商品 A 的價值），在商品 B 的價值不變時，隨商品 A 價值的起落，成正比變化。

(2) 假定麻布的價值不變，上衣的價值變動。如果因為羊毛收穫不良，生產上衣所必要的勞動時間加倍了，那就不是 20 碼麻布 = 1 件上衣，而是 20 碼麻布 = 1/2 件上衣。反之，如果上衣的價值減半了，就是 20 碼麻布 = 2 件上衣。商品 A 的價值不變，其相對價值（即以商品 B 表現的商品 A 的價值）的起落，與商品 B 的價值的變化成反比。

試比較 (1)、(2) 項所舉的例，我們就知道相對價值在量上的相同變化，可以由全然相反的原因引起。在 20 碼麻布 = 1 件上衣，變為 20 碼麻布 = 2 件上衣時，原因可以是麻布的價值加倍，也可以是上衣的價值減半。在 20 碼麻布 = 1 件上衣，變為 20 碼麻布 = 1/2 件上衣時，原因可以是麻布的價值減半，也可以是上衣的價值加倍。

(3) 生產麻布和上衣所必要的勞動量，可同時依同一方向，按同一比例變化。在這情況，無論雙方價值如何變化，在變化後仍將和變化前一樣，是 20 碼麻布 = 1 件上衣。要發現它們的價值已生變化，可以拿它們和第三種價值不變的商品比較。如果一切商品的價值，是同時依同一比例上升或下降，它們的相對價值必定完全不變。價值的實際變化，可由這個事實推知，即：現在，同一勞動時間所生產的商品量，已比從前更多或更少。

(4) 生產麻布和上衣各自所必要的勞動時間，從而它們的價值，可同時依同一方向，但依不同程度，發生變化，甚至可依相反方向或其他方式發生變化等等。這些可能的變動，將如何影響一種商品的相對價值，可由 (1)、(2)、(3) 項的結果推出。

價值量的實際變化，不能明確地，也不能毫無遺漏地，反映在它們的相對表現，也就是在表現相對價值量的等式上。一商品的相對價值，可以在其價值不變時發生變化。其相對價值又可以在其價值發生變化時不變。並且即使價值量和這個價值量的相對表現，同時發生變化，兩者

的變化也不必是在量上的一致[23]。

c. 等價形態（Die Aequivalentform）

我們說過，當商品 A（麻布）的價值以別種商品 B（上衣）的使用價值表現時，商品 B 即取得一個特殊的價值形態，即等價形態。商品麻布的價值性（Wertsein），是由這種事實表現的：不用假設價值形態不與其實體形態相異的上衣，與麻布相等。麻布由這事實表現它的價值性：上衣得直接與麻布交換。所以，當我們說到商品的等價形態，便是說，這種商品得直接與別種商品交換。

當一種商品（例如上衣）作為別種商品（例如麻布）的等價，從而取得一種特殊的屬性，能直接與麻布交換時，我們依然不知道，上衣與麻布是用何種比例交換的。這比例，在麻布的價值量為已知時，則取決於上衣的價值量。不論是上衣作為等價，麻布作為相對價值，或是麻布

---

[23] 第二版注。庸俗經濟學者照平常一樣機警地利用價值量與其相對表現之間的這種不一致。例如布洛德赫斯特（J. Broadhurst）在其所著《經濟學概論》（1842 年，倫敦，第 11、14 頁）中就說：「若承認，投在 A 上面的勞動不減少，A 可因相交換的 B 漲價而致於跌價，你們的一般的價值原則，就被打倒了。……如果他（李嘉圖）也認為，當 A 與 B 相對而言在價值上騰貴時，B 與 A 相對而言便在價值上跌落，他就把他自己的大原則的根據推翻了。他的大原則是，商品的價值，定於商品內體化的勞動。A 成本上的變化，既不僅變化它自己與 B（它所交換的東西）相對而言的價值，並且在 B 生產所需勞動毫無變化的時候，變化 B 與 A 相對而言的價值。那很明顯，不僅一商品所費勞動量決定該商品價值的原則被推翻了，一商品成本決定該商品價值的原則也被推翻了。」假如可以這樣說，他也可以說：「試考量 10/20、10/50、10/100 等分數，10 的數目雖不變，但它的比例量，它和分母（20、50、100 等等）比較所得的量，卻不斷地減少。所以，**整數**（例如 10）由其所含單位數而定的大原則，是不成立的。」

作爲等價，上衣作爲相對價值；上衣的價值量，皆取決於其生產所必要的勞動時間，而與其價值形態無關。但上衣一旦在價值表現中取得等價物的地位，它的價值即不再是量上的表現。相反的，在價值等式中，它不過作爲某物的一定量罷了。

　　例如，40碼麻布「值」什麼呢？2件上衣。因爲商品上衣，在此作爲等價；使用價值的上衣，與麻布相對，是作爲價值的具體表現。所以，一定量上衣，可以表現麻布的一定的價值量。2件上衣，可以表現40碼麻布的價值量，但不能表現它們自己的價值量，即上衣的價值量。在價值等式中，等價物僅用數字表示某物（某使用價值）單純的量這一個事實，屢被人膚淺地解釋。這種膚淺的解釋，曾使貝利（Bailey）像他的許多先驅者與後繼者一樣，誤認價值表現只爲量的關係。其實某商品作爲等價形態，是不表示其價值之量性規定的。

　　考量等價形態之際，我們注意到的第一個特徵是：使用價值的表現形態是其對立物──價值──的可知覺形態。

　　商品的實體形態，成爲價值形態。但請注意，quid pro quo（交換）這一句話之所以適用於商品B（上衣、小麥或鐵等等），僅因其與商品A（麻布等等）有了價值關係，且僅限在這個關係內。任何商品都不能爲自身的等價，也不能以自身的實體形態，表現它自身的價值。所以每一種商品皆須以別種商品爲其等價，並接受使用價值；換言之，皆須以別種商品的實體形態，作爲自己的價值形態。

　　把商品體當作物質性實體，即當作使用價值，有種種的尺度可以應用。其尺度之一，可以說明這點。錐形糖塊因爲是物體，所以是重的，有重量的；但我們不能目視也不能手觸錐形糖塊的重量。於是，我們採用各種重量已經預先確定的鐵片。鐵的物體形態，作爲物體形態，和錐形糖塊的物體形態一樣不是重量的表現形態。要把錐形糖塊表現爲重量，我們可以使它和鐵插入重量關係。在這關係內，鐵這種物體，被視爲只表示重量。一定量的鐵，因此作爲砂糖的重量的尺度，與砂糖體相對，而代表被體現的重、代表重量的表現形態。這個作用，在砂糖（或

其他重量待計算的物品）與鐵有關係的限度內，才是由鐵擔任的。如果不是雙方都有重量的，它們就不能有這種關係，此物品就不能表現他物品的重量。若以兩者放上天秤，我們就可以知道，作為有重量的物品它們是相同的；我們還知道，在一定的比例下，它們會有相等的重量。鐵的物體作為重量尺度與砂糖相對，是只代表重量的。同樣，上衣的物體在我們的價值表現中與麻布相對，也只代表價值。

但相似就到此為止了。鐵在錐形糖塊的重量表現中，代表兩物所共有的自然屬性，即它們的重量。上衣，在麻布的價值表現中，卻代表兩物所共有的非自然屬性，即它們的價值，那純然是社會的。

商品（例如麻布）的相對價值形態，既然把它的價值性，表現為在實體和屬性上完全與自身不同的某物、表現為像上衣一樣的物件，所以，這個表現，指出了當中包含有一種社會關係（gesellschaftliches verhältnis）。等價形態卻不是這樣。這個形態的本質是，上衣一類的物體商品本來就表現價值，就像它是天然賦予價值形態一樣。當然，這個看法在商品上衣作為商品麻布的等價的價值關係內，才是妥當的[24]。但一物的屬性，既然不從它對他物的關係生出，而只不過由這種關係表現：所以上衣之為等價形態，上衣得與他物直接交換的屬性，也就像有重量的屬性或保暖的能力一樣，似乎是天然賦予的。於是等價形態的謎的特性產生了。但這種特性，在等價形態未充分發展而成為貨幣以前，不曾為淺薄的有產階級經濟學者所注意。他以更不曖昧的商品代替金與銀，反復敘述各種曾在某時充當商品等價的商品，想以此說明金與銀的神祕特性。他絕不曾想到，最簡單的價值表現，例如 20 碼麻布 = 1 件上衣，已給等價形態的謎提出解決之道。

---

[24] 這種反射關係，是很特別的。例如，這個人是國王，只因為其他人作為臣屬，來和他產生關係。反之，那些人之所以相信他們自己是臣屬，也因為他是國王的緣故。

作爲等價物的商品體，常被視爲抽象的人類勞動之物化，又同時是某種特殊有用的具體的勞動之生產物。因此具體的勞動，成了表現抽象的人類勞動之媒介。例如，如果上衣只被視爲抽象的人類勞動之具體表現，則事實上，體現在上衣內的裁縫勞動，也只被視爲是抽象的人類勞動之實現形態。在麻布的價值表現中，裁縫勞動的有用性，不由它製成衣服這一點構成，只由它製成一客體這一點構成。這客體，我們承認它爲價值、從而爲勞動的凝結（Gallerteoyon Arbeit），而此勞動與實踐於麻布價值內的勞動，又是全然不能區別的。因要作爲價值之鏡，裁縫勞動所必須反映的，只是它成爲普遍人類勞動的抽象質性。

在裁縫勞動的形態上，和在織物勞動的形態上一樣，須支出人類勞動力。所以兩者皆擁有成爲人類勞動的一般屬性，從而在一定情形下（如在價值生產之際），也只須由這個面向去考量。其中沒有任何神祕的地方。但在商品的價值表現中，事情完全反過來了。例如，如何表明織物勞動創造麻布價值，不是由於織物勞動的具體形態，只因它有人類勞動的一般屬性？我們是以裁縫勞動的特別形態（那是生產麻布的等價物的具體勞動）當作抽象人類勞動的直接和可觸知的具體表現來和它相對立；就像大衣的實體形態直接成爲價值的表現一樣。

在等價形態中，具體勞動是它的對立物的表現形態，明確地說，是抽象人類勞動的表現形態。這是等價形態的第二特徵。

因裁縫勞動這種具體勞動，被視爲無差別的人類勞動之表現，故與任何別種勞動（即麻布所體現的勞動）有同等形態。從而，它雖然像其他各種生產商品的勞動那樣，是私人勞動，但同時又有直接社會的特性（unmittelbar gesellschaftlicher Form）。因此它結果所生的物品，也得以直接與其他的商品交換。這是等價形態的第三個特徵：私人勞動，採取其對立面的形態，即直接社會的形態。

倘上溯至亞里斯多德（Aristoteles）的分析，則關於等價形態的後述兩種特徵，會更易了解。這位大思想家，是分析許多種思想形態、社會形態，或大自然形態的第一人，也是分析價值形態的第一人。

首先，亞里斯多德清楚地說，商品的貨幣形態，不過是單純價值形態（即一商品價值隨意以另一商品來表現）的進一步的發展。因為他說：「五床等於一屋」，無異於「五床等於若干貨幣」。

　　其次，他又說，這個價值表現所包含的價值關係，暗示屋必須在質性上和床相等。沒有這個本質上的等一性，這兩種明顯相異的物品，必不能當作可以相稱的量來互相比較。他說：「沒有等一性即不能交換；沒有相稱性，即不能等一。」但在此他停止了，沒有進一步分析價值形態。「那在現實上是不可能的，這樣不同的物品，是不能相稱的」，即不能在質性上相等。這種均等，不是物品的眞實性質，僅僅是「應付實際需要的代用品」。

　　什麼東西阻止他進一步分析呢，亞里斯多德自己告訴了我們。那便是價值概念的缺乏。是何種等一物或共同實體，使床的價值，能在床的價值表現中，由屋表現呢？亞里斯多德說，這是「實際上不能存在的」。但爲什麼呢？在屋代表兩者（床與屋）的實際等同物時，則與床比較，屋確是代表某種等同物的。這等同物就是──人類勞動。

　　亞里斯多德不能從價值形態看出在商品價值形態中，各種勞動是被表現爲等一的人類勞動，被表現爲等一質性的勞動。這是因爲，希臘社會是建立在奴隸勞動（Sklaven-arbeit）上，以人之間的和人類勞動力的不平等爲自然基礎。價值表現的祕密──因一切勞動皆爲人類一般勞動（並以此爲限），故一切勞動有等一性與等值性──必須等到人類平等概念取得民衆成見的固定性時，方才能夠解讀。但這個成見又必須等已成爲商品形態大量勞動生產物，人類彼此間以商品擁有者的關係爲支配的社會關係時，方才可能。亞里斯多德能在商品價值表現中發現一種平等關係，這是他的天才的光輝。但他所處的社會之特殊條件，使他不能發現這平等關係「實際」是由何者構成。

d. 單純價值形態之總體

　　一商品的單純價值形態，包含在這商品對另一異種商品的價值關係

或交換關係內。商品 A 的價值，在質的方面，是由商品 B 得與商品 A 直接交換這個事實表現的；在量的方面，是由商品 B 一定量得與商品 A 一定量交換這個事實表現的。換言之，一商品的價值，一旦取得「交換價值」，便取得獨立及明確的表示了。我們在本章之始，曾依照通俗的說明，說商品是使用價值，又是交換價值。嚴格來說，這種說法是錯誤的。商品是一種使用價值（或有用客體）與一種「價值」。商品要表現為使用價值與價值的雙重物，其價值便須採取與其實體形態相異的表現形態，即交換價值的形態。但在孤立的考量下，商品絕不能有交換價值的形態。要有這種形態，它必須與另一種不同的商品，有價值關係或交換關係。我們一旦知道這點，以上的說法便無害處。這種說法，本來是為簡便起見的。

我們的分析表明，是商品的價值形態或價值表現，源自商品價值的本質，而不是價值與價值量，源自交換價值這個表現方式。但後一種看法，正是重商主義者及其近代復興者費里爾（Ferrier）、甘尼爾（Ganilh）[25] 之流的幻想，也是反重商主義派，近世自由貿易推銷員巴斯夏（Bastiat）之流的幻想。重商主義者特別看重價值表現之質的面向，也就是特別看重商品的等價形態，而最完全的商品等價形態，就是貨幣形態。反之，近代自由貿易叫賣者，既必須以任何價格銷售商品，則特別看重相對價值形態之量的面向。因此在他們看來，商品的價值及價值量，皆只存在於其交換關係的表現或每日市價行情表中。蘇格蘭人馬克勞德（Macleod），在迷信的重商主義者與開明的自由貿易推銷員之間形成了一個成功的綜合。他的職務是用博學的外衣，去粉飾隆巴德銀行街的雜亂觀念。

表達 A 對商品 B 的價值關係的等式，包含商品 A 的價值以 B 商品

---

25 第二版注。費里爾（F. C. A. Ferrier，海關副監察員）所著《商業與政府》，巴黎，1805 年。甘尼爾（C. Ganilh）所著《經濟學體系》，第 2 版，巴黎，1821 年。

表現。詳細檢視這種價值表現，便知道在這個關係內，商品 A 的具體形態僅扮演使用價值，商品 B 的具體形態僅扮演價值形態或面向。於是使用價值與價值在每一商品內部的對立或對比，藉由一個外部兩商品所處的關係明顯化了。在這關係上，價值被表現的商品，只直接當作使用價值；而被用以表現價值的商品，卻只直接當作交換價值。所以，一個商品的單純的價值形態，明顯是使用價值和價值在該商品內部包含著的對比之單純的表現形態。

在一切社會狀況內，勞動生產物都是使用價值，在一定的歷史發展階段中，它才轉化為商品。在這階段中，為生產有用物而支出的勞動，表現為該物的「實在的」質性，即表現為該物的價值。所以，商品的單純價值形態，同時即是勞動生產物在歷史上以商品出現的原始形態。也就是說，此類生產物逐漸轉型為商品，與價值形態的發展是一致的。

一看就知道，單純價值形態是不充分的。這是胚胎形態，必須通過一系列的形態變化，才能成熟為價格形態（Preisform）。

商品 A 的價值由某種其他商品 B 表現，這只不過是把 A 的價值，由它自身的使用價值區別出來。故這種表現只不過是將商品 A 自身，與一異種商品處於交換關係，商品 A 與其他各種商品間的質的均等和量的比例，是沒有由此表現的。一商品的單純的相對價值形態，是與另一種商品的單一的等價形態相應的。所以，在麻布的相對價值表現中，上衣只與單一商品（麻布）維持等價物形態，或有直接可交換形態的關係。

單一的價值形態，會推移向更完全的形態。由單一的價值形態，商品的價值，是只表現在一種且是唯一的其他商品上。但這其他商品，無論是上衣、鐵、小麥，或是任何商品都可以。就因同一種商品得與種種其他商品處於價值關係，故也有種種單純的價值表現[26]。這類可能的

---

[26] 第二版注。例如荷馬（Homer）就用許多種東西，表現一種東西的價值。

價值表現之數，只受限於與其相異的商品數目，所以商品孤立的價值表現，得轉化為一系列可以無限延長，且個個不同的單純的價值表現。

B　總體的或擴大的價值形態（Totale oder Entfaltete Wertform）

z 量商品 A = u 量商品 B，或 = v 量商品 C，
或 = w 量商品 D，或 = x 量商品 E，或 = 其他。
20 碼麻布 = 1 件上衣，或 = 10 磅茶，或 = 40 磅咖啡，
或 = 1 夸特小麥，或 = 2 盎司金，或 = 1/2 噸鐵，或 = 其他。

a. 擴大的相對價值形態（Die Entfaltete relative Wertform）

一商品（例如麻布）的價值，現在是表現在商品界無數其他的要素上。每一種其他的商品，都成了麻布的價值之鏡[27]。麻布的價值，是第一次真正表現為無差別的人類勞動之凝結。因為創造此價值的勞動，現在表現得和每一種其他的人類勞動相等，不問這其他的人類勞動，是採取何種形態；所以，也不問它是實踐在上衣、小麥、鐵或金。麻布即因其價值形態，故不僅與一別種商品有社會關係，且與商品界全體有社會

---

[27] 當麻布價值依上衣表現時，我們可稱此為麻布的上衣價值，當麻布價值依小麥表現時，我們可稱此為麻布的小麥價值等等。每個這樣的表現，都指示了它的價值，是表現在上衣、小麥等等的使用價值上。「任一商品的價值，皆係指示它與某一別種商品的交換關係，所以我們能……視其所與比較之物，稱其為小麥價值、羅紗價值；因此它有無數種的價值，有多少種，就看有多少種商品，那同樣是真實的，也同樣是名目的。」（《價值之性質、尺度，與原因之批判研究》，主要就李嘉圖及其學徒的著作來立論；《見解的形成》一書的作者所著，倫敦，1825 年第 39 頁。）貝利，這個曾在英國當時轟動一時的匿名著作的作者，曾認為只要這樣指出同一商品價值有種種的相對表現，就可以證明，任何價值概念的決定皆不可能。不過，他的見解雖然太偏狹，但由李嘉圖學徒對他的猛烈攻擊，也可斷言，他曾觸到李嘉圖學說的某一些痛處。關於這種攻擊，可以拿《威斯敏斯特評論》來看。

關係。作爲一個商品，它是商品世界的一個市民。同時商品價值在其表現之無限系列價值等式中，隱含其無論表現在哪一種使用價值的特殊形態上，都沒有差別。

在第一形態 20 碼麻布 = 1 件上衣中，兩種商品以一定的數量相交換，或許純然是一件偶然的事。但在第二形態中，我們看見它與偶然出現根本不同，且又是決定這偶然出現的背景。麻布的價值，無論是依上衣、咖啡，或依鐵，或依任何人擁有的任何種商品表現，其量總是不變的。兩個個別商品擁有者間的偶然關係消滅了。很明顯，不是交換規定商品的價值量；反之，乃是商品的價值量，規定它的交換比例。

b. 特殊等價形態（Die besondre Aequivalentform）

上衣、茶、小麥、鐵等等商品，各都在麻布的價值表現中，作爲等價物，從而作爲價値體（Wertkorper）。這些商品中每一種商品的具體形態，都在許多別的特殊等價形態旁，成爲一個特殊的等價形態。同樣的，這些不同商品內體現的多樣性具體有用勞動，現在也作爲無差別人類勞動的許多不同的實現形態，或表現形態。

c. 總體的或擴大的價值形態之缺點

首先，商品的相對價值表現，是不完全的，因其表現系列是無窮無盡的。每一個價值等式，都在鎖鏈中成爲一環。這個鎖鏈，當有新商品出現成爲一個新環，並供應價值表現的一種新材料時，便會延長。第二，這種鎖鏈，是許多獨立且本質相異的價值表現所形成一種色彩繽紛的鑲嵌細工。第三，我們既須在這種擴大形態上表現每一種商品的相對價值，故每一種商品的相對價值形態，皆爲一無窮無盡的價值表現的系列，並且，一種商品的相對價值形態，又和任何別種商品的相對價值形態不相同。擴大的相對價值形態之缺點，會反映到相應的等價形態上來。每一種商品的實體形態，都在無數的別的特殊等價形態旁，成爲一個特殊的等價形態，所以我們有的僅是互相排斥的碎裂等價形態。同樣

的，每一種特殊商品等價物所體現的特別的具體有用勞動，也只代表人類勞動之特殊類型並不是人類勞動普遍的澈底代表。誠然，這一切多樣性、特殊性具體形態的總和，將成為人類勞動的適當表現形態。但還是沒有統一的表現形態。

擴大的相對價值形態，只是第一種（即單純的）相對價值表現或等式的總和。第一種價值等式是這樣的：

20 碼麻布 = 1 件上衣；
20 碼麻布 = 10 磅茶；等等。

這些等式，皆各有相應的倒置等式如：

1 件上衣 = 20 碼麻布；
10 磅茶 = 20 碼麻布；等等。

事實上，假設有某人以麻布交換許多其他的商品，並且把麻布的價值表現在一系列其他的商品上；其他商品的擁有者，自然也會以他們的商品交換麻布，並把他們的商品的價值表現在這同樣的第三種商品——麻布——上。把這個系列 20 碼麻布 = 1 件上衣或 = 10 磅茶，或 = 其他，倒置，即得：

C　普遍的價值形態（Allgemeine Wertform）

$$
\left.\begin{array}{l}
1 \text{ 件上衣} = \\
10 \text{ 磅茶} = \\
40 \text{ 磅咖啡} = \\
1 \text{ 夸特小麥} = \\
2 \text{ 盎司金} = \\
1/2 \text{ 噸鐵} = \\
x \text{ 量商品 A} = \\
\text{其他} =
\end{array}\right\} 20 \text{ 碼麻布}
$$

a. 價值形態的轉換特性

在這個形態上，商品的價值表現：(1) 是單純的，因為表現在唯一

的商品上；(2) 是統一的，因為表現在同樣的一種商品上。這種價值形態是單純、一視同仁，所以是一般的。

第一種形態和第二種形態，只適於表現一種商品的價值與其使用價值或物質形態的區別。

第一種形態供應的價值等式，是 1 件上衣 = 20 碼麻布；20 磅茶 = 1/2 噸鐵等等。上衣價值表現為與麻布相等，茶價值表現為與鐵相等；但以上衣等於麻布，和以茶等於鐵不同，正如麻布與鐵不同。很明顯，這種形態只發生於太古時代，在那時勞動生產物之轉化為商品，只由於偶然及偶爾發生的交換。

第二種形態比起第一種可以更恰當地區別出一個商品的價值與其使用價值。在這個形態上，上衣的價值是處於一切可能的形態，對比它的實體形態；它被等於麻布、被等於鐵、被等於茶，總之，被等於上衣以外的每一物。另一方面還是欠缺商品的共通的價值表現；因為在任一種商品的價值等式中，一切其他的商品，皆只顯現在等價形態上。擴大的價值形態，是當發生有某種勞動生產物（例如家畜）不僅偶然並且習常用來交換其他種種商品時才首次實際存在。

這個新生的形態，卻由一種實際與其他各種商品分開的商品（例如麻布），表現商品界全體的價值，並且把一切商品的價值，以和麻布相等的方式，從而表現出它們的價值。各種商品的價值，藉由和麻布等值，現在不僅與其自身的使用價值有所區別，且普遍與一切的使用價值有所區別，且也就由此表現為它和一切商品的共通性。這個形態，才首度使諸種商品，實際作為價值來彼此相關，或作為交換價值出現。

前兩種形態，僅由單一不同種商品，或由一系列許多此類的商品，表現每一種商品的價值。在這兩種情況，尋覓價值形態，可說是各個商品的私務，不必有其他商品的幫助。其他的商品相對於前者而言，不過作為被動的等價物。反之，普遍的價值形態，卻只能是商品界共同行動的結果。一種商品必須在其他一切商品的價值同時由同一等價物表現、每一種新出的商品又都照樣做的限度內，方才取得其普遍的價值表現。

由此我們可以明白，商品的價值客觀性，因純然是此等物的「社會的存在」（gesellschaftliche Dasein），故只能依商品全面的社會關係表現。商品的價值形態，也必須是社會公認的形態。

與麻布相等的一切商品，現在不僅作為質性相等，且具一般性的價值，同時還作為可以相比的價值量。一切商品，既以同一種材料（即麻布）表現它們的價值量，故此等價值量，還可以互相參照。例如，10磅茶＝20碼麻布，40磅咖啡＝20碼麻布，所以10磅茶＝40磅咖啡。換言之，1磅咖啡內含的價值實體（勞動），僅有1磅茶內所含的價值實體之1/4。

商品界普遍的相對價值形態，使那從商品界被擠出來當作等價物（Aequival entware）的麻布，轉為共通等價物（Allgemeinen Aequivalent）。麻布自身的實體形態，成了商品界的共同價值形態；因此，麻布得與一切其他的每一種商品直接交換。它的實質性，成了一切人類勞動的可見的體現、成了一切人類勞動的社會過渡期（gesellschaftliche Verpuppung）。織物勞動雖是生產麻布者的私人勞動，但在此時，也取得了社會的特性、取得了與其他各種勞動等同的特性。普遍價值形態構成的無數等式，構成一個系列，在這系列內各種商品內體現的勞動，依次與麻布內體現的勞動相等；因此，織物勞動也成了無差別人類勞動的一般化表現形態。於是實踐在商品價值中的勞動，不僅消極地表現為勞動，換言之，不僅表現為一切具體形態與有用屬性已被抽離的實際勞動。其積極的性質，也清楚顯現出來了。普遍價值形態把各種實際的勞動換算為人類勞動的共通特性，為人類勞動力的支出。

普遍價值形態——它以一切勞動生產物，表現為無差別的人類勞動的凝結——由它本身的構造，表示它是商品世界的社會概括。它是那麼明白地告訴我們：在這商品世界內，勞動所特有的社會特性，是由一切勞動作為人類勞動所擁有的特性構成的。

b. 相對價值形態與等價形態之相互發展

相對價值形態的發展程度，與等價形態的發展程度相對應。但我們必須注意，等價形態的發展，只是相對價值形態的發展的表現與結果。

一商品之單純的或孤立的相對價值形態，使某種其他商品，變成孤立的等價。擴大的相對價值形態——即由其他一切商品表現一種商品的價值的形態——使這其他各種商品，被賦予不同類別的特殊等價特性。最後，有一種特別的商品，取得共通等價物的特性，因為其他的一切商品，都用這一種商品，一致表現它們的價值。

依價值形態的發展，其兩極——相對價值形態與等價形態——的對立，也同時發展。

在第一形態 20 碼麻布 = 1 件上衣內，已經包含這種對立，但不曾使其固定。從等式的左邊讀起，則麻布是相對價值形態，上衣是等價形態；從等式的右邊讀起，則上衣是相對價值形態，麻布是等價形態。在此，要掌握兩極的對比是不容易的。

在第二形態，只有一種商品可以充分擴大它的相對價值，而它之所以有擴大的相對價值形態，是因（且以此為限）其他一切的商品與它相應，各皆作為等價形態。在此，價值等式 20 碼麻布 = 1 件上衣，如非改變等式的普遍特性、如非由擴大的價值形態轉為普遍的價值形態，即不能倒置。

最後，第三種形態則給全商品界以普遍社會的相對價值形態，因（且以此為限）除一種商品以外的商品，皆不得有等價形態。而這一種商品（麻布）取得與其他一切商品直接交換的特性，也因（且以此為限）其他一切商品，沒有取得這種特性[28]。

---

[28] 一般直接交換可能性的形態，像陽磁極不能與陰磁極分離一樣，與不能直接交換性的形態分不開。但這個事實是人所不認識的。所以，或許有人想，我們可使一切商品同時具有直接交換可能性的形態。這種想像，和一切天主教徒皆可變成教皇的想像一樣。當然，對小資產階級來說，如果由商品不能

反之，作為共通等價物的商品，就不得在商品界內有相對價值形態了。倘若麻布（或任何一種作為共通等價物的商品）也要有相對價值形態，它就必須自己作自己的等價物。於是，我們將有 20 碼麻布 = 20 碼麻布的等式，這是同義反復，既不表現價值，也不表現價值量。我們要表現共通等價物的相對價值，必須把第三形態倒轉過來。共通等價物即使有相對價值形態，其相對價值形態，也與他種商品的相對價值形態不同；它的價值，必須相對表現在一無限系列的其他商品上。是故，等價商品（Equivalent ware），必須以擴大的相對價值形態，為它特別的相對價值形態。

c. 由普遍價值形態到貨幣形態的推移

共通等價物形態，一般是價值的一個形態。任一種商品都能取得它。但一種商品，必須從其他各種商品被擠出來，作為其他各種商品的等價物，然後（並以此為限）才能有共通等價物形態（第三形態）。自從這種排擠是以特定一種商品為限的時候起，商品界之普遍相對價值形態，才有真實的一致性和普遍的社會效力。

於此，有特定的商品，其實體形態，被社會公認為等價物形態。這特定商品，遂成為貨幣商品（Geldware），或肩付貨幣的機能。從此以後，在商品界充作共通等價物，就是這種商品所特有的社會機能，於是這就成了它的社會壟斷權了。在第二形態下，有種種商品作為麻布的特

直接交換而起的不便能被除去，當然極好；因為在他們心裡，商品生產便是人類自由和個人獨立的頂點。普魯東的社會主義，便是這種庸俗的空想之演出。我曾在別處說過，這種社會主義，連創見的功績也沒有。在他之前許久，就有格雷（Gray）、布雷（Bray）等人，把這種工作嘗試過了，嘗試的成績也好得多。雖如此，這種智慧現今還在某種範圍內，在「科學」的名目下極為繁榮。沒有別的學派，比普魯東學派更愚弄「科學」這個名詞了。因為，「在概念缺失的地方，一個詞就適時出頭了。」

殊的等價物；在第三種形態下，則有種種商品的相對價值，同由麻布表現。但有一種特別商品，曾奪得優先的位置，那就是金。若在第三形態內，我們以商品金代替商品麻布，即得：

D　貨幣形態（Geldform）

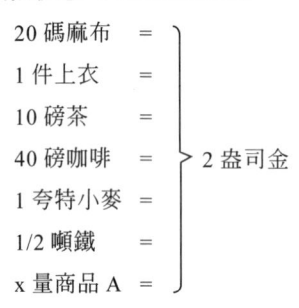

$$\left.\begin{array}{l} 20\text{ 碼麻布} = \\ 1\text{ 件上衣} = \\ 10\text{ 磅茶} = \\ 40\text{ 磅咖啡} = \\ 1\text{ 夸特小麥} = \\ 1/2\text{ 噸鐵} = \\ x\text{ 量商品 A} = \end{array}\right\} 2\text{ 盎司金}$$

由第一形態至第二形態，由第二形態至第三形態，皆會發生本質的變化。另一方面，第三形態與第四形態實無差別，只有一點，也就是金代替了麻布取得了等價物形態。在第三形態，共通等價物是麻布，在第四形態，共通等價物是金。故由前者至後者，只有這一點進步；即由社會習慣，直接及共通交換性的特性，換言之，共通等價物形態，最終與金這種物質等同。

金能以貨幣的資格，與其他各種商品相參照，是因為它原來就已經以單純商品的資格，與其他各種商品相參照了。像其他各種商品一樣，金可以當作等價物——在孤立的交換中，成為單純的等價物，或和其他商品等價物並列一起，而為特殊的等價物。漸漸的，它才在或廣或狹的範圍內，成為共通等價物。但它一旦在商品界的價值表現中壟斷這個位置，它就成了貨幣商品了。自從它成為貨幣商品的時候起，第三形態和第四形態才區分開來；普遍價值形態，才轉為貨幣形態。

當商品（例如麻布）的相對價值，是依靠充作貨幣商品的商品（例如金）表現時，其單純的相對價值表現，就是該商品的價格形態

（Preisform）。因此，麻布的價格形態是：

  20 碼麻布 = 2 盎司金

若 2 鎊爲 2 盎司金的鑄幣名稱（Münzame），則：

  20 碼麻布 = 2 鎊

  形成貨幣形態概念的困難，在於清楚理解共通等價形態，及做爲必然結果的普遍價值形態（即第三形態）。但第三形態源於第二形態（即擴大的價值形態）；第二形態的基本構成要素是第一形態，即 20 碼麻布 = 1 件上衣，或 x 量商品 A = y 量商品 B，是故，單純的商品形態，是貨幣形態的胚芽。

IV　商品的拜物教性質及其祕密

  乍看之下，商品好像是一件不言而喻的極普通的物件，但分析一下，才知道它實際上是一件極奇怪的物件，充滿著形而上學的精妙和神學的微妙。在商品爲使用價值的限度內，說它有種種特性可以滿足人類的欲望，又或說這種特性是人類勞動的生產物，它都毫無神祕之處。很明顯，人透過其勤奮，改變大自然物料的形態，使它對於本人有用。例如用木頭做成桌子時，人就把木材的形態改變了。不過，桌子還是木頭，還是一種普通的、日常的物件。但這個桌子一旦成爲商品，它就變成一個超感觀的卓越物（Sinalich übersinnlicher Ding）。它不僅用腳直立在地上；在它對其他一切商品的關係上，它還用頭倒立著，並從它那木腦袋裡，展現出了種種怪誕的想法。這種想法，比桌子自動跳舞的把戲，還更加不可思議[29]。

  商品的神祕特性，不是由它的使用價值發生，也不是由決定價值要素的本質發生。首先，有用的勞動或生產性活動，無論如何變化，但

---

[29] 我們想起了這樣的話，當一切其餘的世界皆靜止不動時，瓷器和桌子舞蹈起來了。

總歸是生理學上的一項事實，也就是，它們是人類有機體的機能。無論這種機能的本質和形態如何，它在本質上總歸是人類的腦、神經、肌肉、感官等等的支出。其次，說到形成決定價值量的基礎，即勞動力支出的持續期間或勞動量，那又很明顯，在勞動的量和勞動的質之間，有一種明確的區別。在任何社會狀況下，生產維生資料所費的勞動時間，都是人類關心的客體，不過關心的程度，會隨著社會發展程度而不同罷了[30]。最後，自人類以某種方法為彼此而工作以來，他們的勞動總歸是採取社會的形態。

然而勞動生產物取得商品形態時候的謎一樣的特性，是從何處發生的呢？明顯是從這種形態本身發生的。在這種形態下，人類一切勞動的平等性，客觀地表現為其勞動生產物的相等的價值。人類勞動力的支出，由其持續的期間計算的，則表現為勞動生產物的價值量；生產者的相互關係──他們的勞動的社會特性，就是在這種關係上成立的──又表現為勞動生產物的社會關係。

商品形態之所以有神祕性，只因為在這個形態內，人們把人類勞動的社會特性，看成了勞動生產物自身的客觀特性；因為生產者對其本身總勞動（Gesamtarbeit）的關係，被認為是生產者之外其勞動生產物間的社會關係。就因為有這種轉換，所以勞動生產物成了商品，同時其質性成了感覺的及極細微的社會物件（Sinnlich übersinnliche oder gesellschaftliche Dinge）。這就像光線一樣。當一物的光線射入我們的視神經時，我們不認為它是視神經的主觀的刺激，卻認為它是眼睛之外

---

[30] 第二版注。在古代日耳曼人中，一「莫爾根」（Morgen，約一英畝──英譯者注）土地的面積，是依照一日的勞動來計算的，因此「莫爾根」又稱 Tagwerk、Tagwanne（jurnale、jurnalis、terra jurnalis、jurnalis 或 diornalis）、Mannwerk、Mannskraft、Mannsmahd、Mannshanet 等等。參看格奧爾格·路德維希·馮·毛赫爾（Georg Ludwig von Maurer）《馬爾克組織之歷史概論》，慕尼黑，1854年版，第129頁以下。

某物的客觀形態。但在視覺活動中,確實也有光線由一物通過另一物,由一外在客體射到眼裡。在實體性的物件之間,確實有一種物理的關係。但商品的情況則有所不同,商品物件的存在及烙上商品的勞動生產物間的價值關係,則和勞動生產物的物質屬性及由此發生的物料關係絕對無關。那只是人與人之間一定的社會關係。但在人看來,這種關係,居然成為物與物之間的幻想關係了。所以如果我們要找一個類比,就必須求助於宗教世界的幻境中去。在宗教世界的幻境中,人腦的生產物,就像是賦有生命而彼此有關聯,並與人有所關聯的獨立存在物一樣。在商品界裡,由人手造的生產物也是這樣。我把這個叫做拜物教(Fetischismus)。勞動生產物一旦作為商品而被生產時,這種性質必然會附在勞動生產物上。這是商品生產不可須臾離的性質。

由以上的分析可知,商品世界的拜物教性質,是起因於生產商品的勞動所獨有的社會特性。

有用物品之成為商品,只因為它是獨立經營的私人或團體勞動的生產物。一切這些私人勞動的總和,形成社會的總勞動。生產者既然是因為互相交換勞動生產物,才有社會接觸;所以他們的私人勞動的社會特性,也是在這種交換行為上顯現出來的。換言之,私人勞動之成為社會勞動的一部分,是因為交換行為直接使勞動生產物間、並間接在生產者間,建立了一種關係。因此在生產者看來,私人勞動間的社會關係像是這樣:明確地說,不像是勞動上人與人之間的直接社會關係,卻像是人與人之間物質上的關係,和物與物之間的社會關係。

勞動生產物在交換中,才和它作為形形色色有用客體的存在分開,得到均一的社會地位、價值。於是,勞動生產物就分為有用物和價值物了。但這種區分,從交換已十分流行、致有用物品分明是為交換而生產,而在生產中又必須先考慮物品的價值特性那時候起,才實際上顯得重要。從那時起,生產者的私人勞動才在事實上取得雙重的社會特性。一方面,它必須作為某種有用的勞動,來滿足某種社會的需要,從而在自然發生的社會分工體系中,作為集體勞動的一部分。另一方面,它之

所以能滿足生產者的多樣需要，僅因為每一種有用的私人勞動，皆能與別種有用的私人勞動交換是已成立的社會事實，從而與別種有用的私人勞動相等。完全不同類型的勞動，又僅因為實際的差別被抽離、被換算為共同的分母，即人類勞動力的支出或抽象的人類勞動，所以能夠相等。在私人生產者的頭腦中，私人勞動的雙重社會特性，只以生產物交換的日常實踐上所刻下的形態反映出來。私人勞動之社會的有用性，是以勞動生產物不僅須有用，且須對他人有用的形態來反映；不同種特殊勞動之社會的平等性，則以實體不同的勞動生產物有共通的質性即具有價值的形態來反映。

　　人把他的勞動生產物看作價值，使它們彼此有所關聯，這絕不是因為他們認識了這些物品不過是同質的人類勞動之物質性容器，而是全然相反。當他們藉由交換，把不同的生產物等同於價值時，他們才把各種不同的投在生產物中的勞動，等同於人類勞動。他們雖然不知，但他們一般都這樣做[31]。價值不曾在額頭上寫明自己是什麼，但把每一種勞動生產物化作了社會的象形文字。後來人類試作要判讀這個象形文字的意義，來探究他們自己的社會生產物之祕密。把有用物品標上價值，本來就和語言一樣是人類社會的產物。但直到近來，科學的研究才說明勞動生產物在它是價值的限度內，只是生產它所支出的人類勞動之物質的表現。這在人類發展史上是劃時代的發現。但勞動的社會特性被人視為生產物的客觀特性之迷霧，依然不曾去除。價值的真正特性雖被發現了，但在一種特殊生產形態（即商品的生產）的事實——獨立經營的私人勞動所特有的社會特性，在於各種勞動同為人類勞動的質性，因此採取各種勞動生產物具有價值的形態——在生產者看來，依然是永遠不變的。

---

[31] 第二版注。加利亞尼（Galiani）說：「價值是人與人之間的一種關係。」他其實應當附加一句：「不過這種關係，隱藏在物的表象之下。」（參看加利亞尼《貨幣論》，庫斯托第所編《義大利經濟學名著集》近世篇，1801年，米蘭版，第3卷，第220頁。）

這就像科學的發現，雖然把空氣的氣體分析成了幾種元素，但包圍天體的氣體本身，依然和以前一樣。

　　生產者在交換時實際關心的問題，首先是自己的生產物，能換得多少他人的生產物？即生產物以多少比例交換？當交換比例已由習慣取得相當的穩定性時，這種比例，就像是由勞動生產物本質中生出的一樣了。一噸鐵和兩盎司金價值相等，就像一磅金和一磅鐵（金與鐵是化學、物理質性都不相同的兩種金屬）重量相等一樣理所當然。實際上，勞動生產物的價值特性，乃由勞動生產物以價值量的資格互相發生作用才確定的。價值量是與生產者的意志、先見和行為獨立地且不斷變動的。於是在生產者看來，生產者自己的社會性行動，是採物品作用的形態了。好像不是這種種物品受他們支配，而是他們受這種種物品支配。必須到商品生產已充分發展以後，科學的精確觀察才能由累積的經驗生出。到這時人才能精確看出，一切互相獨立經營的各種私人勞動在社會分工體系中自發成為一個部門，會不斷換算為社會所要求的量性比例。但，為何如此？勞動生產物間一切偶然的交換關係，雖然會不斷波動，但在這交換關係中，其生產過程社會所必要的勞動時間，終會像優先的大自然法則（如像屋子會朝我們頭傾倒的重力法則）一樣，強制地貫徹[32]。價值量由勞動時間規定，這是一個隱藏在商品相對價值明顯波動背後的祕密。這個祕密的發現，在移除決定勞動生產物價值量一切僅屬偶然性的出現，但絕不曾改變產生這種決定的方式。

　　關於人類社會生活形態的省思及科學分析，一般是與人類社會生活形態的現實發展，循相反的道路。這種省思與分析，是從手中掌握的發展過程完成結果開始的。勞動生產物所依以成為商品，和商品流通所

---

[32]「對於一個必須依賴週期革命來實行的法則，我們將作何觀感呢？那也是一個自然法則，是用當事人的無意識性，來作立足點的。」恩格斯（Friedrich Engels）在《國民經濟體批判綱要》中說過的一句話。原文載於《德法年鑑》，盧格（Arnold Ruge）、馬克思合編，1844年，巴黎。

依以發生的種種形態，在人開始判讀其意義，不研究其歷史特性（因爲在他們看來，這種種形態乃是不可變的，但其意義可變）時，已經取得了社會生活自然及自明形態的穩定性了。因此只有商品價格的分析能引出價值量的決定，也只有一切商品共有的貨幣表現能建立商品價值的特性。但商品界這個最終的形態——貨幣形態——不只不能顯示出，且反能隱蔽私人勞動的社會特性，和個人生產者間的社會關係。當我說，上衣、皮鞋等物，與作爲抽象的人類勞動之共同體現的麻布有關聯，這種說法的悖理是一目了然的。但當上衣、皮鞋等物的生產者，使這些商品，與當作共通的等價物的麻布（或金與銀）相較以表現其私人勞動對社會集體勞動的關係，正是這個悖理的形態。

有產階級經濟學的諸種範疇，也正是由這類似形態構成的。這些是思維的形態，在說明歷史上決定社會生產方式（即商品生產）所特有的諸種條件和生產關係時，是有其社會的妥當性的。但我們只要一進到別種生產形態中去，商品世界的一切神祕，包圍著勞動生產物以商品形態的一切魔法及妖術，就都消失了。

因爲政治經濟學者很愛談魯賓遜的寓言經驗[33]，所以我們就先來看看他在這個孤島上的情形吧。他誠然是極節制的，但他有少許欲望必須滿足，所以他仍須擔任多種不同的有用勞動，例如造工具、製家具、馴養山羊、捕魚、獵鳥獸等等。祈禱那一類的事情還不算在裡面，因爲魯賓遜很愛好這些活動，他是把這種活動當作娛樂的。他雖進行這麼多種的手工活，他仍然知道，他的勞動無論其形態，不過是同一個魯賓遜的

---

[33] 第二版注。甚至李嘉圖也不是沒有魯賓遜寓言。「他把原始的漁夫和獵人，當作商品擁有者，使其相互交換魚和野獸，並使其依照實現在交換價值中的勞動時間的比例來交換。在這裡他犯了時代錯誤的毛病，因爲他曾使原始的漁夫、獵人，在計算勞動工具時，應用 1817 年倫敦交易所通用的年金表。除資產階級的社會形態外，歐文的平行四邊形共同宿舍組織，似乎是李嘉圖認識的唯一社會形態了。」（卡爾・馬克思《政治經濟體批判》，第 38、39 頁。）

不同的活動形態，從而，不過是人類勞動的不同的方式。在必要性的強制下，他不得不把他的時間，精準的分配在各種手工活之間。在他的全部活動中，哪種手工活占較大的範圍、哪種手工活占較小的範圍，這要看在有用效果的實現上，必須克服多大的困難才能決定。經驗是會給他教訓的。曾從破船救出錶、帳簿、筆和墨水的魯賓遜，不久就變成一個十足的英國人，開始登記各種帳目了。他會把他所有的有用物品，作成一個家產目錄，當中還記述著生產這類物品所必要的種種操作，並記錄著各種生產物生產一定量平均所費的勞動時間。魯賓遜和他手創各種物品所組成財富間的關係，是如此簡單、如此明瞭的。連維爾特（M. Wirth）先生也用不著特別努力，就可以理解了。且決定價值的本質要素，已全部包含在這些關係裡面。

現在，我們由魯賓遜的明敞的孤島，轉過來，看看籠罩歐洲的黑暗的中世紀。在那裡，我們看不見獨立的人，卻看見每個人都是互相依賴的──農奴與領主、家臣與封建諸侯、俗人與牧師。在那時代，物質生產的社會關係及組建在其上的諸生活領域，是以人身的從屬為特徵的。但就因為是人身從屬關係構成那種社會的基礎，所以勞動及其生產物不必採取與其現實不同的幻想形態了。勞動及生產物，在社會交易中，是當作實際的工役和實物的納貢的。在那裡，勞動的自然形態及特殊形態，其普遍抽象形態是勞動的直接社會的形態。徭役勞動（Fronarbeit）雖然和商品生產的勞動一樣是由時間適當地量度，但每一個農奴都知道，他為侍奉領主而支出的，是一定量的他個人的勞動力。奉給牧師的什一稅，比牧師的祝福要更實際。但無論我們怎樣想像封建社會人們各自扮演的角色，人與人在執行勞動的社會關係，總歸是表現在他們彼此的人際關係上，不曾假裝為勞動生產物與勞動生產物間的社會關係。

我們要舉共同或直接聯合勞動的例子，盡可不必向一切文明族群的太古時期，去追溯它自然發生的形態[34]。有一個更近的例子。那就是

---

34 第二版注。「近來流行著一種可笑的偏見，認為自然的共產形態，是斯拉夫

自耕農家庭為家人需要，而生產穀物、家畜、棉紗、麻布、衣服等物的農村的家長式產業（ländich paternalistische Industrie）。這種種物品，對於家庭，僅是家庭勞動的種種不同的生產物，不是商品。生產這種種生產物的種種勞動（例如耕作、畜牧、紡織、裁縫等等），就它們本體而言，便有社會的機能，因為它們是家庭的機能。家庭，和以商品生產為基礎的社會一樣，擁有自然發生的分工體系。家庭中的分工，和家人勞動時間的調配，是由性別與年齡的區別去決定的，並且是由各種與季節變動有關的自然條件去決定的。以延續期間量度的個人勞動力的支出，在這情況，自始即表現為勞動本身的社會特性，因為個人勞動力，在這情況，自始僅作為家庭整體勞動力的一個特定份額。

最後，我們且換一個方向，想像一個自由人的團體。在這個團體內，一切生產資料（Produktionsmittel）皆屬共有，各個人使用共有的生產資料，有意識的把許多個人的勞動力，當作團體的組合勞動力來執行工作。在此，魯賓遜的勞動的一切特性，皆重現了。惟在魯賓遜，勞動是個人的；在此，勞動是社會的。在魯賓遜，生產物全然是個人的生產物，從而，只對於他一個人是直接的使用客體。但我們這個團體的總生產物，卻是社會的生產物。這生產物的一部分，會再用作生產資料，它依然是社會的。另一部分，則當作維生資料（Lebensmittel）為團體各成員所消費，所以必須分配在他們之間。其分配方式，將與團體的生產（Gesellschaftlichen Produktionsorganismus）組織，與生產者所達到的歷史發展程度，一同變化。僅為便於與商品生產相對比起見，我們假定，

族所特有的，甚至說只有俄羅斯有這種形態。實際上，這種共產形態乃是原始的形態，我們在羅馬人、日耳曼人、凱爾特人之間，也可以發現。但我們還能在印度人中，就其遺跡，發現這種形態的完全模本。細心研究一下亞洲的、尤其是印度的共產形態，就知道自然共產的種種形態曾怎樣生出它的種種解體形態來。例如羅馬和日耳曼的私產的種種原形，就可以由印度共產的種種形態，推演出來。」（馬克思《政治經濟體批判》，第10頁。）

各生產者在維生資料中所得的份額，將由各人的勞動時間決定。如是，勞動時間將有雙重作用。一方面，勞動時間依明確的社會計畫將使各種待完成的工作種類，與團體的各種欲望，維持適當的比例。另一方面，勞動時間又作為一種尺度，一則可以量度生產者個人在共同勞動中投入的份額，二則可以量度各個人在總生產物中應得消費的份額。無論在生產方面抑或在分配方面，個別生產者對於他們的勞動和勞動生產物的社會關係，都是極單純的和極易理解的。

宗教世界只不過是真實世界的反映。在商品生產者的社會內，一般的社會生產關係（Produktionsverhältnis）是這樣的：他們的生產物皆作為商品及價值，他們的私人勞動，皆依此，換算成等質人類勞動的標準，而彼此相關聯。在這種社會內，崇拜抽象人的基督教，尤其是在有產階級手上發展的基督教，例如新教、自然神論等等，是最適宜的宗教形態。但在古亞細亞的（altasiatischen）、古希臘羅馬的（antiken）及其他的生產方式下，生產物轉為商品，從而人轉為商品生產者，只處於附屬的位置。到後來，這種原始共同體（Gemeinwesen）漸漸走上崩潰的階段，它的位置才漸漸重要起來。真正的商業族群，是像伊比鳩魯的神或散在波蘭社會毛孔中的猶太人一樣，存在於古代世界的隙縫中。古代社會的生產有機體，比有產階級的生產有機體更簡單得多，也更容易理解得多。那種有機體，是以個人的未成熟性（那時在原始部落團體內人與其族人的臍帶尚未斷去），或以直接的支配隸屬關係為基礎。那種有機體，是有下述條件限制的。即，勞動生產力的發展階段還很低；從而，在物質生活領域中，人與人及人與大自然的社會關係還很狹隘。這種現實的狹隘性，在觀念上，反映為古代對大自然的崇拜與通俗宗教的其他元素。現實世界之宗教的反映，必須等實際日常生活關係，提供給人極明白、極合理的人與人的關係，和人與大自然的關係之後，才會消失。社會生活過程（基於物質生產過程），只有作為自由結合的人的生產，放在計畫有意識的管理之下，才能把它神祕的面紗揭開。但要做到這樣，社會必須已有一定的物質基礎，或一系列的物質的生存條件。這

種基礎或條件，又是從一個漫長及痛苦的發展過程，自發的結果。

政治經濟體曾分析（但不完整）[35]價值及價值量，並曾發現這種形態所包含的內容，但它從不曾問：為什麼這種內容要採取這種形態？也

---

[35] 李嘉圖對於價值量的分析，雖然在現在還是最好的，但仍有不充分的地方。這種不充分，將在第一卷第三、第四篇第 3 冊、第 4 冊加以說明。古典派經濟學，關於一般價值，從未明確地、充分意識地，把表現為價值的勞動，和表現為生產物使用價值的同一個勞動加以區別。當然他們實際是這樣區別了，因為對於勞動，他們有時從量的方面考量，有時又從質的方面考量。但他們不知道，一種勞動和別種勞動之間的量的區別，是以兩者的質的同一性或平等性為前提的，從而可以還原為抽象的人類勞動。例如李嘉圖就承認，當特拉西（Destutt de Tracy）說如下一段話時，他是同意這位法國哲學家的。特拉西曾說：「確實，我們的肉體官能和精神官能，才是我們的本原的財富；這種官能的運用，某種勞動，才是我們本原的富源；而被稱為財富的一切東西，也常常是由這種官能的運用生出的。……這也是確實的，這種種東西，都只代表造出它們的勞動：如果它們有一個價值，或有兩個不同的價值，這種價值都只能從勞動（造出它們的勞動）的價值引起。」（見李嘉圖《經濟學及賦稅之原理》，第 3 版，倫敦，1821 年，第 334 頁。）在這裡，我們只要說，李嘉圖是用特拉西的話，混入他自己更深刻的意思。實際上，特拉西一方面是說，構成財富的一切東西，皆「代表造出它們的勞動」，另一方面他又說，它們的兩個價值（使用價值與交換價值），是由造出它們的「勞動的價值」引起。他就這樣染上了庸俗經濟的淺薄氣。庸俗經濟學者是先假定一種商品（在這裡是勞動）的價值，以便在之後決定別的商品價值的。李嘉圖在引用特拉西的話時，是把這段話的意思解為，勞動（非勞動的價值）表現為使用價值和交換價值。不過他自己也不曾十分注意有雙重表現的勞動的雙重性，所以在「價值與富之區別性質」一章，他是用大部分篇幅，來考量薩伊的瑣碎意見。結果他還驚異地發現，關於勞動為價值泉源這一點，特拉西和他的主張相同，但關於價值概念，特拉西卻是和薩伊的主張相同。

就是，為什麼勞動要以其勞動生產物的價值來表現？為什麼勞動時間要以勞動生產物的價值量來表現？[36] 這諸種方程式，雖曾明確標示它們是屬於一個以生產過程支配人，不是以人支配生產過程的社會狀態，但在有產階級經濟學者的意識中，它們卻是和生產性勞動，一樣被視為不言而喻由大自然強制的必然性。所以有產階級對有產階級形態以前的社會

---

[36] 古典派經濟學有一個根本的缺點，那就是它不曾由商品的分析，尤其是商品價值的分析，發現價值成為交換價值的形態。亞當・史密斯和李嘉圖，是古典派經濟學的最大代表，他們也不重視價值形態，好像它和商品性質沒有關係一樣。他們之所以會如此，不僅因為他們的注意，完全被吸引到價值量的分析上去了，還有更深的理由。勞動生產物的價值形態，不僅是資產階級生產方法的最抽象形態，並且是它的最普遍形態。而資產階級生產方法之所以成為一種特別的社會生產，並取得歷史的特徵，也就是因為有這種形態。所以，如果把我們這種生產方法，視為社會生產的永遠的自然形態，我們就必會忽略價值形態的特殊性，從而把商品形態的特殊性，把貨幣形態、資本形態那種種更發展的形態的特殊性都忽略。因此我們發覺，澈底承認勞動時間為價值量尺度的經濟學者，關於貨幣（完成的共通的等價形態），竟抱持非常奇異、非常矛盾的見解。這個現象在銀行業問題的討論上表現得尤為顯著。因為在這個問題上面，單有平凡的貨幣定義已經不夠了。復興的重商主義派（甘尼爾等），就是這樣在反對方產生的。在這一派人看來，價值不過是一種社會形態，甚至是一個沒有實體的外觀。——在這裡，我們且解釋一下古典派經濟學和庸俗經濟學的意義。以後關於這兩個名詞，我不再加以解釋了。我所說的古典經濟學，是指配第（W. Petty）以來的經濟學。它曾研究資產階級生產關係的內部關聯，是與庸俗經濟學相對的。庸俗經濟學卻埋頭研究它的外部的關聯。他們為資產階級日常的需要，並且為了要給最明顯的現象以表面上也過得去的說明，像反芻一樣，不絕咀嚼科學經濟學許久以前所供給的材料，而在其他各點上面，他們卻像學究一樣，把資產階級生產當事人關於這個世界（他們認為最善的世界）所抱的最平凡、最自大的見解，組織一下稱其為永遠的真理。

生產形態，和神父對基督教以前的宗教，是用同樣眼光看待的 [37]。

---

[37]「經濟學家有一種特別的方法。在他們看來，只有兩種制度，一種是人爲的，一種是自然的。封建制度是人爲的。資本制度是自然的。他們像神學家一樣。神學家認爲宗教有兩種，在他們看來，他們自己的宗教是神所啓示的，此外的一切宗教，都是人所發明的。——歷史，以前是有的，但現在不再有了。」（馬克思《哲學的貧困——評普魯東先生所著〈貧困的哲學〉》，1847年版，第113頁。）巴斯夏（Bastiat）先生，認爲古希臘、羅馬人是只憑劫掠生活的，這眞是想像得滑稽。不過，人能幾百年由劫掠來生活，那也就證明，必須常常有東西在那裡供人劫掠，不然劫掠的客體，便須不斷地再生產出來。這好像就連希臘、羅馬人，也有一種生產過程，一種經濟，以構成他們那個世界的物質基礎，像資產階級經濟，構成現代世界的物質基礎一樣。難道巴斯夏先生的意見是，以奴隸勞動爲基礎的生產方法，是以劫掠制度爲基礎嗎？若如此，他就處在一個危險的境地了。像亞里斯多德那樣的偉大思想家，對於奴隸勞動，還難免發出錯誤的評價，爲什麼像巴斯夏那樣的小經濟學家，能對於工資勞動下適當的評價呢？——乘此機會，我且簡要地答覆一種批評。自拙著《政治經濟體批判》1859年出版以來，曾有一家美國的德文報紙批評過。批評者說，若所論以物質利害關係占優勢的現代世界爲限，他也贊同我的見解。在現代，的確是以支配的生產方法及與其相應的生產關係，總而言之，是「以社會的經濟構造作爲實在基礎的，而在其上建立法律的、政治的上層建築，並有一定的社會意識形態與其相照應。」在現代世界上的確是「以物質生活的生產方法，決定社會的、政治的、精神的生活過程。」但這個見解不適用於天主教支配的中世紀，也不適用於政治支配的古代雅典羅馬。關於中世紀和太古世界的這種常談，有誰不知道呢？但很明顯，中世紀不能依賴天主教來生活，太古世界也不能依賴政治來生活。反之，太古世界人類謀生的方法卻可以說明，爲什麼在太古世界，會由政治支配；而中世紀人類謀生的方法也可以說明，爲什麼在中世紀，會由天主教支配。再者，我們只要略略認識羅馬共和國的歷史，又會知道，它的祕密史是由土地所有權的歷史構成的。另一方面，唐吉訶德也因爲誤以爲浮浪的騎士能同樣見容於各種社會的經濟形態，所以不免要吃這種妄想的虧。

勞動的社會特質性，所取得客觀性的外表；或商品固有的拜物教。要知道這種拜物教曾怎樣誤導一部分經濟學者，可舉一例如下：即，有一些經濟學者，曾殫精竭慮地辯論過，在交換價值的形成上，大自然曾有怎樣的作用？實則，交換價值只是一定的社會方式，它所表示的只是一物所費的勞動。大自然在交換價值上，是像維持交換過程中的穩定。

生產物以商品形態，或是直接為交換而生產的生產方式，是有產階級生產最一般、最稚幼的形態。這種形態老早就出現了，不過不像現在呈支配及具有特色的方式。但就因這緣故，它那拜物教的特性也更容易看出了。我們若轉過來看看比較具體的形態，這種單純性的外表就消失了。貨幣體系（Monetarsystem）的幻想，是從哪裡發生的呢？在貨幣體系者看來，作為貨幣的金與銀，與其說它是代表社會生產者關係，寧可說它是具有特別社會屬性的自然客體。輕蔑貨幣體系的近代經濟體，在對待資本時，不是也明顯有著這種拜物教的迷信嗎？把地租認為是由土地產生，不是由社會產生的重農主義（Physiokratische）式幻想，究竟消失了多久了呢？

以後的問題，且留待以後討論。在這裡，我們只要再舉一個與商品形態有關的例子。假如商品能夠說話，它們將會說：我們的使用價值，使人類關心。但作為客體的我們，是沒有使用價值的。作為客體的我們，是只有我們的價值。這可以由下面的事情來證明。我們是以商品物（Warendinge）的資格進行自然交易的。彼此的眼中只有交換價值。這個意思，借經濟學者的口表達出來，便是：「價值（交換價值）是物品的屬性，財富（使用價值）是人的屬性。在這意義上，價值必隱含交換，財富則不然。」[38]「財富（使用價值）是人的屬性，價值是商品的屬性。一個人，或一個團體是富有的，一顆珍珠或一顆鑽石是有價

---

[38] 見《政治經濟學論爭的觀察，尤其關於價值、需求與供給》，倫敦，1821年，第16頁。

值的。……一顆珍珠作為一顆珍珠,是有價值的,一顆鑽石作為一顆鑽石,也是有價值的。」[39] 但直到現在,還沒有一個化學家,曾在珍珠或鑽石內發現交換價值。那些自命有批判力,自認已在經濟學上發現這個化學實體的人,竟發現了諸客體的使用價值與其物質屬性無關,諸客體的價值則形成其自體的一部分。客體的使用價值,沒有交換,也能由其與人發生直接關係而實現;客體的價值,卻必須藉由一種社會過程,即由交換才能實現──這種特別的情形,又合了他們見解的證明。於此,我們不禁想起道格柏瑞(Dogberry)向同胞希考爾(Seacoal)說的話:「成為一個美貌的人,那是境遇的造化;讀與寫的工夫,卻是天生的。」[40]

---

[39] 貝利,前書第 165 頁。

[40] 前二書作者皆攻擊李嘉圖,說他把一種純然相對的東西(交換價值)變成絕對的東西。但事實上正好相反。他是把表象的相對性(鑽石和珍珠之類的東西,當作交換價值,是有這種外表的相對性),還原作隱藏在表象之後的真實關係、還原作人類勞動的表現。不過,李嘉圖學徒對於貝利的答覆是粗率而不當的,這是因為李嘉圖自己也不曾說明價值與價值形態(即交換價值)的內部關係。

第二章

交換過程

商品不能自己走到市場上去自己交換。因此，我們必須求助於它的管理者，也就是商品擁有者（Warenbesitzer）。商品是物件，自無反抗人的力量，若其欠缺依從，他可以行使約束力，換言之，可以將它占有[1]。因此要使這種客體能作為商品來相互發生關係，商品管理者必須以意志寄存在這種客體內，並且以這種身分，發生相互的關係。一方必須得他方同意，必須依共同的意志行為，才讓渡自己擁有的商品、占有他方擁有的商品。他們必須互相承認私有者的權利。這種法律關係——它總歸是以契約的形式來表現，無論其是不是法律體系的一環——是一種意志關係，並在其中，反映出兩種意志的實際經濟關係。這種法律行為所包含的主題內容，也就由這種經濟關係規定[2]。在此，人是以商品代表者，從而以商品擁有者的資格互相存在的。我們研究下去將會知道，經濟舞臺上的人物特色，一般是作為存在於他們之間的經濟關係的人格化（Personifikationen der ökonomischen Verhältnisse）。

商品與商品擁有者區別的主要一點是，商品會把每一種其他的

---

[1] 以虔敬心著名的十二世紀，常有若干極微妙的東西被包括在商品裡面。那時有一位法國詩人曾把「不珍惜身體的女子」，和衣料、鞋子、皮革、農具等等，同列為蘭迪特（Landit）市場上待售的貨物。

[2] 普魯東由那與商品生產相應的法律關係，創造他的正義（永遠的正義）的理想；由此，他由一種給一切小資產階級無限寬慰的方法，確認商品生產的形態，和正義一樣是永遠的。此後就企圖依照這個理想，來改造現實的商品生產，並改造與其相應的現實的法律關係。假使有一個化學家，他不研究物質變化的現實法則、不解決與此有關的問題，卻想由「自然性」與「親和力」這兩個「永遠的觀念」，來改造物質的變化，我們對他將作何感想呢？我們說高利貸是與「永遠的正義」、「永遠的公道」、「永遠的互助」或其他「永遠的真理」相違背，正和教會的神父說，高利貸與「永遠的恩寵」、「永遠的信仰」、「永遠的神意」相違背一樣。這種說法，並不能使我們對於高利貸，多知道一些什麼的。

商品，當作自己的價值的外現形態。商品是天生的平等主義者、犬儒主義者，它隨時準備不僅以它的靈魂更是以實體，和別種比瑪莉登（Maritornes）還令人厭惡的任何商品交換。對於商品的具體性，它是沒有感覺的。但這種缺乏，由商品擁有者的五種以上的感官補足了，他的商品對於他自己沒有直接的使用價值。否則它不會被送到市場上去。但它對於他人有使用價值（Gebrauchswert für andre）。對於他自己，他只直接有一種使用價值；那就是，它是交換價值的載體，從而是交換手段（Tauschmittel）。³ 所以，他會為了自己有使用價值的商品，捨去自己擁有的商品。一切商品，對於它的擁有者，皆為非使用價值（Nicht-Gebrauchswert），但對於非擁有者（Nicht-Besitzer），則為使用價值。所以任何一種商品，都有轉手的必要。但這樣轉手，構成交換（Austausch），使商品以價值的資格互相關聯，並實現為價值的，也就是交換。所以商品在能夠實現為使用價值之前，必須先實現為價值。

但就其他方面來說，商品在能夠實現為價值之前，又必須展示它是使用價值。因為投在商品內的勞動是否被計入，就要看他是不是投在對於他人有用的形態上。惟勞動是否對於他人有用，其生產物是否可以滿足他人的欲望，又只有依交換行為來證明。

每一個商品擁有者，都只願意為那有使用價值、可以滿足本人欲望的別種商品，捨去自己的商品。以此觀之，對於他，交換只是個人的交易。但就另一方面來說，他總希望自己的商品實現為價值，並轉為有同等價值的任一種別的適合的商品，而不問自己擁有的商品，對於這別種商品的擁有者，有沒有使用價值。依此觀點，對於他，交換又是一般特

---

3 「每一種財的用途，都是雙重的。――其一是物自身所有的，其一不是物自身所有的。像草鞋，它可以穿，又可以用來交換。兩者都是草鞋的用途。因為他雖是用草鞋交換他手頭缺少的東西，例如營養物，他總是把草鞋當作草鞋利用的。但不是依照自然的使用方法。因為它不是為交換的目的製造的。」（亞里斯多德《共和國》，第 1 篇，第 9 章。）

性的社會的交易。但同一交易,不能同時對於一切商品擁有者,是只爲個人的,又是只爲一般的和社會的。

　　再進一步觀察。從一個商品擁有者的觀點來看,每一別種商品,對於自己擁有的商品,都是特殊等價物;從而自己擁有的商品,對於其他一切的商品,則是共通的等價物。但一切商品擁有者所處的地位都是一樣的。這情形,實際上等於沒有一種商品,作爲共通的等價物,從而也沒有普遍的相對價值形態,使商品能以價值的資格來相等,並以價值量的資格來互相比較。這時它們都不以商品的資格,只以生產物或使用價值的資格來互相對照。

　　商品擁有者在他們的困難中,是像浮士德（Faust）一樣想,「先是行動」。所以,他們在思考以前就行動和交易了。他們本能地順應了商品性質的法則。他們必須以他們擁有的商品,與別種作爲共通的等價物的商品進行比較。但一特定的商品,必須經由社會的行爲,才能成爲共通的等價。把特定被其餘排除在外的商品來表示其他商品的價值的,是其他一切商品的社會行爲。於是這種商品的實體形態,成了社會公認的共通等價形態了。由這種社會過程而充作共通的等價,就成了這一種被其餘排除在外的商品之特殊的機能了。它成了貨幣（Geld）。「它們一心要把它們的能力和權威,給這種獸。凡是要買要賣的,都不得不有這個記號,有這個獸的名字,或是有它的名字的數目。」（《啓示錄》）

　　貨幣這個結晶,是交換過程的必然結果。在這過程中,各種勞動生產物實際被視爲相等,經由慣例轉爲商品。交換之歷史的擴大與加深,誘發了原本隱藏在商品中的使用價值與價值的對比。爲通商起見,這種對比,有在外部表現出來的必要性。這必要性促使建立一個獨立的價值形態,且絕不停止直至商品與貨幣的分化得到滿足。勞動生產物愈是轉爲商品,這一特殊商品,也就愈是以同一速度轉爲貨幣[4]。

---

[4] 由此,我們可以判斷小資產階級社會主義是怎樣無意義了。這種社會主義,

生產物直接的物物交換（unmittelbare Produktenaustausch），就一方面來說，固已有單純的價值表現的形態，但就另一方面，卻還沒有。這個形態是 x 量商品 A＝y 量商品 B。直接的生產物交換的形態是 x 量價值 A＝y 量使用價值 B[5]。在交換以前，物品 A 與 B 還不是商品；它們是由物物交換的行爲成爲商品的。使用客體成爲交換價值的第一步，是對擁有者成爲非使用價值且成爲滿足擁有者本人當前欲望以後的多餘的使用價值部分。物的自體，是在人身之外，從而是可以從人身讓渡出來的。要使這種讓渡成爲交互的讓渡，只有一個條件是必要的；那就是人們互相默認他們是可以讓渡的物品的私人擁有者，也隱含他們是獨立的人。這種互相獨立的狀態，在基於財產共有的原始社會（無論是族長的家庭、是古代印度共同生活體，或是秘魯印加人的國家）並不存在。商品的交換，是在這類共同生活體的邊界處，在一共同生活體與其他類似共同生活體，或與其他共同生活體的成員們接觸的地方開始的。但物品一旦在某共同生活體對外關係上成爲商品，則由反應作用，它也會在其對內交易往來上成爲商品。交換的量的比例，當初純然是偶然的。它們之所以能互相交換，只是因爲擁有者互相願意把它們讓渡。但由此，對於他人擁有的使用客體，就漸漸產生了欲望。交換已由恆常的反覆成爲一種正常的社會行爲。漸漸的，至少有一部分勞動生產物，是爲交換的特殊觀點而生產了。從這時起，爲消費目的的效用和爲交換目的的效用，確立區分開來了。使用價值有別於交換價值。物品互相交換的量性

要使商品生產成爲永久，但同時又把「貨幣與商品的對立」廢除，從而把貨幣本身廢除，因爲它只在這種對立中存在。如果這種意見也可成立，我們也可廢除羅馬教皇而保持天主教了。關於這點，可參看拙著《政治經濟體批判》，第 61 頁以下。

5 如果不是用兩種不同的使用客體相交換，卻像未開化人一樣，將各種物品混雜起來，當作一種物品的等價，則在這限度內，連直接的生產物交換，也還是在初期階段上的。

比例，由它們的生產自身決定。習慣又使諸物成爲具定量的價値。

在生產物直接的物物交換中，每一種商品，對於其擁有者，皆爲直接的交換手段，對於擁有者其他人，皆爲等價物，但以它對於後者有使用價値爲限。在這階段中，交換品還沒有，與其自身使用價値或交換者個人的需要，相獨立的價値形態。自加入交換過程的商品數目增加及種類增多之後，這樣獨立的價値形態就是必要的了。問題與解決問題的手段，是同時發生的。商品擁有者以其擁有的商品，和其他種種商品進行大規模交換，會引導各種商品的不同擁有者，在交易時皆與同一的特殊物品等値交換。這特殊物品，由於成爲種種其他不同商品的等價物，故立即在一個雖仍狹隘的範圍內取得了普遍性社會等價物的特性。該特性，是隨著當時將之納入生活的短暫社會行爲而變化不定，並且是交替的、暫時的，附屬於這種商品或那種商品。但隨著交換的發展，這種特性終於固定且專屬於某類特殊商品上，並具體傲然成爲貨幣形態。它定著在特種商品上面，在當初只是偶然的。但大體來說，有兩種情況的影響具有決定性。貨幣形態大概是附著在這兩類商品上。第一類是最外來的重要交換品，那對於團體內各種生產物，事實上是原始和自然的交換價値表現形態；第二類是像牲畜一樣的使用物品，那是團體內各種固有可讓渡財富中的主要成分。貨幣形態最先是在遊牧族群發展起來的，因爲他們一切的財物都是動產，因此都是可以直接讓渡的；並且因爲他們的生活方式，藉由不斷地與外面的共同生活體接觸，央求生產物的交換。又往往發生把人當奴隸作爲原始貨幣素材的事情；但把土地用作貨幣素材的事情，卻是沒有過。用土地作爲貨幣素材的觀念，只在已經充分發展的有產階級社會內才能發生。那是十七世紀末葉才有的。若當作一種國家等級來實施，那還是一世紀後法國有產階級革命時的事。

商品交換愈是打破地方的限制，商品價値愈是擴大成爲抽象勞動的具體化，則依天然最適合擔任共通的等價物這種社會機能的商品──貴金屬──愈是取得貨幣特性。

「金與銀非天然爲貨幣，但貨幣天然爲金與銀」[6]。這個命題，可由這諸種金屬適合充任貨幣機能的種種物理屬性，證明爲眞[7]。但至此爲止，我們尙只認識貨幣的一種機能，那就是作爲商品價値的表現形態，或者說，作爲商品價値量取得社會表現的素材。只有每一片皆有一致質性的物質，能適合地成爲價値的表現形態、成爲抽象無差別及從而相等的人類勞動的具體化。又，價値量的差別既純然是量性；所以貨幣商品也必須容許只有量性的差別，因此必須可以隨意分割且能再度拼合。金與銀就天然賦有這種屬性。

　　貨幣商品（Geldware）的使用價値，是雙重的。作爲商品，它有特殊的使用價値（比方說，金可以鑲牙，可以作爲奢侈品的原材料等等），但它又由這種特殊的社會機能，取得了一種正式的使用價値。

　　其他一切商品爲貨幣的特殊等價，貨幣則爲其他一切商品的共通的等價。其他一切商品爲特殊商品，貨幣則爲通用商品[8]。

　　我們講過，貨幣形態是其餘一切商品價値關係的反映，是固著在單一商品上面的。所以「貨幣是商品」[9]這句話，只有那些從其完全成形出

---

[6] 馬克思《政治經濟體批判》，第135頁。——參看加利亞尼（Galiani）的話，「金屬……天然是貨幣」。（《貨幣論》，庫斯托第編《義大利經濟名著集》近世篇，第3卷，第72頁。）

[7] 欲知其詳，可參看拙著《政治經濟體批判》論貴金屬的一節。

[8] 「貨幣是一般的商品。」（維利《經濟學的一種考量》，第16頁。）

[9] 「總稱爲貴金屬的金與銀。也是可以在價値上漲跌的商品。所以，當重量較小的一塊貴金屬，能交換較大量的農產物或製造品時，我們可以說，貴金屬的價値已經提高了。」〔《論貨幣、貿易、交換的一般槪念，及其相互關係》（按：一個匿名商人著），倫敦，1695年，第7頁。〕——「銀與金，已鑄幣的或未鑄幣的，雖可以用作其他一切物品的尺度，但和葡萄酒、油、菸草、布、毛織物一樣是商品。」（《論貿易，尤其東印度貿易》，倫敦，1689年，第2頁。）——「一國的資財與富，不能說單是由貨幣構成，金

發而開始分析的人,會認為是新發現。當商品轉為貨幣時,交換行為所給予貨幣的不是其價值,只是其特別的價值形態。這兩件有差別事情的混淆,使有些人誤認金與銀的價值是想像的[10]。又因貨幣的某種機能,可僅由某符號代替,又引起另一種誤認,以為貨幣本身僅是符號。但這種錯誤包含著一種預感。那就是一物的貨幣形態,不是該物的不可分離的部分,只是隱藏在該物後面表現特定社會關係的形態。就這意義來說,每一種商品只是一個符號;因為作為價值,每一種商品都僅是支出在這種商品上面的人類勞動之物質的外殼[11]。但如果說物在特定生產方

銀也不能列在商品之外。」(《論東印度貿易為最有利貿易》,倫敦,1677年,第4頁。)

[10]「金與銀在成為貨幣以前,已經作為金屬,有它的價值。」(加利亞尼《貨幣論》,第72頁。)洛克(Locke)說:「因銀特別適宜充作貨幣,所以人類一般同意給銀一個想像的價值。」反之,勞卻問:「不同的諸國怎樣才能給一種物品想像的價值呢?……這種想像的價值又怎樣維持它自身呢?」以下的話,表明了他自己對於這個問題有多不了解。他說:「銀是依照它所有的使用價值,從而,依照它的現實的價值來交換的。因被採為貨幣之故,它又有了一個追加的價值。」〔尚·勞(Jean Law)《通貨與商業論考》,見德爾編《十八世紀財政經濟學論集》,第469、470頁。〕

[11]「貨幣是商品的記號。」〔德·福博內(V. de Forbonnais)《商業概論》新版,萊登,1776年,第2卷,第143頁。〕「貨幣作為商品的記號,就為商品所吸引。」(前書第155頁。)「貨幣是物的記號,且代表該物。」〔孟德斯鳩(Montesquieu)《法之精神》全集,倫敦,1767年,第2卷,第9頁。〕「貨幣不單純是記號,它自身也是富;它不代表價值,而與價值為等價者。」(勒·德洛尼《社會的利益》,第910頁。)「當我們考量價值概念時,我們把物自身看作只是記號,不問它自身是什麼,只問它值什麼。」(黑格爾《法律哲學》,第100頁。)法學者遠在經濟學者之前,取得了貨幣僅為記號,貴金屬價值純屬想像的思想。他們在歌頌王權,依羅馬帝國的傳統和潘德克頓(Pandekten)的貨幣概念,來擁護中世紀國王偽造鑄幣權時,得

式體制下取得的社會特性,勞動的社會質性在特定生產方法體制下取得的物質形態,只是符號時,無疑是把這諸種特性,當作人類共同默允的隨意的虛構來解釋。十八世紀的解說方式正是這樣。當時的人不能說明人類間社會關係的各種形態是出自何處,因此他們對這種關係的謎一樣的形態,只要把奇異的外觀剝掉,賦予一個傳統起源。

上面已經說過,商品的等價形態,不隱含商品價值量的決定。所以,我們雖然知道金是貨幣,故可以和其他一切商品直接交換,但我們仍然不知道金10鎊的價值是多少。像其他各種商品一樣,貨幣也只能把它的價值量,相對地表現在他種商品上。它的價值,是由生產它所必要的勞動時間決定的,並且是由付出等量勞動時間的他種商品量表現的[12]。金的相對價值量已在其產地,由物物交換決定了。當它當作貨幣進入流通時,它的價值已是定好了的。十七世紀末葉貨幣是一種商品已被說明,但那只是分析的開端。要理解貨幣是商品不難,但要發現這種

到這種思想。他們的得意門生腓力·馮·瓦盧瓦(Philipp von Valois)曾在1346年一個布告中說:「任誰也不應懷疑,且不能懷疑鑄幣的製造、制定、供給,以及關於貨幣的一切處置,是我等及國王陛下的許可權。我等可依我等的意思,依照我等自認為是的辦法,使其依照一定的價格來流通。」貨幣價值由皇帝敕令規定,那是羅馬法的定則。認貨幣為商品的看法,是明文禁止的。「任何人皆不得買賣貨幣;貨幣既為公用而制定,自不應認為是商品。」關於這個問題,有一個很好的說明,是巴尼尼(Pagnini)所著《公平價值論》(1751年,庫斯托第《義大利經濟學名著集》近世篇,第2卷)。特別在該書第2篇,巴尼尼曾駁斥法學家們。

[12]「一個人若能以生產1蒲式耳(Bushel)小麥的時間,從秘魯地下,採取1盎司銀帶到倫敦,後者便成了前者的自然價格了;現在,倘因有新的容易採掘的礦山出現,以致他先前生產1盎司銀的時間,已能生產2盎司,則在其他條件不變的限度內,現在1蒲式耳10先令的價格,是和先前1蒲式耳5先令的價格一樣便宜。」(配第《賦稅論》,倫敦,1667年,第31頁。)

商品如何、因何、由何變成貨幣，卻是不容易的[13]。

我們講過，在 x 量商品 A = y 量商品 B 這個最簡單的價值表現中，代表某物的價值量之物，所獲得等價形態，竟像是與大自然賦予此物的社會屬性無關（Gesellschaftlche Natureigenschaft）。我們曾探究這假象是怎樣建置的。當共通的等價形態與一特殊商品的具體形態相一致，因此結晶為貨幣形態時，這個假象的建置便完成了。金成為貨幣，似乎不是因為其他一切商品的價值，皆表現在金上；反而，似乎因為金是貨幣，其他一切商品的價值皆表現在金上。過程中間的種種步驟，在他們自身的結果上消失了，不曾留下一點痕跡。各商品不待自己啟動，就發覺自身的價值形態，已經完全表現在另一種同時存在的商品上了。金與銀，一從地底出來，立即為一切人類勞動的直接化身。貨幣的魔術，便是由此開始的。在目前的社會形態下人在社會生產過程中的行為純粹像原子；人彼此在生產的關係帶有完全不受人支配且與個人意識行為相獨立的物質特性，最先，是由勞動生產物普遍採取商品形態這一件事情顯現出來的。我們已看出商品生產者社會的進一步發展如何賦予一種特權商品以貨幣特性。貨幣拜物教性（Geldfetisch）的謎，即是商品拜物教性的謎，只不過前者以其更耀眼的形態刺激我們。

---

[13] 羅雪爾（Roscher）教授告訴我們：「謬誤的貨幣定義，可分成兩大類：一類認為貨幣是商品以上的東西，一類認為貨幣是商品以下的東西。」接著，他不注意次序，把許多論貨幣性質的著作列成一表。由此可知羅雪爾教授對於貨幣說的現實歷史，連粗淺的理解也沒有。他接著曾說：「無須諱言，大多數現代的經濟學者，關於貨幣與其他商品互相區別的特性，換言之，關於貨幣究為商品以上或為商品以下的東西這個問題，是不曾充分注意的。……在這限度內，甘尼爾的半重商主義的反動，不是全無根據的。」（威廉・羅雪爾《國民經濟學原理》，第 3 版，1858 年，第 207 至 210 頁。）以上──以下──不曾充分──在這限度內──不是全無！這樣含糊的用語！然而，羅雪爾先生就稱這種折衷的大學教授式的妄語，為經濟學的「解剖生理學的方法」。不過有一個發現應歸功於他。即，貨幣是「一種人人愛的商品」。

第三章

貨幣或商品流通

I 價值尺度（Mass der Werte）

　　爲使說明更爲簡單，本書全部，皆假定金爲貨幣商品。

　　金的第一種機能，是提供商品界表現後者價值的素材，換言之，把商品價值表現爲同面額的量，使其在質的方面相等、在量的方面可以相比。這樣，它就成了價值的共通尺度了。也只因有這種機能，所以金這種卓越的等價商品，才成爲貨幣。

　　不是貨幣提供商品可以同一單位相衡量。正好相反，是因爲一切商品，作爲價值，都是物化的人類勞動，所以可以同一單位相衡量致它們的價值能由同一個特殊的商品來衡量，而後者轉爲共同的價值尺度，即貨幣。貨幣爲價值尺度，但諸商品內在的價值尺度是勞動時間，貨幣僅爲其必然的表現形態[1]。

　　一商品的價值以金表現，即得 x 量商品 A = y 量貨幣商品。此即商品的貨幣形態或價格（Preis）。如是，要以社會公認的方式去表現鐵的價值，只要有一個像 1 噸鐵 = 2 盎司金一樣的等式就夠了。這個等式，

---

[1] 貨幣爲什麼不直接代表勞動時間（例如以一張鈔票代表一小時勞動）的問題，實際上是，在商品生產基礎上，爲什麼勞動生產物必須表現爲商品的問題。蓋因商品的表現，已包含商品和貨幣商品的分化過程。換言之，那個問題歸根究柢，不過是私人勞動爲什麼不能作爲直接社會的勞動、作爲它的對立物的問題。我曾在別處（馬克思《經濟學批判》，第 16 頁以下）討論以商品生產爲基礎的「勞動貨幣」（Arbeitsgeld）的淺薄的空想主義。在這裡我只要再附帶說明，歐文（Owen）的「勞動貨幣」，是像戲院門票一樣，不是「貨幣」。歐文先假定直接的社會勞動，假定一個與商品生產正相反的生產形態。勞動券（Arbeitszertifikat）不過是一種證明，證明他在共同勞動中會以生產者的資格，參加他個人的一份，並證明他對於供人消費的共同生產物，也能以生產者的資格，要求他個人的一份。歐文不是以商品生產爲前提，他也不想以貨幣的把戲，來避免商品生產的必要條件。

已無須表示為一連串其他各種商品的價值等式的一環,因為金這種等價商品,已經有了貨幣的特性。商品的普遍相對價值形態,現在又恢復為最初的簡單或孤立的相對價值形態了。同時,擴大的相對價值表現,即相對價值表現之無限的等式系列,已成了貨幣商品所特有的相對價值形態。這個既定的系列,已經在實際的商品價格中,取得社會的認可。我們只要把市價表反轉來讀,就可以看見由各種商品表示的貨幣的價值量。但貨幣是沒有價格的。貨幣要在這方面和別種商品有同等的資格,它必須以它自身為等價。

　　商品的價格或貨幣形態通常和商品的價值形態一樣,有別於商品可觸及的實體形態。所以它純然是觀念的或智力的形態。鐵、麻布、小麥的價值,雖然看不見,但卻實際存在於諸物自體內。必須與金相等,一種與金的關係(只於腦中存在的關係),它們的價值才被感知到。所以此等物品的擁有者,必須把他的舌借給它們、必須把定價條貼在它們身上,它們的價格才可以傳達外界[2]。因為以金表現商品價值的行為,僅是觀念的,所以在這種行為上,我們也可以僅只用觀念的或想像的貨幣。每一個交易商都知道,當他給商品價值以價格或想像的貨幣時,他尚未把商品轉為金;也都知道,當他用金評估價值數百萬鎊的貨物時,他不須有一片實在的金在手裡。在貨幣只用作價值尺度時,它只是觀念的或

---

[2] 野蠻人和半野蠻人,以不同的方法使用他們的舌頭。據帕里(Parry)上校說,巴芬灣西岸的居民「在此際,(即以生產物交換生產物之際)……是用舌舐物兩次,以表示他們之間的交易,已經滿意妥當。」又,東部愛斯基摩人,也以舌舐交換所得的物品。當北方人把舌當作占有器官(Organ der Aneignung)時,南方人會把肚皮當作積累財產的器官,也是不足為奇的。加菲爾人就拿肚皮的大小,來衡量一個人的財富。當 1864 年英國衛生報告說勞動階級大部分缺少脂肪的營養時,有一位哈威(Harvey)醫生(不是血液循環的發現者)卻大登廣告,說他有巧妙的醫法,可以減少資產階級和貴族階級人們的過剩脂肪,由此賺了一大筆錢。

想像的貨幣。這情形，曾引起極紊亂的諸種學說[3]。不過，用作價值尺度的貨幣，雖只是想像的貨幣，但價格仍完全依存於實際的貨幣材質。1噸鐵所包含的人類勞動量，是由想像的包含與鐵等量勞動的貨幣商品量來表現。所以，1噸鐵的價值，要看用作價值尺度的是金、是銀還是銅，而呈現極不同的價格。或以極不相同的金屬（金、銀或銅）量來表示。

假設有兩種不同的商品，例如金與銀，同時充作價值尺度，則一切商品都會有兩個不同的價格，一為金價格（Goldpreise），一為銀價格（Silberpreise）。若金與銀的比價不變，例如1：15，這兩種價格當可安然並存。但其比價每一次變動，都會擾亂商品的金價格對其銀價格的比例，所以，事實證明了，價值尺度的複本位制（Verdopplung），是與金本位制的機能不一致的[4]。

---

[3] 參看馬克思《政治經濟體批判・論關於貨幣尺度單位的各種學說》，第53頁以下。

[4] 第二版注。「在金與銀依法同時為貨幣或價值尺度的地方，莫不有種種嘗試，要把兩者視為同樣的物質，但迄無效果。假設同樣的勞動時間，必定會不變地客體化在同樣的金銀比例量中，這等於假設金與銀為同樣的物質，並假設價值較低的銀的一定量，為一定量金的不變的部分。由愛德華三世至喬治二世時，英國的貨幣史是在不絕的混亂中，因金銀價值的法定比例，常與現實的金銀價值變動相衝突。有時是金評價過高，有時是銀評價過高。評價低於價值的金屬，遂從流通界退出，被熔化、被輸出了。因此，法律不得不重新規定兩金屬的價值比例。但新的名目價值，不久又和以前一樣，和現實的價值比例衝突。——現在，因中南半島需要銀之故，以致與銀比較，金的價值稍稍暫時低落了。由此招來的結果是使法國發生非常大規模銀被輸出，金驅逐銀的現象。1855、1856和1857年間，在法國，金輸入額超過金輸出額41,580,000鎊，而銀輸出額超過銀輸入額14,704,000鎊，實際上，並用兩種金屬為法定價值尺度，從而並用兩種金屬為合法支付手段的國家，價值提高了的一種金屬，自會生出一種兌換差額（Agio）來，以致像別的商品一

價格既定的商品，是表現在如下的形態上：a 量商品 A = x 量金；b 量商品 B = z 量金；c 量商品 C = y 量金等等；abc，代表商品 ABC 的一定量；xzy，代表金的一定量。這幾種商品的價值，轉成了種種想像的金量。所以，商品雖是複雜多樣，但商品價值卻轉成了同面額的量，即金量。它們現在能夠互相比較及衡量了。但以某定量的金為尺度單位（Masseinheit），使商品價值與這定量的金發生關係，就成了技術上的必要了。這單位，再分為可整除部分（Aliquate Teile）時，便成了尺度或標準（Massstab）。在金、銀、銅成為貨幣之前，它們在其金屬重量標準中，已有這種標準尺度。例如，以重量一磅為尺度單位時，它可以分割為盎司，又可合計為英擔[5]。因此，在一切金屬貨幣中，貨幣標準或價格標準，最初皆以重量標準的原名為名稱。

作為價值尺度和作為價格標準（Massstab der Preise），是貨幣的兩種完全不同的機能。它是價值尺度，如果它是人類勞動之社會公認的化身；它是價格標準，如果它是一固定的金屬重量。貨幣充作價值尺度時，它的機能是把一切多樣商品的價值轉為價格，為想像的金量；貨幣充作價格標準時，它的機能是衡量這些金量。價值尺度是量度作為價值的商品；反之，價格標準則是以一單位金量量度金的數量，不是以其他的重量，量度某金量的價值。要使金成為價格標準，必須定一定的金重

樣，但以評價高於價值的那種金屬，來量度它的價格。這樣實際仍只有後一種金屬作為價值尺度。在這方面，一切歷史的經驗都歸結到這一點：在依法有兩種商品充作價值尺度的地方，實際仍只有一種金屬能保持這個地位。」（馬克思《政治經濟體批判》，第 52、53 頁。）

[5] 第二版注。英國幣制上有一種特別現象：在英國充作貨幣標準單位的 1 盎司金，不分成可整除部分。這個現象由以下的話說明了。「英國的幣制，原本是只用銀的，因此 1 盎司銀能分成定數的鑄貨。後來採用金了，但幣制還照舊只適用銀；所以，1 盎司金就不能鑄成定數的鑄貨了。」〔馬克拉倫（Maclaren）《通貨史》，倫敦，1858 年，第 16 頁。〕

量為單位。是故，確立一不變的量度單位，實為最重要之事。這一點，和其他各種同面額量的衡量，並無二致。所以，作為價格標準，尤宜有一個免於變動的單位。但只要金本身為勞動生產物，則作為價值尺度在價值上是有變化的潛能[6]。

很明顯，金的價值變動不會妨礙金作為價格標準的機能。無論金的價值怎樣變動，各種金量之間的比價，仍保持恆定。哪怕金的價值跌落，僅等於原價的 1/10，12 盎司金依然等於 1 盎司金的 12 倍。在價格上，我們又只須考慮各種金量的比例。1 盎司金價值的騰落，既不能改變 1 盎司金的重量，故其可整除部分的重量也不會變動。無論金的價值怎樣變動，金作為價格標準的機能總是不受影響的。

金的價值變動，也不會妨礙金作為價值尺度的機能。其變動會同時影響一切商品，故若其他事情不變，一切商品相互間的相對價值，也不會變動。不過，它們的價值，都將以較高的或較低的金價格表示了。

商品價值由金衡量，等於由任何其他一種商品的使用價值來衡量。在此際我們也只假定，在一定時期內，生產一定量的金，費一定量的勞動。商品價格的浮動，通常受單純的相對價值法則之制約，如前一章所述。

商品價格普遍提高，只因商品價值提高時，貨幣價值不變，或因貨幣價值跌落時，商品價值不變。反之，商品價格普遍跌落，也只因商品價值跌落時，貨幣價值不變，或因貨幣價值提高時，商品價值不變。所以，貨幣價值的提高，不一定會引起商品價格的比例的跌落；貨幣價值的低落，也不一定會引起商品價格的比例的提高。假使商品價格有變，那就一定是因為商品的價值不變。例如，與貨幣價值同時並依同比例提高其價值的商品，其價格將不變。又，若其價值比貨幣價值漲得更慢或漲得更快，其價格的跌落或提高將由其價值變動與貨幣的價值變動之差

---

6 第二版注。在英國的文獻中，價值尺度和價格標準之間，有一種不可名狀的混亂。這兩種機能和它們的名稱，都經常混淆。

額決定。其餘類推。

現在我們回頭來討論價格形態。

以貴金屬不同重量來訂定的現在貨幣名稱（Geldnämen），漸漸與它們原來實際的重量所代表的名稱有差異。其差異是歷史的原因造成的。(1) 外國貨幣輸入發展程度較低的社區。此事曾發生於古代羅馬。在那裡，金銀鑄幣最初是作為外國商品流通的。這種外國貨幣的名稱，自與國內固有的重量名稱不能一致。(2) 財富增加了，較不貴重的金屬，將被較貴重的金屬所排擠，因而失去價值尺度的機能。依照詩人的想像的年代次序，是先用金、後用銀，先用銀、後用銅的。實則，或許是銅為銀所代替、銀為金所代替[7]。譬如鎊，原是實際1磅重的銀的貨幣名稱。當金代銀為價值尺度時，這個名稱，就依照金銀的比價（大概是1：15），附在金上面了。所以，當作貨幣名稱的鎊，就和通常當作重量名稱的磅分化了[8]。(3) 歷代帝王實行的貨幣變造政策，曾降低鑄幣原來的重量，以致徒有舊的名稱[9]。

這種種歷史原因，使金屬重量的貨幣名稱，與其普通的重量名稱相分離，又使這種分離，變成社會的習慣。貨幣標準既純粹是習慣的，又必須能夠普遍接受，故其標準，結果便由法律來制定了。一定重量的貴金屬（例如1盎司金），依法律分成若干可整除部分，而給以法定的名稱，例如鎊、元等等。此可整除部分，成為貨幣的單位。此可整除部

---

[7] 這個順序，也沒有一般的歷史的妥當性。

[8] 第二版注。「今日不過在觀念上有其名稱的鑄幣，隨便在哪個民族，都是最古老的貨幣。但此等貨幣，在某時，都是真實的；也就因為是真實的，所以人拿它們來計算。」（加利亞尼《貨幣論》，第153頁。）

[9] 第二版注。正因此，所以英國的鎊，尚不及原重量的 1/3；蘇格蘭的鎊，在聯合以前，僅為原重量的 1/36。又，法蘭西的「里弗爾」（Livre）僅為原重量的 1/74。西班牙的「瑪拉維底」（Maravedi）不及原重量的 1/1,000；葡萄牙的「勒伊」（Reis）還比原重量更輕得多。

分，還可再分爲另一可整除部分，使其各有法定的名稱，例如先令、便士等等[10]。前後皆是以一定的金屬重量爲金屬貨幣的標準。不同之處僅是細分程度與面額而已。

於是，價格，或商品價值在觀念上轉成的金量，遂表現在鑄幣名稱，或金本位細分的法定實名上了。所以我們在英國，不說 1 夸特小麥等於 1 盎司金，卻說 1 夸特小麥等於 3 鎊 17 先令 10 又 1/2 便士。諸商品的價值，槪表現爲它們的價格。當我們要固定一物的價値，並在貨幣形態上確定該物的價値時，貨幣是當作計算貨幣（Rechengeld）用的[11]。

物的名稱，和物的質性是有所區別的。我雖知此人名雅各，但依然不知他是怎樣的人。同樣的，在鎊、元、法郞、杜卡特這種種貨幣名稱上，其實沒有價值關係的一點痕跡。這種祕密的記號之隱藏的意義，曾引起混亂。因貨幣名稱既表示商品價值，同時又表示一種金屬重量──貨幣標準──的可整除部分，這種混亂更爲深化了[12]。但價值爲

---

[10] 第二版注。厄克特（David Urquhart）曾在他的《通用語集》，敍述一件驚人的事實。現在充當英國貨幣標準單位的鎊，約等於 1 盎司金的 1/4。「這是尺度的僞造，不是標準的確立。」他在金重量的「僞造名稱」中，像在其他事情上面一樣，看出了文明的僞造作用。

[11] 第二版注。「有人問希臘爲何使用貨幣，安那卡西斯（Anarcharsis）答說，爲了計算。」〔阿特納奧斯（Athenaeus）《智者之宴》，1802 年版，第 4 冊，49 頁。〕

[12] 第二版注。「因爲作爲價格標準的貨幣，和商品價格，表現爲相同的計算名稱，所以，1 盎司金和 1 噸鐵的價値一樣，可以用 3 鎊 17 先令 10 又 1/2 便士來表示。這個計算名稱，稱爲金的鑄造局價格（Münzpreis），但因此有一個奇怪的見解產生了。依照這種見解，金（或銀）是依它自身的物質來評價的，並且和其他一切商品不同，它有一個由國家規定的固定價格。在他們看來，確立一定重量的金的計算名稱，即是確立此重量的金的價値。」（馬克思《政治經濟體批判》，第 52 頁。）

了與商品界雜多的實體形態相區別，又不能不採取這物質上且毫無意義的純然社會的形態[13]。

　　價格是實現在商品內的勞動的貨幣名稱。所以，說某商品的相對價值表現，通常即是兩商品的等價關係，固爲同義反復；說商品與構成該商品價格的貨幣額，爲其等價，也是同義反復[14]。但價格——作爲商品價值量的指數——雖爲該商品與貨幣的交換比例的指數，但該商品與貨幣的交換比例的指數，不一定是商品價值量的指數。假設有兩個等量的社會必要勞動，一表現爲 1 夸特小麥，一表現爲 2 鎊（約等於 1/2 盎司金）。於是，2 鎊是 1 夸特小麥價值量的貨幣表現，換言之，是 1 夸特小麥的價格。假設因情事變動，以致 1 夸特小麥價格提高至 3 鎊，或強迫降至 1 鎊。1 鎊和 3 鎊，作爲小麥價值量的表現，雖可失之過大或過小，但總歸是它的價格。因爲首先，它們是小麥的價值形態即貨幣；第二，它們是小麥和貨幣的交換比例的指數。在生產條件或勞動生產力不變時，再生產 1 夸特小麥所須支出的社會勞動時間，在價格變動之後，

---

[13] 參看拙著《政治經濟體批判》，第 53 頁以下，〈貨幣單位理論〉。有一種幻想，以爲只要把法律給予一定重量金或銀的法定貨幣名稱，轉給重量較大或重量較小的金或銀，便可以把貨幣的造幣局價格提高或減少。關於這種幻想（例如宣布 1 盎司金的 1/4 在將來應鑄爲 40 先令，不鑄爲 20 先令），其目的，若非要由粗劣的財政運用以損害公債權人，而是要實行經濟上的「奇蹟療法」時，已有配第在其 1683 年所著《貨幣問答，答哈里法斯（Halyfax）侯爵》中，詳加討論。他的直接的繼承者諾斯（Dudley North）和洛克——不說更後面的繼承者了——也只能拿他的話來通俗化。他說，「如果一國的財富，可由一張布告增加 10 倍，那就很奇怪，爲什麼我們的政府，不早點貼出這樣一張布告了。」（前書第 36 頁。）

[14] 「如果不是這樣，我們便應承認，一百萬貨幣比等價值的商品有更大的價值了。」（勒‧德洛尼《社會的利益》，第 922 頁。）從而，我們也應承認，「一個價值，比一個相等的價值，有更大的價值了」。

必和在價格變動之前一樣多。這種情事，既與小麥生產者的意志相獨立，也與別種商品擁有者的意志相獨立。商品價值量所表現的社會生產關係，是該商品與在其形成過程中所占有社會集體勞動時間份額的必然關係。價值量轉為價格時，這一種必然的關係，表現為一種商品與另一種商品（貨幣商品）或多或少的偶然交換比例。但這種比例，既可以表現該商品真正價值量，也可以表現比價值量更大或更小的金量，視情況而定。因此，商品的價格可能和它的價值量，出現數量上的不一致。價格和價值量相背離的可能性，源於價格形態。但這種可能性，不是價格形態的缺點。現在的生產方式，既明顯以無規則性補償彼此的方法為固有法則，所以這種可能性，反而使價格形態，成為這個生產方式的適合的形態。

　　價格形態不僅可以有價值量與價格（即價值量與其貨幣表現）之量的不一致，且可以隱藏兩者間質的矛盾，以致貨幣雖僅是商品的價值形態，但價格可以完全不表現價值。本身絕非商品的客體，例如良心、名譽等等，也可由它們的擁有者拿來出售，並由它們的價格取得商品形態。所以，一種客體雖沒有價值，但能夠有價格。在這情況，價格表現，像數學上某幾種量一樣，是想像的。不過想像的價格形態，有時也可以隱匿直接的真實價值關係或間接的真實價值關係；例如，未開墾地的價格。未開墾地是沒有價值的，因不曾有人類勞動實現於其內。

　　像相對價值形態一樣，價格表現一商品（例如 1 噸鐵）價值是以一定量等價物（例如 1 盎司金）能直接與鐵交換來表示，不是表示鐵能直接與金交換。所以一個商品如要實際成為一個交換價值，它必須先放棄它的實體外形，由想像的金轉為實際的金——不過這種實體變質之於商品，比起由「必然」到「自由」的移轉之於黑格爾哲學、比甲殼的脫棄之於龍蝦、比舊亞當欲性的捨棄之於教父聖傑羅姆[15]，還要難。商品，

---

[15] 聖傑羅姆在青年時期，曾與物質的欲念努力奮鬥過。他在沙漠中與想像的美

固可在其實際形態（例如鐵）之旁，憑其價格，有一個金的形態的想像，但它不能是現實的鐵，同時又是現實的金。要確定其價格，只須在想像上使其與金相等。但它對於其擁有者如要有共通等價物的作用，它先須實際被金取代。假如鐵擁有者，竟向某其他商品擁有者，指稱鐵的價格已屬貨幣為證，要求交換，其他商品擁有者，將會像聖彼得答覆默誦使徒信條的但丁（Dante）一樣，答覆他說：「這個鑄幣的重量成色，已經完全合格，但請告訴我，你錢袋中有沒有它。」

是故，價格形態隱含商品可交易成貨幣，又隱含必需如此交易。而金能充作想像的價值尺度，只因為金已在交換過程中作為貨幣商品流轉著。想像的價值尺度後面，潛伏著堅實的現金。

II 流通手段（Zirkulationsmittel）

A 商品的形態變化（Die Metamorphose der Waren）

我們已經講過，商品的交換過程，隱含諸種矛盾的且互相排斥的條件。商品區分成商品及貨幣的發展，不曾揚棄這個矛盾，卻創造了一個與其共存的運轉形態。須知現實的矛盾一般都是如此解決的，比方說敘述一物不斷向他物墜落，又不斷從該物離開，是一個矛盾。橢圓便是實現這個矛盾又解決這個矛盾的運轉形態之一。

交換過程，使商品由其屬非使用價值的人手裡，移轉到其屬使用價值的人手裡。這是一種社會的物品流通。一種有用勞動的生產物，代替另一種有用勞動的生產物。一個商品，一旦到達作為使用價值用的地方，就會由商品交換的範圍，落到消費的範圍內。但在此我們所關心

女鬥爭的故事，可以說明這一點。在老年時期，他又不得不與精神的欲念相鬥。他說：我以為我在精神上，是立在宇宙審判者之前。問：「你是誰？」答：「我是基督教徒。」審判者大喝：「你說謊，你不過是西塞羅（Cicero）信徒。」

的，只是前一個範圍。我們現在要從形態方面，考量交換，即調研造成社會的物品流通之商品的形態變化或變形。

關於這種形態變化作為一個法則的理解，還不完全。價值的不清晰概念，固為理解不完全的原因。捨此不論，則理解不完全的原因是，每一種商品的形態變化，來自兩種商品——一為普通商品，一為貨幣商品——的交換。假設我們只注意物質的事實，只注意商品與金的交換，我們就忽視了我們應當注意的事情——即商品在形態上產生了如何變化的事情。我們忽略了：金作為單純的商品，不是貨幣；及其他商品在金上表示其價格，卻是把金當作它自己的貨幣形態。

商品，是以其原來的形態，進入交換過程的。然後交換過程使商品分化為商品與貨幣，遂產生一種外部的對立，以相應於使用價值與價值之內部固有的對立。在這種對立中，作為使用價值的商品，與作為交換價值的貨幣對立著。就另一方面來說，對立的兩方都是商品，都是使用價值與價值的統一。但這種差別的統一，是依相反的方法，表現在兩極上，並由其彼此作為連結表現兩極必然的對立。普通商品實際是一種使用價值，其價值僅觀念地表現在其價格上。它也就藉由價格，把與其對立的金當作其價值的實體等同。反之，金以其金屬的物質，作為價值的體現（貨幣），所以金作為金本身是交換價值。它的使用價值僅觀念地存在於代表相對價值表現的系列中。它也就在這系列中，與一切其他的商品，處於後者的用途總和，結算成金不同用途的總和。但這樣的商品對立形態，卻就是交換過程運行和發生之真實形態。

現在，我們且陪伴一個商品擁有者（我們的老朋友麻布織造者），到行動的現場去，明確地說，到商品市場去。他的商品，20碼麻布，是有確定的價格的。其價格為2鎊。他為2鎊捨去20碼麻布。假設他是一位老學究，他會用這2鎊去換一本同價格的聖經。麻布對於他只是商品，只是價值的載體。金是麻布的價值形態。麻布被用來交換金，金又被用來交換別種商品聖經。聖經被他視為使用客體，帶回他織布的家裡，並在那裡成為其同居者受教化的客體。如是，商品的交換過程，就

分明是由兩個對立又互補的特性之變形完成的了。一個形態變化是由商品轉為貨幣，一個形態變化是由貨幣再轉為商品[16]。商品形態變化的兩個階段，即是麻布織造者的不同交易。一為賣，以商品交換貨幣；一為買，以貨幣交換商品。這兩種行為有一個統一性。那就是為要買而賣（Verkaufen, um zu kaufen）。

在麻布織造者看來，交易的結果是，他原有麻布，今則有聖經。也就是失去一種商品，但得到另一種價值相等但效用不同的商品。他的維生資料和生產資料，皆是由這個方法取得的。由他的觀點看來，這全部過程不過是其勞動生產物與別人勞動生產物的交換，簡言之，不過是生產物的交換。

是故，商品的交換，伴隨下列的形態變化：

商品——貨幣——商品

W——G——W

依客體自身來說，這整個過程的結果是 W——W，是商品與另一商品的交換、是實體化社會勞動的流通。一旦得到結果，過程本身也告結束。

W——G（商品的第一形態變化：賣）。商品價值由商品體到貨幣體的跳躍，我曾在別處命名其為商品的「致命的飛躍」（der salto mortale der Ware）。達不到這種飛躍，商品不受打擊，商品擁有者卻是會受打擊的。社會的分工，使其欲望成為多方面的，又使其勞動成為單方面的。因此對於他，他的生產物僅是交換價值。但必須先變作貨幣，它才是社會公認的共通等價屬性。貨幣是在別人錢袋裡。要把貨幣引出，則商品必須對於貨幣擁有者為使用價值。但要如此，則投在商品內

---

[16] 赫拉克利特（Herakleitos）說：「萬有皆由火化成，火也由萬有化成，就像貨物由錢變成，錢也由貨物變成。」（拉薩爾《隱者赫拉克利特的哲學》，柏林，1858年，第1卷，第222頁。）拉薩爾（F. Lassalle）注（第224頁，注3）錯誤地認為貨幣僅為價值記號。

的勞動,其支出應在對於社會有用的類別上,或成為社會分工的一部分那個類別,但分工是一個自然發生的生產系統,且持續在商品生產者背後成長。也許他的商品是一種勞動新類別的生產物,自許以滿足一種新興需求或喚起一種新需求為目的,也許成為特殊勞動操作的他的勞動,在昨日尚為製造同一商品的生產者許多操作中的一項,今日卻脫離此種連繫,把他的勞動建成獨立的一支並將其局部生產物當作獨立商品,送到市場上去。但分離過程的條件,可以已經成熟,或尚未成熟。也許他的勞動生產物在今日尚能滿足一種社會的需求,但在明日,卻全部或一部分為其他適當的生產物所代替。再者,哪怕麻布織造者的勞動確實是社會分工的公認部分,那也不能保證他這 20 碼麻布,確實是有使用價值的。社會對於麻布的需求,像社會對於別種東西的需求一樣,是有限制的。其需求也許已經由對手麻布織造者的生產物滿足了。在這情況,我們這位朋友的生產物,就成了不必要的、過剩的,從而成了無用的了。人固然不會挑剔禮物的優劣,但我們的麻布織造者絕非為贈送禮物而到市場去。其次,我們且假設他的生產物實際是一個使用價值,是可以吸引貨幣的。但問題又發生了。吸引多少貨幣呢?這個問題的答覆,已暗示在物品的價格中。價格是物品價值量的指數。商品擁有者任何偶然價值計算上的錯誤,我們可以不管;因為這種錯誤,可以立即在市場上得到修正。且假設他製造生產物所支出的勞動時間,為社會必要的平均勞動時間;商品的價格,也只是實現在商品內的社會勞動量的貨幣名稱,但麻布織造業的老式生產條件,可不需織造者的同意而在背地裡發生變化。昨日生產 1 碼麻布的社會必要勞動時間,可以不再是今日的社會必要勞動時間。貨幣擁有者會急於探訪市場上各織造業競爭者所報的價格。在這個世界上,不幸有許多織造業者,和我們這位朋友競爭。最後,假設市場上每一塊麻布所包含的勞動時間,皆不多於社會必要的勞動時間,但投在全數麻布上的勞動時間,依然可以過多。假如市場不能依正常價格(即每碼 2 先令)吸收麻布全量,那就證明,在總社會勞動時間中,有過大的一部分支出在麻布織造的形態上。其結果,無異各織

造業者，在其生產物上支出的勞動時間，多於社會必要的勞動時間。這正應了德國一句俗話：「一起被捉，一起被絞。」市場上所有的麻布，是作爲一個商品；每一塊麻布，是作爲其中的一個可整除部分。且在事實上，每一碼的價值，也不外是社會規定和同一確定量的同質人類勞動的實體化形態[17]。

　　商品是戀著貨幣的。但「眞愛的路，殊不平坦。」分工體系的出現在質的方面，是自然發生的及偶然的，在量的方面也是這樣。所以，我們的商品擁有者發覺了，同樣的分工使他們變爲獨立的私生產者（Privatproduzenten），又使社會生產過程及他們在這過程內的關係，和他們自己的意志相獨立；還發覺了個人看似相互間的獨立，是藉由或以物的方式全面及互相依存的體系來補足。

　　分工既使勞動生產物化轉爲商品，又使其必須再轉爲貨幣。同時，它又使這種形態變化的完成成爲偶然。但在此，我們既只觀察其完整性的現象，故假定它的進行是常態的。並且，如果這種轉化會發生，換言之，如果商品不是不能賣，那麼，商品的形態變化總是要發生的；不過實現的價格或許不正常地高於或低於價值。

　　對一個賣者來說，是以金代替商品；對買者來說，是以商品代替金。令人注目的現象是，商品與金（20 碼麻布與 2 鎊金）的轉手和異位，即兩者的交換。但商品可以交換什麼呢？以其自身的價值形態換取共通等値物。金可以交換什麼呢？以換取其使用價值的特殊形態。金因何以貨幣與麻布相對呢？因麻布的價格 2 鎊（即麻布的貨幣面額）已經使麻布和貨幣特性的金相等。商品要剝去其原來的商品形態，靠其被讓渡，也就是要到商品的使用價值，實際把只先前觀念上存在價格上的金

---

[17] 譯者注。據馬恩研究院版，1878 年 11 月 28 日，作者致俄文譯者丹尼爾森信中曾說，這最後一句，應改爲：「且在事實上，每一碼的價值，也不外是支出在麻布總量上的社會勞動量的一部分的實體化形態。」但德文原本以後各版，皆未改正。

吸引出來的時候才完成。所以商品價格或其觀念的價值形態之實現，同時即是貨幣的觀念的使用價值之實現；商品到貨幣的轉化，同時即是貨幣到商品的轉化。這個明顯的單向過程其實是雙向的過程。從商品擁有者那一極來看，是賣，從貨幣擁有者那一極來看，是買。賣即是買，W——G同時即是G——W。[18]

在此以前，我們只考量人類的一種經濟資格，就是商品擁有者的資格，在這資格內，商品擁有者藉由放棄了自己的勞動生產物，故能占有別人的勞動生產物。所以，一個商品擁有者必須具有下述兩原因之一，始能與另一擁有貨幣者——即買者——吻合：(1)因為他的勞動生產物本身是貨幣素材，是金之類的東西。(2)因為他的商品已經蛻變，且已脫棄其原來的有用客體形態。當作貨幣用的金，必須在某地點，進入商品市場。這地點便是金屬的產地。在那裡金作為直接的勞動生產物，與另一種等價的勞動生產物進行物物交換。從此以後，它常代表某些商品實現了的價格[19]。若不說金在產地上與別種商品的交換，則在任一個商品擁有者手中，它也只是他所讓渡的商品的變形，是賣或商品第一形態變化（W——G）的結果[20]。我們說過，金是觀念的貨幣或價值尺度，因為一切商品的價值皆由它衡量，而觀念上與作為有用客體的自然形態的對照物、且使金成為商品的價值形態。金成為現實的貨幣，藉由商品的普遍讓渡、藉由實際改變了這些客體使用形態的位置。換言之，已經把金當作商品現實價值的體現。在這個貨幣形態上，商品天然的使用價

---

[18] 「每一次賣，都是買。」魁奈（Quesnay）著《工商業勞動者問答》，巴黎，1846年，德爾編，第170頁。魁奈在其所著《一般原則》中，也說：「賣即是買。」

[19] 「商品的價格是用另一種商品的價格來支付的。」〔梅西耶（Mecier de la Riveire）《政治社會的自然秩序與根本秩序》，德爾編《重農主義者》，第2部，第554頁。〕

[20] 「要取得這個貨幣，他必須賣。」（前書第543頁。）

值的痕跡，及創造該商品的特殊類別勞動的痕跡，全喪失了；必須如此，商品始可轉形為同質人類勞動之一致的、社會承認的化身。單就一枚貨幣，我們不能辨別，它是從何種商品交換來的。在貨幣形態上，一切商品都看起來一樣。貨幣可以是土塊，雖然土塊不是貨幣。我們且假定，麻布織造者讓渡麻布所得的兩塊金，是 1 夸特小麥的形態變化。麻布的賣（W——G），同時即是它的買（G——W）。但賣麻布所開啓的過程，是由其反向交易（即買聖經）終結的；反之，買麻布所終結的過程，也是由其反向交易（即賣小麥）開始的。W——G（麻布——貨幣），固然是 W——G——W（麻布——貨幣——聖經）的第一階段，但同時又是 G——W（貨幣——麻布），是另一個移動 W——G——W（小麥——貨幣——麻布）的終了階段。此商品的第一形態變化（即由商品到貨幣的轉變），同時是彼商品的第二形態變化（即由貨幣到商品的再轉變）[21]。

G——W（商品的第二形態變化，或最終形態變化，即買）。貨幣因為是其他一切商品的變形樣態，因為是商品普遍讓渡的結果，所以其本身是可以無條件或無限制讓渡的商品。它把一切價格倒轉來讀；也就是，把自己描述在一切商品體上，以一切商品體提供貨幣實現自身使用價值的素材。同時，價格——商品向貨幣投送的秋波——又藉由指示貨幣自己的量界定貨幣轉換能力的界限。因商品一旦轉為貨幣，不復以商品的資格存在，故要單就貨幣，察知它是怎樣到它的擁有者手中、察知它是由什麼物品轉化而成，乃是不可能的。貨幣是沒有臭味的，它可以從任一個處所出來。一方面它代表賣出的商品，另一方面它又代表買到的商品[22]。

---

[21] 以前曾經說過，金或銀的生產者，是一個例外。他是直接捨去他的生產物，用不著先把它賣掉。

[22] 「如果貨幣在我們手上代表我們所欲買的東西，它也代表我們所要賣（為獲取這個貨幣而賣）的東西。」（梅西耶，前書第 586 頁。）

G──W（買），同時即是W──G（賣）；某商品的最終形態變化，即是另一商品的初始形態變化。我們這位麻布織造者，既以這2鎊又變形為聖經，他的商品的生涯，自以聖經為終。但假設聖經的賣者，再把從織造者釋出的2鎊，用來購買白蘭地酒。如是，G──W（即W──G──W，麻布──貨幣──聖經的終段），同時即是W──G（即W──G──W，聖經──貨幣──白蘭地的初段）。但因特殊商品生產者只提供單一物品，他往往大量販賣它。但他的需求卻是多方面的。因此他不得不將實現得來的價格，或得到的貨幣總額釋出，用在許多次的購買上。一次賣，引出各種商品的許多次的買。如是，一種商品的最終形態變化，構成其他許多種商品的初始形態變化之總和。

現在我們再考量一個商品（例如麻布）的完整形態變化。最早我們看見，其完整形態變化，作為一整體是由兩個相反但互補的移動構成。那就是W──G與G──W。這兩個相反的商品變形，是由商品擁有者兩個相反的社會行為完成的，並反映在商品擁有者兩種對立的經濟特性上。如果他是賣，他便是賣者；如果他是買，他便是買者。商品即須在每一次變形中，以兩種形態（商品形態與貨幣形態），在對立的兩極上同時存在。所以每一個商品擁有者，作為賣者，皆須有一個買者和他對立；作為買者，皆須有一個賣者和他對立。又像一種商品須依次經歷這兩種相反的變形，由商品轉成貨幣，再由貨幣轉成別種商品一樣，商品擁有者也須依次轉變他由賣者變為買者的特性，這種特性不是固定的。它會在商品流通內，輪流附著在不同的參與者。

一種商品的完整形態變化，在最單純的形態上，隱含四極和三個登場人物。起初，商品把貨幣當作它的價值形態，與其對立。但貨幣實際是在別人錢袋中，商品擁有者因此須與貨幣擁有者接觸。商品一旦變成貨幣，貨幣就成為商品的暫時的等價形態。這個等價形態的使用價值，存在於其他諸商品體內。作為商品第一形態變形終點的貨幣，同時成了商品第二形態變化的起點。在第一次交易扮作賣者的人，在第二次交易成了買者。在第二次交易與他對立的，有第三個商品擁有者，作為賣

者[23]。

　　商品形態變化中兩個彼此相反的階段，一起構成一個循環移動，一個迴轉：即商品形態、商品形態的脫棄、商品形態的復歸。商品在此顯示了兩種不同面向。在起點上，它對於它的擁有者，為非使用價值，在終點上，則為使用價值。貨幣在第一階段，只作為堅實的價值結晶，為商品急於穩固的；在第二階段，它只作為暫時的等價形態然後被一使用價值取代，是注定要消失的。

　　構成一個商品迴轉的兩種形態變化，同時又是另外兩種商品的相反的局部形態變化。某商品（麻布）開始其自身形態變化的系列時，同時即完成另一種商品（小麥）的形態變化。在第一變形或賣之中，麻布以其一身兼任這兩種職務。然後，轉化為金，並由此完成它自身的第二及最終形態變化，同時，協助完成某第三種商品的第一形態變化。每一種商品在形態變化序列中畫成的迴轉，就是這樣與其他各種商品的迴轉，糾結不開。這一切不同的迴轉便構成商品流通（Warenzirkulation）。

　　商品流通，不僅在形式上，即在實質上，也與直接的生產物交換（物物交換）有別。我們只要考量事件的過程。麻布織造者，曾以麻布交換聖經，以自己的商品交換別人的商品。但這現象僅就他而言是實在的。想取暖身體的聖經的賣者，不會想到聖經與麻布的交換，正如我們的麻布織造者，不會想到小麥與麻布的交換。B 的商品代替了 A 的商品，但 A 與 B 不是互相交換商品。A 買 B 的商品，同時 B 也買 A 的商品的事情，是會發生。但這種特殊交易，絕非以商品流通的普遍條件的必然結果。在此，一方面我們看見了，直接物物交換離不開一切人際及地方的限制，如何被商品的交換突破；社會勞動產品的流通，發展了。但另一方面我們又看見了，曾由此自然發展出一個社會關係的整體

---

[23]「這樣，就有四個終點，三個當事人了，每一個當事人都要出場兩次。」
（勒·德洛尼《社會的利益》，第 908 頁。）

網絡,是完全不受當事人駕馭的。織者能販賣麻布,僅因農夫已販賣小麥;教徒能販賣聖經,僅因織者已販賣麻布;酒商能販賣燒酒,僅因教徒已販賣永生的水等等。

是故,流通過程和直接的物物交換不同。不因使用價值轉換地方或轉手而終了。貨幣雖從一種商品形態變化的迴轉脫離,但絕不因此而消滅。它會頻頻在另一商品從流通競賽場空出來的位置上,沉澱下來。例如,在麻布的完整形態變化(麻布——貨幣——聖經)中,麻布從流通中退出,貨幣就補替進來;次之,聖經從流通中退出,貨幣又補替進去。商品為另一商品所代替,貨幣商品則常固著在第三者手中[24]。流通,把貨幣像汗在每一個毛孔中滲出來。

曾有人武斷地說,每一次賣都是買,每一次買都是賣,所以,商品流通必然隱含買賣的均衡。再沒有什麼比這個武斷的論調更幼稚了。假如這種說法,是說現實的賣的數目和現實的買的數目相等,那就是同義反復。這種說法真實意指,每一個賣者,都會把自己的買者帶到市場上去。是的,賣與買,被視為猶如磁場的兩極對立兩人(商品擁有者與貨幣擁有者)間的交換,乃是一項等同行為。但由單獨一個人來執行,則賣與買為兩極且性質相反的不同行為。所以,賣與買的同一性,隱含:假使商品投在流通的煉金爐中,不能化煉出貨幣來,換言之,假如商品不為商品擁有者販賣,從而不為貨幣擁有者購買,則商品即為無用。賣與買的同一性還隱含:這個交易如果發生,它便是商品生涯上一個時長時短的休息區段。因為商品的開始形態變化,同時是一次賣和一次買,所以是一個獨立的過程。買者得商品,賣者得貨幣,那就是有隨時可以流通且遲早會在市場上再現的商品。沒有人買,誰也不能賣。但已經賣的人,不必要馬上買。直接物物交換所設下的時間上、空間上、人身上

---

[24] 第二版注。這個現象雖很明顯,但常為經濟學者所忽略,尤其是為庸俗的自由貿易論者所忽略。

的限制,皆爲流通所突破了。在直接的物物交換上,本人勞動生產物的讓渡和他人勞動生產物的取得,存在直接的同一性。這種同一性,在流通中,分裂爲賣與買的對立性了。說這兩種獨立而又對立的行爲,形成一個內在的統一性,無異說這個內在的統一性,表現在一種外在的對立性上。如果一項商品完整形態變化的兩個互補階段爲時過長;如果賣和買的區隔過巨,則他們的內在連繫,即他們的統一性便產生一次危機(Krise)來宣示。商品內在的使用價値與價値之矛盾,私勞動必須表現爲直接社會勞動之矛盾,特殊具體勞動必須檢示爲抽象勞動之矛盾,物的人格化與個人以物爲代表之矛盾;總之,商品這種內在的對立和矛盾,都在商品形態變化的對照階段中,發展出其移動方式。這諸種方式,隱含危機的可能性,但也僅限於可能性。這種可能性,會轉成現實是種種關係一長串系列的結果。從單純商品流通的立場來說,還不存在[25]。

---

[25] 參看我在《政治經濟體批判》(第 74 至 76 頁)關於詹姆斯・彌爾(James Mill)的評述。在這裡我可以指出,辯護的經濟學(Ökonomistischen Apologetik)在方法上有兩個特徵:第一,他們把商品流通,視爲與直接的生產物交換相同,單純地,把兩者的區別抽象。第二,他們要除去資本主義生產過程的矛盾,單純地,把資本主義生產當事人間的關係,**轉變**爲以商品流通爲基礎的關係。但商品生產與商品流通這兩種現象,是許多種生產方法所共有的,不過程度不等罷了。抽象的商品流通的範疇,既爲許多種生產方法所共有,所以,如我們僅認識商品流通的抽象範疇,我們對於這各種生產方法的特徵,自不能有任何認識,從而對於它們,我們也不能下任何判斷。任一種科學,都不像經濟學那樣,常常把基本、普通的事情,當作非常重要的道理。例如薩伊就以爲,因爲知道商品即是生產物,故自認爲論危機的專家。

B 貨幣的流通（Der umlauf des Geldes）

勞動物質生產物的改變，是由 W──G──W 的形態變化實行的。這個形態變化，又以這樣的形式在進行：即，一個價值，作為商品，為過程的起點，又作為商品，復歸到這一點。因此商品的移動是一個迴轉。但這個形態，卻排斥貨幣的迴轉。移動的結果，不是貨幣復歸到出發點，而是貨幣和出發點愈離愈遠。如果賣者緊握著貨幣（這是他的商品的轉變形態），則商品仍在第一形態變化的階段中，只完成其過程的一半。在過程（即為要買而補充其賣的過程）完成時，貨幣必須再離開原擁有者的手。當然，如果麻布織者購買聖經之後，再販賣麻布，貨幣是會再回到他手裡的。但這種回轉，並非由於原 20 碼麻布的流通；這個流通，是使貨幣到聖經賣者手裡，而與麻布織造者分離。其復歸於麻布織造者手中，僅由於新商品的流通過程之更新或重複。這種更新的過程，雖然和其以前的過程有相同的結果，但畢竟是不同的。商品流通過程所直接分給貨幣的移動形態，是與出發點愈離愈遠的持續移動。也就是，從一個商品擁有者，交到另一個商品擁有者。這形成貨幣的流通（Currency, Cours de la monnaie）。

貨幣的流通，指同一過程的不斷及單調地重複。商品常在賣者手上；貨幣作為購買手段（Kaufmittel），常在買者手上。貨幣實現了商品的價格，故為購買手段。它實現商品價格時，它使商品從賣者手裡，移至買者手裡；同時，它自身卻從買者手裡移至賣者手裡，從那再與別種商品，重複相同的過程。事實是，貨幣的移動形態是單向特性的，商品的移動形態是雙向特性的。前者由後者生出。但這事實被掩飾過去了。商品流通的性質，引起了相反的現象。商品第一形態變化，固不僅表現為貨幣的移動，且表現為商品自身的移動。但商品的第二形態變化，相反卻僅表現為貨幣的移動。在商品流通的前半，商品與貨幣換了位置；但商品在有用客體的面貌下由流通落入消費[26]。代替商品的使用

---

[26] 一種商品，哪怕再三拿來賣（我們假設在這裡沒有這個現象），最後總歸會

形態的，是商品的價值形態——貨幣。商品不復以它自身的自然形態，而是以貨幣形態，通過流通過程的後半。所以，移動的連續性，完全由貨幣單方支撐。這一個移動，從商品方面來說，包含兩個特性相反的過程；但從貨幣方面來說，它卻永遠是一個且同樣的過程，是貨幣與不斷換新的商品時時相換位。所以商品流通的結果，或商品與商品間的替補，似乎不是藉由商品自身的形態變化，而是藉由貨幣充作流通的媒介。使靜止的商品流通，從其非使用價值的人手裡轉到其為使用價值的人手裡，並與貨幣移動方向相反的，就是貨幣。貨幣不斷置商品於流通界外，且不斷地替補它們在流通界的位置，它自身則離它的出發點愈來愈遠。所以，貨幣移動雖只是商品流通的表現，但真實面卻相反，商品流通似乎只是貨幣移動的結果[27]。

但貨幣之所以有流通手段的機能，僅因為它的商品價值是獨立的實體。貨幣充作流通手段的移動，實際只是商品改變自身形態的移動。這事實，必然會一目了然地反映在貨幣的流通上。譬如，麻布就先把商品形態轉化為貨幣形態。其次，即以商品第一形態變化（W——G）的後項，即貨幣形態，變為商品第二形態變化（G——W）——也就是在聖經形態上，又變形為商品——的前項。但這兩種形態變化，每一個都是由商品與貨幣的交換，由兩者的相互換位完成的。同一枚貨幣，最初作為商品已讓渡的形態，走到賣者手裡，再作為商品的絕對可讓渡形態，離開。它兩度換位。麻布的第一形態變化，使這一枚貨幣到織者錢袋裡；其第二形態變化，再使其撤出。同一商品發生兩次相反的形態變化，反映在同一貨幣發生兩次重複卻相反的換位上。

反之，如只經過商品形態變化的一個階段，即單純的賣或單純的

由流通界，落入消費界，作為維生資料或生產資料。
[27]「貨幣，除有生產物所賦予的移動之外，沒有別的移動。」（勒‧德洛尼《社會的利益》，第 885 頁。）

買,則同樣的貨幣也只換位一次。其第二次換位,代表商品的第二形態變化,代表由貨幣又轉爲商品的反轉。同一貨幣頻繁重複的換位,不僅反映一個商品所走過的形態變化的系列,且反映商品界普遍無數形態變化的糾纏。不用說,我們在這裡只考量單純商品流通的形態。以上所述,也只適用於這個形態。

每一個商品,當其最初進入流通之際,換言之,當其發生第一次形態變化之際,即退出流通界,而爲新的商品所替補。反之,作爲流通手段的貨幣,卻繼續留在流通界,並不斷在其中移動。因此起了一個問題:究竟有多少貨幣爲流通界所繼續吸收呢。

任一個國家,每日都有許多單向的商品形態變化,在同一時間、不同空間上發生。換言之,有許多單純的賣,有許多單純的買。諸商品依照它們的價格,被視爲與某想像的貨幣量相等。且因在流通形態內,商品與貨幣常以實體,一方在賣者的正極上,一方在買者的負極上,互相對立;流通手段量,很明顯事先已經由一切商品價格的總額決定了。貨幣不過把商品價格總額事先以觀念表現的金的總額或量,實在地表現出來。這兩個總額的相等乃自明之事。但我們知道,如商品價值不變,則商品價格隨金(貨幣素材)的價值而變;即金的價格跌落,商品價格即比例地騰升;金的價值騰升,商品價格即比例地跌落。也就是商品的價格總額提高了或跌落了,流通貨幣額也須同樣地提高或跌落。流動手段量的變化,在這情況當然是由貨幣本身引起的;但引起這種變化的,絕非它的流通手段的機能,而是它的價值尺度的機能。先是商品價格與貨幣價值呈反比例的變化,然後是流通媒介量與商品價格呈正比例的變化。假設不是金的價值跌落,而是銀代金作爲價值尺度;或假設不是銀的價值騰升,而是金逐出銀作爲價值尺度,則完全相同的現象也會發生。在前一情況,銀的流通額必比以前的金的流通額爲大;在後一情況,金的流通額必比以前的銀的流通額爲小。在這兩個情況,貨幣的素材(即用作價值尺度的商品)的價值都變化了,商品以貨幣表現其價值之價格,從而,以實現這些價格爲其機能的貨幣流通量,也產生變化。

我們講過，商品流通界有一個口，金（或一般的，貨幣素材）便是作為具一定價值的商品，由這個口進來的。所以貨幣在充作價值尺度，在表示價格時，它的價值是已定。假定價值尺度的價值跌了，則在貴金屬產地，直接與貴金屬物物交換的商品的價格，也必發生變化。當然大部分其他商品的價值估算，會依照以前價值尺度幻想的及過時的價值，繼續一個頗長的時期；在文明社會未充分發展的階段，情形更是如此。但是透過共同的價值關係，一種商品會影響別種商品，致令商品的金價格或銀價格，漸漸恢復由商品比較價值決定的比例，到後來，一切商品價值，才都依照構成貨幣之金屬的新價值來估算。但這個過程，每每伴以貴金屬數量的不斷地增加。既有商品在貴金屬產地與貴金屬物物交換，致直接被貴金屬流入的增加所取代。所以，當商品取得其真正等比於其價值的價格，是依照已經跌價的貴金屬來估算時，實現的新價格即事先等比於所必要的貴金屬量。但隨新金銀礦源發現而起的事實，僅片面地被人觀察。這種片面的觀察，在十七世紀，尤其是在十八世紀，曾使某些經濟學者妄言商品價格騰貴，是因為已有更多的金銀，作為流通手段。所以，我們且考量金的價值是既定的；實際上，在估算商品價格的那一瞬間，金的價值也確實是既定的。

　　在這假設下，流通手段量，是由待實現的商品價格總額決定。若進一步假定每一種商品的價格已知，則商品價格總額，又顯然由流通界的商品量規定。稍為思索一下，便知 1 夸特小麥值 2 鎊，100 夸特小麥值 200 鎊，200 夸特小麥值 400 鎊等等。從而，在小麥販賣之際，與小麥換位的貨幣量，必須隨小麥量增加。

　　假設商品量維持不變，則流通貨幣量，隨著商品價格的波動而變。假如商品價格總額因商品價格變動之故發生了增加或減少，則流通貨幣量也會增加或減少。要產生這個結果，不必所有的商品在價格上同時上揚或下跌。只要若干主要商品的價格騰貴或下降，就足以增加或減少全部流動商品的現實的價格總額，從而使流通的貨幣增加或減少。無論商品的價格變動，是相應其現實價值的變動，抑或僅是市場價格波動的結

果，流通手段量所受的影響總歸是一樣的。

　　假設有若干物品在不同地方同時販賣或局部形態變化；比方說，有 1 夸特小麥、20 碼麻布、1 冊聖經、4 加侖白蘭地，同時販賣。假如每件物品的價格皆為 2 鎊，則待實現的價格總額為 8 鎊；因此，合計也須有 8 鎊貨幣在流通界。反之，假設這四種商品是依次序發生形態變化的（1 夸特小麥──2 鎊──20 碼麻布──2 鎊──1 冊聖經──2 鎊──4 加侖白蘭地──2 鎊），則 2 鎊貨幣已經夠使這種種商品依次流通，因為這 2 鎊貨幣會依次實現這各種商品的價格，從而實現合計 8 鎊的價格總額。這 2 鎊最後在酒商手中休息。如是，這 2 鎊有了四次的移動。同一貨幣的重複換位，相應商品的雙重的形態變化、相應它通過了兩個反向的流通階段的移動、表示不同商品的形態變化的交錯[28]。這個過程所涵蓋的相對且互補的諸階段，不是同時，而是相繼的進行。過程完成所需的時間，換言之，同一貨幣在一定時間內的移動次數，將測量貨幣流通的速度。假如這四種商品的流通需時一日，則該日內待實現的價格總額為 8 鎊，同一貨幣在該日的流通次數為四，流通貨幣量為 2 鎊。在流通過程的一定期間內，商品的價格總額／同面額貨幣的移動次數 = 充作流通手段的貨幣量。這個法則一般是有效的。

　　一國在一定時期內的總商品流通，一方面包含許多孤立的賣（同時也是買）且局部形態變化；在其內，每一枚貨幣只換位一次或只移動一次；他方面又包含許多一部分各自並行、一部分互相融合，其關聯多寡不等的形態變化各異的系列；在其內，每一枚貨幣，皆經過若干次的移動，視情況而定次數。但由流通界內全部同面額貨幣的移動總次數，可以計算每一枚該面額貨幣移動的平均次數或貨幣流通的平均速度，在

---

[28] 「使貨幣移動，並使貨幣流通的便是生產物。……貨幣移動的速率，可以補充它的分量。在必要時，它會毫不休息，由一個人手上轉到另一個人手上。」（勒・德洛尼，前書第 915、916 頁。）

每日（比方說）開始時，究須有多少的貨幣投入流通，當然要看同時同地流通的商品價格總額來決定。一旦進入流通，可以說每一枚貨幣都會影響另一枚貨幣。設有某一枚貨幣的流通速度增加了，另一些貨幣的流通速度就會放緩，或退出流通，因流通界只能吸收這麼多的貨幣量。這個貨幣量，乘以每一枚貨幣平均的移動次數，即等於待實現的價格總額。所以貨幣移動次數增加，則流通貨幣的總枚數減少；貨幣移動次數減少，則流通貨幣的總枚數增加。當作流通手段被吸收的貨幣的量，在平均流通速度不變時，也不會變，所以只要投一定量的1鎊鈔票到流通界，即可使等量的1鎊金幣從流通界退出──這是一切銀行家都很熟悉的詭計。

貨幣的流通，普遍被視為商品流通，或商品進行對立形態變化的反映；所以貨幣流通的速度，也反映商品形態變化的速度、反映商品和另一商品形態變化序列的連續的融合、反映社會物體輪換的匆忙、反映商品退出流通界和新商品補入流通界的迅速。貨幣流通的速度，體現相對且互補階段的順暢統一性（一個階段是由使用價值面向轉化為價值面向，一個階段是由價值面向又轉化為使用價值面向，前者是賣的過程，後者是買的過程）。反之，貨幣流通的遲緩，則反映這兩個過程分離成孤立的對立階段，反映形態變化從而社會物體輪換的停滯。這種停滯的源頭，不能由流通本身查出。流通所指示的，只是現象。但通俗的見解，見到流通的遲緩，貨幣在流通周圍出沒的次數較稀疏，便歸咎於流通手段量的不足[29]。

---

[29]「貨幣是買賣的共通尺度。因此，有東西賣但不能找到購者的人，會以為他的商品之所以不能脫售，是因為國內或本地的貨幣缺乏；所以貨幣缺乏，形成沸騰的怨聲。這是一個大錯誤。……要求貨幣增加的人，究竟需要什麼呢？……農民訴苦……他以為，如果國內有較多的貨幣，他的生產物便能有好價錢。……這樣，他想望的，不是貨幣，而是穀物家畜（那是他要賣而不能賣掉的）的好價錢了。……為什麼他不能得到好價錢呢？……(1)或是

在一定時期內充作流通手段的貨幣總量，一方面視流通商品界的價格總額而定，另一方面視形態變化諸對立階段繼起的快慢而定。每一貨幣能在價格總額中實現的部分，也依這種速度決定。但流通商品價格總額又視各種商品的價格，且視各種商品的數量而定。但這三個要素——價格的狀態、流通商品量及貨幣流通速度——都是變數。所以，待實現的價格總額，及受價格總額限制的流通手段量，也隨這三個要素多種組合的變異而變。在此我們僅能列舉商品價格史上最重要的幾種變異。

商品價格不變，流通手段量可因流通商品量增加或因貨幣流通速度減小或後兩者之組合，而增加。反之，流通手段量可因商品量減少或流通速度增加，而減少。

如果流通商品量的減少，與商品價格的增加成比例，或貨幣流通速度的增加，在流通商品量不變時，與價格的提高同樣迅速，則商品價格雖普通上揚，流通手段量可依然不變。不僅如此，若商品量的減少，或貨幣流通速度的增加，比價格的提高更迅速，則流通手段量尚可減少。

國內的穀物家畜太多了，因此到市場上來的人，要賣的居大多數，要買的居少數；(2) 或是因為出口通路缺乏；(3) 或是因為消費減退，當人民因貧窮而減少家庭支出時，便是這樣。如此，能增進農民貨物販賣的，並不是貨幣的增加，只是這三個實際壓迫市場的原因的掃除了。……商人和小店主，也在同樣意義上，需要貨幣。也就是，他們需要貨物的銷售場，因為市場停滯著。……一個國家，當財貨不能迅速由一人轉到他人時，是絕不會十分繁榮的。」（諾斯《貿易論》，倫敦，1691 年，第 11 頁至 15 頁。）赫倫希文德（Herrenschwand）的幻想，不過是這樣：由商品性質而起，並在商品流通上表現的諸種矛盾，只要增加流通手段，便可以除去。不過，認為生產過程流通過程的停滯，起因於流通手段的不足，固然是一種流行的幻想；但絕不能因此便說以「通貨調節」為名的政府干涉，雖引起流通手段的實際的不足，也不會引起停滯。

如果商品量的增加，與商品價格的下跌成比例，或流通速度的減少，與價格的跌落成比例，則商品價格雖普遍下跌，流通手段量也可依然不變。不僅如此，若商品量的增加或流通速度的減少，比商品價格的跌落更迅速，則流通手段量尚可增加。

各種要素的變異可以互相抵銷。所以，哪怕各種要素都持續不穩定，待實現的商品價格總額，從而，流通貨幣量，可依然不變。因此之故，一國流通貨幣量偏離其平均水準，沒有我們當初所預料那樣大時。若所考量的時期甚長，就更是如此。激變的情形（源於週期性生產危機與商業危機，或罕見的貨幣價值波動）除外。

流通手段的量，定於流通商品的價格總額與貨幣流通的平均速度。這是一個法則。[30] 這個法則還可陳述如下：已知商品的價值總額，與商

---

[30]「推動一國商業所必需的貨幣，有一定的限度和比例。多於此或少於此，都會阻礙它。就好像在小零售業上，必須有某比例的小銅板來兌換銀幣，或處理不能以最小銀幣處理的數目。其所需的小銅板數的比例如何，視購買者的人數、購買的次數、尤其是最小銀幣的價值如何而定。同樣的，實行商業所必需的貨幣（金或銀），也視交換的次數、支付額的大小如何而定。」（配第《賦稅論》，倫敦，1667 年版，第 17 頁。）休謨（Hume）的學說雖受史都華等人的攻擊，但楊格（A. Young）在其所著《政治算術》（1774 年，倫敦）中，卻擁護它。此書有一章，名為〈價格定於貨幣量〉（該書第 112 頁以下。）我曾在《政治經濟體批判》149 頁說過：「他（亞當・史密斯）錯誤地認為貨幣不過是商品，從而默默地把流通貨幣量的問題忽略過去了。」這個批評，在亞當・史密斯正式論述貨幣問題時才是適合的。因為在他批評以前的經濟學體系時，他的見解有時卻是正確的。例如《國富論》第 4 篇，第 1 章，他就說：「在每一國，貨幣的數量，皆受調節於它所流通的商品價值。任一國每年買賣的貨物價值，皆須有一定量的貨幣來流通它，來分配它給真正的消費者。比這更多的貨幣，是不能利用的。流通的水路，必然會吸引一個充分的數額來充滿它，但絕不許多餘的部分流入。」同樣，亞當・史密斯又鄭重地以分工的禮讚為全書的開端，但後來在最後一篇論國家收入的

品形態變化的平均速度,則作為貨幣流通的貴金屬量,取決於該貴金屬的價值。但錯誤的意見,則反認為商品價格定於流通手段量,流通手段量又定於國內的貴金屬量[31]。這錯誤的意見的首倡者,把這個意見,建築在一個悖理的假設上;即在進入流通過程之際,商品沒有價格,貨幣也沒有價值,在進入流通過程之後,則商品混雜總和的可整除部分,將交換一堆貴金屬總和的可整除部分[32]。

泉源時,他又複述其師弗格森(A. Feuguson)的話,而斥責分工。

[31]「在每一國,當民間的金、銀增加時,物的價格都確實會提高。從而,當一國的金、銀減少時,一切商品的價格也會相應地跌下來。」(范德林特《貨幣萬能》,倫敦,1734年版,第5頁。)詳細的拿范德林特的著作和休謨的論文比較一下。我覺得毫無疑義的,休謨曾知道並曾利用范德林特這部重要的著作。流通手段量決定價格的主張,巴本乃至更早的作家,也曾提出過。范德林特就說:「無限制的貿易,是沒有害處,而只有極大利益的,……因為,限制政策所要防止的,是一國現金的減少,但當一國的現金減少時,得到這些現金的國家便會發覺,現金已經增加,每一種物的價格都依比例提高了。……而我國的製造品以及其他各種商品,卻會在價格上低落,使貿易差額再於我有利,因而把貨幣收回。」(前書第44頁。)

[32] 每一種商品的價格,都是流通商品全部的價格總和的要素。這是一個不言而喻的命題。但是,不能互相比較的全部使用價值,為什麼可以和該國所有的金銀全部相交換,卻還是一個全然未曾說明的事實。如果我們可以假想商品界是一個單一的總商品,在其中,個個商品僅為一可除部分,我們就可得到一個巧妙的算式了。總商品 = x 英擔金;商品 A = 總商品的一個可除部分 = x 英擔金的相同的可除部分。關於這個問題,孟德斯鳩曾鄭重地說:「假設我們將世界現有的金的總量,比於世界現有的商品的總量,那很明顯,各個生產物或商品,也可以和貨幣總量的一定部分相比較。假設世界上只有一個生產物,或一個商品,或只有一個商品要拿來販賣,並假設這個商品是和貨幣一樣可以分割的;這個商品的一定部分,就和貨幣總和的一個部分相當了;前者的半數,就和後者的半數相當了。……商品價格的決定,常在根本

C 鑄幣：價值記號（Die Münze, Das Wertzeichen）

貨幣的鑄幣形態，是由貨幣充作流通手段的機能引發的。商品價格（或其貨幣名稱）想像中要代表的金的重量，必須在流通中，以某已知面額的金塊或鑄幣來與商品對照。像價格標準的建立一樣，造幣也是國家的事務。但金銀在鑄幣形態上穿起的不同國家制服，一到世界市場上，會再脫下來。這情形表示商品流通的內部或國家領域，與其世界市場的領域是分開的。

金鑄幣與金塊，本來只有形狀上的差異；金會不斷從這個形態，轉為那個形態[33]。但剛從造幣局出來的路，就旋即走向熔爐的路。鑄幣

上，取決於商品總量與貨幣記號總量的比例。」（孟德斯鳩《法之精神》，第 3 篇，第 12、13 頁。）李嘉圖以及他的學徒詹姆斯・彌爾，歐維斯坦（Overstone）等把這種學說展開了。關於這點，可參看《經濟學批判》第 140 至 146 頁，和 150 頁以下。約翰・彌爾（J. S. Mill）用他的折衷的論理學發覺了，在這點他可以接受他父親詹姆斯・彌爾（James Mill）的見解，同時又可採用相反的見解。試對照他的《經濟學原理》的本文和該書的序文。——在那裡，他自認他是當時的亞當・史密斯。我們實在不知道，是稱讚他的天真無邪好，還是稱讚公眾（他們也相信，他是他們當時的亞當・史密斯）的天真無邪好。實際上，他之於亞當・史密斯，就如威廉加斯將軍之於威靈頓公爵。約翰・彌爾在經濟學範圍內的獨創的研究（其分量既不廣，其內容也不深），已總括敘述在他 1844 年刊行的一本小書《經濟學上未決諸問題》上面了。——洛克關於金銀無價值性和其價值由其量決定，這兩事的關係，曾直接發表如下的意見：「人同意賦予金銀以想像的價值，……所以，就這兩種金屬而言，內在的價值，不外是它們的分量。」（《論利息減低的結果》1691 年，全集版，1777 年，第 2 卷，第 15 頁。）

[33] 當然，像造幣料（Schlagschatz）之類的問題，是不在本書討論範圍之內的。但因浪漫的諂媚者穆勒（Adam Müller）對於英政府免費鑄造貨幣的辦法，曾極力稱讚其「寬大」之故，所以我且引述諾斯爵士的判斷於此。諾斯說：「金與銀，像別的商品一樣，是有漲落的。當西班牙運若干金銀進來時，它

會在流通中，以種種程度漸次磨損。鑄幣的稱號與鑄幣的實體、名目上的重量和實際的重量，開始分化了。同面額鑄幣，因有不同的重量，遂有不等的價值。充作流通手段的金，遂與定為價格標準的金相背離，因此，但不復為商品雖實現其價格的現實等價物。中世紀及十八世紀以前的近代鑄幣史，正是一部由此引起混亂的歷史。鑄幣實含的金，變作自稱的假象。鑄幣變作其法定金屬含量的象徵，那本是流通過程的自然傾向。這傾向又為近世法律所承認。近世的法律，曾規定金屬磨損的程度，凡超過此程度的鑄幣廢止使用，並失去合法貨幣的資格。

鑄幣的流通，使鑄幣之實際含量與名目含量（即鑄幣僅是一枚金屬與其確定的機能）相分離。這事實隱含著一種潛在的可能性，即有鑄幣機能的金屬貨幣，可以由他種材料製成的記號或象徵來代替。要把金或銀的極小重量鑄成貨幣，在技術上是極困難的。在古代，賤金屬本曾代貴金屬（銀代金，銅代銀）充作價值尺度；在它們未被貴金屬迫使退位以前，它們也曾以貨幣的資格流通。這種事情，又從歷史方面說明了銀記號與銅記號（Silber-oder Kupfermark），有代替金鑄幣的作用。在鑄幣必須急速轉手流通，從而極易磨損的商品流通領域內，換言之，在賣與買皆以極小量不斷發生的商品流通領域內，銀和銅記號遂代替了金。因要防止這些衛星永久篡奪金的位置，法令曾設下它們在比例之內，才有強制接受代替金支付的資格。當然，各種鑄幣流通的特殊範圍，是互相交錯的。輔幣（Scheidemünze）在支付最小金鑄幣的尾數時，與金是

們被運到倫敦塔去鑄造了。不久就產生了一種需要，欲把金銀條塊再輸出。如果供輸出的金銀條塊已經沒有，一切金銀都碰巧鑄成了鑄幣，那又怎樣辦呢？再把它們熔化呀！這是沒有損失的，因為鑄造不費擁有者分毫。損失是由國家負擔了。驢所吃的草料，是由國家出錢備辦。如果商人（諾斯自己也是查理二世時一位大商人）必須支付鑄幣費，那他們在送銀到倫敦塔以前，就不能不有所考慮了。如是，已鑄幣的價值，常常會在未鑄銀的價值之上。」（諾斯，前書第18頁。）

形影不離的；金不斷流入零售的流通領域，但又因與輔幣兌換，不斷從此領域退出[34]。

銀記號與銅記號的金屬含量，可隨意由法律規定。在流通中，它們比金鑄幣還磨損得快。所以它們的鑄幣機能，實際全與其重量，從而與其價值無關。金的鑄幣機能，也可完全與其金屬價值分離。比較無價值的東西，例如紙劵，也可以有鑄幣的機能。但在金屬貨幣記號中，純粹象徵的特性尙有幾分隱蔽。在紙幣（Papiergeld），這種特性是完全外顯了。誠如世人所說，難在第一步。

這裡所指的，僅爲有強制流通力由國家發行的不可兌換紙幣（Stattspapiergeld）。那是直接源自金屬通貨。反之，信用貨幣（Kreditgeld）則以若干條件爲憑。從單純商品流通的觀點看，是我們全不知道的。但或可確定一點。狹義的紙幣，是從貨幣的流通手段的機能引發的；信用貨幣則以貨幣的支付手段的機能爲自發的根源。[35]

---

[34]「若銀鑄幣量絕不超過小額支付所必要的程度，它也不能積集起來，而爲大額支付。……金幣既在大額支付上應用，它必然也會在小額支付上應用。金幣的擁有者，是用金幣來行小額的購買，而在接受所購買的貨物時，收回銀幣的找零。這所謂找零，便是銀幣的餘額。這個非此即將使零售商人感到煩惱的餘額，就是這樣取消，而分散到一般流通界去的。但若銀幣的數量，可以在沒有金的時候，辦妥一切小額的支付，零售商人就必須在小額販賣時接受銀幣，並且必須把銀幣積蓄在自己手裡了。」〔布坎南（David Buchanan）《英國課稅及商業政策硏究》，愛丁堡，1844 年，第 248、249 頁。〕

[35] 中國財政官王茂蔭有一次曾上奏天子，要把一切官票化爲兌現的寶鈔。官票管理司於 1854 年 4 月的報告中，對於他的計畫曾痛加指斥。他是否因此受過笞刑卻沒有記錄可查。報告的結論說：「官票管理司審議該計畫之結果，認爲該計畫完全是爲商人的利益，而於皇家毫無利益可言。」〔《駐北京俄國公使館關於中國的調查硏究》，亞伯倫、麥克倫堡合譯（Dr. K. Abelund, F.

印有 1 鎊、5 鎊等面額的紙券，是由國家投入流通。如果它們的現實流通額，恰好代替同額的金，它們的移動，就受制於貨幣流通的法則。紙幣流通只有一個特殊法則，那是以紙幣代表金的比例。簡言之，這個法則是紙幣的發行額必須不能超過金（或銀，視情況），在無紙幣為象徵代表時的實際流通額度。流通界所能吸收的金量，不斷在一既定水準上波動。不過，一國流通手段量，絕不會降到一定的最小限量以下。這樣的最小限量，是輕易由實際經驗來決定的。無論這最小限量由什麼構成，換言之，無論構成這最小限量的金塊如何由新的金塊替代，其量之大小，或其在流通範圍內的連續性，皆不受影響。所以這最小限量，由紙印符號代替，不成問題。反之，假如流通的路線，在今日已充分依照貨幣吸收力，由紙幣充當，則在明日，由於商品流通突生波動，它會氾濫也未可知。這樣一切的界限皆蕩然無存。在這裡姑且不說紙幣越過界限（即同面額金鑄幣得以流通的量），將不免有信用完全掃地的危險；就是超過了，依照商品流通法則的規定，只須有這樣多的金量，紙幣也只能代表這樣多的金量。假使發行的紙幣，兩倍於應有的發行量，則在實際上，1 鎊將不復是 1/4 盎司金的貨幣名稱，而將成為 1/8 盎司金的貨幣名稱。其結果，無異於金充作價格標準的機能已經發生變化。原用 1 鎊價格表現的價值，現今要用 2 鎊價格來表現了。

　　紙幣是金的記號或貨幣的記號。其與商品價值的關係，為商品的價值觀念地由同額金量表現，此金量則象徵地由紙幣表現。金量像其他一切商品量一樣，是價值量，而紙幣也就在它代表金量的限度內為價值象

A. Mecklenburg），第 1 卷，柏林，1858 年，第 47 頁以下。〕關於金鑄幣在流通中不斷磨損的問題，英倫銀行某總裁曾在上議院銀行條例委員會中，以列席者的資格申述：「每年都有一些新鑄的金鎊變得過輕。曾以當年以十足重量流通的鑄幣，經過一年的磨損，到次年就重量不足了。」（《1848 年上議院委員會報告書》第 429 號。）

徵[36]。

　　最後，請問，金因何可以由無價值的記號代替？我們講過，它之所以能由無價值的記號代替，是因為它只專屬充作鑄幣或流通手段的機能，別無其他。這種專屬機能絕非附著於金鑄幣的唯一機能，可由鑄幣磨損之後仍能繼續流通的情形得知。每一枚貨幣在現實流通之際，才是單純的鑄幣或流通手段。這適用於能由紙幣代替的最小限量的金。這最小限量的金，將持續留在流通界內、持續用作流通手段，從而專門作爲這種機能而存在。它的移動，僅表示商品形態變化（W——G——W）——在此，商品與其價值形態對照，僅因爲接著這種價值形態會再消滅——上諸相反階段的不斷交替。商品交換價值獨立的存在，在此僅爲暫時的幻影。它接著會再由別的商品代替。所以這個使貨幣不斷由一手轉至一手的過程，單有貨幣的象徵性存在，已經很足夠。我們未嘗不可說，貨幣的機能性存在，吸收了它的物質性存在。貨幣，在爲商品價格之暫時的及客觀的反映時，本身不過是一個象徵，故能由一個記號代替[37]。不過，貨幣的記號，必須有其本身客觀的社會的有效性。紙造的

---

[36] 第二版注。富拉頓（Fullarton）是研究貨幣問題最有名的作家了。他下述的一段話，說明了哪怕最上流的貨幣問題著述家，對於貨幣的種種機能，也是極不明瞭。他說：「就我們的國內貿易來說，通常由金銀幣實行的一切貨幣機能，可切實由不兌現紙幣來實行。不兌現紙幣也能有貨幣機能的事實，我想，是任何人不能否認的，只要發行量能有限制，這種只依法律取得人爲價值的紙幣，也等於有固有的價值，也得行使本位貨幣的機能。」（富拉頓《通貨的管理》，第2版，倫敦，1845年，第21頁。）就因爲貨幣商品可以在流通上爲價值記號所代替，所以作爲價值尺度和價格標準的貨幣商品，也成了不必要的了！

[37] 因爲當作鑄幣用，從而只當作流通手段用的金銀，已成爲它們自身的記號，巴本就由此推論，政府有權「提高貨幣價值」，例如，把名叫1格羅申的銀量，稱爲1元（一個較大的銀量），使人們得以1格羅申付於債權人，以

象徵，是由其強制流通取得這種有效性的。但國家的強制作為，只能在與本國國界同一界限內的流通領域發生效力。貨幣充作流通手段或鑄幣的機能，也就是在這個領域內充分發揮的。所以，它也就在這個領域以內，能使紙幣形式取得純粹的、機能的存在，並完全和它的金屬實體分開。

III 貨幣（Geld）

充作價值尺度，並以自體或代用物充作流通手段的商品，是貨幣。因此，金（或銀）是貨幣。金充作貨幣的機能，是由這兩個方面成立的。在一方面它必須以金身或銀身出現。在這情形下它是貨幣商品，不像用作價值尺度時那樣純粹是觀念的，也不像用作流通手段時那樣可以由他物代表。在另一方面它以自體或以代用物盡其機能，但由這種機能，凝固成為唯一的價值形態。在這情形下，它是交換價值的唯一合適的存在形態，並以這個資格，與其他一切只作為使用價值的商品相對立。

A 貯藏（Schatzbilduug）

對立的兩商品形態變化，持續循迴著。賣與買，不停交替著。這持續的循迴、不停的交替，反映在貨幣不息的流通上或執行永續循環的貨幣機能上。但商品形態變化系列一旦中斷，賣之後不立即繼以買，貨幣就停滯了。或如布阿吉爾貝爾（Boisguillebert）所說，它就由可移動的變為不動的、由鑄幣變為貨幣了。

自商品流通發展以來，即衍生保留第一形態變化結果（即商品的

償清 1 元的債務。「貨幣會經過人手而磨損而減輕。……人民在商業上考慮的，不是銀的量，只是貨幣的名稱如何與通用與否。……使金屬成為貨幣，那是政府的許可權。」（巴本，前書第 29、30 及 45 頁。）

變形姿態，或其金豆）的必要與強烈欲望[38]。因此，商品的販賣，非為了要買別的商品，乃為了要以貨幣形態代替商品形態。於是，形態變化不復是達成商品流通的手段；它成了它自己的目的了。商品變化了的形態，因此避免發揮絕對可以讓渡的機能，或僅僅暫時的貨幣形態。貨幣固化為貯藏的貨幣，商品賣者成了貨幣貯藏者（Schatzbildner）。

在商品流通早期階段，轉為貨幣的，僅是使用價值的剩餘。金與銀，是有餘或財富之社會表現。有一些族群，其傳統的生產方法，是按固定的、有限的內部需求來安排供應的，而在這些族群內，樸實的貨幣貯藏形態永久化了。在亞洲，尤其是在東印度，情形就是這樣的。相信商品價格由國內現存金銀量決定的范德林特（Vanderlint），就問，為什麼印度的商品這麼便宜，答，因印度人埋藏貨幣。他說自 1602 至 1734 年，他們埋藏的純銀，計值 150,000,000 鎊，那是由美洲經歐洲到印度的[39]。自 1856 至 1866 年那 10 年間，由英國輸往印度和中國（轉往中國的銀，大部分是再流出到印度的）的銀，也值 120,000,000 鎊，那原來是為交換澳大利亞的金的。

商品生產愈是發展，每一個商品生產者都不能不注意物的神經（nervus rerum），不能不注意「社會的質押」（gesellschaftliche Faustpfand）[40]。他的不斷更新的需求，使他必須不斷購買別人的商品，但他自己的商品的生產與販賣，又不能不花時間，並取決於環境。要不賣而能買，那自然要以前曾有賣而不買的時候。這種操作在普遍規模下似乎隱含自相矛盾的。但在貴金屬直接與別種商品直接交換的貴金屬產地

---

[38]「貨幣之財富，無異於轉化為貨幣的生產物之財富。」（梅西耶，前書第 557 頁。）──「生產物的價值，只改變了形態。」（前書第 486 頁。）

[39]「他們就由此辦法，使他們一切貨物和製造品的價格，如此低廉。」（范德林特，前書第 95、96 頁。）

[40]「貨幣是一種質權。」〔貝勒斯（John Bellers）《論貧民、製造業、商業、殖民，和不道德》，倫敦，1669 年版，第 13 頁。〕

上，就是有（商品擁有者方面）賣，沒有（金銀擁有者方面）買的[41]。以後的沒有買的賣（別的商品擁有者），又不過使新產出的貴金屬更分配在一切商品擁有者間。所以，在交換進行的每一點，都有金銀的貯藏，不過程度不等罷了。將交換價值以特殊商品來持有和貯藏的可能性興起貪金的念頭。隨著商品流通的推廣，貨幣的權力是增加了。貨幣成了財富的隨時可以使用的絕對社會形態。「金是一個令人驚嘆的東西：誰有它，誰就能支配他所欲的一切。有了金，要把靈魂送到天堂，也是可以做到的。」（哥倫布自牙買加寄發的信，1503年。）貨幣既不說明它是由什麼變成的，故每一物無論為商品否，皆可轉化為貨幣。一切物品都是可以賣可以買的。流通變成了一個社會的大蒸餾器。一切物品都要拋到裡面去，俾能化為貨幣的結晶再出來。就連聖骨也不能抵抗這個煉金術，還沒有聖骨那樣粗硬的、人類商業範圍以外的微妙的聖物，是更不能抵抗了。[42] 不僅商品間的質的差別，會在貨幣的形式上消滅，同樣的，貨幣這位澈底的平等主義者，還會把一切的差別消滅[43]。但貨

---

[41] 在嚴格的意義上，我們說「買」，都假定金或銀已成為商品的變形姿態，換言之，已經是賣的結果。

[42] 法國最信基督教的一個國王，亨利三世，曾掠奪修道院的遺寶，把它化為貨幣。我們還知道，伏克爾人掠奪戴奧菲神廟這件事，在希臘史上是多麼重要。在古代，商品的神是把神廟當作住所的。神廟就是「聖的銀行」。以經商出名的伏克爾人，是把貨幣當作萬物轉化的形態。所以在愛神祭禮中，委身於外方人而得金錢為酬的少女，會把金錢獻於神，乃是當然之事。

[43] 「金，黃的、光澤的、寶貴的金；
有了它，黑的會變白，醜的會變美；
邪的會變正，賤的會變貴，老的會變少，怯的會變勇；
……神啊！這是為什麼？為什麼？
它可以在你旁邊，引走你的牧師和僕人；
把逞強者頭下的枕頭抽去。

幣也只是商品，一種可爲任一個人私有的外在客體。因此，社會的權力成了私人的私有權力了。因此古代社會常非難它，說它是一切經濟秩序和道德秩序的破壞者[44]。而曾在初創期拉住財神頭髮，並從地心把財神拉出來的近代社會[45]，卻頌揚金爲其聖杯，認爲是它自身生活原理的閃耀化身。

　　作爲使用價值，商品會滿足一種特殊的需求，並在物質財富中，成爲一個特殊的要素。商品的價值，則衡量該商品對於物質財富的各個要素的吸引力，並衡量該商品擁有者的社會財富。在野蠻的、簡單的商品擁有者看來，甚至在西歐農民看來，價值都是與價值形態不能分離的，從而，金銀貯藏的增加，即是價值的增加。當然，因貨幣本身價值變化之故，或因商品價值變化之故，貨幣的價值會發生變化。但從一方面來

這個黃色的奴隸，

會彌縫宗教、打破宗教；會向被詛咒者祝福；

會使白癩者變爲高人；揖盜賊上座，

給他地位、給他跪拜、給他名譽，使他與元老院議員同坐；

它使悲泣絕望的寡婦願意再嫁。

……哼！你這個該死的東西，

你這個人類共同的娼婦！」

　　　　　　　　　　　　　　　　　　　　　莎士比亞《雅典的隱者》

[44]「在世界流行的罪惡中，

　　錢是最大的一種，

　　它破壞都市，把人從家內逐出。

　　它會使人迷入不良的教，

　　會使正的心向於惡，

　　會使人厚顏無恥，

　　做各種褻瀆神的事情。」

　　　　　　　　　　　　　　　　　　　　　索發克里斯《安緹岡妮》

[45]「貪欲把財神普魯托（Pluto）從地心拉出。」（阿特納奧斯《智者之宴》。）

說，200 盎司金總比 100 盎司金，包含更多的價值；從另一方面來說，這種物品的真實金屬形態，總歸是一切其他商品的共通的等價形態，是一切人類勞動之直接社會的具體化。貨幣貯藏的欲望，本質上是難以滿足的。從質的或形式的方面看，貨幣因為可以直接和其他任何一種商品交換，所以其效力是無限制的，是物質財富共通的代表。但從量的方面看，則現實的貨幣額又是有限制的，只是效力有限的購買手段。貨幣在量方面有限、在質方面無限的對立，使貨幣貯藏者不斷的，像薛西弗斯（Sisyphus）一樣，從事於積累工作。這種貯藏者像世界征服者一樣，征服了一國，又想征服一國。

金要當作貨幣從而當作貯藏物來被保存，必須斷絕流通，不用作享受品的購買手段。貨幣貯藏者遂把他的肉欲，犧牲在黃金拜物教面前了。他誠心信奉禁欲的福音。但從另一方面說，他能在流通界取出多少貨幣，又看他能在流通界投下多少商品。生產愈多，則販賣量愈大。因此，勤勞、節儉、貪婪三者成了他的主德。多賣少買，成了他的政治經濟體的全部[46]。

以上所言，為貨幣貯藏的庸俗的形態。但在這形態之外，尚有一種美學的形態，那就是金銀物品的保存。這種形態，與市民社會的財富，偕同成長。「讓我們成為富翁或像富翁。」——狄德羅（Diderot）語。這樣既使金銀除有貨幣機能之外，尚有一個廣闊的市場；又為貨幣創造了一個隱藏的供給來源，使金銀可以在危機及社會騷動的時期，流出來供人使用。

金銀貯藏，在貴金屬流通的經濟中，合乎不同的目的。它的第一種機能，是由金銀鑄幣的流通條件發生的。如上所述，隨著商品流通在範圍、速度與價格上，有持續的波動；貨幣的流通額，也不斷地有增有

---

[46]「盡可能增加每一種商品的賣者人數、盡可能減少每一種商品的買者人數，那是一切經濟政策的樞紐。」（維利，前書第 52 頁。）

減。所以貨幣的流通額，必須能伸縮。有時候，貨幣須被吸收化為流通鑄幣；有時候，流通鑄幣須再度被逐退為多多少少停滯的貨幣。倘若實際流通的貨幣量，要不斷滿足於流通領域的吸收力，則國內現存的金銀量，必須比當作鑄幣用的金銀量更大。這些儲備當作流通貨幣投入和撤出的管路。使其不至於氾濫，也賴於此[47]。

B 支付手段（Zahlungsmittel）

以上考量的，是商品流通的簡單形態。在這形態內，同一價值量有雙重的存在，在一極是商品，在對極是貨幣。所以商品擁有者，僅各自代表已存在的等價諸物互相接觸。但商品流通的發展，引起了若干條件，使商品的讓渡，得在時間上與其價格的實現分離。在此我們所要列舉的，僅為最簡單的條件。有一些商品生產所必須經歷的時期較長，另一些商品則較短。有一些商品的生產，依賴這季節；另一些商品的生產，則依賴那季節。有一些商品，在市場所在地生產；另一些商品卻不能不旅行到遠方的市場。一個商品擁有者，可以在另一個商品擁有者成為買者之前，成為賣者。當同樣的買賣，在相同諸人間重複發生時，商品販賣條件是要受商品生產條件規範的。但有一些商品，例如住屋，

---

[47] 一國經營商業，必須有一定額的金屬貨幣。此一定額，會視情形所必要而變化、增減。……貨幣的漲落，無待政客的幫助，已能得自然的調節。……兩隻吊桶替換著用。當貨幣稀少時，金銀條塊會被鑄造；當金銀條塊缺少時，貨幣會被熔化。」（諾斯，前書第 22 頁。）長時期任職東印度公司的約翰·彌爾，曾證明，在印度銀飾物是直接當作貯藏物。他說：「當利息率提高時，銀飾物拿出來鑄造；當利息率減低時，它又退回去了。」（彌爾在 1857 年銀行法報告中的述證 2084 號）。依照 1864 年關於印度金銀輸出入的議會文書，則在 1863 年，該處金銀的輸入，超過其輸出 19,367,764 鎊。1864 年前 8 年間，貴金屬的輸入，又超過其輸出 109,652,917 鎊。在這一世紀內，有遠超過 200,000,000 鎊以上的貴金屬在印度被鑄造了。

其在一定時間的售出（俗語的租出）。購買者在期滿以前，實際已取得商品的使用價值。像這樣，他就是先購買而後支付。一個販賣者賣現存的商品，另一個買者則僅以貨幣或未來貨幣（Künftigem Gelde）的代表者的資格購買它。販賣者成了債權者，購買者成了債務者。商品的形態變化或商品價值形態的發展，在這新情況下，貨幣也取得了一種新的機能。它成了支付手段[48]。

在這情況，債權者（Gläubiger）與債務者（Schuldner）的特性，是由簡單的商品流通發生的。這種流通的形態變化，用一個新的印模，蓋在賣者與買者身上。最初這種特性，原也像賣者和買者的特性一樣，是交替的、暫時的，由相同的流通當事人輪流扮演。但這種對立，本來是更激烈、更不容易凝固的[49]。且這種特性，還可獨立於商品流通。古代世界的階級鬥爭，就主要是債權者和債務者間的鬥爭形式。在羅馬，這種鬥爭是因平民債務者沒落為奴隸而終結的。在中世紀，這種鬥爭是因封建債務者（他們的政治權力及其經濟基礎，一同被奪去了）沒落而終結的。但在那裡，貨幣形態——債權者、債務者間的關係都有貨幣關係的形態——只反映階級間更深的普遍經濟生存條件的對立。

且回來講商品流通的領域。等價的商品和貨幣，不復能在販賣過程的兩極上同時出現。現在，貨幣首先是作為價值尺度，以決定所賣商品的價格。契約上規定的價格，衡量買者的義務；即買者必須在一定日

---

[48] 路德（Martin Luther）分別貨幣為當作購買手段的貨幣和當作支付手段的貨幣。他說：「高利貸使我蒙受雙重困難，因為它在此處使我們不能支付，在彼處使我們不能購買。」（馬丁·路德《反高利貸業者——致牧師》，維滕伯格，1540年版。）

[49] 十八世紀初，英國商民中債務人與債權人的關係，是怎樣呢？《論債權與破產法》一書中曾說；「在英格蘭，特別在英格蘭商界，最流行虐待的精神。這是別界所沒有，也是別國所沒有的。」（該書於1707年出版於倫敦，見該書第2頁。）

期支付的貨幣額。第二，貨幣是充作觀念的購買手段。這種貨幣，雖只存在購買者支付的承諾中，但會使商品轉手。在支付日期未到之前，支付手段實際不會進入流通；換言之，不會由買者移到賣者手上。流通手段，**轉變為貯藏貨幣**；因流通過程滯留在第一階段，商品的轉變形態（即貨幣），被排除在流通之外了。支付手段終究會進入流通的，但它進入時，商品早已退出了。貨幣不復是流通過程的手段。它是作為交換價值之絕對的存在，或作為共通商品，使流通過程結束的。販賣者、貨幣貯藏者、債務者，皆要使商品變形為貨幣，但販賣者的目的，是使自己的欲望可由貨幣來滿足；貨幣貯藏者的目的，是使自己的商品，可以在貨幣形態上保存；債務者的目的，是使自己能夠支付。若不支付，他擁有的財產不免會被強制拍賣（Zwangsverkäufe）。商品的價值形態（貨幣），在這裡由一種社會的必要，成了販賣的目的和結束。這種必要，是由流通過程內種種關係引起的。

買者在商品未變形為貨幣之前，就以貨幣變形回商品；換言之，他在商品第一形態變化完成之前，已完成商品的第二形態變化。賣者的商品流通著，其價格的實現，卻僅有貨幣的法律要求權的形式。商品在變為貨幣以前，已變為使用價值。其第一形態變化是以後完成的[50]。

在流通過程一定時期內，到期的諸種債務，代表引起這種種債務的商品的價格總額。實現這個總額所必要的貨幣量，取決於支付手段流通的速度。這數量受限制於兩種情形：(1) 諸債權者與諸債務者間所形成

---

[50] 第二版注。在本文中，為什麼我不注意對立的形態呢？此可由 1859 年刊行的拙著中的一段話來說明：「反之，在 G —— W 的過程中，貨幣可以在貨幣的使用價值實現之前，換言之，在交貨之前，當作現實的購買手段讓渡於人，從而實現商品的價格。日常的先付價錢的方式，就是一例。英國政府向印度農民購買鴉片的方法，又是一例。……在這情況，貨幣還是當作購買手段。……當然，資本也是依貨幣的形式墊付的。……但這個見解，不在單純流通的範圍以內。」（馬克思《政治經濟體批判》，第 119、120 頁。）

的關係鏈（也就是，A 從其債務者 B 處受取貨幣，再以之付於債權者 C 等等）；(2) 不同諸債務到期日的間隔。連續的支付或延遲的第一形態變化，和前面考量的交錯的形態變化系列，是本質上不同的。藉由流通媒介的流通，不僅表示賣者與買者間的關聯，並且僅在貨幣流通之內，由這種流通，生出這種關聯。反之，支付手段的移動，卻表現一種先前早已存在的社會關係。

有許多的買賣在時間、空間上並行，使貨幣流通速度替代鑄幣量的作用受到限制。但反之，那又是節省支付手段的新的槓桿。支付集中於一地後，自會配合發展出特殊的清算制度和方法。中世紀里昂的轉帳（Virements），便是一例。A 對於 B、B 對於 C、C 對於 A 所有的債權，只須互相對照，即可在一定程度內，當作正負量來互相抵銷。因此要支付的，就只有債務的餘額了。支付愈是集中，債務的餘額，以及支付手段的流通量，相較於該總額就愈小。

貨幣充作支付手段的機能，隱含一個直接的矛盾。在各種支付互相抵銷時，貨幣只在觀念上，有計算貨幣或價值尺度的機能。而在支付必須實行時，它並非充作流通手段、並非僅充作產品交換中暫時的執行者，卻是當作社會勞動的個別化身、當作交換價值的獨立存在形式、當作共通商品。這種矛盾，是在名叫金融危機（Geldkrise）的生產危機與商業危機（Produktions und Handelskrisen）中爆發的[51]。支付不斷加長的連鎖與人為的清算系統充分發展以後，這種危機才會發生。當此種機制整個因某種原因發生普遍和廣泛的動亂時，貨幣必須立即、突然地，由僅是觀念的計算貨幣形態，變為堅俏的現款。卑俗的商品不再能代替它獨立。商品的使用價值，是毫無價值的了；商品的價值，在它自己的獨

---

[51] 本文所說的金融危機，是一般生產危機、商業危機的一個特別階段。但還有一種金融危機，可以獨自發生，而在工商業上產生反響。這是必須分別的。後一種金融危機的運動中心，是貨幣資本（Geld-Kapital）。所以它的直接影響的範圍，是銀行、交易所，和一般財政。（第三版，馬克思自注。）

立形態之前消滅了。在陶醉性繁榮時期萌生自負的有產階級們，宣稱貨幣為空虛的想像。只有商品是貨幣。但現在，到處都喊著，只有貨幣是商品。像雄鹿渴望新鮮的水一樣，人的靈魂渴望唯一的財富（貨幣）[52]。在危機中，商品與其價值形態（貨幣）的對立，激化為絕對的矛盾。貨幣的外現形態，在這情況無關緊要。用金或用信用貨幣（例如銀行鈔票）支付的問題，不會影響到貨幣的饑荒[53]。

現在，我們且考量在一定時期內流通的貨幣的總額。假設流通手段和支付手段的流通速度為已知，則此總額，等於待實現的商品價格的總額，加上到期的支付的總額，減去互相抵銷的支付總額，再減去同一枚貨幣時而當作流通手段、時而當作支付手段的迴轉次數。比方說，有一個農民，他賣穀物得了 2 鎊。這 2 鎊在此是當作流通手段。假設他曾向織者賒購麻布，約定在某日支付。到期他把這 2 鎊付給織者。這同樣的

---

[52] 「由信用制度到現金制度的突變，曾以理論上的危機，加在實際的危機之上。流通當事人，在他們自身的關係之不可測的祕密之前戰慄了。」（馬克思《政治經濟體批判》，第 126 頁。）「貧者無事做，因為富有的人，雖然和以前同樣，有供給衣食的土地和人力，但沒有貨幣雇用他們。土地和人力，才是一國的真正的財富。貨幣並不是。」（貝勒斯《設立工業大學之提議》，倫敦，1696 年，第 3 頁。）

[53] 被稱為「商業之友」的人，是怎樣利用這樣的時機，可由以下的引文來說明。「有個時候（1839 年），倫敦有一位視錢如命的老銀行家，在他私人房間內，把桌蓋揭起來拿出一束鈔票來給他一個朋友看，笑著說，這裡是 60,000 鎊。它們收在這裡，是為了造成金融緊張的氣氛，但本日 3 點鐘以後，就要全部借出去的。」（《匯兌學說，1844 年的銀行特許條例》，倫敦，1864 年，第 81 頁。）——半官報《觀察者》（1864 年 4 月 24 日）也有一段報導：「曾有一種極奇怪的謠言，風傳將採取某種手段，造成銀行券不足的現象。……猜想這種手段會被採用，固尚有待懷疑，但謠言既如此廣布，也是真值得注意的。」

2鎊，現在是當作支付手段。次之，織者又以這2鎊購買聖經，使這2鎊再充作流通手段等等。所以，就算價格、貨幣流通的速度、依賴支付的經濟占比，皆為已知數，一定期間內（例如在一日內）流通的貨幣額與流通的商品量，也不是相對應的。商品早已從流通界退出，代表它的貨幣卻繼續在流通的情形，是常見的。商品現在流通，其貨幣等價必須在若干時候出現的情形，也是常見的。並且每日約定的債務與同日到期的支付，也是不能用同一標準衡量的量[54]。

信用貨幣，直接出自貨幣充作支付手段的機能。由購買商品而起的債務證券，會因債務移轉給他人而流通。並且，信用制度（Kreditwesen）推廣到哪裡，貨幣充作支付手段的機能，也推廣到哪裡。有這種特性的信用貨幣，在國內商業大交易的領域內，有它特有的種種形式。金銀鑄幣，則主要保留在零售交易的領域內[55]。

---

[54] 在某一日內成立的購買額和契約額，不致影響該日流通的貨幣額；但在大多數情況則會化成種種兌票，而影響到此後某日流通的貨幣額。……今日開的期票或欠帳，在數量上、總額上、期間上，不必和明日或日後開的期票或欠帳，有任何類似之處。寧可這樣說吧。有許多今日開的期票或欠帳，在到期時會和許多以前發生的債務相抵。12個月、6個月、3個月或1個月兌付的期票，往往湊合起來，使某一日到期的債務，異常膨脹起來。（《通貨問題批判》，英格蘭某銀行家致蘇格蘭人民的一封信，愛丁堡，1845年，第29、30頁以下。）

[55] 要舉例解釋商業活動所用的實際貨幣是多麼少，我且引述倫敦一大商行〔莫里森—狄倫公司（Morrison, Dillon&Co.）〕全年的收支計算書如下，1856年，該行交易不知有幾百萬鎊，但結算下來，不過100萬鎊的數目。

收入	（單位：鎊）	支出	（單位：鎊）
日後支付的銀行票據及商業票據	533,596	日後支付的票據	302,674
見票即付的銀行支票	357,715	倫敦諸銀行的支票	663,672
地方銀行券	9,627	英格蘭銀行券	22,743
英格蘭銀行券	68,554	金	9,427

商品生產發展到相當的高度和範圍以後，貨幣充作支付手段的機能，能擴延到商品流通的領域之外。它將成為一切契約上的共通主題實體[56]。地租賦稅及類似支付，皆會由實物支付變為貨幣支付。這個轉化到何種程度，取決於生產的總體條件，可由羅馬帝國一切賦稅改收貨幣的嘗試兩度失敗的事實來證明。路易十四治下法國農民的不可言狀的悲慘，曾為布阿吉爾貝爾、沃邦（Vauban）將軍等人所形象地痛責。這種悲慘非僅由於賦稅苛重，且也由於以物納稅（Naturalsteuer）到以金納稅（Geldsteuer）的改革[57]。反之，地租的實物形態——那在亞洲，是國稅的主要要素——卻用以下的生產條件為基礎，那種生產條件，是以自然環境的規律性下重複再生產決定的。而這種支付形式，也反過來維持這種古老生產形態。奧圖曼帝國得以保存至今，這便是祕密之一。歐洲在日本的國外貿易，迫使日本以實物地租改為貨幣地租時，又把日本模範的農業破壞了。該國模範的農業，得以運行的狹隘經濟條件被一掃而空。

每一個國家，都會由習慣來認定一年中的特定日子作為不同巨額及循環支付的日期。決定這種日期的，把再生產上的別種週期撇開不說，

金	28,089	銀、銅	1,484
銀、銅	1,486		
郵政匯票	933		
合計	1,000,000	合計	1,000,000

（本表見銀行法特別委員會 1858 年 7 月報告，第 71 頁。）

[56] 「交易關係，遂由貨物與貨物、交貨與受貨的關係，變成了販賣與支付的關係。現在一切的交易，都表現為純粹的貨幣交易。」（《公共信用論》，第 3 版，倫敦，1710 年出版，第 8 頁。）

[57] 「貨幣成了萬物的死刑執行人」，理財官的技術，不外是「大規模蒸發貨物和商品，其目的僅在取得其可厭的精華而已」。「貨幣向全人類宣戰。」（布阿吉爾貝爾《財富，貨幣與賦稅之性質》，德爾編《財政經濟學者篇》，巴黎，1843 年版，第 1 卷，第 413、417、419 頁。）

在某種程度內,是與季節變化密切相關的生產條件。並且非直接由商品流通發生的支付,例如賦稅、租金等等,也要受這種生產條件的制約。分散在全社會,必須在每年某數日結帳的種種支付,須有大量的貨幣來應付,因而,在支付手段的經濟上,引起一種週期的,雖僅是表面的混亂[58]。但試根據支付手段流通速度的法則,我們當可斷言,一切週期性支付(不問其原因爲何)所必要的支付手段量,與支付所隔期間的長短成正比。[59][60]

貨幣充作支付手段的機能之發展,令積累貨幣以待總支付固定的

---

[58] 克雷格（Craig）在 1826 年國會調查委員會中說:「1824 年聖靈降臨節,愛丁堡銀行鈔票有異常大的需求,在 11 點鐘時,就沒有一張鈔票在庫裡了。它到各銀行去商借,但無法借到,因此有許多交易,只好用小鈔來辦理。但到下午 3 點鐘,該行早上發出去的鈔票全回來了。這種鈔票,不過轉了手。」——在蘇格蘭,實際流通的銀行券平均額,雖不到 300 萬鎊,但在每年的總結帳日,銀行家所有的鈔票(全數等於 700 萬鎊)都會拿出去活動。在此際,鈔票是只有一種機能的。這種機能完成之後,它會立即回到原發行的銀行去。(富拉頓《通貨的管理》,第 2 版,倫敦,1845 年,第 85 頁注。)——在此,我尙須附帶說明一句。在富拉頓著書的當時,蘇格蘭應付存款的提取,是用銀行券,不是用支票。

[59] 譯者注。據馬恩研究院版改正,原版誤爲「反比例」。

[60] 有人問,「當貿易額每年增至 4 千萬鎊時,這 600 萬鎊(金)夠不夠應付貿易的周轉融通呢？」配第對於這個問題,依照他常用的巧妙的方法答說:「夠的。因爲在支出爲 4 千萬鎊時,如果流通必須以極短期間,例如一星期來回(貧窮手工人和勞動者,就是在每星期六收付工資的),那就只須 1 千萬鎊的 40/52 已夠應付這個需要;但若一季周轉一次(照英國習俗,租金和賦稅是一季一季付的,)只要有 1 千萬鎊就夠了。假設周轉期間一般爲一星期一次至 13 星期一次不等,則以 1 千萬鎊加 100 萬鎊的 40/52,以 2 除之,大概有 550 萬鎊也就足夠了。」(配第《愛爾蘭的政治解剖》,1691 年,倫敦版,第 13、14 頁。)

日期成爲必要。市民社會進步了，作爲特立致富形態的貨幣貯藏是消滅了；但作爲支付手段準備金的貨幣貯藏，卻更發達了。

C　共通貨幣（Weltgeld）

貨幣一離開國內的流通領域，便會解除價格標準、鑄幣、記號，和價値象徵的在地外觀，再還原爲貴金屬原來的條塊形態。在世界商業上，諸商品必須展現它們得到共通認可的價値。所以它們的獨立的價格形態，在此面對充作共通貨幣的商品。以上講過，充作等價物的商品的實體形態，即是抽象人類勞動之直接社會的實現形態。貨幣只在世界市場上充分取得這項特性。在這範圍內，它的眞實存在方式才和它的理想概念相對應。

在國內流通領域，只能有一種商品用作價値尺度成爲貨幣。在世界市場上，則是受兩種價値尺度，即金與銀的支配。[61]

---

[61] 規定國民銀行只準備那種在國內當作貨幣用的金屬，是不合理的。而其不合理，即由此發生。英格蘭銀行自造的「快意的阻礙」，是人人知道的。關於金銀相對價値變動最大的時期，可參看拙著《政治經濟體批判》第136頁以後。

第二版補注。皮爾爵士（Sir Robert Peel）在1844年的《銀行法》中，要准許英格蘭銀行，使該行在銀準備不得超過金準備1/4的條件下，以銀塊爲準備，而發行紙幣。銀的價值，則視倫敦市場上銀的市場價格（以金計算的）而定。

第四版注。我們現已進入一新時期，在這時期，金銀相對價値的變動是更激烈了。大約在25年前，銀與金的比價，約爲15又1/2：1；現在，兩者的比價，約爲22：1；銀的相對價値還在減低。這種變動的主要原因，是這兩種金屬生產方法上的革命。在以前，生產金的方法，幾乎只要淘砂，把含金岩石中所包含的金淘出來，現在這種方法已經不夠了。已必須採用別的方法。這個方法——古代人已經很清楚〔狄奧多羅斯（Diodorus）《歷史文庫》第

世界的貨幣可以充作共通支付手段、充作共通購買手段、充作一切財富普世承認的體現。其中充作支付手段的機能最為重要，那是發揮在國際收支的結算上。重商主義的口號——貿易收支（Handelsbilanz）——即由此發生[62]。金銀充作國際購買手段的機能，且

3卷，第12至14頁〕，但一向被視為次要的——是直接加工於含金的石英層。反之，就銀來說，不僅美國落磯山脈發現了新的大銀礦，墨西哥也有銀礦依鐵道開發了。新式的機械裝置好了，燃料的供給可以利用了。由此，銀礦得以低得多的費用，大規模開採出來。並且，金銀兩金屬在礦石層中存在的方式，又是極不相同的。金一般雖以純粹的形態，存在於石英層中；但許多石英層，僅包含極少量的金。所以必須擊碎許多含金的礦石而淘洗之，或用水銀抽出之。100萬克石英，往往不過包含1至3克金，難得有30至60克。銀卻不是這樣。純粹狀態中的銀，是極少發現的；但它很容易由礦石中取出，且通常包含40至90%的銀。有時，它和銅礦、鉛礦等（它們本身就是值得開採的）混在一起。我們這樣講價之後，當可明瞭，大體來說，生產金的勞動增加了，生產銀的勞動減少了。在這情形下，銀的溢價自然會跌落。假設不是有種種人為的方法，維持銀的價格，銀價的跌落一定更厲害。美洲的銀產地，還只開採了一小部分，我們自可預言，還有一個很長的時期，銀的價值會繼續跌落。此外，銀價值會相對跌落，還有一個理由。往日用銀製造的裝飾品、日用品，現多改用鍍銀物或鋁製造了。銀的需求減少了。於此，我們當可見複本位主義的空想，是怎樣謬妄了。這樣空想，要依國際強制通用的方法，維持1：15又1/2的比價。但更可能的結果，是世界市場上銀愈加失去貨幣資格。——F. E.

[62] 重商主義——它把有利貿易差額所得的金銀，視為國際貿易的目的——的反對派，也完全誤解了世界貨幣的機能。我曾以李嘉圖為例，在別處說過，謬誤的關於流通手段量法則的見解，曾如何反映在同樣謬誤的關於貴金屬國際流動的見解上。（《政治經濟體批判》150頁以下。）李嘉圖的謬誤的信條是：「不利的貿易差額，只能是通貨過多的結果。……鑄幣之所以輸出，是因為它的價值太低，那不是不利貿易差額的結果，只是它的原因。」這個信

在不同國家間產品交換的經常均衡突然發生擾亂之際更顯必要。最後還有一種情形；那就是，非為買，也非為支付，僅為要使財富由一國移到他國，而這種轉移，卻因商品市場發生特殊狀況，或因目的本身[63]，不能以商品形態進行。在這情形下，共通貨幣也可充作社會財富普世承認的體現。

每一國皆須為國內流通，貯藏一個儲備基金（Reservefonds），也須為世界市場流通，貯藏一個儲備基金。所以，貨幣貯藏的機能，固有一部分，是出自貨幣充作國內流通手段和國內支付手段的機能發生，也有一部分，是出自貨幣充作世界的貨幣之機能[64]。在後一種機能上，

條，我們在巴本著作中，也可以找到。巴本曾在李嘉圖之前說過：「貿易差額，如果有貿易差額，那也不是送貨幣出國的原因，卻只是各國貴金屬價值參差不齊的結果。」（巴本，前書第 59、60 頁）麥克庫洛赫在其所著《經濟學文獻，一個分類目錄》（倫敦 1845 年）中，曾稱巴本在這點有先見之明，但巴本曾怎樣天真地容納「通貨原則的不合理的前提」，他卻規避地完全沒有提到。他這個目錄是缺少批判性、缺乏誠實性的。這種缺少，在他論述貨幣學說史的那數節，達到了極點。之所以會如此，是因為他在那數節，要諂媚歐維斯坦公〔Lord Ovestone，原來是銀行家洛伊德（Lloyd）〕，稱其為「銀行界之巨擘」。

[63] 例如，補助金、戰時借款、銀行付現的恢復。在這諸種情形下，價值都必須在貨幣形態上。

[64] 第二版注。「貯藏機構，在用現金支付的國家，即不借助於一般流通界，也可以實行國際債務調整上一切必要的任務。我覺得要證明這點，最好的證據，是法國下述的那一件事了。當法國初從敵國蹂躪下恢復時，它不得不在 27 個月的期限內，付給聯合國將近 2 千萬鎊的強制賠償金。這種賠償金，大部分是要用現金支付的。但它在支付這 2 千萬鎊時，並沒有顯著擾亂或收縮國內的通貨，也沒有在匯兌市場上引起驚人的變動。」（富拉頓，前書第 191 頁。）

第四版注。還有一個顯著的例子。在 30 個月（自 1871 至 1873 年）中，

必須有純正的貨幣商品，即實際的金銀。因此，史都華為區別金銀與其在地代用品起見，曾稱金銀為世界的貨幣（Money of the World）。

金與銀的流動，是雙重的。一方面，它是從產地，散布到全世界市場去。在那裡它以各種程度，為各國的流通領域所吸收，並充實各國國內的流通管路，補充磨損的金銀鑄幣，供作奢侈品的素材，凝成貯藏貨幣[65]。最初的流動，是以一種直接交換為媒介的，那就是實現在商品的本國勞動，與實現在貴金屬內的金銀生產國的勞動直接交換。另一方面，金銀又隨匯兌市場上不止息的浮動，而在各國的流通領域間不斷往復[66]。

中產階級生產已相當發展的國家，會限制大量集中在銀行保險庫中的貨幣貯藏，使其數額，不超過其特殊機能所必要的最低限[67]。除若干例外，若保險庫的貯藏，超過平均水準，那就表示商品流通遲滯、表示商品變化形態平穩流動遭到擾亂[68]。

法國竟能支付十倍於上額的戰爭賠款。不消說，那也是大部分用現金支付的。——F. E.

[65]「貨幣依各國的需要，分配於各區間，……因為它是時時受生產物吸引的。」（勒·德洛尼，前書第 916 頁。）——「不斷供給金銀的礦山，將供給充分的數量，使每國有其所必需的數量。」（范德林特，前書第 40 頁。）

[66]「匯價是每星期變化的。在一年間，它有時會以順勢向上漲，有時會以逆勢向上漲。」（巴本，前書第 39 頁。）

[67] 當金銀又須作為銀行券的兌換準備金時，這各種機能不免陷於嚴重的衝突。

[68]「國內貿易絕對所需額以上的貨幣，是一種死的資本，對於藏有這種貨幣的國家，是毫無利潤可言的，除非拿來在國外貿易上輸入和輸出。」（貝勒斯，前書第 12 頁。）——「鑄幣過多時，怎麼辦呢？我們可以把最重的鑄幣熔解，把它化作金銀食器和用具；或把它輸出到需要這些東西的地方；或把它輸出到利息率很高的地方去生利息。」（配第《貨幣問答》，第 39 頁。）「貨幣不過是國家身體的脂肪，過少，使身體生病，過多也妨礙身體

的運動。……像脂肪潤滑肌肉的運動、補充食物營養的缺少、補平身體上的不平的凹凸，使身體美化一樣，貨幣也可加速國家的動作。由國外補充國內食物的不足、抵銷債務……並美化全體。」不過（他譏諷地下結論說）：「最能由此美化的，還是最有錢的人。」（配第《愛爾蘭的政治解剖》，第14頁。）

第二篇

貨幣的資本化

第四章

貨幣的資本化

I 資本的總方程式

商品流通是資本（Kapital）的起點。商品生產與發展了的商品流通——商業——是資本興起之歷史的背景。涵蓋世界的商業與涵蓋世界的市場，在十六世紀開啓了資本的近代史。

若不說商品流通的物質內容、不說各種使用價值的交換，只考量這個流通過程所產生的經濟形態，我們便會發覺其最終產物是貨幣。但商品流通的這項最終產物，正是資本出現的最初形態。

從歷史方面來看，資本最初持續地以貨幣形態，作為貨幣財產（Gellvermögen）、商人資本（kaufmannskapital）與高利貸資本（Wucherkapital），而與土地所有權相對立[1]。但我們要認識貨幣是資本現身的最初形態，是無須回顧資本的源頭。這每天都在我們眼前重演。一切新資本，開始走到市場（Markt）——商品市場（Warenmarkt）、勞動市場（Arbeitsmarkt）或貨幣市場（Geldmarkt）——這一舞臺上來，便是貨幣的形態、是依一定過程必須轉為資本的貨幣。

作為貨幣的貨幣，與作為資本的貨幣，最早是只由流通形態的不同去區別的。

商品流通的直接形態，是 W——G——W，由商品轉為貨幣，再由貨幣轉為商品，或為要買而賣。但在這形態之旁，還有一個不同的形態，是 G——W——G，由貨幣轉為商品，再由商品轉為貨幣，或為要賣而買（kaufen um zu verkaufen）。依後一種方法流通的貨幣，轉為資本、成為資本，且已潛在性是資本。

試著仔細點檢測 G——W——G 這個迴轉。這個迴轉像別的一樣，包含兩個對立的階段。在第一階段 G——W（或買）上，貨幣轉為商

---

[1] 以人格的服從及支配關係為基礎的土地所有的權力，和非人格的貨幣的權力，是相對立的。這種對立，可以用兩句法國諺語來明白表現，即「沒有一塊土地沒有領主」、「貨幣是沒有主人的」。

品；在第二階段 W──G（或賣）上，商品再轉爲貨幣。但這兩個階段的組合構成簡單移動：賴有它，貨幣與商品交換，同樣的商品再與貨幣交換，買商品，因爲要賣商品；或忽略買與賣在形式上的差別，也未嘗不可說是以貨幣購買商品，再以商品購買貨幣[2]。這結果使過程的階段消失，是貨幣與貨幣交換，是 G──G。比方說，假設我以 100 鎊，購買 2,000 磅棉花，再把這 2,000 磅棉花賣掉，換得 110 鎊，結局是 100 鎊與 110 鎊交換。貨幣與貨幣交換。

很明顯，以同樣的貨幣價值，交換同樣的貨幣價值，以 100 鎊交換 100 鎊，則 G──W──G 的迴轉，是悖理的、無意義的。不把 100 鎊投入流通的風險，把它貯藏起來，是更簡便、安全的。當然，無論商人以 100 鎊購得棉花，再拿出去賣 110 鎊或是賣 100 鎊，或僅賣 50 鎊，無論如何他的貨幣總是經歷了一個有特色的和新穎的移動，而與簡單的商品流通（例如農人販賣穀物後，以所得的貨幣購買衣服）完全不同。但首先，我們必須檢測 G──W──G 和 W──G──W 這兩個迴轉在形態上有所區別的特性。隱藏在形態差別背後的眞正差別，是會由此自己顯露出來的。

我們且先看看這兩種形態的相同點。

這兩個迴轉，可分爲同樣兩個對立的階段，即 W──G（賣）與 G──W（買）。在每一個階段中，有同樣兩個物質的要素（商品與貨幣），同樣兩個經濟舞臺上的人物（買者與賣者）互相對立。每一個迴轉，都是這兩個對立的階段之統一，在這兩個情況，這個統一都以三個契約當事人的介入來進行。在這三個契約當事人中，一個僅賣，另一個僅買，第三個則又買又賣。

這兩迴轉 W──G──W 與 G──W──G 互相區別的主要和第一

---

[2] 「我們用貨幣購買商品；我們用商品購買貨幣。」（梅西耶《政治社會的自然秩序與根本秩序》，第 543 頁）。

件事情是兩個對立流通階段的次序恰好相反。簡單的商品流通，以賣爲始，以買爲終；作爲資本的貨幣的流通，則以買爲始，以賣爲終。在前一情況，以商品爲起點和終點；在後一情況，則以貨幣。前一形態，以貨幣爲全過程的媒介；後一形態，則以商品。

在 W——G——W 的流通中，貨幣最終要變成商品，商品則作爲使用價値。貨幣是斷然支出了。但在相反的 G——W——G 的形態中，買者支出貨幣，只是因爲他要作爲賣者，再把貨幣收回。他購買商品時，把貨幣投入流通中，想由同一商品的販賣，把貨幣撤出流通。他叫貨幣走開，只是因爲他懷著狡猾的企圖，要把它再取回。所以貨幣只是墊付（vorgeschossen）[3]。

在 W——G——W 形態中，同一枚貨幣換位兩次。賣者從買者處收受到它，再把它付給另一個賣者。全部流通以收貨幣交商品爲始，以交貨幣收商品爲終。但在 G——W——G 形態中，換位兩次的，不是同一枚貨幣，只是同一件商品。買者從賣者處收到它，再把它交給另一個買者。在單純的商品流通中，同一枚貨幣的兩次換位，使這個貨幣，由一人手中移轉到他人手中。但在此，則同一件商品的兩次換位，是使貨幣回流到原出發點來。

貨幣回流到原出發點的移動，與商品賣價高於買價的事情，沒有關係。這種事情，只會影響回來的貨幣量。貨幣的回流，是在所買商品再賣出時，換言之，是在 G——W——G 迴轉完成時發生的。在此我們才明確看見，貨幣充作資本的流通和貨幣只充作貨幣的流通，有怎樣的差別。

一種商品販賣所得的貨幣，因購買另一種商品，而再被奪去時，

---

[3]「當一物因要拿來再賣而買時，所用的金額，稱爲墊支貨幣；當一物買後不再賣時，我們就可說這個金額是支出了的。」（《史都華全集》，史都華之子史都華將軍所編，倫敦，1801 年出版，第 1 卷，第 274 頁。）

W——G——W 的迴轉，就完全終結了。雖有貨幣回流到原出發點來，那也是由於操作的更新或重複。當我販賣 1 夸特穀物，換得 3 鎊，並用這 3 鎊購買衣服時，在我，這 3 鎊是花出去。我和它們再沒有關係了，它們屬於衣服商人了。假如我再賣 1 夸特穀物，貨幣會流回到我手上來，但這不是前一次交易的結果，只是它重複的結果。只要我再買，完成第二次交易，貨幣就會再離開我，所以，在 W——G——W 流通中，貨幣的支出，無關於貨幣的回流。但在 G——W——G 中，則貨幣的回流，已為貨幣支出的方式所限定了。沒有這種回流，操作便會失敗、便會中斷、便會不完全，因為它將沒有第二個階段，沒有終結的賣，去補足買。

W——G——W 迴轉，是從一個商品的極端出發，而以另外一個商品的極端為終結。後一商品遂從流通退出，而歸於消費。消費，需求的滿足，總之，使用價值是它的結局和目的。反之，G——W——G 迴轉，則從貨幣的極端出發，復歸到貨幣的極端。所以其主要的動機和吸引它的目標，只是交換價值。

在簡單的商品流通中，兩個極端，有相同的經濟形態。它們都是商品，是價值量相等的商品。但它們是性質上有別的使用價值，如穀物與衣服。體現社會勞動的不同物質的生產物之交換，在此形成了移動的基礎。G——W——G 的流通則不然。乍看這種流通，好像是無目的，因為是同義反復的。它的兩個極端，也有相同的經濟形態。它們都是貨幣，不是在質性上有差別的使用價值（因貨幣是商品的轉化形態，在這個形態上，商品所特有的使用價值已經消失）。先以 100 鎊交換棉花，再以這個棉花交換 100 鎊，這以貨幣交換貨幣，以同物交換同物的迂迴方式，乍看好像是一種無目的而且悖理的操作[4]。一個貨幣額與另一個

---

4 梅西耶在前書駁重商主義時曾說，「我們不是為貨幣而交換貨幣」（見前書第 468 頁）。在一本名為論「貿易」論「投機」的著作中，我們又讀到如下

貨幣額，本來只能有量的差別。所以，G——W——G 過程的特性及傾向，不是因為兩極（皆為貨幣）在質上有差別，只是因為兩極在量上有差別；最後從流通中撤出的貨幣，會更多於原來投入的貨幣。用 100 鎊購得的棉花，拿去再賣，也許可以賣得£100 + £10 即£110。所以，這個過程的確實形態，是 G——W——G'。在其中，G' = G + ΔG，也就是等於原來墊付的貨幣額，加上一個增量。這個增量，或原價值的超過額，我稱之為剩餘價值（Mehrwert, Surplus value）。原來墊付的價值，不僅沒有在流通中受到一點損害，並且還在流通中，變更了它的價值量，加進了一個剩餘價值，或增殖了。但使這個價值變為資本的，就是這個移動。

當然，在 W——G——W 內，兩極（W 與 W 如穀物與衣服），也可以是兩個不等的價值量。農民可以超過價值來販賣穀物，也可以低於價值來購買衣服。他可以沾衣服商人的光。但這個流通形態內，這樣的

一段話：「一切貿易，都是不同種物的交換。其利益（對於商人的利益？）也即由此種類的差別生出。以 1 磅麵包交換 1 磅麵包，是沒有利益可言的。……所以，我們可以拿貿易和賭博比較，賭博便是以貨幣交換貨幣。」〔湯瑪斯‧科貝特（Th. Corbet）《論個人財富的原因與方式》，又名《貿易和投機的原理》，倫敦，1841 年，第 5 頁。〕湯瑪斯‧科貝特雖不知道 G——G（貨幣交換貨幣），不僅是商業資本引為特徵的流通形態，並且是一切資本引為特徵的流通形態，但他仍承認，有一種貿易（即投機）是和賭博一樣有這個形態的。但麥克庫洛赫（MacCulloch）又告訴我們，凡為要賣而行的買，都是投機，從而把投機和貿易的差別消滅。（麥克庫洛赫《實用商業辭典》，倫敦，1847 年，第 1058 頁。）——阿姆斯特丹證券交易所抒情詩人平托（Pinto）還以更天真的方法，說：「商業是賭博」（這是借用洛克的話），「如果我們的對手是一個窮光蛋，任何東西我們都贏不到。並且，就算結局贏了，我們仍須把利潤的大部分，拿出來再賭。」（《流通與信用論》，阿姆斯特丹，1771 年版，第 231 頁。）

價值差別，純粹是偶然的。就算兩極（穀物與衣服）是等價的，這個過程也不像 G——W——G 過程一樣，是無意義的。反之，我們寧可說，兩者的等價是其正常進行的必要條件。

為要買而賣的過程重複著、更新著。但這種重複與更新，以流通外的直正目的——即消費，或某種需求的滿足——為界限。反之，在為要賣而買的過程中，開端與結尾是同樣的，即同是貨幣、同是交換價值。但即因此故，其移動無終止。當然，G 已變成 G + ΔG，100 鎊已變成 100 鎊 + 10 鎊。但單從質的方面考量，110 鎊和 100 鎊是一樣的，都是貨幣。即從量的方面考量，110 鎊也和 100 鎊，同樣是有限且確定的價值額。如果這 110 鎊當作貨幣用掉，這些貨幣便中止它的任務，它就不再是資本了。又假如它從流通界退出，貯藏起來，哪怕貯藏到世界的末日，它也不會生出一分錢的利來。所以，如果旨在價值的擴增（Verwertung des Werts），則增加 100 鎊價值的動機，也就是增加 110 鎊價值的動機；因為，110 鎊和 100 鎊，都是交換價值之有限的表現，從而有相同的任務，藉由量的擴大，盡可能地接近絕對的財富。確實，原墊付的 100 鎊的價值，暫時可以和在流通中增加的 10 鎊剩餘價值區別，但這種區別迅即就會消失。在過程終了時，100 鎊原價值和 10 鎊剩餘價值，不會分別放在兩邊。他擁有的，是一個 110 鎊的價值，那和原來的 100 鎊，一樣是可以適合開始價值擴增過程的條件，貨幣只有重新開始才是移動的終結[5]。所以每一次個別的迴轉（為要賣而買的過程，即在其內完成）的最終結果，都成為一個新迴轉的開端。簡單商品流通——為要買而賣——要達成目的，是在流通之外，即使用價值之取得、需求之滿足。反之，作為資本的貨幣的流通，則以自身為目的。價

---

[5] 「資本可分……為原本和利潤，即資本的加額。……不過，在實際上，這個利潤，會立即化為資本，和原本合起來運用。」（恩格斯《國民經濟學批判綱要》，《德法年鑑》，盧格、馬克思合編，巴黎，1844 年，第 99 頁。）

值的擴增，只發生在這種不斷更新的移動內。所以，資本的流通，是無限制的[6]。

貨幣擁有者，作為這個移動的有意識的代表，便成為資本家。他的人身，或者不如說，他的錢袋，是貨幣的出發點與返回點。流通之客觀的基礎或主要原動力——價值的擴增——是他的主觀目的；他以資本家的資格，或作為有意志、有意識的資本之人格化，是以抽象財富之遞增

---

[6] 亞里斯多德以 Oekonomik（家計）和 Chrematistik（貨殖）相對照。他是由前者出發。在家計為一種謀生術的限度內，這種術不過是要獲取生活的必需品，或獲取於家於國有用的東西。他說：「真的財富，是由這樣的使用價值構成的。因為能使生活優渥的東西，其量並不是無限的。但還有第二種謀生術，宜稱為貨殖。在這個範圍內，財富與所有物似乎是沒有限制的。商業（指零售商業，亞里斯多德之所以用此語，因為在這零售商業上，是使用價值占主要地位），不是在本質上，就屬於貨殖的範圍，因為在這種情況，交換就是以他們（買者和賣者）自己必要的物品為限。」所以他又說，商業原來的形態，是物物交換，然其擴大卻必致引起貨幣。貨幣發明之後，物物交換就必然發展為商業了。這種商業會反於它原來的傾向，以致於變成貨殖，變成賺錢術。貨殖與家計的區別在這裡；即「就貨殖來說，流通便是富的泉源。貨殖似乎是以貨幣為中心而旋轉的；貨幣成了這種交換的開始和結尾。因此，貨殖所求的富，乃是無限的。我們知道，每一種技術，如果它不是達到目的的手段，它本身就是目的，它的目的更是無限的，因為它總想和這個目的接近；反之，如果它只是達到目的的手段，則因它的目的本身就是界限，所以不是無限的。就因此，所以，以絕對富為目的的貨殖，是目的上毫無限制的。家計有界限，貨殖則無。……家計所要的，是和貨幣不同的東西。貨殖所要的，就是貨幣的增加。……這兩種形式本來是互相交錯的。因為把兩者混淆，所以有人以為，無限的保存貨幣、無限的增加貨幣，便是家計的最後目的。」（亞里斯多德《共和國》，貝克版，第1篇，第8、9章及以下。）

的占有，爲其操作的唯一動機。使用價值，絕不是資本家的眞正目的[7]。又，他的眞正目的，也不是每次交易的利潤，而是牟利行爲永不止息的過程[8]。致富的無盡貪婪、熱切的交換價值追求[9]，是資本家和守財奴共有的。但守財奴只是發狂的資本家，資本家卻是理性的。交換價值之不停的擴增，是守財奴所欲的，也是更精明的資本家所欲的，但前者是由流通界取出貨幣去完成這目的[10]，後者則是持續把貨幣投入流通去完成這目的[11]。

商品價值在簡單流通中採取的獨立形態（貨幣形態），僅有一個目的商品的交換，是會在移動的結果上消失的。反之，在 G——W——G 流通中，商品與貨幣兩者，都只作爲價值的不同的存在方式，貨幣是價值的共通存在方式，商品則爲特殊的（或者說是喬裝的）存在方式[12]。

---

[7] 「商品（實指使用價值）不是經商的資本家的目的，……他的最後目的，是貨幣。」〔查摩斯（Th. Chalmers）《論經濟學》，第 2 版，倫敦，1832 年，第 165、166 頁。〕

[8] 「商人對於已經獲得的利潤，是不重視的，因爲他無時不想未來的利潤。」〔哲諾維西（A. Genovesi）《市民經濟讀本》，1765 年，庫斯托第編《義大利經濟名著集》，近世篇，第 8 卷，第 139 頁。〕

[9] 「難消的利潤熱情、可咒詛的黃金欲念，常常決定資本家的意志。」（麥克庫洛赫《經濟學原理》，倫敦，1830 年，第 179 頁。）不待說，麥克庫洛赫和他的同志雖抱這種見解，但當他們進到理論上的困境（例如生產過剩問題的討論）時，他們卻毫不遲疑，把這些資本家化爲良善的市民，認爲他們只注重使用價值，渴望皮鞋、帽子、雞蛋、棉紗等等有用物。

[10] 「Σώζειν」（救）這個希臘字，恰好表示「貯藏」的意思。英語「to save」也有「救」與「貯」這兩種意思。

[11] 「一物在直進時沒有無限性，在迴轉進行時卻有。」（加利亞尼《貨幣論》，第 156 頁。）

[12] 「構成資本的，不是物質，而是物質的價值。」（薩伊《經濟學》，巴黎，第 3 版，1817 年，第 1 卷，第 429 頁。）

價值不斷由一形態到他形態，不致在移動中受損，並由此具有一個自動積極的特性。假如注意一下自行擴增的價值在其生命旅程中相繼採取的不同形態，我們將得到這樣兩個命題：資本是貨幣，資本是商品[13]。但在事實上，價值在此成了過程的積極因素，在這過程中，價值會在貨幣形態與商品形態的不絕的轉換中，自行把它的量變化，從原價值，生出剩餘價值，從而使自身的價值擴增。它產生剩餘價值的移動，即是它自身的移動；它的擴增，即是它自身的擴增。因此它取得了一種玄妙的質性，也就是，以它本身的價值就能添加價值。它會繁衍，至少，會生黃金的蛋。

在這樣一個過程中，是時而採取貨幣形態、時而商品形態。作為積極因素之價值，既須在這種轉換中保存它自身、擴大它自身，它自須有一個獨立形態，循此使自身的同一性得以確立。價值是要在貨幣形態上，才有這個形態的。價值在貨幣形態下開啟和結束然後再開啟每一次自發繁衍。它原來是 100 鎊，現在是 110 鎊。但貨幣在這裡只是價值的一個形態，因為價值是有兩個形態的。若不採取商品形態，貨幣也就不成為資本了。貨幣在此不像在貯藏的情況那樣，不是與商品相對立的。資本家知道，一切商品無論怎樣不好看、不好聞，它總歸在信仰上、在事實上，是貨幣、是已行割禮的猶太人、且是從貨幣造出更多貨幣的奇妙手段。

在簡單的流通中，商品的價值，只是採取與其使用價值相獨立的貨幣形態罷了，但在這裡或稱為資本的流通中，它就突然成為其經歷過程中能動的獨立實體。貨幣與商品，不過是這個實體交替扮演的兩種形態罷了。並且在此，價值不代表商品的關係，它只代表自己與自己的私的

---

[13]「用在生產目的上的流通手段（！）便是資本。」（馬克勞德《銀行業的理論與實際》，倫敦，1855 年，第 1 卷，第 1 章。）「資本即是商品。」（詹姆斯・彌爾《經濟學要論》，倫敦，1821 年，第 74 頁。）

關係。作為原價值的它與作為剩餘價值的它，自相區別，正如神父作為神子與原來的他自相區別一樣。兩者是同年齡的，實際兩者還只是一個人格；因為原來墊付的 100 鎊之化為資本，僅因有 10 鎊的剩餘價值。但它一化成資本，育出子，並由子而父也育出時，兩者的區別就會再消失。兩者再歸為一，那就是 110 鎊。

於是，價值成了在過程中的價值，成了在過程中的貨幣；也就如此成了資本。它從流通出來，再加入流通，它在迴轉中維持自己、增加自己，擴大後再從迴轉中返回。它是這樣開始同樣的迴轉[14]。G——G'，貨幣育出貨幣。資本最初的詮釋者——重商主義派——就是用這句話來描寫資本的。

當然為要賣而買的過程，精準來說，為要貴賣而買的過程（G——W——G'），似乎只表現資本的一種特別形態，即商人資本（Kaufmanns kapital）。但產業資本（industrielle Kapital）也是貨幣，它會轉成商品，並由商品的賣，再轉為更多的貨幣。買之前、賣之後發生在流通領域外部的情事，不會影響這個移動的形態。最後，就生息資本（Zinstragenden Kapital）來說，也不過是把 G——W——G' 這個流通，縮簡表現而成為一個沒有中間階段的結果，即 G——G'。在這個銘語中，貨幣值得更多的貨幣，價值是比它自身更大的價值。

所以，G——W——G' 是資本的總方程式。流通領域中乍現的資本，實際就是把這個方程式當作總方程式的。

II 資本總方程式的矛盾

貨幣化為資本的流通形態，和前此說明的關於商品性質、價值性質、貨幣性質、甚至流通性質本身的法則，都是矛盾的。使這個形態與

---

[14]「資本便是會自行增殖的永久的價值。」（西斯蒙第《新經濟學原理》，巴黎，1819 年，第 I 卷，第 88、89 頁。）

簡單商品流通區別的，是兩個對立過程（賣與買）的相反的相繼次序。請問，這個純然形式上的區別，這兩個過程如何藉由魔法改變其純然形式上的區別特性呢？

並且，在互相交易的三個人間，這種顛倒，只對其中的一個人來說才是存在的。作為資本家，我是從 A 購買商品，再把商品賣給 B；若作為單純的商品擁有者，則我須先把商品賣給 B，然後從 A 購買新進的商品。這兩個交易間的區別，在 A 與 B 看來，是不存在的。他們只以商品買者或賣者的資格登場。我自己則每次皆以單純貨幣擁有者或商品擁有者，買者或賣者的資格，和他們相遇。並且，在兩組交易中，我對於 A 只是買者，對於 B 只是賣者，對於 A 只是貨幣，對於 B 只是商品；我對於他們倆人，都不是作為資本或資本家，或者說不是作為貨幣或商品以上的什麼的代表、作為別的什麼，可以在貨幣或商品的影響之外產生任何影響。購買 A 的商品和販賣商品給 B，對於我，形成了一系列的部分。但這兩種行為間的連結，只對於我是存在的。A 絕不關心我和 B 的交易，B 也不關心我和 A 的交易。假如我向他們說明，這樣顛倒一下相繼的順序，我就會取得什麼好處，他們就會對我指出，你把這個順序看錯了；他們會對我說，這全部交易，不是由買開始，由賣終結，反之，乃是由賣開始，由買終結。究其實，我的第一種行為──買──從 A 的觀點看，便是賣；我的第二種行為──賣──從 B 的觀點看，便是買。不只如此。A 與 B 還會說，這整個系列都是多餘的，是一種騙術。在將來，A 可以直接賣給 B，B 可以直接向 A 買。如此，這全部交易可縮短為單方的行為形成普通商品流通領域內的一個孤立、非互補的階段；從 A 的觀點來看，單是賣，從 B 的觀點看，單是買。順序的顛倒，不夠把我們逐出簡單的商品流通領域。我們寧可看一看，這簡單的流通有沒有什麼事物，可以使進入流通的價值擴增，從而創造剩餘價值。

我們在考量流通過程時，假設在這種形態上流通過程只表現為簡單和直接的商品交換。兩商品擁有者互相購買商品，而在支付日，相互所

欠的數額都相同進而互相抵銷，情形就常常是這樣。在此，貨幣是充作計算貨幣，其目的，在使商品價值表現在它們的價格上，但非以其堅悄的現金形態與商品相對立。在所論為使用價值的限度內，很明顯，交換當事人雙方都有利益。雙方都放棄對於自己不能當作使用價值的商品，而取得使用上需要的商品。這種利益也許還不是唯一的利益。賣葡萄酒而買穀物的 A，比起穀物栽培者 B，也許可以在同一勞動時間內生產更多的葡萄酒；同時穀物栽培者 B，比起葡萄酒釀者 A，也許也可以在同一勞動時間內生產更多的穀物。交換價值雖相等，但與無交換而必須各自生產穀物和葡萄酒的時候比較，這時 A 也許會有更多的穀物，B 也許會有更多的葡萄酒。所以，從使用價值的方面來考量，或許可以說，「交換是對於雙方皆有利得的交易」[15]，但從交換價值方面考量，卻不是這樣。「一個有許多葡萄酒但沒有穀物的人，和一個有許多穀物但沒有葡萄酒的人交易。一個交換發生了，交換的一方，是價值 50 的小麥，另一方是價值 50 的葡萄酒。這個交換，對於任何一方，都沒有交換價值的增加，因為交換前他們所擁有的價值，和他們由交換所得的價值，是相等的[16]。」貨幣雖然引入而當作商品間的流通手段，從而使買與賣成為顯然有別的行為，但不會引起任何的變化[17]。商品價值，在進入流通以前，已表現在它們的價格上；從而，那是流通的前提，不是流通的結果[18]。

把一些事情，一些不是由簡單商品流通的內在法則生出的事情置

---

[15]「交換是一件奇妙的事，交換的雙方都常常有利益。」（特拉西《意志及其效果論》，巴黎，1826 年出版，第 86 頁。）此書後改名《經濟學》出版。

[16] 梅西耶，前書第 544 頁。

[17]「兩個價值中，一個是貨幣呢？還是兩個都是普通商品呢？那是完全沒有關係的。」（梅西耶，前書第 543 頁。）

[18]「決定價值的，不是締約的當事人，在沒有締約以前，價值就已經決定了。」（勒・德洛尼《社會的利益》，第 906 頁。）

於度外,來抽象地考量,則在交換中,除一使用價值由另一使用價值去替換這一點不說外,我們所能夠看見的是商品的一種變形,一種變化形態。同樣的價值(即同量的被統合的社會勞動),在同一商品擁有者手中,最初是表現為自己商品的形態,然後經由他以商品交換轉為貨幣的形態,最後再由貨幣轉為他以貨幣買來的商品形態。這種形態變化,不隱含價值量上的變化。商品價值在這個過程中受到的變化,是以它的貨幣形態上的變化為限。這個貨幣形態,最初是作為待售商品的價格,其次是作為一個已經在價格上表現的貨幣額,最後是作為一個等價商品的價格。這個形態變化,像 5 鎊鈔票換若干 1 鎊金幣、若干半鎊金幣和若干先令一樣,本身並不隱含價值量的變化。所以,如商品流通只引起商品價值的形態變化,則在毫無干擾的情形下,它也只是等價物的交換。所以雖不大了解價值為何物的庸俗經濟學,在考量純粹的流通現象時,假定需求和供給相一致,等於它們的作用為零。所以從使用價值方面考量,交換雙方當事人可能都有利得;但從交換價值方面考量,他們卻都沒有利得。在此不如說,「當處於同等,就沒有利得」[19]。當然,商品販賣時的價格,可以偏離其價值,但這種偏離只被視為違反商品交換法則[20]。在正常狀況下,商品交換是等價物的交換,不是價值增加的方法[21]。

在視商品流通為剩餘價值泉源的各種嘗試背後,交換還隱藏著使用價值與交換價值的混淆。譬如,孔狄亞克(Condillac)說:「說我們在

---

[19] 加利亞尼《貨幣論》,庫斯托第編,近世篇,第 4 卷,第 244 頁。

[20]「當有外部的事情,使價格提高或減低時,交換將於交換當事人的一方不利;從而,平等的關係被侵犯了;但其侵犯,是上述諸種原因的結果,絕不是由交換引起的。」(勒‧德洛尼《社會的利益》,第 904 頁。)

[21]「就本來的性質來說,交換是平等的契約,是在一個價值和一個相等的價值之間進行的。所受的既與所給的相等,那當然不是任何一方致富的手段。」(勒‧德洛尼,前書第 903 頁。)

商品交換中,是以價值交換價值,是一個謬誤。正好相反,雙方當事人都是以較小的價值,交換較大價值。……倘若我們真是交換恰好相等的價值,則對於當事人任何一方,也不會有利得。但雙方都有利得,或都應有利得。何故呢?物的價值,僅存於該物對我們的需求的關係上。同一量,對於甲為較大,對於乙可為較小;反之亦然……我們並不假定,拿我們自己消費所萬不可缺少的東西去賣。……我們願拿出對於我們無用的東西,來獲取我們需要的東西,給予較少的東西,來獲取較多的東西。……當交換物各在價值上與等額的金相等時,人們當然會認為,交換是以價值交換等價值。……但在我們的計算中,還有一點要予以考量。我們必須問,雙方當事人不都是以過剩的物品,交換必要的物品嗎?」[22] 在此,我們看見了,孔狄亞克不僅把使用價值和交換價值攪在一起;且極幼稚地,假設在商品生產已甚發達的社會內,每一個生產者會各自生產各自的維生資料,而以自身需要有餘的部分,即過剩部分,投入流通[23]。孔狄亞克的論點,曾頻頻為近代經濟學者所引用。當他們指出商品交換其已發展的形態,商業,產生剩餘價值時,尤為如此。例如下述的主張:「商業增加生產物的價值;因為同一生產物,在消費者手中,比在生產者手中,有更多的價值。嚴格地說,商業被視為一種生產行為。」[24] 但人們對於商品,不會支付兩次,一次為商品的使用價

---

[22] 孔狄亞克《商業與政府》,(1876 年)德爾與莫利納里(Molinari)編《經濟雜纂篇》,巴黎,1847 年,第 267、291 頁。

[23] 勒·德洛尼回答他朋友孔狄亞克的話很適當。他說:「在一個發展的社會內,這樣的過剩部分是沒有的。」同時他又諷刺他:「當交換者雙方以同樣少東西交換同樣多東西的時候,他們的所得就沒有差異了。」就因為孔狄亞克對於交換價值的性質,連極粗淺的概念也沒有,所以羅雪爾教授先生便選他,來證明他自己的幼稚的概念。(見羅雪爾《國民經濟學原理》,第 3 版,1858 年。)

[24] 紐曼(S. P. Newman)《經濟學要論》,安多弗與紐約,1835 年,第 175 頁。

值，一次為商品的價值。商品的使用價值，對於買者比對於賣者有更大的效用，是沒錯；但商品的貨幣形態，對於賣者比對於買者，也的確有更大的效用。不然它為什麼要賣呢？這樣我們也可以說，當買者將商人的線襪轉為貨幣時，嚴格地說他也是執行了一種「生產行為」了。

如果互相交換的，是交換價值相等，從而是等價的諸商品（或商品與貨幣），則很明確，從流通界取出的價值，不會比投入流通界的價值更大。不會有剩餘價值的創造。不過商品流通在其正常形式，雖以等價物的交換為條件，但在實際的操作上，過程並不維持其正常形式。所以我們暫且假定有非等價物的交換。

在商品市場上，只有商品擁有者與商品擁有者相聚。他們互相影響的權力，也只是他們的商品的權力。商品之物質的多樣性，是交換行為之物質的動機，並使商品擁有者互相依賴，因他們都沒擁有自己所需求的客體，而都有別人所需求的客體在手中。但除商品使用價值有物質的差別之外，商品之間就只有一種差別，即商品實體形態與其經由售出所轉化形態間的差別，或商品與貨幣間的差別。即因此故，在商品擁有者間，僅有賣者（商品擁有者）與買者（貨幣擁有者）的差別。

假設因賣者有一種不能明說的特權，能以高於價值 10% 的價格販賣商品，換言之，把價值 100 的東西，用 110 的價格販賣。在這情況，價格在名目上提高了 10%，賣者可以取得 10 的剩餘價值。但在他賣過以後，他會變成買者。第三個商品擁有者，現在成了賣者，他也有特權把商品售價提高 10%。於是，我們的朋友，作為賣者賺得了 10，作為買者也吃虧了 10[25]。通盤計算一切商品擁有者，在互相販賣商品時，各

---

[25]「提高生產物的名目價值，……不能使賣者變得富有。……以賣者的資格，他固將由此得到利益，但這種利益，他必須以買者的資格花去。」（《國富之基本原理》，倫敦，1797 年，第 66 頁。）

把價格提高 10%。這等於各自依價值販賣商品。商品價格的提高是名目上的、一般的。其結果和商品價值改用銀重量不用金重量的結果是一樣的。商品的名目價格是提高了，但它們的價值關係依然不變。

反過來，假設買者有特權能依商品價值以下的價格購買商品。不用說，買者也會變成賣者。甚至在他成為買者之前，已經是賣者。所以在他作為買者獲利10%以前，他作為賣者已經損失10%了[26]。一切都照舊。

所以，剩餘價值的創造，從而貨幣的資本化，不能由賣者販賣的價格高於商品價值，或買者購買的價格低於商品價值的假定來說明[27]。

托倫斯上校（Torrens）曾說：「在直接交換或迴轉式物物交換上，消費者為購買商品而給予的資本部分，會比生產所耗費的大。有效需求在於消費者這樣的能力和意向（！）。」[28] 但像他那樣引入不相干的事件，也不能使問題簡單化。在流通中，生產者與消費者，只作為賣者與買者而相遇。說生產者有剩餘價值，是因為消費者以價值以上的價格付於商品，等於乾脆地說，商品擁有者以賣者的資格，有貴賣的特權。賣者曾自己生產商品，或代表商品生產者；買者也曾生產由其貨幣代表的商品，或代表那種商品生產者。使他們互相區別的唯一事情是：其一買，其他賣。所以，雖然假設商品擁有者得以生產者的資格，以價值以上的價格販賣商品，或以消費者的價格，以價值以上的價格付給商品，

---

[26]「如果我們必須以值 24 里弗爾的某物，換 18 里弗爾，那我們用這 18 里弗爾購買物品時，這 18 里弗爾也能換得值 24 里弗爾的東西。」（勒·德洛尼《社會的利益》，第 89 頁。）

[27]「任何賣者都不能習常把商品提高價格來賣，除非他情願購買他人商品時，也支付較高的價格。反之，為相同的理由，任何購買者也不能習常以特低廉的價格購買商品，除非他販賣商品時，同意接受同樣低廉的價格。」（梅西耶，前書第 555 頁。）

[28] 托倫斯《財富生產論》，倫敦，1821 年，第 349 頁。

我們仍然不能再多說什麼[29]。

　　認爲剩餘價值出於名目上的價格提高，或認爲剩餘價值出於賣者有貴賣商品的特權，乃是一種錯覺。所以這種錯覺的支持者，乃假設有一個只買不賣的階級，也就是只消費不生產的階級。從我們以上的觀點看，換言之，從簡單流通的觀點來看，這一階級的存在，還是不能說明的。但我們且預期有這樣一個階級。這一個階級繼續用來購買的貨幣，必須不經交換、無代價，由一種權力或強力，繼續從商品擁有者那裡取來。抬高價格，把商品賣給這個階級，實際不過是把前此送給他們的貨幣，盜回一部分來[30]。小亞細亞諸市每年付給古羅馬的納貢，就是這樣支付的。羅馬人用這種貨幣，向小亞細亞人以非常貴的價格購買商品。小亞細亞人欺騙羅馬人，而在貿易進行中從征服者處，收回納貢的一部分。但被欺騙的，實際上還是小亞細亞人。他們的商品，依舊是用他們自己的貨幣支付的。那不是致富，或創造剩餘價值的方法。

　　所以，我們還是留在販賣者也是購買者、購買者也是販賣者的商品交換範圍內。我們的困難，也許是出於這一點。即，我們是把行爲者，視爲人格化，不視爲個人。

　　商品擁有者 A，可以是極狡猾的，他的同伴 B 或 C 都上他的當，但 B、C 卻很忠厚，不稍存報復的意思。假設 A 賣原值 40 鎊的葡萄酒給 B，而在交換中，得回後者價值 50 鎊的穀物。A 把他的 40 鎊，轉成 50 鎊，從更少的貨幣，造出更多的貨幣，把商品轉爲資本。但我們且

---

[29]「利潤由消費者負擔的思想，不用說，是全然不合理的。誰是消費者呢？」
〔拉姆賽（G. Ramsay）《財富分配論》，愛丁堡，1836 年，第 183 頁。〕
[30]「當某一個人的商品沒有人需要時，馬爾薩斯先生會勸他先付錢給別人，叫別人用這個錢，來買他的商品嗎？」這是一位憤怒的李嘉圖學徒向馬爾薩斯提出的質問。馬爾薩斯和他的學徒查摩斯，在經濟學上，是讚美購買者或消費者階級的。參看《馬爾薩斯需求學說消費學說的研究》，倫敦，1821 年，第 55 頁。

更進一步檢測。在交換之前,我們在 A 手中,有值 40 鎊的葡萄酒,在 B 手中,有值 50 鎊的穀物,總價值為 90 鎊。在交換之後,總價值仍為 90 鎊。流通的價值,不曾增加一丁點;變更了的,不過是 A 與 B 間的分配。一方是剩餘價值,另一方則是不足價值(Minderwert),一方是加,另一方是減。假如 A 不進行交換的形式,卻直接從 B 處偷得 10 鎊,這種改變同樣會發生。流通的價值之總和,不能由分配上的改變增加一點點,好比猶太人雖然把安妮女王時代的一個銅錢,當作一個金幣賣,但國內的貴金屬量仍無絲毫增加。一國之資本階級全體,不能做得過火而失敗[31]。

無論怎樣拐彎抹角,也不能改變結果。假如交換的是等價物,那不會產生剩餘價值;假如交換的不是等價物,那也不會產生剩餘價值[32]。流通或商品交換,育不出價值[33]。

---

[31]「特拉西雖然是(或者就因為是)法國學士院會員,但他所持的見解正好相反。依他說,產業資本家之所以能賺到利潤」,是因為「他們的物品的賣價,比生產物品所費的成本更高。他們賣給誰呢?第一,他們是互相買賣的。」(前書,第 239 頁。)

[32]「兩相等價值的交換,不會增加也不會減少社會現有的價值總和,兩不等價值的交換,……也不會在社會價值總和上,引起任何的差異。那不過是取出社會一部分人的財富,加到另一部分人的財富中去。」(薩伊《經濟學》第 II 卷,第 443 頁以下。)薩伊自己對於這個命題的結果,不用說是全不注意的。但他這個命題,幾乎是依照字面,採用重農主義派的主張。我們還有一個證據證明薩伊先生,曾怎樣利用當時幾乎被人忘記的重農主義派著作,來增加他自己的「價值」。薩伊的最有名的命題「我們以生產物購買生產物」(前書第 II 卷,第 441 頁),也不過是仿效重農主義派的。重農主義的原本是:「生產物僅以生產物支付。」(見勒・德洛尼《社會的利益》,第 899 頁。)

[33]「交換不會給生產物以任何價值。」〔魏蘭德(F. Wayland)《經濟學要論》,波士頓,1853 年,第 168 頁。〕

讀者可以明白，為什麼在分析資本的標準形態（即決定近代社會經濟組織的形態）時，我們先前全然不考慮習見的與所謂洪水期前的資本形態——即商業資本與高利貸資本。

G——W——G' 形態（為要貴賣而買的形態）最清楚地，表現在真正的商業資本上。這全部移動，是發生在流通領域之內的。但從流通本身，既不能說明貨幣的資本化，也不能說明剩餘價值的形成，所以，在等價物交換的限度內，商業資本也不能成立[34]。於是商業資本的發生，就只有依據這個事實才能說明，也就是寄生在販賣的商品生產者和購買的商品生產者間的商人，占了雙重的便宜。富蘭克林也就在這意義上說：「戰爭是劫掠，商業一般是欺詐[35]。」不由商品生產者單純的欺詐，說明商業貨幣轉為資本，我們就必須以一長列的中間步驟夾在中間了。在此，我們既只以商品簡單流通為前提，所以這些中間步驟，還是完全不存在的。

以上關於商業資本所說的話，用到高利貸資本上，尤為切合。在商業資本上，兩極（即投入市場的貨幣和從市場取出的更多的貨幣）至少還有買與賣來連接，換言之，有流通的移動來連接。就高利貸資本來說，則 G——W——G' 這一形態就縮短為沒有媒介的兩極了。即 G——G'，貨幣與更多的貨幣交換。這個形態，是和貨幣的性質不相容的；從商品交換的觀點來看，還是不能說明。所以，亞里斯多德說：「貨殖（Chrematistik）是雙重的科學，一方面屬於商業，另一方面屬於家計。

---

[34]「在不變的等價原則下，商業是不可能的。」〔奧普代克（G. Opdyke）《經濟論》，紐約，1851 年，第 69 頁。〕「在真實價值和交換價值之間，有一種差別。這種差別的根柢是；一物的價值，和作為該物代價而在商業上給予的所謂等價，是不等的，換言之，這所謂等價，其實不是等價。」（恩格斯《國民經濟學批判綱要》，第 96 頁。）

[35]《富蘭克林全集》，斯巴克斯版，第 II 卷，第 376 頁《幾種待考校的關於國家財富的論旨》。

後者是必要的、可讚賞的；前者以流通為基礎，且為正義所非難（因為它不是以大自然為基礎，是以互相欺詐為基礎）。在這情形下，高利貸會被人憎厭，乃是當然的。在高利貸業上，貨幣本身成了營利的泉源，不用在其被創造的目的上了。貨幣起源於商品交換，利息卻是從貨幣造出更多的貨幣。它的名稱（τοoς）利息，與孳息，就是這樣出來的。所生者與其生者相似。利息是貨幣生出來的貨幣。在一切謀生方法中，高利貸是最與大自然相背的。」[36]

在我們調研的進行中，我們將會發覺，生息資本和商業資本一樣是衍生的形態，同時又會了解，為什麼它們會在歷史上，比近代資本的標準形態，出現得更早。

上面講過，剩餘價值不能由流通創造出來。在它的形成過程中，必須有某種不能在流通內看見的東西，發生在流通的背後[37]。剩餘價值還能源自流通之外嗎？流通是商品擁有者（只要他們是由其商品所決定的）相互關係的總和。在流通之外，商品擁有者僅和他自己的商品有關係。若所論為價值，這關係不過是，商品包含著他自己勞動的一定量，那是依照一定的社會標準衡量的。這勞動量，表現為商品的價值量；價值量是用計算貨幣表示的，所以這勞動量也由價格表示，比方說，由 10 鎊的價格表示。但他的勞動，既表現為商品的價值，便不能同時又表現為該價值以上的剩餘，既表現為 10 鎊，便不能同時又表現為 11 鎊，換言之，不能同時表現為比自身更大的價值量。商品擁有者能由自己的勞動創造價值，但不能由此創造自我擴增的價值。他可以把商品的價值提高，但提高的方法，是由新的勞動，把更多的價值附加到已有的價值中去。例如從皮革製造皮鞋。相同的材料，現在因為包含更多的勞

---

[36] 亞里斯多德《共和國》，第 10 章。

[37]「在通常的市況上，利潤不能由交換得到。如果它不是已經存在，則在交易之後也不存在。」（拉姆賽，前書第 184 頁。）

動量,所以有更多的價值了。皮鞋比皮革有更多的價值,但皮革的價值,還是和先前一樣,它不曾擴增它自身、不曾在皮鞋的製造中附加剩餘價值。所以,在流通領域外,商品擁有者尚未與其他商品擁有者接觸,所以也不能擴增價值,從而,不能使貨幣或商品轉為資本。

所以,資本沒有由流通產生的可能,但也同樣沒有離開流通而產生的可能。它必須在流通中產生,但又不在流通中產生。

這樣,一個雙重的結果產生了。

貨幣的資本化,必須根據規範商品交換的法則來說明,從而必須以等價物的交換為出發點[38]。僅作為胚胎資本家(Kapitalistenraupe)的富翁,必須依價值購買商品,也必須依價值販賣商品,但在過程的終端,他從流通取出的價值,又不能不比當初投入的價值更大。他成為成形的資本家的過程,必須在流通領域中進行,又必須不在流通領域中進行。

---

[38] 以上的說明,使讀者可以省悟,我們說這句話的意思是,哪怕商品價格和商品價值相等,資本形成也是可能的。資本的形成,不能由商品價格和商品價值的不一致來說明。若價格果真與價值不一致,我們得先將前者還原為後者。換言之,我們必須視這種不一致是偶然的,把它擱在問題之外。這樣以商品交換為基礎的資本形成的現象,才能在純粹形態上把握,不至於把與問題本身無關的附帶事情插進去,妨礙我們的觀察。並且,我們知道這種還原,絕不單是一種科學的手段。市場價格是不斷動搖、不斷起落的,但此等起落將互相抵銷,還原為平均價格,並以此為它們的內部規則。在每一種包含長時間的企業上,商人和產業家,都以平均價格為指南。他們知道,如果觀察一個較長的時間整體,則商品既不在其平均價格之上出售,也不在其平均價格之下出售,卻是依照平均價格出售。如果他們能夠超越個人的利害來觀察,他們一定會依照如次的形式,表現資本形成的問題。──在價格依平均價格來規定,也就是,最終依商品價值來規定時,資本怎樣能夠成立?我說「最終」,因為平均價格,並非如亞當・史密斯、李嘉圖等人所信,直接與商品價值量一致。

這就是問題的條件。「這裡是羅德島,就在這裡跳舞吧!」

Ⅲ 勞動力的買和賣

在有意被轉為資本的情況下,貨幣的價值變化,不能發生在貨幣本身。作為購買手段和支付手段,它不過實現它所購買或所支付的商品的價格。它作為堅悄的現金,不過是固化、不變的價值[39]。同樣的,這種變化,也不能發生在流通的第二種行為(即商品的再賣)上;因為這種行為,不過使物品從實體形態,再轉化為貨幣形態。所以這種變化,必須發生在第一種行為(G——W)所購買的商品上。但又不是發生在這種商品的價值上。因交換的是等價物,商品是依照其完整價值支付的。所以這種變化,只能源自商品的使用價值上,換言之,源自商品的消費上。因為要從一種商品的消費上萃取價值,富翁必須有夠幸運致在流通領域之內、在市場上,發現一種商品,其使用價值有一種特別的屬性,可以成為價值的泉源。也就是發現一種商品,其現實的消費,將成為勞動的載體,從而成為價值創造。貨幣擁有者就在市場上發現了這樣特別的一種商品。那就是勞動能力(Arbeitsvermögen)或勞動力(Arbeitskraft)。

我們所謂勞動力或勞動能力,是指肉體力和精神力的加總,它存在於人體中經其發動,通常會生產各式各樣使用價值。

但貨幣擁有者,要在市場上發現作為商品的勞動力,必須具備種種的條件。首先,商品交換只能隱含出自商品本身性質的依存關係。在這個假定下,勞動力在市場上表現為商品,是因為(且以此為限)它的擁有者(有勞動力的個人),把它當作商品來讓渡或出售。但他要把它當作商品來賣,他必須能夠處分它,必須成為其勞動能力的自由的擁有

---

[39]「在貨幣形態上⋯⋯資本是不產生利潤的。」(李嘉圖《經濟學及賦稅之原理》,第 267 頁。)

者，換言之，成為其人身的自由的擁有者[40]。他和貨幣擁有者相遇在市場上，必須彼此在平等的權力的基礎上，進行交易，不過有一個作為買者、一個作為賣者的差別。所以，他們在法律上是平等的。且這種關係如要繼續，勞動力擁有者還只應以一定期間出賣勞動力；因為要是一次賣盡，即等於出賣自己，等於從自由人變為奴隸、從商品擁有者變為商品。他必須不斷地把自己的勞動力，視為自己的財產，是自己的商品。這樣他只能在一定時間內，暫時任買者支配使用。且必須以此方式，才不致放棄其勞動力的擁有權[41]。

貨幣擁有者要在市場上，遇到作為商品出賣的勞動力，其第二個絕對必要條件是：勞動者，不能出賣本人勞動所統合而成的商品，卻只能

---

[40] 在各種關於古代的辭書中，我們可以發現一件無意義的事。依其記載，在古代世界，資本就已經充分發展了。依他們說，古代所沒有的不過是自由勞動者和信用制度。蒙森（Mommsen）在其所著《羅馬史》中，關於這點也有不少錯誤。

[41] 因此各國的法律，都確定勞動契約的最上限。在自由勞動占優勢的地方，法律皆規定解除契約的條件。在各國，尤其是在墨西哥（在美國南北戰爭以前，墨西哥割讓給美國的領土是如此；庫扎革命以前，多瑙河流域諸地也是如此），奴隸制度是在抵債勞動（Peonage）的形態下隱蔽的。約定以勞動為代價的借債，會一代一代傳下去，以致在實際上，不僅個別勞動者，要成為別人和他的家庭的財產，他們的家人也要如此。墨西哥大總統胡亞雷斯（Juárez）把這種抵債勞動廢止了，替位的皇帝馬克西米利安（Maximilion）再以敕令恢復之。華盛頓會議很適當地指斥這個敕令，是奴隸制度在墨西哥的再興。黑格爾也說：「我精神上、肉體上的特別的熟練和活動能力，……可以在限定的時間內，讓渡給他人使用；因為賴有這種限定，這種種熟練和能力，方才和我的全體，保持一種外的關係。然若我把我的因勞動而具體化的時間全部和我的生產全部讓渡於人，我就把我的實體，換言之，把我的一般活動性和現實性、我的人格性，變作別人的財產了。」（黑格爾《法律哲學》，柏林，1840年，第104頁，第67節。）

把那只存於他本人活體上的純勞動力，提供當作商品來賣。

一個人要能販賣勞動力以外的商品，他自然還須有生產資料。也就是原料、工具等等。沒有皮革，他造不出皮鞋。此外，他還須有維生資料。就算是「未來派的音樂家」，也不能拿未來的生產物，或未完全生產出來的使用價值生活。人類自第一天出現在地球舞臺上以來，一直到現今，每一天都不能不在生產以前，且在生產之際，有所消費。生產物如果是作為商品生產的，它就不能不等到生產以後販賣，且須等到販賣以後，才能滿足生產者的要求。所以，在生產時間之外，更須加上販賣所必要的時間。

所以，貨幣擁有者要使貨幣轉為資本，他必須在商品市場上，遇到自由的勞動者。這所謂自由，有兩種意義。第一，他必須作為自由的人，可以把自己的勞動力，當作自己的商品來處理。第二，他沒有別種可以賣的商品，也就是欠缺實現其勞動力所必要的一切東西。

為什麼自由勞動者會在流通領域中，和貨幣擁有者相遇呢？這是貨幣擁有者所不關心的問題。他把勞動市場看作一般商品市場的一個分支。在這裡，這個問題也是我們所不關心的。貨幣擁有者在實務上，把握著這個事實；我們則在理論上，把握著這個事實。但有一點是明確的。自然界未曾在一方面，產生貨幣擁有者或商品擁有者，在另一方面，產生只擁有自己勞動力而一無所有的人。這種關係，不是自然史上的關係，也不是一切歷史時代共有的社會關係。那分明是既往歷史發展的結果、是多次經濟革命，全系列古老社會生產形態消失所得的產物。

又，我們以上討論的各種經濟範疇，也全帶有歷史的痕跡。生產物成為商品，必須具備一定的歷史條件。生產物要變成商品，其生產應該不是為生產者自己生產直接的維生資料。若我們進一步探究，在什麼情形下，生產物會全部（至少是大部分）變成商品，我們就會發覺，那是以一種極特別的生產方法，即以資本主義生產方式（kapitalistischen Produktionsweise）為基礎的，但這種探究和商品的分析無關。一個社會，雖其所產物品大部分為生產者自己直接需要，而不變成商品，其社

會生產過程在長度和廣度上,也還沒有完全受到交換價值的支配,但在其內,仍得有商品生產與商品流通。當然,生產物之商品的表現,是以社會分工的發展程度,足以使使用價值和交換價值分離為必要條件的。那種分離,是由物物交換開端。不過這樣的分工發展程度,為許多種社會形態所共有,而這些社會形態在其他方面展示最具變化的歷史特徵。

　　再考量貨幣。貨幣的存在,隱含商品交換的一定階段。貨幣或作為商品等價物、或作為流通手段、或作為支付手段、或作為貯藏貨幣、或作為共通貨幣。特殊的貨幣形態,將因它這種或那種機能的範圍不同,或相對間勢力的強弱,而指示出社會生產過程的相異發展階段。但經驗告訴我們,要形成這種貨幣形態,商品流通比較原始的發展已經很足夠。至於資本,卻不是這樣。它存在的歷史條件,單有商品流通和貨幣流通,還是不夠的。資本僅能源自生產資料和維生資料的擁有者,在市場上與販賣勞動力的自由勞動者相遇。這一個歷史的條件,包含一個世界史。所以資本從它剛出現的時候起,便在社會的生產過程上劃出新時代[42]。

　　現在,我們必須更精密地檢測這種特別的商品——勞動力。像一切別的商品一樣,它也有它的價值[43]。但它的價值是怎樣決定的呢?

　　勞動力的價值,像其他各種商品的價值一樣,是由生產這種特別物品,從而再生產這種特別物品所必要的勞動時間決定的。如果勞動力有價值,它所代表的,便是統合於其中的一定量的社會平均勞動。但勞動力是作為活人身上的能力或力量而存在。故其生產,也以個人的存在

---

[42] 資本主義時代的特徵是,勞動力成為勞動者自己所有的商品;從而,他的勞動,也成為工資勞動。另一方面,勞動生產物的商品形態也就是從這時起普遍化的。

[43] 「一個人的價值,像一切別的物的價值一樣,和他的價格相等;也就是和他的能力被使用時的代價相等。」〔霍布斯(Th. Hobbes)《利維坦》,見莫爾斯沃思編全集版,倫敦,1839 至 1844 年,第 3 卷,第 76 頁。〕

為前提。假定個人是存在的，勞動力的生產，便是他自身的再生產或維持。一個活的人要維持他自身，是不能不有一定量的維生資料的。所以，生產勞動力所必要的勞動時間，可換算為生產這種維生資料所必要的勞動時間，換言之，勞動力的價值，即是維持勞動者所必要的維生資料的價值。但勞動力僅由其運用而成事實，它是藉由工作才開始運轉。在勞動中，有一定量的人類肌肉、神經、大腦等等要被消耗，故必須被復原。這增加的消耗，需要更多的收入。[44] 勞動力的擁有者今日工作了，他必須在翌日再以同樣的能力條件、健康條件，重演同樣的過程。所以他的維生資料量，應能在正常的生活狀態下，把他當作勞動中的個人，予以充分的維持。其自然的需求，如食品、衣服、燃料、住宅，隨一國的氣候和別的物理條件而異。所謂必要需求的範圍，又和滿足需求的方法一樣，是歷史發展的產物，從而有一大部分，依存於國家的文明程度，尤其是依存於自由勞動者階級所養成的習慣與舒適程度的條件[45]。所以，勞動力的價值的決定，和別的商品不同，帶有一個歷史的、道德的要素。不過，在一定的國度、在一定的時期，必要維生資料的平均量，總是一定的。

　　勞動力擁有者，皆有一日會死。假如他必須持續不斷地在市場上出現（這是貨幣不斷轉為資本的條件），則勞動力的出賣者，也不能不「像每一種活的個體一樣，藉由生殖」[46] 延續他自己。由消耗死亡而從市場消失的勞動力，至少要由等數的新勞動力不斷地予以替補。所以生產勞動力所必要的維生資料的總和，必須包含替代品——勞動者的兒女——的維生資料。如此這一種特別的商品擁有者才能在商品市場上持

---

[44] 古羅馬的 Villicus（農業奴隸的監督者），就因「工作更輕巧，所以得較小的報酬。」（蒙森《羅馬史》，第1卷，第2版，柏林，1856年，第810頁。）

[45] 參看桑頓（W. Th. Thornton）《人口過剩及其救治》，倫敦，1846年。

[46] 配第。

續出現。[47]

　　為求修飾人的有機體，使其在某工業部門獲得熟練與技巧，從而成為特殊類別的勞動力，一定的特別教育或訓練，無論如何是必要的。因此在這部分不能不耗去或多或少量的商品等價物。教育費之多寡，視勞動力的特性有多複雜而異。就普通勞動力來說，這種教育費是極小的，但終歸要算進勞動力生產所花費的總價值。

　　勞動力的價值，得換算為一定額維生資料的價值。所以勞動力的價值，與這種維生資料的價值，或生產這個維生資料所必要的勞動量，同其變化。

　　維生資料的一部分，例如食品、燃料等等，因每日有消耗，故每日須有新的補充。另一些維生資料，例如衣服、家具等等。可以經用一個較長的時期，故也僅須在較長的時期內補充。有一些物品，是每日要購買或支付的；有一些物品，是每星期要購買或支付的；還有一些物品，是每季要購買或支付的等等。但無論這種支出的總和，是怎樣在一年內分配，它總歸要由按日的平均收入來應付。假設生產勞動力每日需要的商品量＝A，每星期需要一次的商品量＝B，每季需要一次的商品量＝C等等，則每日平均的商品量＝（365A＋52B＋4C＋&c）/365。假設生產勞動力平均每日所需的商品量，體現6小時的社會勞動，則每日有半日社會平均勞動，統合在勞動力之內；換言之，勞動力每日的生產，必須有半日社會平均勞動。勞動力每日生產所必要的勞動量，形成一日勞動力的價值，或每日再生產的勞動力的價值。若半日社會平均勞動，統合為3先令的金額，3先令便是與一日勞動力價值相應的價格。假如勞

---

[47]「勞動的自然價格，……由一定量必需生活用品、享樂品構成。依照一國的氣候習慣，要維持勞動者、維持勞動者的家庭，使其能在市場上保持勞動的供給，不致減少，這一定量的生活用品、享樂品，乃是必需的。」（托倫斯《對外穀物貿易》，倫敦，1815年，第67頁。）勞動一詞，在這裡不當地用來代替勞動力。

動力擁有者每日依照 3 先令的價格，拿它出賣，它的販賣價格，便等於它的價值。依照我們的假設，專心要以貨幣轉為資本的富翁，也支付這個價值。

勞動者每日要更新他的生命能量。每日皆須有一定額商品的供給。他必須有這樣多身體不可或缺的維生資料。構成勞動力價值的最低界限，便是此額商品或維生資料的價值。假如勞動力的價格，降到這最低限度以下，也就是降到它的價值以下。在這情況，勞動力只能在萎縮的狀態下去維持和發育，但每種商品的價值，都是由生產品質正常的商品所需要的勞動時間決定的。

勞動力價值的這種決定方法，乃由於事件的性質。認為這種決定方法粗暴，像羅西（Rossi）一樣感嘆，乃是一種極廉價的感傷主義。羅西曾嘆說：「理解勞動能力時，把勞動者在生產過程中所需的維生資料置於度外，實等於理解一個幻影。我們說勞動或勞動能力時，我們是兼指勞動者和維生資料，兼指勞動者和勞動工資。」[48] 但說勞動能力不是說勞動，正如說消化能力不是說消化一樣。在消化過程上，除須有健全的胃以外，誰都知道，還須有別的東西。每一個人說到勞動能力，都不會把維持勞動者生存所必要的維生資料置於度外。相反，這種維生資料的價值，即表現為勞動力的價值。若勞動力不賣出去，勞動者便無法從它而得益。如是，勞動力將會看到一種殘酷、天然強制的必然性。即他的勞動能力的生產，必須有一定量的維生資料，其再生產，又須不斷有這種維生資料的新的供給。如是，他將認同西斯蒙第（Sismondi）：「勞動能力不出賣……即等於零。」[49]

這一種特別商品——勞動力——的特殊性質，告訴我們，它的使用價值，不隨買者賣者間契約的締結，立即轉到買者手中。它的價值，

---

[48] 羅西《經濟學教程》，布魯塞爾，1842 年，第 370 頁。
[49] 西斯蒙第《新經濟學原理》，第 I 卷，第 112 頁。

像別的商品的價值一樣,在進入流通以前就決定了(因爲勞動力的生產,已經支出一定量的社會勞動);但它的使用價值,卻在於其力量往後的運用。所以勞動力的讓渡與其被買者實際的占用(也就是勞動力作爲使用價值的運用),可以有時間上的隔離。有一些商品,它的使用價值由販賣而起的形式上的讓渡,與其實際的移交給購買者,不是同時進行。就這一些商品來說,購買者的貨幣,通常是作爲支付手段。[50] 在資本主義生產方式支配的國家,勞動力通常須依照契約,被運用到一定期間(例如每星期末),方才有給付。所以在一切情況,都是勞動者把勞動力的使用價值墊付給資本家,勞動者在受到勞動力價格的給付以前,已把勞動力讓給買者消費了。所以在一切情況,都是勞動者給資本家信用。這種信用絕不是妄想的,資本家破產時,工人就往往會損失工資。[51]但這不過是偶然的證明。還有一系列較持續的後果,可資證明[52]。

---

[50]「勞動者出借他的勤勞。」說這句話之後,斯托齊(Storch)又機警地說:「不過,除損失工資外,⋯⋯勞動者不冒任何的險。⋯⋯他是不出任何物質的。」(斯托齊《經濟學教程》,彼得堡,1815年,第2卷,第37頁。)

[51]「一切的勞動,都是在成就以後,才有給付的。」(《馬爾薩斯需求學說消費學說的研究》,第104頁。)「商業信用,是從這時候開始的;在這時候,肉體勞動者(生產的第一個創造者),因有儲蓄之故,已能等候到一星期之末、兩星期之末、一月之末,或一季之末,才來領取他的勞動工資。」(甘尼爾《經濟學體系》,第2版,巴黎,1821年,第2卷,第150頁。)

[52]舉一個例。在倫敦有兩種烘焙業者。一種以「實足價格」出售,也就是依照充分的價值販賣麵包;一種是以「不足價格」出售,也就是在價值以下販賣麵包。後一種,在烘焙業者總數中,占3/4。〔參看調查委員特雷門希爾(H. S. Tremenheere)《關於麵包工人糾紛的報告》,倫敦,1826年。〕幾乎沒有例外的,這種以「不足價格」販賣的人,都用各種方法把明礬、白堊、珍珠灰、石膏粉、德貝石粉,以及似乎富有養分的東西,混和進去。〔參看上述藍皮書;並參看1855年委員會關於麵包摻雜的報告;還可以參看哈塞爾醫生(Dr. Hassal)《被發覺了的摻雜》,第2版,倫敦,1862年。〕戈登

但無論貨幣是作爲購買手段抑或是作爲支付手段，商品交換的性質，都不會稍有變更。勞動力的價格已由契約確定，不過它像房屋的租金一樣，必須到以後才實現。勞動力還是賣了，雖然它的代價，必須到以後才支付。因此爲使這關係能有更清楚的理解起見，我們暫時假定勞

爵士（Sir Gorden）曾在1855年委員會中陳述：「摻雜的結果是，有許多每天只吃2磅麵包的貧民，實際不能得到必要營養的1/4；更不用說健康上所受的有害影響了。」依特雷門希爾說（見前述報告第48頁），勞動階級中雖大部分明知摻雜的事，但仍有一大部分，情願把明礬、石粉等等，當作麵包的一部分來購買。他們之所以如此的原因是，他們不得不由麵包店或雜貨店買這種麵包。因爲勞動者必須到星期之末，才有工資收入，從而他們家中一星期所消費的麵包的價錢，也必須到星期之末支付。特雷門希爾還引述證人的話說：「這種摻雜麵包的製造，專爲供應這種買賣，這已成爲一個周知的事實。」在英格蘭許多農業區域，尤其是在蘇格蘭許多農業區域，工資是半月支付一次，或每月支付一次。支付的期間既這樣長，農業勞動者就非賒帳不可了。因此他不得不支付較高的價格，且在事實上，只到能夠賒帳的店去買。例如在威爾特郡的霍寧罕。在那裡，工資是每月支付一次的，因此在別處可以用1先令10便士買到1石的麵粉，在那裡竟賣到2先令4便士。（《樞密院醫官關於公共衛生的第六報告》，1864年，第264頁。）佩斯利和基爾馬諾克（蘇格蘭西部）的木版印刷工人，曾在1853年由一次罷工，才把每月支付工資一次的辦法，改爲每兩星期支付一次。（《工廠監督專員半年報告。1853年10月31日》，第34頁。）英國煤礦主人慣用的方法，還更可說明勞動者給予資本家的信用。在那裡，煤礦工人到每月之末，才收到工資，而在其間，如工人要求預付工資，礦主通常是給他以商品，其所記價格，通常是在市場價格之上。（也就是所謂Trucksystem，即以貨物抵償工資制度。）又，「煤礦主人還有一個常用的辦法，是每月支付工資一次，但每星期之末，墊付現錢給工人。這種現錢，是在礦主開的雜貨店（Tommy shop）交付的。工人一隻手收錢，另一隻手把錢支出。」（《童工委員會第三報告》，倫敦，1864年，第38頁，第192號。）

動力擁有者，在每次販賣勞動力時，立時取得其約定價格。

現在我們知道，這種特別商品（勞動力）擁有者從購買者那裡受到的價值，是如何決定的。購買者在交換中取得的使用價值，只表現在勞動力的實際使用或其消費過程上。為了這目的所必須的一切物品，例如原料等等，貨幣擁有者已在商品市場上購得了，並以足額價值支付。勞動力的消費過程，即是商品和剩餘價值的生產過程。勞動力的消費，像其他各種商品的消費一樣，是在市場或流通領域之外完成的。我們且離開這任一事情都在眾目睽睽且在檯面上進行的喧嘩地帶，和富翁及勞動力擁有者，到隱密的生產場所去。入口處掛著「非請勿入」醒目的牌子。在那裡，不僅看見資本是如何生產，而且可見資本是如何被生產。營利的祕密，最後會暴露出來。

勞動力的買賣，是在流通領域或商品交換領域內進行的。這個領域，實際是天賦人權之眞正的樂園。在那裡行使支配的，是自由、平等、所有權，和邊沁（Bentham）。自由！因為這種商品（如勞動力）的買者和賣者，都只聽命於自由意志。他們是以自由人、共同意願合法的表達來訂結契約的。平等！因為他們彼此皆以單純商品擁有者資格締結關係，以等價物交換等價物。所有權！因為他們都是處分自己所擁有的東西。邊沁！因為雙方都只顧自己的利益。使他們共同並締結關係的唯一力量，是利己主義、他們的利得、他們的私利。每一個人都只顧自己，不管別人。但就因此，每一個人即按照事物預設的調和，或按照敏銳的未雨綢繆的指引，為相互的利益、為共同的福利、為全體的利益，而一起工作。

庸俗自由貿易論者，曾在單純流通或商品交換的領域，借取觀點、概念和標準，來判斷基於資本和工資的社會。我們離開這個領域，我們以為就可以領會到出場人物外觀的改變了。原來的貨幣擁有者，現今變成了資本家，他昂首走在前頭；勞動力擁有者，則變成他的勞動者，跟在他後頭。一個是笑咪咪、自信滿滿、專心於事業；一個卻畏縮不前，好像是把自己的皮運到市場去，沒有什麼期待，只有被痛打似的。

第三篇

絕對剩餘價值的生產

第五章

勞動過程與剩餘價值生產過程

I　勞動過程

資本家買勞動力就為了用它；勞動力的使用，即是勞動本身。勞動力購買者藉由使它的出賣者工作來消費它。它的出賣者，也即藉由工作，由只是潛在的變為實際的、活動的勞動力，即勞動者。為要使勞動可能重現在商品中，最要緊的一件事，是消耗勞動在有用客體中、在可以滿足某種需求的客體中。所以，資本家令勞動者生產的，是特殊的使用價值，是特定的物品。使用價值或財貨之生產，雖是為資本家利益、受資本家管控，但這個事實，不會變更這種生產的一般特性。所以，我們且先獨立考量勞動過程（Arbeitsprozess），不問其既定社會條件的特別形態。

勞動最早是人與大自然參與的過程，在這過程中，人由他的自動，開啟、規劃、控制人與大自然之間的物質反應。人以其自身的力量，與大自然相對立。他為求占用大自然的生產符合其自己本身需求的形態，乃推動各種人體的自然力，即他的臂膀、他的腿、他的頭、他的手。藉由他這種舉動，加諸外在世界，並改變它，他同時也改變了他自己的本性。他會展開各種蟄伏在本身的能力，強迫這諸種能力遵從自己的支配。在此我們不要討論最初純屬動物的、本能的勞動形態。勞動者在商品市場上出售其勞動力和人類勞動未脫離最初本能形態的情形，相隔的時間可夠漫長。我們所要探討的勞動形態，專屬於人類的形態。蜘蛛的操作，與織工的操作相似；在蜂房的建築上，蜜蜂的本事，曾使許多建築師慚愧。最差的建築師，和最巧妙的蜜蜂有所區別的，是建築師在實際建造之前，已經把它構思好。勞動過程結束時取得的結果，已經在勞動過程開始時，存在於勞動者的想像了。他不僅在所施工的物料上帶來一種形態的改變，同時實現他自己的目的。並以這個目的，作為其操作模式的法則，並使自己的意志從屬於這個目的。這種從屬，還不單是暫時的行為。除了身體器官的發揮。在勞動操作全過程中，要求工人的意志堅定地配合目的。這表示密切注意。一種工作的性質及進行方法，對

勞動者的吸引力愈少，使他由此享受運用肉體或精神的樂趣愈少，則密切注意愈是必要。

勞動過程的基本要素，是：(1) 人類的個人活動（即工作本身），(2) 勞動對象（Arbeitsgegenstand）和 (3) 勞動設備（Arbeitsmittel）。

土地（在經濟上，包括水）天生會以現成的必需品或維生資料供給人類，不待人類協力，即成為人類勞動的共同的對象。還有些物品，只由勞動使其與周遭環境脫離直接的聯繫，也是大自然自發給與的勞動對象。例如從水中捕獲的魚、從原始森林採伐的木材、從礦脈採掘的礦石。曾經透過以往的勞動過濾的勞動對象，我們才名之為原料（Rohmaterial），例如已經採出且準備拿去洗滌的礦石。一切原料都是勞動對象，但不是一切勞動對象都是原料。勞動對象必須已由勞動方法引起某種變化方才成為原料。[1]

勞動設備是一物或諸物的複合體，勞動者把它用在他自身和勞動對象之間，把它當作其活動的傳導物。他利用某些物之機械的、物理的，和化學的屬性，施於別的物上，以有益於自己的目的[2]。採集現成維生資料（如果實）的勞動，是人以其自己的四肢作為其勞動設備，除此不論，則勞動者最先占有的客體，非勞動對象，僅為勞動設備。在此大自然成了他活動的器官之一，那附加在他自己的身體器官之上，並不顧聖經的教訓，添加他自然所具的體格。地球是他原始的食物貯藏倉，又是他原始的工具庫。比方說，人用來投、用來磨、用來壓、用來切的

---

[1] 「土地的自然生產物，是分量很小，且完全不依存於人類的。自然供給這少數生產物給人，像給青年人少數錢一樣，使他能用它們來做事情、謀財產。」（史都華《經濟學原理》，都柏林版，1770年，第1卷，第116頁。）

[2] 「理性不僅有力，且也狡智。理性的狡智，主要由間接的活動表現出來。理性，依各物的性質，使各物互相作用、互相影響，不待它直接干涉，已能指揮事物，成就它自己的目的。」（黑格爾《哲學科學百科全書綱要》，第1部論理學，柏林，1840年，第382頁。）

石塊，就是地球供給人的。但地球本身也是一種勞動設備，不過當用在農業上時隱含有一系列別的勞動設備，和已經有較高度發展的勞動[3]。勞動過程相當發展以後，特別加工的勞動設備成了必要。在最古老的洞穴中，我們發現了石製的器具和武器。在人類歷史開端的時期，人除利用特別加工的石塊、木片、骨頭和貝殼之外，還使馴養的動物，即爲目的而繁殖並以勞動方法修正的動物，當作主要的勞動設備[4]，勞動設備的使用與製造，雖在其他某一類別的動物已見萌芽，但特爲人類勞動過程的特徵。故富蘭克林說，人是「製造工具的動物」。確認滅種動物必須靠化石骨頭；同等重要的，研究社會的消失經濟形態，也不能不靠過往勞動設備的遺物。劃分不同經濟時期，不是憑做了什麼物品，而是如何做，及用何種勞動設備[5]。勞動設備不僅是爲人類勞動力發展程度提供一個標準，而且是勞動運行的社會條件的指示物。而在勞動設備中，機械性的勞動設備（總括起來，可說是生產的骨骼系統和肌肉系統）又比僅作爲勞動對象的容器的勞動設備，例如導管、桶、籃、瓶等等（總括起來，可說是生產的脈管系統），能提供某已知生產時期更具決定性的特徵。上述的種種容器，在化學工業上，開始起到重要的作用。[6]

　　勞動設備，直接把勞動轉移到其對象上，從而依某種方法當作活

---

[3] 甘尼爾的《經濟學理論》（巴黎，1815 年），就其他各方面來說，是毫無價值的。但他這部書，曾極關鍵地在反對重農主義的方法下，詳述各種勞動過程。要有真正的農業，是必須以這種種過程爲前提的。

[4] 在《關於財富之形成與分配之考量》（1776 年）中，杜爾閣（Turgot）曾切實說明，馴養家畜這件事，在文化初期的重要性。

[5] 在商品中，真正的奢侈品，在各生產時代之技術的比較上，最無關緊要。

[6] 第二版注。從來的歷史記述，都不甚注意物質生產的發展，也就是不甚注意一切社會生活和一切現實歷史的基礎。然歷史以前的時代，卻不是根據所謂歷史研究，而是根據科學研究來分期，也就是根據工具和武器的材料，把它分作石器時代、銅器時代和鐵器時代。

動的傳導物。但就廣義來說，進行勞動過程所必要的一切這類客體，也包括在勞動設備之內。這些東西不直接加入勞動過程，但沒有它們，則勞動過程完全不能進行，或只能進行到一部分。在這一類共同勞動設備中，得算上地球，因為它是勞動者立足的處所、是勞動者工作的場所。但在這一類勞動設備中，還有一些屬以往勞動的結果，例如工廠建築物、運河、道路等等。

所以，勞動過程是由人的活動，得勞動設備之助，作用在材料上，依事先設計帶來改變。過程消失在生產物（Produkt）中。它的生產物是一個使用價值、是一個由形態變化而適合人類需求的大自然物質。勞動與其勞動對象統合了。勞動物化了，勞動對象被轉形了。在勞動者方面呈現動態的東西，在生產物方面作為一個固定質量呈現靜態。鐵匠鍛造了。生產物是鍛造品。

假如我們從結果的觀點，即從生產物的觀點檢驗這全部過程，則勞動設備與勞動對象，明顯為生產資料（Produktionsmittel）[7]，勞動本身為生產性勞動（Produktive Arbeit）[8]。

當一種使用價值作為生產物，由勞動過程中走出來時，另一種使用價值，以往勞動的生產物，可以作為生產資料，進入勞動過程中去。同一使用價值，可以是以往勞動過程的生產物，又是稍後勞動過程的生產資料。所以生產物不僅是勞動過程的結果，同時還是勞動過程的必要條件。

在採掘產業上，勞動對象是大自然直接提供的。採礦業、漁業、狩獵業等等，就是這樣。開墾處女地的農業也是這樣，但撇除這種例外不說，則各產業部門（Industriezweige）所處分的勞動對象，都是原料，

---

[7] 舉個例子。說未曾捕到的魚，是漁業的生產資料，好像是一種奇論。但在水裡沒有魚的地方，捕魚的技術是不會發明的。

[8] 對於生產勞動，單是這樣由單純勞動過程的立場來定義，就資本主義生產過程來說，絕不是充分的。

是經勞動過濾的客體，換言之，已經是勞動生產物。農業的種子就是這樣。動植物雖常被視為大自然的生產物，但不僅它們是去年度勞動的生產物，即便是其現在形態，恐怕還是經許多代人的管理下、藉由人類勞動逐漸轉形的結果。若就勞動設備來說，就算在最淺薄的觀察者看來，也大抵會指出過往勞動的痕跡。

原料既能構成生產物的主要實體，也能在生產物的形成上，只作為輔助物資（Hilfstoff）。輔助物資或由勞動設備消費，例如煤之於蒸汽機、油之於車輪、乾草之於馱馬；或混進原料之中，使原料產生某種修正，例如氯化物之於原色麻布、煤之於鐵、染料之於羊毛；或幫助勞動運行，例如工廠取暖和照明的材料。但主要材料與輔助物資的區別，在真正的化學工業上會消失；因為化學工業所用的原料，沒有一種會以其原來組合作為生產物的實體再現。[9]

因每一種物皆有不同屬性，從而有不同用途，故同一生產物，可以成為許多不同勞動過程的原料。例如穀物可以成為製粉業者、澱粉業者、釀酒業者、畜牧業者等等的原料。作為種子，它還是它自身生產的原料。又如煤，它既作為生產物，從採礦業出來，又作為生產資料，進入採礦業去。

另，有一種特別生產物，還可在同一勞動過程中，兼為勞動設備和原料。例如在家畜飼養業上，家畜既為原料，又為肥料生產的工具。

一種雖準備可供人消費的生產物，可作為進一步生產物的原料，例如葡萄可以作為葡萄酒的原料。但勞動所給予我們的生產物，有時只能用作原料。在這情形下，原料是稱作半成品（Halbfabrikat），或更適當地稱作中段製品（Stufenfabrikat）。棉花、毛絨線、棉紗，皆屬此類。這種原料，雖本身已經是生產物，但尚須通過一系列不同的過程。在每

---

[9] 斯托齊（Storch）稱真正的原料為「Matière」，稱輔助物資為「Matèriaux」。切爾布里埃茲（Cherbuliez）則稱輔助物資為「Matlères instrumentales」。

次過程中，它不斷以多變的形態，作爲原料，直到該系列最後的勞動過程，才留下完成的生產物供作個人消費或移作勞動設備。

如是，我們知道，一個使用價值究竟是被視爲原料、勞動設備，抑或是生產物，要看它在勞動過程中的機能和地位而定。地位轉換了，它的特性也會改變。

生產物，當它作爲生產資料進入新勞動過程時，會喪失生產物的特性。它在過程中，僅是一個要素。紡織業者只以紡錘爲所用的工具、以亞麻爲所紡織的材料。當然，任誰沒有紡織的材料和紡錘，都不能紡織。所以在開始紡織時，我們必須假定這種種生產物已經存在。但在這個過程之內，亞麻及紡錘爲過往勞動生產物的事實，完全無關緊要。這好比，麵包雖爲農民、製粉業者、烘焙業者等人過往勞動的生產物，但這事實不至於影響消化過程。反之，勞動過程中的生產資料，只因爲其生產物有缺點，所以時時強調生產物的特性。鈍刀讓人想起刀器匠者A，斷絲讓人想起紡織者B。藉由完成的生產物達成其有用質量的勞動不被感覺到，就明顯會消失。

不滿足勞動目的的機械，是無用的。不僅如此，它還會在自然力量的破壞力下成爲廢品。鐵會生鏽、木會腐朽、不織也不編的紗會成爲廢棉。它必須被活的勞動捉住，並從死睡中被喚醒，從可能的使用價值，變爲實在而有用。這些物品浴於勞動的火中，作爲勞動器官的一部分和一組而被占有，且在勞動過程中，執行其機能，即實際上被消費掉，但其消費是有目的，也就是作爲新使用價值或新生產物的構成要素。這種新使用價值或新生產物，可以在個人的消費上充作維生資料，或在新勞動過程中作爲生產資料的。

所以，一方面我們發覺，完成的生產物不僅是勞動過程的結果，也是勞動必要過程的條件，另一方面我們又發覺，過往勞動的生產物，即因（並以此爲唯一的手段）投入勞動過程，與活的勞動接觸，所以能保持使用價值的特性且被使用。

勞動使用它的物質要素、使用它的對象和它的設備，消耗它們，

所以是一消費過程。這種生產性消費（Produktive Konsumtion）與個人消費（individuellen Konsumtion）的差別，在於個人消費中，生產物是作為活著個人的維生資料被消耗；在生產性消費中，生產物是作為勞動（活的勞動力）藉以施作的手段。個人消費的生產物，是消費者自己；生產性消費的結果，是和消費者有別的生產物。

在勞動設備與勞動對象都是生產物的限度內，勞動是消耗生產物以創造生產物，換言之，是消耗一組生產物將其轉作生產資料以取得另一組生產物。但勞動過程開始只有人與土地（獨立存在於人以外）參與；並且，甚至現今我們在勞動過程中使用的生產資料，也還是由大自然所提供的，不代表自然物質與人類勞動的任何組合。

勞動過程，如前所述分解為其簡單基本的要素時，是一種為了產生使用價值的人類活動，占有自然物質滿足人類要求，是人與大自然間有效交換的必要條件，是人類生存的永久的天賦條件，故與人類生存的社會階段無關，毋寧是每一類似社會階段所共有。因此，在論述勞動過程時我們不必表示勞動者與勞動者的關係。勞動過程的一邊，是人與其勞動，另一邊是大自然與其物料。你品嚐燕麥粥時，無法得知小麥是誰栽種的；同樣，我們研究單純勞動過程時，也無法得知它是在什麼社會條件下進行的。那可以在奴隸擁有者的殘酷的鞭下，也可以在資本家的注視下。辛辛那提人耕種小田園，是勞動過程；野蠻人用石頭擊殺野獸，也是勞動過程[10]。

但我們且回頭來講我們這位尚在形成中的資本家。我們與他握別

---

[10] 就因有這種極邏輯的根據，所以托倫斯上校（Cof. Torrens）得在野蠻人所用的石塊中，發現資本的起源。他說：「他用石擊他所追逐的野獸，用棒擊他用手不能摘到的果物。拿這種最初的石和棒來說，我們看見了，他是占有一物，冀由此獲取另一物。這樣，資本的起源就被發現了。」（《財富生產論》，第70、71頁。）由這個最初的棒（Stock），我又似乎可以說明，為什麼在英語中，Stock 這個字會與 Kapital 同義。

的時候，他已在商品市場上購買到勞動過程所必需的一切要素（即客觀的要素——生產資料；和主觀的要素——即勞動力）了。他已用專家的敏銳眼光，選擇好他在事業上（無論是紡織業、是皮鞋製造業，或是別的生產事業）最適用的生產資料和勞動力了。現在，我們的資本家，著手要消費他剛買的商品——勞動力；也就是使勞動力的扮演者（即勞動者），以其勞動來消費生產資料。當然，勞動者不是為自身利益，而是為資本家利益而工作的，但這情形不致改變勞動過程的一般特性。皮鞋製造或棉紗紡織的特殊方法及操作，也不會因為資本家的插入，立即發生變化。當初他在市場上發現什麼勞動力，就得用什麼勞動力；未有任何資本家以前那一時期的勞動是怎樣，他就得用怎樣的勞動。勞動隸從資本的事實，在生產方法上引起的改變，只在稍後才發生。故等以後再討論。

勞動過程，被視為資本家消費勞動力的過程，提示了兩種特殊的現象。

第一，勞動者的勞動，屬於資本家，他也就在資本家的控管下工作。資本家會注意，使工作以正確的方式進行、生產資料能熟悉被使用，還使原料不浪費、使勞動工具節省、使其磨損以工作所必要的使用程度為限。

第二，生產物是資本家的財產，不是直接生產者（勞動者）的財產。資本家支付勞動力每日的價值；在這一日內，它的使用權就像其他各種商品（例如馬，是以一日為期出租的）使用權一樣，是屬於他。商品的使用權歸屬商品購買者。勞動力的出售者，在提供自己的勞動時，實際也只放棄他所販賣的使用價值。從他走進資本家工廠那時候起，他的勞動力的使用價值，從而，它的使用（即勞動），即屬於資本家。資本家購買勞動力，即以勞動作為活的酵母，使它和無生命的、同樣屬於他的構成生產物的諸種要素，統合。從他的觀點來看，勞動過程只是他所購商品（勞動力）的消費，但他之所以能消費它，僅因為他給了它生產資料。所以在資本家看來，勞動過程乃是資本家所購諸物間的過程，

從而，這些物品成為他的財產。所以，這種過程的生產物，和他酒窖裡完成發酵過程的生產物（酒）一樣，是屬於他的[11]。

II 剩餘價值產生過程

生產物被資本家占有是一個使用價值，例如棉紗、皮鞋等等東西。皮鞋，從某一種意義來說，雖說是全社會進步的基礎，我們的資本家雖說是明確的進步主義者，但他絕非為他自己製造皮鞋。在商品生產上，使用價值不是人所屬意的東西，在此他生產使用價值，僅因為（且以此為限）它是交換價值的物質根基，是交換價值的載體。我們的資本家有兩個目的在心中。第一，他要生產一個有交換價值的使用價值，即要生產一個注定用來販賣的物品，一個商品。第二，他要生產一個商品，其價值，比用於其生產所必要諸種商品──生產資料與勞動力，他已在公開市場上為它們墊付不少的貨幣──的價值總和更大。他不僅要生產使用價值，且要生產商品；不僅要生產使用價值，且要生產價值；不僅要

---

[11]「生產物在轉化為資本以前，就被占有了。這種轉化，也不使生產物脫離這種占有。」（切爾布里埃茲《財富或貧窮》，1841年，巴黎，第53、54頁。）「無產者以其勞動，為一定量的維生資料而出售。他對於生產物，是絕不妄想染指的。生產物的占有方法，還是和以前一樣，不因有上述的同意而發生變化。資本家供給原料和維生資料，生產物也專屬於他，這是占有法則（Gesetzder Appropriation）的嚴密的結論，而這個法則的根本原則，卻恰好相反是：勞動者對於自己的生產物，有絕對的所有權。」（前書第58頁。）詹姆斯·彌爾《經濟學要論》第70頁，也說：「當勞動者為工資而勞動時……資本家不僅是資本（在這裡，他是指生產資料）的擁有者，並且是勞動的擁有者。如果所付的工資像通常一樣，包括在資本的概念裡面，則從資本分開，單說勞動，便是極不合理的了。這所謂資本，應當包括資本和勞動兩者。」

生產價值，且要生產剩餘價值。

因為我們探究的是商品生產，目前為止我們只考量了過程的一個面向，商品同時是使用價值與價值；商品生產過程，也必須是勞動過程及同時是創造價值的過程（Wertbidungsprozess）。

所以，我們現在且把生產，當作價值的創造加以檢驗。

我們知道，每一商品的價值，皆由在其生產上所耗且實現於其中的勞動量，由其在已知社會條件下必要的勞動時間來決定。這個規則，在勞動過程結果所得的生產物為資本家所有時，依然是適用的。假設這生產物是 10 磅的棉紗，首先計算在生產物中實現的勞動量。

製造棉紗，先要有原料，比方說 10 磅棉花。我們且不研究棉花的價值是什麼，因為資本家已經在市場上照價值（比方說是 10 先令）購得它了。在棉花的價格中，其生產所必要的勞動，已以平均的社會勞動來表現。再假定棉花加工時所消耗的紡錘量——我們暫以此代表一切被消耗的勞動設備——有 2 先令的價值。假如生產 12 先令所代表的黃金量為 24 小時勞動或 2 個工作日，則在棉紗中，已統合有 2 日的勞動了。

紡錘物體某種程度被消耗，棉花也有了新形態。但我們不可為這種情況所誤導。依照一般價值法則，如果 40 磅棉紗的價值，等於 40 磅棉花的價值加一個紡錘的價值，或者說，如果等式兩邊的商品，其生產須有同樣的勞動時間，那麼 10 磅棉紗，就與 10 磅棉花和 1/4 個紡錘為等價了。使用價值棉紗中，和使用價值棉花與紡錘中，體現了相等的勞動時間。價值是以棉紗、紡錘，或棉花來體現，都和價值量無關。固然在這時候，紡錘與棉花不復沉默地並列著，它們已在紡織過程中結合了，它們的形態已經改變了，它們變成了棉紗。但它們的價值不曾變化；這情形，和它們與等價棉紗發生單純交換的情形，是一樣的。

棉花（棉紗的原料）生產所必要的勞動時間，是棉紗生產所必要的勞動時間的一部分，所以包含在棉紗裡面。紡錘所體現的勞動，也是同

樣的適用；因為沒有紡錘的消耗，棉花是不能紡的。[12]

　　決定棉紗價值（即棉紗製造所必要的勞動時間）時，在不同時間、空間各異所實施的種種必要的特殊過程——即生產棉花及所費紡錘量的勞動過程，以及由棉花紡錘製成棉紗的勞動過程——可認為是同一勞動過程之不同及連續的階段。棉紗包含的一切勞動都是過去的勞動。生產棉紗諸構成要素所必要的操作，在時間上；比現在用於最後（即紡織）操作，來得久遠。但這無關重要。這好比建造一座房子，必須有 30 個工作日。第 30 日的勞動雖比第 1 日的勞動晚 29 日，但房屋所統合的勞動時間總量，絕不會因此而變。所以原材料和勞動設備包含的勞動，可以看作是紡織過程初期階段（即實際紡織勞動開始以前的階段）上支出的。

　　所以，生產資料（12 先令價格所表現的棉花與紡錘）的價值，是棉紗價值或生產物價值的構成部分。

　　然而要這具備兩個條件。第一，棉花與紡錘必須實際參與使用價值的生產。就上例而言，也就是必須從棉花與紡錘生出棉紗。價值與特殊使用價值所由出是獨立的；但必須體現在某種使用價值上。第二，所用的生產勞動時間，不得超過一定社會生產條件下實際必要的勞動時間。所以，假設紡織 1 磅棉紗只需 1 磅棉花，則在 1 磅棉紗的生產上，也只應消耗 1 磅棉花。紡錘亦然。資本家雖有嗜好，以金紡錘代替鐵紡錘，在他所產的棉紗價值中，只能計算鐵紡錘生產所必要的勞動時間，因為超過既定社會條件的勞動是不必要的。

　　現在我們知道，在棉紗價值中，哪一部分是由棉花與紡錘構成的。那是等於 12 先令，或等於工作 2 日的價值。其次我們要問，在棉紗價值中，哪一部分是紡織工人的勞動加到棉花上去的。

---

[12]「不僅直接應用在商品上的勞動會影響商品的價值，幫助這種勞動的器具、工具和建築物，也須耗費勞動，這種勞動也會影響商品的價值。」（李嘉圖《經濟學及賦稅之原理》，第 16 頁。）

現在我們要從一個非常不同的面向，不把勞動放在勞動過程上來考量。在勞動過程上它僅被視為是一種使棉花變為棉紗的特別人類活動。故在其他情況維持不變時，勞動愈適合工作技術，則棉紗愈精美。紡織者的勞動是特別的，與別種生產性勞動不同。其差別在主觀方面與客觀方面都表現得很明白。也就是，工人有特殊的目的、紡織其操作的特性、其生產資料有特殊的性質、其生產物有特殊的使用價值。棉花與紡錘是紡織操作的必備，是無論如何不能用來製造槍枝的。但反過來，在視紡織工人的勞動為創造價值的勞動、為價值的泉源的限度內，他的勞動卻是和槍枝製造工人的勞動沒有差別。或舉我們比較關心的例子來說，他的勞動，便和棉花栽培者、紡錘製造者統合在棉紗的生產資料中的勞動，沒有差別。也就因有這種同一性，所以棉花栽培、紡錘製造、紡織，得為同一總價值（即棉紗價值）的部分，而只有量的差別。在這裡，跟我們有關係的不是勞動的質、性質與特性，只是量。這只是計算的事情。我們假定，紡織勞動是簡單勞動，非熟練勞動、既定社會條件的平均勞動。我們以後會知道，相反的假定，也於事情沒有影響。

勞動在運作中，勞動不斷地由動作進行轉形，轉為沒有動作的客體由勞動者的運作成為製成品。1 小時終了，紡織動作表現為一定量棉紗；換言之，有一定量勞動（即 1 小時勞動）體現在棉花中。我們說 1 小時勞動（紡織工人生命力在 1 小時內的支出）不是紡織勞動，因為在這裡，紡織勞動只作為一般的勞動力的支出，不作為紡織工人的特殊工作技術。

在此有一點非常重要。那就是在過程——由棉花轉為棉紗的過程——所費的勞動時間，應是既定社會條件下必要的勞動時間。在正常的生產條件下，換言之，在平均社會生產的條件下，假設 1 小時勞動，a 磅棉花必須轉為 b 磅棉紗，只能以 12×a 磅棉花轉成 12×b 磅棉紗的一日勞動，才配算作 12 小時的勞動。社會必要的勞動時間，才算是創造價值的勞動時間。

不把勞動在勞動過程視為純粹及簡單，則不僅勞動呈現一種新的

見解，原料和生產物也是這樣。在此，原料只被視爲一定勞動量的吸收器。棉花能變成棉紗，也是藉由這種吸收。因爲勞動力以紡織形態，加入原料中。但生產物（棉紗），現在不外是吸收在棉花裡面的勞動的測量器。假設在 1 小時內，有 1 又 2/3 磅棉花紡成或轉成 1 又 2/3 磅棉紗；10 磅棉紗，就顯示 6 小時被吸收的勞動。一定量生產物（其量由經驗而定），現在只代表一定勞動量、一定固化勞動時間的量。它不過是多少小時，或多少日社會勞動的實體化。

勞動爲紡織的特別工作，其材料爲棉花，其生產物爲棉紗的事實，在這裡不再關心，勞動對象已爲生產物（爲原料）的事實，也如是。假如勞動者不從事紡織，而從事開採煤礦，勞動對象（煤炭）便是由大自然提供的。但雖如此，從礦坑採出的一定量煤，例如 100 磅煤，依然代表一定量被吸收的勞動。

我們假定，在勞動力販賣時，一日勞動力的價值等於 3 先令。假定 6 小時勞動統合爲 3 先令，從而，勞動者每日平均的生活必需品，需要 6 小時勞動來生產。現在如果我們的紡織工人，在 1 小時運作中，能把 1 又 2/3 磅棉花；轉爲 1 又 2/3 磅棉紗[13]，則在 6 小時內，將有 10 磅棉花，轉爲 10 磅棉紗。所以，在紡織的過程中，棉花吸收了 6 小時勞動。在值 3 先令的金片中，也體現同量的勞動時間。故棉花已藉由紡織勞動增加了 3 先令的價值。

再考量生產物（10 磅棉紗）的總價值。在此 10 磅紗中，體現 2 又 1/2 日勞動，2 日包含在棉花和紡錘被耗損的量中，1/2 日被吸收在紡織過程中。值 15 先令的金片，既然也代表 2 又 1/2 日的勞動時間，故與 10 磅棉紗價值相當的價格，也爲 15 先令，或每磅棉紗的價格爲 1 先令 6 便士。

我們的資本家愕然了。生產物的價值，恰等於墊付資本的價值。墊

---

[13] 這裡的數字，是隨意假定的。

付的價值未曾擴增，未曾創造出剩餘價值，貨幣未轉為資本。10 磅棉紗的價格是 15 先令；但在公開市場，為購買生產物諸構成要素（即勞動過程的因素，計 10 先令購買棉花，2 先令購買所費紡錘量，3 先令購買勞動力）而支付出去的，也是 15 先令。棉紗的膨脹的價值無濟於事；它的價值，不過是原存在於棉花、紡錘和勞動力上的價值的總和。單這樣把原有價值加起來，不可能生出剩餘價值[14]。這諸種分開的價值，現今集中到一種物上來了，但總數 15 先令，在尚未分開來購買三種商品以前，已經是 15 先令了。

這個結果，就現實而言沒有特別奇怪的地方。1 磅棉紗的價值為 1 先令 6 便士，我們的資本家，購買 10 磅棉紗，自須在商品市場上支付 15 先令。很明顯，我或在市場上購買一座現成的房子、或自造一座房子，但取得房子所須支出的貨幣額，是一樣的。

熟習於庸俗經濟學的資本家也許會說，他墊付貨幣時，本有意要從此造出更多的貨幣。到地獄的路已經用善意鋪好了；不從事生產，他也可以有賺取貨幣的意圖[15]。他於是威嚇我們，說他不再疏忽。他將來要在市場上購買商品，不再自己製造商品。但若所有的資本家都像他一樣，他在市場上又到哪裡去找商品呢？貨幣是不能吃的。他再答辯。

---

[14] 這個，便是重農主義派學說——即一切非農業的勞動，都是不生產的——的根本命題。這個根本命題，是經濟學者不能駁倒的。梅西耶就說：「這樣把許多種別的商品的價值，附加到一種商品上去（例如把織布工人的維持費，加到麻布上去），把若干個價值一層一層加到一個價值上去，不過依比例把這一個價值增加。……這個『加』字，用來描寫勞動生產物價格形成的方法，再適切不過。因為勞動生產物的價格，不外是若干已消費的綜合計算的價值之總和。『加』沒有『乘』的意思。」（梅西耶，前書第 599 頁。）

[15] 例如，在 1844 至 1847 年之間，就有一部分資本，從生產事業撤回來在鐵道股票上投機。又，在美國南北戰爭當時，他們把工廠關起來，把工人轟出去，以便在利物浦棉花交易所做賭博生意。

他叫我們想想他的節欲（Abstinenz），他可以把 15 先令揮霍掉。他不這樣做，卻把它用在生產的消費上，由此造出棉紗來。就這麼說吧，但不是已經有棉紗（不是有愧於心）作為報酬了嗎？作為守財奴，他從不會重蹈舊轍，前此已經指示禁欲主義會帶來什麼結果。並且在什麼也沒有的地方，雖國王也無從取得權力，無論禁欲有怎樣的功德，他也不能以此得到額外的替補；因為在這情形下，生產物的價值，恰好與投入生產過程內各種商品的價值總和相等。所以他應該以「德的報酬即是德」這一句格言來安慰自己。但他不如此，卻更纏擾不休。棉紗對於他是無用的。他生產它是為了要販賣它。就讓他販賣好了，或採取更簡單的方法，在將來只生產滿足自己個人需求的物品好了。這個藥方是他的家庭醫師麥克庫洛赫開給他的。這是麥克庫洛赫醫治生產過剩（ueberproduktion）這一種流行病的特效藥。至此他更固執了。勞動者能赤手空拳，憑空生產商品嗎？勞動者的勞動，必須以物質材料為手段，才會體現在物質中。這種物質材料不是他供給的嗎？現在社會上大多數人都是貧寒的。對社會提供生產資料（棉花和紡錘）的，不是他嗎？且不僅是社會，也還對勞動者供給生活必需品的，不是他嗎？總之，一個數不盡的服務，不是他供給的嗎？這樣一個服務，能沒有報酬嗎？有的。勞動者將棉花、紡錘，轉成棉紗時，不是提供了等量的服務嗎？並且，在此我們的問題也不是服務的問題[16]。一項服務，不外乎是

---

[16]「誇張你自己，裝飾你自己吧！……但若有人所取的，比他所給予的更多或更好，他就是高利貸者，那是和偷或搶一樣，不是為鄰人服務，而是妨害鄰人。因為名為服務、名為善行的事情，對於鄰人，不必在實際上是服務、是善行。姦淫的男女，是相互服務、相互滿足的。騎士幫助犯罪的人在大路上搶劫，或掠奪土地家室，也是對他服務。羅馬教徒不把我們全體弄得淹死、燒死、殺死、關在牢裡老死，卻讓我們當中有一部分人生存，僅僅把我們這一部分人逐出，或奪去我們所有的東西，也是羅馬教徒對我們的一種服務。惡魔對於侍奉他的人，也會有種種極有價值的服務。……總之，在世界上，

一個使用價值（或是商品、或是勞動）之有用的作用[17]。在此我們只考慮交換價值。他付勞動者以 3 先令的價值；勞動者也把其加到棉花裡面的 3 先令的等量價值，奉還他。於是，我們這位一向以財富誇耀的朋友，突然也謙遜地像他的工人一樣了。他不是也自己勞動嗎？監督並指揮紡織工人的勞動不算嗎？他這種勞動，不也創造價值嗎？但他自己的監工和經理，忍不住要笑，同時他自己在一陣發自內心的笑以後，又恢復了原來的態度。他雖是用這全是經濟學者的教條來歌頌我們，卻是對此不屑一顧的。這一類像是遁辭和花言巧語，他都交給他所雇用的經濟學教授去講。他是一個實際者。他在事業範圍外說的話雖常有欠考慮，但在事業範圍內，他是樣樣事情都明瞭的。

更仔細地檢驗一下。勞動力一日的價值等於 3 先令；因為有 1/2 日勞動體現在勞動力這個量，也就是因為生產一日勞動力所必要的維生資料，要費 1/2 日勞動。但過去的勞動（體現在勞動力中的勞動）和活的勞動（勞動力所驅動的勞動），維持勞動力每日所耗費的成本和勞動力每日運作的支出，是完全兩回事。前者決定勞動力的交換價值，後者形成勞動力的使用價值。1/2 日勞動雖足以維持勞動者的生命 24 小時，但這事實不妨礙勞動者全日工作。所以，勞動力的價值和它在勞動過程中所創造的價值，是兩個完全不同的量。資本家購買勞動力時，放在自己心中的，就是這個價值之差。勞動力的有用性質，是製造棉紗或皮鞋。這種性質在他看來，不過是一個不可缺少的條件；因為勞動必須以有用方式支出，才創造價值。真正影響資本家的，是這種商品具有一種特殊的使用價值。它不僅是價值的泉源，而且是多於其本身所擁有的價值的

隨處都有大的、顯著的、日常可見的服務和善行。」（馬丁・路德《反高利貸業者——致牧師》，維滕伯格，1540 年。）
[17] 我曾在《政治經濟體批判》第 14 頁說過：「服務（Donst）這個範疇，對於像薩伊、巴斯夏那樣的經濟學者，究竟會提供怎樣的服務，是一件不難了解的事。」

泉源。這就是資本家期望勞動力提供的特殊服務。在購買勞動力之際，他須服從商品交換的永久法則。實際上，勞動力的賣者，像別種商品的賣者一樣，也須在實現其交換價值時，讓渡其使用價值。他不能只要其一，而不放棄其他。勞動力的使用價值（即勞動），在出賣之後，不屬於勞動力的賣者，正如油的使用價值，在賣出之後不屬於油商。貨幣擁有者已支付一日勞動力的價值；所以一日勞動力的使用（即一日勞動）也為他所有。勞動力維持一日只須費半日勞動，但同一勞動力依然能夠全日工作。也就因此，勞動力使用一日所創造的價值，得兩倍於其支付該使用的價值。那當然是對購買者特別幸運的一件事，但對於勞動力的賣者，也不是一種傷害。

我們的資本家，預先知道了這種種。這正是他高興的原因。勞動者在工廠中發現，生產資料所必要的運作不是 6 小時，而是 12 小時。如果 6 小時勞動吸收 10 磅棉花，使其轉成 10 磅棉紗，則 12 小時勞動會吸收 20 磅棉花，使其轉成 20 磅棉紗。現在且檢驗這由 6 小時延至 12 小時的勞動過程的生產物吧。在 20 磅棉紗內，有 5 工作日體現；4 工作日體現在棉花和紡錘的損耗中；1 工作日，在紡織過程中，被吸收在棉花裡面。5 工作日以金表現為 30 先令。這就是 20 磅棉紗的價格。但現在每磅棉紗還是和先前一樣，只費 1 先令 6 便士。進入過程中的商品價值總額，等於 27 先令。但棉紗的價值，為 30 先令。生產物的價值，比原在生產上墊付的價值增加了 1/9，27 先令變成了 30 先令。3 先令的剩餘價值創造出來了，把戲最終成功了，貨幣已轉為資本。

問題的全部條件都滿足了。規範商品交換的法則，完全不受侵害。等價物仍是與等價物交換。資本家是依照其完全價值，購買各種商品——棉花、紡錘、勞動力。於是他的作法，和每一個商品購買者一樣。他要消費它們的使用價值。勞動力的消費過程（即商品的生產過程）生出了有 30 先令價值的 20 磅棉紗。資本家於是在購買商品之後，再回到市場上來賣商品。他依照棉紗每磅 1 先令 6 便士的價格來賣，不在價值以上，也不在價值以下。如是，他從流通過程取出的貨幣，也比

原投入的貨幣更多 3 先令。這形態變化（由貨幣到資本的轉化），發生在流通領域內，又不在其內。在流通領域內，因為它以勞動力在市場上的購買為條件。不在流通領域內，因為流通中只是產生剩餘價值的墊腳石，此過程卻是完全侷限在生產領域。「萬事萬物，都走向最善世界的最佳處。」

資本家把貨幣轉為商品，使該商品充作新生產物的物質元素，或作為勞動過程的要素。資本家使活的勞動力，與其死的物體統合。同時，他又把價值，即過去的、物化了的及死的勞動，轉為資本、以價值孕育價值、為一隻多產和成倍的活怪物。

試比較生產價值的過程和創造剩餘價值的過程，我們就知道，創造剩餘價值過程，不外是延續到一定點以外的生產價值過程。若僅進行到這一點；使資本家購買勞動力所支付的價值，恰好由一個新的等價物代替，那便是簡單的生產價值過程。若超過這一點，那便是創造剩餘價值過程。

再比較生產價值過程和純粹及簡單的勞動過程，就知道構成後者的，是生產使用價值的有用勞動。在此，我們僅考量勞動作為生產一項特殊物品從質的面向，即依照其目的與結果來考量。但同一勞動過程，作為創造剩餘價值過程卻僅表現量的方面。其問題為勞動運作的時間，也就是勞動力曾依有用方法，持續支出多長的時間。在此參加勞動過程的諸種商品，不再在勞動力於生產一項確定、有用的客體時，作為必需的附屬物。它只作為多少被物化或吸收勞動的載體。不問它是前此已體現在生產資料中的，抑或是第一次被勞動力施作統合進去的，我們總是依照時間長度來計算它，說它等於多少小時、多少日等等。

但被計算花在任何物品的生產上的勞動時間，必須是既定社會條件下必要的時間。這包含著幾種條件。勞動力必須在正常條件下發揮作用。假如自動走錠紡織機是社會紡織工人常用的設備，我們還把纏線棒紡車給勞動者就很突兀。棉花也應有適當的品質，不可用棉屑造成運作時的額外浪費。否則生產 1 磅棉紗所須用去的勞動時間，會超過社會必

要的勞動時間,但這種超額時間,不會創造價值及貨幣的。但過程中物質因素有沒有正常品質,那不取決於勞動者,而完全取決於資本家的。進一步的條件是,勞動力也須有平均的效能。勞動力在它所受雇的產業部門內,必須擁有該業盛行的平均的熟練、技巧,與速度。我們的資本家也謹慎購買此類正常優秀的勞動力。這勞動力又須以平均的努力,以正常的強度來運用。資本家也會當心使勞動不致有一分鐘怠惰。他已在一定時間內購買了勞動力的使用,他可以主張他的權利,他不欲遭別人盜劫。最後,這位先生不許有原料或勞動設備用在浪費的消耗上,即因此故,他還有一種特別的處罰。材料或勞動設備如此的浪費,即表示勞動已過度的耗費。那是不被算入生產物裡面或加入其價值內。[18]

---

[18] 以奴隸制度為基礎的生產之所以如此昂貴,這便是原因之一。古代人常稱奴隸為有聲的工具,稱動物為半有聲的工具,稱不會動的器具為無聲的工具。但奴隸自己卻要驅使動物和器具,覺得他不是它們的同種,而是人。他往往虐待動物、損壞器具,來表示他自己既不是動物,也不是器具。因而奴隸勞動的生產,就有這樣一個經濟原則了:即只宜使用最粗糙、笨重的不易損壞的工具。在美國盛行奴隸制度的數州,即瀕於墨西哥灣的數州,到南北戰爭爆發的時候為止,都是使用舊式的、中國式的犁。這種犁,是像豬或鼴鼠一樣挖泥的,不能犁成溝畦,也不能把土壤翻轉。在這裡,我們可以參看卡恩斯(Cairnes)所著《奴隸力》(1862年,倫敦,第46頁以下。),又奧姆斯德(Olmsted)在其所著《沿岸蓄奴的諸州》裡面,也有如下的話:「我看見這裡所用的工具。和我們同行的沒有一個有理性的人,會讓他用工資雇來的工人,使用這種工具。依我看,這種工具的笨重,一定會增加工作的困難。如果用我們平常用的工具,他們的工作至少會減輕十分之一的。我又相信,奴隸使用工具既不當心、不仔細,那就算給他們以比較精緻的工具,他們用起來,也不見得很有效益。我們通常給勞動者使用,並曾由此造出利潤的諸種工具,如果拿到維吉尼亞的麥田裡來使用,恐怕一天不到就會損壞,雖然那裡的麥田比我們的麥田更鬆軟、更少石塊。所以,當我問為什麼這些農莊,普遍地以騾代馬時,我聽到的最初一個最確實的理由是:馬不堪黑人

以上分析商品時，我們認識到，主產效用的勞動與創造價值的勞動，雖是同樣的，但有一種區別。這種區別現在分解為生產過程上兩個面向的區別了。

　　生產過程，作為勞動過程與創造價值過程的統一，便是商品的生產過程；作為勞動過程與產生剩餘價值過程的統一，便是資本主義的生產過程，或資本主義的商品生產。

　　上面講過，在所論為剩餘價值的創造時，不必問資本家占有的勞動，是簡單的平均質量的非熟練勞動，或是更複雜的、熟練的勞動。較高級的、或更複雜的勞動，和平均的勞動，都是勞動力的支出。不過這種勞動力，比非熟練或簡單的勞動力更昂貴，其生產耗費較多的勞動和時間，從而有較高的價值。假如這種勞動力具較高價值，其耗費也就是高級的勞動，從而在同樣時間，其創造的價值比非熟練勞動所創造的在比例上較高。珠寶細工的勞動，不論和紡織勞動有多大的差別，但珠寶細工僅用來替補本人勞動力價值的勞動部分，和他創造剩餘價值的追加勞動部分，仍沒有性質上的差別。剩餘價值的唯一泉源，是勞動的量的超過，來自其同一勞動過程時間的延長；在一情況，是珠寶生產的過程，在另一情況，是紡織生產的過程。[19]

的虐待。馬受久了黑人的虐待便會昏倒，不能做事；騾卻能忍受鞭笞，甚至餓一兩次也無妨，哪怕沒人照料或做事過度，也不致受寒生病。我從我執筆的窗戶看去，就幾乎隨處可以看到虐待家畜的事。若在北方有這種事情，在家畜擁有者看來，就可以成為立即解雇的條件了。」

[19] 高級勞動和低級勞動、熟練勞動和不熟練勞動的區別，是一部分以幻想為基礎。至少，我們可以說，是用一種已不現實、已成為傳統因襲的區別作為基礎。還有一部分，則以這種事實為基礎，即勞動階級的某數階層（Schichten）要比別的階層更弱小，更不能要求自身勞動力的價值。偶然的事情，在這裡有極大的影響；有時兩種勞動即由偶然的事情，互換它們的位置。例如在資本主義生產發展的國家，勞動階級的體格是漸趨衰弱，且相

不過，在創造價值的每一個過程中，熟練勞動都須換算爲平均的社會勞動，即把一日的熟練勞動，換算爲 X 日的非熟練勞動[20]，是不可免的。爲省去一些多餘的手續，並使分析更爲簡單起見，我們且假定，資本家所使用的勞動是非熟練的平均勞動。

對地消耗的。因此在那裡，需要許多肌力的粗勞動，和較精緻的勞動比較，就往往被視爲高級勞動。拿泥水匠的勞動來舉例。在英國，這種勞動要比絨織工人的勞動占有更高得多的位置。反之，絨織物加工工人的勞動，雖費較大的力氣，同時又不衛生，但仍視爲單純勞動。且我們不要以爲，所謂熟練勞動，在國民勞動中在量上占有顯著位置。賴英（Laing），曾估計英格蘭和威爾斯有 1 千 100 萬以上的人，依單純勞動來生活。在那時，英格蘭、威爾斯的人口總數爲 1 千 800 萬。在其中，他們須減去 100 萬貴族、150 萬待救濟的貧民、流浪者、犯罪者、賣淫者等等，還須減去 465 萬中產階級。這所謂中產階級，包括依賴小額投資利息來生活的人、官吏、作家、藝術業者、學校教師等等。爲要得 465 萬的數目，銀行業者等不必說，就連給付較優的工廠勞動者，也被包括到中等階級去。泥水匠也得列在高級勞動者隊伍中間。如是剩下的，便是上面講的 1 千 100 萬。（賴英《國難》，倫敦，1844 年，第 51 頁。）——「必須用普通勞動來換取維生資料的這個大階級，占人口大多數。」（詹姆斯·彌爾《大英百科全書補篇》，「殖民地」條，1831 年，第 8 頁。）

[20]「作爲價值尺度的勞動，一定是指某一定種類的勞動。……別種勞動對這種勞動所持的比例，是容易確定的。」（《經濟學大綱》，倫敦，1832 年，第 22、23 頁。）

第六章

不變資本與可變資本

勞動過程的各種因素，是以不同的方法，參與生產物價值（Produkten Wert）的形成。

勞動者透過擴充其一定量追加的勞動（不問其效用與特別性質為何），即是把新的價值，加到其勞動對象中去。另一方面，被消耗的生產資料的價值，也會作為生產物價值的構成部分，被保留著。例如棉花與紡錘的價值，會再出現在棉紗價值中。所以生產資料的價值，會轉移到生產物上，並因以保存。這種轉移，是在生產資料轉為生產物時，換言之在勞動過程中發生的。那是由勞動帶來的。但如何做到呢？

勞動者並不是一次執行兩項操作，一次由他的勞動以價值加到棉花內、一次保存生產資料的舊價值，即以棉花（勞動對象）和紡錘（勞動設備）的價值，轉移到棉紗（生產物）上來。舊價值是經由新價值的加入而保存的。但因新價值往其勞動對象中的加入，和舊價值在生產物中的保存，是勞動者同時在一次操作中產生兩種完全不同的結果，所以很明顯，結果的雙重性，只能由勞動的雙重性來說明。在同一時間內，就一種特性來說，它是創造價值，就另一種特性來說，它是保存或移轉價值。

勞動者怎樣把新勞動，從而把新價值加進去呢？很明顯是只能藉由特殊的生產性勞動方法。紡織工人由紡織、織物工人由編織、鍛冶工人由鍛冶。勞動，從而，價值，一般是藉由特定形式統合的。生產資料（棉花與紡錘、棉紗與織機、鐵與鐵砧）就是藉由這種形式，由紡織、編織、鍛冶，而成為一個生產物（一個新的使用價值）的構成要素[1]。舊使用價值形態消失了，僅重現一個新使用價值的新形態。但在考量創造價值過程時，我們看見了，一個使用價值被有效消費，在生產一個新使用價值時，生產那被消耗的物品所必要的勞動量，將形成生產新使用價

---

[1] 「勞動創造一新物，以代替所消滅之物。」（《國家經濟論》，倫敦，1821年，第13頁。）

值所必要的勞動量的一部分。也就是，這部分勞動量會由被消耗的生產資料，轉移到新生產物上來。總之，勞動者要保存被消耗的生產資料的價值，或把它當作價值構成部分，轉移到生產物上來，抽象來考量，不是透過其追加的勞動，而是透過這個追加勞動的特殊的有用的特性、是其特殊的生產性形態。到目前為止紡織、編織或鍛冶，只要勞動是具有如此生產性活動，藉由與生產資料的接觸，會把生產資料從死態中喚起，使它們變作勞動過程的活因素，並與它們結合以形成新生產物。

假如勞動者的特殊的生產性勞動不是紡織，他就不能把棉花轉成棉紗、不能把棉花和紡錘的價值轉移到棉紗上。假如他改行為木匠，他依然會藉由一日勞動，把價值加到他施作的材料中去。所以新價值的加入，不是他的勞動屬於紡織勞動或木匠勞動，而是他的勞動屬於抽象的、社會集體勞動的一部分；一定量價值的加入，不是因勞動有特殊的效用，只因為它運作了一定的時間。所以從抽象來看，紡織工人的勞動作為人類勞動力的支出，以其一般的特性把新價值加到棉花和紡錘的價值中去。從其特殊特性來看，把紡織工人同樣的勞動時間當作紡織以具體、有用的過程，把生產資料的價值，轉移到生產物中去，並在生產物內保存它們的價值。勞動就是這樣產生雙重結果。

新價值的加入，是藉由勞動定量的簡單增加。生產資料原有價值在生產物中的保存，是藉由追加的勞動之質性。這種來自勞動雙重性的雙重效果，可由種種現象追溯出來。

假設有一種新發明，使紡織工人 6 小時所紡的棉花，和他以前 36 小時紡的等同。作為有用的、生產的目的來看，他的勞動效率是以前的 6 倍。生產物將由 6 磅棉紗增加為 36 磅。但 36 磅棉花現在所吸收的勞動時間，只相當以前的 6 磅。與舊方法比較，每磅棉花現在吸收的新勞動，僅是舊時的 1/6，故每磅棉花現在藉由勞動添加的價值，也僅有舊時的 1/6。反之，在生產物（36 磅棉紗）中，由棉花轉移來的價值，卻是以前的 6 倍。在 6 小時內被保存並移轉到生產物上的原料價值為以前的 6 倍；被紡織工人勞動為一磅同量原料所加入的新價值，卻減為原先

的 1/6。這情形說明了，勞動這兩種屬性——它會保存價值，又會創造價值——是本質上不同的。同量棉花在紡成棉紗所必需的時間愈多，則加入棉花中的新價值愈大；同一勞動時間所紡的棉花愈多，則藉由棉花轉成生產物中的保存價值愈大。

其次，假設紡織勞動的生產力不變，紡織工人要把 1 磅棉花轉為棉紗所需的時間，和以前一樣多。但棉花的交換價值變了，1 磅棉花的價格，或提高為以前的 6 倍、或跌落為以前的 1/6。在這兩種情況，紡織工人會以同樣的勞動量，把同樣的價值，加到同量棉花裡面去；在這兩種情況，他會在相等的時間內，生產和以前等量的棉紗。但由棉花轉到棉紗裡面的價值，在一情況，等於以前的 1/6，在另一情況，等於以前的 6 倍。當勞動設備在生產過程的效能不變時，勞動設備價值的騰落也會產生這樣的結果。

假設紡織過程的技術條件（technischen Bedingungen）不變，生產資料的價值也不變，則紡織工人在同一工作時間內，將消費等量價值不變的原料和機械。如是他在生產物中保存的價值，即與他所加入的新價值成正比。兩星期所加入的勞動，從而所加入的價值，兩倍於一星期。兩星期所消費的原料及其價值、所消耗的機械及其價值，也兩倍於一星期。所以他在兩星期生產物內保存的價值，也兩倍於在一星期生產物內保存的價值。在不變的生產條件下，勞動者藉由新勞動加入的價值愈多，他移轉和保存的價值也愈多；但他之所以能如此因為他是在不變的與自身勞動相獨立的條件下，把價值加入。

當然，從相對的意義來說，勞動者所保存的舊價值，常與其所加入的新價值保持相同的比例。無論棉花價格是由 1 先令漲到 2 先令，或是由 1 先令跌到 6 便士，他在 1 小時生產物內保存的棉花，總等於 2 小時的 1/2。固然，如果他自己的勞動的生產性提高了或減低了，他 1 小時勞動所紡的棉花，比以前更多了或更少了，從而 1 小時勞動生產物內保存的棉花價值，也會相應的增加或減少。但無論如何，他 2 小時勞動保存的價值，總 2 倍於 1 小時勞動。

把價值記號的純粹象徵表像除外，我們可以說價值只存在於使用價值之內，即存在於物之內。（人自己，被視為勞動力的扮演者，也是一種自然客體、一種物，不過是一種活的有意識的物，勞動便是固著在他身上這種力的表現。）所以，物的使用價值喪失，其價值也隨之喪失。生產資料喪失使用價值時仍不喪失價值，這是因為生產資料在勞動過程中雖然喪失了原來的使用價值形態，結果在生產物內，取得另一種使用價值形態了。但無論這對價值而言是多重要，即價值必須體現在某種有用的客體內，但在處理商品的形態變化時，何種特殊客體來實現這項目的是完全沒差別的。所以在勞動過程中，生產資料的價值只隨其使用價值能轉移到生產物上來，也喪失其交換價值。它所給於生產物的價值，僅是它作為生產資料所喪失的價值。但就這方面來說，勞動過程各種材料因素的作用，是各不相同的。

在機器內燃燒的煤炭，消失得不會留下一點痕跡；輪軸上搽用的獸脂，也是這樣。染料與別種輔助物資會消失，但會出現在生產物的屬性中。原料構成生產物的實體，但其形態已經變化。所以，原料與輔助物資在勞動過程中所採取的特別形態，將會喪失。狹義的勞動設備，不是這樣。工具、機械、工廠建築物、容器等等，只在它維持原來形態，才在勞動過程中有所作用。它每日在過程中都採不變的形態。它有效期限多久，即其在勞動過程中持續服役多久，它便保持其形態而與生產物相獨立。即在它報廢以後也是這樣。機械、工具、工廠建築物等等的遺骸，和由它幫助製成的生產物，往往分離且有所區別。試從勞動設備最初進入工作場所的時候起，考量它到擲進廢料房的時候止，也就是考量它發揮作用的整個時期，我們將發覺在這時期內，它的使用價值完全被消耗掉了，它的交換價值也完全移轉到生產物上。假設一部紡織機經用 10 年，則在這 10 年的運作過程中，它的總價值將逐漸轉移到 10 年的生產物上。所以一部勞動設備的有效期間，乃消磨在同樣操作的重複中，重複的次數多寡不等罷了。就這點來說，勞動設備和人很像。人多活一日，就離死期近一日。一個人究竟還能活多少日數，只憑觀察個

人是誰也說不準。但雖如此困難，人壽保險公司仍能從人的平均壽命理論，推得極準確且極有利可圖的結論。勞動設備也是這樣。我們可由經驗，知道某種特殊機械平均經用多長時間。假設它的使用價值在勞動過程中僅經用 6 日。則平均來說，每工作日會消耗它的使用價值 1/6，也會把它的價值的 1/6，轉移到每日的生產物上。一切勞動設備的磨損、其使用價值每日的喪失，及其每日轉移到生產物去的相對應價值，就是用這個基礎計算的。

非常明顯，生產資料移入生產物中的價值，絕不比它在勞動過程內因自身使用價值毀損而喪失的價值更多。如果它沒有價值可以喪失，換言之，如果它不是人類勞動的生產物，它也就不會移轉價值到生產物上去。它有助於使用價值的創造，但無關於交換價值的形成。一切大自然不經人力協助所提供的生產資料，例如土地、風、水、礦脈內的鐵，原始森林內的木材，皆屬此類。

還有一種更有趣的現象，會在這裡表現出來。假設有一部機械值 1,000 鎊。也經用 1,000 日。其價值每日有 0.1%，轉移到每日的生產物中去。這種機械，雖然活力一天比一天少，但仍會繼續以其全部，參加勞動過程。如是，勞動過程有一個因素（即生產資料）繼續以全部參加勞動過程，但僅以一部分參加與價值形成的過程。勞動過程與價值形成過程的區別，在此反映在它的材料因素上了。同一生產資料，作為勞動過程的要素，是全部反映在生產過程中；作為價值形成的要素，則在同一生產過程中，僅有一部分被反映[2]。

---

[2] 在此，我們暫不問勞動設備、機械、建築物等等的修理。正在修理中的機械，不是作為勞動設備，而是作為勞動材料。勞動者不是用它來勞動，卻是在它上面勞動，冀圖恢復它的使用價值。對於我們，這種修理勞動，常包括在勞動設備生產所必要的勞動之內。我在本文中所說的磨損，是任何醫師不能醫好的磨損，那是漸漸使它失去作用的磨損。這種磨損，是不能時時替補的。例如拿一把小刀來說，小刀用來用去，總有一天，使用刀的人，會覺得

反之，生產資料也有時以全部參與價值形成的過程，而僅以一點一點參與勞動過程。假設在棉花紡織之際，在每日所紡織用的 115 磅棉花中，有 15 磅不形成棉紗，只變成飛塵。假設 15 磅的耗費，在紡織的平均條件下，是正常且不可免的，則這 15 磅棉花雖不是棉紗的要素，但其價值，會和那 100 磅（棉紗的實體）的價值一樣，完全移轉到棉紗價值上來。要製造 100 磅棉紗，15 磅棉花使用價值的消失，必不可免。這種棉花的毀損，乃是棉紗的生產必要條件。也就是因此，所以它的價值會移到棉紗上去。實則，源自勞動過程的每一類廢物，若不能再利用作新生產資料，從而不能形成新的獨立的使用價值，就都是這樣。但我們只要看看曼徹斯特運作的大機械，就可以看見這種廢物利用的情形。在這些工廠內，從車床切出的鐵屑，堆得像山一樣高。這些鐵屑，每天傍晚用貨車裝到鑄造廠去，另一日，再作為大塊的鐵，從鑄造廠搬回到工廠。

　　生產資料以價值轉移到生產物的新形態上去，但它所移轉的價值，都是它在勞動過程內，在舊使用價值形態上喪失的價值。生產資料能在勞動過程內喪失的價值的最大限度，分明是以它進入勞動過程時原有

它以後不能再用。我們已在本文說明，機械是以一個整體參加勞動過程，但在同時進行的價值增殖過程中，它卻是一部分一部分地參加。從這見解，我們可以判斷下述的概念混亂了。「李嘉圖說織襪機製造工人的勞動，將有一部分」，包含在一雙襪子的價值中，「但生產每一雙襪子的總勞動，……其實是包含著織襪機製造工人的勞動全部，不是一部分。因為，一架織襪機雖製造許多雙襪子，但只要缺少機械的一部分，便會一雙襪子也織不成。」（《政治經濟學論爭的觀察，尤其關於價值、需求與供給》，倫敦，1821年，第 54 頁。）作者（非常自負且目空一切的人）有此混亂，因而在此議論中僅限於此範圍內，印證了：李嘉圖自己和他以前、以後的經濟學家，都不曾正確分別勞動的這兩方面，更不曾分析在價值形成上這兩方面的全然不同的作用。

的價值量為限；換言之，以它自身生產所必要的勞動時間為限。所以，由生產資料附加到生產物上去的價值，絕不能比它擁有的價值更大。它擁有的價值量，和它所協助的勞動過程是完全獨立的。無論一種食料、一種機器、一種生產資料，如何有用，假如它只費 150 鎊，或 500 工作日，在任何情況下它移轉到生產物中去的價值，總不能多過 150 鎊。它的價值，並非取決於它充當生產資料的勞動過程，乃取決於它出而為生產物的勞動過程。在它充作生產資料的勞動過程內，它只充作使用價值、只作為具有用特性的物品，倘若不是在進入這個過程之前，就擁有此價值，它絕不能以任何價值，轉移到生產物上去 3。

---

3 薩伊曾要說明剩餘價值（利息、利潤、地租）的起源，說它是生產資料（土地、工具、皮革等等），依其使用價值，在勞動過程中提供的生產服務（services Productifs）之結果。在這裡，我們可以洞見薩伊這種說明的荒謬了。但在辯護工作上從來不肯輕易放棄機會的羅雪爾先生，卻嘆說：「薩伊在其所著《經濟學》第 1 篇，第 4 章，曾適切地說，榨油機所生產的價值，在減去一切費用之後，還會殘留一個新的事物。這種新事物，是和製造榨油機的勞動，在本質上不同的。」（《國民經濟學原理》，3 版，1858 年，第 82 頁注。）──對極了！榨油機所生產的油，和製造榨油機所用的勞動，是極不相同的。當羅雪爾先生說「價值」時，他所指的，是「油」這種東西，因為「油」是有價值的。但石油是自然存在的，不過相對來說不很多罷了。當他說「它（自然）差不多不生產交換價值」時，他是把這個事實放在心裡的。羅雪爾先生的自然和交換價值有關係，是和愚昧少女和「還不過一點點大」的私生子有關係一樣。這位博學者還曾說：「李嘉圖學派習慣把資本當作『積累的勞動』，而把它包在勞動這個概念下面。這是一個錯誤（！）因為（！）資本擁有者（！）確（！）還（！）曾在單單（！？）生產（？）和（？？）保存原物之外，做別的事情（！）；他還（？！？）節制了自己的享受，這種節制，比方說（！！！）也是要有利息作為報酬的。」（前書）這種經濟學的「解剖生理學方法」，竟以「要有」來說明「價值」，這是多麼「巧妙」啊！

生產性勞動，把生產資料轉為新生產物的構成要素時，其價值也經一次輪迴。它拋棄消耗了的身體，占據新創造的身體。但這種轉生，也發生在勞動者的背後。勞動者不保存舊價值，即不能增添新勞動，也就是不能創造新價值；因為他必須把勞動加到有一定用處的形態上去；但若不把生產物當作新生產物的生產資料，從而把這種生產物的價值，移轉到新生產物上去，他就不是在有用的狀態下從事工作。所以活勞動（即運用中的勞動力）加入價值同時藉以保存價值的屬性，乃是一種天惠。這種天惠，不費勞動者分毫，但極有利於資本家。若無此，他現存的資本價值，就無法保存了[4]。在生意興旺時，資本家固然只知道賺錢，絕不留意這種無償的勞動天惠。勞動過程一旦因危機受強烈中斷時，他卻會敏銳地感受到這一點[5]。

　　生產資料上所真正消耗的，是其使用價值。勞動也就由此種消耗，把生產物產出來。它的價值，其實未曾消耗[6]，故說再生產是不準確的。

---

[4] 「在農業的一切工具中，人的勞動……是他收回資本最依賴的東西，其他兩者——勞動家畜和……車、鍬、鋤等等——沒有一定量勞動，是什麼也不能做的。」（柏克《關於饑饉之所見與原委》，1795 年 11 月致皮特爵士，該文於 1800 年出版於倫敦，見第 10 頁。）

[5] 1862 年 11 月 26 日《泰晤士報》記載，有一個製造廠主，他的工廠雇用 800 名工人，平均每星期消費東印度棉 150 捆，或美棉 130 捆。當該廠停工時，他曾以該廠停工時的花費，訴於公眾。依他估計，每年須費 6,000 鎊。其中若干項，例如地租、租稅、保險費、經理、簿記員、技師等人的薪俸，是和我們這裡沒有關係的。依他計算，為使房間溫暖，和偶爾發動蒸汽機之故，每年須用 150 鎊購買煤炭。此外，他還把臨時雇來照料機械的工人的工資，計算在內。最後，因為「雖機械停止轉動，但氣候和自然的腐敗法則不會停止作用」，所以他又把機械折舊計入 1,200 鎊。他明確說，因為機械已經很磨損，所以只計算 1,200 鎊這麼小的數目。

[6] 「生產的消費。在這裡，商品的消費，是生產過程的一部分。……在這情況，

它的價值被保存了，但不是因為它自身在勞動過程中進行任何操作，只因為它原先存在其中的物品消失在別種物品上。所以，在生產物價值中，生產資料的價值再現了；但正確來說，那不是價值的再生產。所生產的，是舊交換價值所依以重現的新使用價值[7]。

勞動過程的主觀的因素（行動的勞動力），不是這樣。勞動者依照其勞動對某一特別客體有一特殊工序，把生產資料的價值，轉移到並保留在生產物上的時候，與此同時，勞動者僅藉由工作的行為在每一瞬間，創造一新或追加的價值。假設生產過程至一定點即止，在這點，勞動者生產的價值，恰好與其勞動力的價值相等，例如勞動 6 小時，附加價值 3 先令。這個價值，是生產物總價值超過來自生產資料價值構成部分的剩餘。在生產物中，只有這一部分價值是在過程中形成的原始價值、是這個過程所創造的唯一的價值部分。當然，這一部分只替補資本家購買勞動力所墊付的貨幣、只替補勞動者用在維生資料上的貨幣。與支出的 3 先令相對而言，這 3 先令新價值，只是再生產。但它是實際再

並沒有價值的消費。」（紐曼《經濟學要論》，第 296 頁。）

[7] 在一本也許已經銷到 20 版的北美教科書中，我們可以讀到如下一句話：「資本在何種形態上再現，是不成問題的。」作者在羅列各種能在生產物中再現其價值的諸生產成分之後，乃結論說：「人類生存安樂所必要的各種衣食住，是有變化的。它們會時時地被消費掉，其價值則作為人身心的新生活力再現出來，且形成新資本，再用在生產過程上。」（魏蘭德《經濟學要論》，第 31、32 頁。）且不說這種說法的別的奇異處，我也須指出，再現為新活力的，不是麵包的價格，只是麵包的構成血液的元素。反之，作為此活力的價值再現的，也不是維生資料，只是維生資料的價值。同樣的維生資料，哪怕它的費用減少了一半，它所能造成的肌肉骨骼、它所能造成的活力，仍和以前一樣多。也就是，它能造成等量的活力，但不能造成等價值的活力。由再現的墊付價值來說明剩餘價值的徒勞無功的嘗試，就是這樣把「價值」和「活力」混淆，這樣假正經地把概念弄得含糊。

生產，不像生產資料的價值那樣，只貌似再生產。在此，一價值乃以新價值的創造來達成取代另一價值。

勞動過程若到這一定點便止，它固然只再生產勞動力價值的等價物所必需的時間，且只以此等價物加到勞動對象上去。但我們知道，勞動過程會超過這一點，而繼續進行。要提供這種種等價物，6小時已經夠了，但過程將延至12小時。如是，勞動力的活動，將不只再生產它自身的價值，且將生產一個超過其上的價值。這種剩餘價值，便是生產物價值與構成生產物所費諸要素（即生產資料與勞動力）的價值之差。

我們敘述勞動過程的各種因素，在生產物價值的形成上有種種作用時，我們實際又揭示了資本各不同要素在擴大其自身價值的過程上所被指派的機能之特性。生產物總價值超過其構成要素價值總和，即是已經擴增的資本價值超過原來墊付的資本價值。原資本價值會從作為貨幣，轉為勞動過程的不同因素：生產資料與勞動力，不過是原資本價值的不同的存在形態而已。

轉為生產資料（即原料、輔助物資與勞動設備）所代表的資本部分，在生產過程中，不會有價值量的變化。所以，我把這一部分，叫做不變資本部分（konstanten Kapital teil），或簡稱為不變資本（konstantes Kapital）。

反之，轉為勞動力所代表的資本部分，卻會在生產過程中，發生價值的變化。它會生產它自身的等價，並生產一個超過部分，一個剩餘價值。那是可以變動的，根據情況可大可小的。這一部分資本，會持續由不變量，變為可變量。因此，我稱它為可變資本部分（Variablen Kapitalteil），或簡稱為可變資本（Variables Kapital）。這兩個資本構成部分，從勞動過程的觀點來看，是以客觀的因素和主觀的因素、作為生產資料和勞動力來呈現；從創造剩餘價值過程的觀點來看，是不變資本與可變資本。

不變資本的概念，雖如上述，但其構成要素的價值，依然是可以有所改變的。假設1磅棉花，今日值6便士，明日因棉花歉收，可漲價

至1先令。在加工中的舊的棉花，雖依6便士的價值購入，但會以1先令的價值，加到生產物中去。在漲價以前已經紡成的棉花、也許已經變作棉紗而在市場上流通的棉花，也會以兩倍於其原價的價值，加到生產物中。但很明顯，這種價值的改變，與棉花價值在紡織過程中所新增或添加的剩餘價值毫無關係。舊棉花即使從未被紡，在漲價後可再拿出去賣，現在也不只賣6便士，而可以賣1先令了。並且，棉花進入勞動過程的程度愈小，這結果還會愈確實。這已經成爲投機（Spekulation）的法則；即在價值發生突變時，投機宜以投工量最少的材料爲對象；棉布不如棉紗，棉紗不如棉花。在此，價值的變動，非由於棉花作爲生產資料，從而作爲不變資本的機能，乃由於棉花生產的過程。一種商品的價值，由其所包含的勞動量決定，但這勞動量又是由社會條件限定的。假定生產任一種商品的社會必要勞動時間變動了——比如一定量棉花，在歉收後就比在豐收後，代表較大量的勞動——一切同種類的既存商品，皆會受影響。既存商品，僅作爲該類商品的一個單品而已[8]，其價值往往依照社會必要的勞動，從而，依照現存社會條件下必要的勞動來衡量。

原料的價值可以變化；已經在生產過程中使用的勞動設備、機械等等的價值，也可以變化；從而，由勞動設備移轉到生產物內的價值部分，也可以變化。假設因有一種新發明，某種特別類別的機械可由較少的勞動再生產出來，則舊機械的價值也不免多少要降低，從而，移轉至生產物的價值，也依比例減少。但在此，價值的變化仍不是發生在機械作爲生產資料的過程內。它在這個過程內所能移轉的價值，絕不能比它在這個過程外所具有的價值更多。

生產資料，即使在已進入勞動過程之後，而在價值上發生變動，也不會改變它作爲不變資本的性質。又，不變資本與可變資本間的比例雖

---

[8] 「嚴格來說，同種類的生產物，構成一個總額，其價格是整體決定，與特殊情形無關。」（勒・德洛尼《社會的利益》，第893頁。）

發生變動，但這種變動，同樣不會影響它們各自的機能。勞動過程的技術條件，可以變革到一種程度，以致於以前 10 個勞動者，用 10 件價值很小的工具，還只能把相對小量的原料進行加工；現在，1 個勞動者用 1 架很貴的機器，便可以把百倍於前的原料進行加工。在這情況，不變資本（即所使用的生產資料的總價值）大大增加了，同時可變資本（即投入勞動力的部分）大大減少了。但這種改革，只會改變不變資本與可變資本的量的關係，或改變總資本中不變部分與可變部分的比例，卻很少影響不變資本與可變資本的基本差別。

第七章

剩餘價值率

I 勞動力的剝削程度

墊付資本 C 在生產過程中產生的剩餘價值（或墊付資本價值 C 的價值自行擴增），最先表現為生產物價值超過諸生產要素價值總和的數額。

資本 C 由兩部分構成：一個貨幣額 c，是為購買生產資料而支出的；另一個貨幣額 v，是為購買勞動力而支出的。c 代表成為不變資本的價值部分，v 代表成為可變資本的價值部分。所以，原本是 C = c + v。假設墊付的資本為 500 鎊 = 410 鎊（c）+ 90 鎊（v）。生產過程終了時，生產出商品，其價值 =（c + v）+ m（m 指剩餘價值），例如〔410 鎊（c）+ 90 鎊（v）〕+ 90 鎊（m）。原資本 C 變作 C'，由 500 鎊變成 590 鎊了。兩者的差，等於 m，即 90 鎊的剩餘價值。因諸生產要素的價值等於墊付資本的價值；所以說生產物價值超過諸生產要素價值的餘額，等於墊付資本的擴增，或等於其所生產的剩餘價值，乃是一種同義反復的說法。

我們必須稍為更仔細地檢驗這個同義反復的說法。與生產物價值比較的，是生產過程中所耗費的諸生產要素的價值。現在我們知道了，由勞動設備構成的那一部分不變資本，僅以其一部分價值，轉移到生產物上，其價值的殘餘部分則繼續存在這些設備中。這殘餘部分既在價值形成上毫無作用，故不妨置之不論。即使把它計算進去，也不會造成差別的。假設 C 等於 410 鎊，其中有原料 312 鎊，輔助物資 44 鎊，在過程中磨損的機械值 54 鎊，但實際所用機械的價值為 1,054 鎊。在這 1,054 鎊中，只有那在過程中磨損掉並轉移到生產物中去的 54 鎊，算在為生產生產物價值而墊付的價值中。因為若把其餘仍繼續留在機器的 1,000 鎊算入，我們須在兩面（一面是墊付的價值，一面是轉作生產物的價值）[1] 都把它算入。如是，一面為 1,500 鎊，一面為 1,590 鎊。其差或剩

---

[1] 「如果我們把所用的固定資本的價值，算作墊付資本的一部分，我們便也須

餘價值，依舊是 90 鎊。所以假如上下文義未含有相反的意思，我們每次說到為價值生產而墊付的不變資本，我們總只指那在生產上實際耗費掉的生產資料的價值。

在這個假定下，我們再回頭來講 C = c + v 方程式。這個方程式，會變成 C' = (c + v) + m。C 會變成 C'。我們知道，不變資本的價值是轉入且只再現在生產物中。所以實際在過程中創造的新價值，所產生的價值或價值生產物（Wertprodukt），和生產物價值（Produkten Wert），是不同的。乍看之下，新產生的價值生產物，好像是 (c + v) + m，或是〔410 鎊（c）+ 90 鎊（v）〕+ 90 鎊（m），實際上卻是 v + m，或 90 鎊 v + 90 鎊 m，不是 590 鎊，只是 180 鎊。假設不變資本 c = 0。換言之，假設有一種產業，在那裡資本家可以不用一切由以往勞動製造的生產資料，無論其為原料、輔助物資或勞動工具，只須使用大自然供給的物質和勞動力。如此，在生產物上，就沒有不變的價值部分移轉到生產物上了。所以，生產物價值的這個要素（就我們的例子來說，是 410 鎊）可以除去，但新創造價值的總數、價值生產物仍為 180 鎊（其內包含 90 鎊剩餘價值），和 c 代表最大價值額的時候是一樣的。於是 C = (0 + v) = v，已經擴增的資本 C' = v + m，C' − C = m，是和以前一樣的。反之，假設 m = 0，換言之，假設勞動力（其價值是當作可變資本墊付的）僅生產一個等價，則 C = c + v，生產物價值 C' = (c + v) + 0，所以，C = C'。墊付的資本，沒有擴增其價值。

據以上所述，可知剩餘價值，完全是 v（轉成勞動力的資本部分）價值變動的結果。所以，v + m = v + Δv（v 加 v 的增長量）。但 v 的單獨變化及其變化的條件，被以下的環境所蒙蔽了；那就是可變資本構成的增加，墊付的總資本也增加。它原是 500 鎊，現在是 590 鎊了。為求

把這個資本每年終殘留下來的價值，當作年收入的一部分。」（馬爾薩斯《經濟學原理》，第 2 版，倫敦，1836 年，第 269 頁。）

這個檢驗有準確的結果，我們還須把生產物價值中由不變資本價值單獨再現的部分，完全抽離，使不變資本 c = 0。這不過是一個數學法則的應用。如果在問題裡面不變數和可變數都有，則不變數僅依加減，與可變數相結合。

還有一種困難，是由可變資本原來的形態引起的。就以上的例子來說，C' 等於 410 磅不變資本，加 90 磅可變資本，加 90 磅剩餘價值。但 90 磅也是一個已知量，從而是一個不變的量；把它當作可變數，似乎是悖理的。不過 90 磅（v）或 90 磅可變資本，在這裡事實上僅僅是一個過程（這個價值所進行的過程）的符號。墊付出來購買勞動力的資本部分，是具體化勞動的一定量，和所購勞動力的價值一樣，是一個不變值。但在生產過程中，這墊付的 90 磅，將為活的勞動力所代替。死的勞動被活的勞動所取代，靜止的量被流動的量所取代，不變數被可變數所取代。結果是，v 和 v 的一個追加量再生產出來。從資本主義生產的觀點來看，這全部過程，便是一個原來不變的值轉為勞動力之自發性變動。過程與其結果，都要歸因於這個價值的作用。說 90 鎊可變資本或 90 鎊自行擴增的價值，好像是矛盾的，但這只是因為這個方程式，浮現資本主義生產一個內在的矛盾。

乍看之下，不變資本等於 0 的假定，似乎是不合理的。但我們每日都如此實行。例如，倘若有誰要計算英國棉業的利潤，他會先把付給美國、印度、埃及等國的棉花價格減去；也就是僅重現在生產物價值中的資本價值，等於 0。

當然，不僅剩餘價值對可變資本部分（那是剩餘價值的直接來源，其價值變化，即由剩餘價值表示）的比例，是在經濟上極重要的。剩餘價值對墊付總資本的比例，也是在經濟上極重要的。但後一種比例，且留待第三卷再詳細討論。因要使資本一部分，藉由轉成勞動力來擴增其價值，資本的另一部分，也須轉成生產資料。因要使可變資本發生作用，不變資本也須適應每種勞動過程的特殊技術條件，而以適當的比例墊付出來。好比化學過程雖少不了蒸餾器及別種容器，但化學家在分析

結果，不須注意這種種容器。若僅要純粹考量生產資料與價值創造和價值量的變化之關係，則生產資料單純是以價值創造者（即勞動力）統合其自身在內的物質。這種物質的性質如何及其價值如何，是一點都不重要。必要的，是有充分的供給，可以吸收在生產過程中支出的勞動。只要有定量的供給，無論它的價值是漲或跌，或竟像土地和海一樣本身本無價值，也不能影響價值創造和價值量的變化[2]。

我們且先假設不變資本等於零。如是，墊付的資本，由 c + v 減為 v，生產物價值由（c + v）+ m 成為（v + m）。假設新產生的價值 = 180 鎊，這代表著在全生產過程中所支出的勞動，在此額中，減去 90 鎊可變資本的價值，即得 90 鎊剩餘價值。90 鎊（m）的數字，在此表示所產剩餘價值的絕對量（absolute Grösse）。但其相對產生的量，或可變資本增加的百分比，很明顯是由剩餘價值對可變資本的比例來決定，或由 m/v 表示。就以上的比例來說，其比例為 90/90，或 100% 的增加。可變資本價值上這種相對的增加或剩餘價值的相對量，我稱之為「剩餘價值率」（Rate des Mehrwerts）[3]。

我們講過，勞動者在勞動過程的一個段落內，只生產他的勞動力的價值，那就是他所必要的維生資料的價值。因為他的工作形成以社會分工為基礎的一部分體系，所以他不直接生產他自己消費的實質必需品，卻生產一種特殊商品（例如棉紗），其價值，與他的必需品的價值或其購買所用的貨幣價值相等。為這目的而用的他的工作日的份額，比起他

---

[2] 第二版注。盧克萊修（Lucretius）說：「無不能生有。」這是一個不言而喻的命題。當我們說「價值創造」時，我們是說由勞動力轉化為勞動。而勞動力首先又是轉化為人體組織的自然物質。

[3] 這個名詞，是仿效英語「利潤率」、「利息率」等等而用的。本書第三卷將說明，只要了解了剩餘價值率，利潤率是容易了解的。反之，如我們從利潤率講起，則對於利潤率和剩餘價值率，我們都會無法了解。

校者注：請看德文的原義是「附加價值」。

每日平均所需必需品的價值,從而,比起生產這種必需品每日平均所必要的勞動時間有多有少。假設這些必需品的價值,平均代表 6 小時勞動的支出,勞動者要生產這價值,平均每日就須勞動 6 小時。就算他不是為資本家工作,而是獨立地為他自己,在其他情形相等的條件下,為了要生產他的勞動力的價值,從而獲得維持他自身或持續再生產他自身所必要的維生資料,他依然要勞動同樣的時間。但因為如果他在一工作日中,只勞動這樣一部分時間,他就只能生產的價值(比方說 3 先令),與資本家已經支付給他勞動力的價值相等[4];因為新創造的價值,只取代墊付的可變資本價值,所以這 3 先令新價值的生產,只類似再生產。這種再生產所發生的工作日部分,我稱之為必要勞動時間(notwendige Arbeitszeit),在此時間內支出的勞動,我稱之為必要勞動(notwendige Arbeit)[5]。從勞動者的立場來說是必要的,因為這種勞動與其勞動的特殊社會形態無關。從資本及資本家世界的立場來說也是必要的,因為資本及資本家世界的存在,也是依賴勞動者持續的存在。

勞動過程的第二期間——在這期間,勞動者超過了必要勞動的界限了——雖也耗費他的勞動、耗費他的勞動力的支出,但那是不為他自己創造價值的。它形成的是剩餘價值。在資本家看來,這種剩餘價值,彷彿是無中生有的一切魔力。工作日的這一部分,我稱之為剩餘勞動時間(Surplus arbeitszeit);在這時間內支出的勞動,我稱之為剩餘勞動(mehrarbeit, surplus labour)。一如在價值的正確理解上,我既視價值為如此多勞動時間的凝結,不外乎是具體化的勞動;在剩餘價值的確實

---

[4] 第三版注。作者在此,是使用普通的經濟名詞。我們記得,作者曾經指出,不是資本家墊付給勞動者,卻是勞動者墊付給資本家。——F. E.

[5] 本書一直到這裡,我們都用「必要勞動時間」,指商品生產上一般社會必要的勞動時間。以後,我又將用此語,指這種特殊商品(勞動力)生產上必要的勞動時間。把一個專門名詞用在不同的意義上,是容易引起誤會的。但沒有一種科學,能把這個缺點完全免除。試把高級數學和低級數學比較看看。

了解上，我們也把剩餘價值視爲剩餘勞動時間的凝結，不外乎是具體化的剩餘勞動。這是非常重要。而社會的經濟組織（例如奴隸勞動社會與工資勞動社會）之間的根本區別，在於對實際生產者（勞動者）的剩餘勞動之剝削形態[6]。

因可變資本的價值等於其所購勞動力的價值、因勞動力的價值，決定工作日的必要部分，剩餘價值則由工作日的超過部分決定，故剩餘價值對可變資本的比例，等於剩餘勞動對必要勞動的比例。換言之，剩餘價值率 m/v = 剩餘勞動／必要勞動。這兩個比例，是以不同的方式（一採用具體化、統合的勞動，另一採用流動的、活動的勞動），表示同一件事情。

所以，剩餘價值率正確地表示了勞動力受資本剝削的程度，即勞動者受資本家剝削的程度[7]。

依照我們以前的假定，生產物的價值，等於〔410 鎊（c）+ 90 鎊（v）〕+ 90 鎊（m），墊付的資本等於 500 鎊。因爲剩餘價值等於

---

[6] 羅雪爾先生，曾以哥特謝德式的天才，發現以下的事情。依他說，剩餘價值或剩餘生產物的形成，及由此而起的積累，在現代是以資本家的「節儉」爲基礎，所以他「要有利息」。反之，「在文化的最低階段，卻是弱者因強者強迫，不得不節儉。」（《國民經濟學原理》，第 78 頁。）節儉勞動嗎？還是節儉未曾存在的過剩生產物呢？資本家是用這個理由，來辯護已有的剩餘價值的占有。爲什麼羅雪爾這樣的人，只能複述資本家的理由，來說明剩餘價值的發生原因呢？一方面固然因爲他們實際上是無知的，另一方面也還因爲他們是辯護論者，不敢以科學方法分析價值和剩餘價值，生怕由此得到的結論，會是危險的、違反警章的。

[7] 第二版注。剩餘價值率雖然是勞動力剝削程度的正確的表現，但不是絕對剝削量的正確的表現。例如，假設必要勞動爲 5 小時，剩餘勞動爲 5 小時，剝削程度爲 100%，剝削額爲 5 小時，又，假設必要勞動爲 6 小時，剩餘勞動爲 6 小時，此時剝削程度也爲 100%，但剝削額卻增加了 20%，那就是由 5 小時增加至 6 小時。

90，墊付的資本等於 500，所以，人們依照通常的計算方法，竟說剩餘價值率（人們常常把它和利潤率混淆）等於 18%。一個這樣低的比率，會使卡瑞先生（Carey）及其他協調論者愉快的驚奇。但實際上，剩餘價值率不等於 m/（c+v）或 m/C，只等於 m/v，所以不是 90/500，只是 90/90，或 100%。比表面的剝削程度，要大五倍以上。在此，我們固不知工作日的真正時長，也不知勞動過程的存續期間（日、星期等等），更不知可變資本 90 鎊所雇用的勞動者數，但剩餘價值率，因可藉由其等同表示的方法轉為剩餘勞動／必要勞動，故可正確揭示工作日這兩個部分的比例，是 100%。由此可知勞動者是為自己工作 1/2 日，為資本家工作其餘 1/2 日。

計算剩餘價值率的方法，可簡述如次。試取生產物價值（Produkten Wert）全部，把只在其內再現的不變資本價值，看作等於零。殘餘的價值額，是商品製成過程中實際創造的唯一價值生產物（Wertprodukt）。若已知剩餘價值，則從價值生產物減去剩餘價值，即得可變資本。反之，若已知可變資本，則從價值生產物減去可變資本，即得剩餘價值。若已知可變資本與剩餘價值兩者，那就只要做最後一步，即計算 m/v，計算剩餘價值對可變資本的比率。

這個方法雖很簡單，但它所根據的原理，在讀者看來卻是嶄新的。所以為方便讀者應用，不妨列舉數例如下。

第一個例子，是一個有 10,000 個精紡錘（Mule Spindel）的紡織工廠。它用美國棉，紡 32 號紗，每星期每個紡錘可以生產棉紗 1 磅，廢品計有 6%。所以，每星期可以把 10,600 磅棉花，加工成為 10,000 磅棉紗，600 磅廢品。1871 年 4 月，棉花的價格為每磅 7 又 3/4 便士，10,600 磅原料概計為 342 鎊。10,000 個紡錘，把粗紡機、蒸汽機包括在內，每個紡錘耗 1 鎊，所以共計值 10,000 鎊。磨損額為 10%，每年等於 1,000 鎊，每星期等於 20 鎊。工廠建築物租金，每年等於 300 鎊，或每星期等於 6 鎊。煤炭每星期 11 噸（每小時每匹馬力費煤 4 磅，每星期以 60 小時計算，100 匹馬力，須費煤 11 噸，取暖所用的煤包括在

內），每噸值 8 先令 6 便士，每星期所費，概計為 4 又 1/2 鎊。煤氣每星期 1 鎊，油及他物合計每星期 4 又 1/2 鎊。故以上輔助物資全部每星期合計 10 鎊。每星期生產物的價值屬不變部分合計 378 鎊。勞動工資每星期 52 鎊。棉紗價格每磅 12 又 1/4 便士。10,000 磅棉紗，值 510 鎊。剩餘價值 510 − 430 = 80 鎊。我們假定生產物的價值屬不變部分 378 鎊等於零，好像它無參與價值的創造。每星期創造的價值生產物為 132 = 52 鎊（v）+ 80 鎊（m）。所以，剩餘價值率為 80/52 或 153 又 11/13%。在 10 小時平均勞動的工作日內，必要勞動 = 3 又 31/33 小時，剩餘勞動 = 6 又 2/33 小時[8]。

雅各曾於 1815 年提出下列的計算。假定小麥每夸特價格 80 先令，平均收穫為每英畝 22 蒲式耳。如是，每英畝的收穫為 11 鎊。這個計算，因已有幾項先整理過了，是極不完備的，但對我們的目的已經很夠了。

每一英畝的價值生產

種子（小麥）	1 鎊 9 先令	什一稅、濟貧稅及國稅	1 鎊 1 先令
肥料	2 鎊 10 先令	地租	1 鎊 8 先令
勞動工資	3 鎊 10 先令	農業家利潤及利息	1 鎊 2 先令
合計	7 鎊 9 先令	合計	3 鎊 11 先令

假設生產物的價格，與其價值相等，則在此，剩餘價值是在利潤、利息、什一稅等等不同項目下分配的。我們且不問這細節，把它們加起

---

[8] 第二版注。第一版所舉的 1860 年一個紡織工廠的例子，包含若干事實上的錯誤。本文所舉的完全正確的數字，是曼徹斯特某一位製造廠主提供給我的。──請注意，在英格蘭，舊馬力是用汽缸的直徑計算的；現在，是用馬力表指示的實馬力計算。

來，其和即為 3 鎊 11 先令的剩餘價值。為購買種子肥料而付出的 3 鎊 19 先令，作為不變資本部分，我們且假定其為零。墊付的可變資本，合計為 3 鎊 10 先令。由此，生產了一個新價值 3 鎊 10 先令加 3 鎊 11 先令。所以，m/v = 3 鎊 11 先令 / 3 鎊 10 先令。剩餘價值率在 100% 以上。勞動者以其半個工作日以上的勞動來生產剩餘價值，那是以好幾種藉口，由好幾種人分享的[9]。

II 生產物價值在生產物本身相應比例部分上的成分代表

現在我們再回頭來講一講以前說明「資本家如何把貨幣轉成資本」的例子。依這個例子，紡織工人的必要勞動是 6 小時，剩餘勞動也是 6 小時，所以勞動力的剝削程度，是 100%。

12 小時的工作日的生產物，為 20 磅棉紗，其價值 30 先令。其中有 8/10（24 先令）是所消耗的生產資料的價值（20 磅棉花值 20 先令，紡錘損耗等等值 4 先令）的再現，是不變資本構成的。其餘 2/10，是紡紗過程中創造的新價值，為 6 先令。在這 6 先令中，有一半替補可變資本（即購買勞動力一日所墊付的價值），其餘一半，形成 3 先令的剩餘價值。20 磅棉紗的總價值，是依下式構成的。

30 先令棉紗價值 = 24 先令（c）+〔3 先令（v）+ 3 先令（m）〕。

這個總價值，既包含在 20 磅棉紗的總生產物，這價值的不同成分可以分別包含在生產物的相應部分來表示。

假設 30 先令的棉紗價值，包含於 20 磅棉紗中，則此價值的 8/10 或其不變部分 24 先令，即包含於生產物的 8/10 或 16 磅棉紗中。在這

---

[9] 這裡所舉的計算式，只作為例解。所以，在這個計算式中，我們是假定價值和價格相等的。第三卷將說明，就拿平均價格來說，這個假設也無法這樣單純得到。

16 磅棉紗中，有 13 又 1/3 磅代表原料（值 20 先令的被紡掉的棉花）的價值，2 又 2/3 磅代表過程中被消耗的輔助物資、勞動設備、紡錘等等的價值，計爲 4 先令。

13 又 1/3 磅棉紗，只代表那在總生產物 20 磅棉紗中紡掉的棉花，代表總生產物的原料。當然，在這 13 又 1/3 磅中，也只包含值 13 又 1/3 先令的 13 又 1/3 磅棉花；但所包含 6 又 1/3 先令的追加價值，恰好與紡織其餘 6 又 2/3 磅棉紗所用掉的棉花，爲等價。所以，結果好像在後 6 又 2/3 磅棉紗中，不包含一點棉花，20 磅棉花全集中在 13 又 1/3 磅棉紗裡面一樣。但若這樣看，這 13 又 1/3 磅棉紗裡面，現在就完全不包含所費輔助物資和勞動設備的價值，也完全不包含紡織過程中創造的新價值了。

同樣，統合其餘 4 先令不變資本在 2 又 2/3 磅的棉紗，也只代表總生產物 20 磅棉紗所消耗的輔助物資與勞動設備的價值。

生產物的 8/10 或 16 磅棉紗，就其作爲有用物品的特性，它們和生產物其餘部分一樣，只是紡織勞動的織物，但從這個關聯來看，它們卻不包含紡織勞動、也不吸收花在紡織過程中的勞動，好像棉花不經紡織就會變成棉紗一樣；好像它們的棉紗形態純然是詭計和詐欺的一樣。但一旦資本家依 24 先令的價值販賣它們，並用貨幣取代其生產資料時，那就明顯指出這 16 磅棉紗，不過是喬裝了的棉花、紡錘、煤炭等等罷了。

另一方面，生產物其餘的 2/10 或 4 磅棉紗，現在只代表 12 小時紡織過程所創造的新價值 6 先令了。由所消耗的原料及勞動設備移轉到這 4 磅綿紗的價值，都被攔截，而統合在前紡的 16 磅棉紗中。好像這 4 磅棉紗是紡織工人憑空紡出來的，或者說，好像他所用的棉花和紡錘，都是大自然的自產禮物，從而不能以價值轉到生產物中去一樣。

一日紡織過程新創的價值，全部濃縮在這 4 磅棉紗內。而在這 4 磅棉紗內，有一半只代表所費勞動力的替補價值（Ersatz wert），或 3 先令可變資本。其餘 2 磅，則只代表 3 先令的剩餘價值。

紡織工人 12 小時的勞動，既具體化在 6 先令中，30 先令棉紗價值，便是具體化在 60 小時勞動力。這 60 小時勞動，實際是存在於 20 磅棉紗中的。其 8/10，或 16 磅棉紗，是紡織過程進行前花在生產資料的 48 小時勞動體化物。其 2/10 或 4 磅棉紗，卻是花在紡織過程中 12 小時的勞動體化物。

以前我們講過，棉紗價值等於在棉紗生產過程上所創造的新價值，加上先前存於棉紗生產資料內的價值之和。現在我們又指出了，生產物價值在機能上有別的不同構成部分，是如何以生產物本身相應的比例部分來代表。

以此，我們把生產物——分為不同部分。其一，只代表前此投在生產資料內的勞動，或不變資本部分。其二，只代表那在生產過程中投入的必要勞動，或可變資本部分。其三，只代表耗在同樣生產過程中的剩餘勞動，或剩餘價值。這種分法是簡單的。後來我們把它應用到未曾解決及複雜問題上，我們又知道，它還是重要的。

以上，我們把總生產物，當作 12 小時工作日可用的最後結果來考量。但我們還可以就它產生的整個流程不同階段來考量。這樣我們是把這些在不同階段釋出的部分生產物，代表最終或總生產物在機能上有別的部分。

紡織工人在 12 小時內生產 20 磅棉紗，也就是在 1 小時內，生產 1 又 2/3 磅。所以在 8 小時內，是生產 13 又 1/3 磅。這一部分生產物，在價值上，恰好與全工作日所紡掉的棉花的總價值相等。同樣，其次 1 小時 36 分鐘的部分生產物，等於 2 又 2/3 磅棉紗，代表 12 小時所消耗的勞動設備的價值。同樣的，再其次 1 小時 12 分鐘，紡織工人生產 2 磅棉紗，等於 3 先令；這個生產物價值，等於他用 6 小時必要勞動創造的全部價值。最後 1 小時 12 分鐘，他生產另外 2 磅棉紗，其價值與由半日剩餘勞動創造的剩餘價值相等。這種計算方法，正是英國製造廠主日常使用的。比方他就說，他在最初 8 小時或一日勞動的 2/3，只收回他棉花的價值，餘下的時間以此類推。我們知道，這個方程式本來是正

確的;它實際就是上述的方程式,其不同點在於,不應用在空間上,此時已完工生產物的不同部分是並排的,而是從時間以這些部分依次產生來考量。但這個方程式,伴隨極野蠻的想法。尤其在關心價值孳增實際過程,但在理論上誤解這個過程的人。他們這樣想:我們的紡織工人,在其工作日的最初 8 小時內,只生產或替補棉花的價值,在其次 1 小時 30 分鐘內,只生產或替補所消耗的勞動設備的價值,再來的 1 小時 12 分鐘內,只生產或替補勞動工資的價值,所以,只有有名的「最後一小時」（letzte Stunde）,是為製造廠主生產剩餘價值。如是,可憐的紡織工人要執行雙重的奇蹟。第一,他用棉花、紡錘、蒸汽機、煤炭、油等等紡織時,同時要生產它們;第二,他要把有一定強度的 1 工作日,變成 5 工作日。就我們的例子來說,原料與勞動設備的生產,需有 24/6 或 4 個 12 小時的工作日。把它們變成棉紗,又需有一個 12 小時的工作日。貪欲,竟引人輕信這樣的奇蹟。而諂媚的空論家竟從不想證明它。以下,我可以舉出一個歷史上名人的事例來證實。

III 西尼爾的「最後一小時」

1836 年的一個美麗的早晨,在英國經濟學界有才子之稱,而以經濟科學及優美文筆著名的西尼爾氏（Nassau W. Senior）,從牛津大學,被召往曼徹斯特,去學習他在前者講授的政治經濟體。製造廠主選他為他們的鬥士,不僅要他反對新通過的《工廠法》（factory act）,且要他抵抗那更具威脅的十小時煽動（Zehnstundenagitation）。具日常實務精明的製造廠主們,看清了這位有學問的教授先生尚「缺少許多琢磨的工夫」,所以寫信叫他到曼徹斯特來。這位教授,後來就把他從製造廠主那裡得來的說詞,統合在一本小冊子上,1837 年在倫敦出版,題名《工廠法於棉製造業的影響》。在裡面,我們可以看見這樣具有啟發意義的文句:

「依現行法,凡雇用未滿 18 歲的人的工廠……每日不得勞動 11 又

1/2 小時以上。也就是星期一至星期五為每日 12 小時,星期六為 9 小時。以下的分析(!)卻說明,這樣運作的工廠,淨利潤(Reingewinu)全部是由最後一小時得到的。假設某製造廠主投資 100,000 鎊——80,000 鎊投在他廠房和機械上,20,000 鎊投在原料和勞動工資上。再假定,資本是每年周轉一次,毛利潤為 15%。該工廠的年產額,應該是值 115,000 鎊的貨物。……在這 115,000 鎊中,在每 23×1/2 小時的工作,每 1/2 小時,應生產其 5/115 或 1/23。在這 23/23(或 115,000 鎊全額)中,有 20/23 或 115,000 鎊中的 100,000 鎊只替補資本;有 1/23,或總利潤(!)(Brutto Gewinn)115,000 鎊中的 5,000 鎊,只替補廠房及機械的磨損。其餘 2/23,即每日最後 2 又 1/2 小時,才生產 10% 的淨利潤。所以,若價格不變,工廠工作時間,准由 11 又 1/2 小時加為 13 小時,那就只要增加 2,600 鎊流動資本,就可以使淨利潤增加一倍以上。反之,若工廠工作時間每日減少 1 小時,淨利潤就會消滅。若減少 1 又 1/2 小時,毛利潤也會消滅。」[10]

---

[10] 西尼爾,前書第 12、13 頁。他這一段話裡面的奇怪的見解——例如,製造廠主會把替補機械磨損所必要的金額,換言之,把替補資本一部分所必要的金額,當作總利潤或淨利潤的一部分——被我們視為與我們的目的無關,故未加討論。又,數字是否正確,也不在我們的論述範圍之內。霍納在致西尼爾的一封信(1837 年倫敦)中,曾說這種數字,在所謂「分析」之外,沒有任何價值。霍納是 1833 年工廠調查委員之一,又是 1859 年以前的工廠監察專員(其實是工廠檢閱官)。他對於英國勞動階級曾有不朽的貢獻。他終生與憤怒的製造廠主抗爭,且與大臣抗爭。對於此等大臣,製造廠主在下議院的投票數目,比工人在工廠的勞動時間更重要得多。
補注。且不說內容的荒謬,西尼爾的說明方法也是混亂的。他真正要說的話是:「製造廠主每日雇用工人勞動 11 又 1/2 小時,或 23/2 小時。與一工作日相同,1 年勞動也是由 11 又 1/2 或 23/2 小時,乘以 1 年的工作日數而得。依此假設,23/2 小時,1 年所生產的生產物為 115,000,000 鎊;1/2 小

西尼爾教授就把這個東西叫分析（！）。若他相信製造廠主的強烈抗議，說工人是把一日生產的最大部分，用在建築物、機械、棉花、煤炭的價值的再生產上，或替補上，那他的分析是多餘的。他只要這樣回答：「諸位！若工作時間由 11 又 1/2 小時，減為 10 小時，其他事情不變，棉花、機械等物，每日的消耗也會依比例減少。諸位的利得，正是諸位的損失。諸位的工人，在將來花 1 又 1/2 小時，可以再生產或替補諸位墊付的資本。」若他不相信製造廠主不再追問的話，卻像一個這方面的專家一樣，覺得必須有分析，則在專門探究淨利潤與工作日時長的關係時，他應先懇求製造廠主，不要把機械、工廠建築物、原料和勞動混在一起。卻寧可把投資在工廠建築物、機械、原料、各種不變資本放在一邊，把墊付工資的資本放在另一邊。假如西尼爾教授仍舊覺得，像製造廠主的計算一樣，勞動者必須用 2/2 小時（即 1 小時），來再生產或替補其工資，這位分析家就應該接著說：

依照諸位的陳述，勞動者在倒數第 2 小時，生產他的工資，在最後 1 小時，生產諸位的剩餘價值或淨利潤。他在相同時間既然會生產相同價值，可知倒數第 2 小時的生產，和最後 1 小時的生產有相同的價值。又，他生產價值，只因他進行了勞動，而其勞動量由其勞動時間衡量。依照諸位的陳述，一工作日為 11 又 1/2 小時。他會在這 11 又 1/2 小時內，用一部分，來生產或替補他的工資，用餘下的部分，來生產諸位的淨利潤。在工作日之內他只做這些。但依照諸位的假設，他的工資和他

時勞動所生產的，將為 1/23×115,000 鎊；20/2 小時勞動所生產的，將為 20/23×115,000 鎊 = 100,000 鎊，此額僅夠替補墊付的資本。如是，尚剩下 3/2 小時勞動。3/23×115,000 鎊 = 15,000 鎊，這便是總利潤。在這 3/23 小時中，1/2 小時勞動生產 1/23×115,000 鎊 = 5,000 鎊，此僅足替補工廠和機械的磨損。其餘 2/2 小時勞動，即『最後一小時』生產 3/23×115,000 鎊 = 10,000 鎊，便是淨利潤。」在本文中，西尼爾是把這最後 3/23 的生產物，轉化為工作日自身的部分。

所提供的剩餘價值，是同樣的價值，故可知，他是用 5 又 3/4 小時生產他的工資，用其餘 5 又 3/4 小時生產諸位的淨利潤。又因 2 小時棉紗生產物的價值，等於工資加諸位淨利潤的價值總和，可知 2 小時棉紗生產物的價值，必須由 11 又 1/2 小時衡量，即倒數第 2 小時的生產物，由 5 又 3/4 小時衡量，最後 1 小時的生產物，也由 5 又 3/4 小時衡量。現在我們到了難處理之處了。請注意！倒數第 2 小時，和最初 1 小時，同樣是正常的工作 1 小時，不更多也不更少。紡織工人如何能以 1 小時勞動，生產統合 5 又 3/4 小時勞動的棉紗價值呢？他其實沒有造成這樣的奇蹟。他 1 小時勞動所生產的使用價值，是一定量的棉紗。此量棉紗的價值，由 5 又 3/4 小時勞動衡量，在其中，有 4 又 3/4 未經他任何的協助，此前已統合在 1 小時所消耗的生產資料（棉花、機械等等）中了；餘下的 1 小時，才是他加進去的。因為他的工資是用 5 又 3/4 小時生產的，故 1 小時紡織的棉紗生產物，也包含 5 又 3/4 小時勞動，所以，5 又 3/4 小時紡織所創造的價值，會等於 1 小時紡織的生產物價值，實毫不足怪。諸位若以為他曾在工作日中，以片刻用來再生產或替補棉花、機械等等的價值，那是完全錯了。相反的，棉花、紡錘的價值會自動轉到棉紗裡面去，就因為他的勞動曾將棉花、紡錘造出棉紗，換言之，因為他紡織。這個結果，是以他的勞動的質為基礎，不是以他的勞動的量為基礎的。不錯，1 小時比 1/2 小時將棉花轉給棉紗更多的價值，但這是因為 1 小時比 1/2 小時要紡掉更多的棉花。這樣，諸位明白了。諸位說勞動者在倒數第 2 小時生產其工資的價值，在最後 1 小時生產淨利潤，等於說他 2 小時（不問是最後 2 小時，還是最初 2 小時）的棉紗生產物，有 11 又 1/2 小時勞動，即有全工作日的勞動或統合在其中。也就是他自己的 2 小時工作和別人的 9 又 1/2 小時工作。而我說，他在前 5 又 3/4 小時生產他的工資，在後 5 又 3/4 小時生產諸位的淨利潤，也等於說，前 5 又 3/4 小時是有給付的，後 5 又 3/4 小時是沒有給付的。我說勞動的給付（Zahlung der Arbeit），不說勞動力的給付，那只是沿用諸位的行話。假如諸位比較一下，有給付的勞動時間和沒有給付的勞

動時間，就會發覺，那是 1/2 日與 1/2 日之比，是 100%，眞是一個很好的百分比率。並且，假如諸位要使諸位的工人，不只勞動 11 又 1/2 小時，卻操勞 13 小時，並把這額外的 1 又 1/2 小時，算入純粹的剩餘勞動裡面，使沒有給付的勞動時間，由 5 又 3/4 小時，增至 7 又 1/4 小時，剩餘價值率也毫無疑問會由 100% 增至 126 又 2/23%。諸位期望工作日增加 1 又 1/2 小時，便使剩餘價值率由 100% 增至 200%、甚至 200% 以上，即增加一倍以上，那固然未免過於樂觀；反之——人的心是一件奇妙的東西，尤其是在人把心放在錢袋裡面的時候——當工作日由 11 又 1/2 小時減爲 10 小時時，諸位害怕會喪失全部淨利潤，也未免過於悲觀。絕不是這樣的。假設其他一切事情不變，則當剩餘勞動由 5 又 3/4 小時減爲 4 又 3/4 小時之時，諸位依然有極好的剩餘價值率，82 又 14/23%。這可怕的「最後一小時」，像「世界末日說」一樣，全是「蠢話」。即使喪失了這最後一小時，諸位依然能有「淨利潤」；諸位雇用的童男童女，也依然不會失去「心靈的純潔」[11]。

---

[11] 西尼爾論證，製造廠主的淨利潤、英國棉工業的存在、英國在世界市場上的優勢，莫不依存於這「最後一小時勞動」時，烏爾博士卻說明，如果兒童和未滿 18 歲的少年男女，沒有 12 小時關在溫暖而道德純潔的工廠空氣中，卻提早一小時，把他們放出到冷酷殘忍的外界來，他們將因怠惰和不學好，以致不能在靈魂上有得救的機會。1848 年以降，工廠監督專員在其每半年發行的報告中，總想奪去這「最後的致命的一小時」。例如，霍維爾先生在 1855 年 5 月 31 日的報告中，就說：「如果下述的計算（即西尼爾的計算）是正確的，則英國每一個棉工廠，自 1850 年以來，沒有一年的營業不蝕本了。」（《工廠監督專員關於 1855 年 4 月 30 日爲止的半年報告書》，第 19、20 頁。）在國會通過《十小時勞動法案》的 1848 年，就有若干分散在多塞特郡、薩莫塞特郡邊境農村內的亞麻紡織工廠廠主，曾強迫工人簽名反對這個法案。請願書中有一段話：「我等以爲人父母的資格，承認怠惰是萬惡的根源，又認爲增加一小時閒暇，即是使我們的兒女多一分墮落的機

好了,每當諸位的「最後一小時」正式採用時,請想起這位牛津的教授。再會,希望我們在彼處更好的世界重逢,[12] 但不是在此之前……

會。」關於這點,1848 年 10 月 31 日工廠監督專員的報告(第 101 頁),說:「這些有德的溫情的父母之兒女,是在亞麻紡織工廠做工的。這種工廠的空氣,充滿著由原料發散的塵片和纖維屑,所以只要在紡織室內站 10 分鐘,就會感到十分不舒服。在那裡,亞麻的塵片會侵入我們的眼睛裡、耳朵裡、鼻子裡、口裡,我們沒有方法可以躲避它,那一定會引起非常痛苦的感覺。而這種勞動本身,又因機械旋風一樣地轉,所以必須在嚴格的注意力之下,不斷地熟練動作。父母看見兒女除了吃飯時間外,還須每日花足足 10 小時,在這種空氣中做這種事情,若還說他們怠惰,那就未免太無心肝了。……此等兒童,比鄰近農村勞動者有更長的勞動時間。……『怠惰,不學好』云云,完全是偽君子的口吻,是最不顧廉恥的偽善。……約 12 年前,社會曾有一種主張——製造廠主全部的淨利潤,是由最後一小時勞動流出,若把這最後一小時削去,他們的淨利潤就會全部消滅。——在最高權威的批准下,確信、公然、誠懇地宣布。這種確信,是社會一部分人所目擊的。現在這最後一小時的好處又增加,不僅包括利潤,而且包括道德,以致於如果兒童的勞動時間減為 10 小時,則兒童的道德,將和雇主的淨利潤一同消滅,因兩者皆依存於這最後的致命的一小時。當這部分人看到這種說法時,他們或許會不相信自己的眼睛。」——這個工廠報告往下還舉了若干例子,表明這些製造廠主的道德和德性。由此我們知道,製造廠主曾用種種的計謀、誘惑、威嚇、偽造,強迫小部分無依無靠的工人簽名在請願書上,並把請願書假冒是他們全業全郡的意見的代表,而向國會提出。所謂經濟科學的特色本來是這樣的,所以後來堅決擁護工廠立法的西尼爾,和以前反對他或此後反對他的人,都不能說明這個「原始發現」的謬論。他們曾訴於事實上的經驗。但「因何」與「為何」的問題,依然是祕密。

[12] 西尼爾先生總算曾由這一次曼徹斯特的旅行,得到若干利益!因為,在《論《工廠法》信件》內他已認淨利潤全部——「利潤」、「利息」,乃至以上的某物——是依存於這一小時無給勞動。一年前他卻還在《經濟學大綱》

果然，西尼爾在 1836 年發明的「最後一小時」的口號，1848 年 4 月 15 日《經濟學人》就有一位大佬威爾遜（James Wilson）重啓同樣口號，這次是反對《十小時勞動法案》。

IV 剩餘生產物

　　代表剩餘價值的生產物部分（依第 II 節所舉的例，是 20 磅棉紗的 1/10 或 2 磅棉紗），我們稱之爲剩餘生產物（Mehrprodukt, Surplus, Produce Produit net）。正如剩餘價值率，不是由剩餘價值對總資本的比例決定，而是由剩餘價值對可變資本部分的比例決定的。同理，剩餘生產物的相對量，也不是取決於剩餘生產物對總生產物餘額的比例，而是取決於剩餘生產物對統合必要勞動的生產物部分的比例。剩餘價值的生產，是資本主義生產主要的目的和意向；很明顯，一人或一國的財富的程度，也不是由生產的絕對量，而是由剩餘生產物的相對量來衡量的[13]。

（爲牛津學生和自修市民寫的），反對李嘉圖的價值依勞動時間決定的學說，「發現」利潤是資本家勞動的結果，利息是資本家禁欲的、節欲的結果。這種思想雖然很舊，但「節欲」（Abstinenz）這個名詞卻是新鮮的。羅雪爾先生把這個名詞譯爲「Enthaltung」，是很正確的。不大通拉丁語的他的同國人威爾德、蘇爾詹等人，卻把它譯作「Entsagung」。

[13]「對一個有 20,000 鎊資本、每年得利潤 2,000 鎊的人而言，他是雇用 100 人還是雇用 200 人、商品是賣 10,000 鎊還是賣 20,000 鎊，只要利潤不減到 2,000 鎊以下，都是毫無關係的。國家的實際利害關係，不是一樣嗎？只要實際的收入（地租和利潤）不變化，人口是 1 千萬還是 1 千 200 萬的問題，有什麼重要呢？」（李嘉圖《經濟學及賦稅之原理》，第 416 頁。）—— 在李嘉圖以前許久，楊格（Arthur Young）—— 他狂熱地看重剩餘生產物，在其他各方面，他是一個饒舌而無批判的作者，其名聲雖大，功績卻是成反比

必要勞動與剩餘勞動的總和,換言之,勞動者生產勞動力替補價值和生產剩餘價值所用的時間,構成他們工作的眞實時間,即工作日（arbeitstag, Working day）。

的——就曾說過:「在現代國家,如果像在古代羅馬一樣,把土地分給許多獨立的小農民耕作,除了足使人口增殖外,能有什麼用處呢?當然,單獨地說,人口增殖是一個極無意義的目的。」(《政治算術》,倫敦,1774年,第47頁。)

補注。「有一種人,因見純富（Net Wealth）可給勞動階級以勞動機會,便說這種純富對於勞動階級有利。這種強烈的傾向,是很奇異的。即使如此,那也不是因爲它是純淨的。」〔霍普金斯（Th. Hopkins）《論土地的地租》,倫敦,1823年,第126頁。〕

第八章

工作日

I 工作日的界限

我們出發的假定是：勞動力依照它的價值買賣。其價值，像其他各種商品的價值一樣，由其生產所必要的勞動時間來決定。假設勞動者平均每日的維生資料的生產，需有 6 小時，他平均每日就須勞動 6 小時，來生產其一日的勞動力，或再生產其販賣勞動力所收到的價值。這樣，其工作日的必要部分，就等於 6 小時了。在其他條件不變下，這是一個定量。但這個定量，不能告訴我們工作日本身的長短時限。

假設 a|1|2|3|4|5|6|b 線，代表必要勞動時間的長度，比方說 6 小時。假設勞動超過 ab 線 1 小時、3 小時或 6 小時，我們便有這樣 3 條不同的線，

工作日 I： a|1|2|3|4|5|6|7| b c

工作日 II： a|1|2|3|4|5|6|7|8|9| b c

工作日 III： a|1|2|3|4|5|6|7|8|9|10|11|12| b c

代表 3 個不同的工作日，即 7 小時的工作日、9 小時的工作日、12 小時的工作日。延長線 bc 代表剩餘勞動的長度。因工作日等於 ab + bc 或等於 ac，所以，工作日是隨可變量 bc 變化的。ab 既為定量，所以 bc 對 ab 的比例，通常可以計算。在工作日 I 為 1/6、在工作日 II 為 3/6、在工作日 III 為 6/6 的 ab。又因剩餘勞動時間／必要勞動時間的比例，決定剩餘價值率，故後者可由 bc 與 ab 的比例表示。就上述 3 個不同的工作日來說，剩餘價值率分別為 16 又 2/3、50% 與 100%。但單有剩餘價值率，我們仍不能斷定工作日有多長時限。例如，如果剩餘價值率為 100%，工作日可以是 8 小時、10 小時、12 小時不等。這個剩餘價值率，指示工作日的兩個構成部分（必要勞動與剩餘勞動時間）相等，但不表明這兩部分彼此究竟有多長。

所以，工作日不是不變量，而是可變量。其一部分，固然是取決於勞動者自身再生產所必要的勞動時間，但其總量，隨剩餘勞動的長短而有不同。所以，工作日是可決定的，但其自身是不定的[1]。

　　不過，工作日雖不是固定的量，而是流動的量，但它的變動有一定的範圍。不能定的，是它的最低限。當然，如果我們使 ab 的延長線 bc 或剩餘勞動等於零，我們是有了一個最低限，也就是，勞動者一日維生所必要的時數。但在資本主義生產方式的基礎上，必要勞動只能構成工作日的一部分。工作日不可能縮短到這個最低限。但工作日有一個最高限，它絕不能延長到一定點以上。這個最高限受兩事制約。其一是勞動力的生理界限，一日自然有 24 小時，在這 24 小時內，一個人只能支出活力的一定量。一匹馬每日平均也只能勞動 8 小時，人力每日都須有若干時間休息、睡眠，須有若干時間用來飲食、沐浴、穿衣、滿足種種生理的需要。但在這種純粹生理的界限之外，工作日的延長還有道德上的界限。勞動者須有時間滿足他智力上和社會上的需求。這種需求的大小多少，視社會進步的一般狀況而定。所以，工作日的變化，是在生理的界限和社會的界限之內波動的。不過，這兩個限制條件都極有彈性，可以允許極大的範圍。所以我們發現工作日的長短是極參差的，短者 8 小時、10 小時、12 小時，長者竟達 14 小時、16 小時、18 小時不等。

　　資本家曾依照一日的價值，購買勞動力。在一工作日之內，勞動力的使用價值也就屬於他。他有權使勞動者在一日之內為他工作。但什麼是一工作日呢[2]？當然比一晝夜 24 小時要短。但短多少？關於工作日的

---

[1] 「一工作日是一個不定量，它可以長也可以短。」（《工商業論》，倫敦，1770 年，第 73 頁。）

[2] 皮爾爵士曾向伯明罕商會提出一個質問，說：「什麼是 1 鎊？」皮爾爵士因為和伯明罕「小先令派」（Little shilling men）一樣不理解貨幣的性質，所以會發這樣的問。我覺得，本文提出的問題，比皮爾博士的問題不知要重要多少。

限制，資本家有他自己極限的見解。作為資本家，他本來是人格化的資本。他的靈魂，便是資本的靈魂。資本的生命衝動是創造價值和剩餘價值的傾向，即用不變資本部分、用生產資料，吸收最大可能的剩餘勞動量[3]。資本是死的勞動，它像吸血鬼，必須吸吮活的勞動，才能存活；所吸取的勞動愈多，活得更長。勞動者勞動的時間，即是資本家消耗其所購勞動力的時間[4]。假如勞動者竟用自己可支配的時間做自己的事情，他就搶奪資本家了[5]。

資本家從商品交換法則中找到辯護了。他希望能像別種商品購買者一樣，從所購商品的使用價值，追求最大可能的利益。但在生產過程的狂颶運動中長期抑制的勞動者突然發聲了。他說：

我賣給閣下的商品，是和普通的商品群不同的，因為它的使用，可以創造價值，所創造的價值，還比它本身的價值更大。閣下購買它，就是為這個緣故。這件事情，在閣下一方面看，資本自發的價值擴增，但在我這方面看，卻是勞動力的過度支出。在市場上，閣下和我都只知道一個法則，那就是商品交換的法則。依照這個法則，商品的消費權，不是屬於它的賣者，而是屬於它的買者。我每日勞動力的使用是屬於閣下的。但我必須由每日閣下為其所付的價格，才能日日再生產勞動力，且重新來販賣它。由年齡等等發生的自然消耗，姑且不論，但至少，我明

---

[3]「資本家的任務在於盡可能以支出的資本取得最大量的勞動。」（庫塞努爾《工業企業的理論與實務》，第 2 版，巴黎，1857 年，第 63 頁。）

[4]「每日損失一小時勞動，對於商業國，那是莫大的損失。」「我國勞動貧民，尤其是製造業方面的勞動貧民，曾消費大量的奢侈品。他們還消費時間，這是各種消費中最有害的一種。」（《工商業論》，倫敦，1770 年，第 47 頁與 153 頁。）

[5]「自由勞動者休息一瞬間，貪心不足的經濟家就以怒眼相視，說他們掠奪了他。」〔林格（N. Linguet）《民法論》，倫敦，1767 年，第 2 卷，第 266 頁。〕

日應該能和今日一樣，以正常的體力、健康和朝氣來勞動。閣下不是常常勸我「儉省」、「節制」嗎？好，我唯一的財富是勞動力。我就像精明的儉省者節約我的勞動力，節制一切不當的浪費！我每日就依照正常的存續時間，和健康的發展，來運轉勞動力！倘若閣下無限地把工作日延長，要在一日內用光我三日都復原不來的勞動力分量，閣下固然在勞動上得利了，我卻在勞動實體上受害了。利用我的勞動力和剝奪我們的勞動力，是兩件完全不同的事。假如從事適度工作的平均勞動者，平均可活 30 年，我的勞動力的價值，以日計算，便應該是它的總價值的 1/(365×30) 或 1/10,950。閣下要在 10 年內，把它全部消耗掉，但每日仍付我以總價值的 1/10,950，不付我以總價值的 1/3,650，即僅支付它一日價值的 1/3；我的商品的價值每日就有 2/3 被閣下搶奪了。你給我一日勞動力的代價，但使用了它 3 日。這不但違背我們的契約，並且也違犯商品交換的法則。所以我要求工作日有正常的長度。我這種要求，並不是訴諸閣下的心，因為在金錢事務上，人心是無感情可談的。閣下也許是一位模範的市民、也許還是動物保護會的會員、也許還德高望重。但我們互相對立時，在閣下所代表的事情裡面，是沒有心的。在裡面悸動的，乃是我自己的心跳。我要求標準工作日（Normal arbeitstag）。我是和別的賣者一樣，要求我的商品的價值[6]。

　　把極有彈性的界限撇開不講，我們知道，商品交換的性質，沒有定下工作日的界限，也沒有定下剩餘勞動的界限。資本家維持他作為買者的權利，試圖盡可能把工作日延長，只要可能，就把一工作日做成二工作日。但所售商品的特殊性質，卻使購買者對其的消費受一種限制。因

---

[6] 當倫敦建築工人大罷工（1860 至 1861 年），要求將工作日減為 9 小時，罷工委員會曾發表一篇宣言。這篇宣言，就許多點來說，都和本文所述的勞動者的要求相合。它曾以諷刺法指摘某庇托先生（建築業老闆中利潤欲最大的一位），說他有「聖者的名譽」。（這位庇托先生，其後在 1867 年，和破產的史特勞斯伯格一樣結局了。）

為勞動者也主張他作為賣者的權利，要減少工作日至一定標準時長。在這種買賣上，出現了一個二律背反（Antinomy）。權利與權利相爭。這兩種權利，同樣為商品交換的法則所承認。在兩種平等的權利間，決定的是力量。也因這緣故，所以在資本主義生產的歷史上，工作日為何的決定，會呈現出一場鬥爭的結果。鬥爭的一方，是資本家集體即資本階級，另一方是勞動者集體即勞動階級。

II 對於剩餘勞動的貪求：製造廠主與領主

剩餘勞動不是資本發明的。在生產資料為社會一部分人獨占的地方，勞動者（自由的或不自由的），都須在維生所必要的勞動時間之上，增加額外的勞動時間，為生產資料擁有者[7]——無論是雅典的χαλος χαταοος（貴族）或是伊特拉斯坎的僧侶、羅馬的市民、諾曼的男爵，或是美國的奴隸擁有者、瓦拉幾亞的領主（Bojar）、近代的地主，或是資本家[8]——生產他們的維生資料。但很明顯，如果在任一個已知的社會經濟組織內占優勢的，不是生產物的交換價值，而是它的使用價值，則在該社會組織內，剩餘勞動將受限於一組或大或小的需求，還不會從生產過程本身的本質上，產生對以剩餘勞動無限制的渴求。也就因為這個緣故，所以在古代，只有交換價值以其獨立貨幣形態獲取客體時（即生產金與銀），過度勞動才成為可怕的現象。在這情況，強迫致死

---

[7] 「勞動的人，……不僅憑他的勞動，扶養了他自己，同時還扶養了稱為富翁的年金生活者。」（柏克，前書，第2頁。）

[8] 尼布爾（Niebuhr）在其所著《羅馬史》中，曾極樸實地說：「古代伊特拉斯坎人的建築物，雖僅留有廢墟，但仍使我們驚訝。我們承認，在這種小（！）國，這種建築物的存在，是以徭役領主（fronoherrn）和奴僕（knechte）的關係為前提的。」西斯蒙第還更深刻地說，「布魯塞爾的花邊」是以工資領主和工資奴僕的關係為前提。

的勞動，才是過度勞動的公認形態。這可以參看西西里的狄奧多羅斯（Diodorus Siculus）的記載[9]。但這情形，在古代畢竟還是例外。不過生產仍未脫離低級的奴隸勞動形態、徭役勞動形態的民族，一旦捲入資本主義生產方式所支配的世界市場，而以生產物的出口外銷為其主要利益時，則在奴隸制度、農奴制度等等的野蠻戰慄之上，又嫁接過度勞動的文明的恐怖。所以，美國邦聯南部諸州的黑奴勞動，在生產主要是指向當地立即的消費時，尚能保留家長制的某些特性。但棉花輸出在比例上一旦成為諸州的極重要利益時，黑奴過度勞動——有時只要 7 年勞動，就會把他的生命耗費掉——就在每一件事都計算、每一件事都被計算的制度裡，成了一個因素了。問題不再是從黑奴那裡取得一定量的有用的生產物了，現在是生產剩餘價值本身的問題了。多瑙河沿岸諸公國（現在的羅馬尼亞）的徭役勞動（Fronarbeit）也是這樣。

把多瑙河沿岸諸公國對於剩餘勞動的貪欲，和英國工廠對於剩餘勞動的貪欲比較一下，是極有意義的，因徭役制度下的剩餘勞動，有一種獨立及一目了然的形態。

假設工作日是由 6 小時必要勞動和 6 小時剩餘勞動構成。如是，自由勞動者每星期須供資本家以 6×6 或 36 小時的剩餘勞動。這等於勞動者每星期為自己做 3 日工，每星期無報酬地為資本家做 3 日工。但這個事實表面上是不明顯的。剩餘勞動與必要勞動是彼此滑動的。為要表示這種關係，我也可以說，勞動者每一分鐘是用 30 秒鐘為自己做工、用 30 秒鐘為資本家做工等等。徭役勞動不是這樣。必要勞動（瓦拉幾亞農民為其維生的勞動）與其剩餘勞動（為領主的勞動）在空間上是有所

---

[9] 「埃及、衣索比亞、阿拉伯境內不幸的金礦工人，連乾淨的身體也沒有，連蔽體的衣服也沒有。有誰看見他們，不可憐他們的悲慘的命運呢？但在那裡，對於病人、對於體虛者、對於老人、對於女子，是沒有任何慈悲心、寬赦心的。每一個人都在鞭笞下繼續工作，直到死方才了結貧窮痛苦。」（狄奧多羅斯《歷史文庫》，第 3 卷，第 13 章，第 260 頁。）

區別的。必要勞動投在自己的耕地上，剩餘勞動投在領主的所有地上。所以，勞動時間的這兩個部分，彼此並列各自獨立存在的。在徭役勞動的形態上，剩餘勞動是明顯有別於必要勞動。但絕不會影響剩餘勞動與必要勞動的量的關係。每星期3日的剩餘勞動，不論是叫做徭役勞動，或是叫做工資勞動，總歸是勞動者無報酬的3日勞動。不過，資本家貪圖剩餘勞動，是表現在工作日無限延長後的過勞；領主貪圖剩餘勞動，更簡單是直接在徭役的日數後進行狩獵[10]。

在多瑙河諸公國，農民對於支配階級，尙須繳納實物地租和其他的附屬勞役。但最重要的貢物，依然是徭役勞動。在事實上像這樣的地方，徭役勞動鮮少源自農奴制度，更常見的是農奴制度源自徭役勞動[11]。羅馬尼亞各地的情形就是這樣。那些地方原來的生產方式，是以土地共有爲基礎的，但和斯拉夫或印度的形式不同。在那裡，土地一部分當作自由的私田，由公社各成員獨立耕作，一部分當作公田，由他們共同耕作。這樣共同勞動的生產物，一部分作爲壞收成及其他意外開銷的準備，一部分作爲公眾貯藏，以支辦戰爭、宗教及其他各種共同事務的費用。但行之既久，這種公地，就被軍事上、宗教上的高官侵奪了。在公地上從事的勞動，也被他們侵奪了。自由農民在公地上從事的勞

---

[10] 以下所述，是指克里米亞戰爭以後、革命以前的羅馬尼亞各州的情形。

[11] 第三版注。「關於德意志，尤其是易北河東的普魯士。在十五世紀，德意志的農民，幾乎只要依生產物和勞動的形態忍受一定的負擔，便至少在實際上成爲自由人。加上，德國在布蘭登堡、西利西亞、東普魯士各處的殖民者，甚至在法律上也被視爲自由人。但這個狀態因貴族在農民戰爭中得勝之故而消滅了。不僅戰敗的南德意志的農民再變成農奴，十六世紀中葉以後，東普魯士、布蘭登堡、波美拉尼亞、西利西亞的自由農民；不久，什列斯維格荷爾斯坦的自由農民，都變成農奴了。」〔摩勒爾《徭役土地》，第4卷。梅岑（Meitzen）《普魯士國的土地》。漢森（Hanssen）《什列斯維格荷爾斯坦的農奴制度》。〕——F. E.

動，就變成替公地侵奪者勞動的徭役勞動了。農奴關係就是這樣發展起來的。但在最初只是一個事實，還沒有成為法律上的制度。直到世界解放者俄羅斯，以廢止農奴制度的姿態，使農奴制度有了法律上的地位。當然，1831 年俄國基塞勒夫將軍（Kisselew）制定的《徭役勞動法》（*Kodex der Fronarbeit*），是領主們所口授的。俄羅斯由此一舉，把多瑙河諸公國的達官顯貴給征服了，同時又博得了全歐自由主義白痴的喝采。

依照這個稱作「組織法」（Réglement Organigue）的《徭役勞動法》，每一位瓦拉幾亞農民除必須上納一定量詳細規定的實物納貢之外，還必須支付：(1)12 日一般勞動；(2)1 日耕作勞動；(3)1 日木材搬運勞動，合計每年 14 日勞動，給所謂的地主。但用政治經濟體上深透的見解去看，這所謂的工作日，絕不是普通意義的工作日，而是一日平均生產物在生產上必要的工作日。依照法典的狡猾規定，這所謂一日平均生產物，即使是巨人，也不能在 24 小時內完成。所以，該法典，用真正俄國式的露骨諷刺說明了，12 工作日必須理解為 36 日體力勞動的生產物，又耕作勞動 1 日和木材搬運勞動 1 日，各須理解為 3 日，合計是 42 日徭役。此外，還要加上臨時徭役（Jobagie），那是配合地主臨時需要的服務。各村落皆應按人口比例，每年以一定人員數提供這種臨時徭役。這種的徭役，在瓦拉幾亞，每個農民每年應有 14 日。所以合計起來，每年的徭役勞動實為 56 日。瓦拉幾亞因氣候不良，每年只有 210 日可從事農業工作。其中有 40 日是星期日和假日，平均有 30 日是風雨天，共減去 70 日，如此就只剩下 140 日了。徭役勞動和必要勞動的比例為 56/84，或 66 又 2/3%。其剩餘價值率，比起英國農業勞動者、工廠勞動者間盛行的剩餘價值率，還更小得多，但這不過是法定的徭役勞動。這個法典，比英國《工廠法》還更以「自由主義」的精神，促成法律上的規避。它不僅從 12 日延伸出 54 日，且又安排這 54 日徭役每日的部分名目工作，必須落到次日的時間。例如，規定必須一日做完一定面積土地的耘田工作（在玉米的栽培上尤其是這樣），實際要有

兩倍的時間才能做完。又，某類型的農業勞動的法定工作，竟可以解釋，爲從 5 月算起到 10 月才止。在摩爾多瓦，條件更爲嚴酷。有一個領主，竟在勝利的陶醉中說：「組織法規定的 12 日徭役，等於是一年 365 日[12]。」

多瑙河諸公國的組織法，每一條文，都使剩餘勞動的貪欲變得合法。它是這種貪欲的積極表現。英國的《工廠法》，卻是這種貪欲的消極的表現。這些法案，藉由國家——資本家和地主支配的國家——規定強迫限制工作日來，節制資本無限耗盡勞動力的熱望。撇開那一天比一天具威脅性的勞動階級運動，工廠勞動仍然是有限制的必要，這就像英國田地有搬運海鳥糞去加肥的必要一樣。同樣盲目的掠奪迫切性，在一情況使土地貧瘠，在另一情況，則毀了國家的活力根本枯竭。英國週期流行病的蔓延，和德、法兩國士兵體格標準的遞降，證明了這同樣的事情[13]。

---

[12] 欲知其詳，可參看雷尼奧（E. Regnault）《多瑙河諸公國的政治社會史》，巴黎，1855 年，第 303 頁、321 頁以下。

[13] 「一般來說，當某有機體的軀體，超過物種全體的平均水準以上時，我們總可在一定限度內，說這個有機體是繁榮的。就人類來說，當他由物理或社會的事情而在發育上受到損害時，他的發育是絕不會充分的。實施徵兵制的歐洲各國，自實施這種制度以來，成年男子的平均身高漸漸減少。他們服兵役的能力減低了。法國在 1789 年革命以前，步兵身高的法定最低限度為 165 公分。1818 年，依 3 月 10 日的法律，減為 157 公分了。1852 年，又依 3 月 21 日的法律，減為 156 公分。在法國，因身高不夠和體質虛弱而不合兵役資格的，平均有半數以上。在撒克遜，1780 年士兵最低的身高為 178 公分，現在是 155 公分。在普魯士是 157 公分。據梅耶（Meyer）在 1862 年 5 月 9 日巴伐利亞新聞的計算，9 年平均下來，在普魯士 1,000 名徵兵中，有 716 人是不能服兵役的；317 人因身高不足，396 人因身體虛弱。……1858 年，當柏林兵額缺 156 人時，竟沒有人可以補充。」〔李比希（J. V. Liebig）《化

現在還有效（1867年）的1850年制定的《工廠法》，規定星期日以外，每日平均勞動10小時；即星期一至星期五，每日12小時，從上午6點至下午6點，其中包含1/2小時早餐的時間，1小時午餐的時間，淨值為10又1/2小時；星期六為8小時，從上午6點到下午2時，其中有1/2小時早餐的時間。故實計為60小時。星期一至星期五，每日10又1/2小時，星期六為7又1/2小時[14]。為監督這種法律施行，曾指派直屬內政部的工廠監督專員負責。其報告，每半年依國會規定公布一次。這種報告，提供定期及官方統計的資本家對剩餘價值的貪欲。

　　現在我們且聽聽工廠監督專員的話[15]。

　　「狡猾的製造廠主，在上午6點以前15分鐘（有時略早，有時略遲）就開工，在下午6點過15分鐘後（有時略早，有時略遲）才下工。名目上的早餐時間，前後各被取去5分鐘；名目上允許的午餐時間，前

學在農業和生理學上的應用》，第7版，1862年，第1卷，第117、118頁。〕

[14] 1850年以後的《工廠法》歷史，可參看本章後段。

[15] 關於英國自現代工業開始以來至1845年這個時期的情況，我在這裡只略略提到，其詳可參看恩格斯著《英國勞動階級的狀況》（萊比錫，1845年）。恩格斯對於資本主義生產方式的精神的了解，是很精深的。這一點，由1845年以來公布的工廠報告、礦山報告所證實了。若我們把他的著作，和18、20年後發表的童工委員會的報告（1863至1867年）比較，我們就知道，他的敘述是怎樣妥適。童工委員會的報告，主要是報告1862年尚未實行《工廠法》的各產業部門的情形。直到現在這些產業部門，還有一部分是未實行《工廠法》的。而這些產業部門現在的情形，和恩格斯描寫的情形，沒有多大的變化。我所舉的實例，主要是1848年以後自由貿易時期的實例，在科學上不值一顧的專門吹法螺的自由貿易商人，向著德國人，把這個時期誇作樂園時期。在這裡，因為英國是資本主義生產的典型代表，並且因為只有英國對於我們現在討論的問題，曾有連續不斷的統計發表，所以我們就把英國放在前頭了。

後各被取去 10 分鐘。星期六下午 2 點後，多做 15 分鐘（有時略少，有時略多）。所以結果他賺了：

星期一至星期五		星期六	
上午 6 點以前	15 分鐘	上午 6 點以前	15 分鐘
下午 6 點以後	15 分鐘	早餐	10 分鐘
早餐	10 分鐘	下午 2 點以後	15 分鐘
午餐	20 分鐘		
合計	60 分鐘	合計	40 分鐘
五日共計	300 分鐘		

全星期總計 340 分鐘

也就是每星期共賺 5 小時 40 分鐘。每年 50 星期（假定有 2 星期是假日或意外的停工），合計為 27 工作日 [16]。」

「工作日只要每日延長 5 分鐘，乘以周數，一年合起來，就可以延長 2 又 1/2 日 [17]。」「每日只要在上午 6 點以前、下午 6 點以後及正常固定的吃飯時間兩端分攤延長一小時，一年 12 個月，就幾乎相當於工作 13 個月了 [18]。」

在危機時期，生產中斷了、工時縮短了，每星期不是每日都開工了。這情形，自然不會影響資本家延長工作日的傾向。生意愈是清淡，他愈是想從縮小的營業範圍內，取得愈大的利潤。開工的時間愈是短，他愈要將該時間轉成更多剩餘勞動時間。所以，在 1857 至 1858 年危機時期，工廠監督專員的報告說：

「生意這樣清淡的時候，說仍有過度勞動的事情，似乎是矛盾的；但引導無恥的人去犯法的，正是營業不振。他們由此得了額外的利潤。」霍納（Leonard Horner）說：「過去半年間，我這區域有 122 家

---

[16]《工廠管理法》（1859 年 8 月 9 日以下議院之命令公布）中工廠監督專員霍納的提議，第 4、5 頁。

[17]《工廠監督專員半年報告。1856 年 10 月 31 日》，第 35 頁。

[18]《工廠監督專員半年報告。1858 年 4 月 30 日》，第 9 頁。

工廠關門了,有 143 家工廠尚持續。但超過法定時間的過度勞動,依然不止[19]。」霍維爾先生(Howell)說:「在這段時期很長時間因營業衰退,許多工廠都一起歇業,仍有很多工廠縮短開工。但我依舊接到和往常一樣多的控告,說因法定進餐時間、休息時間被侵蝕,以致工人每日有 1/2 小時或 3/4 小時的時間被奪取[20]。」

1861 至 1865 年棉業發生可怕危機時,這種現象也重現,不過沒有那麼嚴重[21]。

「若在進餐時或其他不合法時間,仍見有勞動者在工廠工作,就有人辯解說,他們是不願意在規定時間內離開工廠的,所以,要他們停止工作(例如洗滌機械等等)非用強制手段不可(尤其是在星期六下午)。他們在機械停止轉動以後仍留在工廠內。……但若在下午 6 點以前或 2 點以前(星期六),留下充分的時間,讓他們特別從事洗滌等工作,他們是絕不會被雇的[22]。」

---

[19] 前揭報告第 43 頁。

[20] 前揭報告第 25 頁。

[21]《工廠監督專員半年報告。1861 年 4 月 30 日》,附錄二;《工廠監督專員半年報告。1862 年 10 月 31 日》,第 7、52、53 頁。犯法的事件,在 1836 年後半年,次數還更多。參看《工廠監督專員半年報告。1863 年 10 月 31 日》,第 7 頁。

[22]《工廠監督專員半年報告。1860 年 10 月 31 日》,第 23 頁。依製造廠主在法庭的證供,工廠工人狂熱地反對工廠勞動的中斷,但同時卻有下述種種奇聞。1836 年 6 月初,杜茲柏立(約克夏)的審判官曾告發巴特勒附近有八個大工廠的廠主,曾違反《工廠法》。某位紳士曾被控雇用 12 至 15 歲的兒童,在星期五早晨 6 點起勞動到星期六下午 4 點,不讓他們休息,除了吃飯和半夜一小時的睡眠。這些兒童必須在「屑洞」(那裡毛織物的破布被撕成碎片,充滿著塵灰粉末等物,甚至成年男工人也不得不用手帕掩住口鼻來保護肺),繼續做 30 小時的工作。被告諸位,幸而是貴格會(Quaker)教徒,

「違反法案的過度勞動，使製造廠主獲得額外的利潤。就多數製造廠主來說，這種利潤是一種過大的、不能抵抗的誘惑。他們認此為難得的機會。犯法被定罪後所受的處罰和成本既然甚小，所以他們發現，即使被查出也還是利得多於損失[23]。」「在一日內，他們分幾回，每一回偷一點點時間。當情形如此時，監督專員要成案是不可克服的困難[24]。」這種小偷（資本偷取工人進餐時間、休息時間的小偷），也被工廠監督專員稱為分秒的小盜[25]。工人間流行的術語，是「進餐時間的蠶食和盜用」[26]。

在這樣的氛圍中，剩餘價值由剩餘勞動形成，絕不是什麼祕密。有一位很可敬的製造廠主曾對我說：「倘若允許我每日越限10分鐘，你就每年把1,000鎊，放在我錢袋裡了[27]。」「利潤的要素就在瞬間[28]。」

從這個觀點來看，最有特色的事實，莫過於「fulltimers」（全時間

不然，他們一定會宣誓，證明他們本人非常慈悲，原要給這些可憐兒童4小時的睡眠，但這些兒童卻不肯睡。結果這幾位貴格會教徒，被處了20鎊的罰金。詩人德萊頓（Dryden）在寫如下數行時，一定曾把這種貴格會教徒記在心裡。他寫道：

「狐狸，滿裝著表面的神聖，

怕宣誓，但像惡魔一樣說謊，

像四旬祭的懺悔者一樣，用神聖的眼凝視著，

在祈願之前，他是不敢犯罪的。」

[23] 《工廠監督專員半年報告。1856年10月31日》，第34頁。

[24] 前揭報告第35頁。

[25] 同上。

[26] 同上。

[27] 前揭報告第48頁。

[28] 《工廠監督專員半年報告。1860年4月30日》，第56頁。

工）和「halftimers」（半時間工）[29] 的稱呼了。能以全時做工的工人，稱作「全時間工」，13 歲以下只允許做 6 小時工的兒童，稱為「半時間工」。在此，勞動者不過是人格化的勞動時間。一切個人的區別，都溶入「全時間工」和「半時間工」的區別裡面了。

III 無法律限制勞動剝削的英國各產業

關於延長工作日的傾向，以及狼一樣的對於剩餘勞動的渴望。在我們以上所論的那一些產業內，對勞動力畸形的剝削，英國有一位有產階級經濟學者就說，雖西班牙人待美洲紅人的殘暴，怕也自嘆不如[30]。但就因此，終使資本受法律規定的束縛。但現在，我們且轉過來，看看某些生產部門的情形。在這些部門，勞動力的剝削直到今日依然是毫無拘束，或不久以前依然是如此。

郡判官布勞頓・查爾頓（Broughton Charlton）在 1860 年 1 月 14 日諾丁罕市會議廳的會議席上，曾以主席的資格說：「從事花邊製造業那一部分都市人口不為任何文明世界、英國其他部門所知，所受到的痛苦、貧困。……那裡，9 至 10 歲的兒童，在天未亮的 2 點、3 點、4 點，就從汙穢的床上被拉起來，只為存活，而被迫工作到夜裡 10 點、11 點，甚至 12 點。他們的四肢是破裂的、他們的體格是萎縮的、他們的面容是慘白的、他們的人性簡直麻木了，叫人想到就害怕。……馬勒

---

[29] 這是法定公民權的表示。工廠是用這個名詞，工廠報告也是用這個名詞。

[30] 「工廠擁有者追求利得的殘忍性，雖與西班牙人征服美洲追求黃金的殘忍性相比，恐也只有過之而無不及。」〔韋德（John Wade）《中產階級和勞動階級的歷史》，3 版，倫敦，1833 年，第 114 頁。〕這本書是一本經濟學概論性質的書，它的理論部分，在當時可說是頗有創見，尤其是論商業危機的地方。它的歷史部分卻十分無恥地，抄襲艾登（M. Eden）《貧民的狀態，英國勞動階級史》（倫敦，1799 年）的記載。

先生以及別的製造廠主，會抗議這件事情的討論，是毫不足怪的。……眞的像蒙塔古・瓦爾皮（Montagu Valpy）牧師所形容，那簡直是不折不扣的奴隸制度，在社會方面、生理方面、道德方面、精神方面……，都是奴隸制度。試想，在一個都市裡面，竟有大眾集會請求把男人一日的勞動時間，限為 18 小時，我們將作何感想。……我們常反對維吉尼亞和卡羅來納的棉花栽培業者。但他們的黑奴市場、他們的鞭笞、他們的人體以物易物，比這種為資本家利益製造面紗及硬領而出現的人性凌遲為，難道更可厭嗎？」[31]

斯塔福的陶業，在過去 22 年內曾三度成為國會調查的對象。調查的結果，第一次，見斯克里文先生（Scriven）1841 年《向童工委員會報告》；第二次，見格林豪醫師（Dr Greenhow）1860 年依樞密院醫官命令刊行的報告（《公共衛生第三報告》，第 112 到 113 頁）；第三次，見隆格先生（Longe）1863 年的報告（即《1863 年 6 月 13 日。童工委員會第一報告》）。在此，我只要從 1860 年及 1863 年的報告，摘錄那被壓榨兒童自己的證供。由此等兒童的證供，可以推知這種工業成年男工人的情形，尤其是少女和婦人的情形。與這種工業比較起來，紡織業算是比較愉快、衛生的職業了[32]。

伍德 9 歲，初入工廠做工時，只 7 歲 10 個月。他的工作是搬運模型（把已經入模的東西，搬到乾燥場去，再把空模搬回來）。他每日早晨 6 點到工廠去，晚上 9 點左右回來。「除星期日外，每日我要做到晚上 9 點。我已經這樣做了 7 到 8 個星期了。」一個 7 歲的小孩，每日竟勞動 15 小時。穆雷，12 歲，他說：「我的工作是轉絞盤，並搬運模型。我 6 點來，有時是 4 點來。昨天整夜都做工，一直到今早 6 點鐘，整天沒有上床。昨晚除我之外，還有 8、9 個兒童做工。除了一個，都

---

[31]《倫敦每日電訊》，1860 年 1 月 17 日。
[32] 參看恩格斯《英國勞動階級的狀況》，第 249 至 251 頁。

是這天早晨進廠的。我每星期得 3 先令 6 便士。晚上做工，沒有額外的工錢。上星期我做了兩晚夜班。」費尼霍，10 歲，他說：「我不常有 1 小時吃晚飯的時間，在星期四、星期五跟星期六只有 1/2 小時。」[33]

按照格林豪醫師的報告，在斯托克和沃爾斯坦登這兩個陶業區域內，人的平均壽命是極短的。被製陶業雇用的 20 歲以上的男子，在斯托克區域內雖僅有 30.6%，在沃爾斯坦登區域內雖僅有 30.4%，但在這一類人中，前一區域有半數以上死亡，後一區域約有 2/5 死亡，是陶工患肺病的結果。在亨萊市行醫的布斯羅伊德醫師（Boothroyd）說：「陶工一代比一代虛弱，一代比一代矮小。」另一個醫師麥克比恩先生（McBean）也說：「我在陶工中行醫已 25 年，發覺他們的體格有顯著的退化，尤其表現在身高及胸腔上。」這幾種證供，也是由 1860 年格林豪醫師報告中採錄的。[34]

《1863 年童工委員會報告》有這樣的話：北斯塔福郡工廠附屬醫院主任醫生阿里奇（JT. Arledge）說：「陶工作爲一個階級，不分男女，代表了生理上、道德上退化的人口。他們通常是發育不全、體態不正的，且往往胸腔不正。他們是早衰從而短命的。他們被消化不良、肝腎臟病、風濕症襲擊所造成的遲鈍、貧血、虛弱。他們最容易患的病，是肺炎、肺結核、支氣管炎、氣喘等胸腔疾病。有一種病似乎是他們特有的，稱作陶工氣喘或陶工肺病。陶工中有 2/3 以上的人，患有侵害腺、骨，及其他部分的淋巴結結核。……若沒有新募的人口持續從附近鄉鎮移入，或與更健康的人種通婚，這個地方人民身體退化的程度，恐怕還不只是這樣。」同醫院前任外科醫生查爾斯‧皮爾森（Charles Pearson）在給童工委員隆格的書面報告中，也說：「我沒有統計資料。我的話，都以我實際見到的情形作爲根據。但我敢斷言，每次看到這些

---

[33]《童工委員會第一報告》，1863 年，證供 16、19、18。
[34]《公共衛生第三報告》，證供 102、104、105。

可憐的兒童，為滿足雙親或雇主的貪婪而犧牲健康時，我心裡就很激憤。」他列舉陶業工人疾病的原因，總結為「時間過長」。童工委員在報告中曾說：「英國的陶業，在全世界占這樣重要的位置。其得有今日，實賴工人的勞動與熟練；它絕不能長此在這種偉大的成功之下，任勞動者的身體惡化、任勞動者受各種肉體的痛苦、任勞動者短命而死[35]。」以上所言，適用於英格蘭的陶業，也適用於蘇格蘭的陶業[36]。

黃磷火柴製造業，開始於 1833 年，以磷塗於木梗上的方法，就是那時候發明的。1845 年以降，這一種製造業在英國發展得極迅速；特別擴及曼徹斯特、伯明罕、利物浦、布里斯托、諾里治、新堡、格拉斯哥等處及倫敦人口稠密的地方。但隨著這種製造業的發展，牙關鎖閉症（1945 年，一位維也納醫生發現這是火柴製造業的特殊病）也蔓延開來。該業所用的工人，有半數是未滿 13 歲的兒童，或 18 歲未滿的青年男女。這種製造業其惡臭的有害健康，令人難以忍受，是誰都知道的，所以只有最可憐的勞力階級（例如瀕臨餓死的寡婦等等），才會送他們「衣裳破爛、飢餓的、毫無教養的兒童」，去做這一種工[37]。在委員懷特（White）1863 年審查的證人中，有 270 人是未滿 18 歲的，50 人未滿 10 歲，10 人只有 8 歲，5 人只有 6 歲。每日勞動自 12 小時到 14 或 15 小時；趕夜班是常事，吃飯時間也不規律，而且他們吃飯大多就在充滿磷毒的工作室內。但丁所描寫的地獄，也遠不及這種情形可怕。

在壁紙製造廠內，較粗的壁紙是用機器印刷的，較精緻的壁紙是用手印刷的（木板印刷）。生意最忙的月分，從 10 月初開始到 4 月底止，這期間的工作進行極速且嚴苛，自早晨 6 點至晚上 10 點鐘（或 10 點鐘後）一刻也不停歇。

---

[35]《童工委員會第一報告》，1863 年，證供 24、22，第 xi 頁。

[36] 前揭報告第 xlvii 頁。

[37] 前揭報告第 liv 頁。

李奇證供：「去年冬天，在 19 個女孩中，有 6 個因工作過度生了病，而不能照常上工。我常常要在她們耳邊大聲叫喊，她們才不至於在工作中打瞌睡。」杜菲證供：「我看見那許多小孩，沒有一個能睜開眼睛工作，實際上，我們自己也是這樣。」萊特伯恩證供：「13 歲……這個冬天，我們勞動到晚上 9 點，上個冬天，我們勞動到晚上 10 點鐘。我每晚都因腳痛而哭。」阿蒲斯登證供：「我這個小孩 7 歲時，我常在雪中把他背來背去，他每日通常有 16 小時的工作。……他不能離開機器或停止它，必須站在它前面，所以我常常要跪下來餵他。」史密斯（曼徹斯特某一個工廠的經營股東）證供：「我們（指為『我們』工作的工人）繼續工作，連吃飯的時候也不停下來，所以每日工作到 4 點 30 分，就滿 10 又 1/2 小時了。4 點 30 分以後的時間，都是超時間[38]。」「這位史密斯先生自己，在這 10 又 1/2 小時內，也不吃飯嗎？」「我們（還是這位史密斯先生）很少在下午 6 點以前停止工作（那就是停止消費『我們的』勞動力機械），所以我們實際全年都有超時工作。但……在過去 18 個月中，兒童和成人都一樣，（152 個兒童和青年人，140 個成人）平均每星期至少要勞動 7 日和 5 小時，也就是每星期 78 又 1/2 小時。今年（1862 年）到 5 月 2 日為止的那 6 個星期內，平均時間還更長——每星期常加到 8 日或 84 小時。」這位極端服膺複數尊嚴（我們是代表他的子民）的史密斯先生，還帶著微笑追說：「機器工作不算強烈。」所以木版印刷的壁紙製造家，說：「手工勞動比機器工作更健

---

[38] 我們不要把超時（uberzelt）這個名詞，和剩餘勞動時間的意義混淆了。此輩先生認為每日 10 又 1/2 小時的勞動為標準工作日，那已經包含標準的剩餘勞動。做完 10 又 1/2 小時之後，「額外時間」就開始了。這種額外時間，有稍好一點的給付。我們以後將會知道，在「標準日」內使用勞動力的代價，已在其價值之下，所以「額外時間」，也不過是資本家剝削多量剩餘價值的手法。並且，就算「標準日」內使用的勞動力實際有充分的給付，這種「額外時間」仍不過是這麼一回事。

康。」大體來說，製造廠主們對於「機器至少應在吃飯時間停止」的建議，都以激憤的態度反對。阿提勒先生，巴勒姆（倫敦）地方一個壁紙公司的經理曾說：「准許在上午 6 點至晚上 9 點工作的條款，是對我們（！）適宜的，但《工廠法》規定的上午 6 點至下午 6 點的時間，是對我們（！）不適宜的。我們的機器常在吃飯時間停止（這是何等的慷慨！）。這種停止不會造成紙張及顏料的損失。」但（以同情心往下說）「我知道，由此引起的時間的損失，是叫人不高興的。」委員會的報告就天真的認為：「有些大廠商擔心會損失時間（占有他人勞動的時間）、從而損失利潤。仍沒有充分理由，准許未滿 13 歲的兒童和未滿 18 歲的青年人，每日做 12 至 16 小時的工，連晚餐時間也沒有。或在生產過程中給與勞動者的食物，僅視為是勞動設備的輔助物資[39]。如炭與水是蒸汽機的輔助物資、肥皂是羊毛的輔助物資、油是車輪的輔助物資。」

在英格蘭，沒有別種產業，還比烘焙業——暫且不說近來才開始採用的麵包機械製造法——更保存基督教前期的古老生產方法了。在今日，我們還可由羅馬帝國詩人的歌詠，認識這種生產方法的實際情形。我們曾經講過，資本當初遇到怎樣的勞動過程，就採取怎樣的過程。當初資本是勞動過程的無差別技術特性。

麵包摻雜的程度簡直叫人不能置信，尤其是在倫敦。這情形，最初是由下議院「食品摻雜調查委員會」（1855 至 1856 年）及哈塞爾醫生（Dr. Hassall）〈識破摻雜〉一文揭發的[40]。其結果是 1860 年 8 月 6 日《防止飲食品摻雜法》的制定。一個不能運作的法律。它對於買賣摻雜貨以賺「正當錢」的自由貿易商，自然體恤有加[41]。該委員會天真的信

---

[39] 《童工委員會 1868 年》，證供 123、124、125、140，第 liv 頁。

[40] 擣碎之後使其與鹽混合的明礬，就成了一種常見的商品，名為「麵包材料」（baker's stuff）了。

[41] 煤煙（Russ），是碳一種極具能量的形態。英國農業家，常向資本主義的煙

服，自由貿易在本質上就是摻雜貨〔英國人很技巧地稱它為「混雜貨」（Sophistizierten Stoffen）〕的貿易。實在地說，這一種詭辯，甚至比普羅達哥拉斯（Protagoras），還更了解如何以白轉黑、以黑轉白；又比伊利亞學徒（Eleaten）更能證明，眼前一切僅為幻影[42]。」

總之該委員會曾指引公眾注意「日常的麵包」，從而對於烘焙業加以注意。同時，倫敦麵包工人反對其過度勞動及種種的懇求，又由公眾集會及議會請願，放送出來了。這種懇求是極迫切的，以致委託托勒門希爾先生（多次提及的1863年童工委員會委員）為敕命調查委員。他的報告，以及他所列舉的證據[43]，雖未觸怒公眾的心，但確曾觸怒公眾的胃。讀過聖經的英國人很知道，除了得天獨厚的資本家或地主或領乾薪者外，每一個人都須用額頭的汗來換麵包，但不知道在他每天吃的麵包中，除含有明礬、砂粒及其他種種適宜的礦物質以外，尚含有一定量的汗液，並且混有膿瘡、蜘蛛網、死蟲、發臭的酵母。不管怎樣神

鹵掃除業者購買當作肥料。1862年，英國有一位陪審官，遇到一次這樣的訴訟要他判決：不讓購買者知道，私自將90%的灰塵和砂混進去，在「商業的」意義上，是否還是「現實的」煤煙。也就是，在「法律的」意義上，那是不是摻雜的煤煙。依這個「商業之友」判決，那應當是商業上現實的煤煙。農業家敗訴了，不但敗訴，還要擔負訴訟的費用。

[42] 法國化學家薛瓦利耶（Chevallier）在討論商品摻雜的一篇論文中曾說，在他檢驗過的600餘種商品中，每一種商品，都有10種、20種，乃至30種的摻雜方法。他還說，他所知道的，還只是摻雜方法的一部分；並且他還沒有把他所知道的摻雜方法，全部列舉出來。依據他說，砂糖有6種摻雜方法；橄欖油有9種；牛油有10種；鹽有12種；牛乳有19種；麵包有20種；白蘭地有23種；麵粉有24種；巧克力有28種；葡萄酒有30種；咖啡有32種等等。就連神，也難免這個命運。參看羅納德（Ronard de Card）《聖物的假造》，巴黎，1856年。

[43] 《麵包工人糾紛的報告》，倫敦，1852年；《第二報告》，倫敦，1863年。

聖、怎樣自由，這一向自由的烘焙業也終於要受國家監督專員的監督了（1863 年議會期間終了時）。依照這個議會通過的法案，未滿 18 歲的麵包工人，不得在晚間 9 點至凌晨 5 點勞動。這最後的條款，關於這一種古老樸實行業上的過度勞動，提供了足夠的證明。

「倫敦烘焙業工人的勞動，通常是晚上 11 點左右開始的。晚上 11 點，他動手揉麵團——這是一種極費工的步驟，約 30 至 45 分鐘不等。要看這一爐麵包的大小及投入的勞動而定。此後，他就躺在兼作生麵團發麵槽槽蓋的揉麵板上，鋪一個粉袋當墊子，捲起一個粉袋當枕頭，差不多睡 2 小時左右。接著，他須進行 5 小時左右無間斷的急速工作，從槽裡把麵團取出，分成一塊一塊麵包的形式，放進烤箱裡去烤成麵包卷或裝飾性麵包，再從烤箱裡取出來，搬到店裡去，等等其他工作。麵包烘焙房內的溫度，大概從 75 到 90 度，但在小規模烘焙房內，溫度常是接近 90 度。但製作麵包的工作完畢後，分配麵包的工作又開始了。該業工人，大部分在晚間完成上述種種艱苦的工作以後，尚須在日間做幾小時工作，提著籃、推著車，挨戶分送麵包，有時清理各種室內的工作。依照節令、依照其主人營業的範圍和性質，在下午 1 點至 6 點之間下工。另一部分人，則在烘焙房出爐更多麵包一直到下午[44]。」在習俗上所謂「倫敦季」的時節，市西區所謂全價格麵包製造業者（Cer Baker zu vollen Brotpreisen）手下的工人，普遍是夜間 11 點就開始製作麵包到翌晨 8 點，中間只不過有一次或兩次短（有時極短）期間的休息。之後就整日運送麵包，到下午 4、5、6 點，甚至到傍晚 7 點；有時下午還須在烘焙房內幫忙製作餅乾。他們工作完，有時只睡 5、6 小時或 3、4 小時，就要起來再做工。星期五他們工作更早，大約晚間 10 點就要開始繼續製作和分配的工作，到星期六晚間 8 點，但一般須繼續到星期日早晨 4、5 點鐘。星期日，他們仍然要替隔天的製造準備，在白天

---

[44]《第一報告》，第 vi 頁。

裡，做兩次或三次一兩小時的工作。……至於廉價求售者（Underselling masters，他們以全價格以下的價格販賣麵包，這一種人在倫敦烘焙業者中，據說占 3/4）手下的工人，他們不僅平均工作時間較長，還幾乎完全侷限在烘焙房內。這種烘焙業者通常只在本店販賣麵包。即使送出（除供給雜貨店外，這不是常見），他們也會雇用別的工人專做這一件事。挨戶派送麵包，他們是不做的。一星期快結束時，……工人從星期四晚上 10 點鐘起，就忙起來，一直到星期六晚上 10 點鐘，中間僅有少許的間斷[45]。

即使從資產階級的觀點來看，也不難識破廉價求售者的利基。工人的無代價的勞動，便是他能夠這樣競爭的源頭[46]。全價格麵包製造業者，就曾向調查委員會，斥責廉價求售的競爭者是掠奪他人勞動和摻雜的能手，說：「他們存活至今端靠，第一是欺瞞公眾；第二是使工人工作 18 小時，但僅付他 12 小時的工資[47]。」

在英國，麵包摻雜的事實和廉價求售的烘焙業者階級的形成，是從十八世紀初葉發展起來的。那時候，這種行業已脫去行會性質，資本家已以麵粉廠主的資格，出現在名目上麵包店老闆背後了。[48]在這種行業上，資本主義生產的基礎、工作日無限延長與夜間勞動的基礎，就是這時樹立的。但後者即在倫敦，也在 1824 年以後，才真正的穩固[49]。

---

[45] 前揭報告第 lxxi 頁。

[46] 里德（George Read）《烘焙業史》，倫敦，1848 年，第 16 頁。

[47]《第一報告》，全價格烘焙業者齊士曼的證供，第 108 頁。

[48] 里德前書。在十七世紀末和十八世紀初，擠進某種職業去的代理處，是被視爲「公害」的。例如，大陪審官就在薩莫塞特郡的治安審判官季會中，向下議院致送一個呈文。呈文中說：「布萊克威爾館中的代理處，是一種公害，足以妨害織物商人，應視其爲有害物制止之。」（《英國羊毛業訴訟事件》，倫敦，1685 年，第 6、7 頁。）

[49]《第一報告》，第 viii 頁。

據以上所述，就無怪委員會報告，會把烘焙業工人歸到短命工人那一類了。這個報告告訴我們，在兒童時期倖免夭折的烘焙業工人，很少活到 42 歲。不過，想到烘焙業去做工的人，依然非常的多。就倫敦一處而言，烘焙業勞動力的供給，是來自蘇格蘭、英格蘭西部農業區域和德意志。

1858 至 1860 年間，愛爾蘭烘焙業工人曾自費組織一大會，鼓吹反對夜間勞動和星期日勞動。公眾（例如都柏林 5 月大會）多以愛爾蘭式熱情參加。運動的結果是，夜班在威克斯福（Wexford）、啓肯尼（Kilkenny）、克倫麥（Clonmel）、沃特福（Waterford）等地被禁止了。但「在烘焙業工人痛苦異常的利麥立克郡 Limerick）,因烘焙業老闆（尤其是麵粉廠主）強烈反對，運動失敗了。該郡的失敗，影響到恩尼斯（Ennis）、提珀雷立（Tipperary）兩郡，也失敗了。在反感最烈的科克郡（Cork），老闆憑藉解雇的權力，也挫敗了運動。在都柏林（Dublin），烘焙業老闆對於這個運動採取最果斷的反對立場，藉由儘可能挑鼓吹工人的毛病，使其他工人違反信仰默認夜間和星期日的勞動[50]。」

常不惜用武力對付愛爾蘭的英國政府，對於都柏林、利麥立克、科克等郡難以平息的烘焙業老闆，卻採用比較溫和的態度。英國政府的委員，以溫和而沉痛的語調，勸告他們說：「本委員相信勞動時間，受限於自然法則。違犯它是有懲罰的。老板們以失業的恐怖，引誘工人去違犯他們的宗教信仰、違背他們的良心，並違犯國家的法律，不顧公共的輿論（這些，都指星期日的勞動說），實足以激起工人和老闆之間的惡感，造成在宗教、道德和社會秩序上有害的先例。……本委員會相信，任何一日連續工作超過 12 小時以上會侵害工人的家庭生活與私人生活，招致道德上不祥的結果，干擾每一個人的家庭，使父母兄弟子女夫

---

[50]《委員會關於 1861 年愛爾蘭烘焙業的報告》。

婦不能履行家庭的義務。12小時以上的勞動，會逐漸損害工人健康，使他們早老早死，從而，大有害於家庭，使家庭不能在最需要的時候，得到家長的照顧和扶助[51]。」

以上講愛爾蘭。再看看海峽的彼岸蘇格蘭。在那裡，農業勞動者，犁田者，曾抗議，在氣候險惡的季節，每日勞動13小時乃至14小時，星期日還要做4小時追加的工作。（蘇格蘭的安息日主義者竟是如此！）[52] 當他們反對這種狀態時，恰好有三個鐵路勞動者——一個守衛、一個司機、一個信號手——站在倫敦驗屍陪審團面前。他們為了一次驚人的火車意外事件，促使數百旅客死亡而被控告。鐵路雇員的疏忽，被認為是這次不幸事件的原因。但他們在陪審團前異口同聲說：在10年或12年前，他們每日僅勞動8小時。但在過去5、6年間，竄升到14、18，乃至20小時了。在假期開行遊覽專列的特別沉重壓力下，他們常繼續做40小時乃至50小時的工作，沒有間斷。他們都是平常人，不是巨人族。到一定限度後，他的勞動力就用盡了。他們的知覺於是變遲鈍了、他們的腦筋停止思考、他們的眼不能視了。但這些十足可敬的英國陪審團，卻回以過失殺人，交付下期審判，僅在判決以溫和的

---

[51] 前揭報告。

[52] 農業勞動者在格拉斯哥附近拉斯威特地方，曾公然集會於1866年1月5日（見1866年1月13日《工人擁護》雜誌）。1865年歲暮以來，農業勞動者方在蘇格蘭，組織了一個工會。這是一個歷史事件。英格蘭白金漢郡農業勞動者最受迫害的各農業區域，曾有工資勞動者於1867年3月大罷工，結果把工資由每星期9先令或10先令，提高到12先令了——（由上述的話，我們可知道，英國農業無產者的運動，自1830年以後，雖因禁止過激示威運動，因採用新的《濟貧法》之故完全中斷了。但在十九世紀六〇年代又再起了。結果遂在1872年成了一個劃時代的事情。關於這個問題，我將在本書第2卷回頭來討論。1867年以來公布的關於英國農業勞動者狀況的各種藍皮書，也留在那裡再討論。第三版加注。）

附帶意見,表示他虔誠希望從事鐵路業的大資本家諸君,將來在購買足夠勞動力時,應更揮霍一點,在消耗所購勞動力時,應更節制、更有克己心、更儉省一點[53]。

一大群不分男女老幼與職業的勞動者。他們比奧德賽中被殺的靈魂還更給我們深刻的印象。即無須取信他們手裡挾著的藍皮書,我們一瞥也看得見他們勞動過度的情形。現在,我們且從這一群人中,選出兩種人來。一種是女裝裁縫工人,一種是鐵匠。作一驚人的對比,就足證在資本之前,一切人是平等的。

1863年6月下旬,倫敦各日報,皆以「單純過勞而死」的「煽情」標題,刊登一段新聞,敘述一個女裝裁縫工人瑪莉・安・沃克勒的死。她20歲,受雇於一個頗負盛負的成衣店,被老闆娘芳名叫愛麗絲剝

---

[53] 《雷諾新聞》,1866年1月。這個每週發行一次的雜誌,每期都有聳人聽聞的標題,例如「可怕、殺人的大意外事件」、「悽慘的悲劇」等等。在這些標題下面,我們可以見到一個表,列舉著鐵道的意外事故。北斯塔福線有一個工人曾說:「每一個人都知道,如果駕駛人和司爐怠於不斷注意,會發生什麼結果。但是,一個在寒暑影響下持續不斷工作達29小時,乃至30小時的工人,怎能做到呢?以下便是常常發生的例子。一個司爐,在星期一黎明的時候開始做工。當他做了14小時50分鐘之後,剛好有喝一杯茶的工夫時,他又被招去做工了。……第二次,他做了14小時25分鐘才完。因此,他合計工作了29小時15分,中間沒有間斷。該星期其餘各日的勞動,是照下面這樣分配的:星期三計15小時,星期四計15小時35分鐘,星期五計14小時30分鐘,星期六計10小時10分鐘,全星期共勞動88小時40分鐘。先生,但這勞動之後,他整星期仍不過得到6又1/4日的工資,我們可以想像他是多麼驚訝了。他以為,一定是計時員弄錯了;……他問計時員,怎樣算一日,計時員答說,普通是一日算13小時,一星期共計78小時。……他要求78小時以上的工作應有工錢,但被拒絕了。結果只加給他10便士,也就是1/4的工錢。」(前揭新聞,1866年2月4日。)

削。這裡所追求的，也不過是常聽到的老故事罷了[54]。這個女工，平均每日勞動 16 又 1/2 小時，在旺季往往做工 30 小時，沒有間斷。其勞動力感到疲倦時，偶爾靠雪利酒、波多酒或咖啡提神。當時正是旺季，威爾斯王妃方從國外入境，貴婦人們正籌備為新太子妃開盛大的慶祝舞會。她們的豪華服裝，都有如符咒般在轉瞬間完成的必要。我們這位女工沃克勒，與其他 60 個女工，30 個人一組，在一個必要空氣供給不到需求量的的 1/3 房間裡，做了 26 又 1/2 小時不間斷的勞動。到晚上，她們每兩個人睡一鋪，這種鋪是不透氣的，用木板隔成[55]。這還算是倫敦最好的女裝成衣店之一。沃克勒是星期五病倒的，星期日就死了。她死

---

[54] 參看恩格斯《英國勞動階級的狀況》，第 253、254 頁。
[55] 萊特比醫生（Dr. Letheby，衛生局的顧問醫生）曾說：「每個成年人的臥室至少應有 300 立方英尺，起居室應為 500 立方英尺。」依照理查森醫生（Dr. Richardson，倫敦某醫院的主任醫生）所說：「各種裁縫女工——包括女裝女工、精緻服裝女工，以及各種普通衣服女工——有三種苦惱。那就是工作過度的苦惱、空氣不足的苦惱、食物營養不足或消化不良的苦惱……大體來說，裁縫勞動……是更適合女子，而非男子的。這種職業的禍害，尤其在首都，是因為這種職業，被 26 個資本家所壟斷了。他們享有由資本生出的種種權力手段，而要由勞動榨出經濟來（他是指由勞動力的濫用得到資本的經濟）。他們的權力，影響了裁縫女工全體。如果一個裁縫店女老闆，在一個小範圍內，得到了一群顧客，她因為怕別人競爭，必定會死命把這一群顧客抓牢。當然，幫助她的女工，也非得和她同樣過度的勞動。不能得到顧客，或無意獨立營業的女工，都須加入別的裁縫店去，在那裡，她的工作一樣繁重，不過收入較可靠些。但一旦走上這條路，她就成了一個純粹的奴隸，不得不在社會的激變中度日。有時在家內，也就是一個房間內，餓得要死；有時，不得不在空氣非常窒悶的地方，每日工作 15、16 小時，乃至 18 小時；雖有食物，哪怕是上等的食物，在沒有潔淨空氣的地方，也是不能消化的。肺結核（這純然是空氣不良的病）便是這些犧牲者的食物。」（《工作與過度工作》，見《社會科學評論》，1863 年 7 月 18 日。）

的時候，趕著要做的衣服還沒有完成，這使愛麗絲夫人驚愕不已。來不及醫治的醫生，在驗屍陪審團前充分立證：「沃克勒之死，是勞動時間過長、工作房間太擠、寢室太小又不透氣所導致。」為了要教訓這位醫生知所進退，驗屍陪審團判決：「死者系因中風而死。但她曾在過於擁擠的工作室內過度的工作，或許這種事情，也曾加速她的死。」當時，自由貿易主義者科布登（Cobden），與布萊特（Bright）的機關報《晨星報》也曾大聲說：「辛勞而死的白色奴隸，大都是凋零死了就算了[56]。」

「勞動致死是當時的常態，不僅表現在成衣店內。還有上千別的地方。我們幾乎可以說，每一個生意興旺的地方都是如此。……且以鐵匠為例。如果詩人的敘述是真的，那世間如此快活和健壯的人，莫過於鐵匠了；他起得很早，在日出之前，就敲打起火星來了；他的飲食睡眠，都是別人不及的。是的，假如工作適度，從生理方面來說，他的狀態的

---

[56]《晨星報》，1868 年 6 月 23 日。《泰晤士報》曾利用這件事，來攻擊布萊特，而為美國奴隸擁有者辯護。該報稱：「我們多數人認為，我們尚且以飢餓痛苦，代替鞭打而強迫少年女人工作致死的工具。在此際，我們絕無權利以劍以火，向生而為奴隸擁有者的家庭挑戰。他們至少曾好好給奴隸吃東西，使他們的工作不致過苦。」（《泰晤士報》，1863 年 7 月 2 日。）同樣，保守黨機關報《旗幟報》也責難紐曼・霍爾牧師說：「他指責奴隸擁有者，但與毫無悔意，以狗的工資，使倫敦客車駕駛人、賣票人每天勞動 16 小時的紳士們，一同祈禱。」最後卡萊爾（Thomas Carlyle）──關於他，我曾在 1856 年說過：「天才是死去了，崇拜還殘留著。」──又用一個簡單的比喻，把現代史上唯一的大事件（美國南北戰爭）譬喻作，北方的彼得，要打破南方的保羅的頭，因為北方的彼得「要日雇工人，南方的保羅卻要雇用他們終生。」（見《麥克米倫雜誌》，1863 年 8 月號〈美國的伊里亞德〉一文。）但保守黨對都市工資勞動者（保守黨對農村工資勞動者是從來沒有同情心的）的同情泡沫，不過這樣就破裂了。問題還是奴隸制度！

確是人類最好的狀態。但我們到都市或鄉鎮去看看吧。這種健壯的男子，擔負著多麼重的勞動呀！他們在英國的死亡統計表上，又占著什麼樣的位置呀！在瑪利爾堡鐵匠每年的死亡率為 3.1%，比英國全國的成年男子死亡率還高出 1.1%。這種職業，這一種幾乎是本能的人類技藝部分，其作為人類勤奮的一支是無可反對的，但僅因過度勞動，已成為人類的毀滅者了。他本來每日能擊這許多錘、走這許多步、呼吸這許多次、生產這許多作品、平均活這許多年（比方說 50 年）。現在，卻要叫他每日多擊幾錘、每日多走幾步、每日多呼吸幾次、每日多支出生命的 1/4。他符合了這種努力，結果是，在有限期間內他多生產了 1/4 的作品，但他不是平均死於 50 歲，而是平均死於 37 歲了[57]。」

IV　日間勞動與夜間勞動──輪班制度（Das Ablösungssystem）

不變資本（生產資料），從創造剩餘價值過程的觀點來看，是只吸收勞動的，它每吸收一點勞動，即依比例吸收一定量的剩餘勞動。若它不能那樣做，它的存在，便造成資本家的相對損失，因它閒置期間，將代表資本無用的墊付。若從休止狀態恢復重啓狀態時，必須追加支出，則這中間，還會造成積極和絕對的損失。工作日超過自然日界限延長到夜間，也只是作為緩和的辦法，也僅稍為緩和吸血鬼對於活勞動某種程度的渴望。在一日 24 小時內占有勞動，乃是資本生產的內在傾向。但同一個體勞動力在日間被剝削之後，又要在夜間持續被剝削，這是生理上不可能的事情。要克服這生理的阻礙，則讓一批工人在日間消耗勞動力，一批工人在夜間消耗勞動力，使他們互相交替，乃屬必要之事。這種交替，可以種種方法實施，例如，使勞動者一部分在這星期上日班，

---

[57] 理查森《工作與過度工作》。見《社會科學評論》，1863 年 7 月 18 日，第 476 頁以下。

在下星期上夜班。這就是大家知道的輪班制度。這個兩組工人的交替制度，在初期英國棉製造業中，是居支配地位的；即在今日也還在莫斯科行政區的棉紡織業中盛行。每日 24 小時不停止的生產過程，在大不列顛境內許多依然「自由」的產業部門裡面（例如英格蘭、威爾斯、蘇格蘭的熔礦工廠、鍛冶工廠、輾鐵工廠，及其他冶金工廠），尚作爲一種制度留傳到今日。其工作時間除包括星期一至星期六每日的 24 小時外，大多數還包括星期日的 24 小時。工人，男和女，兒童和成年人都有。兒童和青年人，自 8 歲（有時是 6 歲）至 18 歲，遍布各年齡層[58]。在某些產業部門，少女與婦人終夜和男子一起勞動[59]。

且不說夜間勞動一般的有害作用[60]。生產過程不間斷地持續 24 小

---

[58] 《童工委員會第三報告》，倫敦，1864 年，第 iv、v、vi 頁。

[59] 「在斯塔福郡和南威爾斯，少女和婦人不僅要在白天，且要在夜間，在礦山和煤炭堆積場上勞動。在致送國會的報告中，這個辦法屢次被注意，它招致極大又極顯著的弊端。這些婦女和男子一起做工，服裝上幾乎沒有差別，終日在塵埃煤煙中過日。這種不適合女性的職業，極易使她們喪失自重心，因而使她們品性墮落。」（前揭報告證供 194，第 xxvi 頁。參看《第四報告》（1865 年），證供 61，第 xiii 頁。）——在玻璃工廠，也是這樣。

[60] 一個雇用兒童做夜班的鋼廠主人曾說：「做夜班的兒童，不能睡得好、休息得好，而必須跑來跑去，那是當然的結果。」（前揭《第四報告》證供 63，第 xiii 頁。）關於陽光在身體維持和發展上的重要，有一位醫生曾說：「光線直接產生影響，使身體組織鞏固、使其彈性維持。動物的肌肉，當缺少適量的光線時，就會變得柔軟、沒有彈性，神經力將因刺激不足而失去強度，一切發育的完成都受妨礙。……拿兒童來說，在晝間不斷受豐富的光線，且受太陽光的直射，是健康上一件最重要的事。光線可以助長血液的形成力，可以將形成後的纖維組織鞏固。它還作爲刺激，而在視覺器官上產生影響，並由此增加各種大腦機能的活動。」斯托倫基（W. Strange，伍斯特一般醫院的主任醫生）——上段即摘錄自他 1864 年發表的《衛生》一書——有一封信致懷特（童工委員會委員之一）說：「當我以前在蘭開夏時，有機會觀

時,那當然是極受歡迎的超過正常工作日界限的機會。譬如在上述各種非常吃力的產業部門內,每個勞動者正式的工作日,通常是白天(或夜間)12小時。但在許多情況,用英國官方報告的話來說,這個界限以上的過度勞動是「實在可怕的」[61]。報告說:「每一個人,只要想到以下所述9至12歲兒童的勞動量,都無法抑制的得出結論:父母及雇主如此的權力濫用,不再被允許存在[62]。」

「童工晝夜輪班的辦法,無論在平時或在忙時,都必然會導致其勞動非罕見的不當延長。這種延長在多數情況,對於兒童不僅太殘忍,而且叫人難於置信。當然,在許多童工中,不免常常有一個或幾個,會因某種原因缺席。當情形發生時,就有一個或幾個另一班的兒童,要在做過一班工作以後,替補他們的位置。這個制度是眾所周知的,所以有一次我問一個輾鐵工廠的經理,請假的童工是如何補充的,他就答說:『先生,我想你所知道的,想必和我們所知道的辦法沒有不同。』來承認這項事實。」[63]

「有一個輾鐵工廠,正常時間,是從上午6點持續到下午5點半。在這個工廠內,有一個男孩,每星期大約有4晚,要工作到次日下午8點半,……這情形,持續了6個月之久。另一個兒童9歲,有時接連做3班,也就是3個12小時。當他10歲時,他還接連工作過兩天兩夜。」還有一個兒童,「現在10歲……從早上6點起;有3晚要工作到晚上12點,其餘幾晚,工作到晚上9點。」「還有一個,現在13歲,……

察夜班對於兒童的影響,我毫不遲疑地說,某一些雇主的說法是不對的。這情形下的兒童,很快就在健康上受損害了。」(前揭報告,證供284,第55頁。)這件事也會引起嚴重的爭論,那可以證明,資本主義的生產如何影響資本家和他們家臣的大腦機能了。

[61] 前揭報告,證供57,第xii頁。
[62] 前揭《第四報告》(1865年),證供58,第xii頁。
[63] 同上。

從下午6點起，有一整星期，要做到次日正午，甚至接連3班，也就是由星期一早晨做到星期二晚上。」「還有一個，現在12歲，在斯塔夫利一個熔鐵工廠做工，他從早上6點起工作到晚上12點；他這樣工作了兩個星期，不能再做了。」「喬治・埃林威斯，9歲，上星期五到這裡來當地下室僕役，他說：隔天早上，我們3點鐘就要起來，所以我整夜留在這裡，因我家離此有5里路。我就睡在裝熔爐的地板上，身下墊一圍裙，身上蓋一件短外衣。還有兩天，我是從早上6點開工的。唉，這裡真熱呀！在來此以前，我差不多有一年，在鄉下一個工廠做同樣的工作。在那裡，星期六早晨3點就開工。因離家很近，我還能回家睡。其餘各日，我是早晨6點開工，晚上6點或7點下工的[64]。」

---

[64] 前揭報告第 xiii 頁。此等「勞動力」的教育水準，可由下述的對話（和一個調查委員的對話）而知，哈內斯，12歲：「他答說，4的4倍是8，4個4是16。國王是有一切的錢和黃金的人。我們有一個國王（告訴他是女王），他們叫她亞力山卓公主。我們告訴他亞力山卓公主是女王的兒子的配偶。他說女王的兒子是亞力山卓公主，說公主是男性。」杜爾納，12歲：「他說他不住在英格蘭。他覺得這是一個國家，但以前不知道這是一個國家。」摩里斯，14歲：「他曾聽說上帝創造世界，聽說一切人都溺斃了，只有一個沒有；他還聽說，這個人便是小鳥。」史密斯，15歲：「他說，上帝造男人，男人造女人。」泰勒，17歲：「他說他不知道倫敦在哪裡。」馬特曼，17歲，說他做過多次禮拜，但後來錯過了許多次：「他們講的是耶穌。耶穌之外，我不知道有別個，而且關於他我也不知道什麼。他不是被害的，他是像平常人一樣死的。他和普通人有一些不同，因為他是宗教的，普通人卻不是。」（前揭報告，證供74，第 xv 頁。）——「惡魔是善人，我不知道他住在哪裡。」「耶穌是一個惡人。」「這個女孩讀 God 作 dog，也不知道英國女王的名字。」（《童工委員會第五報告》，1866年，第55頁，證供第278號。）金屬製造廠有上述的制度，玻璃製造廠和紙製造廠也有這種制度。在用機械造紙的名工廠內，除了撕碎布的工作，每一種工作都有夜班。在以輪班制實行夜班的地方，夜班是整星期持續不斷自星期日晚間起，

我們再聽聽，資本自身是怎樣看待這種 24 小時制度。當然，對於這種制度的極端形態的濫用（使工作日殘忍及不能置信的延長），資本是不發一言的。它所說的，只是這種制度的「正常的」形態。

雷勒、維克爾兩位先生是鋼鐵製造商，雇有工人 600 至 700 人，其中僅有 10% 是未滿 18 歲的，並且只有 20 個未滿 18 歲的兒童是做夜班的。他們說：「這些孩子都不怕熱。溫度大約在 86 至 90 度之間。在鍛冶工廠和輾鐵工廠，工人都是晝夜輪班，其他各部分都是日間勞動，自上午 6 點至下午 6 點。在鍛冶工廠，勞動時間自 12 點至 12 點。有一些工人完全做夜班，沒有晝夜輪班的辦法。⋯⋯在健康（是雷勒、維克爾兩位先生的健康嗎！）上，都做夜班和都做日班的工人，我們沒發現有任何差別。休息的時間相等，不輪班的工人大概還比輪班的工人睡得好些。⋯⋯大約有 20 個未滿 18 歲的兒童，是做夜班的。⋯⋯我們沒有未

至星期六晚間止。做日班的有 5 天，每天工作 12 小時，有一天工作 18 小時；做夜班的有 5 晚，每晚工作 12 小時，一晚工作 6 小時。但有時是依輪班制，隔日做滿 24 小時。在這情況，在星期一工作 6 小時的，便在星期六工作 18 小時，湊足 24 的數目。還有一種介於中間的制度，例如造紙工廠的工人，就是星期一至星期六，每日工作 15 小時至 16 小時。關於最後一種制度。調查委員洛德（Lord）說：「這種制度，似乎兼有 12 小時輪班制和 24 小時輪班制的各種弊端。」13 歲以下的兒童、18 歲以下的少年人和女人，都有在這種夜班制度下勞動的。有時他們雖依照 12 小時輪班制工作，但若下一班有人請假，他們就得連做兩班，接連 24 小時。依據報告中的證供可以證明，男女兒童，有許多做著過度的工作，甚至接連不斷 24 小時乃至 36 小時。12 歲的少女，往往整月每日 14 小時從事單調無味的磨玻璃的工作，「除了兩次、至多三次吃飯時間（1/2 小時）外，沒有任何規定的休息」。有若干工廠廢止了夜間勞動的規定，但過度勞動卻推進到了可怕的程度。「並且，這種現象，往往在最汙濁、最熱、最單調的過程上發生。」（《童工委員會第四報告》，1865 年，第 38、39 頁。）

滿18歲的少年做夜班是不行的，否則生產成本就要增加。各部的熟練工人和工頭難找，但童工想要多少就可以有多少。……當然，我們所雇用的童工是極少數，所以限制夜班的問題，對於我們沒有多重要，也沒有多大的利害關係[65]。」

約翰布朗鋼鐵製造公司（Messrs John Brown&Co.）雇用成年男子和兒童約8,000人，其工作一部分（鐵及重鋼的製造工作）是晝夜輪班的。該公司的艾利斯（Mr. J. Ellis）先生曾說：「在重鋼的製造上，每20或40個成年男工人，須配合1個或2個少年工人。」該工廠雇用500個以上的未滿18歲少年工人，其中有1/3（即170人）是不滿13歲的。關於上述法律所提議的交替，艾利斯說：「規定每一個未滿18歲的工人，不得在24小時內工作12小時以上，我並不覺得必須反對。但規定12歲以上的少年人，不得做夜班，我們卻認為難以劃分明確的界線。比起不許我們在夜間使用兒童，我們就寧可完全禁止使用13歲以下或滿14歲的兒童。做日班的兒童，必須輪換做夜班，因為成年男子不能專做夜班；這樣是有害健康的。……我們認為，每隔一星期做一星期夜班，是無害的。（但雷勒、維克爾兩位先生依照他們商業的利益，卻認為週期性輪換的夜間勞動比持續的夜間勞動更有害。）我們發覺，輪換做夜班的成年男子，在健康上並不比專做日班的成年男子更差。……我們反對禁止雇用未滿18歲的少年人做夜班，是因為費用要增加。這就是唯一的理由（這是多麼挖苦的天真！）。我們覺得，這種行業以其成功運轉而言是負擔不起如此增加的成本（這是何等婉轉的措辭！）。勞動在這裡是稀少的；若再採用這個規定，勞動就會短缺了。」也就是，布朗公司必須陷於致命的困難，不得不以全額價值購買勞動力了[66]。

康麥爾公司（Commell&Co.）的賽克洛普斯（Cyclops）鋼鐵工

---

[65]《第四報告》，1865年，證供79，第xvi頁。
[66] 前揭報告，證供80，第xvi頁。

廠，和布朗公司規模一樣大。該公司的經理董事，曾向政府委員懷特（White）呈遞他手寫的證詞。後來，這證詞退回來修改時，他卻發覺把這個證詞壓下來較爲有利。但懷特先生記憶力很好，他還記得這個文書的內容。即——禁止兒童和少年人做夜班，「是不可能之事，這種禁止，無異於封閉他們的工廠。」但一計其數，則他們營業上雇用的未滿18歲的童工，不過占6%，未滿13歲的童工，不過占1%[67]。

關於這一個問題，阿特克利夫鋼鐵工廠，桑德森兄弟公司的桑德森（Sanderson）先生說：「禁止未滿18歲的兒童做夜班，會引起很大的困難。最主要的是成本的增加，因須雇用成年男子代替兒童。我不能預言結果如何，但製造廠主總不能以此來提高鋼鐵價格。成年男子（何等怪胎的人！）當然拒絕負擔這種損失。這種損失，是必定要落到製造廠主身上來的。」「桑德森先生不知自己所雇用的兒童有多少工資，但歲數較小的兒童，也許每星期可得4先令至5先令。……兒童的勞動，大概（只是大概，不是通常）是輕巧的，有兒童那樣的力氣就剛好。所以，除少數情形（金屬過於笨重的情形），成年男子的力氣雖較大，但還是得不償失。成年男子服從心稍弱，所以成年男子都更願有兒童聽自己指揮。加上兒童學習手藝，必須從幼年開始。只許兒童做日工，這一點便不能辦到了。」爲什麼呢？爲什麼兒童不能在白天學手藝呢？理由何在呢？「因爲成年男子晝夜輪班，他們一個星期做日班，一個星期做夜班。假如兒童只做日班，那就有一半時間，要和他的師傅分開，他師傅可以從他那裡得到的利潤，也會喪失一半。師傅所給學徒的訓練，被視爲是兒童勞動的報酬的一部分，也正是因此他能以低價得到兒童的勞動。所以，假如禁止少年人做夜班，每一個成年男子，也會短缺利益的一半了。」（也就是，桑德森公司必須從他們自己的錢袋，支付成年男子工資的一部分，不能再以少年工人的夜間勞動支付給他們。因此，桑德森公司的利潤必會降至某一程度。但這就是桑德森先生認爲少年人不

---

[67] 前揭報告，證供82，第 xvii 頁。

能在白天學到手藝的好理由[68]。）並且，照此辦法，現在可以和少年人換班的成年男工人，必須完全做夜班了，這是他們不能忍耐的。總之，實施這種辦法的困難甚多，其實施等於完全廢止夜班。桑德森說：「就鋼鐵生產本身來說，這不會有多大的影響，但是！」但是，桑德森公司除製造鋼鐵之外，還製造別的東西。製造鋼鐵不過是生產剩餘價值的託辭。熔礦爐、輾鐵設備、建築物、機器、鐵、煤等等，除須變成鋼之外，還須做一些別的事情，那就是吸收剩餘勞動。在 24 小時內吸收，當然可以比在 12 小時內吸收到更多的剩餘勞動。由上帝和法律的恩惠，給桑德森兄弟一張支票，讓他們在一日 24 小時內，支配一定數工人的勞動時間。它們吸收勞動的機能一旦中斷，就會喪失作為資本的特性，從而是桑德森兄弟的純粹的損失。「讓這麼貴的機器，有一半時間閒置不用，委實是一種損失。依現制度，我們一日所能完成的生產量，依新制度必須有加倍的土地和廠房才可以完成。導致費用也要加倍。」但別的資本家既然只做日工，既然讓他們的建築物、機械、原料在夜間閒置，為什麼桑德森兄弟膽敢要求別的資本家所沒有的特權呢？桑德森代他們答道：「不錯，只在日間做工，讓機器在夜間閒置的工廠，都有這種損失。但在我們，因須使用熔礦爐，故損失更大。假如熔礦爐燒著不熄，那會浪費煤炭（而不是現在浪費勞動者的維生物質），假如熄滅，則起火的時間、等火熱的時間，將造成時間上的損失（現在，睡眠時間的損失──8 歲的兒童，也不免這種損失──卻是桑德森族群在勞動時間上的獲得）。並且，溫度的變化，還會使熔礦爐受傷。」（現在工作日夜輪班，熔礦爐是不會受傷的）[69]。

---

[68]「在我們這個好反省好談玄理的時代，不能為每一種事情給予相當理由（不管是最壞的、最不合理的理由）的人，都會被人輕視。世間每一種做錯了的事情，都為相當的理由才做錯的。」（黑格爾《哲學科學百科全書綱要》，第 1 部論理學，第 249 頁。）

[69]《童工委員會第四報告》，1865 年，第 85 頁。玻璃製造廠主害怕，若准許

V 關於標準工作日之鬥爭──十四世紀中葉到十七世紀末葉強制工作日延長的法律

「什麼是一工作日呢？」資本已付一日勞動力的價值以後，它有多

兒童規定的吃飯時間，則熔礦爐發散的熱的一定量，將變成純粹的損失或浪費。他們怕這種准許是行不通的。對於他們的這種恐懼，調查委員懷特的答覆，是很恰當的。他不像烏爾、西尼爾等人，也不像德國方面抄襲他們意見的羅雪爾。那些人只能感到資本家在貨幣支出上的「節欲」、「自制」和「節儉」，和他們在人類生命上的「浪費」。懷特卻答說：「固然若准許規定的吃飯時間，不免要浪費掉比現在更多的熱量，但把這種浪費，和現在全國玻璃工廠內正在發育中的兒童（因為沒有充分安靜的時間，讓他們安安逸逸吃一頓飯，吃飯之後，又不讓他們有稍許休息的時間來消化）生命力的浪費相比較，即以貨幣估價，也是不相等的。」（前揭報告第45頁。）但這就是「進步年」1865年的事實。不說搬運和提舉客體的能力支出；被雇在玻璃瓶和強性玻璃的製造廠中的兒童，就得在持續的工作內，在6小時內，走15乃至20英里的路。且工作往往持續14小時至15小時！這種工廠有許多，像莫斯科的紡織工廠一樣，實行6小時的輪班制度。「在每星期的勞動時間內，6小時是最長的連續休息時間，其中必須包含往返工廠、洗濯、著衣、吃飯的時間，殘餘的時間才是真正休息的時間，這當然是極少的。除了犧牲睡眠的時間外，便沒有時間呼吸新鮮空氣和遊戲了，但對於在這樣高熱度中從事這種勞動的少年，睡眠是非常重要的。……這短時間的睡眠，也不免被擾醒；在夜間，他們必須在夜半起來，在日間，則為外面的喧嘩所吵醒。」懷特先生曾引述事實：「曾有某少年，接連勞動36小時；有某12歲的小孩，在工作到晚間2點後，只在廠內睡到5點鐘（不過3個小時）就再起來做工！」總報告起草人托勒門希爾和杜夫訥爾（Tufnel）說：「少年、少女、婦人，在晝夜輪班服務中的勞動量，一定是異常的。」（前揭報告第43、44頁。）同時，那位「節欲」的玻璃資本家，也許正在深夜喝醉了從俱樂部回家，傻子一樣哼著：「絕不，絕不，英國人絕不會是奴隸！」

長的時間，可以消費勞動力呢？再生產勞動力所必要的勞動時間是有限定的，工作日能延長到什麼程度呢？關於這些問題，大家知道，資本是這樣答覆的：工作日等於每日 24 小時減去幾小時休息的時間，沒有這種時間，勞動力要重新運用，便是絕對不可能的。這是不言而喻的。勞動者終生不過是勞動力，他所有可支配的時間，依照本質和法律，全都是用來使資本自行擴增的勞動時間。教育的時間、智力發展的時間、履行社會職分的時間、社交的時間、生理活動與精神活動的自由表現的時間，甚至星期日的安息時間（哪怕在盛行安息主義的國度）[70]，全然是妄想。資本因為有盲目放縱的熱望，其對剩餘勞動有似狼的渴望，不僅突破了工作日的道德的極限，甚至突破了工作日的生理的最大極限。它奪取了身體生長、發展，和健康維持的時間；它偷去了享受新鮮空氣和陽光所必要的時間；它斤斤計較飲食的時間；只要可能，便把這種時間，統合於生產過程之中。從而，勞動者也被視為單純的生產資料。以食物給與他們，也就像以煤炭添入汽爐、以油脂注入機器一樣。體力復原、修復和提神所必要的酣睡，被換算為若干小時的無感覺狀態。沒有這幾小時，精力完全消耗掉了的身體器官，是不能再生的。所以，不是勞動力的正常維持，決定工作日的界限；乃是勞動力每日最大可能量的支出

---

[70] 例如，在英格蘭的農村地帶，若有工人在安息日在自己家裡的前庭勞動，有時還要受拘禁的處罰。但若這個勞動者以宗教的藉口，在星期日不到金屬工廠、造紙工廠，或玻璃製造工廠去，他就得以破壞契約的名目受處罰。正統派教徒的議會，也不過問安息日破戒的事情，如果這種破戒是為增殖資本的價值。1863 年 8 月，倫敦魚店、家禽店的日雇勞動者（Taglöhner）呈文，請求廢止星期日勞動。他們的呈文上說，自星期一至星期六他們平均每日勞動 15 小時，星期日還得勞動 8 小時至 10 小時。由這個呈文，我們可以知道，艾克希特商館的貴族的偽善養尊處優者，也獎勵「星期日勞動」。這樣熱衷於肉體快樂的「聖者」，由第三者忍受過度勞動，忍受窮困，忍受飢餓的謙讓，來表示他們是基督教徒。美食是於勞動者有害的。

（不問這種支出是如何有害、如何勉強、如何痛苦），決定勞動者休息時間的界限。勞動力的生命長短，是資本所不過問的。它所關心的，只是在一工作日內，使勞動力有最大限度源源不絕的供應。要達到這個目的，它的方法是縮短勞動者生命的期限，像貪得無厭的農民，因要增加收穫，竟濫肆掠奪土地的肥力一樣。

資本主義生產方式，在本質上就是剩餘價值的生產、就是剩餘勞動的吸收。由工作日的延長，這個生產方式，不僅掠奪人類勞動力在道德、生理和正常的發展及功能的條件，從而使人類勞動力惡化。它還促使了勞動力自身過早的枯竭與死亡[71]。它藉由縮短勞動者實際的存活期，俾在一定期限內，延長勞動者的生產時間。

但勞動力的價值，尚包含勞動者再生產或勞動階級維持所必要的商品的價值。資本努力自行擴增的過度熱望，必然會引起工作日的異常延長。致縮短個別勞動者的存活期，從而，縮短他們的勞動力的持續期間，則被消耗的勞動力，也必須更迅速地補充，從而再生產勞動力所必要的費用，也必須增加。這好比一架機械，消耗愈速，則必須每日再生產的價值部分也愈大。所以，資本為它自身的利益，似乎也指向標準工作日（Normalarbeitstag）的管理。

奴隸擁有者購買勞動者，是像買馬一樣。他失去了一個奴隸，就是失去了一個資本，必須到奴隸市場上重新支出，才能把它補起來。「喬治亞州的稻田，和密西西比流域的沼地，對於人體體質，是有致命傷害的。但上述地區開墾所需的人命浪費尚能由維吉尼亞和肯塔基兩州的勞動儲備來補充。再者，經濟的考量在一天然體系之下與奴隸擁有者保存奴隸的利益相一致時，經濟的打算固然是奴隸享受人道待遇的某種保

---

[71]「在我們以前的報告中，我們曾述，若干有經驗的製造廠主，也證供這種額外時間，一定會過早地損壞勞動者的勞動能力消耗。」（前揭報告，證供64，第 xiii 頁。）

證，但奴隸貿易一旦實行，則經濟的考量會轉為壓榨至極度苛待奴隸的理由；當奴隸既可立即由外國的儲備得到補充，則奴隸存活期比起他在這期間的生產力，會成為不具重要的問題。所以，在奴隸輸入國，奴隸管理的格言是：最有效果的經濟方法，是在盡可能最短的期間內，從人身動產（human chattel）剝削出最大量其所能提供的勞力。在熱帶，殖民的常年利潤，往往與殖民的總資本相等，而在那裡，黑人的生命也最不足惜地被犧牲。數百年來成為巨富輩出的西印度農業，曾吞滅數百萬的非洲裔。在今日古巴，營利動輒以數百萬計，該處殖民者是王公。但在那裡，我們卻在奴隸階級當中，看見了最差的飲食、最耗精力、最無間斷的操勞，甚至年年看見一部分人口的絕對滅絕[72]。」

我們且把故事名稱換一下，講講我們自己吧！試以勞動市場代替奴隸貿易，以愛爾蘭及英格蘭及蘇格蘭、威爾斯的農業區域，代替維吉尼亞、肯塔基，以德意志代替非洲！我們曾聽說過度勞動使倫敦的烘焙工人稀少。但在倫敦勞動市場內，我們仍看到，有從德國及其他各處來的人簇擁著，希望在麵包坊候補到一個足以致死的位置。我們還知道製陶業一向就是工人最短命的產業之一。但製陶業又何時發生過工人不足的現象呢？近世製陶業的發明者韋奇伍德（Josiah Wedgwood）——他原本也是一個普通的工人——在 1785 年，就曾在下議院說，這整個產業全部雇用的工人數，從 15,000 人至 20,000 人[73]。但 1861 年，單是大不列顛，盛行這項產業諸市中心的人口，已達 101,302 人。「棉製造業已存在 90 年，……它經過了英國人的 3 世代，但我相信、我敢說，在這時期，它曾破壞棉業工廠作業員 9 世代[74]。」在特定狂熱的商業振興時期，勞動市場有時顯示供需差距，那是不用說的。例如 1834 年就發生過這

---

[72] 卡恩斯（Cairnes）《奴隸力》，第 110、111 頁。

[73] 瓦德（John Ward）《斯托克布的沿革》，倫敦，1843 年，第 42 頁。

[74] 費朗（Ferrand）1863 年 4 月 27 日在下議院的演說。

樣的情形。當時，製造廠主紛紛向濟貧法委員會提議，把農業區域的過剩人口送到北方。他們說，「製造商將吸收這種人口，並使他們精疲力竭」[75]。「得濟貧法委員會的同意，……在曼徹斯特，成立了一個事務所。農業區域缺乏就業工人的名簿交到它那裡了。待業工人的名字，都登記到帳冊上。製造商到事務所來，缺什麼人，就選擇什麼人；當他們把人選定時，便通知把他們送到曼徹斯特。他們被運送的方法，是和一包一包的貨物一樣，由運河或貨車裝送的。其中也有些徒步的人。徒步者中，常發生半途迷失或瀕於餓死的事。後來，這個系統竟變成一種正規貿易了。國會簡直不相信有這件事；但我告訴他們，這種人口買賣，是像奴隸買賣一樣維持的。黑奴被賣給美國棉花種植商，這種勞動者，卻是正規地賣給曼徹斯特的製造商。……1860年棉業興旺到極點。……製造商又發覺他們缺少工人。他們向『人口販賣事務所』申請事務所派人到英格蘭南部、到多塞特郡牧場、到德文郡草原、到威爾特郡牧牛區域，但沒有結果。過剩的人口已經被吸盡了。」《英法通商條約》締結後，《貝理衛報》雜誌曾說：「蘭開郡還可以吸收10,000工人，也許還需要30,000人或40,000人。」當「人口辦事員和副手」在農業區域搜尋沒有結果之後，「製造商還會派代表到倫敦拜訪濟貧局長維利爾斯（Villiers），要求准許他們將濟貧院的貧苦兒童，送到蘭開郡各工廠去[76]。」

---

[75]「製造廠主將吸收這種人口，並消費他們。這正是棉紡織製造廠主的話。」（前揭演說。）

[76] 前揭演說。維利爾斯對於製造廠主不能說沒有好意了，但在法律上，他仍不能不拒絕製造廠主這樣的要求。但製造廠主們提出的要求，畢竟由地方濟貧局的好意，達到了目的。工廠監督專員雷德格雷夫（A. Redgrave）曾宣言，這一回，在法律上把孤兒和待救濟兒童當作學徒看，並「不曾伴著引起舊時的『弊端』。」（關於這種弊端，可參看恩格斯《英國勞動階級的狀況》）但接著，他又說：「不過，這個制度，在一個情況被濫用了。那就是，把從

經驗一般告訴資本家的事情，是人口常常過剩——也就是，與吸

蘇格蘭農業區域來的少女和婦人，送到蘭開夏和柴郡去。」在這個「制度」下，製造廠主與濟貧所當局，締結了一定期間的契約。在這期間內，製造廠主應給兒童衣食住，並予以小額的津貼。若我們記起，1860年尚是英國棉業最繁榮年度，且因當時勞動稀少（這時愛爾蘭人口減少，英格蘭、蘇格蘭農業地帶人口移往澳大利亞和美洲，英格蘭若干農業區域人口又絕對減少——這是因為農業勞動者的生命力被破壞，殘餘人口的供給已為人肉商人所消耗殆盡——的結果），工資特別高等等事實，我們以下引述的雷德格雷夫的一段話，也是十分值得注意的。他說：「這種勞動（濟貧院兒童的勞動），在沒有別種勞動可用的時候，才有人要用。因為這是價格極高的勞動。一個13歲兒童普通能得的工資，每星期大約4先令；但要給50至100個這種少年以衣食住和醫藥費，並予以監督，不說小額的津貼，每星期每人4先令是不夠的。」（《工廠監督專員半年報告。1860年4月30日》，第27頁。）製造廠主把50個乃至100個兒童放在一塊來養活他們、監督他們，尚且不能以每星期每人4先令的開銷來應付，一個工人怎樣能以每人每星期4先令的工資，供應兒童這種種呢？這一點，是雷德格雷夫忘記對我們說明的。——為預防本文的說明引起謬誤的結論，我且在這裡附帶聲明一筆。自1850年的《工廠法》，以其勞動時間的規定及其他種種規定，實施到棉業上以來，棉業已在英國被視為模範工業了。英國棉業勞動者，無論就哪一點，都比大陸方面命運相同的人，居有較高的位置。「普魯士的工廠勞動者，每星期至少要比英國的工廠勞動者，多做10小時的工作；如果他是在自己家裡，用自己的織機勞動，則10小時的追加，尚不足形容其時間的過度。」（《工廠監督專員半年報告。1855年10月31日》，第103頁。）工廠監督專員雷德格雷夫，在1851年的工業博覽會後，曾遊歷大陸，尤其是德、法兩國，從事工廠狀況的調查。關於普魯士的工廠勞動者，他曾說：「他們所得的工資，僅足換取單純的食物和多年習慣的少額的舒適品。……他們是食少而工繁的，與英國勞動者比較，他們的地位更苦。」（《工廠監督專員半年報告。1853年10月31日》，第85頁。）

收剩餘勞動的資本貨幣要求相較，人口常常過剩。這過剩的人口，是由發育不良、短命、迅速更替、也就是說過早摧殘的人類世代構成的[77]。反之，對於聰明的觀察者，經驗卻指出了，資本主義生產方式雖還只有極短的歷史，但已極迅速地從根上控制民眾生命力；指出了，工業人口退化如何不斷地吸收農村原始和身體未曾腐壞的成員輸送進來，才僅得以緩阻；指出了，農村勞動者雖有新鮮的空氣可以呼吸，同時依照強力運作自然淘汰原則，又只有最強健者可以生存，但他們也已開始逐漸消失[78]。資本有當然的理由，否認他們周圍的眾多工人在受苦中。他們不為地球與太陽相對撞的可能所動；在實際上，他們也不為人種將退化、最終消滅的可怕所動。在證券投機詐騙中，每個人都知道，崩盤有一天定會到來，但每個人都希望，在自己已經接到黃金雨、把錢藏好之後，讓自己的鄰人面對厄運。等我安全以後再發洪水吧！這是每一個資本家、每一個資本家國家的標語。資本對於勞動者的健康或壽命，是一點都不關心的。除非社會強迫他關心[79]。關於生理退化、精神退化、早

---

[77]「過度勞動的人，以驚人的速率死亡。但死亡者的缺額很快又被補充起來。登場人物的頻頻更換，並不曾在舞臺上，引起任何變化。」〔威克菲爾德（E. G. Wakefield）《英國與美國》，1833年，倫敦，第I卷，第55頁。〕

[78]《公共衛生。樞密院醫官的第一報告，1863年》（1864年，倫敦出版）。這個報告特別論到農業勞動者。「昔得蘭……普通認為是高度改善的一郡……但最近的調查卻發現，此郡雖曾一度以出美男子和勇猛士兵而世所知名，但現在那裡的居民已退化為弱小、萎縮的種族了。它雖占有臨海背山的極合健康的位置，但那裡的飢餓兒童的面容，和倫敦巷內住在腐敗空氣中的兒童面容，是一樣灰白。」〔桑頓（W. T. Thornton）《人口過剩及其救治》，第74、75頁。〕——昔得蘭人，他們實際是像30,000「雄糾糾的高地人」一樣。這種高地人，變成娼婦毛賊，雜集在格拉斯哥的街頭巷角。

[79]「人民的健康，雖然是國家資本中一個如此重要的要素，我們仍不得不說，資本家並不怎樣保存愛護這種財寶。……必須有外部的強制，製造廠主才會

死，過勞的折磨之強烈抗議，他將答說：他們這種種痛苦，既然能增加我們的快樂（利潤），我們又何必費神去管它呢？不過，就大體來說，這種種痛苦，實在不是由個別資本家的善意或惡意決定的。自由競爭，會使資本主義生產的內在法則，以外來的強制法則之姿，支配著各個資本家[80]。

標準工作日的制定，是數世紀來資本家與勞動者鬥爭的結果。但這種鬥爭的歷史，顯示兩個相反的潮流。試比較現代英國的工廠立法，與英國自十四世紀至十八世紀中葉的勞工法規（Arbeitsstatuten）[81]。現代

考慮到勞動者的健康。」（《泰晤士報》，1861年11月5日。）——「約克夏西區的人，成了人類的織布業者。……勞動者的健康被犧牲了；人類種族不出數代就退化了。但反動跟著發生。兒童的勞動時間被限制了。」（《註冊總局的報告》，1881年10月。）

[80] 例如，我們因為這個緣故所以發覺，在1863年初，斯塔福郡有大規模製陶所的26家公司（約賽亞・韋奇伍德父子公司便是其一），曾呈請「國家加以強制的干涉」。他們說，因有別的資本家競爭之故，他們要自動限制兒童的勞動時間等等，是辦不到的。「對於上述種種弊害，我們是深惡痛絕的，但要由製造廠主間的協約加以防止，卻是不可能的。……把這各點加入考慮，我們確信，有以法律強制的必要。」（《童工委員會第一報告》，1863年，第322頁。）

補註。一個最近的更顯著的例子，可以引在這裡。在發狂似的棉業振興時期中，棉花價格的提高，曾誘使黑潭的棉工廠擁有者，相互約定在一定期間內（至1871年11月底為止）實行縮短工廠的工作時間。在此際，兼營紡織業和織布業的更有錢的製造廠主，卻利用這個協定減少生產的機會，來擴充營業，從而犧牲較小的廠主，以獲得極大的利潤。小廠主在此窮境中，遂促使工廠勞動者起而宣揚九小時運動，並答允負擔運動的經費！

[81] 這種勞工法規（同時，在法國，在荷蘭等國，也可發現）在英國，是1813年初次正式撤銷的，不過生產關係在許久以前，就使這種法令不能發生作用了。

的工廠法，要強迫把工作日縮短；彼時的勞工法，卻要強迫把工作日延長。資本在胚胎時期（在那時期，它還是萌芽不久的東西，單依靠經濟關係的力量，不藉由國家的扶助，絕不能保證充分吸收足量剩餘勞動的權利），提出的要求，和它在成年時期不情願和掙扎不已的讓步比較，好像是十分謙遜。它必須經過數百年，才使「自由」勞動者，拜發展的資本主義生產之賜，同意（也就是透過社會條件的強制）為生活必需品的價格，一碗麥粥的維生權利而出賣其全部有活力的生涯、全部的勞動能力。所以，自十四世紀中葉至十七世紀末葉，資本藉由國家頒布措施之助，想要使成年工人忍受工作日的延長程度，會和十九世紀後半期，國家為要防止兒童的血也轉為資本，而在此處彼處對縮短工作日的限制程度，大體上是一致的。這種一致絕不是偶然的。例如，麻薩諸塞州，以前尚被推為北美共和國最自由的一州，但該州現在為 12 歲未滿兒童所制定的勞動時間限制，正是英國（十七世紀中葉的英國）昔日為強壯手工業者、健壯勞動者、有體力鍛冶匠規定的標準工作日[82]。

最初的《勞工法規》（*Statute of Labourers*）——是愛德華三世第 23 年，即 1349 年制定的——以曾撲滅人口 1/10 的黑死病為緊急的口實（只是口實，不是原因，因為這個法律在口實已消失後，還繼續存在了

---

[82]「12 歲未滿的兒童，每日不得在工廠做 10 小時以上的工。」（《麻薩諸塞州一般法令》，第 63 頁，第 12 章。這種法律，是 1836 至 1858 年間制定的。）「一切棉工廠、羊毛工廠、絲工廠、紙工廠、玻璃工廠、亞麻工廠、鐵製造廠、銅製造廠，每日皆以 10 小時為法定的工作日。又規定，以後工廠雇用的未成年人，每日做工不得超過 10 小時，每星期做工不得超過 60 小時。又規定未滿 10 歲的未成年人，在本州不得視為工廠勞動者而雇用之。」（《新澤西州勞動時間限制法》，第 61、62 條，1855 年 2 月 11 日制定。）「已滿 12 歲、未滿 15 歲的未成年人，每日工作時間，不得超過 11 小時，並不得在早晨 5 點以前、晚間 7 點半以後做工。」（《羅德島州修正法令》，第 36 章，第 23 條。1857 年 7 月 1 日制定。）

數百年之久）。有一位保守黨作家就說：「要以合理價格（使雇主能夠取得合理剩餘勞動量的價格）獲得工人勞動的困難，飆漲到難以容忍的高度[83]。」因此，不得不以法律，規定「合理」的工資，及工作日的界限。工作日的界限（在此我們只關心這一點），在 1496 年（亨利七世時期）重定。按照這個始終沒有實行過的法令，一切手工匠人和農業勞動者的工作日，自 3 月至 9 月，規定由早晨 5 點，至傍晚 7 點或 8 點。其中進餐時間，為早餐 1 小時，晚餐 1 又 1/2 小時，下午點心 1/2 小時，等於現行《工廠法》規定的進餐時間的兩倍[84]。在冬季，工作從早晨 5 點至天黑為止，進餐時間如前。依照 1562 年在伊莉莎白女王治下制定的法令，「雇為每日工資，或每週工資」的勞動者，其工作日照舊未改，但進餐時間，規定在夏季合計為 2 又 1/2 小時，在冬季為 2 小時。晚餐只許 1 小時，「1/2 小時午睡時間」只在 5 月中至 8 月中准許。每曠工 1 小時，由工資扣 1 便士。但工人實際享受的條件，要比法律規定的好得多。威廉·配第——政治經濟體之父，且在某程度內，為統計學的發明者——就在十七世紀末著書說：「勞動者（指農業勞動者）每日

---

[83]《自由貿易的詭辯》（第 7 版，倫敦，1850 年，第 205 頁）。這個保守黨著述家還說：「有害於勞動者，有益於雇主而規定工資的議會法令，維持 464 年之久。人口增加了。這種法令才被發覺成了不必要的累贅。」（該書第 106 頁。）

[84] 關於這個法令，韋德的話說得很對。他說：「由上所述，可知在 1496 年，食物的費用，被認為與手工匠人的收入 1/3 相等，與農業勞動者的收入相等。這表示了那時的工人，要比今日的工人更有獨立性。就手工匠人和農業勞動者來說，現在的營養所費都在工資中，占更高得多的比例。」（《中產階級和勞動階級的歷史》，第 24、25 頁及 577 頁。）——試一讀弗利特伍德主教（Bischof Fleetwood）的物價年表（第 1 版，倫敦，1707 年出版；第 2 版，倫敦，1745 年出版），任誰都知道這當中的差別，不是由於食物價格對衣物價格的比價上的差別。

做工 10 小時。每星期有 20 次進餐時間（每日 3 次，星期日 2 次）；所以很明顯，假如星期五晚可以斷食，自 11 點鐘至 1 點鐘那 2 小時的正餐時間，可縮短爲 1 又 1/2 小時，從而把工作時間延長 1/20，把浪費時間縮短 1/20，上述的（租稅）就可以提高了[85]。」安德魯・烏爾博士（Dr. Andrew Ure）不是很正當地說過，1833 年《十二小時勞動法》，是重入黑暗時代嗎？不錯，配第所說那個勞工法的種種規定，也是適用於學徒的。但十七世紀末葉童工的狀況，可由下述抱怨中看出：「我們英國的少年人，在當學徒以前是什麼也不學的，所以他們要成爲一個嫺熟的匠人，自然要有較長的時間——7 年。」反而德國是被讚美的，因爲在那裡，兒童從搖籃時期起就「受了相當的職業訓練了」[86]。

---

[85] 配第《愛爾蘭的政治解剖》，1672 年初版，1691 年版，第 10 頁。
[86] 《獎勵機械工業的必要》（倫敦，1689 年，第 13 頁。）麥考利（僞造英國史，使其與自由黨與資產階級利益相合一的歷史家），就曾宣言：「使未成熟兒童勞動的辦法，……在十七世紀異常盛行。其盛行程度與當時工業的情況相比，幾乎叫人不敢相信。諾里治是織布業的中心；在那裡，6 歲的孩子也被視爲有勞動能力。當時有幾位作家（當中還有幾位被公認爲極有慈悲心的），曾以狂喜敘述如下的事實：這一個城市裡的年輕男女，每年所創造的財富，比他們生活所需的費用多 12,000 鎊。有人說，我們這個時代新起的社會弊害是特別多，但一考量既往的歷史，我們便愈有理由，認爲這種見解是不當的……可說新的東西，不過是救治這種弊害的知識和人情。」（《英國史》，第 1 卷，第 419 頁。）麥考利還可報告如下的事實：十七世紀的「非常慈悲」的商業之友，曾以「狂喜」引述某人曾從荷蘭某濟貧院帶出僅 4 歲的兒童來做工這件事。而這個可以說明「實際的德性」的例子，也在麥考利式人道主義的書籍中，在亞當・史密斯時代以前，作爲典範通用。確實，當與手工業有別的製造業開始時，兒童的剝削——這種剝削，以前也曾某種程度在農民間實行過，而當農民頸上的枷加重時，這種剝削顯然加重了——也就出現了。資本的傾向在那時就很明顯了，但這個傾向的事實，卻像兩頭嬰兒一樣，是難逢難遇的。也因此，這些有遠見的「商業之友」才以「狂喜」，

在十八世紀的大部分時期中（至現代工業和機械主義時代為止），英國資本依然不能由勞動力一星期價值的支付，而占有勞動者整星期的時間（農業勞動者的情形除外）。當時的勞動者，有4日的工資就可以生活1個星期，在勞動者看來，這事實似乎不是其餘2日也應為資本家勞動的充分理由。當時英國經濟學界中有一派，代表資本的利益，猛烈攻擊勞動者這種頑固，另一派則為勞動者辯護。且聽聽波斯特萊思韋特（Postlethwayt）——他的《商業辭典》和麥克庫洛赫（MacCulloch）及麥格雷戈（MacGregor）等人的同類著述，曾享有同樣的好評——和《工商業論》作者間的爭辯[87]。

波斯特萊思韋特說：「有許多人以為，假設勤勉的貧民只要做5天工，就可以維持生計，他們絕不會每星期做6天工。關於這種平庸的話語，我不能不作簡單的評述。他們曾根據以上的理由，斷言要使匠人或製造商，每星期不間斷做6天工，必須以賦稅或任何其他方法，使生活必需品漲價。對於那些主張我國工人持續處在奴隸狀態中的大政治家，我必須提出不同的見解。他們忘記了只工作不遊戲的俗語。英國人不是常自誇本國的工匠，有特別的創意與靈巧，所以製造商才給英國製品

把它當作一件特別值得記載的事、當作一個值得當時後世稱頌的模範記載下來。這位喜歡諂媚、說好話的蘇格蘭人麥考利還說：「我們今日只聽到說退步，實則只看到進步。」這是什麼眼睛、這又是什麼耳朵呀！

[87] 在非難工人的著述家中，要以本文所引《工商業論》（1770年，倫敦）一書的匿名作者為最激烈了。他較早的一本著作《賦稅論》（倫敦，1765年），已經討論過這個問題。和他站在同一邊的，有饒舌的統計家楊格。反之，為勞動者辯護的，則以范德林特（Jacob Vandelint，1734年倫敦出版《貨幣萬能》一書的作者）、福斯特（Nathaniel Forster，1767年倫敦出版《現今食物價格騰貴原因的研究》的作者）、普萊斯（Price）、尤其是波斯特萊思韋特（《工商業大辭典》附錄和《英國商業利益及其改良》兩書的作者）。事實本身，尚為當時許多其他著述家所確認，例如塔克（Josiah Tucker）。

普遍為人所信用與稱許嗎？這是為什麼呢？或許正因為英國工人能夠依照自己的方法休養呀！假如他們必須終年勞碌，每星期6天，都須反復做同樣的工作，那不會磨損他們的創意嗎？不會使他們由機敏及靈巧變得愚鈍嗎？這種永久的奴隸狀態，不但不會維持還會喪失他們原有的名聲。……這樣遭強行驅使的動物，能期望有什麼好的手藝呢？……他們當中有許多人做4天工，比法國人做5或6天工，還能成就更多。但若英國人竟變成永久的苦力，恐怕他們會反過來，不及法國人。我們英國人以勇於戰鬥著名，我們不是常說，這是因為他們吃好的燻牛肉和糕餅、因為他們抱有立憲的自由精神嗎？我想，英國工匠和製造廠之所以有優秀的創意和靈巧，也因為他們有自由，可以照自己的方法做。我希望他們永遠不會喪失這種特權、永遠不會被奪去這種良好的生活，由此他們之勇敢，也是他們有創意才得以遂行[88]。」

《工商業論》的作者答說：「每逢第7日放假的制度，雖說是神的制度，但因這種制度隱含勞動（以下我們會知道他其實是說資本）應占有其餘6日的意思，所以一星期勞動6日，絕不能說是殘酷。……人一般的天性是傾向安逸及懶惰這句話，由我們英國勞動者的行為看來，可說是完全正確的。我國的製造業者，除了在食物異常昂貴時，平均每星期只做4天工……，又假設1蒲式耳小麥值5先令，勞動者工作一日得1先令，他每星期就不得不做5天工。假如小麥1蒲式耳僅值4先令，他就只要做4天工；因英國工資，與生活必需品的價格相比更高得多……所以每星期只做4天工的勞動者，已有剩餘的貨幣，可以在其餘數日不做事了。……我希望我以上的話已說明了，每星期做6天適度的勞動，絕不是奴隸的狀態。我國農業勞動者就是這樣做的，從各方面看，顯然他們在我國各種勞動窮人中都是最幸福的[89]。但在荷蘭，製造

---

[88] 波斯特萊思韋特《工商業大辭典》，序論，第14頁。
[89] 《工商業論》。這位匿名作者自己也在96頁，說明1770年英國農業勞動者

業勞動者也是這樣做，所以他們似乎是極幸福的民族。法國，在不妨害假日的限度內，也是這樣[90]。但我國大眾，抱有一種觀念，認為他們與生俱來就比歐洲其他各國的大眾享有更自由、更獨立的特權。這種觀念，既然可能影響我國軍隊的勇敢，或許它有些用處；但為製造業窮人本身、為國家更好的利益，這種觀念是愈少愈好的。勞動者絕不應幻想自己不受上位的支配。……像我國這樣的商業國家，人口有 7/8 是無產的，或近於無產的。在這樣的國家內，煽動群眾是一件極危險的事[91]。唯有製造業的窮人，情願做 6 日的勞動得其現 4 日的工資，這種情形，方才有救[92]。」有這個目的在心中，資本之「忠實的艾卡特」（Eckart des Kapitals）還提議一個被認可的方法，以「根除怠惰、放縱與胡為」、以「促進產業精神，並減低製造業的勞動價格，減輕濟貧稅的重負」。這個方法是：把依賴公共扶助的勞動者（簡言之，一切待救濟的貧民），統統關在一個「理想的工作場所」內。這個工作場所，必須是「恐怖之家」[93]，在「這個工作場所內，貧民每日應做工 14 小時，因為當中包含適當的吃飯時間，故有 12 小時純勞動[94]。」

享受了一些什麼。他說：「他們的勞動力不斷勒緊著；他們的生活費已經低到無可再低了；他們的工作已經苦到無可再苦了。」

[90] 新教徒把一切傳統的假日變成工作日。它在資本的產生上，是有重要貢獻的。

[91]《工商業論》，第 15、41、96、97、55、57 頁。

[92]《工商業論》，第 69 頁。──范德林特早在 1734 年就說過，資本家抱怨工人懶惰，是因為他們要以同額工資，使以前勞動 4 日的工人，變為勞動 6 日。

[93]《工商業論》，第 242 頁。──「這樣一個理想的工作場所，須是恐怖之家，不應變作貧民的救護所，使貧民在那裡有豐富的營養、有舒適的溫度，而做極少的工作。」

[94]《工商業論》，第 77 頁。他還在該書說：「法蘭西人也在譏笑我們熱烈的自由思想。」

每日在理想工作場所，在「恐怖之家」內，工作 12 小時。這是他在 1770 年的提議。但 63 年後，在 1883 年，英國國會把四種產業 13 至 18 歲少年人的工作日，縮短為足 12 小時的時候，大家都說英國產業的最後審判日已經到了。1852 年，路易・波拿巴（L. Bonarparte）為加強市民地位，而傾覆法定工作日時，法國勞動者又異口同聲說：「限制工作日不得超過 12 小時的法律，是共和國立法留給我們的唯一的財產[95]。」在蘇黎世（Zurich），10 歲以上兒童的勞動時間，以 12 小時為限；在亞高（Aargau），1862 年 13 至 16 歲兒童的勞動時間，由 12 又 1/2 小時減為 12 小時。在奧地利，1860 年，14 至 16 歲兒童的勞動時間，也減為 12 小時[96]。麥考利（Macaulay）看見這種現象，想必又要以「狂喜」歡呼「1770 年以來的進步是多麼大啊」！

待救貧民的「恐怖之家」，在 1770 年，還只是資本靈魂所夢想的東西。但此後不出幾年，這種東西，就作為工業勞動者的龐大「工作場

---

[95]「他們反對每日 12 小時以上的勞動。限定勞動時間不得超過 12 小時的法律，是共和國法律留給他們的唯一的財產。」（《工廠監督專員半年報告。1856 年 10 月 31 日》，第 80 頁。）——法國的《十二小時勞動法》（1850 年 9 月 5 日）——那是 1848 年 3 月 2 日臨時政府法令的翻印版——不加區別，適用於一切工廠。在這個法令通過以前，法國的工作日是沒有限制的。工廠的工作日，為 14、15 小時，乃至 15 小時以上。參看布朗基（Blangui）《1848 年法國的勞動階級》。這位布朗基是經濟學者，不是那位革命家。他曾被委任去調查勞動階級的狀況。

[96] 比利時，在工作日的調節上是資產階級的模範國家。英國駐布魯塞爾全權大使霍華德公（Lord Howard），1862 年 5 月 12 日致外交部的報告曾說：「大臣羅希耶爾（Rogier）通知我說，兒童勞動並沒有依一般法令或地方法令限制。在過去三年間，政府每一次會議，關於這個問題都想提法案，但總感覺有不能克服的困難；有些人，對於立法以干涉勞動完全自由的原則的事，總是反對而猜忌。」

所」出現了。它叫做工廠（Fabrik）。理想在現實面前褪色了。

VI 關於標準工作日之鬥爭。勞動時間之強制的法律限制。1833至1864年英國的工廠法

資本經歷數世紀時間，始將工作日延長到標準的最高限，並超過此限延長到自然日12小時的界限[97]。但隨著現代工業及機械主義在十八世紀末之誕生，卻面臨像一種雪崩般強度和範圍的激烈侵襲。道德與自然、年齡與性別、晝與夜的界限，統統被粉碎了。甚至晝與夜的概念——那在舊法令上是樸素單純的——也弄得如此混淆，以致1860年一位英國審判官需用猶太法典的睿智[98]，來公平確立晝夜的區別，資本則以其狂歡宴會慶祝。

但最初被新生產體系的噪音和喧嘩所震驚的勞動者階級，只要稍稍恢復自己的感覺，反抗的運動便在那發端機械主義的故鄉英國開始了。但30年來，勞動者在資本那裡獲得的讓步純是有名無實的。自1802至1833年，國會通過了5種勞工法，但都非常刻薄，不曾指定一個銅板作為實施的經費、作為必要官員的薪資[99]。那始終是死的條文。「事實

---

[97]「無論哪個階級，如果他們每日要做12小時的勞動，那都是一件非常可悲的事情。並且，名目上是12小時，若加入吃飯時間和工廠往返時間，那實際是24小時中的14小時。……且不說健康，單從道德來說，我認為，也沒有誰會否認，自13歲起（在沒有法律限制的職業上，還不到13歲）就毫無間斷地把勞動階級的全部時間吸收掉，是一件極有害、極可悲的弊端。……所以，為公共道德的目的、為要教育有秩序的人民，使大多數人有合理的生活享受之故，我們亟望，每一種職業，都保留每工作日的一部分，供他們休息閒散。」（霍納《工廠監督專員半年報告。1841年12月30日》。）

[98]《1860年安特令郡貝爾法斯特市高等法院奧特韋（J. H. Otwey）的判決》。

[99] 布爾喬亞王路易‧菲利普（Louis Philippes，des roi bourgeois）治下，有一

是，1833年以前，少年人和兒童是終夜工作、終日工作，乃至隨意終日夜工作[100]。」

為現代工業規定標準工作日的，以1833年的《工廠法》為開端。這個《工廠法》，適用於棉工廠、羊毛工廠、亞麻工廠和絲工廠。沒有什麼再比1833至1864年英國《工廠法》的歷史，更能表現資本精神的特徵了。

依照1833年的法案，工廠普通的工作日，應自上午5點半起，至晚上8點半時止。在這共包含15小時的限制內，在一天的任何時間雇用少年人（自13至18歲者）做工才是合法的。但附有這樣的條文：「除特別列舉的例外情形，同一少年人，不得在一日之內做12小時以上的工作。」該法案第6條說：「適用本條例的每一個人，每日至少應有1又1/2小時的吃飯時間。」除下述的例外不說，未滿9歲的兒童，不准雇用。自9至13歲的兒童，每日最多准許工作8小時。夜班（指晚上8點半至早上5點半的工作）不許雇用9至18歲的人擔任。

因立法者本來不想干涉資本剝削成年勞動力的自由，或如法律條文所說，不想干涉「勞動的自由」，故設計了一種特殊的制度，使《工廠法》不致產生粗暴的結果。

個極特別的事實：他曾制定一個《工廠法》（1841年3月22日），但始終沒有實行。這個法律，只規束兒童勞動。該法規定，8至12歲的兒童，每日限定做工8小時，12至16歲的兒童，每日限做12小時等等。但設許多例外。在這種例外情形下，雖8歲的兒童也准許做夜班。在當時的法國，哪怕一隻老鼠也要受員警監視，但這個法律的監察和實行，卻委諸「商業之友」的善意。直到1852年，法國才有一省——諾爾省——委任了第一個有薪給的監督官。但法國社會的發展，還有一種同樣特別的事：在法國的法律中，路易‧菲利普上述的法律，在1848年革命以前，竟然是這方面獨一無二的法律。

[100]《工廠監督專員半年報告。1860年4月30日》，第50頁。

1833年6月28日中央委員會（Central Board of the Commission）的第一次報告曾說：「現今運行的工廠制度，有一種大弊害。這弊害在我們看來，便是兒童勞動必須延長到和成年人工作日一樣長。在救治這種弊害時，若伴隨著限制成年人的勞動，則在我們看來其弊害會比它要救治的弊害更大。所以，對這種弊害唯一的救治方法，似乎是兒童分兩組做工的計畫。」這計畫，後來在「輪班制度」（System of Relays）——relay 一字，在英語和法語，都有驛馬到站更換的意思——的名目下實現了。自9至13歲的兒童，分成兩班，一班從上午5點半做到下午1點半，另一班從下午1點半做到晚上8點半。

製造商在過去22年間，以最厚顏無恥的方式忽視所通過的一切兒童勞動法案。爲獎賞他們這種忽視，這次通過的法律，還把藥丸搓得特別好看，讓他們容易吞服。國會決定，自1834年3月1日起，未滿11歲的兒童；自1835年3月1日起，未滿12歲的兒童；自1836年3月1日起，未滿13歲的兒童，不得在工廠做8小時以上的工作。法爾醫生（Dr. Farre）、卡萊爾爵士（Sir A. Carlisle）、布羅迪爵士（Sir B. Brodie）、貝爾爵士（Sir C. Bell）、賈斯瑞先生（Mr. Guthrie），總之，倫敦當時最著名的內外科醫生，在下議院都作證延時的結果極危險。則這種爲資本考慮得如此周到的「自由主義」，就更值得注意了。法爾醫生更露骨地說：「還須立法來防止由任何形式施加的早死。而工廠方式，必須被認爲是最殘忍的施加早死的方式[101]。」這個爲製造商精密考量的「已改革後的」國會，廢止未滿13歲的兒童，在未來數年每星期在工廠地獄中持續72小時的工作；另一方面，卻在一點一滴地執行自由的「解放法案」中，一開始就禁止殖民者，在一星期內使黑奴做45

---

[101] "Legislation is equally necessary for the prevention of death, in any form in which it can be prematurely inflicted, and certainly this must be viewed as a most cruel mode of inflicting it."

小時以上的工作。

　　但資本不但不接受和解，且開始騷動持續了好幾年。該法規定，兒童只許工作 8 小時，且須受一定的強迫教育。他們騷動主要針對兒童的年齡。因為依照資本家的人類學，兒童年齡以 10 歲，至多以 11 歲為終了。《工廠法》充分執行的時間（即關鍵的 1836 年）愈近，製造商的暴動也愈猖獗。他們曾實際威脅政府，並於 1835 年，提議把 13 歲的兒童年齡，減為 12 歲。但壓迫也未成更具威脅。下議院終沒有勇氣實行上項建議。它拒絕把未滿 13 歲的兒童，擲在資本的轢殺車下，叫他們每日做 8 小時以上的工作。1833 年的法案遂全部施行了，一直到 1844 年 6 月，沒有更改。

　　這個法律最初是局部施行，後來是全部施行。在這個法律約束工廠勞動的 10 年間，工廠監督專員的政府報告，充滿抱怨這個法律的實施為不可能。1833 年的法律，使資本家在自上午 5 點半至晚上 8 點半那 15 小時內，得使每一個少年人、每一個兒童，在資本家喜歡的任何時間開始、中止、重新開始或結束他的 12 小時或 8 小時。吃飯時間也准許資本家隨意指定，以致各人有各人不同的吃飯時間。因此資本家發現了一種新的輪班制度；按照這種制度，工作的馬，無須在一定的驛站換班，卻可在變動的驛站持續重新上班。我們不在此敘述這種制度的好處，以後我們還有提到它的機會。但一看就知道，這種制度不僅在精神上，並且在文字上，把整個工廠法取消了。關於各個兒童與少年人的帳冊是這樣複雜，工廠監督專員有什麼方法，執行法律規定的勞動時間和法律允許的吃飯時間呢？大多數工廠舊時的野蠻行徑，可以再為所欲為而不受懲罰。1844 年工廠監督專員，與內務大臣會談之際，即指陳在這種新發明的輪班制度下，任何約束，皆為不可能[102]。但在這時，情形大大變化了。特別自 1833 年以來，工廠工人既以大憲章作為政治方

---

[102]《工廠監督專員半年報告。1849 年 10 月 31 日》，第 6 頁。

面的選舉標語，又以《十小時工作法》，作爲經濟方面的選舉標語。甚至那些遵守1833年法案來管理工廠的製造商，也以陳情書淹沒國會訴說有一些虛僞的同業們，憑著更大的厚顏或更善意的地方環境違犯法律，所引起的不道德競爭。加上，個別的製造商雖可照舊放縱其對利得的貪婪，但製造業階級的發言人與政治領導者，卻不能不對勞動者改變他們一向的態度和說詞。他們已發起撤廢《穀物條例》的爭辯，如要勝利，他們正需勞動者的援助[103]。所以不僅許給他們雙倍大的麵包，且在自由貿易的千福年，制定十小時工作制。他們仍不敢反對以實行1833年法案爲目的的措施。同時，保守黨徒因見到自己最神聖的利益——地租——受到威脅，故也以深情的憤慨，對他們敵人的「凶惡詭計」，痛加指斥[104]。

1844年6月7日的《工廠法附加條文》，就是這樣成立的。那是1844年9月10日開始實施的。這個附加條文，使一種新的工人分類，即18歲以上的女工，受到保護。她們與少年工人在各方面皆受同樣的待遇了。其勞動時間限爲12小時，禁止夜間勞動等等。立法直接且正式地強迫約束成年人的勞動，這是首次。1844至1845年的工廠報告，曾以反諷敍述：「據我們所知，沒有一個成年婦女，曾對於本人權利所受的這種干涉，表示怨言[105]。」未滿13歲兒童的勞動時間，減爲每日6又1/2小時。在若干情況則減爲每日7小時[106]。

爲了防止「僞裝輪班制度」的濫用，法律又規定以下重要的條文：

---

[103]《工廠監督專員半年報告。1848年10月31日》，第98頁。

[104] 工廠監督專員霍納在他的正式報告中，是用「nefarious practice」（凶惡行爲）這幾個字。（《工廠監督專員半年報告。1859年10月31日》，第7頁。）

[105]《工廠監督專員半年報告。1844年9月30日》，第15頁。

[106] 該法允許兒童做10小時勞動，但不准每日，只准隔日。大體來說，這個條文是從來沒有發生作用的。

「兒童或少年人的勞動時間，應從任一個兒童或任一個少年人上午在工廠開始工作的時間起算。」所以，如果 A 在上午 8 點開始工作，B 在上午 10 點開始工作，B 的工作日仍須與 A 的工作日，在同一時候終了。「時間應以公共鐘爲準」；比如，工廠的鐘應以最近的鐵路時鐘爲準。製造廠主必須以「明顯的」印刷體告示，註明工作的開始時間、終了時間，和允許幾頓用餐的時間。兒童在正午 12 點以前開始工作者，不得再在下午 1 點以後再做工。因此下午班與上午班，就必須使用不同的兒童了。在 1 又 1/2 小時的吃飯時間內，應在下午 3 點以前給予至少 1 小時，……且應在同時給予一切被保護的工人。下午 1 點以前做工超過 5 小時的兒童或少年人，至少應有 30 分鐘的吃飯時間。在吃飯時間中製造過程依然進行的室內，不得雇用也不得留置任何兒童或少年人或婦女等等。

依照軍隊的一致性，用時鐘的鳴聲規定工作的期間、限制和休息的這種種細節，絕不是國會幻想的產物。那是由現實的環境，作爲現代生產方式的自然法則，次第發展出來的。其由國家制定、正式承認及公布，乃是長時間階級鬥爭的結果。這種規則的直接結果之一是：工廠成年男子的工作日，實踐上須受相同的限制。因爲大多數生產過程，須有兒童、少年人與婦女的合作；所以自 1844 至 1847 年，在受《工廠法》約束的各項產業，12 小時的工作日，大體來說是普遍劃一的。

但製造商沒有抵償的「退步」，是絕不會容忍這種「進步」的。在他們的唆使之下，下議院把可剝削兒童的最低年齡由 9 歲降爲 8 歲了。其目的在保障「工廠兒童的追加的供給」，這是上帝和人間法律允許給資本的 [107]。

---

[107]「他們的勞動時間縮短了，結果，必須有更多的兒童以供使用。人們以爲，這種追加的需要，可以拿 8 至 9 歲兒童的追加的供給來應付。」（《工廠監督專員半年報告。1844 年 4 月 30 日》，第 13 頁。）

1846 至 1847 年，是英國經濟史上劃分時代的年度。《穀物條例》（Korngesetze）撤廢了，棉花及其他各種原料的入口稅廢止了，自由貿易被稱為立法的北斗星。總而言之千福年就要到來。但同年，大憲章運動（Chartistenbewegung）和十小時工作宣傳（Zehnstundenagitation），正好達到頂峰。亟思報復的保守黨員又成了他們的同盟。因此，雖有布萊特、科布登領頭的偽證自由貿易派狂熱反對，奮鬥多年的《十小時工作法》，終歸在議會中通過了。

1847 年 6 月 8 日的新《工廠法》，規定自 1847 年 7 月 1 日起，應先準備將少年人（13 至 18 歲者）及全體婦女的工作日減為 11 小時，1848 年 5 月 1 日起，再確實限至 10 小時。但在其他面向，這個法案卻不過是 1833 年《工廠法》和 1844 年《工廠法》的修正及完整法案。

資本當即策劃，使這個法案不致在 1847 年 5 月 1 日充分實施。工人自己也依照經驗的教訓協助破壞他們自己的工作。時間又選擇得十分巧。「必須記住，因 1846 至 1847 年可怕危機的結果，工廠操作員曾有兩年陷於極度困難中。有許多工廠減工、有許多工廠關閉。有許多操作員非常貧苦，恐怕還有許多操作員負有債務。所以在目前，我們當然會推測，他們會情願有較長的勞動時間，以彌補過去的損失、或許償還債務、或贖回典當的家具、添置已經賣掉的，或為自己、為家人添置新的衣服[108]。」事態的自然影響已經如此，製造商又減低一般工資 10%，試圖以此加重這種影響。這大概就是自由貿易新時代的開幕紀念了。當工作日縮短為 11 小時的時候，工資再減少 8 又 1/3%；最後縮短為 10 小時的時候，工資再加倍減少了。在情形許可的程度內，工資的減少至少達 25%[109]。在這樣有利於準備的條件下，撤銷 1847 年法律的煽動，竟

---

[108]《工廠監督專員半年報告。1848 年 10 月 31 日》，第 16 頁。

[109]「我發覺了，每星期能得 10 先令的工人，因須減低工資 10%，是失去了 1 先令，又因時間縮短，失去 1 先令 6 便士。即合計減少 2 先令 6 便士。但雖如此，仍有許多人寧願每日做 10 小時。」（前揭報告。）

在工廠工人間發生了。在這當中，欺騙、賄賂、脅迫，無所不用其極，但皆無效果。前後曾有 6 次訴說該法案的壓迫，但請願人在口頭質問時皆宣稱他們的署名是受威逼的。「他們都覺得自己在受壓迫，但不是受《工廠法》壓迫[110]。」前者雖不能使工人說前者想說的話，但他曾假借工人的名目，在報紙上、在議會中，高聲疾呼。他們斥工廠監督專員，和法國國民會議的革命委員一樣，無情地犧牲不幸的工人，以滿足其人道的幻想。但這種動員也失敗了。工廠監督專員霍納，曾親自並間接由副監督員，訊問蘭開郡各工廠的證人。被訊問的工人中約有 70% 贊成《十小時工作法》，贊成 11 小時工作的人數，占遠遠較小的百分比；贊成舊制 12 小時工作的，是毫不顯眼的少數[111]。

另一種「善意的」詭計，是使成年男工的工作日，由 12 小時增至 15 小時，把這種事實大肆宣揚為，無產者內心深處所願的最佳明證。但這位無情的工廠監督專員霍納，再次現身。大多數「超時者」（Ueberstündigen）證供：「他們情願為較少的工資，做 10 小時工作，但他們沒有選擇的餘地。有這麼多人失業（許多紡織工人為極低微的工資去做零工且無法改善。）所以，如果他們拒絕較長的勞動時間，另一些人會立即擠進來。他們面前的問題是：同意較長時間的工作呢，還是完全失業[112]。」

---

[110]「我雖簽名在請願書上，但當時我就說過，我做錯了。——那你為什麼要簽名在那上面呢？——因為如果我拒絕簽名，我就會被開除。——這些請願者在事實上是受壓迫的，但壓迫他們的，不是《工廠法》。」（前揭報告第 102 頁。）

[111]《工廠監督專員半年報告。1848 年 10 月 31 日》，第 17 頁。在霍納所管轄的區域內，有 10,270 個成年男工人，分別在 181 個工廠內受詢問。他們的證供，附錄在 1848 年 10 月的工廠報告中。這種詢問對於別的問題，也供給了有價值的材料。

[112] 前揭報告。參看霍納集錄的證供 69、70、71、72、93，和副監督 A 集錄的

資本的預備宣傳戰於是失敗了。《十小時工作法》，於1848年5月1日起實施。但同時大憲章運動的慘敗，其領袖被拘禁、組織被解散，動搖了英國勞動階級對其自身力量的信心。此後不久，巴黎六月暴動及其血腥鎮壓，在歐洲大陸、在英國，都促使統治階級各派——地主與資本家、交易所豺狼與零售商人、保護貿易論者與自由貿易論者、政府與在野黨、牧師與自由思想家、年輕的娼婦與老年的尼姑——在極救財產、宗教、家庭、社會的共同口號下結合起來了。勞動階級到處被視爲非法，在《嫌疑犯取締法》之下被禁止。製造商現在無須再自制了。他們開始了公然的反抗，不僅反對《十小時工作法》，且反對1833年以來一切旨在限制勞動力「自由」剝削的立法。那是「挺奴叛變」（Proslavery Rebellion）的縮影。因爲在兩年多的時間內，用憤世嫉俗的魯莽、恐怖分子的能量，來推行微不足道的叛變資本家，不過是用他的工人的皮肉來冒險罷了。

要了解以後發生的情形，我們必須記著，1833、1844和1847年的《工廠法》，在後者不修正前者的限度內，是在法律上同樣有效的。這三個法律，都沒有限制18歲以上的成年男子的工作日；自1833年以來，上午5點半至晚上8點半那15小時，仍爲法定日，在法定日的界限以內，少年人與婦人當初得依照規定的條件，做12小時勞動，嗣後減爲10小時。

於是製造商把其雇用的少年工和女工裁去了一部分，許多裁去一半，同時又恢復成年男子做幾乎廢棄的夜班。他們都說《十小時工作法》使他們別無選擇[113]。

他們的第二步，是對準法定的休息用餐而發的。且聽聽工廠監督專

證供，在附錄51、52、58、59、62、70，有一個製造廠主，也有坦白的證供。參看前揭報告證供14及265。

[113]《工廠監督專員半年報告。1848年10月31日》，第133、134頁。

員的話：「自勞動時間限為 10 小時以來，製造廠主都以為，假設勞動時間自上午 9 點至晚上 7 點，他們依照法律的規定，1 又 1/2 小時的吃飯時間，可以在上午 9 點以前給 1 小時，在晚上 7 點以後給 1/2 小時，雖在事實上他們不曾充分做足。他們有時也給予 1 小時或 1/2 小時作為正餐時間，但認為他們自己沒有義務在 10 小時工作日中，給予 1 又 1/2 小時的任何部分[114]。」製造商認為，關於吃飯時間曾有嚴謹細密規定的 1844 年的法案，僅許操作員在進廠以前和離廠以後飲食，也就是在家裡飲食。為什麼工人不在早上 9 點以前吃中飯呢？但刑事律師卻判決說：「規定的吃飯時間，必須在實際工作日的期間內。從上午 9 點至晚上 7 點連續做 10 小時沒有間斷，是不合法的[115]。」

在這種大快人心的論證之後，資本就採取與 1844 年法律條文一致的，從而合法的步驟，揭開它的反抗。

1844 年的法案確實禁止：8 到 13 歲兒童，已在中午前做工的，不得再在下午 1 點以後做工。但它不曾規定，自正午或下午開始工作的兒童，每日應如何分配 6 又 1/2 小時的勞動。所以，從正午 12 點開始工作的 8 歲兒童，可以把 6 又 1/2 小時照這樣分配，自 12 點至 1 點，1 小時，自下午 2 點至 4 點，2 小時，自下午 5 點至 8 點半，3 又 1/2 小時，總計合法的 6 又 1/2 小時，或採取更好的辦法。因要使兒童的工作與成年男工人的工作，在晚上 8 點半以前配合，製造商不在下午 2 點以前叫兒童做任何工作，從下午 2 點起，8 歲兒童就能持續不斷，在工廠做工到晚上 8 點半了。因製造廠主要使機械每日轉動 10 小時以上，兒童在少年工人和女工全離廠後還和成年男工一同勞動到晚上 8 點半，現成為英國通行的辦法了[116]。工人和工廠監督專員，從衛生及道德的理由，提出抗議。但資本答說：

---

[114]《工廠監督專員半年報告。1848 年 4 月 30 日》，第 47 頁。
[115]《工廠監督專員半年報告。1848 年 10 月 31 日》，第 130 頁。
[116] 前揭報告第 42 頁。

「我的行為並沒有越線。我渴求我的權利。也就是我契約上規定的罰金和違約金!」

雖有種種抗議,但依照 1850 年 7 月 26 日下議院刊布的統計,在 1850 年 7 月 15 日,實行這個辦法的工廠仍有 275 家,照這個辦法動用的兒童,計有 3,742 人。但這還不夠!資本的鷹眼又發現,1844 年法律雖規定在上午勞動 5 小時,至少須有 30 分鐘的休息,但關於下午的勞動卻沒有同樣的規定。所以,製造廠主不但可以使 8 歲的童工,從下午 2 點不間斷地做到 8 點半,且使他們必須在這時間內忍受著飢餓!

「呀,心呀,契約上是這樣說的 [117]。」

1844 年法律約束兒童的勞動,也約束「少年人和婦人」的勞動。製造廠主是像無情的放高利貸者一樣墨守著法律的條文。他們卻漸次導向公然的反抗。我們還記得,該法律的主要目的和內容,是廢止「假輪班制度」。製造廠主的反抗以這樣單純的宣告開始:1844 年禁止在由雇主選定的 15 小時工廠日(Fabriktag)內,隨意使用少年人與婦人的章節,在勞動時間定為 12 小時的時候,是「比較沒有妨害」的,但在《十小時工作法》下,那卻是「難受的困難」[118]。所以他們竟以極冷靜的態度,通知工廠監督專員,說他們將超越法律的文字,以自力重新引

---

[117] 資本,無論是在發展的形態上或是在未發展的形態上,它的性質總是沒有差別的。美國南北戰爭爆發之前,奴隸擁有者曾以這樣的法典,課加於新墨西哥州領土內。這個法典規定,勞動者在其勞動力為資本家所購買時,他本人也「是資本家的貨幣」。在羅馬的貴族間,也流行這種意見。他們所墊付於負債平民的貨幣,已經由維生資料,轉化為債務者的血和肉。所以,這種「血和肉」,也是他們所有的貨幣。夏洛克式的十二銅表法,就是這樣出來的。林格(Linguet)的假定——貴族債權人,時時在台伯河彼岸,以債務人的肉大擺筵席——和道默爾(Daumer)關於基督教聖餐的假定一樣,是真是偽,到現在還是不能確定。

[118]《工廠監督專員半年報告。1848 年 4 月 30 日》,第 28 頁。

用舊時的制度[119]。他們以沒有思慮的操作員的利益代行，說要這樣「他們才可以得到更高的工資」。說：「要在《十小時工作法》下，維持英國產業的最優勢地位，這是唯一可能的辦法[120]。」說：「要在輪班制度下偵察不法的事情，或許不無困難；但這有什麼要緊呢？難道國家巨大製造業利益，還比工廠監督專員或副監督員節省一些麻煩，更次要嗎？」[121]

這種種換班自然都是無效的。工廠監督專員訴於法院。但不久，製造廠主請願的文書，像雪片一樣飛到內務大臣格雷爵士（Sir George Grey）那裡。他在1848年8月5日的通告中，便諭告工廠監督專員說：「假如毫無理由可據以相信少年人、婦人的實際工作時間已超過法律禁止的時間，即無須通報製造廠主違背法律條文，或說他曾違法用輪班制度使用他們。」就因此，工廠監督專員史都華（Z. Stuart）遂准許蘇格蘭全境，在15小時工廠日內實行輪班制度。在那裡，輪班制度又和以前一樣盛行了。但英格蘭的監察專員，則認為內務大臣無權獨自中斷法律效力，故仍依法律程序，反對挺奴運動的叛變。

代表法院的無報酬的郡輕罪法庭[122]既宣判製造廠主無罪，徒然傳喚資本家有什麼益處呢？在這種法庭，審判製造廠主的就是製造廠主。試舉一例，艾斯克利奇先生，一位棉紡織業者，曾規劃一種輪班制度，請工廠監督專員核准其在工廠內實行。專員不准，當初他也沒話說。數月後有一個名叫魯賓遜的人，也是一個棉紡織業者，他即使不是艾斯克

---

[119] 例如慈善家阿什華茲在一封致霍納的信中便是這樣說。（《工廠監督專員半年報告。1849年4月》，第4頁。）

[120] 前揭報告第134頁。

[121] 前揭報告第140頁。

[122] 這種郡法官——威廉・科貝特（W. Cobbett）曾稱其為「偉大的義務者」——是由各郡顯貴構成的一種無給的治安審判官。事實上，他們是支配階級的世襲的審判所。

利奇先生的得力助手，也至少和他有關係。這個人，因實施一種輪班制度，和艾斯克利奇發明的制度一樣，被控到斯托克波特市自治輕法庭來。4個審判官列席，當中有3個是棉紡織業者。這位艾斯克利奇先生，昂然坐在首席。艾斯克利奇判決魯賓遜無罪。當然，魯賓遜做的事既不犯法，艾斯克利奇去做又如何算犯法呢？在其判決下的支持，他馬上就在自己工廠內，採用這種制度了[123]。當然這種法庭組成本身就是不合法的[124]。工廠監督專員霍維爾就曾經感嘆地說：「這種滑稽的審判，亟有改革的必要。不是改變法律來遷就這種判決，就是應使法律由少犯錯的法庭執行，希望這種情形的判決能順應法律。我渴望，法庭推事必須是有薪俸的職務[125]。」

刑事裁判官認為製造廠主對於1848年法律的詮釋不合理，但「社會的救主」絕不會翻然改圖。霍納報告說：「我在7個審判區，遇到10件訴案，我戮力執法，但只有一案得到輕罪法庭的支持。……我認為，再告發這種違法事件也無用處。1848年法案保證勞動時間劃一的條文，在我統轄的區域（蘭開郡）內，早就不發生效力了。我和副監督員在檢查發現某工廠實施輪班制度時，雖要防止少年人和婦人每日做10小時以上的工作，也無能為力。……1849年4月30日，依這方法實行輪班制度的工廠，達114家，最近數目還有激增的趨勢。……大概言之，工廠的工作已延長為13又1/2小時，即是上午6點至晚上7點半……也有已延長至15小時者，自上午5點半至晚上8點半[126]。」1848

---

[123]《工廠監督專員半年報告。1849年4月30日》，第21、22頁。還可參看4、5頁所載的類似的實例。

[124] 威廉四世第1、2號法令（第24章，第10條）——號稱霍布豪斯爵士的《工廠法》（Sir John Hobhouse's Factory Act）——禁止棉紡織工廠廠主及其父子兄弟在《工廠法》問題上充任仲裁法官。

[125] 前揭報告第22頁。

[126]《工廠監督專員半年報告。1849年4月30日》，第5頁。

年12月，霍納列舉一個名單，其中有65位製造廠主、29位工廠管理者異口同聲，宣稱在這種輪班制度下，任何監察制度也不能防止巨大的過度勞動[127]。有一些兒童與少年人，有時從紡織室轉班至機織室，有時在15小時內由這一廠轉班至那一廠[128]。「這種制度，在輪班制度的掩飾下，使工人有無窮的輪替，各個人整日的勞動時間和休息時間也時時換班，再不見有某組工人全體常在同室及同時一起工作了。」如此雖想加以控制，也是不可能的[129]。

這種輪班制度──由此在現實上引起的過度勞動且不說──是資本幻想的產物。這種幻想，與傅立葉（Fourier）在《會議行程》中描寫的幽默的故事比較，也有過之而無不及。唯一的不同點是勞動的吸引，變作了資本的吸引。有些製造廠主的計畫，曾被上流報紙推為「依適度注意和方法所能完成」的範本。我們就看看這種計畫：全部工人有時分成12類至15類，各類的組成分子，是不絕變換及補充的。在15小時工廠日中，資本吸收勞動者1/2小時或1小時後，再把他放出，重新吸收、重新釋出，在零碎的片段時間之內，把他趕往這裡，又把他趕往那裡，而在做滿10小時之前，是絕不放他走的。像在舞臺上一樣，同一個人會在各幕扮演不同的人物。但像演員在演劇進行中完全屬於舞臺一樣，操作員在這15小時內也是完全屬於工廠的。來往的時間還不計算在內。休息時間，被轉為強制懈怠的時間，從而驅使少年男工走入酒館，少年女工陷於妓館。資本家想出種種新的方法，欲使機械每日能轉動12小時或15小時，但不增加工人。使勞動者連吞飯的片斷時間都變化莫定。在工作十小時的宣傳中，製造廠主曾抗議勞動暴民請願的目的，是希望以10小時勞動得到12小時勞動的工資。現在他們將情勢反

---

[127]《工廠監督專員半年報告。1849年10月31日》，第6頁。
[128]《工廠監督專員半年報告。1849年4月30日》，第21頁。
[129]《工廠監督專員半年報告。1848年12月1日》，第95頁。

過來了。他們付 10 小時勞動的工資，得到了 12 小時或 15 小時勞動力的支配權[130]。這就是問題的要點，是製造廠主對於《十小時工作法》的詮釋。猶憶 10 年間以美言誘人，致力人道關懷大灌迷湯的自由貿易論者，曾在反《穀物條例》煽動整整十年灌輸操作員說，如果穀物輸入自由，英國產業所擁有的資源，透過斤斤計較，10 小時勞動就很夠使資本家富裕[131]。但現在卻是如何呢？

資本家從事反抗有 2 年。當英國最高 4 法院之一（即財政法院），在 1850 年 2 月 8 日一件案子上，判決製造商的行為違犯 1844 年法案的本意，但該法案文字已使該法變得毫無意義時，資本的反抗就終於勝利了。「依照這個判決，《十小時工作法》廢止了[132]。有一群一向不敢在少年工人和女工中實行輪班制度的製造廠主，現在也欣然接納它了[133]。」

資本在表面上得到了決定性的勝利，但伴著這種勝利，隨即就發生了激烈的反應。向來勞動者的反抗，雖是不折不撓、無日休止的，但全然是被動的。現在他們在蘭開郡、約克郡具威脅性集會中，高聲抗議了。宣稱的《十小時工作法》已成為瞎話、成為國會的狡計，從來不曾存在過。工廠監督專員也懇切警告政府，說階級對立已達到不可置信的緊張。就連製造廠主也有些人抱怨：「因郡輕罪法庭在裁判上互相矛盾之故，一種反常的及無政府狀態合起來了。約克郡實行一種法律，蘭開

---

[130] 見《工廠監督專員半年報告。1849 年 4 月 30 日》，第 6 頁，及工廠監督專員霍維爾與桑德士《工廠監督專員半年報告。1848 年 10 月 31 日》中關於輪班制度的說明。還可參看 1849 年春，亞士頓市及其附近各處牧師致女王反對輪班制度的請願書。

[131] 參看格雷《工廠問題與十小時工作法》（倫敦，1837 年）。

[132] 恩格斯《英國十小時工作法》（拙編《新萊茵報》，1850 年 4 月號，第 13 頁所載）。在美國南北戰爭當時，這個「高級」審判廳曾發表如下的意見。取締海賊船武裝的法律，是在字義上非常曖昧的。這種曖昧，恰好使它原來的意義，變成正好相反。

[133]《工廠監督專員半年報告。1850 年 4 月 30 日》。

郡實行另一種；蘭開郡這一教區實行這種法律，其鄰近教區實行另一種。大城市的製造商可以規避法律，小地方的製造商，卻找不到必要的人員來實行輪班制度，更找不到必要的人員由一廠換班至另一廠。」但剝削勞動力的平等權利，是資本的天賦人權呀！

在這狀態下，製造廠主與勞動者間達成了一種妥協。這種妥協得國會認可在 1850 年 8 月 5 日的《工廠法》新增條文上。少年工人及女工，星期一至星期五，每日勞動由 10 小時增至 10 又 1/2 小時，星期六則減為 7 又 1/2 小時。勞動必須從上午 6 點起，至下午 6 點止[134]。其間必須有不少於 1 又 1/2 小時的吃飯時間。吃飯時間不得彼此分別給予，必須與1844年法律的規定相符。依此法，這種輪班制度乾脆結束了[135]。關於兒童勞動，1844 年法律則依然有效。

這次像以前各次一樣，有一類製造廠主對於無產階級兒童，保有一種特殊的封建權。那就是繅絲製造商。1833 年他們已以威脅的方式叫喊：「取消各種年齡的兒童每日工作 10 小時的自由，這等於停止他們的工作。」他們說足額購買 13 歲以上的兒童，對他們是不可能的。他們強求他們所欲的特權。以後的研究證明他們的口實完全是蓄意的謊言[136]。但雖如此，仍阻止不了他們在 10 年間，雇用年幼而必須站在搭腳凳上做工的兒童，用後者的血，每日繅絲 10 小時[137]。1844 年的法律，雖掠奪他們的「自由」，使他們不得雇用未滿 11 歲的兒童，每日做 6 又 1/2 小時以上的工作，但在反面卻給了他們一種特權，讓他們有

---

[134] 在冬季，改為自早晨 7 點至晚上 7 點。

[135] 「現行法（1850 年的法律）成了一種妥協，雇工犧牲了依《十小時工作法》他們應享的利益。但從此以後，勞動時間受限制的他們，能有一致的上工時間和下工時間了。」（《工廠監督專員半年報告。1852 年 4 月 30 日》，第 14 頁。）

[136]《工廠監督專員半年報告。1844 年 9 月 30 日》，第 13 頁。

[137] 同上。

權使 11 至 13 歲的兒童,每日工作 10 小時;這個法律還格外開恩,免除他們提供強迫教育給工廠兒童的義務。那一回他們的口實是:「他們所製的織物都是極精細的,必須有極輕巧的手指。這種手藝只有從年輕時入廠的人可以練出[138]。」俄國南部的有角動物,為皮革與獸脂而被屠殺,這些兒童卻澈底為輕巧的手指而被屠殺。到 1850 年,1844 年所給予的這種特權才受限制,而以撚絲及捲絲兩部分為限。但這種自由的剝奪,也不是沒有替補的。11 至 13 歲兒童的勞動時間,由 10 小時增至 10 又 1/2 小時了。這次的口實是:「絲廠的勞動,比別的織物工廠的勞動更輕易,而且更不至於對健康有妨害[139]。」但之後政府醫官的調查,卻證明事實恰好相反:「絲業區域的平均死亡率是非常高的,就婦女部分來說,比蘭開郡棉業區域的死亡率還要高[140]。」關於這個問題,工廠監督專員雖然每半年提一次抗議,但是這種危害,一直到現在還沒有消

---

[138] 前揭報告第 20 頁。

[139]《工廠監督專員半年報告。1861 年 10 月 31 日》,第 26 頁。

[140] 前揭報告第 27 頁。一般來說,受《工廠法》限制的就業勞動者的身體,已有顯著的改善。就這點而言,各個醫生的證供是眾口一致的。我個人隨時間的觀察,也足為此事的印證。且不說初生嬰兒的驚人死亡率。依格林豪醫生的正式報告,工廠區域的健康狀態,與有正常健康狀態的農業地帶相較,依然該說是不良的。且引述他 1861 年報告中的表,以為例證。

工業使用的成年男子的百分比率	10 萬名男子中因肺病死亡的死亡率	地名	10 萬名女子中因肺病死者的死亡率	工業使用的成年婦女的百分比率	婦人職業的種類
14.9	598	威干	644	18.0	棉業
42.6	708	黑潭	734	34.9	棉業
37.3	547	哈利法克斯	564	20.4	毛絨業
41.9	611	布拉福	603	30.0	毛絨業
31.0	691	麥克斯非	804	26.0	絲業
14.9	588	利克	705	17.2	絲業
36.6	721	斯托克	665	19.3	陶業
30.4	726	沃爾斯坦登	727	13.9	陶業
—	305	8 個健康的農業區域	340	—	

滅[141]。

1850年的法案，把自上午5點半至下午3點半的15小時，改爲自上午6點至下午6點的12小時，但僅適用於「少年工人與女工」。所以對於兒童是沒有影響的。只要使用時間不超過6又1/2小時，他們仍照舊在這期間開始以前1/2小時，或在期間結束以後2又1/2小時被使用。當這個法案還在討論中的時候，工廠監督專員曾向議會臚陳統計，說明這種反常所引起無恥的濫用，但沒有效果。因爲在這個法案背後潛藏著一種企圖，要在繁榮的年度藉兒童之助，把成年男工的工作日拉長爲15小時。依照此後3年的經驗，才知道，這種企圖必定受成年男工反抗而失敗[142]。所以1853年才開始禁止：「在少年工人與女工早上進廠以前或晚上退廠以後，不得雇用兒童。」此後，除少數例外，1850年的《工廠法》已能在它所規範的各產業部門，約束全部工人的工作日了[143]。自第一次《工廠法》通過以來，到這時已經過半世紀了[144]。

---

[141] 大家知道，英國的「自由貿易家」對於絲製造業的保護稅，是遲遲不肯取消的。當時法國絲織品輸入英國的數額甚大。當這種保護稅取消時，爲替補起見，故對於絲織工廠的兒童勞動，不再加保護。

[142]《工廠監督專員半年報告。1853年4月30日》，第31頁。

[143] 1859年及1860年爲英國棉工業的全盛期。在這時有若干製造廠主以額外時間有較好待遇的話作爲餌，誘導成年男紡織工人等贊成工作日的延長。手推精紡織（Hand Mule）工人、自動機精紡織工人（Self-actor Minders）曾向雇主呈建議書，請求中止這種實驗。建議書上說：「坦白地說，我們的生命，是我們自己的一種負荷；當我們發覺我們比別的勞動者，每星期幾乎必須在工廠多束縛兩日，我們簡直覺得我們像奴隸；還覺得我們現在維持的制度，不僅對我們有害，且對我們的子孫有害。……我們現在敬告諸位先生，耶誕節和新年過後我們開工時，我們每星期將只做工10小時，不得再多；換言之，我們將從6點做到6點，其中包含1又1/2小時的休息。」（《工廠監督專員半年報告。1860年4月30日》，第30頁。）

[144] 這個法律的文字，有叫人違犯的可能。關於這點，可參看議會報告《工廠管

《工廠法》第一次超過原範圍，是「1845 年的《印刷工廠法》」。資本在接受這種新「奢侈」時的不快，可以從該法的每一條看到。但這個法令，只把婦女和 8 至 13 歲的兒童的工作日，限為上午 6 點至晚上 10 點的 16 小時，且未規定法定的吃飯時間。它准許 13 歲以上的男性，任意在日間和夜間被使用[145]。這是國會的一次流產[146]。

　　不過，《工廠法》在這各種現代工業（那是近代生產方式的最具特色的產物）上勝利了，其原則也跟著勝利了。自 1853 至 1860 年，工廠工人在生理方面、道德方面的再造，偕同各種現代工業的異常的發展，雖最遲鈍的眼也看穿。製造廠主在半世紀內鬥之後，雖逐步受法律的限制和約束，但也常拿他們這幾種工業，和另一些依然有「自由」剝削權的工業相比較，來誇示他們自己的成功[147]。「政治經濟體」的偽善者，也宣稱辨別法定固定工作日的必要性，是他們這種「科學」的且特色新發現[148]。我們很容易知道，當工廠大亨服從這不可免的命運，並與之和解時，資本的反抗力是漸次衰弱。同時，當勞動階級隨著獲得與其他社會階層（即與此問題無直接利害關係的階層）結盟的數目增加，勞動者的進攻力量又加強了。1860 年以來《工廠法》更為快速的進步即由於此。

理法》（1859 年 8 月 6 日）。並參看該報告所載霍納所撰〈提議修正《工廠法》，使工廠監督專員得防止現在流行的違法工作〉一文。
[145]「過去半年間在我所管轄的區域內，8 歲及 8 歲以上的兒童，往往從上午 6 點，做到晚上 9 點鐘。」（《工廠監督專員半年報告。1857 年 10 月 31 日》，第 39 頁。）
[146]「《印刷工廠法》，就其保護的意義、就其教育的意義來說，都被承認是失敗了。」（《工廠監督專員半年報告。1862 年 10 月 31 日》，第 52 頁。）
[147] 可參看波特（E. Potter）1836 年 3 月 24 日致《泰晤士報》的一封信。該報教他記起製造廠主方面反對《十小時工作法》的運動。
[148] 與杜克共著並發行《物價史》的紐馬奇（W. Newmarch）就是這樣主張的。怯弱地對輿論讓步，也是科學的進步嗎？

1860年染色工廠與漂白工廠[149]、1861年花邊工廠與織襪工廠，先後受1850年《工廠法》的約束。童工委員會（1863年）第一次報告的結果，又使各種黏土工業（不僅指陶業）、火柴工業、雷管工業、彈藥筒工業、毛氈工業、麻紗布剪裁業，以及統稱為「完工」的各種製程的製造商，接受同樣的命運。1863年，屋外漂白業[150]與烘焙業，各受特殊

---

[149] 1860年制定的關於漂白工廠和染色工廠的法令，規定自1861年8月1日起，工作日應暫定為12小時，但自1862年3月1日起，應確實減為10小時，即星期一至星期五每日勞動10又1/2小時，星期六勞動7又1/2小時。但不祥的1862年到來時，舊把戲又重演了。製造廠主向國會請願准許將期限延長一年，在延長的一年內，每日仍許使用少年人和婦女12小時。「在棉業的現狀下（1862年，正是棉花不足的年），每日做12小時，讓他們盡可能獲得多額的工資，乃是於勞動者有利的事情。」因此有一個法案在下議院提出了：「其撤銷，主要是得力於蘇格蘭漂白工人的運動」。（《工廠監督專員半年報告。1862年10月31日》，第14、15頁。）——1860年這個名目上要保障漂白工人和染色工人利益的法律，就連工人也是反對的。資本家借用法律家的眼鏡已能看出1860年這個法案，像一切「保護勞動」的立法一樣，含著意義曖昧的字眼。這種意義曖昧的字眼，使他們有藉口，把 Calenderers（使布匹光澤的工人）和 finishers（最後加工的工人），排除在法律規定之外。英國的司法機關（那永遠是資本的忠實奴僕），在普通訴訟法庭把這種強詞奪理的解釋裁可了。「勞動者非常失望，……他們訴說工作過度。引為遺憾的是立法院的明確意圖，竟因字義不明，以致徒勞無功。」（上述報告第18頁。）

[150]「屋外漂白業者」撒謊說他們這種職業不雇用婦女做夜班，用以躲避1860年關於漂白業所規定的法律。工廠監督專員把這個謊戳破了；同時，國會又依勞動者的請願，得知屋外漂白業，並不是在草原空地上進行的工業。屋外漂白業的烘乾室，常在華氏90度乃至100度左右，其室內工作大多數是由少女擔任的。「涼一涼」，便是他們自烘乾室逃出來呼吸自由空氣的專門名詞。「烘乾室用了15個少女。在麻布，熱度為80-90度，在上白麻

的法律限制。在前者，少年人與婦人，不得在夜間（自晚上 8 點至早晨 6 點）工作；在後者，未滿 18 歲的麵包工人，不得在晚上 9 點至早晨 5 點工作。童工委員會稍後各次威脅性的提議——要在農業、礦業、運輸工具業以外各種英國重要產業上，剝奪製造廠主的「自由」——則留待以後再考量 [151]。

布，為 100 度以上。一個小房間，大約有 10 平方呎寬，其中央是一個閉口的爐。有 12 個少女在裡面拿熨斗做工。她們站在爐子四周。爐子發出一種異常的熱，把上白麻布烘乾，再由她們用熨斗燙平。她們的勞動時間是沒有限制的。如果忙，就得接連每天工作到晚間 9 點至 12 點。」（《工廠監督專員半年報告。1862 年 10 月 31 日》，第 56 頁。）——一位醫生說：「沒有特別的時間給她們出去涼一涼，但溫度過高時，或工人滿手是汗時，她們可以出去幾分鐘。……我曾診察許多爐間工人，這種經驗使我覺得，她們的健康狀況不及紡織工廠的女工。（不過資本家在呈國會的請願書中，卻以魯本斯的筆法，把她們描寫得非常健康。）在她們之間最常見的病，是肺結核、支氣管炎、子宮機能異樣、惡性歇斯底里和風濕症。我相信這種種病，都直接間接起因於工作室內空氣的不潔或過熱；她們又沒有充分的衣物，可以在冬季歸途中，抵抗寒氣濕氣的侵擾。」（前揭報告 56、57 頁。）關於屋外漂白業 1860 年的追加補充條例，工廠監督專員曾說：「法律名目上要保護這種工人，但不但沒有給他們保護，且包含一條……依照字義，凡不在夜間 8 點以後勞動的工人，不應受任何保護，而在夜間 8 點以後還勞動的工人，也因證明的方法非常曖昧，以致很少有判決有罪的機會。」（前揭報告第 52 頁。）「所以，無論就教育方面、就人道方面，這個法律都失敗了；因為這個法律准許（實等於強迫）婦女和兒童每日工作 14 小時（有，或者沒有吃飯的時間），甚至 14 小時以上，不拘年齡、不拘性別，也不顧當地家庭的社會習慣。這能說是人道的嗎？」（《工廠監督專員半年報告。1863 年 4 月 30 日》，第 40 頁。）

[151] 第二版注。我於 1866 年寫這一段話以來，反動又再發生了。

Ⅶ 關於標準工作日之鬥爭，英國《工廠法》所及於其他各國的反應

讀者大概還記得，若不說勞動隸屬於資本這件事在生產方式上引起的變化，則資本主義生產特別的結局和目的，總和及實質，是剩餘價值的生產或剩餘勞動的剝削。讀者大概還記得，依照以上展開的觀點，又只有獨立的工人（即法律上足資爲自己行爲負責的勞動者），才能作爲商品販賣者，而與資本家締約。所以，當我們在歷史敘述上，一方面以近代產業爲主題，另一方面以生理上、法律上未成年人的勞動爲重要角色時，我們是把前者當作勞動剝削的一個特殊部門、把後者僅當作勞動剝削的特別顯著的例子。不預期我們研究的隨後發展，我們已經可僅由這各種歷史事實的關聯，得到如下的結論：

第一，資本無限制、無顧慮延長工作日的熱愛，最初是在棉紡織業、羊毛紡織業、麻紡織業、絲紡織業上滿足的。這幾種產業，是最早依水力、蒸汽、機械發生革命的。它們是近代生產方式最早的創造物。物質生產方式的改變及與其相應的生產者社會關係的改變[152]，最先引起超出一切範圍的奢侈耗能，隨後又爲了反對這種現象，喚起一種社會的管制，要用法律，把工作日和休息時間加以限制、調節和劃一。在十九世紀前半，這種管制，僅表現爲例外的立法[153]。但這種管制，一旦征服新生產方式原來的範圍，就發覺不僅有許多別的生產部門，同時也採用同樣的工廠制度，並且像製陶業、製玻璃業或多或少仍採用舊式製造方法的產業、像烘焙業那樣舊式的手工業，甚至像製釘業那樣所謂家庭產

---

[152]「這兩個階級（資本家與勞動者）的行爲，是他們所處的相對地位的結果。」（《工廠監督專員半年報告。1848 年 10 月 31 日》，第 113 頁。）

[153]「受限制的各種職業，皆與使用蒸汽力、水力的織物製造業有關。一種職業必須同時具備下述兩條件，始受專員監察：即使用蒸汽力或水力，並製造某種織物。」（《工廠監督專員半年報告。1864 年 10 月 31 日》，第 8 頁。）

業等等[154]，也早已經和工廠一樣，完全沉溺在資本主義的剝削中。所以這種立法，漸漸脫去其例外性，在英國採用羅馬的獨斷論，認爲任何有人在其內勞動的房屋都是工廠（Factory）[155]。

第二，工作日制定（在若干生產部門，這種制定已經實行，另一些部門尚在繼續奮鬥求其實現）的歷史確實證明了，當資本主義生產達到一定的階段時，孤立的勞動者，換言之，作爲「自由」出賣其勞動力的勞動者，將無法反抗地屈服。所以，標準工作日的創造，乃是資本階級與勞動階級拖延且多多少少被掩飾的內鬥產物。這種爭鬥，既開始在近代產業的場域，故也最早在近代產業的誕生地，即英國爆發[156]。最先對資本理論挑戰的，是英國的理論家[157]。同樣的，英國的工廠勞動者不僅

---

[154] 關於所謂家內勞動，童工委員會最近的報告，包含極有價值的材料。

[155]「前屆議會（1864 年）法令……所約束的，有習慣異常不同的種種職業。使用機械力推動機械這個條件，已經不像先前是法律上成爲工廠的必要條件了。」（《工廠監督專員半年報告。1864 年 10 月 31 日》，第 8 頁。）

[156] 比利時——大陸自由主義的樂園——沒有這個運動的形跡。即在礦坑和金屬礦山內，也是不問性別、不問年齡，讓資本以完全的自由、以任何的時長，在任何時候消費勞動者。在那裡每雇用 1,000 個人中，有 733 個男人、88 個婦人、135 個 16 歲以下的男孩、44 個 16 歲以下的女孩。就熔礦工廠來說，每雇用 1,000 個人中，就雇用 668 個男人、149 個婦人、98 個 18 歲以下的男孩、85 個 16 歲以下的女孩。加上又不問勞動力成熟與否，其極端剝削所提出的工資，都是極低廉的。男人每日平均的工資爲 2 先令 8 便士，女人每日平均的工資爲 1 先令 8 便士，少年人每日平均的工資爲 1 先令 2 又 1/2 便士。但與 1850 年比較，1863 年的煤鐵諸項的輸出量與輸出價值，都幾乎增加了一倍。

[157] 十九世紀最初 10 年剛剛過去的時候，歐文即主張有限制工作日的必要。他不僅把這點當作理論上的主張，且實際在他創設在新拉納克的工廠內實行。當時的人曾譏笑這個主張，說它是共產主義的烏托邦。他又主張「兒童

是英國勞動階級的戰士，且是近代廣泛勞動階級的戰士。無怪工廠哲學家烏爾（Ure），見資本決然要爭取「勞動的完全自由」，而英國勞動階級卻以「《工廠法》的奴隸制度」（Sklavereider Fabrikakte）」爲標榜來反對資本，會公然抨擊說，那是英國勞動階級說不出口的恥辱[158]。

法國徐徐跟在英國後面。在那裡，《十二小時工作法》的制定，必須有二月革命來催生[159]。其所制定的法律是模仿英國的，但比起來不完備得多。但法國的革命方法，也有它的特別長處。英國立法在環境壓迫下，不情願地，時而在這點屈服、時而在那點屈服，致迷失在一個矛盾的法律上不知所措的糾纏中[160]。法國的《工廠法》則不分彼此，以工作

的教育應與生產勞動相結合」，主張創設工人合作社。這第二種主張也同樣被嘲笑。到現在，上述第一個烏托邦，就是《工廠法》；第二個烏托邦，已成爲《工廠法》上政府公然使用的字眼；第三個烏托邦，已成爲反動欺騙政策的外衣了。

[158] 烏爾《製造業哲學》。（法文譯本，巴黎，1836年，第2卷，第39、40、67、77及其他各頁。）

[159]「1855年巴黎國際統計會議」的報告中說：「限制工廠和工作場所的工作日爲12小時的法國法律，沒有規定應從何時至何時爲止。它只規定，兒童勞動只准在早上5點至晚上9點之內使用。有些製造廠主就利用法律的沉默，每日（也許除了星期日）毫無間斷地使工人勞動。爲此目的他們使用兩班工人。每班在工廠內的工作皆不超過12小時，但工廠的工作仍晝夜不斷。法律是實行了，但於人道有何益處呢？」該報告除力陳夜間勞動對於人身體有破壞的影響外，尚說：「夜間把男女關在一個燈光黯淡的工作場所內，可以招致有害的結果。」

[160]「例如，在我管轄的區域內，就有一個工廠建築物，在其內同時經營漂白業和染色業經營印刷業，更經營加工業。前兩業應受《漂白工廠染色工廠條例》限制；印刷業應受《印刷工廠條例》限制；加工業則應受《工廠法》限制。」（《工廠監督專員半年報告。1861年10月31日》，第20頁，貝克的報告。）貝克（Mr. Baker）在列舉這種種條例的種種規定，指明它們非

日的限制加在一切工作場所和工廠。法國法律承認為原則的東西，在英國最初是以兒童、未成年人及婦女的名目獲得，近年才被要求首次為一種普遍權利[161]。

美國，在尚有奴隸制度醜化共和國之一部分時，任何獨立的工人運動，皆不能奮起。在黑人勞動受污名的地方，白人勞動無論如何不能解放自己。但奴隸制度告終，立即引起了一種新的生命。美國南北戰爭的第一個果實，是八小時工作煽動（Achtstundenagitation）。這個煽動，以特快車的速度，由大西洋傳布至太平洋、由新英格蘭傳至加利福尼亞。在巴爾的摩召開的全美工人大會，曾於1866年8月16日宣稱：「在今日，要從資本主義的奴隸制度把這個國家的勞動解放出來，第一件須做的事情，是通過一種法律使美國各州皆以8小時為標準工作日。我們誓以全體的力量，爭取這個光榮的結果[162]。」同時，國際工人協會的日內瓦大會，也根據倫敦理事會的提議，作出如下的決議：「工作日

常複雜以外，尚說：「很明顯，在製造廠主起意要躲避法律的地方，要使這些條例皆能切實履行，是一件極困難的事。」審判官先生所能保證的，只是訴訟的產生。

[161] 最後，工廠監督專員竟也說：「這種異議（資本對於法律限制勞動時間的異議），必須在廣泛的勞動權的原則之前屈服。……哪怕這個問題沒有了結的時候，也會有一日，雇主不復有支配工人勞動的權利。到那時他的時間將成為他自己的。」（《工廠監督專員半年報告。1862年10月31日》，第54頁。）

[162]「我們，敦克爾克（Dunkirk）市的勞動者，謹宣言：現制度下的勞動時間未免太長了，不但沒有給勞動者休息和教育的時間，它所給勞動者的待遇，不過略比奴隸制度好些罷了。也就因此我們決議，一工作日有8小時已經很夠，且宜由法律如此規定；我們敢請新聞界予以有力的援助。凡拒絕此種援助的，我們必斷然認其為妨礙勞動改良、剝奪勞動權利的敵人。」（1866年紐約州敦克爾克勞動者的決議案。）

的限制，是一個先決條件，沒有它，一切進一步改良或解放的企圖，必終歸失敗。……大會提議 8 小時爲工作日的法定限制。」

在大西洋兩岸，勞動階級的運動——那是本能地從生產條件成長起來的——都證實了英國工廠監督專員桑德士（R. J. Saunders）的話：「除非限制勞動時間，及依規定的限制嚴格執行，社會的改革，永遠沒有希望往前推進[163]。」

我們必須承認，我們的勞動者從生產過程出來，和他加入生產過程時，是不同的。在市場上，他以「勞動力」這種商品的擁有者的資格，面對別種商品的擁有者。這是交易者對交易者。他以勞動力售於資本家的契約，可說是明白證明了，他可以自由處分他自己。但交易結束，我們卻發現，他並不是「自由的當事人」；他自由出賣勞動力的時間，乃是他被強迫出賣勞動力的時間[164]。實際上，勞動力的吸血鬼，「在有一塊肉、一束腱、一滴血尚可剝削的情況下」，是絕不會放手的[165]。勞動者如要防禦這使他們痛苦的蛇，必須聚在一塊，作爲一個階級，強求通過一項法律、一個非常有力的社會屏障，防止每一位工人與資本締結自

---

[163]《工廠監督專員半年報告。1848 年 10 月 31 日》，第 112 頁。

[164]「這種行動（資本自 1848 至 1850 年的演習），提供了一個不可掩飾的證據，證明那個屢屢有人提出的主張——勞動者不需任何保護，他們可以自由處分他們唯一的所有物（他們的手的勞動和他們額頭的汗）——是謬誤的。」（《工廠監督專員半年報告。1850 年 4 月 30 日》，第 45 頁。）——「自由勞動（假如可以這樣稱呼），即在自由國家，也需有法律的強臂予以保護。」（《工廠監督專員半年報告。1864 年 10 月 31 日》，第 34 頁。）——「准許他們每日工作 14 小時，有或者沒有吃飯的時間，……等於強迫他們每日工作 14 小時。」（《工廠監督專員半年報告。1863 年 4 月 30 日》，第 40 頁。）

[165] 恩格斯《英國勞動階級的狀況》，第 5 頁。

願契約，在死與奴隸的狀態下，出賣自己和自己的家庭[166]。以法律限制工作日的簡樸大憲章取代「不能出賣的人權」這華而不實的條目，在其中明確規定「工人出賣的時間何時終止，工人自己的時間就何時開始[167]」。從那刻起這是多麼大的變革呀！

---

[166]《十小時工作法》已經在它所約束的各產業部門，「使以前做長時間勞動的勞動者，不復再有早衰之象」。（《工廠監督專員半年報告。1859年10月31日》，第47頁。）「用工廠的資本，來推動機械，使其超過限定的時間，那一定有害於所雇工人的健康和品行。這種工人所處的地位，是不能保護他們自己的。」（前揭報告第8頁。）

[167]「一個更大的利益，是把屬於勞動者自己的時間和屬於雇主的時間，分得清清楚楚。勞動者現在知道，他所出賣的時間是何時終了，他自己所有的時間是何時開始。因為有這種確實的預知，所以他們能夠預先為自己的目的，支配好自己的時間。」（前揭報告第52頁。）——「《工廠法》要使他們能夠支配他們自己的時間，這是給他們一種道德能力，使他們最後能夠行使政治上的權利。」（前揭報告第47頁。）——工廠監督專員曾用謹慎的諷刺、仔細的言詞，暗示了如下一點：即，現在的《十小時工作法》，還可使資本家解除若干自然的蠻性，使他們不成為單純的資本化身，並給他們少許「教養」的時間。以前「雇主所有的時間，都是用在金錢問題上面，雇工所有的時間，都是用在勞動上面。」（前揭報告第48頁。）

第九章

剩餘價值率與剩餘價值量

在這章，像在以上各章一樣，我們假設勞動力的價值，從而假設勞動力再生產或其維持的必要工作日部分，為已知的、不變的量。

在這個假設下，當我們知道個別勞動者在一定時間內提供給資本家的剩餘價值率，我們也就知道剩餘價值量。例如，假設必要勞動等於每日 6 小時，表現為 3 先令或 1 元（Taler）的金額，1 元便是一個勞動力一日的價值，或是購買一個勞動力所墊付的資本價值。再假設剩餘價值率為 100%，便知道 1 元的可變資本，將生產 1 元的剩餘價值量。也就是勞動者每日所供給的剩餘勞動量，為 6 小時。

資本家同時雇用的全部勞動力的總價值，以貨幣表現出來，便是可變資本。故可變資本的價值，等於一個勞動力的平均價值，乘以所雇用的勞動力的總數。已知勞動力的價值，則可變資本的量，直接隨同時雇用的勞動者人數而變動。假設一個勞動力一日的價值，等於 1 元；則每日要剝削 100 個勞動力，須墊付 100 個元；每日要剝削 n 個勞動力，須墊付 n 個元。

同樣的，1 元的可變資本（一個勞動力一日的價值）既每日生產 1 元的剩餘價值；100 元的可變資本，每日生產 100 元的剩餘價值；n 個元的可變資本，每日生產 n 個元的剩餘價值。所以，生產的剩餘價值之量，等於一個勞動者勞動一日所供給的剩餘價值，乘以所雇用的勞動者數。但因一個勞動者所生產的剩餘價值量，在勞動力價值為已知的情況，是由剩餘價值率決定，故可得第一法則如下：所生產的剩餘價值量，等於所墊付的可變資本量，乘以剩餘價值率；換言之，若已知同一資本家同時剝削的勞動力的數目，又知每個勞動力的剝削程度，則所生產的剩餘價值量，由兩者間的複合比率決定。

以 M 代表剩餘價值量，以 m 代表每個勞動者每日平均供給的剩餘價值，以 v 代表每日購買每個勞動力所墊付的可變資本，以 V 代表可變資本的總和，以 k 代表一個平均勞動力的價值，以 a'/a（剩餘勞動／必要勞動）代表剝削程度，以 n 代表所使用的勞動者數，我們即得下式：

$$M = \begin{cases} \dfrac{m}{v} \times V \\ k \times \dfrac{a'}{a} \times n \end{cases}$$

我們以上不僅假定一個平均勞動力的價值是不變的,且假定一個資本家所雇用的勞動者,都已換算成平均勞動者。但例外情形還是有的。在例外情形下,所生產的剩餘價值,可以和被剝削的勞動者數呈不成比例的增加。但,那時勞動力價值並非不變。

所以,在一定量剩餘價值的生產上,一個因素的減少,可由別個因素的增加來替補。假設可變資本減少,但剩餘價值率依同一比例提高,所生產的剩餘價值之量便依然不變。再依照以前的假定,假設資本家每日要剝削 100 個勞動者,必須墊付 100 元,並假設剩餘價值率為 50%,則此 100 元的可變資本,將提供 50 元的剩餘價值,或 100×3 勞動時間的剩餘價值。現在假設剩餘價值率加倍了,工作日非由 6 小時延長至 9 小時,卻由 6 小時延長至 12 小時,則已減少一半的可變資本 50 元,仍會提供 50 元的剩餘價值,或提供 50×6 勞動時間的剩餘價值。可變資本的減少,可由勞動力剝削程度之比例的提高來替補;換言之,所使用的勞動者數的減少可由工作日之比例的延長,來替補。所以在一定限度內,資本所能剝削的勞動供給,無關於勞動者的供給[1]。反之,剩餘價值率的減少,也可由可變資本量(或所雇用的勞動者數)之等比例的增加來替補,從而,使所生產的剩餘價值量依然不變。

但要由剩餘價值率的提高或工作日的延長,來替補受僱勞動者數(即墊付可變資本量)的減少,自有不能超過的界限。無論勞動力的價值如何、無論維持勞動者所必要的勞動時間為 2 小時抑或為 10 小時,

---

[1] 這個根本法則,庸俗經濟學的先生們,似乎一點也不知道。他們認為勞動的市場價格定於供給與需求。他們在這點,正好與阿基米德(Archimedes)相反。他們以為,他們由此發現了使世界靜止(不是使世界運動)的支點。

一個勞動者每日平均所能生產的總價值,總比 24 小時勞動被體現的價值更小;假設 24 小時實踐的勞動,以貨幣表現,等於 12 先令或 4 元,則勞動平均每日所能生產的總價值,總比 12 先令或 4 元更小。依照以前的假設,每日必須有 6 小時勞動,才能再生產勞動力本身,或替補購買勞動力所墊付的資本價值。在這假設下,500 元的可變資本,雇用 500 工人,剩餘價值率爲 100%(也就是一工作日等於 12 小時),每日即生產剩餘價值 500 元,或 6×500 小時勞動的剩餘價值。100 元的資本,每日雇用 100 工人,剩餘價值率雖爲 200%,使一工作日等於 18 小時,也僅能生產 200 元或 12×100 小時勞動的剩餘價值。其總價值生產物——與所墊付的可變資本加上剩餘價值等值——絕不能每日等於 400 元或 24×100 小時勞動。平均工作日有一個絕對的限制;因爲,依照自然那必須小於 24 小時。這種絕對的限制,使可變資本的減少,只能在這絕對的限制內由剩餘價值率的提高來替補;或者說被剝削勞動者數的減少,只能在這絕對的限制內,由勞動力剝削程度的提高來替補。這是我們的第二個法則。資本雖然有一種趨勢,要盡可能生產最大的剩餘價值量,但還有一種矛盾的趨勢(這是以下我們要講的),要盡可能減少所雇用的勞動者數、盡可能減少轉爲勞動力的可變資本部分。要釋明從後一種趨勢產生的種種現象,這個明明白白的法則,是極重要的。反過來說,所雇用勞動力的量的增加或可變資本的量的增加,如果不與剩餘價值率的減低呈比例,則所生產的剩餘價值量,一定會減少。

所生產的剩餘價值量,由兩因素而定,其一爲剩餘價值率,其二爲所墊付的可變資本之量。這事實,引出了第三個法則。已知剩餘價值率或勞動力的剝削程度,又已知勞動力的價值或必要勞動時間的大小,那很明顯,可變資本愈大,所產價值與剩餘價值之量也愈大。假設已知工作日的界限,又已知必要組成部分的界限,則一個資本家所生產的價值與剩餘價值之量,很明顯純由他所推動的勞動量決定。但在前面假定的條件下,勞動量,又由他所剝削的勞動力之量或由他所剝削的勞動者數決定。勞動者數,又由所墊付的可變資本之量決定。故若已知剩餘價

值率、已知勞動力的價值,則所生產的剩餘價值量,與所墊付的可變資本之量成正比變動。但我們知道,資本家把他的資本分成兩部分。他把一部分用來購買生產資料,這是資本的不變部分;他把另一部分用來購買活的勞動力,這一部分,便是他的可變資本。在同一社會生產方式的基礎上,不變部分與可變部分的劃分,在各生產部門是不同的;在同一生產部門內,兩者的比例,也因生產過程的技術基礎與其社會結合之變而變。但無論已知的資本,是以何種比例分為不變部分和可變部分,無論後者與前者的比例為 1 對 2、為 1 對 10 或為 1 對 x。上述的法則皆不受影響。因為依照前面的分析,不變資本的價值,僅再現在生產物價值中,不會進入新生成的價值中即新創造價值的生產物中。雇用 1,000 個紡織工人,當然比雇用 100 個紡織工人,需要更多的原料、紡錘等等。但追加的生產資料的價值,無論有無增減、無論是大是小,都不會在勞動力——運轉生產資料的勞動力——的剩餘價值創造過程上產生影響。所以,上面所論證的法則,可述如下式:假定勞動力的價值為已定的及勞動力的剝削程度為不變的,則不同資本額所生產的價值與剩餘價值之量,直接隨其可變資本組成部分(即轉為活的勞動力的部分)之量的變而變。

這個法則,顯然與一切以外觀為基礎的經驗相矛盾。每一個人都知道,以其所用總資本的百分比率來算,棉花紡織業者是使用比較多的不變資本、使用比較少的可變資本;烘焙業者是使用比較多的可變資本、使用比較少的不變資本。但前者的利潤或剩餘價值,不因此而更少。要解決這個表面上的矛盾,我們尚須有許多中間條件,就好像必須有許多中級,我們才能從初級代數的觀點,說明 0/0,是代表一個現實的量。古典經濟學雖未定立這個法則,但曾本能地堅持這個法則,因這個法則是一般價值法則的必然結論。他們要藉強烈的抽象,從矛盾的現象衝突裡,把這個法則救出來。以後 [2] 我們會知道,李嘉圖學派如何敗在這塊

---

[2] 其詳可參看本書的第一卷第四篇。

絆腳石。至於那實際毫無研究的庸俗經濟學者，在此處是和在其餘各處一樣，執著於外觀來反對規範和解釋其外觀的法則。他們與史賓諾莎（Spinoza）相反，是把無知當作充足理由的。

　　社會總資本日日夜夜運轉的勞動，可以當作一個簡單集體工作日來考量。假設勞動者數為 1,000,000，勞動者平均工作日 10 小時，則社會的工作日為 10,000,000 小時。設工作日的長度為已定的，無論其界限是依物理性或依社會性規定，則剩餘價值之量，只能隨勞動者數（即勞動人口）增加而增加。在此，人口的增加對於社會總資本的剩餘價值生產，形成數學的界限。反之，若人口數為已定的，則形成此界限的，為工作日的可能的延長[3]。在下一章我們會知道，這個法則的應用是有限制的，它只適用於我們以上所考量的剩餘價值形態。

　　根據以上關於剩餘價值生產所說的話，可知絕非任何的貨幣額或價值額，皆可隨時轉為資本。這種轉化有一個前提，即個別貨幣擁有者或商品擁有者手中的貨幣或交換價值，須達一定的最低額。可變資本的最低額，即是在一年間日日夜夜雇用一個勞動力來生產剩餘價值所必要的成本價格（Kostenpreis）。假設勞動者有他自己的生產資料，並以勞動者的生活為滿足，再假設其本人維生資料再生產所必要的勞動時間，為每日 8 小時，如是，他也只需要 8 小時勞動所需要的生產資料。但資本家既要在這 8 小時之外，再要求 4 小時的剩餘勞動，他自須有追加的貨幣額，用來購買追加的生產資料。但按照我們的假設，就算他只想過勞動者一樣的生活、只想滿足自身的必要欲望，也必須用兩個工人，才能每日取得這樣多的剩餘價值。在這情況，他的生產的目的只是維持生活，不是為財富的增加（財富的增加，是隱含在資本主義的生產）。

---

[3] 「社會的勞動，即社會的經濟時間（economic time），表現為一個定量，例如 1,000,000 人每日 10 小時或 10,000,000 小時。……資本的增殖，是有界限的。在一定期間內，這個界限，由經濟時間的現實的數量而定。」（《國家經濟論》，倫敦，1821 年，第 47、49 頁。）

又，假設他要過的生活，不過比普通勞動者生活好一倍，且僅要以所生產的剩餘價值之半數，再轉為資本，墊付資本的最低限，就須與勞動者數的增加，同時增加 8 倍了。當然，他自己可以和勞動者一樣，直接參與生產過程，但若如此，他便成了資本家與勞動者的混合物，是「小老闆」（Klein Meister）了。資本主義生產達到一定階級以後，資本家必須能以充任資本家（人格化的資本）的全部時間，來占有並控制他人的勞動及販賣這種勞動的生產物[4]。因此，中世紀的基爾特（行業工會）（Zuaftwesen），曾強迫限制一個行業的老闆所能雇用的勞動者數，不得超過一個極小的最高限，以防止行業老闆轉為資本家。貨幣或商品的擁有者要實際轉為資本家，他在生產上墊付的最低額，必須遠超過中世紀規定的最高額。我們在這裡，又像在自然科學上一樣，為黑格爾在理則學中發現的法則——僅僅量的差別，超越一定點，即轉為質的差別[5]——得到了一個證明。

---

[4]「租地農業家不能依賴自己一人的勞動；他如果這樣，我敢斷言是會損失的。他的事務，是照料全盤。他必須監視打麥的人，沒有監視，麥粒會打不乾淨。同樣，割草的人、割麥的人、其他各種人都須監視。他還要不斷巡視他的耕地，看有沒有忽略的地方。如果他只注意一處，這種忽略就難免。」（《食物價格與農場面積的關係的研究》，一個農業家著，倫敦 1773 年，第 12 頁。）這本著作是極有趣味的。在該書內，我們可以研究「資本主義農業家」（capitalist farmer）或他所謂「商人農業家」（merchant farmer）是怎樣產生的；我們還可以看到這種農業家，和主要為生存目的的「小農業家」（small farmer）的區別。「資本階級最初只部分地解除肌肉勞動的必要，後來才全部把這種必要解除。」〔瓊斯（Richard Jones）《國家經濟學教程》，赫特福，1852 年，第 3 講，第 39 頁。〕

[5] 最初依科學方法，由羅杭（Laurent）和蓋哈特（Gerhardt）確立的近代化學的分子學說，便是用這個法則作基礎。

第三版加注。上述的注解，對於一個在化學上沒有多大學養的人，是不十分

個別貨幣擁有者或商品擁有者變形為資本家所必須有的最低價值額，視資本主義的不同發展階段而異。發展階段相同，則在各生產領域，依其特殊和技術條件而異。若干生產領域，在資本主義生產初期已經必須具有的最低資本額，未曾在個人手中發現過。這情形，一方面興起國家對私人的補助（科爾伯特時代的法國，及德意志現在的若干邦，就是例子），另一方面，又興起公會的形成，在特定工業部門和商業部門享有法律上的剝削壟斷權[6]。後者實為近代股份公司的先驅。

＊　　　＊　　　＊

　　我們不要細述，在生產過程的進行中，資本家與工資勞動者的關係會發生怎樣的變化。我們也不要細論資本的進一步的歸宿。我們只要提出少數要點來說一說就夠了。

　　在生產過程中，資本取得了對於勞動（功能性勞動力或勞動者自己）的支配權。資本家（人格化的資本）務求勞動者以適合的強度，規律地進行工作。

　　進一步，資本發展成為一種強制關係，強迫勞動階級超過滿足其生活需求所指示的狹小範圍來勞動。作為他人活動的生產者、作為剩餘勞動的汲取器、作為勞動力的剝削者，它的動能、毫無忌憚、魯莽從事與

明瞭的。我再說明如下。作者在此所指的，是蓋哈特1843年初次命名的碳氫化合物的「類似序列」（homologen Reihen）。此等化合物各有各的代數組成方程式。例如，巴拉芬序列的方程式為C_nH_{2n+2}；通常的醇類的方程式為$C_nH_{2n+2}O$；通常的脂酸的方程式為$C_nH_{2n}O_2$等等。就上例說，可知CH_2的單純的量的加入（加入到分子方程式去），已經可以形成性質相異的物體。但關於這點，馬克思未免把羅杭和蓋哈特在這個重要發現上的貢獻過於看重了。請參看柯普（Kopp）著《化學發展史》，慕尼黑，1873年，第709頁及716頁，和肖萊默（Schorlemmer）著《有機化學的發生與進步》，倫敦，1879年，第54頁。——F. E.

[6] 路德稱這種商店為「獨占公司」。

效率，和過去任何以直接強制勞動（direkter Zwangsarbeit）為基礎的生產制度比較，皆有過之而無不及。

資本最初是依照它在歷史上發現的技術條件來支配勞動的。它並未直接改變生產方式。所以剩餘價值生產在我們以上論述的形式上——單靠延長工作日以生產剩餘價值的形式——好像與生產方式的任何變化無關。在這方面，舊式的烘焙業，比新式的棉紡織業不遑多讓。

如果我們從簡單勞動過程的觀點，考量生產過程，則生產資料對於工人不是作為資本，只是其智能性生產活動之手段和材料。例如在鞣皮業，是把皮革當作勞動單純的客體來處理。他所揉的，不是資本家的皮。但若從創造剩餘價值過程的觀點來考量生產過程，情形就不同了。生產資料立即轉為吸取他人勞動的手段。不復是勞動者使用生產資料，是生產資料使用勞動者了。生產資料，不復作為他的生產活動的物質要素，供他消費；卻把他當作它自身的生命歷程的酵母，來消費他。資本的生命歷程，只表現為它的價值自行持續擴增、持續倍增的運動。熔礦爐、工廠建築物如在夜間停止不動，不吸收活的勞動，那當然是資本家的「純粹損失」。所以，熔礦爐與工廠建築物，成了要求工人做夜班的合法權利了。貨幣單純轉為生產過程的物質因素、轉為生產資料。但這種轉換又使生產資料轉為要求他人的勞動和剩餘勞動的資格和權利。為要說明資本主義生產所特有且引為特徵的這種精密設計，死勞動與活勞動（價值與價值創造力）的關係的這種完全倒轉，曾如何反映在資本家的意識中，可以舉一個例子：當 1848 至 1850 年英國製造廠主進行反抗時，「蘇格蘭西部，有一家最老、信用最好的公司，卡萊爾父子公司。即佩斯力地方的棉麻線工廠。這個公司已存在將近一個世紀自 1752 年以來，都是他一家 4 代人在經營。」——主人是一位極聰明的紳士。1849 年 4 月 25 日他在《格拉斯哥每日新聞》上，發表了一篇文章，題目叫〈輪班制度〉[7]。這篇文章裡面有這樣異常天眞的一段話：「現在我

---

[7] 《工廠監督專員半年報告。1849 年 4 月 30 日》，第 59 頁。

們看看把工廠工作時間，限制爲 10 小時，將發生怎樣的弊害。……這等於給製造廠主的前途和財產極嚴重的打擊。……他（指這位紳士的工人）的工作時間由 12 小時減爲 10 小時，等於他工廠內的機械和紡錘，由 12 減爲 10。也就是在出賣的時候，他工廠內的機械和紡錘，將僅有 10 的評價。如是，全國各工廠的價值，都會減少 $1/6^8$。」

在這位承襲四代資本家特質累積的蘇格蘭西部的資本腦海裡，生產資料、紡錘等物的價值，已經和他們的財產如此不可分離的混合了（即作爲資本擴增自身價值，並每日吞噬他人一定量的無給勞動），以致卡萊爾公司的主人，竟認爲他販賣工廠時，不僅紡錘的價值須有代價，即其合併剩餘價值的能力也須有代價。不僅表現在紡錘內或生產同種紡錘所包含的勞動，須有代價；由它每日幫助而從佩斯力勇敢的蘇格蘭人身上汲取的剩餘勞動，也須有代價。因此他認爲，工作日減短 2 小時的結果，會使 12 個紡織機的售價，減爲 10 個紡織機的售價！

---

8 前揭報告第 60 頁。工廠監督專員史都華——他自己是一個蘇格蘭人，他非常受資本主義思想方法的支配，就這點來說，他是和英格蘭的工廠監督專員相反的——關於這封被採入他報告中的信，曾說：「這封信，是一位採用輪班制度的製造廠主寫給他同業的製造廠主的。在這類通信中，這是最有用的一封。一切反對這種制度的偏見和疑惑，都由這一封信，最適切地被清算了。」

第四篇

相對剩餘價值的生產

第十章

相對剩餘價值的概念

工作日該部分所生產的價值，僅與資本所支付的勞動力價值相等。我們在以上的敘述中，皆認工作日的這一部分為不變數，而在一定的生產條件下、一定的社會經濟發展階段上，實際也是如此。勞動者是能超過其必要勞動時間，繼續做2小時、3小時、4小時，或6小時工作的。剩餘價值率與工作日長度，須視延長的大小而定。必要勞動時間是不變的，總工作日卻是可變的。現在，假設工作日的長度，及其必要勞動與剩餘勞動的分配，皆為已定。以 ac 線 a————————b——c 代表一個 12 小時的工作日，ab 段代表 10 小時必要勞動，bc 段代表 2 小時剩餘勞動。要增加剩餘價值的生產，換言之，要延長剩餘勞動，如何能不延長 ac、如何能與 ac 的任何延長無關呢？

工作日 ac 的界限是已定的，bc 在不能跨過它的終點（即工作日 ac 的終點）延長時，尚能由它的起點 b，向 a 點後退而延長。假設在 a————————b'—b——c 中，b'—b 等於 bc 的一半，或等於 1 小時勞動。若我們在 ac（12 小時的工作日）中，把 b 點移到 b' 點，bc 變成 b'c，剩餘勞動就增加了 1/2 了，即由 2 小時增至 3 小時了，但工作日依舊為 12 小時。但很明顯，要把剩餘勞動由 bc 延長至 b'c，由 2 小時延長至 3 小時，同時必須將必要勞動由 ab 縮短為 ab'，由 10 小時縮短為 9 小時。剩餘勞動的延長，相應必要勞動的縮短；原先為勞動者自身利益的勞動時間，現實際有一部分，要轉為資本家利益的勞動時間了。這當中產生了變化，但變化的，不是工作日的長度，而是必要勞動與剩餘勞動間的分野。

若已知工作日的長短和勞動力價值的大小，則很明顯也可知剩餘勞動的長短。勞動力的價值（即生產勞動力所必要的勞動時間），決定再生產勞動力價值所必要的勞動時間。假設 1 小時勞動，以金額表示，等於 1/2 先令或 6 便士，勞動力一日的價值等於 5 先令，則勞動者每日須勞動 10 小時，始能替補資本購買勞動力所支付的價值，或生產一個與勞動者每日必需的維生資料的價值相等。已知這種維生資料的價值，

則勞動力的價值[1]可知；已知勞動力的價值，則必要勞動時間的長短可知。但剩餘勞動的長短，即等於總工作日減必要勞動時間。12 小時減去 10 小時，尚餘 2 小時。我們還沒有講，如何在一定條件下，剩餘勞動延長到 2 小時以上。當然資本家可不付勞動者 5 先令，卻僅付他 4 先令 6 便士，甚至比這更少。這樣要再生產 4 先令 6 便士的價值，有 9 小時勞動就夠了；在 10 小時的工作日中，於是也有 3 小時（不是 2 小時）剩餘勞動歸於資本家，剩餘價值遂由 1 先令增至 1 先令 6 便士了。但這種結果，是由勞動者工資低於勞動力價值而得的。只有 4 先令 6 便士（他在 9 小時內生產的價值），他所能支配的生活必需品，就比以前少了 1/10；他的勞動力，將因此不能有順適的再生產。在這情況下，剩餘勞動是因其標準界限的突破才延長；剩餘勞動的範圍則僅因必要勞動時間的部分範圍受了掠取才得以擴張。這個方法，在工資的實際運作上，有重要作用；但在此處，我們不要考慮它，因為我們假定，一切商品，勞動力包括在內，皆以其全部的價值買賣。假定如此，則生產勞動力或再生產其價值所必要的勞動時間，不能因勞動者工資低於勞動力價值而減少，只能由勞動力價值本身的下降而減少。若工作日長度為已定，則剩餘勞動的延長，必源於必要勞動時間的縮短；而必要勞動時間的縮

---

[1] 一日平均工資的價值，由勞動者「為生存、為勞動、為生殖所必要的物品決定。」（威廉·配第《愛爾蘭的政治解剖》，1672 年，第 64 頁。）「勞動的價格，常由必要維生資料的價格決定。」「當勞動者的工資，不能依照他們的低級生活狀況和地位，來維持他們通常會有的大家庭時，他就沒有得到適當的工資。」（范德林特《貨幣萬能》，第 15 頁。）「只有手臂和手藝的普通勞動者，在未將勞動出賣於他人以前，是什麼也沒有的。⋯⋯無論他的勞動屬於何種，他的工資，總受限制，實際也受限制於他生存所必需的物品。」（杜爾閣《關於財富之形成與分配之考量》，德爾編全集版，第 1 卷，第 10 頁。）「維生資料的價格，事實上，是勞動的生產費。」（馬爾薩斯《地租性質及其進步的研究》，1815 年，第 48 頁注。）

短，不能源於剩餘勞動的延長。就我們所舉的例子，勞動力的價值應實際減低 1/10，即由 10 小時減為 9 小時，剩餘勞動才會由 2 小時延長為 3 小時。

勞動力價值下降 1/10，隱含同量生活必需品原由 10 小時生產，今可由 9 小時生產。但要做到這樣，勞動的生產力是必須提高的。例如有一個鞋匠，用一定的工具，可以在一日 12 小時內，製成皮鞋一雙。若他要在同一時間內製成皮鞋兩雙，他的勞動的生產力必須增加一倍。但若非其工具，或其工作方法，或兩者同時發生變化，勞動生產力是不能增加一倍的。所以他生產的條件，也就是，他的生產方式，及勞動過程本身，必須有所改革。勞動生產力增加，一般即是勞動過程發生變化，使生產一種商品的社會必要的勞動時間縮短，使已定量勞動有生產較大使用價值量的能力[2]。我們前面討論剩餘價值來自工作日的延長時，是假定生產方式為已定且不變的。然要由必要勞動轉為剩餘勞動的方法來生產剩餘價值，則資本單採用歷史上留下的勞動過程形態及單將勞動過程的時間延長，還是不夠的。必須變革勞動過程的技術條件和社會條件，從而變革生產方式，然後才能把勞動的生產力提高。並由勞動生產力的提高，把勞動力的價值減低，從而把再生產這個價值所必要的工作日部分縮短。

由工作日延長而生產的剩餘價值，我把它叫做絕對剩餘價值（absoluten Mehrwert）。但若剩餘價值是由縮短必要勞動時間產生，及由工作日兩組成部分在各自長度上發生相應變化而產生，我便把它叫做相對剩餘價值（relativen Mehrwert）。

有若干種產業，其生產物決定勞動力的價值，及其生產物是屬於

---

[2]「說一種技術完備，不外乎指因有新方法的發現，一種商品得以較少數的勞動者生產出來，也就是，得在較短時間內生產出來。」（加利亞尼《貨幣論》，第 159 頁。）「生產費的節省，不外乎是生產所使用的勞動量的節省。」（西斯蒙第《經濟學研究》，第 1 卷，第 22 頁。）

普通維生資料的等級，或是能替代這種維生資料。要減低勞動力的價值，則在這些產業部門增進勞動的生產力就成為必要的了。但一商品的價值，不僅由該商品從勞動者所賦予的勞動量來決定，而且也由生產資料包含的勞動量來決定，例如，一雙皮鞋的價值，不僅由鞋匠的勞動決定，且依皮、蠟、線等等的價值來決定。所以如果勞動生產力，在勞動工具和工具原料——必要生活必需品依以生產的不變資本的物質要素——所由出的產業上增進了，換言之，如果這種種產業的商品變便宜了，勞動力的價值也會跌落。但若一種產業既不供給生活必需品，又不供給生活必需品依以生產的生產資料，則該種產業的勞動生產力雖增加，也不會影響勞動力的價值。

便宜的商品，不用說只能比例地——視其以何種比例用予勞動力的再生產——減低勞動力的價值。例如，襯衫是一種必要維生手段，但只是許多種中的一種。生活必需品的總和，是由種種不同的商品構成，其中每一種商品的價值，皆只在勞動力價值中，構成一部分。組成後者的價值，隨其再生產勞動力所必要的勞動時間而定。此勞動時間全部的減少、等於這各不同及有別的生產部門勞動時間的減少額的總和。我們在這裡，是把一般的結果，認為是每一個別情況直接想要的結果。當然，當一個資本家，由勞動生產力提高，而把襯衫的價值減低時，他的目的，絕不是為要減低勞動力的價值，從而依比例減少必要勞動的時間。但只因他最後會促成這個結果，所以它也促成一般剩餘價值率的提高。[3] 資本之一般及必然的*趨勢*，是必須與其表現形態相區別的。

我們不要在這裡考量，資本主義生產之內在的法則，如何表現為個別資本量的運動、從中作為競爭之強制的法則及如何在個別的資本家意

---

[3] 「若機械改良的結果，是製造廠主把他的生產加倍了，……他在總收入中，只要以較小的一個比例，就可以使他的工人有衣服穿了，……如是，他的利潤提高了。但在這情況，他的利潤，也只由這方法受影響。」（拉姆賽《財富分配論》，倫敦，第 168 至 169 頁。）

識中成爲其操作的主導動機。但這是很明顯的，天體的現象運動，只有熟悉其眞實運動（那是不能由感官直接知覺到的運動）的人，才能夠理解；同樣的，不先把握住資本的內部性質，則競爭之科學的分析便不可能。但爲使相對剩餘價值的生產易於理解，我們且根據以上已經得到的結果，添加注解如後。

假設 1 小時勞動表現爲 6 便士或 1/2 先令的金額，則 12 小時的工作日，可生產 6 先令的價值。假設在目前的勞動生產力下，12 小時勞動可以生產 12 件商品。每件商品所消費的生產資料原料等等，值 6 便士。在這情形下，每一件商品值 1 先令，其中 6 便士爲生產資料的價值，6 便士爲此等生產資料加工時新加的價值。現在假設有一個資本家，設法使勞動的生產力增加一倍，從而能在 12 小時的工作日內，生產該種商品 24 件，而不是 12 件。生產資料的價值若依舊，則每件商品的價值將減爲 9 便士，其中 6 便士爲生產資料的價值，3 便士爲勞動新加進去的價值。勞動生產力雖加倍了，但一工作日所創造的新價值，依舊爲 6 先令。這 6 先令分配在加一倍的生產物上了。所以每個生產物，僅分有這新價值全部的 1/24，不是 1/12。是 3 便士，不是 6 便士。換言之，當生產資料轉爲每一件生產物時，從前會把 1 小時勞動加到生產資料裡面去，現在只把 1/2 小時勞動加進去。是以這種商品的個別價值，將低於其社會價值；換言之，其生產所費的勞動時間，比依社會平均條件生產同種商品所耗費的勞動時間更少。平均來說，每件商品原值 1 先令，或代表 2 小時社會勞動。但生產方式發生變化的結果，它僅值 9 便士或僅包含 1/12 小時勞動了。但商品的現實價值，不是個別價值，是社會價值。換言之，商品的眞實價值，並非由各個生產者所實際耗費的勞動時間來衡量，而是由該商品生產上社會必要的勞動時間來衡量。所以，如果採用新法的資本家，是依照社會價值（1 先令）販賣商品，他販賣商品的價值，就比其個別價值高出 3 便士，從而實現 3 便士額外剩餘價值（Extramehrwert）。但從其他方面來說，他的 12 小時的工作日，從前是由 12 件商品代表，現在是由 24 件商品代表。他要把一工作

日的生產物銷售掉，商品的需求應當增加一倍，也就是市場應當擴張一倍。在其他事情依然不變的條件下，他的商品必須減低價格，才可以獲得較大的市場。所以他販賣商品的價格，必定在個別價值之上，而在社會價值之下。比方說每件 10 便士。如是，每 1 件商品他仍可榨出 1 便士的額外剩餘價值。他總歸會發現該剩餘價值的增加由他收入錢包，無須問他的商品，是否屬於必要維生手段的等級，而後者是參與決定勞動力一般的價值。所以，即使沒有這種作用，各個資本家仍舊有藉增加勞動生產力，以使其商品變得便宜的動機。

然而即使在此情況，剩餘價值生產的增加，也是由必要勞動時間的縮短，和剩餘勞動的相應的延長上產生的[4]。假設必要勞動時間為 10 小時，一日勞動力的價值為 5 先令，剩餘勞動為 2 小時，每日所生剩餘價值為 1 先令。但我們的資本家，現在是生產 24 件商品，每件賣 10 便士，共可賣 20 先令了。生產資料的價值等於 12 先令，所以 14 又 2/5 件商品，替補了墊付的不變資本。其餘 9 又 3/5 件商品，則代表 12 小時工作日的勞動。因勞動力的價格等於 5 先令，6 件生產物已代表必要勞動時間，故其餘 3 又 3/5 件商品，代表剩餘勞動。必要勞動對剩餘勞動的比例，在平均社會條件下為 5：1，在這情況卻只有 5：3。這個結果，還可依以下方法得到。12 小時工作日的生產物價值為 20 先令。其中有 12 先令，與僅是再現的生產資料的價值相當。還有 8 先令，代表一工作日所新創造的價值。此數額，比同類社會平均勞動所代表的總額更大；因同類社會平均勞動 12 小時，僅表現為 6 先令。有格外生產力的勞動，是作為強化的勞動而操作，因而會在同等時間內，比同類社會

---

[4] 「一個人的利潤，不取決於他對於他人勞動生產物的支配權，乃取決於他對於勞動本身的支配權。如果在工人的工資不變時，他能以較高的價格販賣他的貨物；那是一目了然，是他的利益。……他所生產的物，只要用一個較小的比例，就可以推動勞動，從而，他為自己保留的比例就較大了。」（《經濟學大綱》，倫敦，1832 年，第 49、50 頁。）

平均勞動創造更大的價值，但我們的資本家，依舊以 5 先令付作勞動力一日的價值。所以，勞動者要把這個價值再生產出來，不必勞動 10 小時，只須勞動 7 又 1/5 小時了。他的剩餘勞動，將增加 2 又 4/5 小時，他所生產的剩餘價值，將由 1 先令增為 3 先令。採用改良生產方法的資本家，遂比同業的其他資本家，在工作日中占有較大的部分為剩餘勞動了。資本全體在相對剩餘價值生產上集體做的事，由他個別地做了。但新生產方法一旦普遍採用，從而使在減價商品的個別價值與社會價值間的差別消失，這種額外剩餘價值也會消失。價值由勞動時間決定的法則，既支配著使採用新生產方法的資本家不得不以社會價值以下的價值販賣商品；同一的法則作為競爭的強制法則，又強迫他的競爭者採用新的生產方法[5]。只有當若干生產部門，其商品屬於必要維生手段的範圍，從而為勞動力價值的要素時，當勞動生產力的提高與這些生產部門有所關聯，從而使這些生產部門的商品變便宜時，一般剩餘價值率最終就會受這全部過程的影響了。

　　商品價值與勞動生產力成反比。勞動力價值（因其由商品價值決定），也與勞動生產力成反比。但相對剩餘價值，則與勞動生產力成正比。生產力增它也增；生產力減它也減。假設貨幣價值不變，則一平均社會工作日（Ein Gesellschaftlieher Dur cchscnittsarbeistag）12 小時，將生產同樣的新價值（6 先令），無論此價值額如何在工資和剩餘價值間分配。但若因生產力增加之故，生活必需品的價值，及一日勞動力的價

---

[5]「當我的鄰人，因能以僅少的勞動造出多量的生產物，而能以便宜的價錢販賣時，我必須設法和他一樣以便宜的價錢販賣。所以，每一種使我們能以較小量勞動，從而以較低費用生產的物品技藝、方法，或機械，都會在別人身上引起一種必要和競爭心，使他們採用同種的或發明類似的技藝、方法，或機械。必須這樣才能全體立於平等的地位；誰也不能以低於鄰人的價格，把鄰人排除在市場之外。」（《東印度貿易的利益》，倫敦，1720 年，第 67 頁。）

值，由 5 先令減爲 3 先令，則剩餘價值會由 1 先令增至 3 先令。勞動力價值的再生產，以前必須有 10 小時勞動，現在只須有 6 小時勞動了。有 4 小時勞動會釋放出來，可以併入剩餘勞動的範圍。所以，增進勞動生產力，使商品便宜，並由此使勞動者自己也價廉，乃是資本之內在的喜好和持續的意向[6]。

商品的價值本身，在資本家看來，是無足輕重的。他所關心的，只是商品內含的及依販賣而可實現的剩餘價值。剩餘價值的實現，必與墊付價值的償還相伴。因相對剩餘價值的增加與勞動生產力的發展成正比，商品價值的減低，與勞動生產力的發展成反比，因同一個過程使商品便宜，又使其所包含的剩餘價值增加，所以我們對於政治經濟體奠基者之一的魁奈（Quesnay）所提出的謎，可以解決了。即，爲什麼以生產交換價值爲務的資本家，要不斷致力壓下商品的交換價值呢？當魁奈提出這個矛盾來責難他的反對派時，他的反對派竟不能置答。他說：「諸位認爲，在產業生產物的製造上，在不損害生產的限度內，因費用或勞動成本的節省，可以減少製成品價格，所以愈節省愈有利益。但諸位又相信，源自工人勞動的財富的生產，在於他們產品的交換價值的增加[7]。」

---

[6]「假如將產業所受的限制廢除，則勞動者的支出減少，其工資會依相同的比例減少。」（《穀物輸出獎勵金廢止論》，倫敦，1752 年，第 7 頁。）——「工商業的利害關係，要求穀物和一切食品盡可能地便宜；因爲，使穀物和食品昂貴的事情，必定會使勞動也昂貴。……在工業不受限制的國家，食品價格必定會影響勞動的價格。在生活必需品價格降低時，勞動的價格也會降低。」（前書第 3 頁。）——「生產力增加，工資會依比例跌落。機械使生活必需品低廉，但也使勞動者低廉。」（《競爭與合作的比較功績論》，倫敦，1834 年，第 27 頁。）

[7] 魁奈《工商業勞動者問答》，巴黎，1846 年，達利版，第 188、189 頁。

增進勞動生產力以節省勞動[8]的企圖，在資本主義生產上，絕非以縮短工作日為目的。其目的，只是縮短生產一定量商品所必要的勞動時間。因勞動生產力已經增進之故，勞動者在 1 小時內所能生產的商品，已 10 倍於前了，換言之，每件商品生產所必要的勞動時間少於先前 10 倍了，但雖如此，他每日仍須勞動 12 小時，所以他先前 12 小時生產 120 件商品，現在 12 小時，卻能生產 1,200 件商品。不僅如此，他的工作日同期間還可以延長，使他現在每日 14 小時的勞動，生產 1,400 件商品。因此在麥克庫洛赫、烏爾、西尼爾之類的經濟學著作中，我們在這一頁看到他們說，勞動者應感謝資本，因資本發展勞動生產力，縮短了必要勞動時間；在那一頁又看到他們說，為表示感謝起見，將來他應每日做 15 小時，不應僅做 10 小時。總之，在資本主義生產內，一切勞動生產力發展的目標，乃在縮短勞動者為他自己利益、勞動的工作日部分，以延長工作日的另一部分。那一部分，是他為資本家的無報酬勞動。但不使商品便宜，我們還能在什麼程度內，達到這個結果呢？當以下檢驗相對剩餘價值的特殊生產方式時，我們會知道這點。

---

[8]「此等投機家，在他們雇用勞動必須有給付時，他們是竭力要節省勞動的。」〔比都（J. N. Bidaut）《工業技術及商業的獨占》，巴黎，1828 年，第 13 頁。〕──「雇主無時不節省時間和勞動。」〔史都華（Dugald Stewart）《史都華全集》，第 8 卷，愛丁堡，1855 年，《經濟學講話》，第 318 頁。〕──「為他們（資本家）的利益，他們所使用的勞動者的生產力，應盡可能求其最大。他們專注在或幾乎專注在生產力的增進。」（瓊斯《國家經濟學教程》，第 3 講。）

第十一章

合 作

我們前面已講過，資本主義生產，事實上是從這個時候開始的，當每一個資本同時雇用比較多的勞動者，從而勞動過程以擴大的規模運作及供給大量的生產物。大量的勞動者在同時、在同地（或在同一工作場所）、在同一資本家命令下，生產同種商品，無論在歷史上及概念上，都是資本主義生產的出發點。就生產方式本身來說，初期的製造業（Manufaktur），僅在下述一點，和基爾特手工業（Zünftigen Handwerksindustrie）的區別。只在於同一個個別資本，同時雇用大量的勞動者。中世紀工匠老闆的工作場所，不過是擴大了而已。

所以，兩者的差異最初只是量的差異。我們曾說明，一定資本所產生的剩餘價值量，等於每個勞動者所生產的剩餘價值，乘以同時雇用的工人數。工人數的多寡，就其自身來說，不會改變剩餘價值率，或勞動力的剝削程度。就商品價值的生產一般而論，勞動過程的每一種質的變化都與我們無關。這是以價值的性質為根據的。假設 12 小時的工作日，體現在 6 先令，1,200 個這樣的工作日，就體現在 6 先令的 1,200 倍。在前一情況，統合在生產物中的，是 12 小時勞動，在後一情況，是 12×1,200 小時勞動。在價值生產上，工人的數目權以這麼多的個別工人看待。所以，這 1,200 人是分開工作，還是在同一資本家的控制下協力合作，絕不會在價值生產上引起差別。

不過，在一定限度內可以發現一種變化。實現為價值的勞動，是社會平均質的勞動，從而是平均勞動力的支出。但平均量只是種類相同的多數個別量的平均，差別是在量。在每一種產業上，個別勞動者（無論是彼得還是保羅），都和平均勞動者多少有別。個別差異（數學家稱之為「誤差」）在同時雇用工人數達一定最低量時，是可互相抵銷的。有名的詭辯家及阿諛者柏克（Edmund Burke），曾依據其作為農民的實際觀察，斷言在 5 個農業勞動者「那樣小的群組」內，一切勞動的個別差異即會消失，從而每 5 個英國農業成年工人在一起，和任何另外 5 個在一起的英國農業工人，可以在同一時間，提供同樣多

的勞動[1]。但無論如何，很明顯的：同時雇用的大量勞動者的集體工作日（Gesamtarbeitstag），被除以勞動者數，即等於一日社會平均勞動。比方說，每個人的工作日為 12 小時。假設同時雇用 12 個勞動者，此 12 人的工作日，將形成 144 小時的集體工作日。在此 12 人的勞動中，雖然各個人都多少偏離社會平均勞動，以致要完成同樣的操作，各個人所需的時間多寡不等，但各個人的工作日，都作為 144 小時集體工作日的 1/12，皆具有社會平均工作日的性質。從雇用 12 個勞動者的資本家的立場看，工作日便是 12 個勞動者的總工作日。無論這 12 個工人是否在工作上互相幫助或無論他們的操作是否僅在為同一資本家工作這一點上產生連繫，各工人的工作日總歸作為這個集體工作日的可整除部分。反之，若這 12 個工人 2 人一組，由 6 個不同的小老闆雇用，各個老闆所生產的價值是否相等及各個老板所實現的剩餘價值率是否一致，那就是偶然的了。差異是可能發生在個案的。假如一個工人生產一種商品所消費的時間，比社會必要的時間更多得多，則就他而言，個人必要的勞動時間，也與社會必要的勞動時間，平均相差甚多。從而，他的勞動不能當作平均勞動、他的勞動力不能當作平均勞動力。這樣的勞動要不全然不能出賣，要不只能以低於勞動力的平均價值出賣。所以，我們假定，勞動有一定最低限的效率；以下又會知道，資本主義生產有方法可以確定這個最低限。最低限的勞動力，雖資本家必須支付勞動力的平均價

---

[1] 「無疑的，從體力、技巧和勤勉這幾點來說，一個人的勞動的價值，和另一個人的勞動的價值，有很大的差異。但根據我可靠的觀察，我敢斷言，隨便哪 5 個人合計，和同年齡的任何另外 5 個人合計，將提供等量的勞動。也就是在 5 個人中有一個會具備良工的各種資質，有一個會具備劣工的各種資質，其餘 3 個介在中間，彼此不等，與第一個或最後一個相近。所以，哪怕在 5 個人那樣小的集團中，你也能找出平均 5 個人所能獲得的數額。」（柏克《論饑饉》，第 15、16 頁。）——此外，還可參看凱特雷（Quételet）論「平均人」所說的話。

值,但此最低限,仍可偏離平均數。所以6個小老闆剝削的剩餘價值,會有的高於一般剩餘價值率之上,有的低於其下。其不等雖可以在社會中互相抵銷,但不能在個別老闆的情況抵銷。所以就個別生產者來說,價值生產的法則,必須在如下的情況才會完全實現;也就是,個別生產者,以資本家資格生產時,必須同時雇用許多勞動者,藉由其勞動的集體性質,立即被標示為社會的平均勞動[2]。

即使工作制度不變,大量勞動者同時的雇用,也會在勞動過程的物質條件上引起革命。勞動者工作的建築物、原料等物的倉庫,同時或交替使用的容器、器具、雜具等等;簡而言之,生產資料的一部分,現今要在勞動過程上,被共同消費了。一方面,生產資料的交換價值並沒增加,商品的交換價值不會因為使用價值被更澈底和更有利的消耗,而提高,另一方面共同使用的生產資料的規模,卻比前更大。20個織工用20架織機工作的房間,必須比1個獨立織工和2個幫手工作的房間大。但生產一個供20個人勞動的工作場所,比生產10個每個配2織工的工作場所,所費勞動總歸較小。所以,大規模集中供共同使用的生產資料的價值,不與其擴充及增加使用效果成比例地增加。共同使用的生產資料移轉入個別生產物中的價值部分,之所以會更小,一部分因為它所轉移的總價值,同時須分散在較大量的生產物上,一部分又因為它與孤立的生產資料比較,它加入生產過程中的價值,絕對來說雖較大,但就其運作範圍相對來說卻是較小。因此不變資本的價值部分下減了;隨著下降的幅度,商品的總價值也成比例地跌落。其結果,遂和商品生產資料成本更低的結果相同。生產資料的使用於是更經濟了。這種經濟體的採用,僅因在勞動過程中,有大數量工人共同消費它。並且只要有大量工

---

[2] 羅雪爾教授先生說他發現了,他的太太使用一個裁縫女工2日,比同日使用2個裁縫女工,可以做成更多的工作。這位教授先生關於資本主義生產過程的觀察,不應該從嬰兒室出發,也不應該從沒有主人翁(即資本家)的情況著手。

人僅在同一場所並排工作，哪怕他們互不幫忙，這種生產資料，與獨立勞動者或小老闆所使用的分散的、相對來說更多花費的孤立生產資料比較，已經具有一項特性，堪稱為社會勞動的必要條件。在勞動過程取得社會特性以前，勞動設備的一部分先取得了社會這項特性。

使用生產資料的經濟，應從兩個面向考量。第一，它使商品較便宜，從而使勞動力的價值下降。第二，它改變剩餘價值與墊付總資本（不變資本部分和可變資本部分的價值總和）的比例。後一點，我們留在第三卷再討論；為使討論的客體有更適當的連繫，所以有許多應在此地考究的問題，也留待那裡再討論。主題的割裂，在分析的進行上是必要的，而且也與資本主義的精神相符。因為在資本主義生產方式內，勞動工具是被視為他人的財產而與勞動者相獨立的，所以，使用勞動工具的經濟，也表現為一種有區別的操作，似乎和勞動者沒有關係，也和勞動者增進自身生產力的方法沒有關係。

大量勞動者，在同一生產過程內，或在不同的但又互相關聯的諸生產過程內，並排工作。我稱它為合作（Kooperation）或協同工作[3]。

一個騎兵營的攻擊力，與該營騎兵個別散開的攻擊力總和，不可同日而語。一個步兵團的守備力，也與該團步兵個別散開的守備力總和，不可同日而語。同樣的，孤立勞動者個別發揮的機械力的總和，也有別於許多勞動者同時在同一不可分的操作上共同參與所發揮的社會力。此可於舉重物、絞起重機、破除障礙物等例見之[4]。在這情況，結合勞動（Kombinierten Arbeits）的效果，完全不能由孤立的個別勞動者提供，即使能夠，也必須花更長久的時間，或僅能以極小的規模得之。藉由合

---

[3] 特拉西稱它為「力的共同作用」。（見《論意志及其效果》，第 78 頁。）

[4] 「有許多種工作，是如此單純的、不能再分割的，不由許多雙手合作，便不能進行的。把一根大木頭抬到搬運車上的工作就是這樣。每一種事情，必須許多雙手同時在同一不可分的工作上互相幫助來進行的，都是這樣。」（威克菲爾德《殖民術論》，倫敦，1849 年，第 168 頁。）

作的手段不僅提高了個人的生產力，且創造了一種新的生產力，即集體群力（Massenkraft）[5]。

許多力融合為一個單獨力時所生出的新能力且不說，即使是單純的社會接觸，也會在大多數產業上，招致競爭心與獸性的刺激，從而增進每一個別勞動的效率。所以，12個人在144小時的總工作日中共同勞動，比12個孤立的人各自做12小時，或一個人每日做12小時、連續12日，定能供給更大得多的總生產物[6]。理由是，人即使不是亞里斯多德所主張的政治動物[7]，無論如何也是社會的動物。

當很多勞動者同時從事同一個或同種勞動上時，各個人的勞動，以集體勞動一部分的資格，對應勞動過程的不同階段。合作的結果，使勞動對象能在這各個階段中更迅速地通過。譬如12個泥水匠，可以排成一列，從梯腳到梯頂，把磚石運上去。他們各人做著相同的勞動，

---

[5] 「一噸的重量，一個人舉不起來，10個人必須拼命才能，100個人只要每個人湊一隻手就舉起來了。」（貝勒斯《設立工業大學之提議》，倫敦，1696年，第21頁。）

[6] 當同數勞動者由一個農民使用在300畝地上，不由10個農民各自分用在30畝地上時，「我們看見，比例於使用人的數目，會有一種利益生出來，這種利益除了實際家，是不易被人認識的；人們自然會說，1與4之比等於3與12之比。但在實際上不是這樣的。有一類工作，例如收穫，最好最便利的方法，是許多人在一起工作。在採收上最好能有2人拉車、2人裝車、2人投遞、2人執叉，其餘各人則在禾堆或穀倉內勞動。這樣，工作量是可以加倍的。哪怕工作人數相同，也不宜把他們分成許多班，叫他們在許多農場上工作。」（《食物價格與農場面積的關係的研究》，一個農業家，倫敦，1773年，第7、8頁。）

[7] 更準確地說，亞里斯多德是把人定義為天生的都市住民，這個定義標示了古希臘的特徵；富蘭克林的定義──人天生是製造工具的動物──卻把美國人的特徵標示出來了。

但他們個別的動作,形成一個全部作業的連續部分、成為每一塊磚石在勞動過程中必須通過的階段。也就因此,磚石得由一排集體勞動者（Gesamtarbeiter）的 24 隻手,迅速搬運上去。若由個別勞動者各自用一雙手,抱著磚石一層一層爬上去,搬運的速度必定不會那樣快[8]。依此方法,勞動對象得在較短的時間內通過同樣的距離。又,拿建築物來說。當一棟建築物同時從不同方位著手時,各合作泥水匠雖是做著同樣或同種工作,但依然可以發生勞動的結合。144 小時的集體工作日建造 12 棟建築,比 12 個工人各做各的建築一日 12 小時,進展快;理由是協力的勞動者,等於在前在後都有眼睛和手,從而在一定程度內,就成為全能的了。工作的不同部分,得同時間推展。

在上述的例子,我們著重的事實是:很多勞動者,做同樣或同種的工作。因為這種最單純的共同勞動形態,現今依然在最發展階段的合作形態上扮演重要角色。在複雜工作時,只要協同勞動的人數眾多,我們就可以把不同的作業,分給不同的工作者,使其同時進行,令完成總工程所必要的時間縮短[9]。

有許多產業,往往必須在關鍵時期內,取得一定的結果。這種時期,是由勞動過程的性質決定的。譬如給一群羊剪毛的工作,又如若干

---

[8]「我們必須注意,這種部分的分工,在勞動者從事同種工作的地方,也是可以實行的。例如順次從底下傳磚瓦到上面的泥水匠,他們雖做著相同的勞動,但在他們之間,也有一種分工。他們各人都把磚瓦送上一定的距離,但合起來,他們所做的工作,比各從底下把磚瓦搬至頂上的時候,要更迅速得多。」〔斯卡貝克（F. Skarbek）《社會財富理論》,第 2 版,巴黎,1840 年,第 1 卷,第 97、98 頁。〕

[9]「如果要做一種熟練勞動,那會有許多種事情必須同時做。一個人做這一樣,另一個人做那樣,合起來可以完成一個人永遠做不成功的事情。一人執舵,一人划船,一人投網或投叉。必須依這個力的共同作用,捕魚才能有結果。」（特拉西《論意志及其效果》,第 78 頁。）

畝田割麥的工作。這一類工作的生產物之數量和品質,端賴其工作是必須在一定的時間開始、在一定的時間終了。在這情況,勞動過程所必須採取的時期,像鯡魚的漁期一樣是預定的。一個人不能在一日中挖出超過一個工作日(比方說 12 小時),但 100 個人合作,卻可使 12 小時的工作日,擴大為 1,200 小時的工作日。允許勞動的時間雖然短,但可由在關鍵時刻在生產場所內投下大量勞動來補救。在這情況,要使工程在適當時間內完成,必須同時運用多數結合的工作日;效果的量則取決於勞動者數。合作的情況所需的勞動者數,總比在孤立勞動者要以同一時間完成同量工作的情況來得少[10]。也就因為缺少這種合作,所以美國西部每年損失大量的穀物,而在英國統治下把舊日社會組織破壞的印度東部,每年也要損失大量的棉花[11]。

一方面,合作可使施展工作的空間範圍擴大。所以,在排水、築堤、灌溉、開運河、築馬路、造鐵路之類,不能不進行。但在另一方面,合作不但使生產的規模擴大,同時還使生產的場域,有相對縮小的可能。場域的縮小,與源自規模的擴大之會同時發生的事實,使許多意外支出(faux frais)可以節省。然而這現象之所以能發生,即因勞動者

---

[10] 「就農業勞動來說,在決定時期進行,是一件非常重要的事。」(《食物價格與農場面積的關係的研究》,第 7 頁。)「在農業上,最重要的因素,是時間的因素。」(李比希《農業的學理與實務》,布藍茲維,1856 年,第 23 頁。)

[11] 「印度所輸出的勞動,比世界上任何國(也許除了中國和英國)都要多。但在這樣的國家,我們卻發現一種弊害。想到該國有大量勞動輸出的事實,我們是不希望有這種弊害發生的。即,在採收棉花時,那裡竟找不到充足的人手,以致有大量棉花沒有人採。還有一部分棉花,任其落地,就這樣在地上腐爛,即使不腐爛也變色了。英國雖渴望棉花的供給,但印度的栽培者,卻因在適當季節缺少勞動之故,不得不忍痛看著收穫的一大部分喪失。」(孟加拉·哈加魯《陸上新聞便覽二月刊》,1861 年 7 月 22 日。)

聚集、不同勞動過程統合、生產資料集中[12] 的緣故。

　　與孤立的工作日的總和比較，等量的結合的工作日，可以生產較大量的使用價值，從而，減少生產一定量效用所必要的勞動時間。在已知情況下，結合工作日帶來這提高的生產力，是因為其昇高了勞動的機械能力；或是其作用的空間範圍已經擴大；或是其生產場域與生產的規模相較已經縮小；或是因為在關鍵時刻推動大量的勞動去工作；或是刺激了個人間的競爭心，並提振了他們的獸性精力；或是深刻體會很多人投入相同的作業所取得的連續性和多面性；或是不同的作業得以同時進行；或是透過共同使用致節省生產資料；或是個人的勞動取得社會平均勞動的特性，無論以上何種情形，造成生產力的提昇，結合工作日的特別的生產力，總歸是勞動的社會生產力，或社會勞動的生產力。它總是源於合作本身。當勞動者系統性與他人共同工作時，他擺脫其個體性的束縛且開發人類的能力[13]。

　　勞動者不聚在一起，絕不能合作，這是通則。所以，勞動者聚合在一個場所，乃是勞動者合作的必要條件。所以，倘若工資勞動者不為同一個資本、同一個資本家所同時使用，換言之，他們的勞動力不同時被購買，他們便是不能合作的。所以，在勞動力能在生產過程中集合以前，這種勞動力的總價值，或這種勞動者一日或一星期的工資總額，必須已經在資本家的錢袋準備好。一起支付的 300 名工人的工資，哪怕只

---

[12]「耕作進步的結果，從前散布在 500 英畝（或不只此數）上的資本和勞動全部，累積在 100 英畝深耕的土地上了。」「與所使用的資本量、勞動量相對而言，耕地面積固然是累積了，但其生產範圍，與單個獨立生產者以前所占有、所耕作的生產範圍比較，毋寧可說是擴大了。」〔瓊斯（Richard Jones）《財富分配論》，第 1 篇，論地租，倫敦，1831 年，第 191 頁。〕

[13]「個人的力是極小的，但其結合所獲的結果，比其單純的合計為大。當他們共同協力時，他們的工作，當能以較短的時間成就較大的效果。」（卡利（G. R. Carli）注解，見維利《經濟學的一種考量》，第 15 卷，第 196 頁。〕

是一日的工資，也比在全年間依一星期一星期來支付的較少數工人的工資，需要更大的資本支出。所以，合作勞動者的人數或合作的規模，首須視個別資本家有多少資本可用來購買勞動力而定，換言之，看個別資本家能支配眾多勞動者的維生資料的程度。

可變資本如此，不變資本也如此。拿原料一項的支出來說，一個雇用 300 個工人的資本家，和一個雇用 10 個工人的 30 個資本家比起來更大 30 倍。不錯，共同使用的勞動工具的價值量與數量，無須與工人數等比例增加；但其增加依然很顯著。所以大量生產資料集中在個別資本家手中，乃是工資勞動者得以合作的物質條件；合作的範圍或生產的規模，即取決於這種集中的程度。

以上我們講過，要使同時被雇用的勞動者數，從而使所生產的剩餘價值量，足使勞動雇主自己無須從事體力勞動，進而使小老闆得轉為資本家，並在形式上建立資本家生產，個別資本就必須有一定的最低限額。現在，我們又知道，要使多數分散的、各自獨立的勞動過程，轉為結合的社會的勞動過程，也須有這種最低限的資本為必要條件。

資本對於勞動的支配，原僅是這一事實——勞動者不為自己工作，但為資本家並在資本家下面工作——的形式上結果。但隨著眾多工資勞動者的合作，資本的支配發展成推動勞動過程的先決條件，換言之，發展成一個現實的生產必要條件。現在生產領域不能缺少資本家的命令，就像戰場不能缺少將軍的命令一樣。

一切大規模的結合勞動，都須有一個指導權威，來使個人活動得以調和運轉，結合有機總體的運轉（與各獨立器官的運轉有別而言）得以執行其一般的機能。提琴獨奏者是其本身的指揮，但一個管弦樂隊，需要一個單獨指揮。指導、監督及調節上的工作，從資本控制下的勞動成為合作那時起，便成了資本的機能之一了。一旦成為資本的機能，便又取得了幾種特別的特徵。

資本主義生產之發動的動機、結果和目標，是盡可能汲取最大剩

餘價值量[14],也就是盡可能剝削最大程度的勞動力。當合作的勞動者數增加了,他們對資本支配的反抗會增加,進而資本也必然要藉由反制來壓迫這種反抗。資本家所實施的控制不僅是由社會勞動過程的性質引起、僅屬於這種過程的特別機能;同時,它還是社會勞動過程的剝削機能,是植根於剝削者與其所剝削的活生生和勞動中的原料不可避免的對立。隨著大量生產資料既作為資本家的財產,而不再是勞動者的財產,故當其範圍增加時,某些控制生產資料使其使用得當的必要性,也會增加[15]。加上,工資勞動者的合作,純然是同時雇用他們的資本的作用。他們雖在個別機能間建立連繫,並統一成為一個單純生產的主體;但這種連繫和統一,自外於他們且與他們無關,不是他們自己的行為,而是使他們連在一起的資本行為。所以勞動者們不同的勞動聯結對他們而言,在觀念上是作為資本家的預先計畫,在實際上是作為同一資本家的權威外觀,作為別的人——他欲左右工人的行為,以達成他本人的目的——其強大意志力。

所以,資本家的控制,在實質上是雙面的(因其生產過程本身,也是雙面的,一方面它是生產使用價值的社會過程,另一方面它又是創造剩餘價值的過程),在形式上卻是專制的。合作的規模擴大了,隨之這種專制主義也取得了特殊的形態。正如資本家的資本一達到最低限,使真正的資本主義生產得以開始,資本家就會擺脫一切實際的勞動;同

---

[14]「利潤是營業的唯一目的。」(范德林特《貨幣萬能》,第 11 頁。)

[15] 關於曼徹斯特鐵絲製造公司勞資合夥經營的事,英國有一個鄙俗的報紙,叫《旁觀報》,在 1868 年 6 月 3 日,有如下一段記載:「第一個結果,是原料的浪費突然減少了,因為工人像別的雇主一樣,不想浪費自己的財產,而除倒帳之外,製造業虧本的最大原因,就是原料浪費。」對於洛赤代爾的合作實驗,該報又說,這種實驗的根本缺點在:「這種實驗證明工人的組合,也能以良好的成績經營商店、工廠,以及各種產業。這種實驗大大改良了工人的狀況,但未留下任何明確的位置給雇主。」這是何等可怕的事!

樣,現他直接地且不斷地監視個別勞動者和各組勞動者的工作,也交給一種特殊的工資勞動者了。在資本家命令下的勞動者產業大軍,像真正的軍隊一樣,必須有產業上的軍官(經理)和士官(工頭監工),以資本任務名目,執行任務。監視勞動成了他們的既成和專屬機能。當經濟學者以奴隸勞動的生產方式,比較於孤立自耕農民和手工業者的生產方法時,是把監視的勞動視為生產上的意外支出的[16]。但他反過來討論資本主義生產方式時,將由合作勞動過程的特性所必然引起的控制工作,和合作勞動過程的資本主義特性(即階級利益對立的特性)所喚起的不同控制工作,視為等同[17]。資本家之所以是資本家,不是因為他是產業的領導者;乃因為他已經是資本家,所以是產業的領導者。正如在封建時代,將軍和法官的機能,是土地所有權的屬性;在現代,產業的領導權是資本的屬性[18]。

勞動者在以勞動力出賣者的資格在市場上與資本家討價還價以前,是勞動力的擁有者。他只能拿自己所擁有的東西(也就是他自己獨自的勞動力)來出賣。當資本家不僅購買一個勞動力,而是購買100個勞動力;不僅與一個勞動者訂契約,且與100個互不相聯的勞動者分別訂契約時,這種關係仍然不發生變化。他能任意指使這100個勞動者工作,

---

[16] 卡恩斯教授告訴我們,「勞動的監督」是北美南部諸州奴隸生產的一個特徵。往下他又說「北部的自耕土地擁有者,把土地生產物全部占有,所以他們努力,不須再靠別的刺激。在那裡,監督是完全用不著的。」(《奴隸力》,倫敦,1862年,第48、49頁。)

[17] 能以明眼觀察各種生產方法之特徵的社會區別的史都華爵士,曾說:「為什麼大製造業經營會把小經營(個人產業)破壞呢?因為前者與奴隸勞動的單純性相近呀!」(《經濟學原論》,倫敦,1767年,第1卷,第167、168頁。)

[18] 孔德(Auguste Comte)及其學徒,曾論證資本家的永久的必然性,但他可同樣論證封建領主的永久的必然性。

而不令其合作。所以，資本家支付 100 個獨立的勞動力的價值，但未支付 100 個結合的勞動力的價值。作為各自獨立的人，勞動者是孤立的個人的。他們與同一資本家建立關係，但彼此間沒有關係。他們的合作，只是加入勞動過程以後才開始的。但在已經加入勞動過程以後，他們又不屬於他們自己了。加入勞動過程，他們便被資本合併了。作為合作者、作為一個活動有機體的成員，他們不過是資本存在的特別形態。勞動者以合作進行工作時所展開的生產力，成了資本的生產力。只要把勞動者放在一定的條件下，這項生產力，便可不費分毫地展開。但把勞動者放在這種條件下的，是資本。因為這項生產力，不費資本分毫，又因為勞動者本身在其勞動未屬於資本以前不能把這種生產力展開，所以就好像是大自然賦予資本的能力——資本內在的生產力。

單純的合作，所生出的特殊效果，可見諸於古代亞細亞人、埃及人、伊特拉斯坎人的巨大建築物。「在過去時代，這些東方國家發現，在提供民政、軍事建制上的支出以後，尚有剩餘的維生資料，可以用在美觀的和實用的工程上。他們這種工程的建造，幾乎把農民以外的一切人民的手和臂都支配，來興建至今仍顯示其權力的巨型紀念碑，尼羅河充滿生機的峽谷……生產食物給擁擠的非農業人口，且這些盡握在君主及教主手中的食物，都充作手段，而在國內各處，樹立雄偉的紀念建築物。……像移動巨大雕像和大批人員的運輸所創造的驚奇，幾乎盡是對人類勞動的濫肆徵用罷了。勞動者的人數與勞動者努力的集中，足以完成這個目的了。我們看見了巨大的珊瑚暗礁，從海洋深處堆成島或陸地，但其構成分子，卻是微小、脆弱的，不足道的東西。同樣亞細亞各帝國農民以外的勞動者，雖只有個人的體力可用在工作上，但他們的人數即是他們的實力。及指引這大群人興建宮殿和廟宇、金字塔與巨型雕像大軍的權力；那種種至今仍使我們驚訝及困惑的遺跡，之所以能夠產生及這種種企劃之所以成為可能，即因供養他們的財源，伺限在一個

或少數人手中[19]。」亞細亞諸國王、埃及王、伊特拉斯坎教主的權力,已在近代社會轉移給資本家(或者是個別的資本家、或者是資本家的集體,如股份公司)了。

在人類文化初期,例如在狩獵民族[20]及印度共同生活區的農業上,我們也可以看見勞動過程上的合作,但這種合作,一方面是以生產資料的共有為基礎,另一方面,以各人脫離其部落或共同生活區的臍帶,就和個別蜜蜂飛離蜂房一樣的事實為基礎。這兩點特徵,使那種社會的合作,與資本主義的合作有所區別。在古代世界、中世紀,及近代殖民地,採用合作偶爾也有極大的規模,但這種合作,莫不以支配及服從關係,主要是以奴隸關係為基礎。反之,資本主義的合作形態,自始至終即以自由工資勞動者(他們以勞動力售於資本)為前提。從歷史方面看,這種合作形態,是反對自耕農業和獨立手工業(無論是否採取基爾特形態)[21]而發展的。從這樣的觀點來說,與其說資本主義的合作,是一種特殊的合作歷史形態,不如說合作自身就是資本主義生產過程專屬且為其所特有的歷史形態。

由合作而發展的勞動的社會生產力,呈現為資本的生產力;同樣的,合作自身也呈現為資本主義生產方式的一個特殊形態,而與孤自獨立勞動者或小老闆的生產過程相對照。現實勞動過程自隸屬於資本以來,這是勞動過程經歷過的第一種變化。這種變化是自然發生的。它的

---

[19] 瓊斯《國家經濟學教程》,第77、78頁。倫敦及歐洲其他各國首都所蒐集的古代亞述、埃及等處古建築物的遺物,可為這一種合作勞動過程的佐證。

[20] 林格在其所著《民法論》中曾說,狩獵為最初的合作形態,人的狩獵(即戰爭)為狩獵的最初形態。他的話,也許是對的。

[21] 小自耕農業與獨立手工業兩者,在某程度內,都是封建生產方法的基礎,但會在某程度內,在封建制度崩解之後,依然與資本主義的經營,相並而現。這兩者,在原始東方共有制消滅後,奴隸制度未切實支配生產前,是古典共同社會(即希臘羅馬的共同社會)在全盛時期的經濟基礎。

必要條件——有眾多工資勞動者同時被雇用在同一勞動過程中——即形成資本主義生產的起點，那是和資本的誕生一同發生的。所以一方面資本主義生產方式，自我表現出勞動過程轉爲社會過程的歷史的必然性；另一方面，此勞動過程的社會形態，也浮現出資本所採用的方法，其目的在透過提高勞動生產力，使勞動的剝削更爲有利。

在以上觀察的初步形態上，合作是一切大規模生產的必要伴隨物，但不是資本主義生產方式發展中一個特別時代特徵、固定的形態。在保持手工業性質的初期製造業[22]上，以及和製造業時代相應的大農業（這種大農業，大體來說，僅因同時雇用許多勞動者，且大規模集中使用生產資料，故有別於自耕農業）上，單純的合作，也至多不過表現得和這種特徵的形態相近。單純的合作，在資本規模雖已甚大，但分工或機械仍居次要地位的生產部門內，常是盛行的形態。

合作是資本主義生產方式的基本形態，雖然合作的初步形態，會持續作爲資本主義生產的一種特殊形態而存在，伴隨著後者更發展的形態。

---

[22]「多數人將其熟練、其勤勉、其競爭心結合在同一工作，是不是促進這種工作的方法呢？在此方法之外，英國還有別的方法，能使羊毛製造業取得這樣完美的狀態嗎？」〔巴克里（Berkeley）《尋問者》，倫敦，1750年，第56頁，第521節。〕

第十二章

分工與製造業

I 製造業的兩面起源

以分工（Teilung der Arbeit）為基礎的合作，在製造業（Manufaktur）上，取得其典型的形態。這種合作，作為資本主義生產過程的主流特徵形態，支配著真正的製造業時期。這個時期，大概是從十六世紀中葉至十八世紀末葉為止的。

製造業是依兩種途徑發生的。

有時一件物品要達到完工，必須通過屬於許多種獨立手工業的勞動者的手。當這各種勞動者，在同一資本家控制下，集合在一個工作場所時，製造業便產生了。試舉一例。在昔日，一輛四輪馬車是許多種獨立技工（如車匠、馬具匠、裁縫、鎖匠、帶匠、車床工、緣飾製造工、玻璃細工、畫工、漆匠、描金匠等等）的勞動的生產物。然而在四輪馬車的製造業上，這不同技工是集合在一個工作場所同時協力勞動的。當然，在一輛四輪馬車製成以前，是不能描金的。但若同時製造許多輛四輪馬車，則在別部分尚在生產早期的過程時，可以有一部分，在描金匠手中。在這限度內，我們尚只有單純的合作，在人的方面和物的方面，它的材料都是準備就緒的。但不久就發生了重要的變化。專門在四輪馬車製造上被使用的裁縫、鎖匠及其他工匠等等，在缺少實習的情況下漸漸失去了其執行原本全面工藝的能力。但在另一方面，他們的局部化的行為，卻使他們在狹窄的工作範圍內，取得極適合的形態。原本四輪馬車的製造業，是多種獨立手工業的組合。但漸漸地四輪馬車的製造，分成了不同細部的工序，各自結晶為一種特殊勞動者的專門職能了。製造業總體，則由這不同細部勞動者（Teilarbeiter）協力運轉。同樣的，服裝製造業及其他一系列許多製造業，也由不同手工業在同一資本家控制下相結合而興起[1]。

---

[1] 下述一段話，可為製造業的形成方法提出一個較近的例子。「里昂和尼母的絲紡織業，全然是家父長式的；它們雇用許多婦人和兒童，但沒有使他們衰

但製造業有時由恰好相反的途徑產生。做同一個或同種工作的眾多技工（例如造紙、造活字、造針），可以同時在同一工作場所爲同一資本家所雇用。這是最初步的合作形態。每一個這樣的技工（或許帶有一兩個學徒），都製造商品的全部，依次執行一切生產上種種必要的操作。他的工作，仍依照舊手工業的方法。但外部的環境很快會促使人們依照另一個，造成勞動者集中在同一場所且同時勞動的方法。須在一定期限內交付大量製成品的情形，便是這樣。在這情況，工作因此要重新分配。同一技工依次執行不同工序的方法不行了。工序被改變爲不連貫、孤立的操作，各項操作並行執行。每一工序，分給一個不同技工，其全部則由合作者同時進行。這種偶然的劃分，愈重複實行愈能表現它自己的優點，因而漸漸成了系統的分工。商品，以前是獨立技工的個人生產物，現在轉爲專做一部分組成工序的技工聯盟的社會生產物了。德意志基爾特的造紙工人，把同樣工序合併成一位技工依次進行的動作。但這種種工序在荷蘭的紙製造業上，卻成了眾多合作工人並行運轉的許多局部工序。紐倫堡基爾特的造針匠，是英國針製造業興起的基礎。但在前者，每一個造針技工也許要依次做 20 種工序；在後者，卻有 20 個造針工人並立，各在這 20 種工序中執行一種。其後，這 20 種工序還依經驗再分割，孤立化、且成爲個別勞動者的專屬的機能。

弱或墮落。他們依然住在德霍母、沃爾、伊瑟赫、沃克呂斯諸河流域，以養蠶繰絲爲業。這種產業從來沒有化作眞正的工廠。在那裡也有分工，但分工的原則有一種特徵的性質。那裡有許多繰絲女工、紡織工、染色工、刷漿工、織工；但他們不集合在一個工作場所，也不隸屬於一個雇主，他們是各自獨立的。」（布朗基《產業經濟學教程》，布萊茲編，巴黎，1838、39年，第 79 頁。）自布朗基寫上面那一段話以來，這一切獨立勞動者，已有一部分集合在工廠內了。

第四版注。自馬克思寫以上那一段話以來，蒸汽織機已在此等工廠內採用了，急速把手織機驅逐了。克雷非的絲工業，也有同樣的情況。——F. E.

所以，製造業由手工業生成，致其產生方式是兩面的。一方面，製造業由不同種獨立手工業的聯盟而成。在這情況，這種種獨立的手工業失去了它們的獨立性，並在一定程度內，被特殊化分解為同一特定商品生產的輔助性局部過程（Teiloperation），另一方面，製造業則是由同種手工業的技工合作而成。在這情況，同一個手工業分成不同細部的工序，孤立化，並讓這些工序彼此獨立致使每一道工序成為一個特殊勞動者的專任機能。所以，一方面，製造業把分工導入生產過程內，或使其進一步發展；另一方面，它又把原本分開的手工業結合起來。但無論其特殊的出發點為何，其最終的形態總是如此：一個以人為零件的生產機制。

要適當地理解製造業上的分工，我們必須把握下述兩事：第一，生產過程分解為若干不同連續步驟的情況，與手工業分為若干連續手工操作，完全是一致的。無論是複雜的或是簡單的，其操作仍須以手完成，仍保持手工業的特色；故仍依存於勞動者個人處理工具的能力、熟練、迅速和準確。其基礎依然是手工業。這個狹隘的技術基礎，使工業生產任何特定過程不許有真正的科學分析，因為生產物所通過的每一細部過程，都須藉由手工完成和形成一項個別的手工業。又，因仍舊以手工業熟練為生產過程的基礎，所以每個勞動者專門從事一種局部機能，終其一生其勞動力也轉為這細部機能的零件。第二，這種分工不過是一種特別的合作，其不利，有許多是出於合作的普遍特性，而非出於這種特別的合作形態。

II 細部勞動者及其工具

更細緻地考量，首先我們明白，終生從事一種且同樣的簡單操作的勞動者，會把自己的整個身體，轉為這種操作的自動專門化的工具，從而比依次執行一系列操作的技工，得以較少的時間，把工作做完。但構成製造業現存機制的集體勞動者，純是由這種專門化的細部勞動者組

成。所以與獨立的手工業比較，製造業可以在一定的時間，生產更多的生產物，或者說，增進勞動的生產力[2]。並且，一旦這項零星的工種確立成一個人的專屬機能時，其所運用的方法是會完善的。他既持續反復做同樣的簡單動作，把注意力集中在這動作上，故經由經驗，知道怎樣才能以最小的努力獲得所期望的效果。加上因有不同世代勞動者在同時共同生活，並在同一物品的製造業上一起工作，他們由這行業所獲得的技術上的訣竅和技巧，便得以確立、積累和傳承下去[3]。

製造業，會在工作場所之內，被其視爲可以普及到全社會的自然發展的分業（Sonderung der Gewerbe）再複製出來，並系統地把這種分業推進到極端，所以在事實上生產了細部勞動者的熟練。以零星工種化爲一個人的終生職業，又對應初期社會的傾向，使職業成爲世襲；要不固定爲種姓階級（Kasten）；要不當一定的歷史條件，使個人傾向能違背種姓階級的本質時，又僵化爲基爾特制度（Zünfte）。種姓階級制度和基爾特制度所源起的法則，即是規範動植物分化爲物種和變種的自然法則。惟其間有一點不同，即種姓階級的世襲性和基爾特的排他性，發展到一定程度以後，便作爲社會法則來規定了[4]。「達卡的穆斯林薄布，

---

[2]「把包含多種工作的製造業，分配給不同的專門勞動者去做，結果會依比例，提高製品的品質、加快進行的速度，且減少時間和勞動的損失。」（《東印度貿易的利益》，倫敦，1720年，第71頁。）

[3]「容易的勞動，不過是傳留的熟練。」〔霍奇斯基（Th. Hodgskin）《通俗經濟學》，倫敦，1827年，第48頁。〕

[4]「在埃及，技術已經達到必要的完美程度了。因爲，只有埃及這個國家的手工業者，絕對不許過問其他市民階級的事情，而必須終生從事依法應在氏族中世襲的職業。……在他國，我們常見職業人口，把他們的注意分散在許多對象上面。他們時而下田耕種、時而經商、時而兼任幾種職業。在自由國家，他們大都要出席民眾大會。……反之，在埃及，如手工業者參與國家大事或同時做數種職業，那是要受處罰的。因此，他們在職業上，就可以

論纖細度，是勝過一切的；科羅曼德的印花布以及別種布匹，論染色的光亮耐久，是勝過一切的。但這各種布匹的生產，都不曾用到資本、機械和分工，也不曾採用任何其他使歐洲製造業深蒙其利的手段，那裡的織者，僅是孤另的個人；他們織布，是應顧客的招請。所用的織機是極簡陋的，有時只是幾根木棍，馬馬虎虎組合在一起而成的，有時連捲經線的器具也沒有，從而，織機必須展得很長，以致不能在生產者的小屋內找到容納的地方，其勞動不得不露天賣力進行，每遇氣候變化，即不得不中斷[5]。」使印度人能像蜘蛛一樣擅長的，乃是一代代累積，由父傳子、由子傳孫的特殊技巧。與大多數製造業勞動者相比，這種印度人的工作是極複雜的。

技工，要生產一種製成品（Machwerk），必須依次執行不同的零星操作，時而改變位置、時而換用工具。由一種操作到別種操作的推移，自會妨礙其勞動的持續並在工作日中生出間隙。當他全日持續做同一種操作時，這種間隙會縮短。總之，工作的變化愈少，其間隙也愈依比例縮小。在這情況，生產力的增進，是因一定時間內勞動力的支出已經增加；也就是勞動的強度已經增加，或是因勞動力的非生產性消費已經減少。每次由靜止到運轉所需要的過度耗力，會由標準速度達到後，人類持續力期間的延長來替補。不過持續做一制式勞動，終未免妨害獸性精力的強度和活動力。獸性精力，是以活動的簡單變化得到休養和撫慰的。

勞動生產力不僅取決於勞動者的熟練度，且取決於其所使用工具（Werkzeuge）的完備。同樣的工具，像刀、錐、螺絲錐、鎚等等，可

專心致志了。……且許多準則是世代相傳的，所以他們都熱心想發現新的便利。」（狄奧多羅斯《歷史文庫》，第 1 卷，第 74 章。）

5　穆雷（Hugh Murray）、威爾遜（James Wilson）等合著的《英領印度的歷史與現狀》，愛丁堡，1832 年，第 2 卷，第 449、405 頁。印度的織機是直立的，其經線是垂直張開的。

以在不同勞動過程上使用,並且可以在單一勞動過程上有不同的用途。但一個勞動過程的不同工序一旦彼此分開來,以致每一種零星操作,皆在細部勞動者手中,取得適當且專屬的形態時,原來可充種種用途的工具,必須有所改變。形態改變的方向,視原工具曾經歷過何種困難而定。勞動工具的分化(其結果是,同種的工具,會適應於各種特別的運用方法,取得特別的固定的形態)及其特殊化(其結果是,特殊的工具只能在特殊的細部勞動者手中被充分使用),才成為製造業的特徵。在伯明罕一處,大約有500種鎚被生產出來。不僅每一種鎚僅適合一個特殊的生產過程,且往往有許多種鎚,在同一個過程,專門執行不同的操作。製造業時期,藉由工具適合於細部勞動者的專屬特殊機能,從而使工具簡化、使工具改良、使工具的樣式增加[6]。它由此同時創造了機械存在的物質條件之一。機械,就是由簡單工具的結合構成的。

　　細部勞動者及其工具,是製造業的單純要素。以下我們且討論製造業的全貌。

III 製造業的兩個基本形態──異質的製造業與連續的製造業

　　製造業的組織,有兩個基本形態。此兩者,雖有時互相交錯,但在本質上,依然構成兩個不同的種類,在隨後製造業轉為由機械開展的現代工業時,兩者也起完全不同的作用。這種雙特性,是由製成品的本質

---

[6] 達爾文(Darwin)在其劃時代的著作《物種原始》中,關於動植物的自然器官曾說:「當同一器官有種種不同的工作要做時,其可變性的根據,或可在下述的事實上發現:即,自然淘汰對於小形態變化的保存作用或壓抑作用,在這情況,比在專供一種目的用的情況更不周密。這好比,用來切各種物的小刀,大體只有一個形態,但專供一種用途的器具,卻是用途不同、形態也不同的。」

引起的。製成品，或由獨立製成的局部生產物以機械湊合而成、或經過一系列互相關聯的過程和作業，始取得成形的外表。

例如一個火車頭，含有 5,000 多個獨立部分。但此尚不能作為第一類製造業的例子。因它是現代機械工業的構造物。鐘錶才是恰好的例子。威廉・配第即以此說明製造業的分工。在紐倫堡，鐘錶原是技工的個人作品，但現在，已轉為不可計數的細部勞動者的社會生產物了。這不可計數的細部勞動者，如主發條製造工、指針盤製造工、螺形發條製造工、寶石鑲嵌製造工、寶石扛桿製造工、指針製造工、錶蓋製造工、螺栓製造工、鍍金工；此外還有許多細分，如輪製造工（又可分成銅輪製造工和鋼輪製造工）、扣針製造工、運製造工、裝輪飾面工（將輪裝於輪軸上，並將其磨亮）、樞軸製造工、裝配修整工（使各種輪軸及發條裝妥）、發條筒修輪工（雕刻輪齒、鑿孔）、制動器製造工、圓筒制動器的圓筒造工、制動輪製造工、平準輪製造工、規範器製造工、擒縱器製造工；次之，又有配箱磨工（將發條箱與盤完成者）、磨鋼工、磨輪工、磨螺旋工、寫字工、面板上釉工（將琺瑯溶在銅上）、吊墜製造工、蝶鉸工、錶蓋彈簧工、雕刻工、金銀雕鏤工、磨蓋工等等；最後還有裝配全錶，使其可以運轉的工匠。在錶的構成部分中，僅有極少部分要經過數人的手。這一切散離的部分，直到在裝置全機的人手中才首次集合在一起。製成品與其不同且相異要素的外部關係，使各細部勞動者，在這一類的情形下僅偶然在一個工作場所結合。譬如在瑞士的沃州和紐沙特兩州，這各細部操作，就依然由互相獨立的許多手工業經手。但日內瓦，則有大鐘錶製造廠；在那裡細部勞動者是在一個資本家控制下直接合作的。而且在日內瓦，指針盤、發條、錶蓋也多半不在工廠內製造。在這情況下，以鐘錶業集中工人來經營製造業，只在例外情形下有利。因為：(1) 想在自己屋內工作的勞動者間競爭劇烈；(2) 把工作分為許多異質的生產過程時，多半會不許人們共同使用勞動工具；(3) 工

作分散，使資本家可以節省建築物及其他種種必要的支出[7]。不過，在自己屋內卻仍然是為資本家（即製造業者）工作的細部勞動者，和直接為其顧客工作的獨立技工，是非常不同的。

製造業的第二類，是製造業的完善形態，其所生產的物品，須經過互相關聯的各發展階段、經過一序列的一步步過程。例如針製造業的針條，須經過 72 種乃至 92 種不同的細部勞動者之手。

這種製造業一旦啟動，把原本分散的手工業結合起來，因此，在供給製成品的各個分散生產階段，空間的距離就縮短了。它由一階段轉至另一階段的時間縮短了，做這種移轉的媒介的勞動，也同樣縮短了[8][9]。與手工業比較，製造業在生產力上增進了。這種好處，是由製造業普遍的合作特性產生的。但在其他方面，製造業所特有的分工原則，又使其不同的生產階段，必須孤立為互相獨立的手工業。各孤立的機能間，既必須建立和維持一種連繫，使物品也必須不斷地由一人移轉至另一人、

---

[7] 1854 年日內瓦生產 80,000 隻錶，與紐沙特州的產額比較，不及 1/5。秀封市（全市可視為是一個鐘錶製造廠）每年的產額兩倍於日內瓦。在 1850 至 1861 年間，日內瓦生產了 750,000 隻錶。參看《日內瓦鐘錶業的報告》（見《英國大使館祕書處關於工商業的報告，1863 年，第 6 號》）。鐘錶這類物品，是由部分組合而成的，其生產分成許多過程，這些過程因為彼此沒有關聯，所以要把這種製造業轉化為現代工業的機械經營，是極難的。但在此之外，還有兩種阻礙，使這種轉化不能成功。即：(1) 其構成要素是小巧玲瓏的；(2) 錶是一種奢侈品，有種種的樣式。在倫敦最大的鐘錶製造店，一年中也難得有一打錶做得恰好一樣。反之，採用機械成功的江詩丹頓鐘錶工廠，卻在形態大小上，至多不過出 3 或 4 種產品。

[8] 鐘錶製造業，是混成製造業的典型實例。我們可以在這種製造業上，極正確地看到這種現象：由於手工業活動實行分散之故，勞動器具也相應地分化和專門化。

[9] 「在人如此密集的地方，運輸的勞動必然會更小。」（《東印度貿易的利益》，第 106 頁。）

由一過程移轉至另一過程。從現代機械工業的觀點來看,這種必要乃是製造業的一種特徵且是昂貴的、內在於製造業原理中的不利[10]。

就一批原料(例如紙製造業的爛布或針製造業的針條)觀察,我們覺得,這種原料會在各不同的細部勞動者手中,在完工前順次通過一系列的生產階段。但若把工作場所當作一個總體來觀察,我們卻看見,原料是同時存在於它的一切生產階段中。在由許多勞動者各配上一種工具的集體勞動者中,有一部分使用某種器具的人,把針條拉開;一部分使用另種器具的人,把它拉直;還有一部分使用別種器具的人,把它切斷;一部分使用他種器具的人,把它磨尖等等。不同的細部過程,在時間上為連續的、在空間上是同時並列的運轉,因此,同時在既定時間,生產較大量的製成品[11]。當然這種同時性,也是由總過程的一般合作形態發生的,但製造業不僅找出現成的合作條件,並且會藉由分解手工業勞動至某一程度,從而創造合作條件。不過從另一方面來說,製造業把勞動過程的這種社會組織完成,不過是藉由勞動者專注於一項簡單的零星細節。

因為每一個細部勞動者的零星生產物(Teilprodukt),都僅是發展同一製造品的特殊階段,所以一個勞動者是供給另一個勞動者、一組勞動者是供給另一組勞動者以原料。一個或一組勞動者勞動的結果,即是另一個或另一組勞動者勞動的起點。所以在這裡,是前者直接給後者工作。獲得所期效果所必要的勞動時間,在每一個局部過程都得之於經

---

[10]「因使用手工勞動之故,製造業的各階級分立了。這種分立,大大增加生產的成本。這種損失,主要是因為必須由一個過程轉移到另一個過程發生的。」(《國家的工業》,倫敦,1855年,第2篇,第200頁。)

[11] 分工「引起時間的經濟,那把工作分成許多部門,使其可以同時進行。……這各種不同的過程,在一個人,本來是要分開進行的,現在它們可以同時進行了。從前切斷一枚釘子或磨利一枚針所必要的時間,已可用來完成多量的針了。」(史都華,前書第319頁。)

驗。製造業的機制作為一個整體建立在這個前提上：在一定的時間內，一定能取得一定的結果。不同而互補的勞動過程，就只在這個前提下，能夠不斷地在時間上、空間上並行運轉。很明顯，各種操作，從而各種勞動者直接互相依存的事實，迫使各人在履行其工作，僅許使用必要的時間；因此，製造業所帶來的連續性、劃一性、規律性、秩序性[12]，甚至是勞動強度，和獨立手工業或單純合作相比，就迥然不同了。就商品生產一般而言，某一商品所花費的勞動時間，不應超過社會對其生產所需的勞動時間的法則，不過是來自競爭所加的強制；因為，膚淺地說，每一個生產者，都須依照市場價格來販賣其商品。但就製造業而言，則在一定勞動時間提供一定量生產物，卻成了生產過程本身的技術法則了[13]。

但不同的操作，所耗的勞動時間不等，從而在相等的時間內，會提供不等量的零星生產物。是故，假使同一勞動者日復日做同一操作，則不同操作所須雇用的勞動者數也不同。譬如假設在鉛字鑄造業上，一個鑄造工人每小時可鑄 2,000 個，一個分切工人每小時可分切 4,000 個，一個磨擦工人每小時可磨 8,000 個，則雇用一個磨擦工人，便須雇用 4 個鑄造工人，和 2 個分切工人。在此，最單純的合作原理──即同時雇用許多人做同種工作──又用得著了。但在此，這個原理是一個有機關係（organischen Verhättniss）的表現。製造業的分工，不僅使社會集體勞動者的各種在質上相異的零件，單純化、倍數化；且為規範這各種零件的數量界限（也就是為了每一項細部操作的勞動者相對數，或各組勞動者的相對量），創造一個固定的數學關係或比率。它既使社會勞動過

---

[12]「一種製造業所使用的勞動者（artists）愈是多種多樣，各種勞動愈是有秩序有規律，因此，各種勞動所必要的時間就減少了，勞動就減少了。」（《東印度貿易的利益》，第 68 頁。）

[13] 製造業的經營，在許多部門，僅極不完全地得到這個結果，因它對於生產過程的化學條件和物理條件，沒有力量可以正確地操縱。

程發展為質的劃分，又使它有量的規律和比例性。

在一定的生產規模上，各組細部勞動者間，有最適合的比例數。這種最適合的比例一旦由經驗制定，則各組勞動者必須依此倍數增加，才能將規模擴大[14]。加上有幾種工作，同一個人做起來，不論規模大小總是一樣的。例如監督的勞動，及將零星生產物由一生產階段運至下一生產階段的勞動。要把這種機能孤立起來，或把它分派給特殊的勞動者，必須在所雇勞動者數已經增加以後，方才有利。但這種增加，又必須依此比例，在各組勞動者中都實行。

若干被指派從事任一特殊細部機能的勞動者，構成一孤立組（Gruppe），這組由同質的要素構成，在總機制中是一個組成零件。但在許多製造業上，這種組就是一種有組織的勞動體（gegliederter Arbeitskörper）；整個機制則是這種生產基本有機體（Produktiren Elementarorganismen）的重複或倍增。試以玻璃瓶製造業為例。那分為三個本質上不同的階段。第一個階段是預備階段。其工作包括準備玻璃的成分材料，把砂和石灰等等混合，並將此混合物，熔解成為流質的玻璃[15]。最後一階段，則從乾燥爐將瓶取出，揀選、包裝好等等。在這兩階段，都雇用不同的細部勞動者。這兩階段間的中間階段，便是真正製造玻璃的階段。在這階段，流質的玻璃被加工了。玻璃熔爐每一個口邊都有一組工人，在英國稱為「火口工人」（hole）。每組都有一個工人製瓶、一個工人吹氣、一個工人蒐集、一個工人堆積、一個工人搬入。

---

[14]「各製造業，依照生產物的特殊性質，決定最宜將其本身分成若干過程，使用若干勞動者。這樣決定之後，如有製造廠不依照此數的倍數來進行，他就必定要負擔較大的費用了。……製造業設備擴大的原因之一便由此發生了。」〔巴貝奇（Ch. Babbage）《機械經濟論》，第1版，倫敦，1832年，第21章，第172、173頁。〕

[15] 在英格蘭，熔爐是和玻璃加工爐分開的。在比利時，卻是一個爐在兩種過程上使用。

這 5 個細部勞動者，可說是單個工作勞動體的許多特別零件。那是以整體的資格行動的，故其運行，必須 5 人直接合作。其一缺席，則其全體癱瘓。但一個玻璃熔爐有好幾個口。在英國，通常有 4 口到 6 口。每一個口，都有一個陶制坩鍋，其內充滿溶解玻璃，並有 5 個工人編成一組。每一組的組織都直接以分工為基礎，不同組之間的連結卻是單純的合作。因生產資料（在此是玻璃熔爐）可以共同消費，故其使用比較經濟，每一個有 4 組至 6 組工人的玻璃熔爐，構成一個玻璃作坊；若干這樣的作坊，再加以準備生產階段和最後生產階段所必要的設備和工人，便構成一個玻璃製造廠。

又，正如製造業多少興起於不同手工業的結合，它也可以發展為不同製造業的結合。例如，英國的大玻璃製造廠，常自己製造陶制的坩鍋；因過程的成功或失敗，在很大程度上視坩鍋的優劣質量而定。生產資料的製造，在這情況，便和生產物的製造相結合。反之，生產物的製造業，有時也和用該生產物作為原料，或用該生產物與它自身生產物混合的製造業相結合。例如矽土玻璃的製造業，常與玻璃切割業及銅鑄造業相結合（後一種製造業，是不同玻璃製造品鑲嵌金屬所必要的）。這樣互相結合的不同製造業，成為一個較大製造業的或多或少有所區隔的部門，但同時擁有獨立的生產過程，且各有各的分工。不過，製造業這樣的結合雖然也有若干利益，但絕不能基於其製造業本身，取得完整的技術系統。這種系統，唯有製造業轉由機械運行時，方才取得。

早期製造業時代，接受並形成以商品生產上必要勞動時間的減少為原則[16]；機械的使用，就到處萌芽，尤其在很大規模，且必須應用巨大動力在特定單純的準備過程上操作。例如在紙製造業上，爛布的搗碎，就常使用紙磨；在金屬製造上，原礦的搗碎，就常使用礦磨[17]。羅

---

[16] 參看威廉・配第、約翰・貝勒斯、安德魯・雅蘭頓（Andrew Yarranton）、《東印度貿易的利益》的匿名作者、范德林特等人的論述。

[17] 十六世紀末葉在法國，尚用擂缽把礦石搗碎、用手篩洗濯礦石。

馬帝國，已經以水磨（Wassermühle）的形態，將機械的原始形態傳於後世[18]。在手工業時代，已經有指南針、火藥、活字印刷、自鳴鐘等大的發明。當然大體說來，誠如亞當・史密斯所論，機械尚在分工之旁，扮演輔助的角色[19]。但十七世紀機械的零星應用，仍有極重要的意義。因為當時的大數學家，就以這種應用為實踐的基礎和刺激，以創造近世的力學。

　　但製造業時代的機械特徵，是由許多細部勞動者結合而成的集體勞動者。商品生產者必須依次執行，且在生產過程以不同方式向他提出要求協力進行不同操作。一種操作，要求他必須多發力；第二種，要求他更加熟練；第三種，要求他更加專注。同一個人絕不能以同等的程度，具有一切這種資質。製造業一旦把這不同操作分開，使它們獨立、各自孤立起來，勞動者也可依照各人的特長，一類一類、一組一組地劃分了。他們的天賦，是分工得以建立的基礎；同樣的，製造業一旦採用，又會發展只限專任特殊機能的新能力。集體勞動者現在可以用相等的優越程度，擁有生產上必要的一切資質，並藉由其各零件（即特殊勞動者

---

[18] 我們可由穀磨、水磨的歷史，探出機械全部發展史的跡象。在英格蘭，工廠仍被稱為 mill（磨）。在十九世紀初葉德意志的工藝學文獻上，Mühle（磨）仍被用來指稱一切由自然力推動的機械，且被用來指稱一切有機械裝置的製造廠。

[19] 我們可從本書第四篇（即《剩餘價值學說史》）更詳細地知道，亞當・史密斯關於分工，不曾提出一個新命題。但他之所以成為製造業時代首屈一指的經濟學家，就因為他特別著重分工。他只給機械次要的地位。這個事實，在現代工業開始時，喚起了勞德代爾（Lauderdale）的反對論調，而在稍後的發展時期，又引起了烏爾的反對論調。再者，亞當・史密斯還把工具的分化（在這種分化上，製造業的部分勞動者積極地參與）和機械的發明混為一談。在機械發明上有地位的，不是製造業勞動者，只是學者、手工業者和自耕農民〔例如布林德利（Brindley）〕。

或各組勞動者），執行他們的專屬機能，從而依最經濟的方法，擴散這些資質了[20]。當細部勞動者成為集體勞動者的一部分時，他的片面性和缺陷，便變得完美了[21]。只做一件事的習慣，使他轉為一個永不失手的工具；同時與整體機制上的連絡，又強迫他必須以機械部分的規律性來工作[22]。

因為集體勞動者擁有各種機能，有些是更單純的、有些是更複雜的、有些是低級的、有些是高級的，故其成員（即個別的勞動力）所需的練習程度不一，從而具不同的價值。因此，製造業發展了勞動力的等級制度（Hierarchie），並相應地發展了工資表。從一方面來說，個別勞動者專任一個限制性的機能至終生；從另一方面說，這個等級制度中的不同操作，也將勞動者區分成與其生得的及習得的能力相適合[23]。不

---

[20]「製造廠主將工作分成各種各樣的過程。這各種過程所需的熟練程度和體力程度，是各不相同的。但製造廠主就因把工作分成了多種過程，故能按照各種過程的所需，來購買適量的熟練和體力。反之，假如全部工作是由一個人做，他即必須有充分的熟練，來做最難的工作，又必須有充分的體力，來做最苦的工作了。」（巴貝奇，前書第18章。）

[21] 例如肌肉之異常的發育、骨骼的彎曲等等。

[22] 在答覆調查委員的問題——少年人如何能不斷勤勉——時，馬歇爾先生（一個玻璃製造廠的總經理）的答覆是很對的。他說：「他們不能忽略工作；動工之後，他們必須繼續做下去，就好像是機械的一部分。」（《童工委員會第四報告》，1865年，第247頁。）

[23] 烏爾博士，在他讚美現代工業的頌詞中，比他以前的經濟學者（因為他們在這個問題上面沒有論戰的興致），甚至比他同時的經濟學者（例如巴貝奇，他在數學與力學方面，確比烏爾高一著，但他特別喜歡從製造業的立場，來理解真正的現代工業），更敏銳地感到了製造業的特徵。烏爾說，使勞動者適合於特殊工作這件事，便是「分工本質」；別處，他又說分工是使「勞動適合於各人不同的才能」；最後，又說全部製造業制度，是「勞動分割或排成等級」的制度，是「依熟練程度將勞動分割」。（烏爾《製造業哲學》，

過，每一個生產過程，仍須有某種任何人皆能勝任的單純作業。現在，這種作業也和內容更充實的活動瞬間脫離關聯，硬化為特別指定勞動的專屬機能了。

所以，製造業會在它所侵入的手工業內，生出一個不熟練勞動者（ungeschickter Arbeiter）的階級來。這一個階級，在手工業是嚴格排斥的。製造業既犧牲一個人完整的工作能力，以完善片面的特殊技能，同時，又把毫無發展也當作一種特殊的資格。製造業即造成一種等級制度，又劃分一種單純的區別，把勞動者分成不熟練者和熟練者。後者幾乎不須有學習的費用；前者的學習費用，也因機能已簡單化，故比手工業者的學習費用更少得多。在這兩種情況，勞動力的價值都降低了[24]。固然，勞動過程的分解，曾引出一種新的全面的機能，那在手工業上還是全然沒有的，即使有，範圍也沒有這麼大。但這只是例外。學習費用消失或減少的結果，是勞動力價值的相對降低。這種降低，卻隱含資本利益的剩餘價值直接的提高；因為每一種事情，只要能縮短勞動再生產所必要的勞動時間，它就會把剩餘價值的範圍擴大。

Ⅳ 製造業內部的分工和社會內部的分工

我們先討論製造業的起源，再討論它的單純要素，接著細部勞動者與其工具，最後，討論它的機制總體性。現在，我們要略述製造業內部的分工和社會內部的分工間之關係。後者構成一切商品生產的基礎。

僅考量勞動，我們可以說，社會生產分為農業（Agrikultur）、工業（Industrie）諸門的主要分工，是一般分工（Teilung der Arbeit im allgemeinen）；門分為種或亞種的分工，是特殊分工（im besondren）；

---

19 至 22 頁及以下各處。）

[24]「每一個手工業者，因此已能在一種單純工作上完成他自己，……又因此，他就成了更便宜的工人了。」（烏爾，前書第 19 頁。）

一個工作場所內部的分工，是單項分工（im einzelnen）或細部分工[25]。

社會內部分工，和相應各個人專營特殊職業的區分，像製造業內部的分工一樣，是源於兩個對立的起點。在家族之內[26]，嗣後更在部族（Stamm）之內，由性別和年齡的差別，引起了一種自然的分工，那純然是以生理為基礎的。因社區擴大、人口增加，尤其是不同部族間衝突及征服之故，這種分工的素材，是日益擴大了。在另一方面，又如前述，在不同家族、部族、社區的接觸點上，萌生了生產物的交換。在文明初期，以獨立資格互相接觸的，原不是個人，而是家族、部族等等。不同的社區，是在各自的自然環境內，發現不同的生產資料和不同的維生資料。所以，它們的生產方式、生活方式和生產物，乃是不同的。也就因為有這種自發的差別，所以當不同的社區接觸時，生產物會互相交換，並漸漸轉為商品。交換不在各生產範圍之間創造差別，但使已經有差的生產範圍產生關聯，並且使它們在擴大的社會集體生產上，轉為多少互相依賴的部門。在此，社會的分工，是由原來有別且彼此獨立的生產範圍之間的交換引起的。但在前一情況（以生理分工為起點的情

---

[25]「分工以最不同種職業的分離開始，乃至將製造同種物品的工作，分歸許多工人負擔，例如在製造業上。」（斯托齊《經濟學教程》，巴黎版，第1卷，第173頁。）「在已有相當文明程度的國家，我們發現了三種分工：第一種，我們稱之為一般的分工，即使農業生產者、製造業者，和商人分離，而農業、製造業和商業，便是國民產業的三個主幹；第二種，我們稱之為特殊的分工，即使各種產業分為各屬種，第三種分工，便是我們所說的真正的分工，那是在單個手工業或職業內部發生的，大多數製造業和工廠，都有這種分工。」（斯卡貝克，前書第84、85頁。）

[26] 第三版注。關於人類原始狀況，此後的根本的研究，曾使作者得到如下的結論：原來不是由家庭發展為部族。反之，部族乃是原始、自然發生的、以血緣為基礎的人類社會形態。部族結合開始解體之後，才發展為各式各樣的家族形態。——F. E.

況），則是緊密的全體，其特殊成員日漸鬆散及分離。主要是以與外來社區間的商品交換開始的。但日益孤立的結果，到後來，不同工作的連繫，遂僅有生產物當作商品的交換。在一情況，是使原來互相獨立的，變成互相依賴的；在另一情況，則是使原來互相依賴的，變成互相獨立的。

一切以商品交換為媒介高度發展的分工，都以城市與農村的分離為基礎[27]。我們未嘗不可說，社會全部經濟史，總結在這個對立的運動中。但在此，我們不再進一步說明它。

正如製造業內部的分工，以同時雇用一定數勞動者的事實，為實質的前提。同樣的，社會內部的分工，也以人口數及人口密度為實質必要條件。該條件相應於工人在工作場所內凝聚[28]。但人口密度是相對的。人口比較稀薄但通訊手段比較發達的國家，可以比人口較多但通訊手段不發達的國家，有更大的人口密度。就這意義來說，美國北部諸州，是比印度有更稠密的人口的[29]。

商品生產與商品流通既為資本主義生產方式的普遍前提，所以，製造業要有分工，則整體社會內部的分工必須已有相當程度的發展。反

---

[27] 在這點，史都華爵士的研究是最好的。他的著作，雖比《國富論》早10年出版，但至今仍然很少被人注意。此可由下述一事來推論：馬爾薩斯的讚美者甚至不知道，馬爾薩斯《人口論》的第1版，除純粹修辭的部分外，幾乎在參考華萊士（Wallace）、湯森（Townsend）之外，純然是抄寫史都華的見解。

[28] 「社會的交通，勞動生產所賴以增進的合力，都須有相當的人口密度。」（詹姆斯・彌爾《經濟學要論》，倫敦，第50頁。）「當勞動者數增加時，社會生產力的增進，與勞動者數的增加乘分工的效果，成複比。」（霍奇斯基《通俗經濟學》，第125、126頁。）

[29] 自1861年來，棉花的需求擴大了，因此，在東印度若干人口最稠密的產棉區域，犧牲了米的生產，來擴大棉的生產。結果是發生局部的饑荒。因交通手段不完備之故，一個地方的米的不足，又不能由別地方的供給來補充。反

之，製造業的分工，又會產生反應作用，使社會的分工發展並且倍增。同時，隨著勞動工具分化，生產這些工具的職工，也日益分化[30]。又，從前作為主要工業或輔助工業，與別種工業相聯結，而由同一生產者運轉的工業，一採取製造業系統，即會與別種工業脫離，而互相獨立。又在一種商品的諸生產階段中，只要一個階段採取製造業系統，其他各生產階段，也會隨著變成許多互相獨立的工業。我們還講過，在製成品僅機械地由部分生產物湊合而成時，各細部操作，可再重建為真正和區隔的手工業。因要使製造業內部的分工更完善起見，單個生產部門，還可依照原料的變種，或同種原料的不同形態，分成無數製造業，且在某程度內，幾乎成為全新的製造業。早在十八世紀前半，法國就曾有 100 種以上的絲織品織造出來；但在亞維儂等處，依法「每一個學徒，只能從事一種織造業，且不得一次學習不同織物的準備工作」。限某特定分支部門生產只在某特別區域經營的地域分工，也從製造業系統（要剝削每一種特殊利益）上，取得了新的刺激[31]。世界市場的擴大與殖民地制度（在製造業時期，兩者皆為製造業普遍的存在條件），又給發展社會內部分工以豐富的實質。當然，分工方法不單侵入經濟領域，且會侵入社會其他每一個領域。它會在任一個處所，立下擴大專門化和將人分類系統的基礎，使人為了發展單種能力，而喪失一切其他能力，以致弗格森——亞當·史密斯的老師——嘆說：「我們造成了一個奴隸國家，沒有一個自由市民[32]。」但在此，我們且不討論這點。

---

[30] 所以，早在十七世紀，梭的製造就在荷蘭成了一種專業。

[31] 「英國的羊毛製造業，不是隨地之所宜，分成了若干部分或部門，使各部分只在某一些地方進行，或主要在某一些地方進行嗎？精毛織物不是在薩莫塞特郡、粗毛織物不是在約克夏、粗嗶嘰織物不是艾克希特、絲綢不是在薩德柏立、縐綢不是在諾里治、亞麻呢不是在肯德爾、毛氈不是在惠特尼嗎？」（巴克里《尋問者》，1750 年，第 250 頁。）

[32] 弗格森《市民社會史》，愛丁堡，1750 年，第 4 部，第 2 篇，第 285 頁。

社會內部的分工和工作場所內部的分工，雖有許多類似處和關聯處，但兩者仍不僅有程度的差別，且有本質的差別。不同行業之間有看不見的束縛而結合時，兩者的類似才最為明顯。例如，畜牧業者生產獸皮、鞣皮業者使獸皮轉為皮革、製鞋業者使皮革轉為皮鞋。在此情形下，他們各人所生產的，都僅是完成前的階段生產物（Stufenprodukt），最後的形態，乃是他們一切勞動的結合生產物（kombinierte Prodokt），且還有不同工業部門，以生產資料供給畜牧業者、鞣皮業者和製鞋業者。在此，我們可以和亞當·史密斯一樣，認為以上社會分工與製造業分工，只有主觀的區別。也就是，只在觀察者看來有區別。因製造業在同一地點進行的種種操作，觀察者可以一目了然，但在社會分工上，各種工作，散布在廣大的區域，各分支部門所雇用的人數又極眾多。故相互間的連繫，變得模糊不清[33]。但畜牧業者、鞣皮業者、製鞋業者這些獨立的勞動間，是以何形成這束縛呢？那便是「他們各自的生產物，都是商品」的事實。反之，製造業的分工又是以何為其特徵呢？那便是「細部勞動者生產不了商品」的事實[34]！變成商

---

[33] 亞當·史密斯說：「分工在真正的製造工業上似乎較大；因為各勞動部門使用的人，往往能集合在一個工作場所內，可以在監工員的面前一目了然。反之，一種製造業（！），如果以供給大多數人民的主要欲望為目標，則其工作各部門，須雇用如此多的工人，以致不能全體集合在同一工作場所內，……這當中的分工，也就沒有這樣明顯了。」（亞當·史密斯《國富論》，第1篇，第1章）。這一章裡面還有一段話──以「試考量文明繁盛國內最普通手工業者和日雇勞動者的財產」一語開始──作者曾說明，有怎樣多數怎樣多種的產業，合起來供給一個普通勞動者的欲望。但這段有名的話，幾乎是逐字抄引曼德維爾（Bernard de Mandeville）的《蜜蜂寓言·私惡及公益論》（在1706年第1版內，沒有「論」字，這個字是1714年加上去的）。

[34] 「已經沒有什麼，還可稱作個人勞動的自然報酬。每個勞動者都只生產全體的一部分，這各部分，就其本身來說，是沒有任何價值或效用的。沒有什

品的，是一切細部勞動者的共同生產物[35]。使社會內部發生分工的，是不同工業部門的生產物的買賣；使工作場所內各細部勞動產生關聯的，是由於各種不同工人的勞動力售於一個資本家，且被其當作結合勞動力來使用的事實。工作場所的分工，隱含以生產資料集中在一個資本家手裡；社會的分工，則隱含生產資料分散在許多獨立商品生產者手裡。在工作場所內，比例性的鐵則，限制一定數的工人擔任一定的機能；在工作場所以外的社會內，商品生產者與生產資料，應如何在社會工業不同分支部門之間分配，卻是偶然的、隨意的。是的，各生產範圍之間將一直保持平衡。一方面，因為每一商品生產者都必須生產一種使用價值、以滿足一種特別的社會需求。各需求的限度雖有量的差別，但各種需求之間，卻有一個內部的關係將其比例安排成一個自發成長的規律體系。另一方面，又因為商品的價值法則，決定社會在其所能支配的勞動時間之內，能如何用在各種特殊級別的商品生產。但不同生產領域保持一直平衡的趨勢，只是對該平衡被不斷破壞所引發的反應。工作場所內部的

麼，勞動者還可在其上說，這是我的生產物，應歸我所有。」（《擁護勞動反對資本要求》，1825 年，第 25 頁。）此優秀著作的作者，便是以上曾經引用過的霍奇斯基。

[35] 第二版注。社會分工與製造業分工的區別，已經由美國人在實際上證明了。美國南北戰爭中，在華盛頓有幾種新稅創立。其中的一種，是課「一切工業生產物」以 6% 的稅。問：什麼是工業生產物？立法者答說：一切在它被製成時，被生產了；在它可以拿出來販賣時，被造成了。任舉一例如下，紐約和費城的製造廠，從前除製造傘的各附屬品外，還把傘「製成」。但因傘是由極不同種的部分合成，這各部分從來都漸漸變成「完成品」，而在不同場所，由獨立經營的工業獨立生產。這各種工業的部分生產物，是作為獨立的商品，送到傘製造廠去，集成全體的。美國人常稱此種物品為「集成品」（Assembled articles）。當作課稅的集成，這個名稱尤其恰當。各構成部分價格的 6% 的稅，及其全體價格的 6% 的稅，就這樣集成在一把傘裡面了。

分工，按一種先天的系統規律運轉；但這種系統，就社會內部的分工來說，卻是後天的，自然強制必然性是可以在市場價格的晴雨表式浮動中知覺到的。商品生產者們的無法則的隨意行動，就由這種自然必然性控制著。又，工作場所內的分工，隱含資本家對工人（他們只是屬於資本家機制的部分）有無可爭議的權威；社會的分工，卻使獨立的商品生產者互相接觸。這種商品生產者，只認競爭是唯一權威、只認相互利益的壓力所發出的脅迫。正如在動物界，各自彼此的戰爭，相當保存了各物種的生存條件。有產階級的意識，頌稱工作場所內分工，使勞動者終生從事一種細部操作並且完全無條件隸屬於資本的事實，為增進勞動生產力的勞動組織；又以同樣的精力，力斥每種有意識社會控制和規範生產過程的企圖，為侵犯個別資本家如此不可侵犯的財產權、自由權和自決權。這是很具特色的，熱心辯護工廠制度的人，在反對社會勞動之普遍組織時，只能說這種組織會把全社會變為龐大的工廠。

在資本主義生產方式的社會裡，社會分工的無政府狀態與工作場所分工的專制，成了互為條件的兩條件；反之，在分業自發性展開，然後結為定形，最後以立法為恆的社會初期形態裡，我們卻發現，一方面有配合被認可及命令式計畫的社會勞動的組織樣本，另一方面，工作場所內部全然沒有分工，即使有，也是規模極小，或偶然及隨意發展的[36]。

遠古及小型的印度共同生活區，有一部分還持續存在到現在。這種社會的基礎，是土地共有、農業與手工業的混合及不能改變的分工。其分工，在一個新共同生活區成立時，還一成不變的當作現成的計畫和設計來實施的。每個共同生活區，占有一百英畝至數千英畝的面積，各自形成自足的緊密生產體。生產物的主要部分，是用來支應共同生活區

---

[36]「我們可以說，依照一般法則，在社會內部決定分工的權力愈小，則工作場所內部的分工愈是發展，愈是受個人權力的支配。因此，工作場所內部的權力和社會內部的權力，就分工這一點來說，是成反比的。」（馬克思《哲學的貧困》，第 180、181 頁。）

自身的直接的使用，不是當作商品。所以，此地生產本身，也和印度社會全境以商品交換為媒介所帶來的分工，毫無關係。轉為商品的，只是生產物的過剩部分，但就在這過剩部分中，也還有一部分到國家手裡才轉為商品。在印度，自不可記憶的時代起，就有一定量生產物，必須當作實物地租，而流入國家手裡。這種共同生活區的組成，在印度是因地而異。在最單純的形態上，土地是共同耕作的，生產物則在社會成員之間分配。同時，每一個家庭都紡織、織布，以此為家庭副業。在這個從事同種工作的大眾之外，我們還發現一個以一身兼任審判官、員警、收稅官三種職務的「要人」；一個記帳員，他記錄耕作的一切收支，並登記與此有關的各種事項；一個官吏，他追訴犯人，保護路過的旅客，並護送至鄰村去；一個邊界巡查，他巡查邊界，防止鄰村的侵入；一個運水監督員，他為灌溉的目的，從公共貯水池，把水分配到各處；一個婆羅門僧，他司理宗教的一切儀式；一個教師，他在砂地上教兒童讀書寫字；一個司曆僧，他以占星師的資格，通告播種和收穫，以及其他各種農活的吉凶日；一個鐵匠和一個木匠，他們製造並修理各種農具；一個陶土工，他製造村民使用的一切容器；一個理髮匠；一個洗衣工人；一個銀匠；有些地方，還有一個詩人，在某些社區裡，他的地位是代替銀匠或代替教師。此十數人，由共同生活區全體出資維持。若人口增加，則在未被占有的土地上，照原樣成立新的共同生活區。整個機制，揭示了一種系統性的分工，但製造業的分工，在那裡卻是不可能的。因為鐵匠、木匠等人的市場，是不變的；至多根據村莊的範圍時，由一個鐵匠、一個陶工，增加為兩個或三個[37]。規範共同生活區分工的法則，在這裡，是像自然法則一樣，以不可抵抗的權威運作；像鐵匠、木匠等

---

[37] 威爾克斯中校（Lieut. Col. Mark Wilks）《印度南部的歷史概述》，倫敦，1810 至 1817 年，第 1 卷，第 118 至 120 頁。——對於印度共同社會的各種形態，有一個很適切的記述，見坎貝爾（George Campbells）《近代印度》，倫敦，1852 年。

等那樣的個人手工業者，則以傳統的方法，在自己的工作場所內部，不承認任何統制的權威，獨立進行專屬於自己的一切操作。這種自足共同生活區裡生產組織的單純性，是不斷以同樣的形態再複製；如偶然被破壞，也會在同一地點，以同一名稱，再現出來[38]。但此生產組織的單純性，卻給了我們解決一個祕密的鑰匙。由此我們可以對照說明，為什麼亞洲諸國不斷解散、不斷重建，王朝也不斷更替，但亞洲諸社會卻屹立不變，社會經濟基本要素的結構，不受政治風雲來襲的絲毫影響。

我以前講過基爾特的規則，為阻止基爾特老闆轉為資本家，嚴格限制單一老闆所能雇用學徒和熟練工匠的人數。又，他還只能在他自己所屬的手工業內雇用熟練工匠。基爾特狂熱排斥一切商人資本——這是他們接觸到的唯一自由的資本形態——的侵入。商人可以購買任一種商品，但不能購買那以商品出售的勞動。他只允許以手工生產物交易者的資格出現。如果環境要求更進一步的分工，則現有的基爾特，將自行分裂為若干變體的基爾特，或在舊基爾特周圍，建立新的基爾特。但不同的手工業，仍不因此而集中在一個工作場所內。所以，即使基爾特組織在手工業分離、孤立、完善，因而對創造製造業實質的存在條件有多大貢獻，但仍不許有工作場所內的分工。大體言之，勞動者與其生產資料，還是緊密相聯的，就像蝸牛與其背殼不能分離一樣，是以製造業的主要根基——即生產資料成為資本，而與勞動者相分離——依然欠缺。

社會內部的分工（那或以，或不以商品交換為媒介），總的來說是

---

[38]「在這個單純的形態下，……該國居民不知生活了多少年代。村的界限是很少改變的；雖有時村被損壞了，或被戰爭、饑饉、疫病破壞了，但同一名稱、同一村界、同一利害關係，甚至同一家族，常保存數百年之久。居民對於王國的解體或分裂，沒有任何懸念；只要村能保持完整，他們絕不問自己所屬的村，是隸屬在何種權力之下、是受哪一個君主支配。其內部經濟是保持不變的。」〔萊佛士（Thomas Stamford Raffles，前任爪哇副總督）《爪哇史》，倫敦，1817 年，第 1 卷，第 285 頁註。〕

各種經濟社會組織所共有的；製造業所實施的工作場所內分工，卻是資本主義生產方式獨有的特別創造物。

V　製造業的資本主義的特性

　　勞動者數在同一資本家控制下增多，不僅是合作普遍的自然起點，也是製造業特別的自然的起點。但製造業的分工，又使勞動者數的增加，成為技術上的必要。任一資本家所必須僱用勞動者數的最低限，在此為先前建立的分工所規定了。若要得到進一步分工的利益，則只能增加勞動者數，且必須依照倍數來增加不同的細部組數。但可變資本部分增加了，不變資本部分也必須增加；但除工作場所、工具外，特別是原料的增加，還須比勞動者數的增加，更快得多。分工可以增加勞動的生產力，但勞動生產力增加了，則一定量勞動在一定時間消耗的原料量，須依同比例增加。所以，由製造業的自身本質，我們可得一定律如下：每個資本家手裡所必須有的資本最低額，必須持續提高；換言之，社會的維生資料和生產資料，必須益加轉為資本[39]。

　　集體的勞動有機體（funktionierende Arbeitskörper），在單純的合作上，是資本的一個存在形態；在製造業上，他同樣是資本的一個存在形態。由眾多個別細部勞動者構成的機制，是屬於資本家的。所以，由勞動結合而生的生產力，也會以資本的生產力這一姿態出現了。真正的製

---

[39]「手工業細分所必要的資本（寧可說所必要的維生資料和生產資料），應先存在社會內。但這還不夠。這種資本還須在企業主手中積累到充分的數量，使他們能夠大規模經營。……分工愈進步，不斷使用一定數勞動者所必要的資本（在工具、原料等物上的）支出，也愈增加。」（斯托齊《經濟學教程》，巴黎版，第 1 卷，第 250、251 頁。）「生產資料的累積和勞動的分割不能分離，像在政治領域內，公共權力的累積和私人利益的劃分不能分離一樣。」（馬克思《哲學的貧困》，第 134 頁。）

造業,不僅使以前獨立的勞動者受資本的命令和訓練,且在勞動者間,創立一個等級的分類級別。單純的合作,大體說來,未變更個人的勞動方式;製造業卻完全把它革命了,並在其根本上占據了勞動力,製造業使勞動者化為一個四肢不全的畸形體。正如布拉塔諸州的屠戶,專為毛皮或脂肪而殺整隻獸;同樣的,製造業也犧牲一個生產本能和生產能力的世界,揠苗助長地,助長他細部的靈巧。不僅細部勞動,分配在不同的個人間;各個人也把自身,變為零星操作的自動的發動機[40]。梅尼紐斯·阿格里帕(Menenius Agrippa)的無稽寓言——人只是他自己的身體的零星部分——竟成為現實了[41]。勞動者原本是因為自己沒有生產商品的實質手段,所以把其勞動力賣給資本;現在,他真正的勞動力不賣給資本,即無法提供服務了。它的機能,只能發揮在這樣的環境中;這種環境,必須在它販賣之後,才在資本家的工作場所內存在。製造業的勞動者,天性不能獨立從事任何事——他僅作為資本家工作場所的附屬物,才能展開生產的活動[42]。耶和華的選民,在容貌上具有「耶和華的典範」的符號,分工卻在製造業勞動者身上,標誌了「資本的財產」。

獨立的農民和手工業者,像野蠻人把整個戰爭技術當作個人計謀來行使一樣,是以極小規模,實踐他的知識、判斷,和意志的。但現在,這種種技能,只對全體工作場所才是必要的了。生產上的智能,就因為已在許多方面消失,所以能在一方面擴張規模。細部勞動者所喪失的東

---

[40] 史都華把製造業勞動者定義為「在部分勞動上使用的活的自動機」。(《史都華全集》,第 8 卷,1855 年,《經濟學講話》,第 318 頁。)

[41] 在珊瑚中,個體便是整個群體的胃。它供給群體以營養,不像羅馬貴族那樣從群體取走營養。

[42] 「能支配一個手工業全部的勞動者,可在任何地方依此來謀生;但製造業勞動者不過是附屬物,離開一同勞動的人,便沒有用處,且不能獨立,所以隨便什麼規則,只要被認為妥當,他就不得不接受。」(斯托齊,前書,聖彼得堡,1815 年,第 1 卷,第 204 頁。)

西，集中在雇用他們的資本上面了[43]。製造業分工的結果，勞動者是和實質生產過程的智能潛力（那是作爲他人的財產，表現爲支配的權力）相對立了。這個分離過程，開始於單純的合作，發展於製造業，完成於現代工業。在單純的合作上，資本家是在個別勞動者面前，代表協作勞動的一致性和意志。在製造業上，勞動者被剪裁爲細部勞動者。在現代工業上，科學是作爲一種與勞動有別的生產力量，強行將科學爲資本服務[44]。

在製造業上，爲使集體勞動者（從而資本）富有社會的生產力，勞動者個別的生產力就必置於貧乏。「無智是迷信之母，也是產業之母。思慮與想像是易出錯的。手足的移動習慣，既與思慮無關，也與想像無關。所以，製造業最繁榮的地方，即是人類最少思索的地方。在那裡，工作場所，可以視爲一座機械，而以人爲其構成部分[45]。」事實也是這樣，十八世紀中葉的少數製造業者，寧願使用半白痴的人，來擔任若干構成行業祕密的操作[46]。

亞當·史密斯說：「大多數人的悟性，都是由他們日常的職業必然形成的。終生從事少數單純操作的人……沒有展現悟性的機會。……他們一般是盡人類之所能，變得最愚鈍、最無智的。」史密斯描寫細部勞動者的愚昧以後，接著又說：「單調的固定的生活，自然會損害他

---

[43] 「其一（勞動者）之所失，即爲其他（工廠經營者）之所得。」（弗格森《市民社會史》，第 281 頁。）

[44] 「有知識的人和生產勞動者，可以彼此分得很遠。知識不復在勞動者手中，作爲增加自身勞動力的手段，那幾乎在各處都是與勞動者對立的。……知識成了一種與勞動分離並且對立的工具。」〔湯普森（W. Thompson）《財富分配原理的研究》，倫敦，1824 年，第 274 頁。〕

[45] 弗格森《市民社會史》，第 280 頁。

[46] 塔克特（J. D. Tuckett）《勞動人口今昔狀況史》，倫敦，1846 年，第 I 卷，第 148 頁。

的志氣。甚至還會損害他的身體的活動力，使他在慣做的職業之外，不能活潑、堅毅地，施展自己的力量。他在他的特殊行業上取得的靈巧，不免把其智力的、社會的、勇敢的長處犧牲掉。在每一個改良的文明社會內，這都是貧窮勞動者（即人民大多數）不可免的狀態[47]。」為要防止多數人民因分工而起的完全劣化，史密斯曾提議以國家慎重地提供國民教育，為順勢療法藥方。加尼耶（G. Garnier）——法蘭西第一帝國下的元老院議員，曾注釋史密斯的著作，並將其譯成法文——會反對這一點，實為理所當然。他以為，國民教育是與分工的根本法則相牴觸的，有了它，「整個社會制度，會全被推翻」。他說：「像其他一切分工一樣，體力勞動與智力勞動[48]間的分工，也因社會（他是用這兩字指示資本、土地所有權，和他們的國家）愈富，而愈呈比例的清晰及明確。像其他分工一樣，這種分工，是過去進步的結果，是未來進步的原因。……政府應當致力違反這種分工嗎？應當阻止它的自然的進行嗎？應當用國庫收入的一部分，來使這兩種追求分工和分離的勞動階級，混淆和混合嗎[49]？」

甚至從整體社會的分工而言，不免會在人類的身心方面引起相當的

---

[47] 亞當·史密斯《國富論》，第5篇，第1章，第2節。弗格森對於分工的不利結果是很著重的。亞當·史密斯即是弗格森的弟子，他對這一點，當然是非常明白的。但在著作的緒論中，他讚美分工，而僅暗示那是社會不平等的泉源。到第5篇論國家收入的地方，他才再提出弗格森的見解來。我在拙著《哲學的貧困》中，已經說了我們必須要說的話，那可以說明在分工問題的批判上，弗格森、亞當·史密斯、萊蒙蒂（Lemontey）和薩伊間有怎樣的歷史的關係。在那本書，我最先把製造業的分工，看作資本主義生產方式的特殊的形態。（馬克思《哲學的貧困》，巴黎，1847年，第122頁以下。）

[48] 弗格森已經在《市民社會史》第281頁說過：「思維在這個分工時代，也成了一種特殊職業。」

[49] 加尼耶譯注的《國富論》法譯本，第5篇，第2至5頁。

萎縮。但因製造業更推進勞動分支的社會分離，並藉由其特殊的分工，從生命的根源攻擊個人，所以，製造業，又給了工業病理學最早的題材和啓動[50]。

「把一個人分割開來，如其應得，便是處死；如不應得，便是暗殺。⋯⋯勞動的劃分，是對人的暗殺[51]。」

以分工爲基礎的合作或製造業，是以一種自發的形成開其端。但當其存在已相當取得固定性和廣泛性時，它便成了資本主義生產方式被認可有規律及系統性的形態。眞正的製造業的歷史，將指示製造業所特有的分工，如何在最初藉由經驗，如同當事人興起之處，獲得最適當的形態，然後像基爾特手工業一樣，努力地固守著它一度取得的形態，竟到處成功固守數百年之久。除若干無關緊要的情形外，這種形態發生任何變化的唯一原因，是勞動工具的革命。現代製造業興起之處──不是指那以機械爲基礎的現代工業──或是發現諸種現成的構成要素，那諸種現成的要素是分散的，只等被湊在一起（大城市上的成衣業就是一例）；或是應用分工的原理，單純地指派手工業不同的操作（例如裝訂

---

[50] 帕多瓦實用醫學教授拉瑪齊尼（Ramazzini）1713年公刊一部著作，題名《工業病》。此書1781年譯成了法文；1841年，再爲醫學百科全書所探錄。在現代工業時代，工人疾病的目錄，當然是大大增加了。關於這個問題，可參看方特雷（Dr. A. L. Fonteret）著《大都市，特別是里昂，工人的生理衛生與道德衛生》，巴黎，1858年，及《各種地位年齡性別所特有的疾病》全6卷，烏爾母，1860年。1854年技術協會曾委派一個調查工業疾病的委員會。這個委員會所蒐集的各種文書，收在特威克納姆經濟博物院的目錄中。政府的《公共衛生報告》，尤爲重要。還可參看萊希（Eduard Reich）醫學博士所著《論人類衰頹》，埃蘭根，1868年。

[51] 厄克特《通用語集》，倫敦，1855年，第119頁。黑格爾關於分工，抱持極異端的見解，他在《法律哲學》中說：「我們說有敎育的人，首先是指能做每一件其他人所做的事情的人。」

業），給不同的專人。在這情況，一星期的經驗，就足以決定不同機能所必要工人數的比例[52]。

製造業的分工，藉由手工業的分解、勞動工具的專業化、細部勞動者的形成、細部勞動者的分組及結合構成一個簡單機制，遂在社會的生產過程中，創造質性等級和量性比例，從而在社會勞動中，創立一個確定的組織，且同時開展一種新的社會的勞動生產力。製造業以其特殊的資本主義形態——在已知的條件下，原只能採取資本主義的形態——只是生產相對剩餘價值，或資本自擴的一個特殊方法。其法，是犧牲勞動者，而冠以社會財富、「國民財富」等等名目。它會增進勞動之社會的生產力，但其增進，不僅是只為資本家，而無益於勞動者，且會損傷個別勞動者。它創造了資本支配勞動的新條件。所以，一方面它在社會的經濟發展中呈現出歷史上的進步、是必要的階段；另一方面，它又是精密的及文明化了的剝削手段。

政治經濟體，作為一種獨立的科學，在製造業時代初現。它觀察社會的分工時，只從製造業的立場[53]，認為社會分工是以同量勞動生產更多量商品的手段，及是使商品便宜，從而使資本累積加速的手段。他們強調量性與交換價值。與此顯著不同的，是希臘羅馬古典時代的作家，後者只專注質性與使用價值[54]，且以為，社會各生產部門分離的結果，

---

[52] 現今在德國教授間（例如羅雪爾教授），尚流行一種可笑的信念，認為分工的發生，是由於個別資本家先天的發明天才。依羅雪爾教授的看法，分工是以現成的形態，由資本家的萬能頭腦飛出來的，因此必須有「種種工資」報酬他。實際上，分工程度的大小，非取決於資本家天才的大小，乃取決於資本家錢袋的大小。

[53] 像配第、《東印度貿易的利益》匿名作者等等較早的作家，還比亞當·史密斯更透澈精闢地指出了製造業分工的資本主義性質。

[54] 有少數十八世紀的作家，在近世學者中，形成一個例外。例如貝卡利亞（Beccaria）與哈里斯（James Harris）。他們在分工問題上，和古代人的見

商品會製造得更精良，人類的不同性向和才賦，會選擇適宜的場域[55]；沒有限制，任何重要的事都是做不成功的[56]。所以，生產物與生產者，皆會藉由分工而改良。他們雖偶爾提到生產物量的成長，他們也只藉以說明使用價值更大的充盈。他們從不提及交換價值、或從不提及商品日漸便宜。這種只從使用價值出發的立場，是柏拉圖（Plato）[57]（他認為分

解相同。貝卡利亞說：「依各人的經驗，我們知道，一個人如果不斷把他的手和精神，應用在同種工作和生產物上，他一定能比那種必須為自己生產各種物品的人，得到較容易、良好與高品質的結果。但人類，就因此為全體的利益和個人自己的利益，被分成不同的階級和狀況了。」（貝卡利亞《公共經濟要論》，庫斯多第，近世篇，第 XI 卷，第 28 頁。）哈里斯（後來的馬梅斯伯里伯爵，曾任駐聖彼得堡大使，以《出使日記錄》聞名於世，所著《幸福問答》1741 年出版於倫敦，此書收印在《三論》中，第 3 版出版於 1772 年，倫敦）也說：「以分工為基礎的社會，是自然的。我的論證是從柏拉圖《共和國》第 1 篇採取的。」

[55] 參看荷馬史詩《奧德賽》，第 14 章，第 228 節：「不同的人，樂於從事不同的工作。」又，阿基羅卡斯（Archilochus）在《塞克斯圖斯・恩比利古斯》中，也說：「各人高興做各人自己的事。」

[56] 「他能做許多種工作，但沒有一種工作做得好。」——雅典人認為他們自己，是比斯巴達人更優的商品生產者，因為斯巴達人在戰爭時能夠支配人，但不能支配錢。依照修昔底德（Thucydides）的記載，伯里克利（Perikles）在伯羅奔尼撒戰爭中會鼓舞雅典人說：「為自給而生產的人，寧可用自己的生命，而不用錢來戰爭。」（《修昔底德史書》，第 1 部，第 141 章。）不過，就在物質生產上，雅典人也還以「自給」為理想，而反對分工。「蓋因分工僅保證幸福，自給猶可保證獨立。」但在此我們必須記著，甚至在 30 僭主沒落的時代，雅典沒有土地財產的人還不到 5,000 人。

[57] 柏拉圖是從這個事實，說明社會內部的分工。即個人的欲望是複雜的。個人的才能卻限於單方面。他的主要論點是，應由工人適應工作，不應由工作適應工人。在工人同時做幾種手藝，或有別種手藝作為副業時，工作適應

工是社會劃分階級的基礎）和色諾芬（Xenophon）[58]（他以其有產階級的特殊本能，較接近工作場所內的分工）所採納。柏拉圖的共和國，認爲

工人的情形就是不可免的。「勞動不能等勞動者有閒暇的時候做；勞動者必須聚精會神去做他所做的事情，不能把勞動看得隨隨便便的。——這是必要的。——因此我們說，各種東西，如果由天性適於生產這種東西的人，在適當的時間專心致志去生產，它們的生產將更豐饒、更精美，又更容易。」（柏拉圖《共和國》，第 1 篇。）——修昔底德（在前書第 142 章）也說：「航海術，像別的熟練手藝一樣是一種技術，不能當作副業來做。別種手藝，也不能當作航海業的副業來做。」柏拉圖說，如果工作必須等待勞動者，則適當的生產時機將會錯過，製品將受損害。柏拉圖的這個觀念，在英國漂白業者反對《工廠法》規定一切工人必須在同時午餐時，再度出現了。漂白業者說，他們的職業不能遷就勞動者的方便，因爲：「假設在乾燥、洗濯、漂白、壓平、矸光、染色等種種工作上，必須定時停止，那不免有損害製品的危險。……勵行一切工人在同時午餐的規定，那不免有時會使貴重的財物，因工作不完全而受損害。」不知柏拉圖主義下一次又在什麼地方再起？

[58] 色諾芬告訴我們，從波斯國王食桌上受食物，不僅是一種榮譽；那種食物，實際也比別的食物更可口。「這是不足怪的，因爲一切手藝都是在大都市中最爲完善；獻於王桌的食物，當然是依精美方法烹調的。若在小市上，那麼這種工人就還得製造床、門、犁和桌子，甚至要造房子；並且哪怕這樣，他們還是不容易找到充分的主顧來維持生活。當然，像這樣做多種職業的人，是不能精通一種職業的。但在大都市上，每一種職業都有許多的需求。一個人只要從事一種手工業，就可以謀生了，甚至不必做一種手工業的全部。甲專做男鞋，乙可以專做女鞋。有時候，甲可以僅把鞋釘好，乙接著把它切好，丙把鞋面做好，而由丁把各部分合起來。這樣只做一種專門工作的人，當然能夠把工作做得更好。烹調的工作，也是這樣的。」（色諾芬《居魯士的教育》，第 8 部，第 2 章。）色諾芬在此只注意使用價值的品質，但他已知分工程度取決於市場範圍。

分工是國家的組成原理,但就這點來說,他的見解不過是埃及種姓階級制度在雅典的理想化。埃及在柏拉圖那時候,被當時人認爲是工業國的模範。伊索克拉底(Isokrates)便是一例[59]。羅馬帝國時期的希臘人,也還不脫這種見解[60]。

在眞正的製造業時代——那時製造業爲資本主義生產方式的支配形態——有多方面的障礙,使它所特有的傾向不能充分發展。製造業雖創造了勞動者的等級編制,同時單純地把勞動者分爲熟練勞動者和非熟練勞動者,但仍因熟練勞動者有壓倒性勢力,以致非熟練勞動者的人數極爲有限。又,製造業雖曾以其細部操作,適合於其活勞動工具的不同年齡、力氣,與熟練程度,從而有助於對婦女和兒童施以生產的剝削,但這個趨勢,大致上仍爲習慣及成年男工的反抗所阻礙。又,手工業的分解,雖降低了勞動者的育成費用,從而降低了他的價值,但較難的細部工作仍須較長的學徒訓練,甚至在學徒期已不必要時,工人們仍不忍地堅持維持。例如在英格蘭,我們就發現,定見習期爲7年的《學徒法》,在製造業末期依然有效,其覆滅須待現代工業已經興起之後。又因手工技巧依然是製造業的基礎、因整體製造業的機制,在勞動者自身之外,沒有任何客觀的框架,所以資本仍被迫不斷與勞動者的不服從性相搏鬥。所以,我們的朋友烏爾曾大聲說:「因有人性的弱點,所以勞動者愈是熟練,他就愈是任性及愈不易順從,且當然愈不宜於充作機

---

[59]「他(布西里斯)將他們一切人分成特殊的世襲階級……這樣吩咐他們,一個人應常常做一種職業。他知道常常改變職業的人,是什麼職業也做不精的,反之,常常做一種職業的人,卻能把這種職業做得好。事實上我們也發現,在技術和職業方面,他們勝過他們的競爭者,像巧手勝過拙工一樣。他維持君王制度和其他各種國家制度的方法是如此巧妙,所以,論究這個問題的最有名的哲學家,皆稱埃及的制度,優於其他各國。」(伊索克拉底《布西里斯》,第8章。)

[60] 參看狄奧多羅斯的著作。

械系統的構成部分。他會大大地損害全體[61]。」也就因此，在整個製造業時期都可聽到勞動者守紀不足的怨聲[62]。即使沒有當時作家的證詞，這樣簡單的事實——自十六世紀至現代工業時代，資本尚不能主宰製造業勞動者全部可支配的工作時間，各種製造業都是短命的，往往因勞動者的移出或移入，便須由該國遷至他國——已可為充分的佐證。在1770年，那位屢次被我們引用的《工商業論》的作者，曾嘆說：「無論如何，必須把秩序建立起來。」66年後安德魯‧烏爾博士也說，以「分工的學院派教條」為基礎的製造業，還缺乏「秩序」。「阿克萊特（Arkwright）創立了這種秩序。」

製造業既不能侵占社會生產的全部範圍，也不能使社會的生產，從其核心處產生革命。作為一種藝術的經濟作品，製造業聳立在都市手工業和農村家庭工業（Ländlich häuslichen Industrie）的廣大基礎上。製造業的狹隘的技術基礎，在發展到一定的階段，便會和它自身所創造的生產要求相矛盾。

製造業最完善的產物之一，是生產工具（尤其是當時已經使用的複雜的機械裝置）的工作場所。烏爾曾說：「一個機械工場，會展示多樣等級的分工。銼刀、錐子、車床，各有各的工人，並依熟練程度一級一級地妥為編制。」但製造業分工所得的這個產物，工作場所，又生產了機械（Machinen）。即賴機械之力，手工業者的工作，才不復為社會生產的規範原則。於是，一方面，勞動者終生附著一項細部機能的技術根據，被移除了；另一方面，這個原則對於資本支配權所加的束縛，也隕落了。

---

[61] 烏爾，前書第20頁。

[62] 本文所說的話，用在英國比用在法國妥當；用在法國，比用在荷蘭妥當。

第十三章

機械與現代工業

I　機械的發展

　　約翰・彌爾在其所著《經濟學原理》中，曾說：「一切已有的機械發明，曾否減輕任何人日常的勞苦，是有疑問的[1]。」但資本主義使用機械的目的，絕不在此。機械，像其他每種增加勞動生產力一樣，其目的僅在使商品便宜，縮短勞動者為自己工作的工作日部分，從而延長工作日的另一部分，那是他毫無代價給予資本家的。總之，機械是生產剩餘價值的手段。

　　生產方式的革命，在製造業，是以勞動力為起點；在現代工業，是以勞動設備為起點。所以我們首要研究的是：勞動設備如何由工具（werkzeug）轉為機械（Maschine）？或機械與手工業工具有何種差別？在此，我們只要關注顯著及普遍特徵就行了。因為，地質學上的時代，不能劃分嚴格的界限；社會史上的時代，也是這樣。

　　數學家和機械學家，皆認為工具是單純的機械，機械是複雜的工具。少數英國的經濟學者也有時複述他們這種見解。他們在兩者間不能發現本質上的區別；槓桿、斜面、螺旋、楔等等那樣單純的手工力，也被他們稱為機械[2]。的確，無論機械怎樣改裝或結合，它仍舊是由這諸種單純機械力合成的。但從經濟學的觀點來說，這樣的解釋卻沒有用處，因為缺少歷史的要素。但在另一方面，又有人以為工具與機械的區別在於這一點：工具以人為動力，機械以獸、水、風及種種有別於人力為動力[3]。果真如此，則用牛拉的犁（那是各不同時代共通的設計）是機

---

[1] 彌爾應說：「曾否減輕任何自食其力的人的日常勞苦。」因為，無疑的，機械會大大增加養尊處優者的人數。

[2] 例如赫頓（Hutton）的《數學教程》。

[3] 「由這個觀點，我們很容易在工具和機械之間，劃出一個嚴格的界限來。鋤、鎚、鑿等等，無論怎樣精巧複雜，它們總是以人為動力的。槓桿裝置、螺旋裝置，……這些統稱為工具；但由動物力拉動的犁、由風推動的磨等等，則

械；由一個單獨勞動者操作的克勞森式的圓形織機（Claussens Circular Loom，一分鐘可以織 96,000 個眼），僅是工具了。並且，同一織機，用手推轉時是工具，用蒸汽推轉時是機械。且獸力的使用，原為人類最古老的發明之一。這樣的話，我們就可以說，機械生產是在手工生產之前了。但 1735 年，懷亞特（John Wyatt）宣布其紡織機械的發明，而開啟十八世紀的產業革命時，他並不曾提到這種機械將不由人推動，而由驢推動。這種工作後來是由驢擔任的，但依他自己的描述書，這個機械卻只是一個「不用手指紡織」的機械[4]。

一切全面發展的機械，都由三個在本質上不同的部分——發動機制、傳動機制與工具機（即工作機）——構成。發動機制是整體的動

屬於機械的範圍。」〔舒爾茨（Wilhelm Schulz）《生產的運動》，蘇黎世，1843 年，第 38 頁。這是一本多方面被稱讚的書。〕

[4] 在懷亞特時代以前，已有人使用極不完善的預紡機械。這或許以義大利為最早。一部批判的工藝史，將可說明，十八世紀的各種發明很少是任一個人的功績。但這樣一部書，一直到現在，還是沒有出世。達爾文使我們注意自然的工藝史，也就是注意動植物的器官，作為生產工具（為動植物自身生活而用的生產工具）是怎樣形成的。社會人的生產器官（那是各種特殊社會組織的物質基礎）的形成史，不是同樣值得注意嗎？誠如韋柯（Vico）所說，人類史與自然史的區別點，在於前者為我們自己所造成，後者非我們自己所造成。但不就因為這樣，人類工藝史要比自然工藝史更容易寫嗎？工藝（Technologic）這件東西，可以啟示人類對於自然之能動的關係，啟示人類生活之直接的生產過程。從而，啟示人類的社會的生活關係，及以此為基礎的精神的概念。若把這個物質基礎捨去，宗教史也將成為非批判的。當然，依分析以發現宗教幻想的現世的核心，是件更容易得多的工作；而由現實生活關係展開它的天國化的形態，卻是件難得多的工作。但後者是唯一的唯物論的方法，從而是唯一科學的方法。抽象的自然科學的唯物論之缺點，是排斥歷史過程。要知道這一點，請注意，這種唯物論的發言人，一離開他們的專門領域，便會發出種種抽象的觀念學的概念。

力。它或者像蒸汽機、熱氣機、電磁機等等一樣發出它自己的動力；或者像水車（利用水流的力）、風磨（利用風力）等等一樣，接受某些現存自然力的衝力。傳動機制以飛輪、動軸、齒輪、滑輪、帶環、繩、調帶、小齒輪，以及種類變化多端的齒輪來調節移動，並在必要時，改變移動的形態（例如由直線移動變為圓形移動），並將其分配傳送到工具機上。所以，這前兩部分，專為推動工作機，從而使勞動對象得以被捕捉，及依意願修正。第三部分為工具機或工作機（Werkzeugmaschine, Arbeitsmaschine）。十八世紀的產業革命，實以機械的這一部分為出發點。直到現今，當手工業運轉或製造業運轉，轉為由機械運轉的工業時，依然以這一部分為出發點。

試著更精細地檢驗真正的工作機一下，就知道，手工業者及製造業勞動者工作時所使用的設備和工具，毫無疑問都常以大大變化了的形態再現，成為普遍規律。差別在於從前它是人的工具，現在它是一個機制的工具，換言之，是機械的工具了。整個機械，或者像機械織機一樣[5]，僅是舊手工業工具的多少變裝機械版；或者像紡織機內的紡錘、織機內的織針、鋸機內的鋸、斫機內的刀一樣裝置在機械骨架內的工作零件，全是熟悉的。這種工具與工作機本身的區別，可由其出生地來辨別。此等工具，大多數依然由手工業或製造業生產，後來才裝到由機械生產的機械體內[6]。所以機械本身是一個機制，它被推動之後，便使用它的工具，和以前使用同種工具的勞動者，執行同樣的操作。就這點來說，發動力無論是由人產生，或是由一些機械產生，都沒差。自真正的工具從

---

[5] 在機械織機的原本形態上，一看就可以看到舊手工織機的樣子。但在機械織機新近的形態，本質上已變化了。

[6] 約在 1850 年之後，有愈來愈多工作機的工具，在英國改用機器製造，而不由建造機械的製造業者製造。造機械工具的機械，舉例來說，是自動捲紗軸的製造機械、梳毛刷的裝置機械、梭的製造機械、走錠精紡機紡錘和塞洛紡錘的製造機械。

人那裡移到一個機制上來後，機械便代替了單純的工具。即在還是用人自己為主要動力的情況，兩者的差別仍可一望而知。勞動者能同時使用的工具數，要受其天賦生產工具（也就是他自己的身體器官）的限制。在德意志，最初曾有人試驗要使紡織工人踏兩架紡車，也就是同時使用雙手和雙腳。但這種工作太吃力了。後來確曾有人發明有兩個紡錘的腳踏紡車，但要找一個能夠同時紡兩根紗的紡織工人，並不比找一個雙頭人容易。反之，珍妮紡織機（Spinning Jenny）卻自始就能用 12 至 18 個紡錘；織襪機同時可用幾千枚織針。機械所同時運轉的工具數，自始就不像手工業者的工具那樣，受生理器官的限制。

作為動力的人和作為工作者或所謂操作員的人之差別，在許多手工工具上，也明顯地存在著。例如，紡織者的腳只是紡車的主要動力，而操縱紡錘、引紗及撚紗的手，則執行真正的紡織操作。產業革命，最先是襲擊手工具的後一部分。它除使勞動者以眼照顧機械、以手糾正機械的錯誤這新的勞動外，仍使他們充作移動力的純機械零件。反之，推轉磨坊曲柄[7]、抽動唧筒、拉風箱、用擂缽擂粉等等原本只以人類為動力的行為，很早就運用動物、水、風[8] 等等充作動力了。這種種工具，在製造業時代以前許久，且在該時代期間曾某種程度上已經到處讓與機械，只不過不曾在生產方式上引起任何革命罷了。在現代工業時期這種種工

---

[7] 埃及的摩西說：「你不應該把打稻的牛的嘴套住。」但當德意志基督教的慈善家，用農奴來推磨時，卻在農奴頸上加一塊大木板，叫他不能伸手把麥粉放到嘴裡。

[8] 一部分因為缺少向下流的活水，一部分因為要與洪水奮鬥，所以荷蘭人不得不使用風作為原動力。風磨是他們從德國弄來的。在德國，風磨的發明，曾在貴族、牧師和皇帝之間，引起一種有趣的爭論：風是誰所有的。在德國，空氣造成束縛；在荷蘭，風卻吹來了自由。在荷蘭，占有風的不是荷蘭人，卻是荷蘭人的土地。1836 年荷蘭，仍有 6,000 馬力的 12,000 個風磨，被利用來使全國 2/3 的土地，得免再轉化為池沼。

具，即使以手工工具形態出現已經明顯是機械了。例如，1836至1837年，荷蘭人用來抽乾哈林湖水的唧筒，就是依照普通唧筒原理建造的。其間唯一的差別：其活塞不由人力而由大蒸汽機推動。又，英國鐵匠普遍使用的極不完善的風箱，也只要把風箱臂和蒸汽機連起來，就偶然轉爲機械的風箱。蒸汽機是十七世紀末葉製造業時代發明的，但持續至1780[9]，還不曾引起產業革命。反之，機械的發明，卻使蒸汽機有革命的必要。當人不以工具施於勞動對象，而僅當作工具機械的動力時，以人類肌肉爲動力的事實，純然是偶然的，很容易用風、水或蒸汽來代替。這種替代，當然並不妨礙原本打算以人爲動力而建造的機制帶來顯著的技術上的改變。例如在今日，像縫紉機、製麵包機等必須找尋出路的一切機械（除只供小規模應用者外），就全是依既宜以人力、也宜以純機械力驅動來建造。

　　作爲產業革命起點的機械，是用一個機制，取代只處理單一工具的勞動者，這種機制，有許多同種的或類似的工具一起操作，而爲單一任何形態下的動力所驅動[10]。在此，我們有了機械，但那還只是機械生產的初步因子。

　　機械尺寸的擴大，與其作用工具數的增加，使較大的發動機制成爲必要。這個機制要克服它的阻力，必須使用比人力更強的動力。更不用說作爲生產工具的人，還不擅長產生劃一且持續的移動。在他只充當單純的動力時，他的工具爲機械所代替了，自然力很明顯能代替他。在一切從製造業時代留傳下來的大動力中，馬力是最劣的了；一部分是因爲馬有自己的頭腦，一部分還因爲它昂貴，而可在工廠使用的範圍又非

---

[9] 瓦特第一種蒸汽機（即所謂單動引擎）的發明，已經把它大大改良了；但在這個形態上，它依然是水和鹽泉的汲水機械。

[10] 「把這種種單純工具結合起來，爲一個發動機推動，那便成了機械。」（巴貝奇《機械經濟論》。）

常有限[11]。但在現代工業的童年期，馬是用得很廣的。當時農耕者的怨言，可為一證；直到今日仍沿用馬力表示機械力的用語，也可為一證。風是不定的，並且是不能控制的。在英國（現代工業的發祥地），製造業時期已經廣泛應用水力了。早在十七世紀，就有人用單一水車，推動兩個上磨和兩個下磨。但齒輪尺寸擴大之後，一向使用的水力就嫌太小了。這件事情，使人們對於摩擦律（Reibungsgesetz）進行更精準的調研。同樣，因研磨機由槓桿推及拉而運轉時，其動力作用不甚規則，遂又引出了飛輪的學理和應用[12]。這個學理後來在現代工業上所扮演的角色是極重要的。現代工業的第一科學要素和技術要素，就這樣在製造業時代展開了。阿克萊特發明的塞洛紡織機（throstle spinning mill），最初還是用水推動的。但以水力為主要動力，有種種困難：(1) 不能隨意

---

[11] 1861 年 1 月莫爾頓（John C. Morton）在技術協會宣讀一篇論文《農業使用的動力》。其中有一段說：「每一種使土地劃一性增進的改良，都使蒸汽機更能用來生產純粹的機械力。……當有曲折的籬垣或其他障礙物防止劃一的動力時，馬力是必要的。這種障礙，現在一天一天被掃除了。但對於各種更需要意志而更不需要現實的力的工作，是只有一種力可以使用的，那就是在每一瞬間都能由人意支配的力。坦白說便是人的力。」莫爾頓曾將蒸汽力、馬和人力，還原為蒸汽機通用的單位（即在一分鐘內，提舉 33,000 磅重量至一尺）。依他計算，由蒸汽機供給一馬力，每小時花費 3 便士，若由馬供給，每小時便須花費 5 便士半。又，一匹馬如果要養得強壯，它每日至多只能使用 8 小時。蒸汽力的使用，使農民在耕田的 7 匹馬中，至少可以省去 3 匹。並且在一年之中，蒸汽機的費用，絕不超過馬在 3 或 4 個月間（被蒸汽機代替的馬，在一年中，也只有 3 或 4 個月實際被人使用）的費用。又，當馬在農業上為蒸汽機所取代時，農產物的品質也會改良。要做一架蒸汽機的工作，必須有 66 個勞動者，每小時共須花費 15 先令，要做一匹馬的工作，必須有 32 個勞動者，每小時共須花費 8 先令。

[12] 福爾哈伯式，1625 年；德・考斯式，1688 年。

增加；(2) 年中有些季節不能運轉；(3) 尤其是全然受地方限制[13]。直到瓦特（Watt）發明第二種或所謂雙動引擎時，才發現一種主要原動機，既可由煤與水的消費造出其動力來，又完全受人支配。這個原動機，是可移動的，同時又是位移的手段；是都市的，不像水車一樣是農村的；其生產可集中在都市，不像水車一樣散布及座落在農村[14]；它在技術上的應用是普遍的，比起來在位址的選擇上，可不受地點條件的影響。瓦特天才的偉大，可見諸於1784年4月他的專利說明書。在這個說明書內，他不把他的蒸汽機，描述為為特殊目的的發明；他把它視為機械工業可以普遍應用的動因。他在說明書中指出的應用，有許多（例如汽鎚）直到半世紀後才被人採用。但蒸汽機能不能在航海上應用，他不敢斷言。他的後繼者波爾頓（Boulton）與瓦特，才於1851年，把海洋汽輪船使用的龐大蒸汽機，送到倫敦工業博覽會去展覽。

自工具由人的手工工具，轉為機械裝置的工具（即機械）以來，動力機制也就取得一個獨立、完全不受人力限制的形態了。我們以上所述的個別的機械，也就降為機械生產的一個因子了。現在一個發動力機制，可以同時驅動許多機械。同時運轉的機械數增加了，動力機制也隨之成長，傳動機制也就擴大為廣泛的裝置了。

眾多同種機械間的合作與機械綜合體系（Maschinensystem），在此是應該加以區別的。

---

[13] 近代渦輪機（Turbine）的發現，為產業上的水力利用掃除許多限制。

[14] 「在織物製造業初期，工廠所在地取決於河流的有無。工廠所在的地方，必須有充分的向下流的水，來推動水車。水磨的採用，雖為家庭工業制度破壞的開端，但水磨只能在有水流的地方設立，一個水磨往往和另一個水磨的距離甚遠，所以與其說是都會組織的一部分，毋寧說是農村組織的一部分。直到水力為蒸汽力所代替時，工廠才彙集在都市上，彙集在有充分煤炭和水（那是生產蒸汽所必需的）的地方。蒸汽機是工業都市之母。」（雷德格雷夫在《工廠監督專員半年報告。1866年4月30日》的話，第36頁。）

先說同種機械間的合作。在此情況，製品是全部由同一機械製成的。機械所做的不同操作，先前，是一個手工業者使用其工具（例如織者使用織機），或由若干手工業者以獨立者的資格或以製造業系統成員的資格，相繼製成[15]。例如近代的信封製造業。它用一個工人以摺紙刀將紙摺好，用第二個工人塗樹膠，第三個工人將邊摺回來，預備印上圖樣，第四個工人把圖樣壓上等等。一個信封每通過一次操作，即須轉手。現在，這種種操作同時由一個信封製造機執行，可以在一小時內，製成 3,000 個以上的信封了。1862 年倫敦工業博覽會，有一種紙袋製造機，是美國出品，它可在一分鐘內裁紙、塗漿糊、摺好製成紙袋 300 個。在製造業內分割開來依序執行的整個過程，由一個結合不同工具的單一機械完成了。這種機械，不論是一個複合手工具的再生，或者是種種已在製造業上專門化的單純工具之結合，我們都在工廠（即單由機械操作的工作場所）內再度發現了單純的合作。暫把勞動者撇開不說，這種合作，乃是若干同種又同時共同運作的機械，在一個空間內的聚集。例如，當眾多機械織機，全在同一建築物內並行運轉時，那便成為一個織布工廠；當眾多縫紉機全在同一個建築物內並行運轉時，那便成為一個縫衣工廠。但整個體系存在著技術上的一致性。一切機械，同時以傳動機制為媒介：經由一個共用動力的脈動，受等同程度的推進力。並且，傳動機制在某種範圍內是共用的，因傳動機制僅以特殊的分枝和各機械連結。像許多工具形成同一機械的零件一樣，眾多同種機械也形成動力機制的零件了。

---

[15] 從製造業分工的立場看，織不是單純的手工勞動，而是複合的手工勞動。同樣，機械織機也是一種做許多種工作的機械。認為製造業分工將諸種工作單純化，近世機械不過將這種工作奪取過來，那應當說是一種完全錯誤的見解。在製造業時代，紡和織分成了許多新種，把它們使用的工具修正改良了，但勞動過程本身並未分割開來，依然保持手工業的性質。機械的出發點，不是勞動，只是勞動設備。

勞動對象，有時必須通過一系列相關的細部過程，而由一連串不同但互補的機械來進行。必須在這個地方，真正的機械體系，才會代替這些獨立的機械。在此，我們又有了以分工爲特徵的製造業的合作了。但這種合作，現今是表現爲細部機械的結合。例如羊毛製造業不同部分勞動者（鎚者、梳者、剪者、紡織者等等）的特殊工具，現在都轉爲專業機械的工具，此等機械，各在結合的工具機制（Werkzeugmechanismus）的體系中，成爲特殊的零件，執行特殊的一種機能。在最先採用機械體系的各產業部門，製造業已經把生產過程的劃分和組織的原始基礎預備好了 16。不過這當中仍有一個根本的差別。在製造業內，每一特殊細部過程，都由使用其手工具的一個一個或一組一組的勞動者執行。勞動者固須配合過程，但過程也須預先安排好，使其適於勞動者。這個主觀的分工原則，不復存在於機械生產。在機械生產上，整個過程是客觀地在其自體上分解爲各構成階段；如何執行各細部過程、如何結合各細部過程於一體的問題，概由機械、化學等等的協助而解決了，而無須考慮由

---

16 在大規模工業時代之前，毛織物製造業是英國的支配性的製造業。所以十八世紀前半期的實驗，也大多數是在這個部門進行的。由此得到的經驗，後來轉用到棉織物製造業上來。棉織品的機械加工，比起羊毛織品的機械加工，本來不需要那麼麻煩的準備。但在更後期，情形顛倒了過來。羊毛的機械工業以機械棉紡織業和棉織業爲基礎而發展。直到最近 10 年間，毛織物製造業的各個要素（例如梳毛），才爲工廠制度所合併。「梳羊毛的過程應用了機械力。而自精梳機、尤其是李斯特式精梳機被採用以來，機械力的應用又推廣了。這個事實，無疑引發了以下的結果：有許多工人因此失業。以前羊毛大多數是在梳毛業者住的小屋內用手梳的，現在普遍是在工廠內梳，除少數種寧用手梳的勞動以外，手工勞動被淘汰了。多數手工梳毛業者在工廠內找到職業，但因手工梳毛業者的生產額，與機械的生產額相比，相差得太遠，所以失業的手工梳毛業者有大量人數消亡。」（《工廠監督專員半年報告。1856 年 10 月 31 日》，第 16 頁。）

人手來執行的問題[17]。當然，在這情況，理論也是要由大規模累積的實際經驗來完善的。每一細部機械，是依次供給下一細部機械原料的；但各細部機械既然同時運轉，故生產物常通過形成過程的不同階段，並不斷處於由一階段到另一階段的過渡中。正如在製造業上，部分勞動者間的直接合作，會在各組與各組之間建立一定的比例數；同樣的，在有組織的機械體系中，各細部機械不斷互相推動的結果，也會在各細部機械的數目、大小和速率上，確立一固定的關係。集體的機械，現在成了一個有組織的體系，而由一個個不同類的及一組組的單一機械所編成了。整個過程愈是成為連續的，也就是原料由最初階段至最後階段的推移愈是不中斷，換言之，其推移愈是不憑人手而憑機械本身，該集體機械便愈是近於完善。在製造業，各細部過程的孤立，乃是分工本質所規定的條件；相反的在充分發展的工廠，細部過程的連續性是強制性的。

　　機械體系，有的如織布業，只以若干同種機械的合作為基礎；有的如紡織業，是以不同種機械的結合為基礎；但無論如何，只要是由自動的發動機推動，那便自我形成一個大自動裝置了（Automaten）。但是，就算整個工廠是由蒸汽機推動，但，要不某些個別機械仍會在某種移動上需要勞動者。例如，在走錠精紡機（selfacting mule）發明以前，就須有勞動者將未錠台架插入；今日，在精工紡織上依然是這樣。要不，為要讓一種機械運行，其某部分像工具一樣，必須由勞動者操縱。例如在機械的建造上，當名叫滑台（Slide rest）的回轉裝置，未轉為自動運轉（Selfactor）以前，就是如此。但自從機械不用人力的幫助，已可進行原料加工所必要的一切運轉，從而只須有人在旁邊照料以來，我們就有了自動的機械體系了。惟此自動機械體系，仍須不斷在微細之處改良。例如紗斷時，紡織機自動停止的裝置，又如梭軸緯線用完時，蒸

---

[17]「工廠制度的原則，是以過程分為根本的要素，而以這種分割，代替勞動在手工業者間的分割或分級。」（烏爾《製造業哲學》，第 20 頁。）

汽織機自動停止的自動開關。那完全是近代的發明。在此，近代的造紙工廠，可以用來說明生產的連續性和自動原理的應用。在造紙業，我們不僅可利於仔細研究以不同生產資料為基礎的生產方式間的差別，而且可以研究社會生產條件對這各種生產方式的連繫。因為德國往日的造紙法，是手工業生產的樣本；十七世紀荷蘭的造紙法和十八世紀法國的造紙法，是嚴格意義上的製造業生產的樣本；近代英國的造紙法，則是自動造紙的樣本；此外在中國和印度，我們又可在造紙業上，發現兩種不同的古代亞洲形態。

以傳動機制為媒介而由中央自動化推動有組織的機械體系，是以機械生產最發達的形態。在那裡，有一個機械怪物代替孤立的機械。這個怪物的軀體，充滿整個工廠，它巨大的肢幹有規則及慢慢轉動，以致乍看似乎看不見它的魔力，但這種魔力終於爆發，使無數真正的工作，產生了快且狂熱的旋轉。

在還沒有一個勞動者專門製造走錠精紡機和蒸汽機以前，就已有走錠精紡機和蒸汽機了。這就好像，還沒有裁縫師以前，人類已經穿著衣服了。沃康松（Vaucanson）、阿克萊特、瓦特等人的發明之所以可行，只因在他們面前已有許多現成的熟練的機械工人，那是製造業時代讓他們支配的。這種工人，有一部分，是從事不同行業的獨立的手工業者；有一部分，已於上述，集合在嚴格實行分工的製造業內。發明增加了，新發明機械的需求擴大了，機械建造業日益分裂成眾多獨立的部門；同時，建造機械的製造業內部，也日益實行分工。於此，我們在製造業中，看見了現代工業的直接的技術基礎。現代工業有賴機械，始能在若干生產領域，將手工業和製造業廢棄，但生產這種機械的卻正是製造業。所以，工廠系統乃是在與本身不適合的物質基礎上，自然發生的。但工廠系統取得一定的發展程度，必定會顛覆這個現成、但沿著舊形態精心設計的基礎，並建造一個更適合自身生產方法的新的基礎。單個的機械，在尚由人力獨自推動時，仍保留微小特性；在蒸汽機尚不能代替動物、風、甚至水等種種早期的動力以前，機械體系是不能適當發

展的；同樣的，在現代工業引爲特徵的生產資料（機械），尙以個人體力和個人技巧爲基礎，從而其存在仍依賴肌肉的發達、視力的敏銳、手的靈巧（製造業的部分勞動者與手工業的手工工人，就以這些來操縱他們的微小工具）時，現代工業也不能有完全的發展。這樣造出的機械，必然是極貴的（這件事作爲意識的動機，支配著資本）。且不說這些，我們也須知道，由機械手段運行的產業的擴大及新生產部門的機械的入侵，是以一類勞動者——這一類勞動者的職業帶有藝術的性質，其人數的增加不能急，只可緩——的增長爲條件的。不過，現代工業在一定的發展階段上，自會在技術上，和它的手工業基礎、製造業基礎不匹配。發動機、傳動機制、機械本身的尺寸愈是擴大，機械的細部愈是和手工勞動的原型（機械的建造本來是受這種原型支配的）分離，愈是依照機械運轉的條件，取得自由的形態[18]，則上述諸機械的構成部分，也愈是複雜、多樣及規律。於此，自動體系完善了，同時必須使用較難處理（例如鐵比木更難處理）的材料了。但一切這種由環境勢力引起的問題的解決，仍處處遇到人爲限制。甚至在製造業上的集體勞動者，只能一定程度地把這種限制打破。例如近代液壓機、近代蒸汽織機、近代梳理機，就都不能由製造業提供。

　　一個產業範圍內生產方式的劇變，喚起別的產業範圍內生產方式的同樣改變。這首先發生在因社會分工的隔離而各自生產獨立的商品，

---

[18] 機械織機，在其最初形態，主要是用木頭製成的，但改良的近代機械織機，是用鐵製成的。在初期，生產資料的舊形態還支配著它的新形態。要知道這一點，只須表面地比較一下近代蒸汽織機和舊式蒸汽織機、比較一下熔礦爐近代的鼓風爐和當初模仿普通風箱複製的機械風箱。但最足以說明這一點的，也許是火車頭的發展。發明火車頭的最初嘗試，是在機械裡面安裝兩隻腳，像馬腳一樣替換著踏在地上。機械學長足進步、實際經驗積累多了之後，機械的形態才充分依機械的原理決定。必須如此，機械的形態才能把工具——蛹化爲機械的工具——的原型完全擺脫。

但又作為總過程的分割階段而互相連繫的各產業部門。所以，機械紡織業，使機械織布業成為必要；兩者合起來，又使漂白業、印花業、染色業，有產生機械及化學革命的必要。同樣的，棉花紡織上的革命，又喚起軋棉機（使棉纖維與棉籽分離）的發明；唯有發明軋棉機，才使依目前所要求的龐大規模生產棉花成為可能[19]。尤為特別的是，工業和農業生產方式的革命，又使社會生產過程的普遍條件，有發生革命的必要，也就是使交通及運輸手段有發生革命的必要。那以小農業及輔助性家庭工業為樞紐，及以都市手工業為樞紐的社會（傅立葉的用語），其交通及運輸手段，絕不夠滿足製造業時代的生產需要。在製造業時代，社會分工的擴大、勞動工具與勞動者的集中、殖民地市場的擴張，已經使交通運輸手段，在事實上產生革命了。製造業時代傳下來的交通運輸手段，對於現代工業旋即成為不能忍耐的桎梏。因為現代工業有狂熱的生產急速性、龐大的生產規模、資本與勞動由一生產部門到另一生產部門的不斷移轉、與世界市場新創造的連繫。所以，暫不說航行船隻建造上的急劇性變化，我們也發覺，交通及運輸手段藉由川河輪船、鐵路、海洋輪船、電報的系統創造，而漸漸適應機械工業的生產方式了。但鍛煉、熔接、截斷、穿鑿、熔塑極大量鐵所要求的各種巨型機械，不是製造業的機械建造方法所能建造的。

所以，現代工業必須掌握它最特別的生產資料，即機械；且必須以機械生產機械。這樣它才有適當的技術基礎，有它自身的立足點。十九世紀最初 10 年，增長使用機械的結果，使機械在事實上漸次占用機械的裝配了。但到最近 10 年間，大規模鐵路的鋪設和海洋輪船的建造，才喚起巨型機械，被用在發動機的建造上。

---

[19] 直到最近，在十八世紀發明的各種機械中，以惠特尼的軋棉機，最少有本質上的變化。在過去 10 年間（即 1867 年前的 10 年間），才有紐約州奧巴尼的愛墨瑞先生（Emery），用一種單純有效的改良，使惠特尼的軋棉機變得過時。

以機械建造機械的最必要條件是：有一種發動機可供給動力至任何程度，同時又完全受控制。這個條件，蒸汽機已經具備了。但各機械細部所要求的幾何精準形狀（例如直線、平面、圓、圓筒、圓錐、球體）也須用機械來生產。這個問題，在十九世紀最初 10 年間，是由亨利·莫茲利（Henry Maudsley）以滑台的發明解決了。這種滑台不久就改為自動的。依照原來的計畫，發明人原只要把它用在車床上，但不久就以修正的形態，應用到各種建造機械的機械上面。這種機械裝置所代替的，不是某些特殊的工具，而是人的手。以往必須手持及引導切割器具，沿著鐵或其他物質之上操作。有了這種發明之後，製造機械各部分的形狀，遂成為可能。「這種輕易、準確和速度，雖最熟練的工人也不能由經驗累積而得[20]。」

假設在建造機械的機械中，我們只注意構成操作工具運作那一部分，手工具就以極大的規模再現了。鑿孔機的運作部分，只是蒸汽機所驅動的大錐；然而若沒有這種機械，則大蒸汽引擎與液壓機的汽缸皆不能生產。機械車床，只是普通腳踏車床的大規模再現；龍門刨床也只是一個鐵製的木匠，用普通木匠刨木料的工具，刨在鐵上面。又，倫敦碼頭用來剪切單板的工具，是一把巨型剃刀；剪鐵如剪布一樣的剪機工具，是一把古怪的剪刀。汽鎚，也是用普通的鎚頭工作，但這個鎚頭連雷神也無法拿起來揮擊[21]。這種汽鎚是內史密斯（Nasmyth）發明的。其

---

[20]《國民的工業》（倫敦，1855 年，第 2 篇，第 239 頁）。該書還有一段話：「這種車床附屬器具是單純的，表面上是不重要的。但我相信，就算說這種附屬器具在機械改良和推廣上的影響，不下於瓦特蒸汽機的改良，也不為過。這種附屬器具的採用，立即使機械完整、使機械便宜，並刺激出新的發明和改良。」

[21] 在倫敦被用來製造槳輪軸（Paddle-Wheel shaft）的這個機械，實際是叫做雷神（Thor）。這個機械可以製造 16 又 1/2 噸重的輪軸，其製造還像鍛冶工人製造蹄鐵一樣容易。

重量達6噸,而由7尺的垂直距離,從上擊下,打在36噸重的鐵砧上。這種汽鎚可以輕易將花崗石擊得粉碎;但它也能以輕輕的拍擊,把鐵釘釘到柔軟的木頭裡去[22]。

勞動設備,以其機械形態用自然力代替人力及用科學之意識的應用代替經驗的例規。在製造業,社會勞動過程的組織,純然是主觀的、是部分勞動者的組合;現代工業在其機械體系中,卻純然是客觀的生產組織體。這個組織體會作為現成的物質的生產條件,使勞動者僅成為附屬物。在單純的合作上,甚至在以分工為基礎的合作上,集體勞動者壓制孤立勞動者的事實,還多少是偶然的;但機械(除以後提到的少數例外之外),就只能以協作的勞動或共同的勞動來操作。所以在後者而言,勞動過程的合作性質,是受勞動工具自身的支配,成為技術上的必要條件了。

II 由機械移轉到生產物的價值

我們講過,由合作及分工而來的生產力,不費資本分毫。那是社會勞動的自然力。像蒸汽和水那樣適用於生產過程的物理力,也是不費資本分毫的。但像人類呼吸必須有肺一樣,他要在生產上消費物理力,必須有「人手的製品」。要利用水的推動力,水車是必要的;要利用蒸汽的伸縮力,蒸汽機是必要的。電流場內磁針的自差法則,或鐵周圍通電流後即行磁化的法則一旦發現,它便無須再花費一分錢[23]。但要在電

---

[22] 小規模用在木頭上加工的機械,大多數是美國人發明的。

[23] 一般來說,科學是不花資本家一分錢的。但這個事實不能阻止資本家利用科學。資本併吞他人的勞動,也併吞「他人」的科學。但無論科學也好、物質財富也好,「資本主義的」占有都和「個人的」占有截然不同。甚至烏爾博士也嘆息著說,他的親愛的、利用機械的製造廠主,對於機械學漠然無知;李比希也舉出許多事,證明英國化學工廠廠主對於化學一點都不懂。

報等各種用途上利用此等法則，卻必須有費用極高及廣泛的裝置。我們以前講過，工具不會被機械淘汰。它將由人四肢操縱的小工具擴大及加乘起來，成為人類創造的機制中的工具。現在，資本不使工人手執工具去勞動，卻使他們用機械（它會操縱它自己的工具）去勞動了。不過，現代工業將巨大物理力和自然科學結合在生產過程中，曾異常提昇勞動的生產力，雖為一目了然的事實，但這生產力的增進，非由勞動支出（Arbeitsaugabe）的增加來購買，這個事實就不那麼明瞭了。機械是不變資本的部分；像別的部分一樣，它不創造新價值，只讓渡自身的價值到由它參與生產的生產物內。在機械已有的價值，從而讓渡價值到生產物去的限度內，它是生產物的價值構成元素。它不是使生產物更便宜，卻是使生產物比例於它的價值而變貴。很明顯，機械與機械體系（這是現代工業特殊的勞動工具），比手工業以及製造業所使用的勞動工具，要在價值上大出太多。

首先，我們必須注意，機械常常以整部參與勞動過程，但僅以些許進入價值衍生過程。機械加入生產物的價值，絕不比它由磨損而平均喪失的價值更大。所以，機械的價值，和它在一既定期間轉移到生產物去的價值，有很大差別。而同一機械在同一勞動過程內使用的期間愈長，其差別也愈大。當然，我們講過，每一種勞動工具，都以整部參與勞動過程，而僅以一小部分（其大小與每日平均的磨損成比例）進入價值衍生過程。但利用量與磨損量間之差，在機械要比在工具更大得多。第一，因為建造機械所用的材料比較耐久；第二，因為機械的應用，受嚴格科學法則的規範，從而其構成部分的耗損及其消耗的材料，都更為節省；第三，因為機械的生產範圍，遠比工具的生產範圍要大得多。若把每日的平均費用（即由每日平均磨損及炭、油等等輔助材料消費所附加在生產物上的價值部分）計算好，機械是和工具一樣，不須有絲毫代價，就像無人類的協力而由大自然提供的動力一樣；機械在生產上的作用範圍，比工具愈大，則機械無須代價的服務，就比工具愈大。人類到現代工業時期，始能大規模利用其過去勞動成果之生產物，使它和自然

力一樣，無須代價地產生作用[24]。

在考量合作和製造業時，我們已經說過，有某種一般的生產因子（例如建築物之類），與孤立勞動者的分散生產資料比較，藉由共同消耗而節省許多；從而，使生產物不那麼昂貴。就機械體系來說，不僅機械架構本身是由許多操作工具共同消耗的；發動機及一部分傳動機制，也是由許多操作機械共同消耗的。

若已知機械的價值和由機械每日轉移到生產物去的價值兩者之差，則後者價值使生產物變貴的程度，最先取決於生產物的尺寸，換言之，取決於生產物的面積。布拉克本的貝恩斯（Baynes），曾在1858年刊行的一篇演講內，提出這樣的計算：「每一實際機械馬力[25]可以推動

---

[24] 李嘉圖有時不注意機械的這個作用，像不注意勞動過程和價值增殖過程的一般區別一樣。但有時，他又太過看重這個作用，結果把從機械移轉到生產物去的價值部分忘記了，甚至把機械和自然力一樣看待。例如他說：「亞當・史密斯並不低視自然要素和機械對於我們的服務，但他很正當地，把此等物所加於商品的價值的性質分別了。……它們是無須代價地做它們的工作，它們所給我們的幫助，不會增加交換價值增加。」（李嘉圖，前書第336、337頁。）——當李嘉圖用這個見解來反對薩伊的見解時，他當然是正確的。依薩伊說，機械也提供創造價值的「服務」，其所創造的價值，即為「利潤」的一部分。

[25] 第三版注。一馬力等於每分鐘33,000呎磅（Foot pound）的力，也就是在一分鐘內將33,000磅重的東西提高至一呎的力，也是在一分鐘內將一磅重的東西提高至33,000呎的力。本文所說的馬力，就是這種馬力。但在普通的用語上（即在本書的引文當中，也有些地方是照普通的用法），有所謂「名目馬力」和「商業馬力」或「指示馬力」的區別。名目馬力或舊馬力，是依照活塞的行程和汽缸的直徑計算的；汽壓和活塞速度是完全不顧的。為實際的目的，我們常說，這個蒸汽機，若用波爾頓和瓦特時代一樣小的汽壓和活塞速度來推動，它有50（比方說）馬力。但自那時代以後，汽壓和活塞速度大大增加了。我們為要測量一個蒸汽機實際供給的機械力，乃在汽缸上裝一

450個自動的走錠精紡機紡錘及其預備裝置，或推動200個塞洛紡錘，或15架40吋織布機及其附設裝置，如引線器、刷漿器等等。」也就是一蒸汽馬力每日的費用及其所推動的機械的磨損，在第一種情況，將分配在450個走錠精紡機紡錘每日的生產物上；在第二種情況，將分配在200個塞洛紡錘每日的生產物上；在第三場種情況，將分配在15架機械織機每日的生產物上。所以，由機械移轉到一磅棉紗或一碼布內的價值，是極小的。上述汽鎚的例子也是這樣。汽鎚一日所鎚的鐵量是驚人的。汽鎚每日的磨損和煤的消耗等等，分配在如此巨量的鐵上，致附在100斤鐵上的價值，是極小的。然而若用此龐大的器具來釘小鐵釘，則所移轉的價值就極大了。

已知機械的工作量能（也就是操作工具的數目，若討論到力，便是其工具的大小），則生產物量取決於機械使用的速度，例如紡錘回轉的速度或鎚一分鐘錘擊的次數。有許多大汽鎚每分鐘鎚70次；萊德（Ryder）以小鐵鎚製造紡錘的專利機械，每分鐘可以鎚700次。

已知機械移轉其價值到生產物去的比率，則所轉移的價值的大小，定於機械自身的總價值[26]，它所包含的勞動愈少，它分到生產物去的價

個指示汽壓的指示器。活塞速度是容易確定的。在計算一個蒸汽機的指示馬力或商業馬力時，汽缸直徑、活塞沖程、活塞速度、汽壓，須同時顧到。由這樣的算式，我們可以準確知道，一個蒸汽機在一分鐘內實際能夠提舉若干倍的33,000呎磅。因此一名目馬力在實際上，或許能供給3指示馬力、4指示馬力，或5指示馬力不等。指示馬力，便是實馬力。此注是為要說明以下各處的引文才加入的。──F. E.

[26] 為資本主義觀念所囚的讀者，在這裡，看見我們不提到機械比例於其資本價值而附加到生產物中去的「利息」，當然會覺得驚訝。但這是很容易認識的，機械像別的不變資本構成部分一樣，不生產新價值、不在「利息」名目下附加新價值。又很明顯，在我們考慮剩餘價值的生產時，我們不能先假定剩餘價值有任何部分在「利息」名目下存在。資本主義的計算方法，一看就

值也愈小。它所釋出的價值愈小，它的生產力便愈大，它的服務便愈與自然力的服務相近。但機械由機械生產的事實，卻會使機械的價值，相較小於機械的範圍及效率。

試以手工業或製造業所生產的商品的價格，來和機械生產的同種商品的價格，比較及分析，我們一般可以得到這樣的結果。就機械生產物來說，以勞動工具為基礎的價值構成部分，相對來說是增加，絕對來說是減少；也就是，這個價值的絕對量將減少，但與生產物（例如一磅棉紗）的總價值比例而言，則將增加[27]。

如果生產機械所費的勞動，與使用該機械所節省的勞動恰好相等，

是不合條理的，與價值形成的法則相矛盾。關於這點，我們將在第三卷加以說明。

[27] 由機械而附加的價值部分，當機械所驅逐的馬或代勞動物，一般只當作動力用，不當作物質代謝機械（Stoffwechselmaschinen）用時，絕對或相對而言都會減少。在此，我可以順帶一提。把動物定義為機械的笛卡兒（Descartes），在這情況，是從製造業時期的觀點來看，是針對中世紀而言的。中世紀把動物視為人的助手。後來馮・哈勒（Von Haller）在其所著《國家科學的復興》中，也是這樣看。但笛卡兒像培根（Bacon）一樣，認為生產形態的變化和人對於自然的實際支配，為思維方法變化的結果。這一點，我們可以拿他的思想方法論來說明。在該書，他說，他導入哲學中去的方法，「可以取得極有用於生活的種種知識。所以，假使學校不教思辯哲學，卻從此等知識找出實際的應用，則在手工業者的職業之外，我們還可由此，對於火、水、空氣、星，及其他各種環繞在我們周圍的物體的力和作用，得到正確的認識。如此，我們將能在適合的地方利用它們，使我們自己成為自然的支配者和擁有者，並促進人類生活的完成。」——諾斯爵士在《貿易論》（1691年）的序言中也說，笛卡兒的方法，應用到經濟學上，使經濟學在貨幣貿易等等問題上，脫離古神話和迷信概念的束縛。但一般來說，英國前期經濟學者，是把培根、霍布斯當作他們的哲學家的。後來，洛克又在英、法、義三國，成了經濟學的「哲學家」。

那很明顯，在這情況，只有勞動的倒置，一個商品生產所必要的勞動總額不減少，勞動生產力也不增加。但生產機械所費的勞動和機械所節省的勞動之差，換言之，機械生產力的程度，非由機械自身的價值與其所代替的工具的價值之差而定。當生產機械所費的勞動，從而，由機械移轉到生產物的那部分價值，比勞動者使用其舊工具所附加的價值更小時，如此所省下的勞動差額總是有利於機械。機械的生產力，乃由機械代替人類勞動力的程度來量度。照貝恩斯先生的計算，由一個蒸汽馬力驅動的 450 個走錠精紡機紡錘及其預備機械，只須兩個操作員從中照顧[28]。每個走錠精紡機紡錘，以一日 10 小時計，可以紡織 13 盎司中號棉紗。如是，兩個半操作員，一個星期可以紡織 365 又 5/8 磅棉紗。為了簡明，把尾數去掉，說是 366 磅吧！這樣 366 磅棉花轉化為棉紗時，僅吸收 150 小時勞動，或 15 個 10 小時的工作日。但若用紡車，假設一個手紡織工人，在 60 小時內生產 13 盎司棉紗，則同量棉花將吸收 27,000 勞動時間，或 2,700 個 10 小時的工作日[29]。在舊手工染色方法即木板印花方法，被機械印花方法所取代的地方，用一架機械、一個成年男工或少年工人，就和以前 200 個成年男工在 1 小時內印成的四色花布相等[30]。在伊萊·惠特尼（Eli Whitney）1793 年發明軋棉機以前，要去掉 1 磅棉花的種子，須耗費一平均工作日。有這種發明之後，一個黑人

---

[28] 依 1863 年 10 月埃森商業評議會年報，1862 年克魯伯鋼廠有 161 個熔礦爐、32 個蒸汽機（在 1800 年，曼徹斯特全市所使用的蒸汽機大約相等）、14 柄汽鎚（合計 1,236 馬力）、49 個鍛冶廠、203 架工作機，約使用工人 2,400 名，每年生產約 13,000,000 磅鑄鋼。在此，勞動者數與馬力數之比，尚不及 2 與 1 之比。

[29] 依巴貝奇計算，在爪哇，單紡織一項（或幾乎如此），就會以 117% 的價值，加到棉花價值裡面去。而同時（1832 年）精紡織工業的機械和勞動，卻僅把 33% 的價值，加到原料價值裡面去。（《機械經濟論》，第 214 頁。）

[30] 機械印花的方法，還可節省染料。

女性，每日可以軋 100 磅棉花；此後，軋棉機的效率還大有增進。原本要費 50 分錢來生產的一磅木棉纖維，後來以 10 分錢的價格賣，已包含更大的利潤，也就是包含更多的無給勞動。在印度，人們用一種半機械的名叫 Churka（搓架）的工具，使棉花和棉籽分開；用這種工具，一個男人和一個女人每日可以軋棉 28 磅。但用數年前佛比斯（Forbes）博士發明的改良搓架，一個男人和一個少年人，每日已可軋棉 250 磅。若再用牛、蒸汽或水作為驅動力，那就只須少數男女兒童作添料工人（feeders），把材料供給機械，16 架這樣用牛拉動的機械，還可以做好更多從前 750 人的每日平均工作[31]。

以前我們說過，一個汽犁，在 1 小時內，花費 3 便士（或 1/4 先令）所做的工作，和 66 個勞動者在 1 小時內花費 15 先令所做的工作同樣多。我們之所以再用這個例子一次，是為要釐清一種錯誤的見解。這 15 先令，絕不是 66 個人 1 小時勞動以貨幣的表現。假如剩餘勞動對必要勞動的比例為 100%，則這 66 個勞動者每小時，會生產 30 先令的價值；工資 15 先令所表現的，不過是 33 小時的勞動。假設一部機械花費 3,000 鎊，和它所取代的 150 個勞動者一年的工資恰好相等，則 3,000 鎊，在引進機械前絕不是這 150 個勞動者一年在勞動對象上附加的勞動的貨幣表現。它所表示的，只是這全年勞動的一部分。這一部分，是他們為他們自己的勞動，由他們的工資來代表。反之，機械 3,000 鎊的貨幣價值，卻表示生產該機械所支出的勞動全量，不問其中有百分之幾形成勞動者的工資、有百分之幾形成資本家的剩餘價值。所以，哪怕機械的費用，和它所代替的勞動力的費用相等，那實體化在機械內的勞動，仍往往比它所代替的活的勞動，更少得多[32]。

---

[31] 參看華生博士（Dr. Watson）1860 年 4 月 17 日在技術協會宣讀的論文。華生曾向印度總督府提出關於生產物的報告。

[32]「這個啞子（機械）生產所費的勞動，比它所代替的勞動，更少得多。哪怕兩者有相等的貨幣價值也是如此。」（李嘉圖，前書第 40 頁。）

把機械的使用視為使生產物便宜的唯一目標，機械只能限制在生產機械所費的勞動，必須比使用機械所代替的勞動更少。但就資本家的立場來說，其界限還更小。資本所支付的，不是所使用的勞動，只是所使用的勞動力的價值。因此，機械的使用，由機械的價值與其所代替的勞動力的價值之差所限制。工作日分為必要勞動與剩餘勞動，其中的分界，是各國不同；甚至在同國，又是各時代不同；或各工業部門不同。並且，勞動者的實際工資，有時會跌到他的勞動力價值以下，有時會高到以上。因此，雖生產機械所必要的勞動量與其所代替的勞動總量兩者之差不變，機械的價格與機械所代替的勞動力的價格兩者之差，仍然可以大有變化[33]。從資本家的立場來說，決定商品生產的成本，並由競爭的壓力，以影響資本家行動的，乃是後一種差額。因此之故，所以現在英國發明的機械，有時只在北美被使用；正如十六世紀、十七世紀德國發明的機械，只在荷蘭使用；而十八世紀法國發明的許多機械，只在英國被使用。在舊的發達的國家，機械在若干產業部門被使用的結果，會在其他部門，創造勞動的過剩（李嘉圖稱之為 redundancy of labour）。因此，在這其他各部門，工資將跌到勞動力價值以下，從而妨礙機械的採用，使其採用從資本家的立場來說成為不必要，乃至不可能。蓋資本家的利潤，非由於所用的勞動減少，乃由於付工資的勞動減少。就英國羊毛製造業來說，有若干部門所雇的童工，近年已顯著減少，有若干部門已完全不用童工了。為什麼？因為《工廠法》規定童工須分兩班輪換使用，一班做 6 小時，一班做 4 小時，或兩班各做 5 小時。但他們的父母不願意「半時間工」比先前「全時間工」，以更低的價錢出賣。因此「半時間工」，遂為機械所代替了[34]。在礦坑工作未禁止雇用婦女和

---

[33] 第二版注。所以，機械在共產社會的使用範圍，和它在資產階級社會的使用範圍是完全不同的。

[34] 「勞動的雇主，不要在未滿 13 歲的兒童中，不必要地維持兩班。……事實上，已有一些製造廠主（羊毛紡織業者），很少使用未滿 13 歲的兒童（即

未滿 10 歲兒童以前，資本家常覺得，雖在成年男子中間，夾用裸體的婦人少女，也完全符合他們的道德慣例，尤其適合他們的算盤。必待禁止令通過之後，他們才肯採用機械。北美人發明了碎石機，英國人不採用它；因為一向擔任這種勞動的是「窮乏者」（Wretch，英國經濟學用以指稱農業勞動者的術語），他們的勞動僅有極小部分是有工資的。所以，從資本家的立場來說，機械反而增加生產成本[35]。在英國，直到現在，尚有時不用馬力，而用婦人拉運河內的船舶[36]。生產馬和機械所必要的勞動，是確定的已知數量；反之，過剩人口中的婦女的維生費用，卻是遠低於一切算計。英國貴為機械國，但比任何地方，都更為以卑劣的目的，無恥地揮霍人力。

III 機械對勞動者的立即影響

我們講過，現代工業的起點，是勞動工具的革命；此項革命，又以工廠的有組織的機械體系，取得其最高度發達的形態。但在探究人身物質（Menschenmaterial）如何與這個客觀組織體（objektiven Organismus）結合以前，我們且考量一下，這項革命對勞動者本身，一般有哪些的影響。

半時間工）了。他們採用各種改良的新式機械，從而使未滿 13 歲的兒童變得不必要。我且引述一個過程來說明兒童人數的減少吧！以『接紗機』加裝在現有機械上的結果，6 個或 4 個（隨各機械的構造而定）半時間工的工作，能由一個少年人（13 歲以上）做好了。……半時間工作制度，刺激出了接紗機的發明。」（《工廠監督專員半年報告。1858 年 10 月 31 日》。）

[35] 「在勞動（他是指工資）未變得昂貴之前，機械屢屢不能被採用。」（李嘉圖，前書第 579 頁。）

[36] 見《愛丁堡社會科學協會報告》，1863 年 10 月。

A　資本對輔助勞動力的占有：婦女與兒童的就業

機械省去肌肉力量。在這限度內，機械是使用弱肌力的、身體尚未成熟發育、四肢尚甚柔軟的勞動者的手段。所以資本主義採用機械的第一個標的，就是婦女勞動與兒童勞動。機械對勞動和勞動者的取代，旋即藉由不分男女老幼，把勞動者家庭中的成員，盡數召募在資本的直接支配下，變成增加工資勞動者數的手段。為資本家利益的強制勞動，不但把兒童的遊戲剝奪了，並且也把在家庭有限範圍內自由勞動的一席之地給奪取了[37]。

決定勞動力的價值的，不僅是成年勞動者維持個人所必要的勞動時間，而且是維持勞動者家庭所必要的勞動時間。機械藉由將勞動者家庭中的每個成員盡數騙入勞動市場，把成年男子的勞動力的價值，分散為其全體家庭的勞動力的價值。它是把其勞動力的價值壓低了。假設一個勞動者家庭有 4 個人可以做工。購買 4 個勞動力，比先前購買家主一個人的勞動力，也許要多花費一些，但以前只有一工作日，現在有 4 工作日了。4 工作日的剩餘勞動，超過一工作日的剩餘勞動；他們的勞動力的價格，則以這種超過呈比例下降。現在要維持一家生活，不僅須有 4 個人勞動，且須有 4 個人供給資本家以剩餘勞動了。於是我們知道，機

---

[37] 當伴隨美國南北戰爭引起棉花危機時，史密斯醫生（Dr. Edward Smith）由英國政府派往蘭開夏、柴郡等處調查棉業職工的健康狀況。他的報告說，不說勞動者被逐出工廠的事實，單從衛生的觀點來看，這一次危機卻有幾種利益。女工現在可以餵奶給她們的嬰兒，不需要用安眠藥來毒害不幸的嬰兒了。她們有學習烹調的時間了。引為遺憾的，是她們在沒有得吃的時候，才有學習這種技能的機會。該報告又說明了，資本為要增殖其價值之故，如何將消費上必要的家庭勞動橫加掠奪。又，這個危機，還送工人的女兒到專門學校去學習裁縫。那些為全世界紡織的少年女工，要有學習裁縫的機會，也須有一次美國革命和世界危機！

械強化了資本剝削人身物質（也就是資本剝削的主要客體）的力道[38]，同時又提高了資本的剝削程度。

機械又完全將勞動者與資本家間的契約（彼此之間的關係由此確立）予以改革。在商品交換的基礎上，我們的第一個前提是：資本家與勞動者，皆以自由人的資格，即以商品獨立擁有者的資格（一方為貨幣及生產資料的擁有者，一方為勞動力的擁有者），互相對待。但現在，資本家要購買兒童及半成年者了。從前，勞動者雖出賣了他自己的勞動力，但在名目上，依然是自由處置的人。現在，他要出賣妻子和兒女了。他成了奴隸商人（Sklavenhändler）[39]。兒童勞動的需求，在形式上，

---

[38]「日益以婦人勞動代替男子勞動、以兒童勞動代替成年勞動的結果，勞動者的人數是大大增加了。3個13歲的每星期得工資6至8先令的少女，代替了一個成年的每星期得工資18至45先令的男工人。」〔德・昆西（Thomas De Quincey）《經濟論理》，倫敦，1845年，147頁注。〕因有若干家內工作（例如照料嬰兒和餵奶），不能完全省去，故須為那被資本沒收的一家之母，尋得相當替代的人。家庭消費所必要的種種勞動，例如縫衣、補衣等等，也須在現成商品的形態上購買了。因此，家內勞動的支出減少了，但這種減少，包含貨幣支出的增加。勞動者家庭的生產費漸漸增加，以致與增加的收入相抵銷。加上維生資料利用上、調理上的經濟和配合，又成了不可能。關於這種種事實——那是正式經濟學所不談的——我們可在工廠監督專員報告、童工委員會報告，尤其是公共衛生報告，發現極豐富的材料。

[39]在英國工廠內，婦人、兒童勞動時間的縮短，是成年男工人從資本手裡強奪到的。但在這個大事實的對面，我們卻在最近的童工委員會報告內，發覺勞動者的父母，是像奴隸商人一樣，從事兒童的販賣。資本主義的偽善者，像報告中所見的那樣，對於他們自己一手造成、扶持，並且利用的這個暴行（他們稱其為「勞動自由」），是不惜隨聲指罵的。「兒童勞動被送去幫助，……為他們自己日常吃用的麵包而勞動。他們沒有體力可耐不適當的勞苦、沒有教育可指導他們未來的生活，他們被擲在生理方面、道德方面都甚污濁的情景裡面。猶太歷史家關於普勞杜斯破壞耶路撒冷這件事，曾這樣說

就往往與美國報紙廣告欄以前招募黑奴的需求極其相似。有一位英國工廠監督專員曾說：「我所轄區域的最大製造業城市之一，曾有一段廣告新聞吸引我注意：要雇用 12 至 20 名少年人，合格年齡為 13 歲。工資每星期 4 先令。報名處……[40]。」「合格年齡為 13 歲」一語，是針對《工廠法》，未滿 13 歲兒童只許勞動 6 小時的規定而言的。審查年齡的為一官方指派外科醫生。製造廠主因此要求應募兒童，必須在外貌上像已滿 13 歲。於是，依照最近 20 年的英國統計，未滿 13 歲的工廠兒童數急劇減少了。這種令人震驚的減少，依照工廠監督專員的證供，大部分是這種認証外科醫生造成的。他們依照資本家的剝削貪欲及父母惡意的利欲，常高報兒童的年齡。在倫敦惡名昭彰的貝夫諾格林區，每逢星期一、二早晨，有一個公共市集，9 歲以上的男女兒童就在那裡，等待倫敦絲製造廠來雇用，「普通的條件。是每星期 1 先令 8 便士（這是歸父母的），和 2 便士茶點錢（這是兒童自己得的）。契約以一星期為期。市場上的情景及語彙，是極不體面的[41]。」婦人「從濟貧院把兒女帶出來，為每星期 2 先令 6 便士的報酬，讓兒女被任何一個買者使用。」這在英國是件極普通的事[42]。雖有法律禁止，但在英國仍有 2,000 個以上的兒童，經父母的手賣出去，擔任掃煙囪的工作（雖在那時已有許多機械可以擔任這種工作）[43]。機械在勞動力賣者和買者間的法律關係上，引起

過：耶路撒冷會遭受這樣的破壞，是毫不足怪的，因為不近人情的母親忍心犧牲自己的兒子，來滿足自己肚皮的需求。」（卡萊爾《公共經濟簡論》，1833 年，第 56 頁。）

[40] 雷德格雷夫在《工廠監督專員半年報告。1858 年 10 月 31 日》的話，見第 40、41 頁。

[41] 《童工委員會第五報告》，倫敦，1866 年，第 81 頁，注 31。
第四版注。貝夫諾格林的絲工業，現在幾乎滅絕了。——F. E.

[42] 《童工委員會第三報告》，倫敦，1864 年，第 53 頁，證供第 15 號。

[43] 前揭《第五報告》，第 23 頁，證供第 137 號。

了一種革命。這種革命，使他們之間的交易，失去了自由人與自由人的契約外觀。因此，提供英國國會以國家干涉工廠的法律依據了。當《工廠法》在原不受干擾的產業部門，限制兒童每日只許勞動 6 小時的時候，製造廠主常一再抱怨。他們說，有一部分父母，會從受法律限制的產業，把兒女帶出來，以便在「勞動自由」的產業裡，把他們賣掉；因為在勞動依然自由的產業裡，未滿 13 歲的兒童，被迫和成年工人一樣勞動，從而可以依較高的價格出賣。資本本質就是平等主義者。資本因要求在一切生產部門，勞動剝削條件的平等。所以，當一個產業部門的兒童勞動受法律限制時，那會在其他產業部門，成為同樣限制的原因。

我們以前提過，機械最初是直接使兒童、少年人和婦女，在以機械為基礎的工廠內，受資本的剝削，其次又間接使他們在其餘各產業部門受資本的剝削，從而使他們的身體惡化。所以，在這裡我們只要強調這一點。那就是操作員的兒童，在出生後數年內有驚人的死亡率。英格蘭有 16 個戶籍區，其週歲內兒童每年的平均死亡率，100,000 人中有 9,000 人（某一區為 7,047 人）；有 24 個戶籍區，在 10,000 人以上，11,000 人以下；有 39 個戶籍區，在 11,000 人以上，12,000 人以下；有 48 個戶籍區，在 12,000 人以上，13,000 人以下；有 22 個戶籍區，在 20,000 人以上；有 25 個戶籍區，在 21,000 人以上；有 17 個戶籍區，在 22,000 人以上；有 11 個戶籍區，在 23,000 人以上；在胡、伍爾弗漢普頓、亞士頓安德萊恩、普雷斯頓，有 24,000 人以上；在諾丁罕、斯托克波特與布拉福，有 25,000 人以上；在威斯比奇，有 26,000 人以上；在曼徹斯特為 26,125 人[44]。依 1861 年醫政調查所示，除地方的原因外，兒童死亡率高的主要原因是，母親離家就業，及不在家所引起的兒童照料不周和不當，如營養不足、食物不宜、餵藥等等之外，那還使母子

---

[44]《公共衛生第六報告》，倫敦，1864 年，第 34 頁。

間產生不自然的隔閡,並由此引起故意不給食物或毒殺兒女的事[45]。反之,在婦女就業最少的農業區,死亡率就很低了[46]。但1861年的調查委員會,卻得到一個意料之外的結果,即,在北海沿岸若干純粹農業區,周歲以下兒童死亡率幾乎和最壞的工廠區一樣高。於是亨特醫師(Dr. Julian Hunter)被派去實地調查這種現象。他的報告收錄在《公共健康第六報告》中[47]。此前人們總以為,每10個兒童中,有一個兒童,是為瘧疾及其他低漥和沼澤地區特有的疾病所殺。但調查恰好得到相反的結果,即「驅逐瘧疾的原因——使冬為沼地及夏為貧瘠牧草地,轉為多產玉米地——造成異常高的嬰兒死亡率[48]」。亨特在此等農業區,曾徵詢70名醫師。他們的意見在這一點異常一致。事實上,耕作方式的革命,曾促進產業制度的採用。和少年男女在同隊中工作的已婚婦人,依承辦人(他為全隊接洽事務)的吩咐,為一約定的工資額,而受農場主人支配。隊伍有時開往離其本村數英里之處,他們朝夕相遇於路上,穿襯裙,著相配的大衣和鞋子,有時也穿長褲,外表好像非常健壯,但染有種種不道德的習慣。他們愛上獨立及忙碌的生活,絕不顧慮由此給留守家裡可憐的後代所帶來致命的結果[49]。」工廠區域的各種現象,都在那裡再現了;在那裡,惡意隱蔽的殺嬰事件、給兒童餵食鴉片的事件,

---

[45] 1861年的調查說明了,在以上描寫的情形下,嬰兒因忽略和照料不得當(這是母親入工廠勞動所不能免的現象)而夭折了,同時,母親還極度喪失對兒女的自然感情,不但見到兒女的死毫無惜意⋯⋯有時她們還直接下手,把兒女害死。」(《公共衛生第六報告》,倫敦,1864年。)

[46]《公共衛生第六報告》,第454頁。

[47]《公共衛生第六報告》,第454至463頁,亨特醫師關於英格蘭各農村區域嬰兒高度死亡率的報告。

[48] 前揭報告第35頁及455至456頁。

[49]《公共衛生第六報告》,倫敦,1864年,第456頁。

甚至比工廠區域還多[50]。賽門醫師（Dr. Simon，樞密院醫官，公共健康報告主編人）說：「我目擊這種種弊害，故對於產業上大規模雇用成年婦女的辦法，深抱疑懼[51]。」工廠監督專員貝克也在其官方報告中說：「倘若規定每一位有家庭的已婚婦女不能從事紡織廠的工作，則對英國製造業區域，實在是很大的幸事[52]。」

　　婦女勞動與兒童勞動之資本主義的剝削，所導致道德上的墮落，恩格斯著《英國勞動階級的狀況》一書，及其他各著述家，已經說得很多。在此，我只要點出主題就夠了。但人為地把未成熟人類轉為單純製造剩餘價值的機械，所帶來智力的荒廢，和自然的無知，是極有差別的心智狀態。因後者不過把智力處於未受陶冶的狀態，不曾把它的發展能力，即自然的獨創性破壞。也就因為有這種荒廢，最終甚至迫使英國國會規定每一種受《工廠法》管制的產業，如在生產上使用未滿14歲的兒童，皆須以基礎教育為強制條件。《工廠法》關於所謂教育條款的不倫不類文句、缺乏勵行強迫教育的機關、製造廠主對於這些教育條款的反對和他躲避這種法規的詭計及遁辭，再明白不過地表現了資本主義生產的精神。「對此，立法部門應負其責；它表面通過的只是一種欺瞞的法律；它規定一切在工廠做工的兒童，應全受教育，但沒有法令保証這個宣告達到目的。它只規定，每星期內須有若干日，每日須有若干小時（3小時），必須在稱作學校的四壁之內把兒童關著；規定兒童的雇

---

[50] 在英格蘭的工廠區域和英格蘭的農業區域，鴉片的消費，在男女工間都不斷地增加。「推進安眠藥的販賣，已經成了企業批發商人的大目標。安眠藥在藥房已經成了主要商品。（前揭報告，第459頁。）常吃安眠藥的兒童，萎縮為小老人，或像小猴子一樣。」（前揭報告，第460頁。）——我們在此知道，印度和中國是怎樣報復英國。

[51]《公共衛生第六報告》，倫敦，1864年，第37頁。

[52]《工廠監督專員半年報告。1862年10月31日》，第59頁。這位工廠監督專員，曾有一個時期行醫。

主,每星期必須收到由捐助者所指定為男教師或女教師簽名的上學證明書[53]。」1844年修正《工廠法》通過以前,上學證明書曾發生由男教師或女教師畫個十字代替簽名,這並非不常出現,因為他們自己也不會寫字。「有一次,我參觀一個號稱學校的、簽發上學證明書的地方,我看見教師的無知狀態,吃了一驚,問:『拜託,先生,你識字嗎?』他答說:『唉,一點點。』為了合理化他也有簽發上學證明書這種權利,他說:『無論如何,我總是在我的學生面前的。』」當1844年的法案尚在制定期間,工廠監督專員對於所謂學校的醜態,是舉發無遺的。從那裡發出的上學證明書,他依法不能不承認。但由他們的力爭,自1845年法案通過以來,上學證明書的數字,必須由教員親筆填寫,且必須把完整的姓氏和受洗名簽在上面了[54]。蘇格蘭工廠監督員約翰·金凱德爵士(Sir John Kincaid)曾提出同樣的經驗:「我們參觀的第一個學校是安·基林夫人(Mrs. Ann Killin)主持的。我們請她拼出姓氏時,她一開口就錯。她用一個C字開頭,但立即改口,說她的姓氏,是K字開頭的。但在她簽名的上學證明書上,我卻發現她有種種簽法,她的筆跡證明她還沒有教書的資格。她自己也承認,她不能登記上課簿冊。……在第二個學校,我發現教室有15呎長,10呎寬,但有學生75人,在喋喋不休一些莫名其妙的東西[55]。」「當然,從這種簽發兒童上學證明書的地方,不能受到任何有價值的教育。但不僅如此,即使在許多師資相當可以的學校內,也因為有各種年齡(3歲以上)的兒童擠在一塊,以致教師徒勞無功;這種教師的生活是極苦的,他的生活費,是由儘可能塞進教室空間的最大數量學生繳納的一個便士一個便士湊合起來的。加上,教室家具極其稀少,書籍及其他教學用品不足,嘈雜閉塞的空氣,

---

[53] 霍納在《工廠監督專員半年報告。1857年6月30日》中的話,見第17頁。
[54] 《工廠監督專員半年報告。1855年10月31日》,第18、19頁。
[55] 金凱德爵士在《工廠監督專員半年報告。1858年10月30日》中的話,見第31、32頁。

對於貧苦兒童的影響又是極有害的。我曾參觀許多這種學校，發現其中的學生無所事事；但這樣就算是上學，在官方的統計上，這種兒童也就算受了教育[56]。」在蘇格蘭，製造廠主竭力避免雇用必須上學的兒童。「不需要別的證據，已經可以證明，製造廠主如此厭惡的《工廠法》的教育條款，大都易使這類兒童沒有人雇用，並使《工廠法》所期待的教育上的利益，不能發生[57]。」這種事實，以駭人的荒誕發生在印花工業上。印花工業受一種特別的《工廠法》管制。依照該法：「每一個在印花工廠工作的兒童，必須在雇用前 6 個月內，至少進學校 30 日，時間應在 150 小時以上。又，在連續雇用每 6 個月期間內，至少須進學校 30 日，時間也應在 150 小時以上。……上學的時間，必須在上午 8 點至下午 6 點。每日上學的時數，不得少於 2 又 1/2 小時，也不得多於 5 小時。不然，是不能算在 150 小時之內的。在正常情形下，兒童在 30 日內，每日上午下午都須上學，因每日至少上學 5 小時。到 30 日滿後，150 小時法定的上學時間已經有了，用他們的話來說，上學證明書已經有了，他們才到印花工廠去，一直做到滿 6 個月。然後下一個上學期間來了，他們再上學，再到已有上學證明書的時候為止。有許多已經上學滿 150 小時的兒童，在印花工廠工作滿 6 個月後，再回到學校裡來，是和初次進學校的時候一樣。上一次上學所學到的一切，都消失殆盡。……就另一些印花工廠說，兒童上學的時間，完全視營業的急務而定。法定的上學時間，是在 6 個月內，零零碎碎透過分次，每一次 3 小時至 5 小時湊合成的。……譬如，今天是上午 8 點至 11 點上學，明天是下午 1 點至 6 點上學，接著幾天不上學，然後又在下午 3 點至 6 點上學；3 天或 4 天或一星期上學之後，又連接 3 星期或一個月不上學；此

---

[56] 霍納在《工廠監督專員半年報告。1857 年 10 月 31 日》中的話，見第 17、18 頁。

[57] 金凱德爵士在《工廠監督專員半年報告。1856 年 10 月 31 日》中的話，見第 66 頁。

後又隨雇主的便，偶爾到學校去幾小時。總之兒童忽從學校推到工廠，忽從工廠推到學校，至 150 小時已經數滿爲止[58]。」經由兒童與婦女，以超大的數目，加入勞動隊伍，成年男工人在製造業時期持續對資本專制的反抗，就終在機械之下被打破了[59]。

B 工作日的延長

在勞動生產力的增進上，從而，在商品生產的必要勞動時間的縮短上，機械是最有力的手段。同時，在資本的影響下，它在最初採用機械的各種產業上，又成爲超過一切人體的限制，將工作日延長的最有力的手段。機械一方面創造新的條件，使資本這種持續的傾向可以自由揮灑，另一方面又創造了新的動機，引起資本對他人勞動的欲求。

首先，在機械形態上，勞動設備成爲自動化的移動與運作，是獨立於勞動者。這種勞動設備（機械），假如作爲它的助手的人類不會受到

---

[58] 雷德格雷夫在《工廠監督專員半年報告。1857 年 10 月 31 日》中的話，見第 41、42 頁。在本《工廠法》（在本文，印花《工廠法》是不包括在內的）已實行相當時期的英國各產業部門內，教育條款實行上的障礙，近幾年來已經相當克服了。但在不受該法取締的產業，則玻璃製造廠主蓋迪斯的見解，依然盛行。他對調查委員懷特先生說：「據我所見，過去數年間，勞動階級一部分所受的教育增加了，但這種增加是一種禍害。那是危險的，因爲那種教育會使他獨立。」（《童工委員會第四報告》，倫敦，1865 年，第 258 頁。）

[59] 「E 先生，一個製造廠主，曾對我說他的蒸汽織機，全使用女性……已婚的女性，尤其是有兒女必須扶養的已婚女子最受歡迎。這種婦人，要比未婚女人更專注、更老實，她們不得不用最大的努力，來獲取生活必需品。人類的美德，尤其是女性特有的美德，被用來害她們自己。女人是更守義務、更柔性的，但這一切都成了使她們受壓制、受痛苦的手段。」（艾胥利助爵 1884 年 3 月 15 日的一篇演說，題名〈十小時工作法〉，見該演說詞第 20 頁。）

一定的自然的阻礙（身體的虛弱、堅強的意志等），那麼，它就成為不斷生產的產業上的永動體（Industrielles Perpetuum mobile）了。自動化，就像資本，正因它是資本，在資本家那裡取得了智力和意志；所以受渴望的指使，它總想把有排斥性但又有伸縮性的自然障礙，即人的反抗，減為最小[60]。同時，機械明顯的輕易性，和使用它的女工及童工更加順從及可教導的特性，又減弱了這項反抗[61]。

我們講過，機械的生產力，與由機械轉到製成品的價值成反比。機械運作的期間愈長，由機械轉出來的價值分配在製成品的量愈大，則由機械附加在每個商品上的價值部分便愈小。但機械運作的存續期間，顯然是由工作日的長短決定的，換言之，視每日勞動過程的時間，乘以過程所進行的日數而定。

機械的磨損，絕非與其運作時間成比例。就算如此，在7又1/2年之內，每日運作16小時的一架機械，也和在15年之內每日運作8小時

---

[60] 「自從機械被普遍採用以來，人的本性，被強迫遠遠超出平均能力的程度以上了。」（歐文《論製造業制度的影響》，第2版，倫敦，1817年。）

[61] 英國人動輒認為一物最初的出現形式，為該物存在的原因。由同樣的看法，他們又常認為工廠勞動時間延長的原因是這事實：在工廠制度開始時，資本曾從濟貧院和孤兒院，大規模的綁架兒童，由此，它把一種全無意志的人身物質吞併了。例如：菲爾登（J. Fielden，也是一位英國製造廠主）就說：「延長的勞動時間，是由這個事實引起的：有許多貧苦無依的兒童，從國內各地輸來，以致雇主可以不依賴工人，但適用於這種可憐人的習慣一旦成立，要把它應用到別的工人身上，就非常容易了。」（菲爾登《工廠制度的災害》，倫敦，1836年，第11頁。）關於婦人勞動，工廠監督專員桑德士在1844年的工廠報告中說：「在女工之中，有若干人在接連好幾個星期之內，除少數日子外，都從早晨6點工作到半夜，中間只有2小時的吃飯時間，所以從星期一到星期五，在每日24小時內就只有6小時，讓她們從家中往返和睡覺了。」

的一架機械,包括相同的生產時間,並以同樣多的價值,附加到總生產物上去。但在前一情況,機械價值將以後一情況兩倍的速度再生產出來;前一情況資本家藉由此種運作,在 7 又 1/2 年時間內吸收的剩餘勞動量,相當於後一情況在 15 年時間內所能吸收的。

機械的物質性磨損有兩種,其一由於使用,就像鑄幣在流通中磨損一樣;其一由於不使用,就像劍藏鞘中也會生鏽一樣。後一種磨損,來自成分。前一種多少與機械的使用成正比,後一種則在一定程度內,與機械的使用成反比[62]。

機械除有物質性磨損外,尚有所謂品質折舊。構造相同的機械,能依更便宜的方法再生產,或有更優良的機械加入競爭時,機械的交換價值就會依比例減少[63],在這兩種狀況,哪怕機械還是非常新且使用期長,其價值不再由其中實際具體化的勞動時間來決定,而是由自身再生產或較優良機械再生產所必要的勞動時間來決定。其價值多少喪失一些。是以其總價值再生產的期間愈短,則品質折舊的危險也愈小。但工作日愈長,則此期間愈短。且當機械初在某生產部門採用時,使機械再生產趨於便宜的新法[64],和不僅影響機械個別部分(或細節裝置)且影響其整個構造的改良,會次第出現。是以在初採用機械時,延長工作日的特殊動機,也會以最激烈的程度發生作用[65]。

---

[62]「不動作,使金屬機械的活動部分受損害。」(烏爾,前書第 28 頁。)

[63] 以前講過的曼徹斯特那位棉紡織者(《泰晤士報》,1862 年 11 月 26 日),關於機械的費用曾說:「機械磨損的計算,還須顧到由這個事實不斷引起的損失:在機械未磨損盡以前,如有新式、構造更好的機械出來,它就會被驅逐。」

[64]「依粗略的估計,新發明機械的原型比依原型仿造,大約要多花費 5 倍之多。」(巴貝奇,前書第 211 頁。)

[65]「數年來,網布製造有接二連三的重要改良,因此,本來值 1,200 鎊,還不差的機械,數年之後就只能賣 60 鎊了。……改良接二連三地發生,因此,有些

在工作日不變，其他一切事情也不變時，要增加勞動者數一倍的剝削，則不僅投在原料、輔助材料等等上面的不變資本部分，必須增加一倍，投在機械與建築物上的不變資本部分也必須增加一倍；但工作日若延長，則生產規模的擴大，可無須改變投在機械和建築物上的資本部分[66]。如是，不僅剩餘價值可增加，取得剩餘價值所必要的資本支出，也可減少。當然，在任何情況，工作日的延長，都會有這種作用；但在這情況，這種改變更爲顯著；因轉爲勞動設備的資本部分，會更占優勢[67]。所以，工廠體系的發展，將使資本以日益增加的份額取得這個形態，在這個形態上，一方面它的價值可持續自我擴增，但另一方面一停止與活的勞動接觸，即會喪失使用價值和交換價值。英國大棉業企業家艾胥沃斯先生，有一次就教訓西尼爾教授說：「農夫把鋤頭放下，不過是使一個18便士的資本變得無用罷了。但若我們的人（工廠勞動者）有一個離開工廠，那就是使一個價值10萬鎊的資本變得無用了[68]。」試想想，一個價值10萬鎊的資本，在一瞬間就變得「無用」了！這樣，我們的人居然會有一個離開工廠，就實在是一件駭人聽聞的事了。因此，像受教於艾胥沃斯的西尼爾所清楚認識的一樣，機械使用範圍的增

尚未完工的機械，不得不在新改良品之前，在建造者手中停止建造。」（巴貝奇，前書第233頁。）——所以，在這個激變的時期，網布製造業者不久就把工作日由8小時，延長爲24小時，實行輪班工作了。（前書第233頁。）

[66]「這是不言而喻的，在市場情況進退不定，需要時伸時縮中，會不斷發生這樣的情形。在這情形下，製造廠主使用追加的浮動資本（Floating Capital），可不使用追加的固定資本⋯⋯不在建築物和機械方面增加支出，已可將追加量的原料加工好。」（托倫斯《論工資與結合》，倫敦，1834年，第6頁。）

[67] 本文所述，僅爲求敘述完備之故。到第三卷，我才討論利潤率，即討論剩餘價值對墊付總資本的比例。

[68] 西尼爾《論〈工廠法〉信件》，倫敦，1837年，第13、14頁。

加，遂使工作日的不斷延長，成為「誘人的事」了[69]。

機械生產相對剩餘價值，不僅直接因為它可以減低勞動力的價值，間接因為它可以減低勞動力再生產所必要的種種商品的價值，而且因為，當機械最初偶爾有產業採用時，機械擁有者所雇用的勞動，被轉為強度較大且更具效能的勞動；機械生產物的社會價值，被提高在其個別價值之上，從而，在一日生產物中，資本家只須以一較小部分替補勞動力一日的價值。在這過渡時期，機械的使用還是一種獨占，其利潤還是額外的。這時期，資本家自然會盡可能藉由工作日延長來澈底利用這個「初戀時期」。利潤之大激勵了其對提高利潤的熱望。

隨著機械在一特定產業的普遍化，機械生產物的社會價值也落到與其個別價值相等，並且使這個法則實現出來：剩餘價值的產生非來自機械所替代的勞動力，而是來自運用機械的勞動力。剩餘價值僅來自可變資本；我們又講過，剩餘價值量是由兩個因素決定，其一是剩餘價值率，其一是同時雇用的勞動者數。已知工作日的長度，則剩餘價值率定於工作日分為必要勞動與剩餘勞動的相對長度。同時雇用的勞動者數，則定於可變資本部分與不變資本部分的比率。機械的運用，無論會怎樣提高勞動生產力，皆以犧牲必要勞動而增加剩餘勞動，但很明顯，這個結果的取得，純由一定資本所雇用的勞動者數已經減少所致。機械的使用，會把原來可變的資本，換言之，把原來投放在勞動力的資本，轉為投放在機械，即轉為不產生剩餘價值的不變資本。2 個勞動者絕不能和

---

[69]「固定資本對流動資本的比例的增加，使勞動時間的延長，成為一件滿意的事。機械的使用增加了，延長勞動時間的動機也隨著增加，只有這樣，固定資本的較大比例，方才有利益。」（前書第 11 至 13 頁。）——「有若干種經營工廠的經費，例如房租、地方捐稅、課稅、火災保險費、固定員工的工資、機械的折舊等等，常常是相同的，不必問其進行時間長短。這種種費用對利潤所持的比例，會因生產範圍縮小而加大。」（《工廠監督專員半年報告。1862 年 10 月 31 日》，第 19 頁。）

24個勞動者，被榨出同樣多的剩餘價值。在24個勞動者中，若各在12小時內提供1小時剩餘勞動，合計便是提供24小時剩餘勞動。但2個勞動者的總勞動，尚不過24小時。所以，在剩餘價值的生產上，機械的使用，隱含著一個內在的矛盾；因爲一定量資本所創造的剩餘價值，是由兩個因素決定的，其一（剩餘價值率）增加，其他（勞動者數）必須減少。這個內在的矛盾，當機械在某產業普遍使用時，機械生產的商品的價值，就規範同種類一切商品的價值，則會明朗化的。而且也就因爲有這種矛盾，所以資本家才會不僅要以相對剩餘勞動的增加，而且要以絕對剩餘勞動的增加，來替補被剝削勞動者相對數的減少。這樣，工作日就於無意識之間[70]斷然地延長了。

機械之資本主義的使用，一方面，引起新的且有力的把工作日過度延長的動機，並使勞動方法與社會勞動體的特性發生劇變，從而把這個傾向所遇到的抵抗全打破；另一方面，又由資本先前不能染指的新勞動階層的開放及由機械所排擠的勞動者的無所事事，製造了一個不得不受資本主宰的過剩的勞動人口[71]。近代產業史上一種值得注目的現象——機械把工作日長度之道德和自然的限制全部掃除——就是這樣發生的。經濟上的悖論——機械本是縮短勞動時間的最有力手段，變成一種最確實的手段，把勞動者及其全家的生活時間，全部都轉爲隨資本家支配滿足其擴增資本價值目的——也是這樣發生的。古代最偉大的思想家亞里斯多德曾想像過：「假如每一個工具在被召喚時，或甚至自己發動時；能夠像代達羅斯的作品一樣自己運轉，或者像赫菲斯托斯的鼎一樣可以自動做神聖的工作；簡而言之，假如織工的梭自己會織布，那麼，熟

---

[70] 爲什麼資本家個人和爲資本家見解所囚的經濟學家，都不能意識到這個內在的矛盾呢？那是我們要在第三卷，第一篇解說的。

[71] 李嘉圖的偉大功績之一，是認識機械不單純是商品的生產資料，並且是「過剩人口」的生產資料。

練的師傅不需要學徒，領主也不需要奴隸了[72]。」西塞羅時代的希臘詩人安提帕特（Antipatros）歌詠磨穀水磨的發明——一切機械的基礎形態——時，也稱這該發明為女奴隸的解放者及黃金時代的挽回者[73]。「這些異教徒，唉！這些異教徒！」他們像博學的巴斯夏及比他更早的更聰明的麥克庫洛赫所發現的那樣，是不了解政治經濟體和基督教的。比方說，他們就不知道機械是延長工作日的最確實手段。他們辯護道，一人為奴隸，乃是使另一人得以充分發展的手段。但他們尚缺少基督教的頭蓋隆骨，故尚不致鼓吹大眾奴隸制度，以使少數粗陋及不曾受多少教育的暴發戶，成為「卓越的紡織業者」、「大規模的灌腸業者」，或「有勢力的鞋油業者」。

C 勞動的強化

機械在資本手中，無節制地把工作日延長了。這種無節制的延長威脅著生命的泉源，遂致後來在社會上引起反動，並由此用法律確定標準工作日的長度。從那時起，一種我們以前講過的現象——勞動的強化——就更發展到具重要性了。在分析絕對剩餘價值時，我們假定勞動的強度為既定的，主要從勞動的延長或延續時間上來立論。現在，我們

---

[72] 比塞（F. Biese）《亞里斯多德的哲學》，柏林，1842年，第2卷，第408頁。
[73] 這首詩的譯文，有在此處附錄的價值。因為這首詩和以上關於分工的各種引文一樣，可以說明古代的見解，怎樣和近代的見解相對立。

「推磨的姑娘！時光已經不早，
你還不睡嗎？雄雞已經報曉，
停一停呀，神會命令仙女
從輪上跳下來，替你搖動輪的軸，
更用它的軸轉動重的石臼。
我們將再嘗到太古生活的快樂，
拜受女神的不勞的賜物。」

要考量的，是以更強化的勞動替代更長延續時間及其強度的勞動這一事實。

機械的使用愈廣泛，機械的特別勞動者階級的經驗愈累積，勞動的速度與強度，也自然會愈增進是不言自明的。所以，英國在50年間，工作日的延長和工廠勞動強度的增加，是同時並進。但若捨去不規則的操作不說，只考量日復日進行且以不變的劃一操作為特徵的勞動，我們不免會認識到一點；工作日的延長與勞動的強度將互相排斥，以致工作日如要延長，則勞動強度必須減低；反之，勞動強度如要提高，則工作日必須縮短。自勞動階級的反抗逐漸湧現，迫使國會強制地縮短勞動時間，並對真正的工廠開始實施標準工作日，那時候起，換言之，自剩餘價值的增加生產，絕不能透過工作日的延長那時候起，資本才以全部力量，經由促進機械的進一步改良，來生產相對剩餘價值。同時相對剩餘價值的性質，也產生了一個變化。一般來說，相對剩餘價值的生產方法是：因勞動生產力增進之故，勞動者得以同一勞動支出（Arbeitsausgabe），在同一時間內，生產較多的生產物。同一勞動時間轉移至總生產物內的價值，現在雖和以前相等，但這個依然不變的交換價值，現分散到更多的使用價值，從而就把各個商品的價值減低了。但自工作日強制縮短以來，情況一變。現在它給發展生產力一種很大和在節省生產資料上的刺激；強制工人增加同一時間內的勞動支出，提高勞動力的緊張程度及細密地填滿勞動時間的孔隙，或使勞動者把勞動密集到一個程度，這個程度必須在已經縮短的工作日內達到。在一定時間內密集的較大量的勞動，從那時起就算是較大的勞動量了，其也真是較大的勞動量。再者，勞動延長，即，延續時間的量度，現得考量勞動強度，或勞動壓縮或密集的程度[74]。10小時工作日的更密集小時比12小時

---

[74] 勞動的強度，在不同的生產部門，當然是有差異的。但如亞當·史密斯所說，因各種勞動有各自的附隨條件，所以這種差異至少有一部分可以互相抵

工作日的更輕鬆，包含更多的勞動（即支出的勞動力）。所以，更密集的 1 小時勞動的生產物，比更輕鬆的 1 又 1/5 小時勞動的生產物，有同樣大或更大的價值。因此，除開相對剩餘價值經由勞動生產力提高而有的增加收益，現在，3 又 1/3 小時剩餘勞動及 6 又 1/2 小時必要勞動為資本家生產的價值量，也和以前 4 小時剩餘勞動及 8 小時必要勞動生產的價值量相等了。

現在，勞動如何強化的問題發生了。

工作日縮短的第一個影響，是以一個不言而喻的法則──勞動力的效率與其支出的延續時間成反比──為根據的。所以在一定限度內，勞動力支出在延續時間上的損失，可由勞動力支出在提昇強度上的利得來替補。並且資本家也由支付工資的方法，保證勞動者在實際上會支出更多的勞動力[75]。如在製陶業那樣，機械不甚重要或不占重要地位的產業上，《工廠法》的實施就曾明確證明，僅僅工作日的縮短，增加勞動的規律性、劃一性、秩序性、持續性與能量到驚人的程度[76]。但在真正的工廠內，這個效果曾否產生？那似乎是還有疑問的。因為在真正的工廠內，工人本要依存於機械之連續及劃一的移動，這種依存性，早已造就最嚴格的紀律了。所以，當 1844 年工作日減至 12 小時以下的議案提出辯論時，製造廠主幾乎異口同聲說：「不同勞動室的監工，已充分注意使工人不浪費時間；工人方面的細心與注意，已無增進之可能，所以，假如機械的速度及其他條件不變，則在管理適當的工廠內，我們已經不能寄望由工人注意力的增加，得到任何重要結果了[77]。」但這種斷

銷。並且，勞動時間充作價值尺度的作用，是不受這件事情的影響的，除非勞動的內含量（即強度）和外延量（即持續的時間），表現為同量勞動的互相對立、互相排斥。

[75] 此處所說，尤與計件工資相合。計件工資，我們將在本書第六篇討論。

[76] 見《工廠監督專員半年報告。1865 年 10 月 31 日》。

[77] 1844 年及 1845 年 4 月 30 日第一季的《工廠監督專員報告》，第 20、21 頁。

言，被經驗反駁。迦德納（R. Gardner）在普雷斯頓有兩個大工廠。他從 1844 年 4 月 20 日起，將勞動時間由每日 12 小時減爲每日 11 小時。實行大約一年的結果是：「同量的成本得到同量的生產物；工人整體在 11 小時所得的工資，和先前 12 小時所得的工資相等[78]。」在此我且不說紡織室與梳整室的經驗，因實行此等經驗將機械速度增加 2%。但在織物部（編織各種新奇式樣的用品），各種操作的條件，是沒有發生一點變化的。結果是：「自 1844 年 1 月 6 日至 4 月 20 日，每工作日 12 小時，平均每人每星期工資爲 10 先令 1 又 1/2 便士；自 1844 年 4 月 20 日至 6 月 29 日，每工作日 11 小時，平均每星期工資爲 10 先令 3 又 1/2 便士[79]。」現在 11 小時的生產物，比以前 12 小時的生產物更多了；其增加，完全是因爲工人更穩健的專注及更節省時間。當工人得同額工資，但多獲得 1 小時的自由時間時，資本家也得同額生產物，但可節省 1 小時煤炭、煤氣等等類似成本。霍羅克斯與傑克森的工廠，曾實行類似的經驗，也得到相似的成功[80]。

　　勞動小時的縮短，藉由使勞動者在一定時間內更爲盡力創造了勞動密集的主觀條件。但勞動小時的縮短，一旦成爲強制性，則資本手中擁有的機械，又成爲一種客觀的手段，系統地被用來在同一時間內，榨出更多的勞動。這個結果，是由兩種方法得到的。第一，是提高機械的速度；第二，是給予小時勞動者看管更多的機械。從一方面來說，要以較大的壓力加在勞動者身上，機械構造的改良是必要的；但從另一方面來說，又因勞動小時的減少，迫使資本家嚴格監視生產成本。蒸汽機的

---

[78] 前揭報告第 19 頁。計件工資是不變的，故每星期的工資定於生產物之量。

[79] 前揭報告第 22 頁。

[80] 前揭報告第 21 頁。在上述的實驗中，道德的要素扮演重要角色。工人曾向工廠監督專員陳述：「我們以更活躍的精神工作，我們時時在心中存著晚間可以早一點下工的希望，全工廠從最年幼的接紗工人至最年長的工人，都充滿著活潑快活的精神，我們很可以在勞動上互相幫助。」（前揭報告）

改良，增加活塞的速度，同時，又藉能力較節省的方法，同一發動機，可由同量或甚至較少量煤炭的消費，推動一個更大的機械了。又，傳動機制的改良，減少磨擦，並使軸系的直徑和重量不斷減至最小（這是近代機械與舊式機械最明顯的差別）。最後，操作機械的改良，或是將其機體減小，但增加其速度及效率（例如近代蒸汽織機）；或是將架構增加，又將其運轉部件的範圍與數目增加（例如紡織機）；或是透過在細部上做極細微的變動，來增加運轉部件運動的速度（就像十年前提高走錠精紡機的紡錘 1/5 的速度）。

在英格蘭，工作日縮短為 12 小時的事情，是 1832 年開始的。1836 年就有一個英國製造廠主曾說：「與 30、40 年前比較，今日工廠內的勞動，加重得多了……因為機械運轉速度大幅增加，勞數者已必須有較大的注意和活動了[81]。」1844 年，艾胥利勳爵（Lord Ashley，即今日的沙夫茨伯里伯爵）也根據文件證據，在下議院致辭如下：

「涉及製造業過程的勞動，現在是當初這類操作的 3 倍。先前需要百萬人的肌肉來做的工作，現在由機械做了，那是不容疑問的。但在機械驚人運轉下受到支配的人的勞動，異常倍增，卻也是事實。……1815 年，照應兩架紡 40 號紗的走錠精紡機的勞動，在每日 12 小時內，等於走 8 英里路。1832 年，照應同樣兩架走錠精紡機的勞動，等於走 20 英里，且往往在 20 英里以上。1815 年，紡織工人在 12 小時內，使用一架走錠精紡機，每日伸張次數為 820 次，每個人照應兩個，合計為 1,640 次。1832 年，每人每架每日為 2,200 次，合計 4,400 次。1844 年，為 2,400 次，合計 4,800 次。有時，必要的勞動量（amount of labour）還更大。……1842 年，我接到另一份文件，證明勞動是以累進率增加的。之所以如此，不僅因為步行的距離已經更大，而是因為生產量增加，但工人數比以前相對減少；尤其進者，因為現在常紡的，是更難紡織

---

[81] 約翰・菲爾德《工廠制度的禍害》，倫敦，1836 年，第 32 頁。

的劣等棉花。……在梳整部，勞動也已大大增加了。原本分歸兩人做的工作，現在由一人擔任了。織物部所雇的工人數是極多的，且主要是女工，……因紡織機械速度增進之故，這一部分的勞動，在過去數年間，增加了10%。1833年，每星期紡成的紗為18,000捆；1843年為21,000捆。1819年，蒸汽織機的梭每分鐘60次；1842年，每分鐘140次。這都可以說明勞動增加幅度之大[82]。」

在1844年《十二小時工作法》下，勞動已經非常強化了。因此，當時英國製造廠主如下的說明也似乎很有理由。他們說，要朝這方向再向前進步是不可能了，所以勞動小時如再縮減，即等於減少生產。這種理由的明顯正確性拿工廠監督專員霍納（他們的不倦的監察人）當時的話，最能說明。他說：

「大體說來，生產量的多寡，既須受制於機械的速度，製造廠主自然會在不違背下述諸條件，使機械的速度趨於極限。這些條件是：妥為保存機械，使其不至於過快劣化；妥為維持製造品的品質；使工人在照應機械運轉時，不致太吃力而不能持久。所以製造廠主最需要解決的問題之一是：顧及上述種種條件下，找出機械轉動的最快速度。他往往發覺速度已經太快，速度的增加，不能抵償破壞與出品低劣的損失，因而不得不放慢一點。所以我斷言，積極且聰明的製造廠主既然會發現安全最高限度，他在11小時內，自不能和在12小時內，生產同量的生產物。我又以為，依《計件工資法》（Stücklohn）給付工資的職工，也會在能夠以同一程度持續勞動的能力內，盡最大的努力[83]。」所以，霍納結論說：勞動時間減至12小時以下，結果必然是生產減少[84]。但10年後，他卻引述他1845年所持的意見，來證明自己那時曾如何低估機械

---

[82] 艾胥利勳爵《十小時工作法》，倫敦，1844年，第6至9頁及以下。

[83] 《工廠監督專員半年報告。1845年4月30日》，第20頁。

[84] 前揭報告第22頁。

與人類勞動力的彈性。工作日強制縮短的結果,將使兩者同時緊繃至極點。

以下討論的,是英國棉織業工廠、毛織業工廠、絲織業工廠、麻織業工廠 1847 年實行《十小時工作法》以後的時期。

「紡錘的速度,在塞洛紡織機,每分鐘增加到 500 轉;在走錠精紡機,每分鐘增加了 1,000 轉。也就是塞洛紡織機的紡錘在 1839 年每分鐘轉 4,500 次,現在(1862 年)轉 5,000 次;走錠精紡機的紡錘,原本每分鐘轉 5,000 次,現在轉 6,000 次。在塞洛紡織機,速度增加了 1/10;在走錠精紡機,速度增加了 1/6[85]。」曼徹斯特附近帕特里克羅夫特有名的土木工程師,內史密斯,曾於 1852 年致霍納函中,說明 1848 至 1852 年蒸汽機改良的性質。他說明蒸汽引擎的馬力(因官方的工廠統計常引用 1828 年類似引擎的馬力)[86],只是名目的、只能用作其眞實馬力的指數;接著又說:「我相信,由同重量的蒸汽機,我們現在至少平均可以多得 50% 的功用;在速度以每分鐘 220 呎為限時,僅供給 50 馬力的同樣蒸汽機,現在大都可以供給 100 馬力以上……。」「又,100 馬力的新式蒸汽機因構造已經改良,汽鍋的容量與構造也改良之故,比起舊式蒸汽機,已能供給遠遠較大的力……。」「與馬力比例而言,所雇的工人數雖然和舊時一樣;但與機械比例而言,所雇的工人數已經減少[87]。」「1850 年,英國的工廠,共使用 134,217 匹名目馬力,推動 25,638,716 個紡錘和 301,445 架織機。1856 年,紡錘數爲 33,503,580

---

[85]《工廠監督專員半年報告。1862 年 10 月 31 日》,第 62 頁。

[86] 這個情形,自 1862 年的「議會報告」以來已改變了。這個報告已不復用名目馬力,而用近代蒸汽機和水車的實馬力了。再者,複紡錘在 1839、1850、1856 年的報告內,雖與眞正的紡錘混合計算,但現在也分開計算了。又,羊毛工廠也增加了「起毛器」的數量。黃麻工廠與大麻工廠和亞麻工廠區分開了。最後,織機工業第一次在報告中出現了。

[87]《工廠監督專員半年報告。1856 年 10 月 31 日》,第 11 頁。

個，織機數為 369,205 架。若所需的名目馬力與 1850 年相同，則 1856 年所需馬力應為 175,000 匹。但依該年官方報告，僅實際為 161,435 馬力。依 1850 年標準計算，工廠在 1856 年必須備有的馬力遠低於 10,000 馬力以上[88]。」「1856 年官方報告，證明了這幾件事實，即工廠組織在急速增加。與馬力比例而言，所雇人數雖和以前相等，但與機械比例而言，所雇人數已經減少。蒸汽機因動力節省及其他方法，已能推動重量較大的機械；又因機械與製造方法的改良、機械速率的增加及其他種種原因，有較多量的生產物可以生產了[89]。」「各種機械的大改良，大大增加了其生產力。毫無疑問，勞動小時縮短，給這各種改良予刺激。而機械的改良結合工人的高強度過勞，又產生了如下的結果：縮短 2 小時或 1/6 的工作日，至少和以前更長的工作日，生產了同樣多的生產物[90]。」

當勞動力的剝削加強時，製造廠主的財富如何大幅增加，可由一事證明：自 1838 至 1850 年，英國棉織等等工廠，以平均 32% 的比率增加，自 1850 至 1856 年，增加率為 86%。

自 1848 至 1856 年那 8 年間，在十小時工作日的影響下，英國工業固有極大的進步，但自 1856 至 1862 年那 6 年間，進步更大了。以絲工廠為例，在 1856 年，紡錘計有 1,093,799 個；在 1862 年，計有 1,388,054 個。在 1856 年，織機計有 9,260 架；在 1862 年，計有 10,709 架。但職工數在 1856 年為 56,131 名；在 1862 年為 52,429 名。紡錘數增加了 26.9%，織機數增加了 15.6%，職工數減少了 7%。又，1850 年，毛絨線工廠使用 875,830 個紡錘；在 1856 年，使用 1,324,549 個紡錘（增加 51.2%）；在 1862 年，使用 1,289,172 個紡錘（減少 2.7%）。但 1856 年的計算，曾將複紡錘計入；1862 年的計算，卻未曾把這種紡錘計入。

---

[88] 前揭報告第 14、15 頁。

[89] 前揭報告第 20 頁。

[90] 《工廠監督專員半年報告。1858 年 10 月 31 日》，第 9、10 頁。參看《工廠監督專員半年報告。1860 年 4 月 30 日》，第 30 頁以下。

故若將此數扣去，我們就發現1856年後紡錘數目幾乎沒有變化。反之，1850年後，紡錘與織機的速度，卻在許多地方增加了一倍。毛絨線工廠的蒸汽織機數，在1850年為32,617架；在1856年，為38,956架；在1862年，為43,048架。職工數在1850年，為79,737名；在1856年，為87,744名；在1862年，為86,063名；但其中包括的未滿14歲的兒童數，在1850年，為9,956名；在1856年，為11,228名；在1862年，為13,178名。所以，與1856年相較，1862年織機的數目大增了，但所雇用的勞動者總數卻減少，被剝削的兒童總數則增加[91]。1863年4月27日，費朗先生在下議院說：「我謹代表蘭開夏和柴郡16區的勞動代表，在此發言。依據他們的報告，工廠的工作，因機械改良之故，不斷在增加。以前，一個職工和兩個助手，只照料兩架織機，現在，一個職工，沒有助手，還須照料3架，甚至4架也不是稀罕的事。依報告的事實推論，12小時勞動，現已壓縮為不到10小時。過去10年間工廠工人的操勞增到何種程度，由此可見一斑了[92]。」

對於1844年及1850年《工廠法》的結果，工廠監督專員曾不斷且公正地予以推崇。但雖如此，他們仍承認勞動小時的縮短，已使勞動強化到破壞工人健康及其工作能力的程度。他們說：「就大多數棉織工廠、毛織工業、絲織工廠而言，前數年機械運轉大大加速的結果，工人

---

[91]《工廠監督專員半年報告。1862年10月31日》，第100頁及130頁。

[92] 假設布的品質，長寬是一定的，用舊蒸汽織機每星期不過織4匹布的織工人，用新式蒸汽織機，每星期卻可在2架織機上，生產24匹。1850年後不久，這種布每匹的織費，就由2先令9便士，減為5又1/8便士了。

第二版加注。「在30年前（1841年），一個紡織工人，用3個接紗工人，至多只照料2個精紡機，300至324個紡錘。現在（1871年），他和5個幫助他的接紗工人，照料2,200個紡錘；與1841年比較，生產的紗至少是7倍了。」（雷德格雷夫工廠監督專員在1872年1月5日《技術雜誌》上說的話。）

照顧機械,已不得不處於極度緊張狀態。這個事實在我看來,似乎是肺病死亡率過高(這是格林豪醫師在最近一次針對該主題報告內指出的)的一個原因[93]。」勞動小時的延長既由法律永遠禁止了,資本無疑自會有一種傾向,要由勞動強度的系統性提高來替補,並要使一切機械的改良成為更能完全耗盡工人的手段。這個傾向不久就會引發一種狀態,使勞動小時有再度縮短的必要[94]。猶憶1833年前曾有半世紀採用工廠體系,而其工作日毫無限制。1833至1847年,工作日規定為12小時。自1848至今日,工作日規定為10小時。但英國工業在1833至1847年的進步,是勝過在1833年以前的進步,在1848年以後的進步,又勝過在1833至1847年的進步[95]。

IV 工廠

在這一章的開頭,我們考量了工廠的軀體,即機械體系的組織。我

---

[93]《工廠監督專員半年報告。1861年10月31日》,第25、26頁。

[94] 現在(1867年)在蘭開夏,八小時運動,已經在工廠(眞正的工廠)職工中間開始了。

[95] 下表可表明1848年以來英國的工廠出品額,是怎樣增加。(該表見藍皮書,英國的統計摘要第8、13號,1861年及1866年。)蘭開夏工廠數在1839至1850年,僅增加4%,在1850至1856年,增加19%,在1856至1862年,增加33%;但每11年期間所使用的工人數,絕對而言是增加了,相對而言卻是減少了。(參看《工廠監督專員半年報告。1862年10月31日》,第63頁。)棉工業在蘭開夏是占支配勢力的。在棉紗、棉織物的製造上,這一郡的比例地位,可由如下事實來說明:英格蘭、威爾斯、蘇格蘭、愛爾蘭的這一類工廠有45.2%,其紡錘有83.3%,其蒸汽織機有81.4%,其織物工廠所用的蒸汽馬力有72.6%,其織物工廠所使用的職工總數有58.2%,是屬於蘭開夏的。(前揭報告第62、63頁。)

們知道,機械如何藉由占有婦女勞動與兒童的勞動,以增加資本剝削人類物質的數目;又如何藉由勞動小時的無節制延長,將勞動者的全部可支配時間沒收;它的進步——這種進步,使生產能在不斷縮短的時間內大幅增加——又最後如何作為系統性手段,使每一單位時間流出的勞動增加,或使勞動力所受的剝削不斷加強。現在我們要整體考量工廠。以其最完善的形態來看。

自動工廠的抒情詩人烏爾博士,一方面描述這種工廠為:「各種成年及未成年勞動者的合作,他們勤奮且熟練地照應一個生產機械的體

	輸出量			
	1848	1851	1860	1865
棉工廠				
棉紗(磅)	135,831,162	143,966,106	197,343,655	103,751,455
縫線(磅)	——	4,392,176	6,297,554	4,648,611
棉織物(碼)	1,091,373,930	1,543,161,789	2,776,218,427	2,051,237,851
亞麻、大麻工廠				
紗(磅)	11,722,182	18,841,326	31,210,612	36,771,334
織物(碼)	88,901,519	129,106,753	143,996,773	247,016,329
絲工廠				
絲(磅)	194,815	462,513	897,402	812,589
織物(碼)	——	1,181,455	1,307,293	2,869,837
羊毛工廠				
毛紗、絨線(磅)	——	14,670,880	27,533,968	31,669,237
織物(碼)	——	151,231,153	190,371,537	278,837,418
	輸出價值(鎊)			
	1848	1851	1860	1865
棉工廠				
棉紗	5,927,831	6,634,026	9,870,875	10,351,049
棉布	16,753,369	23,454,810	42,141,505	46,903,796
亞麻、大麻工廠				
紗	493,449	951,426	1,801,272	2,505,497
織物	2,802,789	4,107,396	4,804,803	9,155,358
絲工廠				
絲	77,789	196,380	826,107	768,064
織物	510,328	1,130,398	1,587,303	1,409,221
羊毛工廠				
毛紗、絨線	776,975	1,484,544	3,843,450	5,424,047
織物	5,733,328	8,377,183	12,156,998	20,102,259

系，那是不斷由一個中心動力推動的。」另一方面，又說這種工廠是：「一個大自動化，由不同機械的和有智力的器官構成，全隸屬在一個自我管理的動力之下，並在不間斷的協力中，為生產一個共同的客體而行動。」這兩種描述絕不是相同的。就前一種來說，集體勞動者，或社會的勞動體，表現為主宰的主體，機械的自動化則表現為客體。就後一種來說，則自動化為主體，勞動者不過是有意識的器官，與自動化無意識的零件協作，且也和那種無意識的零件同樣隸屬在中心動力之下。前一種描述，在機械各種可能的大規模使用上，都套得上；後一種卻僅僅描述了機械之資本主義的使用、僅僅敘述了近世工廠體系的特徵。所以，烏爾寧可認運轉啟動的中心機械為專制主，而不只認它為自動化。「在這樣大的工作場所內，寬仁的蒸汽力，在它自己周圍召集著無數馴服的奴僕[96]。」

操縱工具的技巧，和工具一道由勞動者移轉到機械上了。工具的執行力，從與人類勞動力不可分的限制解放出來了。於是，作為製造業分工的基礎的技術條件，被掃除了。製造業分工所特有的專門化工人等級制度消滅了，在自動工廠內代之的是作為機械照料者的各級工序勞動降至一律平等的趨勢[97]。細部勞動者間的人為區別消滅了，代之的是年齡與性別的自然差別。

分工再現於工廠之內，但這種分工只是把勞動者分配在各種專門機械下。把各群勞動者（不是有組織的組），分配在工廠的不同部門。在每一個部門，他們使用若干同種類且並置在一處的機械來工作，所以，在他們之間也只有單純的合作。製造業特有的有組織的組，被主要勞動者與其少數助手的結合所代替了。在那裡，勞動者主要區分為實際使用機械的勞動者（少數照料發動機的工人包括在內），和此等機械勞動者

---

[96] 烏爾《製造業哲學》，第 18 頁。

[97] 前書第 20 頁。參看馬克思《哲學的貧困》，第 140、141 頁。

的助手（大多是兒童）。在助手中，幾乎一切以材料供給機械的餵料者（feeders）皆包括在內。但在這兩種主要的級別之外，尚有若干為數不多的人員，例如技師、機械師、細木工等，他們照顧全部機械，並偶爾修理它們。這是一種高級工人，一部分受過科學的教育、一部分來自手工業的養成。他們有別於工廠操作員階級，不過和他們疊在一塊[98]。這種分工純然是技術性。

一切以機械為手段的勞動，要求從幼時訓練好，始能使自己的動作適應。自動化是劃一而連續的運轉。在作為整體的機械形成多樣、同時協同運轉的機械體系時，以此為基礎的合作，要求以不同組勞動者分配在各類機械下。但製造業分配工作使個別工人固化做某一特別工作的必要[99]，在機械使用下被移除了。整個體系的運轉並非來自勞動者，而是來自機械，故隨時更換工人也不會使過程中斷。1848至1850年，英國製造廠主反抗期中實行的輪班制度，可為此事實的最顯著例證。又少年工人學習一種機械操作既如此迅速，所以養成專門機械操作員的必要性

---

[98] 英國的《工廠法》，把本文最後所舉的一種勞動者排除在外。依照法律，這種勞動者被列在「非工廠勞動者」中。但國會的報告，卻不但明確把技師、機械師等等，且把工廠監工、營業員、職員、外勤職員、倉庫員、包裝員等等包括在內——總之，除製造廠主外，一切人都包括在工廠勞動者中。這種混淆，是統計蓄意蒙蔽真相的特徵。這種統計的蒙蔽，在其他各處也很容易看到。

[99] 烏爾也承認這一點。他說「在必需的情況」，工人可隨監工的意思，自一機械移至另一機械。他還得意地喊：「這種轉移，很明顯是與舊分工方法相矛盾的。舊分工方法，是叫一個工人造針頭，另一個工人磨針尖。」（《製造業哲學》，第22頁。）不過，他其實寧可反問一下，為什麼「舊方法」，在「必需的情況」，才在自動機工廠內被放棄。

也消失了[100]。僅是助手的工作，在工廠內可以在某種程度由機械代替[101]，且正因極其單純性，遂允許急速及不斷地更換負責此類單調而辛苦的個人。

機械雖在技術方面掃除了舊的分工制度，但這個制度，當初仍作為製造業的傳統，在工廠內殘存了一個時期；此後才在資本手裡以更可怕的形態，系統性地再形塑類及確立起來，成為勞動力剝削的手段。以前終生專門使用一種及同樣的工具，現在是終生專門服侍一個及同樣的機械。機械被誤用了，其目的在使勞動者自己，從幼時起即轉為細部機械

---

[100] 在窮困中，例如在美國南北戰爭的窮困中，工廠勞動者有時被資產階級使用來做最粗重的工作，例如築路等等。英國 1862 年以後的「國民工廠」，是為失業的棉業工人設的，那和 1848 年法國的國民工廠有別。在後者，工人是由國家出錢做種種不生產的勞動；在前者，他們卻是為資產階級的利益，做生產的都市勞動。他們被用來和常做該種勞動的人競爭，但比起來，他們是更便宜的。「棉業工人的生理狀況無疑改善了。我以為，……就男工人來說，這個結果要歸功於公共工程的戶外勞動。」（這是指普雷斯頓工廠勞動者在普雷斯頓郊外的工作。《工廠監督專員半年報告。1865 年 10 月 31 日》，第 59 頁。）

[101] 例如自 1844 年的法律通過以來，就有各種機械裝置，被採用來代替兒童勞動。當製造廠主屬下的兒童，必須經過「學校」始能在工廠充當助手時，這個幾乎還完全沒有開發的機械學領域，就有顯著的進步了。「走錠精紡機，也許和別的機械一樣是危險的。由此發生的災害，大多數發生在幼年的兒童身上。這種幼童，要在走錠精紡機運轉時，爬到機下掃地板。有若干照料走錠精紡機的工人，被申訴到工廠監督專員那裡判了罰金，但一般來說沒有多大的利益。假如機械製造家能夠發明一個自動掃機，幼童爬在機械下面的必要，就可由這種機械的使用來防止了。那在我們的保護設備中，一定是一個可喜的貢獻。」（《工廠監督專員半年報告。1866 年 10 月 1 日》，第 63 頁。）

的一部分[102]。如是,不僅勞動者自己再生產所必要的費用顯然減少;同時勞動者無助地依賴工廠整體,因此依賴資本家也得以完成了。在此處像在別處一樣,我們必須區別,同是生產力的增進,但一則以社會生產過程的發展為基礎、一則以社會生產過程的資本主義的剝削為基礎。

在製造業及手工業,是勞動者使用工具;在工廠,則是機械指使勞動者。在前者,勞動設備的運轉是由他推動;在後者,他卻必須追隨機械的運轉。在製造業,勞動者是一個活機制的構成部分;在工廠,則有一個沒生命的機制獨立在勞動者外,勞動者成為活的附屬物。「同一機械過程不斷反復著,這無止境的單調苦工和操勞,就像薛西弗斯的勞動一樣。勞動的負擔,像薛西弗斯所推動的岩石一樣,不斷落在疲倦的勞動者身上[103]。」工廠的工作,既使神經系統極度疲乏,同時又去除肌肉的多方面休息,並在身心兩方面的活動,沒收了自由的原子[104]。甚至勞動的減輕,也成為一種折磨,因機械不是使勞動者免除勞動,只是剝奪了一切趣味的工藝。資本主義生產的每一類型不僅在勞動過程,且在創造剩餘價值過程的共同現象為,不是工人使用勞動工具而是勞動工具使用工人。但這種顛倒,唯有在工廠體系,才取得技術的及一目了然的現實性。勞動工具,透過轉為自動化,是作為支配活勞動力和抽乾活勞動力的死勞動、以資本形式,而在勞動過程中與勞動者對立的。生

---

[102] 這個批評,對於普魯東的幻想也是適用的。普魯東「解析」機械時,不認為機械是勞動設備的綜合,卻認為它是勞動者為自己利益而進行的勞動的綜合。

[103] 恩格斯《英國勞動階級的狀況》,第 217 頁。就連普通的樂觀主義的自由貿易家莫里納利(Molinari)也說:「每日照料機械的劃一的運動 15 小時,要比同樣時間的體力勞動,更易使人衰老。在時間不過分延長時,這種照料勞動或許對於精神尚是有益的訓練,但若過度,則結果於身心兩方面都有損害。」(莫里納利《經濟學研究》,巴黎,1846 年。)

[104] 恩格斯,前書第 216 頁。

產過程的智力與體力勞動分離了，及將此種能力轉爲資本對於勞動的支配權。如我們以上所說，這種分離與轉化，是由以機械爲基礎的現代工業所完成。每一個別無足輕重的工廠操作員，其特殊技巧，在科學面前、在龐大物理力面前及在大群勞動面前，以極微小分量消失無蹤。科學、龐大物理力及大群勞動，構成工廠機制並與此機制，構成「主人」（master）的權力。在「主人」的頭腦中，機械與其對機械的壟斷，被認爲是不能分離的。所以，當他與其工人不和時，他輕蔑地告訴他們：「工廠操作員應牢牢記著，他們的勞動實際上是低級類的熟練勞動；沒有什麼比這種勞動更容易獲得，或在質的方面更易受制於報酬及更易由對極少經驗者的短期訓練獲得更快及充沛的供給。他們的勞動與技巧，只要有 6 個月的訓練，就可以習得，並且隨便哪一個人都可以習得。所以相較起來，在生產事務上，主人的機械實際要占更爲重要的地位[105]。」

勞動者在技術上臣服於勞動工具劃一的運轉之下。勞動體又由不分男女、不分老少的個人特殊組成。這情形創立了一種兵營的紀律。此種紀律，又被精心設計出完整的工廠制度，並如上所述，充分發展監督的勞動，因此將勞動工人區分成操作員（產業軍的私人兵卒）與勞動監督者（產業軍的下級士官）。「自動工廠的主要困難，尤其是在於訓練人們放棄工作上散漫的習慣，而與複雜自動化的不變規律性相一致。但要設計及管理一種合於工廠勤奮所需的紀律成功規則，是一個海克力斯式（Herculean）的企業，是阿克萊特的高尚成就！即便在工廠制度已經組織完備，及其勞動已極輕易的今日，要使一個已過思春期的人轉成有用的工廠勞動者，還幾乎是不可能的[106]。」資產階級雖在其他方面如此認

---

[105]《紡織業老闆和製造業者的防衛基金委員報告》，曼徹斯特，1854 年，第 17 頁。我們以後會看到，這些「老闆」，在他們憂慮「活」自動機的喪失時，卻吹奏一種不同的腔調。

[106] 烏爾《製造業哲學》，第 15 頁。知道阿克萊特的生平的人，絕不會把「高尚」這兩個字，加在這位天才理髮師頭上。在十八世紀的各大發明家中，他

同分權制度,尤其是代議制度,但在工廠規則上,資本卻以私人立法者的資格,專擅地確立對其勞動者的獨裁權。當勞動過程因實行大規模合作及共同使用勞動工具,尤其是使用機械之故,而必須實行社會的管制時,這種規則不過是社會管制的資本主義式漫畫而已。驅策奴隸的鞭,被監視人的處罰簿所代替了。一切處罰都自然變成罰金及從工資扣除的形態了。不僅如此,工廠立法者(Fabrik-Lykurge)的立法天分,還會造成這種局面,使法律的遵守,如有可能反不如法律的違犯對自己有利[107]。

無疑是偷竊他人發明的大盜,是一個最平庸的人。

[107] 「資產階級所加於無產階級的奴隸狀態,在工廠制度內最為顯著。在法律上和事實上,自由都在那裡消滅了。工人在早晨 5 點半,就要到工廠來;遲到一兩分鐘就要受罰。若遲到 10 分鐘,他就須等早餐後才准進廠,這樣他就喪失一日工資的 1/4 了。他的飲食睡眠,都須依命令以行。……暴虐的鐘聲,把他們從床上叫起來,叫他們立刻停止早餐或午餐。而當他們進工廠後,他們的情形又如何呢?在那裡,製造廠主成了專制的立法者。他照自己的意思制定工廠的規則,又依照自己的意思,修訂或增補這規則。哪怕他制定的規則極不合理,法庭仍舊會對工人說,這種契約是你們以自由意志締結的,所以你們應當遵守。……這種工人注定了必須從 9 歲起,就在鞭笞(精神上和肉體上的鞭笞)下度日,以至於死。」(恩格斯,前書第 217 頁以下。) 法庭是怎麼說,可由以下兩例來說明。第一例,是 1866 年歲暮在雪非耳發生的。一個工人曾在該地某煉鋼廠締結兩年的勞動契約。當他與廠主因某項爭執而離廠時,他說,在任何情況下,他都不願再在這位老闆下面做事。因此他就以違約罪被控,被判處兩個月的拘禁。(若製造廠主違約,那就只能向民事法庭控告,因此,他所冒的危險至多不過是罰金。)這個工人兩個月的拘禁期滿出來後,那位製造廠主依照舊契約條件,再要他回廠去做工,他拒絕了。違約的罪已經處罰了。但廠主再控告他。雖有一位法官席先生反對──他說,使同一人為同一罪在生涯中受數度處罰,是一件法律上可怕的事──法院終究受理了這個案子。這個案件,不

是「偉大的義務者」判決的，乃是倫敦最高法院之一判決的。〔第四版注。這個辦法現在已經廢止。除少數例外（例如公用煤氣工廠），工人和雇主在違約事件上，是立於平等地位，都只能在民事法庭控告。——F. E.〕第二例是 1862 年 11 月底在威爾特郡發生的。威斯特柏立利的利奧布廠經營者哈魯普，雇有差不多 30 個使用蒸汽織機的女工。哈魯普慣行的辦法是，凡工人早晨遲到 2 分鐘，扣工資 6 便士，遲到 3 分鐘扣工資 1 先令，遲到 10 分鐘扣 1 先令 6 便士。為了這個問題，發生了一次罷工。依照這種扣法，每小時應有工資 9 先令，每日應有工資 4 鎊 10 先令；但他們全年平均，每週工資至多不過 10 至 12 先令。並且，哈魯普又是怎樣計算時算時間呢？他是用一個少年工人報告工廠時間的。這個少年，在早晨 6 點以前就起來。當他吹的哨子停下時，工廠的門就關起來了，凡門外的工人都要受罰。這個工廠是沒有定時刻的。一群不幸的工人，完全在這個少年計時員的掌握中，這個少年計時員又是在哈魯普的掌握中。罷工的工人（那或是人家的母親，或是人家的女兒）宣言說，只要能夠用一面時鐘代替這個計時員、能夠將罰金金額改得合理一點，她們就願意復工。哈魯普卻在法官面前，控告 19 個婦人和少女違約。結果她們每人被處 6 便士的罰金，和 1 先令 6 便士的訴訟費。旁聽的人都很憤激。哈魯普從法院出來時，有一群叱罵他的人跟在他後面。——製造廠主有一得意之作，是以材料損害，為扣工資的理由。1866年，這個方法在英國製陶業區域，引起了一種同盟罷工。依童工委員會的報告（1863 至 1866 年），有若干工人在這種處罰方法下，不但不曾得到一分錢工資，反而對善良的老闆負若干債務，最近的棉業危機，也提供了若干堂皇的實例，說明工廠專制者在剋扣工資這件事上，是怎樣精明。工廠監督專員貝克說：「我近來接到若干控告某製造廠主的訴狀，因為他在這困難的時期，還向他雇用的若干少年工人，扣 10 便士的工資，作為醫師年齡證明書的代價。這種證明書（他自己只出 6 便士），依照法律不得扣至 3 便士以上，依照習慣甚至是一分錢都不用。……我還得到報告，說有某製造廠主，當醫師證明一個兒童有從事紡棉職業的資格時，即向其扣取 1 先令，稱此為學習紡棉技術和祕訣的學費。這樣他可以達到相同的目的，但又不致

在此，我們只提示了工廠展開勞動的物質條件。在密集擁擠的機械行間，尚有無數人冒生命及斷肢的危險。這是一季一季的工業死傷報告告訴我們的[108]。且不說此。溫度之人為的提高、空氣內原料粉屑的積

與法律牴觸。因此，在這時候、這情形下面，像罷工這一類異常的事情，還是有潛伏的原因存在著。這種異常的事，不加解釋，一般人是不易了解的。」貝克在這裡，特別指的是達爾溫 1863 年 6 月機械織工的罷工。（見《工廠監督專員半年報告。1863 年 4 月 30 日》，第 50、51 頁。）讀者應注意，工廠報告所記的日期，往往是提前的。

[108] 在危險機械中保護工人的法律，曾發生有益的效果。但有一些災害原因，在 20 年前還沒有；其中尤以機械速率增加一事最甚。車輪、輾輪、紡錘、梭的運轉速度，現在加速了，且仍在加速中。因此紗斷必須接紗時，手指的活動也必須更敏捷靈巧。一不敏捷，一不當心，手指就會犧牲。……有許多災害，是因工人急著完成工作發生的。我們必須記著，製造廠主認為最重要的事，是機械能不斷運轉，也就是能不斷有紗和貨物生產出來。一分鐘的停止，也會引起動力的損失，且會引起生產的損失。監工是希望生產增多的。勞動者在監工的督促下，會使機械不停運轉；工資依製品重量或數量計算的職工，也想使機械的運轉不停止。所以，雖有多數工廠乃至大多數工廠，嚴格禁止在機械運轉中清掃，但即不說全部工廠，大多數工廠仍是這樣。他們仍在機械轉動時，收拾廢屑、擦拭輪軸。因此，單由這一個原因，在 6 個月中，就發生了 906 件災害。……掃除的工作雖是每天都有，但一般是把星期六規定為全機器清掃的時候。這種清掃也大部分是在機械運轉中進行的。因為這種清掃的工作沒有工錢，工人當然想把它快快做好，並且愈快愈好。因此「在星期五，尤其是星期六，災害的次數要比別的日子更多得多。在星期五，差不多比前 4 天的平均次數多 12%，在星期六，差不多比前 5 天的平均次數多 25%；再考慮到星期六的勞動時間——別的日子，每日勞動 10 小時半，星期六只勞動 7 又 1/2 小時——則星期六發生的災害次數，比其他 5 日的平均次數要多 65%。」（《工廠監督專員半年報告。1866 年 10 月 31 日》，第 9、15、16、17 頁。）

滿、震耳欲聾的喧囂，也以同樣程度損傷工人的五感。社會生產資料的節省在資本手中，藉由工廠制度助長及強迫，於溫室中系統性掠奪工人在幹活時所需的維生條件，掠奪空間、空氣、日光，掠奪在生產過程中種種危害生命及妨害健康設備的防護。剝奪工人舒適的設備，更不用說了[109]。無怪傅立葉（Fourier）會稱工廠為「柔性的馬車」[110]。

V 勞動者與機械之間的鬥爭

資本家與工資勞動者間的鬥爭，是與資本源頭一同開始的。這種鬥爭，在全製造業時期，皆甚猖獗[111]。但勞動者抗拒勞動工具本身——資

---

[109] 在第三卷，第一篇，我將說明英國製造廠主近來是怎樣反對《工廠法》在危險機械中保護「工人」的條文。這裡，我們只要引用工廠監督專員霍納在正式報告上的話：「我曾聽說，有若干製造廠主，以極無思慮的態度，談述若干災害事件；例如，把一個指頭的喪失，看作非常小的事。但工人的生活和前途，是這麼依靠手指，其喪失對於工人自己是一件大事。所以，當我聽到這種無思慮的話時，我總提出這樣的問題：假設你缺少一個工人，卻有兩個工人想得到這個位置。這兩個工人在其他各方面是一樣適合的，但其中一個沒有大拇指或食指。請問，你寧願雇用哪個？對於這個問題的答覆，是從沒有人躊躇的。……他們認為它是假的慈善，用一種錯誤的偏見來看待它。」（《工廠監督專員半年報告。1855年10月31日》。）這些製造廠主都是「聰明人」，他們熱心支持奴隸擁有者的反叛運動，當然不是毫無所為的！

[110] 在《工廠法》——它強制地限制勞動時間，並取締其他若干種事情——下受取締最久的工廠，已經把以前的種種弊害，取消了許多。機械的改良，又相當要求工廠建築物的改良，這是對勞動者有利的。參看《工廠監督專員半年報告。1865年10月31日》，第109頁。

[111] 可特別參看霍頓（John Houghton）《改良的農工業》，倫敦，1827年；《東印度貿易的利益》，1720年；貝勒斯《設立工業大學之提議》，倫敦，

本的物質體現——，卻是機械採用以後的事。勞動者視生產資料的這個特殊形態，為資本家生產方式的物質基礎，而反抗之。

在十七世紀，全歐幾乎都有勞動者，抗拒德文稱為 Bandmühle（或稱 Schnurmühle 或 Mühlenstuhl），一種德國發明的織絲帶和鑲邊機器[112]。約在1630年，有一荷蘭人在倫敦附近開辦一個風力鋸木廠，毀於

1696年。雇主與其勞動者，不幸常在戰爭狀態中。雇主的不變的目的，是盡可能以低廉的價格得到勞動。他們不惜用種種手段來達到這個目的。但勞動者也想利用每一個機會，使雇主不得不容納他們更高的要求。（《現今食物價格騰貴原因的研究》，1767年，第61、62頁。此書為福斯特（Nathaniel Forster）牧師所著，是站在勞動者方的。）

[112] Bandmühle（絲帶機械）是在德國發明的，一個義大利神父蘭斯洛蒂（Lancellotti），曾於1636年在威尼斯出版一本書（寫於1579年），裡面有這樣的話：「約在50年前，但澤人安東尼·穆勒（Anthony Müller）在這個都市看見一個極精巧的機械，那可以同時織4至6匹布。但但澤市因恐這個機械的採用會使許多工人失業，把這個機械燒毀了，發明者被祕密地絞殺或溺殺了。」在萊登，這個機械直到1692年才有人使用，當初也曾在絲帶織工間引起暴動。市議會以1623年與1639年的法令，限制它的使用。最後，依1651年12月10日的法令，它還只能在一定條件下使用。關於絲帶織機在萊登市的採用，博克斯霍恩（Boxhorn）在《法制論》（1663年）中說：「差不多20年前，在這都市，發明了某種織的工具，用這種工具，不僅可以在相同時間內比普通人織出更多的絲帶，所織成的絲帶也更精緻。因此，地方上發生了一種擾亂，織工群起不平。後來由市議會禁止使用了事。」在科隆，1676年，這個機械被禁了。差不多同時，這個機械輸到英格蘭去，也曾在工人間引起紛擾。1685年2月19日的敕令，在德國全面禁止這個機械的使用。在漢堡，是以市議會命令，公開燒毀這種機械。1719年2月9日，查理六世重申1685年的敕令。在撒克遜侯國，這個機械也到1765年才公開准許採用。但這個如此轟動世界的機械，實際上便是紡織機械的前導，是十八世紀產業革命的先驅。一個無經驗的兒童，只要拉

民眾的粗暴。甚至遲至十八世紀初葉，英格蘭用水力推動的鋸木廠，仍被民眾反對，這種反對因得國會的支援，費了些力氣才停息下來。1758年，埃弗里特（Everet）製成用水力推動的羊毛剪裁機，但被10萬因之失業者所焚毀。阿克萊特的粗梳機與梳棉機初被採用時，有5萬名一向以梳毛為業的工人，向國會請願禁止。十九世紀初的15年間，英國製造業區域發生機械（主要是蒸汽織機）的浩大破壞，被稱為「盧德運動」（Ludditen bewegung），曾成為反雅各賓黨政府（主要人員為西德茅斯、卡斯爾雷等）採用極反動及高壓措施的藉口。工人要能區別機械與機械被資本所使用，從而，不以物質生產資料，而以物質生產資料被使用的方式為攻擊目標，那尚須有相當的時日和經驗[113]。

製造業內部的關於工資的鬥爭，是以製造業為前提，但不否定它的存在。製造業的成立，曾遭遇反抗，但反抗乃從基爾特行業公會的老闆和特權的都市那方面來，而非從工資勞動者那方面來的。因此，在製造業時代的作家眼裡，分工主要是勞動者幾乎缺額的手段，但不是實際替代在崗勞動者的手段。這個區別是不言而喻的。試舉一例以明之。比方說，我們說今日英國50萬名勞動者用機械紡織的棉花，若用舊式紡車紡織，必須有一億名勞動者。這並不意味，這數千萬從來不存在的勞動者，已為走錠紡織機所代替。我們只是說，要代替這種紡織機械，必須有數千萬勞動者才可以。反之，若我們說在英國蒸汽織機曾使80萬名織工失業。我們的意思就不是說，現存的機械只能由一定數勞動者代替，而是說一定數現存的織工，已在事實上被織布機所替代或取代。在製造業時代，手藝勞動雖已被分工所改變，但依然是基礎。中世紀留傳下來的都市操作員，比起來是很少的；新殖民地市場的需求，不能由

動起動桿，就可以推動織機及其所有的梭。改良後，它已能同時織40至50匹布了。

[113] 我們發覺，即使在今日，舊式製造業工人對於機械，仍不時發生粗暴的反抗。1865年雪非耳的銼刀工人，就是一例。

此滿足。同時，真正的製造業，又給因封建制度崩潰而從土地被驅逐出來的農村人口，開放新的生產領域。所以在當時，工作場所內的分工和合作，也多從積極方面來看待：使勞動者更具生產力[114]。應用到農業上來，合作與勞動工具集中在少數人手中，也曾在多數國家（遠在現代工業時代以前），在農村人口的生產方法上，從而在維生條件及就業手段上，引起突然且強烈的大革命。但這種爭鬥，原本與其說發生在資本與工資勞動之間，毋寧說是發生在大地主與小地主之間。並且就這個情況來說，在勞動者被勞動工具（羊馬等等）所取代時，自始就直接訴之於力量，為產業革命的序曲。勞動者從土地被逐出，然後羊進去。像英國那樣大規模的土地掠奪，乃是大規模農業成立的第一步[115]。所以，這項農業的顛覆，最初多披上政治革命的外觀。

勞動工具一取得機械的形態，它立即成為勞動者自己的競爭者[116]。

---

[114] 史都華爵士也完全從這個意義考量機械的影響。他說：「我認為，機械是這樣一種手段，它會（在可能性上）增加活動的人數，但不會使供養費增加。……機械的作用，和新住民的作用，就由這一點區別。」（《經濟學原理》，法譯本，第1卷，第1篇，第19章。）配第還更樸實地說，機械代替了「一夫多妻制」（Polygamie）。這個見地，至多只能適用於美國若干地方。反之，皮爾西·萊文斯登（Piercy Ravenstone）著《公債制度及其影響》一書（倫敦，1824年，第45頁），卻說：「使用機械以縮短個人勞動這一件事，是很少成功的；其建造所費的時間，會比其應用所節省的時間更多。在它能有大規模作用的時候，換言之，在一個機械能幫助幾千人工作的時候，它才是有用的。因此，機械最多的地方，必定是人口最眾、遊手好閒者最多的地方。……採用機械的原因，不是勞動者稀少，只是勞動得以集合使用的便利。」

[115] 第四版注。這也適用於德國。在盛行大農業的德國各處，尤其是德國東部，大農業的成立，是「自耕農民驅逐」（Bauernlegen）的結果。這種驅逐，自十六世紀以來，尤其是自1648年以來，是極流行的。——F. E.

[116] 「機械與勞動，在不斷的競爭中。」（李嘉圖，前書第479頁。）

資本藉由機械而起的自我擴張，與生活條件被該機械破壞的勞動者數成正比。我們講過，資本主義生產的整個體系，是立足在勞動者以其勞動力當作商品來出賣的事實上。但分工僅使勞動力轉為操縱某一特殊工具的完全特殊化的技巧。自操縱此工具的事務也歸於機械以來，勞動力的交換價值，就和它的使用價值一同消失了。勞動者變成了不能出賣的東西，像立法不許紙幣流通。拜機械之故而被轉為過剩人口（在資本自我擴張上，他們不再是直接需要的人口）的那一部分勞動階級，一方面，或者在舊式手工業和製造業以機械運轉的不平等鬥爭中消滅；另一方面，或是湧入較易進入的產業部門，深陷在勞動市場內，使勞動力的價格低於其價值。這些勞動者，每每一方面深信他們所受的痛苦只是暫時的（一時的不便）作為安慰，另一方面又以為，機械只是逐漸控制整個特定生產領域，其破壞作用的範圍與強度或許得以遞減。但前一種安慰，足以抵銷第二種。當機械逐漸控制一項工業，機械會使那些與機械競爭的操作員，陷於長期的不幸。而在過渡期急速的地方，其影響既尖銳又廣泛。英國手織工人逐漸消失（那曾荏苒數十年之久，至1838年才算完全），是世界史上一幕空前可怕的悲劇。其中，有許多是餓死的、有許多是一家長期每日以2又1/2便士茫然過活[117]。反之，英國棉

---

[117] 在1834年《新濟貧法》實施以前，在英國有一個時期，手織機與機械織機的競爭，是由這事實而延長的：工資降到最低限以下的工人，得受教區津貼以為補足。「杜爾納牧師在1827年是柴郡威母斯洛（一個製造業區域）的教區長。移民委員的質問和杜爾納先生的答覆，說明了人類勞動對機械的競爭，是怎樣維持。問：『機械織機的使用，曾驅逐手織機的使用嗎？』答：『毫無疑問。不設法支持手織工人，使他們能夠容忍工資的減低，則被驅逐的，尚不止於此數。』問：『在這樣容忍下，他所接受的工資不夠維持生計，因此不得不仰賴教區的津貼來補足嗎？』答：『是的。實際上，手織機和機械織機的競爭，是由濟貧稅來維持的。』工業人口由採用機械所得的好處，是屈辱的救濟或移居他處，那不過是把高尚且相當獨立的手工

機械，卻在印度引起強烈的影響。1834 至 1835 年，印度的總督曾說：「這樣的不幸，在商業史上絕無僅有。棉織工人的白骨，把印度平原的土地都染白了。」當然，就這一輩已被此「暫時」世界排除在外的織工來說，機械所給他們的只是「一時的不便」，但就其餘各點來說，因機械會不斷侵入新的生產領域，故機械的「暫時的」作用，實際上也是永久的。我們以前講過，資本主義生產方式一般會在勞動工具與勞動生產物上，賦予與勞動者對立的獨立及疏離的特性；經由機械的手段，才發展為完全的對立[118]。所以，勞動者對勞動工具之粗暴的反抗，也是和機械的採用首次發生的。

勞動工具節省勞動者，「這種直接的對立，在新被採用的機械，與早期手工製造相競爭的地方，暴露得最為分明。但在現代工業內部，機械持續的改良，和自動化體系之發展，也有同樣的作用。機械改良之目的，是減少體力勞動，藉由鐵的協助代替人類工具的協助，以執行製造業生產過程或完成的一環[119]。」「以動力取代前此以手推動機械的事，幾乎每日都在發生。……以節省動力、更好的生產、解除同時間的工作量，或替代一個兒童、一個婦女或一個成年男子為目的的機械小改良，是不斷發生的，那在表面上雖似乎不甚重要，但也會帶來重要的後

人，變為萎縮的貧困者，使其必須仰賴屈辱的慈善麵包來生活。但他們稱此為一時的不便。」（《競爭與合作的比較功績論》，倫敦，1834 年，第 29 頁。）

[118]「增加一國收入的原因，同時會使人口過剩、勞動者的狀況惡化。」（李嘉圖，前書第 469 頁）。在那裡，李嘉圖說明了他所謂「一國收入」，是指地主和資本家的收入。從經濟學考量，他們的收入等於國家的收入。——機械改良的永久的目標和趨勢，是實際驅除男人的勞動，或以婦女、兒童的勞動代替成年男子的勞動，以不熟練工人的勞動代替熟練工人的勞動，以減低勞動價格。（烏爾《製造業哲學》，第 1 卷，第 35 頁。）

[119]《工廠監督專員半年報告。1858 年 10 月 31 日》，第 43 頁。

果[120]。」「一個過程要求有手工的靈巧與穩定時,此過程則要盡速從太過狡猾、太易違規的工人手裡奪下來,交給一個特殊的、可由一個兒童照料能自主管理的機制去擔任[121]。」「在自動的體系下,熟練勞動則日益被取代[122]。」「機械改良的效益,不僅使一定結果的取得,無須如先前雇用等量的勞動,且使一種人類勞動可以代替別種人類勞動,使較不熟練勞動可以代替較熟練勞動、使少年勞動可以代替成年勞動、使婦人勞動可以代替男子勞動。這一切變化,都會在工資率上引起鮮明的擾亂[123]。」「以自動走錠精紡機代替普通走錠精紡機的結果,是使男織工大部分失業,而將少年及兒童保留[124]。」由實際經驗的累積、由現有的機械手段、由技術的不斷進步,工廠體系擴張的超大能力可由工廠體系在工作日縮短的的長足進步,予以證明。但 1860 年(英國棉業極發達的年度),誰會想到,在此後 3 年間,在美國南北戰爭的刺激下,機械會呈奔騰式改進、及勞動人民會相應地被取代呢?對此,工廠監督專員的政

---

[120]《工廠監督專員半年報告。1856 年 10 月 31 日》,第 15 頁。

[121] 烏爾,前書第 19 頁。——「火磚製造上使用機械的大利益在於這點:雇主可以完全不依賴熟練工人。」(《童工委員會第五報告》,倫敦,1866 年,第 180 頁,第 46 號。)

第二版加注。大北方鐵路公司機械部監督斯圖羅克(Sturrock),對於火車頭等等機械的建造,曾說:「英國的昂貴的工人,一天比一天更少被人使用了。因為採用改良工具,生產增加了,照料這種工具的又是低級勞動。……以前,蒸汽機的各部分都需用熟練勞動。現在,蒸汽機的各部分,用熟練較少的勞動和優良的工具來生產了。所謂工具,我是指機械建造上所使用的機械。」(《敕命鐵道委員會述證》,倫敦,1867 年,第 17862、17863號。)

[122] 烏爾《製造業哲學》,第 20 頁。

[123] 前書第 321 頁。

[124] 前書第 23 頁。

府報告，曾提示一二例證，可以援引如下。曼徹斯特有一個製造廠主說：「以前我們的工廠有梳理機 75 架，現在只有 12 架，生產額現在卻和以前一樣。……我們使用的工人減少了 14 名，因此，每星期可以節省 10 鎊工資。依我們估計，所節省的棉屑約占所用棉花量的 10%。」在曼徹斯特另一個細紗紡織工廠內：「據報告，因速度增加及採用某些自動製程之故，勞動者人數，在某一部門減少 1/4，在另一部門減少約 1/2。而以精梳毛機取代第二梳理機的結果，又使梳理室雇用的職工數比前減少許多。」另一個紡織工廠，據估計節省了 10% 勞動。曼徹斯特紡織業者吉爾摩公司報告說：「就清棉間來說，我們估計我們使用新機械的結果，足足減少了 1/3 的工人和工資。……在起重室，支出和工人約減少 1/3。在紡織室，支出也約減少 1/3。但還不止於此。本公司製成的紗，因為採用新機械，已改良很多，所以到織布業者手中時，它比用舊機械紡成的紗，能生產更大量又更便宜的布匹[125]。」在同報告中，工廠監督專員雷德格雷夫還說：「減少工人而增加生產的事情持續發生；在毛織物工廠，一段時間以前，工人即已開始減少，且繼續在減少。」數日前，洛赤代爾附近一位校長對我說，女學校學生的大量減少，不僅因為市面蕭條，還因為毛織業工廠機械的改革，因此有 70 個「短時工」被裁了[126]。

---

[125]《工廠監督專員半年報告。1863 年 10 月 31 日》，第 108、109 頁。
[126]《工廠監督專員半年報告。1863 年 10 月 31 日》，第 109 頁。機械在棉業危機中的急速改良，使英國的製造廠主，在美國南北戰爭剛剛停止不久，就以製品塞滿世界市場。在 1866 年最後 6 個月間，織物之類的東西完全賣不出去。於是，開始把商品送往中國和印度，那當然使市場壅塞的情狀更惡化。1867 年初，製造廠主遂用他們常用的辦法，把工資減低 5%。勞動者紛起反對，宣言說（這種說法，從理論的見地來說完全是對的）唯一的救治方法是縮短工時，即每星期只開工 4 日。爭執許久之後，工業界的自委的隊長，不得不照這樣辦，某些地方的工資還是減低 5%，不過有些地方是照舊。

下表可以說明,美國南北戰爭對英國棉業的機械改良帶來的總成果。

各年的工廠數如下表:

	1857年	1861年	1868年
英格蘭與威爾斯	2,046	2,715	2,405
蘇格蘭	152	163	131
愛爾蘭	12	9	13
全國合計	2,210	2,887	2,549

蒸汽織機數如下表:

	1857年	1861年	1868年
英格蘭與威爾斯	275,590	368,125	344,719
蘇格蘭	21,624	30,110	31,864
愛爾蘭	1,633	1,757	2,746
全國合計	298,847	399,992	379,329

紡錘數如下表:

	1857年	1861年	1868年
英格蘭與威爾斯	25,818,576	28,352,125	30,478,228
蘇格蘭	2,041,129	1,915,398	1,397,546
愛爾蘭	150,512	119,944	124,240
全國合計	28,010,217	30,387,467	32,000,014

被雇工人數如下表:

	1857年	1861年	1868年
英格蘭與威爾斯	341,170	407,598	357,052
蘇格蘭	34,698	41,237	39,809
愛爾蘭	3,345	2,734	4,203
全國合計	379,213	452,569	401,064

由上表,可知1861至1868年間,有388個棉工廠消滅了,也就是

更具生產力的規模較大的機械,已集中在少數資本家手中了。蒸汽織機減少了 20,663 架,但同時期蒸汽織機的生產物反而增加,可知改良織機必比舊織機生產得更多。又,紡錘數增加了 1,612,541 個,職工數則減少 50,505 名。工人因棉業危機而蒙受的「暫時的」不幸,透過機械急速及不斷的進步,而日益加劇並永久化了。

但機械,不僅扮演一個占優勢且常常使工資勞動者「顯得多餘」的競爭者,它還是對工資勞動者不友善的勢力。資本是這樣大聲說,也是這樣斷然做的。勞動階級為反對資本的專制,舉行週期性暴動,機械便成了壓抑罷工的最有力武器[127]。依蓋斯凱爾(Gaskell)說,蒸汽機自始即是「人力」的敵手。工人日益擴大的要求,幾乎給當時方始萌芽的工廠制度以危機的威脅,資本家之所以能把工人的這種要求壓倒,就有賴這個敵手[128]。我們可以說,1830年以降的全部發明史,都表明它是提供資本壓抑勞動階級反抗武器的唯一目的。在這裡,最先讓我們想起的,是走錠精紡機,因其開啟自動體系的新紀元[129]。

內史密斯,汽鎚的發明者,曾在職業工會聯合委員會前,對於他1851年因機械工人長期及蔓延性大罷工而採用的機械改良,提出如下的證詞:「近代機械改良的特徵,是自動工具機的採用。現在機械工人所從事的事項,雖兒童也能從事。他們無須自己勞動,只須監督機械的美麗勞動。因此,專門依賴技巧的工人階級,如今全然消失了。以前我每雇用一個機械師,須雇用 4 個少年工人。感謝新的機械組合,我現在

---

[127]「在燈石玻璃的工業上,雇主和工人的關係等於一種慢性的罷工。因此,壓製玻璃的製造,一時就興盛起來了,因為壓製玻璃主要是由機械做的。新堡有一個公司,以前每年生產 350,000 磅燈石玻璃,現在是生產 3,000,500 磅壓製玻璃了。」(《童工委員會第四報告》,1865年,第 262、263 頁。)
[128] 蓋斯凱爾《英國製造業人口》,倫敦,1833 年,第 3、4 頁。
[129] 在機械建造上機械的應用,有若干重要的地方,應歸功於費爾貝恩(Fairbairn)在罷工中所得的經驗。他是一個製造機械工廠的所有主。

雇用的成年男工，已由 1,500 人減為 750 人了。結果，我的利潤大大增加了。」

烏爾對於印染業使用的一種染色機，曾說：「資本家終於在科學資源下，從這種難堪的束縛（也就是在他們眼中勞動契約的惱人條件）釋放出來，並迅即恢復了他們合法的支配權，即頭腦支配肢體的權力。」關於一種曾因使用而直接引起罷工的整經機的發明，他說：「到這時候，自認在舊分工線後立於不敗之地的這群烏合的不滿分子，才發覺他們的側翼已在新機械的戰術面前瓦解、發覺他們的防禦已經無效，不得不無條件投降了。」關於走錠精紡機的發明，他說：「這一種創造，負有在各勤奮階級間恢復秩序的使命。……這一種發明，印證已被提出的偉大原理：資本取得科學之助，難管的勞動者常被馴服[130]。」烏爾的著作是 1835 年出版的，那時工廠制度還不甚發達，但雖如此，他的著作不僅因含有無掩飾的犬儒主義風味，且天真地把資本頭腦無知覺的矛盾說漏出來，故仍不愧為工廠精神的典型表現，例如，他說資本得科學之助，使「難管的勞動者常被馴」之後，又對於世人非難機械物理學的話（認為機械物理學為巨富資本家侵擾貧者的工具）表示憤懣。他以冗長的訓話，說明機械急速的發展如何有利於勞動者之後，又對勞動者警告，說他們的頑固及他們的罷工，會加速機械的發展。他說：「這種粗暴的激烈反應，表示了目光短淺者是可鄙的自我折磨者。」但數頁之前，他說的話又正好相反。他說：「若不是工廠的職工，因懷著錯誤的見解，以致發生激烈的衝突和停頓，工廠制度必有更迅速的發展，對各方當事人也必更有利。」但往下他又說：「幸而，在大不列顛棉業區域的社會狀態，機械的改良是漸進的。我們曾聽人說，機械改良經由取代一部分成年工人，使成年勞動的供給較對其需求過剩，從而使他們的工資降低。但它增加幼童勞動的需求，從而把他們的工資率提高了。」但

---

[130] 烏爾《製造業哲學》，第 368、370 頁。

這位安慰者，又以兒童工資率低微為值得贊成的事情。他說這種事情，使父母不致把年齡過小的兒童送到工廠去做工。總之，他全書不外乎為無限制的工作日辯護。當國會禁止未滿 13 歲的兒童每日做工 12 小時以上時，他這種自由主義的精神，使我們回想起中世紀的黑暗時代。但雖如此，他仍勸工廠勞動者感謝上帝，因上帝藉由機械使他們有閒暇反省其「不朽的利益」[131]。

VI 機械取代勞動者而予以替補的學說

除詹姆斯・彌爾、麥克庫洛赫、托倫斯、西尼爾、約翰・彌爾等等以外，一系列有產階級的經濟學者，堅信機械取代勞動者，但同時且必然會釋放相當的資本，來雇用同數的勞動者[132]。

假設某資本家，在壁紙製造業上雇用 100 個工人，每人每年工資 30 鎊。每年支出的可變資本，等於 3,000 鎊。現在他裁去 50 個工人，而以值 1,500 鎊的機械，使用其餘 50 人。為使問題簡明起見，我們且不計入建築物、煤炭等等。再假設每年消費的原料，和從前一樣值 3,000 鎊[133]。這種形態變化，曾釋放出任何資本來嗎？在形態變化之前，6,000 鎊的總額，半為不變資本、半為可變資本。在形態變化之後，則 6,000 鎊中，4,500 鎊為不變資本（3,000 鎊為原料，1,500 鎊為機械），1,500 鎊為可變資本。可變資本部分，即轉為活勞動力的資本部分，原為總資本 1/2 的，現已減為 1/4。在此情況，不但沒有資本被釋放出來，且有一部分資本被固定在中止與勞動力交換的形態上；也就是由可變資本轉為不變資本。在其他事情不變的條件下，6,000 鎊的資本，在未來

---

[131] 烏爾，前書第 368、7、370、280、321、281、475 頁。

[132] 李嘉圖原本是抱持這個見解的；但此後，他是用他特有的科學公正和對真理的愛，明確放棄了這個見解。參看其所著《原理》，第 31 章〈論機械〉。

[133] 注意，我是仿照那幾位經濟學者的方法，舉這個列舉的。

仍雇用不超過50個勞動者。而機械每改良一次，所雇用的工人還會減少一次。當然，如果新採用的機械，比機械所取代的勞動力和工具所值更小，比方說，機械不值1,500鎊，只值1,000鎊，則由可變資本轉為不變資本的數額，就固定在1,000鎊；因而有500鎊的資本會被釋放出來。假設工資不變，這樣被釋放出來的500鎊，將成為一種基金，可以在被解雇的50人中，大約雇用16人。但一定不及16人，因這500鎊用作資本時，其中也須有一部分成為不變資本，而僅以餘下部分用於勞動力。

又假設，新機械的建造，會雇用較多的機械工人，但這能說是壁紙製造工人被解雇的替補嗎？並且，建造新機械所雇用的人數，與使用機械所取代的人數相比，是必然較少的。1,500鎊的總額，以前代表壁紙工人的工資，現在他們被解雇了，這數額將在機械形態上，代表：(1)建造該機械所使用的生產資料的價值；(2)建造該機械所雇用的機械工人的工資；(3)雇主所分得的剩餘價值。再者，機械一完成，不到磨滅的時候，是不必更新的。所以，這追加的機械建造工人數，如要持續就業，則壁紙製造業者，必定要一個一個相繼用機械取代工人。

當然，這些辯護論者所指的，不是這樣的資本釋出。他們所指的，是被釋出的勞動者的維生資料。就上例而言，我們不否認，機械不僅釋出50個勞動者，任憑他人去利用，同時它還把他們的消費撤出價值1,500鎊的維生資料，使這種維生資料釋出。這個單純的、絕不新奇的事實——機械切斷勞動者維生資料——用經濟術語便是：機械釋出勞動者的維生資料，或是把這種資料，轉為雇用別的勞動者的資本。可見，表達方式萬能。惡事包上好名。

按照這個學說，價值1,500鎊的維生資料，將形成資本，而藉由那被解雇的50個壁紙工人的勞動，發生價值擴張。所以，這個資本雖在50個人被逼開啓其假期時停止使用，但它會繼續尋求新的投資，俾能再由這50個人實行生產性消費。所以，資本與勞動遲早會再走到一起，從而完成替補。這樣說，工人初機械取代所受的苦痛，便也和這個

世界的財富一樣，是暫時的了。

但這值 1,500 鎊的維生資料，再不能以資本的資格，和被解雇的工人有所關聯。以資本的資格和他們相對立的，是往後轉為機械的 1,500 鎊。在細查下，這 1,500 鎊貨幣，不過代表那被解雇的 50 個工人每年生產的壁紙的一部分，這一部分是以貨幣不是以實物，作為工資，由雇主付給他們。他們一向就用這種已換成 1,500 鎊的壁紙，來購買等價值的維生資料。所以，在他們來看，這種維生資料不是資本，只是商品，而與此種商品相對而言，他們也不是工資勞動者，只是購買者。機械使他們從購買手段釋出的事實，使他們由購買者變為非購買者了。因此，這種商品的需求減少了。但也不過如此。如果這種減少，不由其他方面需求的擴大來替補，商品的市場價格是會跌落的。假如這種情形持久下去並擴大開來，則原本為生產此種商品而被雇用的勞動者，也會被取代。以前用來生產必要維生資料的那部分資本，可以在別種形態上再生產出來。在價格跌落，資本被取代時，生產必要維生資料的勞動者，也會釋出他們工資的一部分。所以，資本辯護論者，與其用他們刻板的供需法則來證明，當機械把勞動者從維生資料釋出時，它同時會使此等維生資料，轉為再雇用他們的資本，實毋寧用這個法則來證明，機械不僅會在採用機械的生產部門，並且會在不採用機械的生產部門，棄勞動者於街頭。

經濟學者的樂觀主義，把事實的真相詼諧化。事實的真相是：從工作場所被機械逐出的勞動者，走到勞動市場上來，在那裡增加原本任憑資本家處置的勞動力的數量。本書第七篇將說明，機械的這種作用，不但不是勞動階級的替補，反之，那正是勞動階級最可怕的懲罰。在此我只要說：從任一產業部門被逐出的勞動者，無疑可以在某些別的產業部門求職。倘若他們求得了，他們和維生資料間的結合，會再締結起來，那一定是因為有新的及追加的資本，在尋求投資作為媒介，絕非因為原先雇用他們隨後轉為機械的資本，在當中作為媒介。並且，就算他們果真求得職位，他們的前途也是何等黯淡啊！他們已因分工，變得殘缺不

全；他們在原勞動範圍之外幾乎是沒有用處的，所以他們所能加入的職業，只有少數低級的、及無酬而求職者眾的產業部門罷了[134]。再者，每一個產業部門，每年都會吸引新的人流，來補充缺額並供作擴充。當機械在某產業部門將有業工人一部分釋出時，候備隊也會分出新的就業管道，而為其他部門所吸收。不過，原來的受害者，卻大都在過渡期間餓死了。

　　無疑的，勞動者從維生資料的釋出，機械是一點責任也不負的。機械會在採用機械的生產部門使生產物便宜，並使其量增加，但在當初，其他產業部門所生產的維生資料量是不發生變化的。所以在機械被採用後，社會所擁有的可用來供養被解雇勞動者的維生資料，即使不比以前多，也必和以前相等；而年生產物中由非勞動者浪費的極大部分，尚不計算在內。這就是經濟學辯護論者的根據了！與機械之資本主義使用不可分離的矛盾和對立，是不存在的；因為這種矛盾和對立，非出自機械本身，而出自機械之資本主義使用！因為機械本身是縮短勞動時間、是減輕勞動，但機械為資本使用，卻延長勞動時間、卻提高勞動強度；因為機械本身是人類對大自然力的勝利，但機械在資本手中，卻使人類隸從於大自然力；因為機械本身可以增加生產者的財富，但機械在資本手中，卻使生產者化為待救濟的貧民──就因此及此外的理由，有產階級經濟學者毫不費力地說，就機械本身觀察，這一切表面上的矛盾，僅是現實的外貌，在事實上、在學理上，都是不存在的。於此，他們不再動一下腦筋，更深信不疑的說反對派不攻擊機械之資本主義使用，而攻擊機械本身，是再愚蠢不過的。

---

[134] 一位李嘉圖學徒反對薩伊的愚論說：「在分工甚發達的地方，勞動者的熟練，不能在取得這種熟練的特殊部門之外被使用；他自己就是一種機械。像鸚鵡一樣反復說事物有回歸水準的趨勢，有什麼用處呢？看看我們周圍的事物，就知道我們找不到事物的長期的水準；就算找到，那也往往比過程開始時的水準更低。」（《需求性質的原則》，倫敦，1821年，第72頁。）

當然，有產階級經濟學者不否認機械之資本主義使用，會引起一時的不便；但哪件事沒有反面？在他們看來，機械只能有資本主義的使用。所以在他們來看，機械由勞動者剝削，即和勞動者被機械剝削沒有兩樣。總之，假設有人揭露，機械之資本主義使用的實情，總之，這個人就被視為反對使用機械的，是社會進步之敵[135]！這是有名的殺人犯比爾塞克的論點：「陪審先生們，這個旅行商人的喉是被割了。但這不是我的罪，這是刀的罪。我們能因為有這種一時的不便，就不用刀嗎？想想看！沒有刀，哪裡有農工業？沒有刀，外科醫生怎麼醫病？沒有刀，解剖學者怎樣辨識呢？筵席的備辦，不也要用刀嗎？若把刀廢止，我們必定會再陷於野蠻[136]。」

機械雖必然會在採用機械的產業部門使勞動者失去工作，但它不是不能在別的產業部門增加就業。惟此結果與所謂替補說，沒有任何共同點。機械生產的每一件物品，既比手工生產的同種類物品更便宜，其結論當為以下的絕對確實法則：如機械生產物的總量，與此前手工業或製造業的生產物的總量相等，則所耗用的勞動總量必減少。而生產勞動工具（機械、煤等等）所投入的新勞動，必少於使用機械所取代的勞動的減少額。否則，機械生產物必和手工生產物一樣貴，也許還會更貴。不過，較少人數使用機械所生產的物品總量，比它所取代的手工生產物總量，實際上更大得多，絕不只是相等。用蒸汽織機織40萬碼布，比用

---

[135] 麥克庫洛赫便是一個這樣自大的白痴能手。他像一個8歲的小孩，天眞無邪地說：「如果日益發展工人的熟練，使其能以同量勞動或較小量勞動，生產日益多量的商品，是有利益的。那麼，為了要最有效地達到這個結果，雖利用機械的助力，也必定是有利益的。」（《經濟學原理》，倫敦，1830年，第182頁。）

[136]「紡織機的發明，破壞了印度，但這個事實很少影響到我們。」〔梯也爾（A. Thiers）《財產論》，巴黎，1848年。〕梯也爾先生把紡織機和機械織機混為一談，但這個事實也很少影響到我們！

手織機織10萬碼布，所須使用的工人數雖較少，但在4倍的生產物中，包含了4倍的原料。所以，原料生產也必須有4倍。就所使用的勞動工具（如建築物、煤、機械等等）來說，其生產所必要的追加勞動增加界限，是與機械生產物的量與同數工人的手工生產物的量之差，一同變化的。

機械的使用在某一產業部門擴大，供該產業部門以生產資料的其他產業部門的生產也須增加。所以，若工作日的長度與勞動的強度爲已定，則被雇勞動者數如何增加，乃定於所使用的資本的構成，換言之，定於其不變部分與可變部分的比例。此比例，隨著機械侵入（已經侵入或正在侵入）此等產業的程度，而有顯著差別。因英國的工廠體系進步之故，注定往礦坑或碳坑內工作的工人數大大增加了——雖然在過去數十年間，因採礦業採用新機械之故，其所雇工人數的增加已較緩慢[137]。此外，還有一種新的勞動，與機械同時出現。那就是生產機械的勞動。我們業已知道，在這生產部門，機械是以日益擴大的規模占有[138]。再拿原料來說[139]。無疑的，棉紡織業之長足的進步，不僅助長美國的棉花栽

---

[137] 依照1861年的國勢調查（第2卷，倫敦，1863年），英格蘭、威爾斯煤礦使用的工人數，合計246,613名，其中有73,545名未滿20歲，173,067名是在20歲以上的。在上述項目內，有835名是5至10歲，有30,701名是10至15歲，有42,010名是15至19歲。鐵礦、銅礦、鉛礦、鋅礦，及其他種種金屬礦山使用的工人數爲319,222名。

[138] 英格蘭和威爾斯生產機械所使用的工人數，在1861年，爲60,807人。此數，已將製造廠主及其屬員包括在內，在這生產部門營業的代理人與商人，也包括在內。但縫紉機之類的小機械和紡錘（工作機內用的）之類的工具的生產者，不包括在內。土木工程師的總數，爲3,329名。

[139] 鐵爲最重要的原料之一。1861年在英格蘭、威爾斯，計有熔鐵廠工人125,771名。其中有123,430名爲男工，2,341名爲女工。在男工人中，有30,810名未滿20歲，92,620名在20歲以上。

培業及助長非洲的奴隸貿易,且使蓄養奴隸,成為若干邊境州的主要事業。1790 年,美國第一次奴隸調查的結果,可知美國境內的奴隸,共 697,000 人,但 1861 年,人數總計已約有 400 萬。不過在其他方面,我們也可同樣證明,英國毛織工廠的興起,及由耕地到牧羊地的漸漸轉化,確曾大批將農業勞動者驅往城鎮,使他們變得過剩。此際愛爾蘭正在發生這樣的過程。自 1845 年以來 20 年間,其人口減少幾乎一半,照此看來,人口不減少到與愛爾蘭地主和英國毛織製造廠主的需求恰好符合的地步,這個趨勢是不會停止的。

假設在勞動對象達到最後形態所必須經過的準備階段或中間階段中,有任一個階段採用了機械,材料的產出會增加,同時,由機械供給原料的手工業或製造業的勞動需求也會增加。例如,用機械紡織的結果,棉紗的供給是如此便宜及豐饒,以致手織工人最初能以全時工作,也無須有追加的支出,他的收入就因此增加了[140]。於是有許多人加入棉織業,直到後來,由珍妮紡織機、塞洛紡織機、走錠精紡機所召集的 80 萬棉織工人,才為蒸汽織機所淹沒。又因機械生產的衣服材料豐富之故,男女裁縫的人數也持續增加,至縫紉機出現之時為止。

機械以較少工人之助,可以增加原料、半成品,勞動工具等等的量。其量愈增,則此等原料與半成品的加工事業,必分成無數分支。社會生產的多樣性於是增加了。工廠體系,比製造業還更促進社會的分工;因採用機械的產業其生產力,得以更高的程度增進。

機械的直接結果,是增加剩餘價值,同時,體現剩餘價值的生產物之量也增加。資本階級及其附隨者所消費的物資既更豐饒了,社會上這一個等級的人數也會增加。他們日增的財富及生產生活必需品所必要的

---

[140]「在十八世紀末和十九世紀初,一個有 4 個成年人織棉布、2 個兒童繞紗的家庭,每日勞動 10 小時,一星期可收入 4 鎊。如果工作加緊,還可多得一些。……在此以前,他們常感到棉紗供給的不足。」(蓋斯凱爾,前書第 25 至 27 頁。)

勞動者數相對減少，遂引起新的奢侈欲求以外，還會興起滿足此種欲求的手段。社會生產物中有較大部分轉為剩餘生產物，而剩餘生產物中，又有較大部分，以精緻形式的多樣化供作消費。換言之，奢侈品的生產將增加[141]。又，現代工業所創造的與世界市場的新關係，又使生產物的形式精緻化，及式樣繁雜。因此，不僅有較大量外國奢侈品，來與國內生產物交換，且有較大量外國原料、零部件及半成品輸進來，在國內產業上用作生產資料。再者，因有世界市場的這種種關係，運輸業的勞動需求也增加了，並且把這種產業分成了許多異種[142]。

勞動者數相對減少而生產資料與維生資料皆增加造成在運河、船塢、隧道、橋梁等種種只能在較遠的未來見效的產業部門，擴大勞動的需求。那還形成若干創造新勞動領域的全新生產部門，直接是以機械，或以機械帶來普通產業改革為主。不過，這些生產部門，即使在最發達的國度，也未曾在總生產上占顯著位置。且這些生產部門所雇用的勞動者數，又與其所創造對粗重體力勞動的需求成正比。這一類產業目前最主要的有瓦斯製造業、電報業、照相業、輪船航業、鐵道業。依據1861年國勢調查（英格蘭與威爾斯），瓦斯工業（瓦斯製造業、瓦斯機械器材生產業、瓦斯公司經理處）使用人員計15,211人；電報業使用人員計2,399人；照相業使用人員計2,366人；輪船航業計3,570人；鐵路業計70,599人（其中約有28,000人是終身雇用的不熟練苦力和管理、商務上的員工）。所以，這5種新產業被使用的人員，總數計94,145人。

最後，現代工業領域內生產力異常的增進，伴隨其他各生產範圍勞動力的剝削在強度、廣度上的增加，遂容許在工人階級中有不斷增加

---

[141] 恩格斯在其所著《英國勞動階級的狀況》中曾說明，奢侈品工業所使用的工人，大部分過著怎樣悲慘的生活。關於這個問題，還可參看童工委員會的報告。

[142] 1861年商船使用的人數，在英格蘭和威爾斯，計為94,665人。

的一部分，被使用在非生產性的職位，於是往日稱爲家庭奴隸，今日稱爲「僕役階級」（例如男僕、女僕、隨從等等）的人，就以不斷擴大的規模再生產了。依據 1861 年國勢調查，英格蘭及威爾斯的總人口，計有 20,066,244 人。其中，有 9,776,259 人是男子，有 10,289,965 人是女子。把一切年紀過大或過小而不能勞動的人除外，把一切「不具生產性」的婦人及少年人、兒童除外，再把一切「觀念性」階級（例如官吏、牧師、律師、軍人等）及在地租及利息等形態下，以消費他人勞動爲唯一職業的人除外，最後，再把被救濟貧民、流浪者、犯罪者等等除外——英格蘭、威爾斯各種性別各種年齡的人，概計爲 800 萬。其中尚包含在產業、商業、金融各方面從事的資本家。在這 800 萬人中有：

農業勞動者（包括牧羊人、農家之下的農僕與婢女）·····················1,098,261 人
受雇於棉、羊毛、絨線、亞麻、大麻、絲、黃麻等
　工廠，及以機織襪、機織花邊等職業的人·····························642,607 人 [143]
煤礦及金屬礦山雇用的人···565,835 人
金屬工廠（熔鐵廠、輾鐵廠等）及各種金屬製造業
　雇用的人··396,998 人 [144]
僕役階級··1,208,648 人 [145]

　　金屬礦山、煤礦與織物工廠的雇用人員，合計只 1,208,442 人；金屬製造業與織物業的雇用人員，合計只 1,039,605 人，皆比近代家庭奴

---

[143] 其中僅 177,596 人是已滿 13 歲的男子。

[144] 其中僅 30,501 人是女性。

[145] 其中僅 137,447 人是男性。不在私人家內服務的人，是不包括在 1,208,648 名之內的。

第二版注。1861 至 1870 年間，男僕人數幾乎加倍了。1871 年國勢調查中的男子數，爲 267,671 名。1847 年，看守人（那是供貴族階級野獵時使用的）共計 2,694 名，1869 年共計 4,921 名。——倫敦小市民家中使用的少女，通稱爲「小奴」（little slaveys）。

隸人數小。機械之資本主義剝削的結果多麼輝煌！

VII 勞動者從工廠體系所受的斥力和引力：棉業危機

任何一位不論持何立場的經濟學者，都承認採用新機械的，對首先處於競爭位置的舊手工業和製造業的工人，會有毀滅性的影響。他們幾乎都悲嘆工廠操作員的奴隸狀態。他們亮的是什麼王牌呢？他們說，採用時期和發展時期的恐怖狀態一旦消退，長期而言，機械帶給勞動奴隸的人數是會增加而不會減少的。政治經濟體居然沉迷於這樣可怕的學說（每一個深信資本主義生產具有永恆天定必然性的慈善家，都覺得這個學說可怕），承認以機械為基礎的工廠體系，經過一段發展時期，及過渡時期後，即使其達到無比的成功，它所壓迫的工人，會比它首次採用所逐出的工人更多[146]。

---

[146] 甘尼爾認為機械經營的最後結果，是勞動奴隸人數絕對減少。但紳士階級（gens honnêtes）以勞動奴隸為犧牲，將有較大的人數可以生存，可以發展他們的「可以完成的完成能力」（perfectibilité perfectible）。對於生產的運動，他是很少理解的，但至少他感覺到：如果機械的採用，會把有職業的工人，化為待救濟的貧民，如果機械的發展，會使它驅逐的工人比它所喚起的工人更多，機械便是一種極不祥的制度。至於他的立場的愚昧，那是只有引用他自己的話，才可以充分表現出來的。他說：「必定要從事生產和消費的階級之人數將減少；反之，指導勞動、啓迪撫化全人口的階級之人數將增加，……他們將占有由勞動費減少、生產物豐富、消費品便宜所產生的一切利益。人類將由此向天才至高的創造領域上升，通過宗教的神祕的殿堂，以確立健全的道德原則（也就是有閒階級去占有一切利益的道德原則），以制定保障自由（必定要從事生產的階級的自由？）、保障權力、保障順從、保障正義、保障義務、保障人道的法律。」以上的夢囈，是從他所著《經濟學體系》（巴黎，1821 年）第 2 卷，第 224 頁引述的。還可參看該書 212 頁。

有事例確實顯示在工廠體系異常擴充（例如英國的絨線工廠與絲工廠）的一定發展階段中，所雇用的工人人數不僅相對減少，且絕對減少。1860 年，在國會命令下，英國曾進行一次全國工廠的特別調查。這次調查的結果，說明工廠監督專員貝克先生所轄區域（即蘭開夏、柴郡、約克夏 3 郡），計有工廠 652 所，其中 570 所共有 85,622 架蒸汽織機、6,819,146 個紡錘（複紡錘不包括在內），使用 27,439 匹馬力蒸汽、1,390 水馬力和 94,119 個人。1865 年，這 570 所工廠共有織機 95,163 架、紡錘 7,025,031 個、蒸汽 28,925 馬力、水力 1,445 馬力，使用 88,913 個人。自 1860 至 1865 年，織機增加了 11%，紡錘增加了 3%，蒸汽馬力增加了 3%，雇用人數卻減少了 5 又 1/2%[147]。自 1852 至 1862 年，英國毛織業顯著擴大了，但其所雇用的工人數，卻幾乎停滯。「這證明，新採用的機械，是如何大量取代前一時代的勞動[148]。」在若干情況，雇用工人數雖增加了，但這種增加只是表象的。其增加並非因為已經建立的工廠在擴大，乃因有諸種相關行業漸次合併。例如，「蒸汽織機及其所雇用的人數，在 1838 至 1856 年，曾大大增加。其增加，在英國的棉業是單純因為該支產業已經擴大，但在別的產業，卻是因為地毯織機、絲帶織機、麻布織機，一向用人力推動，今皆改由蒸汽力推

---

[147]《工廠監督專員半年報告。1865 年 10 月 31 日》，第 58 頁以下。但同時，雇用追加數工人的物質基礎，早就在有 11,625 蒸汽機械、628,756 紡錘、2,695 蒸汽馬力和 110 水馬力的新工廠內具備了。見該報告。

[148]《工廠監督專員半年報告。1862 年 10 月 31 日》，第 79 頁。
第二版加注。1871 年 12 月底，工廠監督專員雷德格雷夫在布拉福新機械學會演講說：「過去一段時間叫我注目的一件事，是毛織物工廠外觀的改變。原本工廠裡面是充滿女人和兒童，現在，似乎一切工作都由機械負責了。我曾問一個製造廠主，請其解釋，他給我如下的答覆：『在舊制度下，我使用 63 人；自採用改良的機械後，我把工人數減為 33 人，後來因有新的大變化，我又把工人數由 33 減為 13 了。』」

動[149]。」故這種某些產業勞動者人數的增加，不過是被雇勞動者總數已經減少的徵兆。最後，我們考慮這個問題時，還完全把如下的事實置於度外：即除了金屬產業外，幾乎隨便哪裡，工廠工人階級中皆以少年人（未滿18歲者）、婦人、兒童居優勢。

　　但無論機械在實際上取代多少勞動者及在可能性上會代替多少勞動者，我們總能了解，隨著某一產業新建更多的工廠，或現有工廠規模的擴充，工廠勞動者人數最終會比機械所取代的製造業勞動者或手工業勞動者人數更大得多。比方說，在舊生產方法下，在每星期使用的500鎊資本中，有2/5為不變資本，3/5為可變資本。即是說，200鎊投在生產資料上，300鎊投在勞動力上（假定是每人一鎊）。採用機械的結果，總資本的構成起了變化。假設現在是4/5為不變資本，1/5為可變資本。也意味投在勞動力上的資本只有100鎊。如是，原先雇用的工人，將有2/3被解雇。假如工廠經營的規模擴大，其他生產條件不變，惟所使用的總資本由500鎊增至1,500鎊，則現在雇用的工人，和引進機械前一樣是300名。若所使用的總資本再增加至2,000鎊，則所雇用的工人為400名。如此，則與舊體系比較，就更多了1/3。不過，被雇人員的人數，雖絕對地增加了100名，卻相對地（與墊付總資本的比例來說）減少了800名，因在舊情況下，2,000鎊資本，應不只雇用400名，而應雇用1,200名。因此在所雇用的工人數相對地減少時，工人數未嘗不可以實際增加。以上我們皆假定總資本增加，但因生產條件不變，故資本的構成也不變。但我們已經知道，機械使用每進步一次，則由機械原料等構成的不變資本部分，將會增加，而投在勞動力上的可變資本部分，將會減少。我們又知道，在其他生產體系下，改良並非如此持續發生的，從而，總資本的構成也不是像在工廠體系這樣時時改變的。但這種改變，會不斷地因有休止期而致中斷，在休止時期，工廠在現存的技

---

[149]《工廠監督專員半年報告。1865年10月31日》，第16頁。

術基礎只能有量的擴充。如是，雇用的工人數就增加了。1835 年在英國，棉織工廠、毛織工廠、絨線工廠、麻織工廠、絲織工廠雇用的工人總數，只有 354,684 名；1861 年，單單蒸汽織機一項所雇用的織工人數（男女合計，滿 8 歲者皆計算在內）已有 230,654 名。當然，假如我們想到 1838 年英國手織工人，包括參與工作的家人（且不說亞洲及歐洲大陸方面爲蒸汽織機所開除的織工人數），尚有 80 萬[150]，則上述的增加原算不了什麼。

關於這一點，還要提出一些說明。我將論及某些實際存在的關係，我們的理論調研還不曾涉及。

當工廠體系在一產業部門犧牲舊手工業與製造業而擴大時，其結果之確實，正如持新式槍炮的軍隊，必能將以弓矢爲武器的軍隊打敗。機械奪取作業範圍的這個初創時期，因曾幫助生產超額的利潤，故有決定的重要性。這種利潤，不僅是加速資本累積的一個泉源，且會在不斷被創造又不斷尋求新投資的額外社會資本中，吸引一大部分到最有利的生產範圍來。這種快速且狂烈的活動在初創時期，是有特殊利益的。這種特殊利益，且會在新採用機械的生產部門中被體現出來。但工廠體系已獲得一定立足點及有一定的成熟度之後，尤其是，在其技術基礎的機械已能由機械生產之後，煤與鐵的採掘、金屬加工業與運輸工具已經革命化之後。總之，現代工業體系所要求的一般生產條件已經建立之後，這種生產方式，就會在原料供給與產品銷售的限制內取得彈性，一種迅速突發擴張的能力。就一方面來說，機械同理的立即影響會是原料的增

---

[150]「手織工人的痛苦，成為一個救命委員會調查的對象。他們的痛苦被承認、被嘆息了。但雖如此，他們的狀況的改善（！），依然委於機會和時間的變遷。現在（20 年後！）我們可以希望這種種痛苦幾乎消除了，但那也許是蒸汽織機大大擴張的結果。」（《工廠監督專員半年報告。1856 年 10 月 31 日》，第 15 頁。）

加，例如軋棉機的發明，會擴大棉花的生產[151]。在另一方面，機械生產物的便宜與運輸通訊方法的改良，又提供征服外國市場的武器。機械經由摧毀外國手工業的生產，強使外國轉為自己的原料供應地。依此，東印度被迫成了為英國生產棉花、羊毛、大麻、黃麻、藍靛的地方了[152]。在現代工業站穩腳步的所有國家持續使其工人「過剩化」，又鼓舞了向外移民及殖民，從而，使殖民地成為祖國生產原料的屯墾地。舉例來說，澳大利亞就是這樣變作生產羊毛的殖民地[153]。一種新的與現代工業中心需求相合的國際分工，於是萌發了。當世界某一些地方成為主要的工業區域時，其他各地即轉為主要的農業生產區域予以支援。這種革命，與農業上的種種激變相伴而起。惟在此，我們對於這種激變，無須進一步考究[154]。

1867 年 2 月 17 日，英國下議院在格拉斯頓提議之下，曾要求對 1831 至 1866 年，英國各種穀物、玉米及麵粉的輸出入總額，提出一個概括的統計。我們且將結果摘計如下。麵粉也換算為穀物的單位（夸

---

[151] 機械影響原料生產的其他方法，留待第三卷再討論。

[152] 由東印度到大不列顛的棉花輸出。　　由東印度到大不列顛的羊毛輸出。

1846 年：	34,540,143 磅	1846 年：	4,570,581 磅
1860 年：	204,141,168 磅	1860 年：	20,214,173 磅
1865 年：	445,947,600 磅	1865 年：	20,679,111 磅

[153] 由好望角到大不列顛的羊毛輸出。　　由澳大利亞到大不列顛的羊毛輸出。

1846 年：	2,958,457 磅	1746 年：	21,789,346 磅
1860 年：	16,574,345 磅	1860 年：	59,166,616 磅
1865 年：	29,920,623 磅	1865 年：	109,734,261 磅

[154] 美國的經濟發展，本身就是歐洲（尤其是英國）大規模工業的產物。在它現在（1866 年）的形態上，從經濟上說來，它依然要視為是歐洲的殖民地。第四版注。此後，美國已一躍而為世界第二工業國了，但它的殖民地性質，依然沒有完全去除。——F. E.

特）。

	五年一期及 1866 年		
年平均		1831-1835	1836-1840
輸入（夸特）		1,096,373	2,389,729
輸出（夸特）		225,263	251,770
入超		871,110	2,137,959
人口各時期每年的平均數		24,621,107	25,929,507
每人每年消費的平均量，有若干須仰賴輸入（夸特）		0.036	0.082
1841-1845	1846-1850	1851-1855	1856-1860	1861-1865	1866
2,843,865	8,776,552	8,345,237	10,913,612	15,009,871	16,457,340
139,056	155,461	307,491	341,150	302,754	216,218
2,704,809	8,621,091	8,037,746	10,572,462	14,707,117	16,241,122
27,262,569	27,797,598	27,572,923	28,391,544	29,381,460	29,935,404
0.099	0.310	0.291	0.372	0.501	0.543

由美國到大不列顛的棉花輸出。

1846 年： 401,949,393 磅

1852 年： 765,630,543 磅

1859 年： 961,707,264 磅

1860 年： 1,115,890,608 磅

由美國到大不列顛的穀物輸出（以英擔為單位）。

	1850 年	1862 年
小麥	16,202,312	41,033,503
大麥	3,669,653	6,624,800
燕麥	3,174,801	4,426,994
黑麥	388,749	7,108
麵粉	3,819,440	7,207,113
蕎麥	1,054	19,571
玉米	5,473,161	11,694,818
貝雷大麥（Bere 或 Bigg）	2,039	7,675
豌豆	811,620	1,024,722
豆類	1,822,972	2,037,137
合計	34,365,801	74,083,351

工廠體系固有的跳躍式擴張的巨大能量，及其對世界市場的依存性，必然會引起狂熱的生產，以致市場壅塞，並由市場的收縮帶來生產的顛跛。現代工業的生命，逐在穩健經營、繁榮、生產過剩、危機和停滯這幾個時期的序列中變動。而機械主宰工人就業和工人維生狀況的不確定性、不穩定性，也由於工業循環此種週期變化，而成為常態。除在繁榮時期，資本家盛行用最激烈的競爭，在市場上獲得各自的份額。各人的份額，是與生產物的便宜程度成正比的。為求商品便宜之故，資本家除了搶著以改良的機械代替勞動力，並搶著採用新的生產方法外，當這種競爭在每次工業循環達到一定點之後，還會強行壓低工資，使其低於勞動力的價值之下[155]。

---

[155] 1866年7月，被解雇的列斯特的製鞋工人，曾向英格蘭貿易協會訴願說：「20年前，列斯特鞋業發生過一次革命，那是用釘法代替縫法的結果。那時，我們都能得到良好的工資。各商店間有激烈的競爭，都想製造最上等的鞋。但不久，一種更壞的競爭發生了，他們都要在市場上，以較低的價格出售（undersell）。由此發生的有害結果，迅即表現為工資的減低。勞動價格既減低得如此迅速，以致許多鞋店所付的工資，僅等於原工資的一半。而每當工資日益減低時，利潤卻乘工資標準的變化增加起來。」──營業不振的時期，竟也在製造廠主手中，被利用來把工資降低到極端，那等於直接偷竊工人的維生資料以賺取額外利潤。試舉一例，科芬特里絲織業危機中的事：「據我從工廠方和工人方所得的報告，製造廠主藉口國外生產者競爭及其他各種事情的必要，把工資降低了，但其降低程度，毫無疑問超過了這種種事情所必要的程度。……大多數工人現在的工資，減少了30至40%。一匹絲帶的織成，在5年前，工人可得工資6或7先令，現在只能得3先令3便士，或3先令4便士了。原本以4先令或4先令3便士計算的，現在以2先令或2先令3便士計算了。工資的減低，似乎超過了增進需求所必要的程度。並且，就多數絲帶來說，織的成本減低了，但製品的售價卻沒有相應地減低。」〔隆格（F. D. Longe）《童工委員會第五報告》，1866年，第114頁，第1號。〕

工廠勞動者人數的增長，是以工廠投資總額的增長在比例上更為迅速作必要條件。但工廠投資總額的增長，是受制於工業循環的漲潮和退潮。此外，技術的進步——那有時實際上提供新勞動者位置，有時在現實上取代舊勞動者——又常使這種增長中斷。所以當工廠在純量上的擴大，不僅把被逐工人也將新進工人吸收時，機械產業在質上變化卻不斷把勞動者從工廠逐出，或把工廠的門關著，使新募的大軍進不來。如此，工人不斷被排斥又被吸引、經常換職，同時對招募人員在性別、年齡、技巧上，也持續改變。

試一瞥英國棉業的歷程，那可以把工廠勞動者的命運再清楚不過地表現出來。

自 1770 至 1815 年，只有 5 年，棉業是陷於蕭條或停滯狀態的。在這 45 年內，英國製造業者壟斷了機械和世界市場。自 1815 至 1821 年，蕭條；1822 和 1823 年，繁榮；1824 年，取締工會的法律廢止，工廠到處大肆擴充；1825 年危機；1826 年，棉業工人陷於非常的窮苦及引起暴動；1827 年稍稍好轉；1828 年，蒸汽織機的使用與輸出皆大增加；1829 年，輸出（尤其是對印度的輸出）超過以往各年；1830 年，市場撐飽，大蕭條；1831 到 1833 年，仍然不振，東印度公司對印度和中國的貿易壟斷權撤消；1834 年，工廠及機械大量增加，勞動者短缺，《新濟貧法》使農村勞動者益加遷移到工廠區域來，兒童充斥城市區域，白奴貿易發生；1835 年大繁榮，同時期手工棉織工人瀕臨餓死；1836 年，大繁榮；1837 與 1838 年蕭條及危機；1839 年復興；1840 年，大蕭條、暴動，出動軍隊干涉；1841 與 1842 年，工廠勞動者可怕的受苦；1842 年，製造廠主為達到實施撤廢《穀物條例》的目的，把勞動者逐出工廠；勞動者成千湧入蘭開夏、約克夏的都市內，被軍隊趕回，其領袖受蘭開夏法庭審判；1843 年，嚴重貧苦；1844 年，復興；1845 年，繁榮；1846 年，初猶改善，後漸起反動，《穀物條例》撤廢；1847 年，危機，在「大麵包」的名目下工資普遍降低至少 10%；1848 年，仍然蕭條，曼徹斯特不得不由軍隊保護；1849 年復興；1850 年繁榮；1851 年物價

跌落，工資低賤，罷工頻仍；1852年，景況漸好，罷工持續，製造廠主以輸入外國工人為恐嚇；1853年，輸出增加，普勒斯登市罷工8個月，極度窮乏；1854年繁榮，市場撐飽；1855年，美國、加拿大、東亞各處市場失敗的消息頻傳；1856年大繁榮；1857年危機；1858年改善；1859年大繁榮，工廠增加；1860年，英國棉業繁榮至極點；印度、澳大利亞及其他各處的市場皆充斥貨品，直到1863年，仍無法全部售完；《英法通商條約》訂立，工廠與機械大量增長；1861年，繁榮持續一陣子，但旋即反動，美國發生內戰，棉花缺乏；1862至1863年，完全崩潰。

棉花缺乏的歷史是如此獨特，我們不得不稍加敘述如下。試研究1860至1861年世界市場的狀況，即知棉花缺乏的發生對製造業者是正逢其時；且對他們相當地有益。這事實曾為曼徹斯特商會的報告所承認，由帕默斯頓（Palmerston）與德比（Derby）兩人在國會宣示，且被以後的事實證明了[156]。1861年英國的棉業工廠數，合計2,887家，其中有許多是規模極小的。依工廠監督專員雷德格雷夫的報告，在他所管轄的區域內，合計有工廠2,109家；其中有392家或19%，所用蒸汽在10馬力以下；有345家或16%，所用蒸汽在10至20馬力之間；有1,372家，所用蒸汽在20馬力以上[157]。小工廠大多數為織布廠，是1858年以後繁榮時期創立的。創立者大都是投機者，他們往往是一個出棉紗、一個出機械、一個出房屋。經營者大都是舊任工頭或小有資財的人。此等小工廠大多數消滅了。棉花缺乏，防止了商業危機，若這個由棉花缺乏防止的商業危機竟發生了，他們自也不能避免這個命運。他們在製造廠主的總數中，雖占有1/3的比數，但他們的工廠所吸收的資本額，與投在棉業的總資本比較，卻不過占一個極小的部分。依可信的估計，以休

---

[156] 參看《工廠監督專員半年報告。1862年10月31日》，第30頁。
[157] 前揭報告第19頁。

業而論在1862年10月，有60.3%的紡錘、58%的織機，處於未啓動狀態（這當然是就棉業全體來說，個別地區得作相當的修正）。每星期以全時（即60小時）開工的工廠，只有極少數，其餘都是時斷時續。即使以全時開工，並領取普通計件工資的少數勞動者來說，也因良棉忽換用劣棉、（在精紡機上）美國棉忽換用埃及棉、美國棉或埃及棉忽換用東印度棉、純棉忽換用棉屑與東印度棉混合等等原因，以致每星期的工資不得不減少。東印度的蘇拉特棉，纖維極短，成分極不潔淨，紗脆弱而易斷，其經線的上漿，又不用麵粉，而用各種較重的成分。此種種緣故，皆會降低機械的速度，或減少一個織工所能照應的織機數，增加改正機械瑕疵的勞動，透過減少生產物的量，從而減少計件工資。當所用棉為蘇拉特棉時，做完全時的工人，須蒙受20、30%，或以上的損失。且不只此，製造廠主大都把計件工資率減低了5、7.5或10%。所以，這些每星期只做工3天、3天半或4天，或每日只做工6小時的勞動者的狀況，是不難想像的。即使1863年情形比較改善了，但紡紗工人和織工每星期的工資，仍不過3先令4便士、3先令10便士、4先令6便士及5先令1便士[158]。但在工人情形如此可憐時，製造廠主匠心獨運剋扣工資的精神，仍不稍休止。實由棉花不良或不合適機械而起的成品上的缺點，在某程度內成了工人受罰的理由。更有甚者，在製造廠主為勞動者小屋的擁有者時，還須從那可憐的工資，扣去一定額的房租。工廠監督專員雷德格雷夫告訴我們，自走機看守人（看守兩臺走錠精紡機的工人），「做滿14日全工，得工資8先令11便士，扣去房租後，製造廠主雖再退還房租的一半，作為特別待遇，也僅得6先令11便士。在1862年後半年，在許多地方，自走機看守人每星期工資從5先令到9先令，織工每星期工資從2先令到6先令[159]。」做短時間的工人，也往

---

[158]《工廠監督專員半年報告。1865年10月31日》，第41至45頁。
[159]《工廠監督專員半年報告。1863年10月31日》，第41、42頁。

往要從工資扣房租[160]。無怪在蘭開夏的某些地方,曾爆發一種飢餓熱!但更具特色的,是生產過程以勞動者為犧牲的革命。像解剖學者以蛙作實驗一樣,他們是以廉價的身體為實驗。工廠監督專員雷德格雷夫說:「我雖曾列舉許多工廠職工的實際收入,但他們未必每星期都得到同樣的工資,製造廠主常常實驗,職工的所得是非常不固定的。⋯⋯職工的所得,隨棉花混合物的品質而增減,有時和從前的所得相差15%,但在下星期,或許竟與從前所得相差50乃至60%[161]。」這種實驗,不僅以工人的維生資料為犧牲,且以工人的五感為犧牲:「以蘇拉特棉花為製作原料的勞動者,抱怨甚多。他們告訴我,在開棉花的包裹時,有一種難聞的、使人生病的臭味飄出來。⋯⋯在混棉間、預梳室、梳棉室內,塵埃與粉屑紛飛,刺激空氣流通,使人咳嗽、呼吸困難。也盛行一種皮膚病,無疑是來自蘇拉特棉花所含的塵埃。⋯⋯因蘇拉特棉花纖維甚短,紡織之際,不能不使用多量動物性和植物性的漿。⋯⋯因為塵埃紛飛,支氣管炎甚為猖獗,喉嚨發炎紅腫也是司空見慣。又因蘇拉特棉花混有多量刺激性的汙物,皮膚病也不少。緯線頻頻折斷,織工不得不從梭眼把緯線吸過去,因此常產生疾病和消化不良症。」此外,以穀物之外的不純物為漿,因可增加紗重,早已成為製造廠主的聚寶盆了。這個方法使「15磅原料織成後,有26磅重」[162]。《工廠監督專員半年報告。1864年4月30日》,曾有這樣的話:「現在這項資源在行業中盛行到可恥的地步。我曾得到確實的報告,重8磅的布,是由5又1/2磅棉花和2又3/4磅漿製成的;還有重5又4磅的布,內有漿2磅。普通出口的做襯衫的布,都是如此。另一些布,有時含漿50%,因此,有一位製造廠主曾自誇他的致富方法,是使布每磅的賣價,低於紗每磅的買

---

[160]《工廠監督專員半年報告。1865年10月31日》,第51頁。

[161] 前揭報告第50、51頁。

[162] 前揭報告第62、63頁。

價[163]。」但工人不僅須忍受製造廠主在廠內的實驗，和市政當局在廠外的實驗；不僅須忍受被減的工資和工作的缺乏；忍受窮困和慈善；且須忍受上下兩院的頌辭：「因棉花缺乏，早已失業而被排擠在社會之外的不幸婦女，雖然商情已經好轉及充斥工作機會，仍不能脫離這不幸階級的遭遇，將來恐怕還是不能脫離這種遭遇。據我所知，現在城市裡年輕的娼妓，就比過去 25 年間都多[164]。」

我們知道，英國棉業在最初 45 年間（自 1770 至 1815 年），只有 5 年陷在危機與停滯中，但我們須記住，這是英國棉業的世界壟斷時期。第二時期，自 1815 至 1863 年，共 48 年，其中僅有 20 年是復興和繁榮時期，卻有 28 年是蕭條和停滯期。在自 1815 至 1830 年那 15 年間，歐洲大陸與美國已開始與英國競爭。自 1833 年以來，亞洲市場的推廣，是透過以「人類的毀滅」來實施。自《穀物條例》撤廢以來，在 1846 至 1863 年，有 8 年是穩健經營和繁榮，但卻有 9 年是蕭條和停滯的。但即使在繁榮時期，棉業成年男性工人的狀態，也可由本文追加的注解來推斷[165]。

---

[163]《工廠監督專員半年報告。1864 年 4 月 30 日》，第 27 頁。

[164]《工廠監督專員半年報告。1865 年 10 月 31 日》所載波爾頓市警長哈里斯先生的信。見該報告第 61、62 頁。

[165] 1863 年春，蘭開夏等處的棉業工人，請求組織一個移民會。請願中說：「要使工廠勞動者脫離現在的悲苦境況，大規模的工廠勞動者的移民，實為絕對必要之事。這一點是很少有人否認的。但不斷的移民在任何時候都是需要的，沒有這種移民，工人們將不能維持他們平常的地位。為了說明這點，我們乞求諸位注意下述的事實：1814 年，棉製品輸出的公布價值（那只是量的指數），合計 17,665,378 鎊，其實際市場價值則為 20,070,824 鎊。1858 年，棉製品輸出的公布價值，合計 182,221,681 鎊，其實際市場價值反為 43,001,322 鎊。也就是，銷售量比以前多 10 倍，售價反而只比以前多一倍餘。這個結果對於國家是一種極大不利，對於工廠勞動者尤為不利。這

Ⅷ 現代工業在製造業、手工業及家庭工業上引起的革命

A 捨去以手工業及分工爲基礎的合作

我們已經講過,機械是如何除去以手工業爲基礎的合作,和以手工業分工爲基礎的製造業。前者的實例是割草機,那取代割草人的合作。後者的明顯實例,是造針機械。依照亞當·史密斯的話,他那時候,10個工人依分工方法,每日可以製針4萬8千枚以上。但一架造針機械,就可在一日11小時內,製針14萬5千枚。一個婦人或女孩可以照應4架這樣的機械,故每日約可製針60萬枚,每星期可製針300萬枚以上[166]。在以簡單機械代替合作或製造業的限度內,手工產業依然可以用這種機械作基礎。但這種以機械爲基礎的手工業再現,不過是工廠體系的過渡。當推動機械的人類肌肉爲機械動力(如蒸汽與水)所代替時,工廠體系就出現了。不過,到處小規模的產業,也偶爾暫時地能夠使用機械動力。例如伯明罕若干產業曾租賃他人的蒸汽。織布業若干部

個結果,是若干原因共同作用所引起的。在這些原因中,最明顯的一個原因,是勞動不斷的過剩。沒有這個事實,這種在結果上如此有害,且須不斷擴張市場才不至於消滅的營業,是絕不能被人經營的。我們的棉工廠,會由週期營業停滯(在現制度下,這種現象像死亡一樣是不可避免的)而停滯,但人的心是時時在活動的。我們雖相信過去25年間從英國遷出的人數不只600萬,但人口自然繁殖和機械驅逐勞動(爲求生產便宜)的結果,仍有一大部分成年男工人,在最繁榮的時期,也發覺無論在什麼條件下,都不能在工廠找到工作。」(《工廠監督專員半年報告。1863年4月30日》,第51、52頁。)在以下某章,我們又會知道,製造廠主在棉業大激變中,曾怎樣努力用盡所有的方法,甚至要求國家干涉,來防止工廠勞動者的移出。

[166]《童工委員會第四報告》,1864年,第108頁,第447號。

門，也曾使用小型熱蒸汽機以達此目的[167]。科芬特里市的絲織業，曾進行一種「小屋工廠」（Cottage Fabriken）的實驗。有許多小屋成排圍繞著一個方形場地，場地中央建立一個蒸汽機室，以軸使蒸汽機與各小屋內的織機相連接。蒸汽是必須支付租金的。無論織機是否運轉，蒸汽租金都須每星期支付一次。每一間小屋有織機 2 至 6 架，那有時是屬於織工的、有時是賒購的、有時是租賃的。這種小屋工廠曾與真正的工廠抗爭12年之久，結果是300家小屋工廠完全消失了[168]。而在生產過程性質自始即不屬大規模生產的地方，我們又發覺有若干種新產業在最近數十年間興起，例如信封製造業、鋼筆製造業等等。此等新產業，通例首須通過手工業，然後通過製造業，作為工廠階段的短暫過渡。當物品之製造業的生產，不包含序列的漸進過程，而包含許多且不相聯過程時，這種過渡是極困難的。這個情況，便是建立鋼筆工廠的一大障礙。但大約距今 15 年前，發明一種可以同時自動執行 6 種分開作業的機器。1820 年，手工業體系製造的首批鋼筆 12 打，須費 7 鎊 4 先令；1830 年，製造業製造的鋼筆 12 打，須費 8 先令；現在，在工廠體系下，12 打鋼筆的批發價格，不過 2 至 6 便士[169]。

---

[167] 在美國，手工業常在機械的基礎上這樣再現。所以當該國工廠經營的過渡變得不可避免時，由此引起的累積，與歐洲比較，甚至與英國比較，更有長足進步之勢。

[168] 參看《工廠監督專員半年報告。1865 年 10 月 31 日》，第 64 頁。

[169] 伯明罕最早的一家大鋼筆工廠，是基洛特先生設立的。早在 1851 年，它每年就能生產 1 億 8 千萬枚以上的鋼筆尖，每年消耗 120 噸鋼。英國的這種工業，是由伯明罕獨占的。現在，每年那裡可以生產幾十億枚鋼筆尖。照 1861 年的國勢調查，其所使用的人數合計 1,428 人，其中有 1,268 人是女子，年齡最小的是 5 歲。

B　工廠體系對於製造業和家庭工業的反作用

　　工廠體系發展了，農業革命伴隨著發生了，於是，不僅其他各產業部門的生產規模擴大，其性質也發生了變化。工廠體系運轉的原則——將生產過程分成其構成階段，並應用力學、化學等自然科學來解決其所引起的各種問題——成了無處不在的決定性原則。機械擠入製造業，首先是其一細部過程，再及其他。於是，製造業組織一向以舊分工爲基礎的堅固結晶，乃出現分解，爲持續的改變開路。和此不相干，集體勞動者（勞動者組合的改變），也發生了一種劇烈的改變。與製造業時代對比。現在的分工只要有可能以婦人的勞動、各種年齡的兒童的勞動及不熟練工人勞動，總之以英國人所特稱之「廉價勞動」（Cheap labour）爲基礎，但有這種情形的，不僅是使用機械或不使用機械的大規模生產；在工人自己家內或在小工作場所內進行的所謂家庭工業（Hausindustrie）也是這樣。所謂近代家庭工業，和舊式家庭工業——其存在以獨立都市手工業、以獨立自耕農業，尤其是以勞動者及其家庭有一間住屋爲前提——除有相同的名稱之外，再也沒有別的共同點。舊式家庭工業現在已經變成工廠、製造廠或倉庫的外圍部門。資本除將工廠操作員、製造業勞動者和手工業勞動者集中聚在一處，並直接命令他們之外，還藉由一條看不見的線，操縱著散布在市內及郊外的一個軍隊，即家庭工業勞動者（Hausarbeiter）。譬如，愛爾蘭的倫敦德里就有一家襯衫廠，叫提利公司，它在廠內僱用 1,000 人，和雇用 9,000 名分布各地在其住家勞動[170]。

　　便宜及未成年的勞動力之剝削，在近代製造業，比在眞正的工廠還更無恥。這是因爲，工廠體系的技術基礎——以機械代替肌力，使勞動更爲輕易——在近代製造業，大抵還是不存在的；同時，婦人與未成年人的身體，在近代製造業，又被最恣肆的方法，受毒性或有害物質的影

---

[170]《童工委員會第二報告》，1864 年，第 68 頁，第 415 號。

響。但這種剝削,在所謂家庭工業,又比在製造業更無恥。這是因為勞動者的反抗力因分散而減少了;因為有一群掠奪的寄生者,迂迴進入到雇主和勞動者之間;因為家庭工業常須與同生產部門內的工廠體系或製造業經營相競爭;因為勞動者的貧困,奪走勞動者最必要的勞動條件,如空間、光線、通風設備等等;因為就業愈來愈不規範;最後因為現代工業和農業造成「過剩化」的人口,既以此為最後避難所,工作的競爭也達到頂點。由工廠體系首次系統地實施的生產資料的節省,本來就與勞動力的毫無憐惜的浪費和勞動正常所需條件的掠奪,完全一致的。而在勞動的社會生產力與結合勞動過程的技術基礎愈不發達的產業部門,這種節省,也愈是會把敵對性和凶殘面暴露出來。

C　近代製造業

以下我要舉幾個實例,以說明上述的原理。實際上,讀者在討論工作日的那一章,已經熟悉若干例證了。伯明罕市及其附近的五金製造業,在 10,000 名婦女之外,尚雇用 30,000 名兒童和少年人,從事極重的工作。他們從事有害身體的銅鑄造、鈕扣製造、上釉、鍍鋅和塗漆的工作[171],倫敦印刷報紙和書籍的印刷所,就因所雇成年及未成年工人勞動過度,致有「屠宰場」的惡名[172]。裝訂業有同樣的過勞,而以婦人、少女、幼童為主要的受害者。製繩場的未成年人勞動,是極重的。製鹽業、蠟燭製造業及其他各種化學工業的未成年人勞動,多是夜間勞動。而在未採用織機的絲織工廠,少年人的勞動,簡直能把人累死[173]。但最可恥、最不乾淨、待遇最壞,且最常雇用婦人和少女的一種勞動,是揀

---

[171] 現在,雪非耳銼刀業實際上就使用兒童。
[172]《童工委員會第五報告》,1866 年,第 3 頁,第 24 號;第 6 頁,第 55 號;第 7 頁,第 59、60 號。
[173] 前揭報告,第 114、115 頁,第 6、7 號報告中說,在別的地方,是機械代替人,但在這裡,卻實實在在是少年人代替機械。這個注解是很正確的。

選爛布的勞動。英國除貯藏本國的爛布之外，還是以全世界爛布貿易的商業中心知名。爛布從日本、從南美最遠端的諸國，從加納利群島流進來。但主要的供給地，是德國、法國、俄羅斯、義大利、埃及、土耳其、比利時與荷蘭。這種爛布被用作肥料、被用以製造床墊填塞物、製造再製毛線，並用作造紙的原料。揀選爛布的女工，就這樣成了散播天花及其他各種傳染病的媒介了，而她們是第一受害者[174]。且在挖煤及一般礦工之外，我們還可在磚瓦製造業，發現典型的例子，來說明過度的勞動、繁重和不適當的勞動，及其對幼年就從事該業的工人，殘忍的影響。在英國的這後兩種產業上，新發明的機械（1866年）還只偶爾被人採用。在5至9月之間，工作自早上5點至晚上8點，而曬乾工作須在戶外進行，工作往往從早上4點至晚上9點。自早上5點至晚上7點的工作日，便算是減輕的、適度的了。6歲甚至於4歲的男女兒童都被雇用。他們的工作時間和成年人一樣，甚至更長。工作是很重的。夏季天熱，更使人過度疲勞。莫斯利某一個磚瓦場，有一個24歲的年輕婦人，每日通常要製成2,000枚瓦，僅有兩個搬運黏土和堆瓦的少女作助手。這種少年人每日須從30呎深的坑，沿210呎的距離，從斜坡搬運10噸黏土上來。「每一個兒童，要通過磚瓦場的煉獄，很難不受強烈的道德墮落。……他們從稚幼時起，即習聞種種下流的話，他們是在懵懂半野蠻下，在這種淫穢、猥褻、無恥的習慣中成長起來的。這種習慣遂使他們後半生也無法無天，自暴自棄、為非作歹。……道德墮落的一個可怕原因，是生活方式。每個鑄模工（他常常是熟練工人，且常為組長），在其小屋，供他屬下7人的食宿。無論他們是不是一家的人，總是男女兒童睡在一個小屋裡。每一個小屋，通常有兩個房間，最多也不過3個房間。他們統統睡地板，空氣極不流通。白天的苦活使他們如此

---

[174] 參看《公共衛生第八報告》，1866年。該報告有一附錄（第196至208頁），關於爛布貿易，曾有若干報告和解說。

疲勞，致他們一點也不講究衛生、一點也不講究清潔、一點也不講究禮節。這種小屋，簡直就是凌亂、汙穢與塵埃的範本。……但這個體系雇用少女從事此類工作的最大弊端，仍在此：這種工作從她們幼年起將她們後半生牢牢困在自暴自棄的下層階級。她們在大自然教她們自己是女人以前，已變成粗暴的滿口髒話的少年。她們身上披著幾塊髒的爛布，大腿露出，顏面與頭髮皆汙濁不堪。蔑視一切禮貌與羞恥的情緒。在吃飯時間，她們躺在地上，或偷看在附近運河內洗澡的男孩。她們的吃重工作終於完畢，換一身比較好看的衣服，就和男人到旅館去了。」在這個階級內，人們會從幼時起就盛行過度酗酒，乃是當然之理。「最壞的現象，是製瓦工人的自我絕望。他們之中有一個比較好的人，曾對南奧菲爾德的教誨師說：「先生要感化一個燒瓦工人，簡直比感化惡魔還難[175]。」

近代製造業（包括真正工廠以外的一切大規模工作場所）關於資本在勞動必要條件上，力求的便宜。我們可以在《公共衛生第四報告》（1863年）與《第六報告》（1864）上，尋得官方和充分的材料。關於這些工作場所，尤其是關於倫敦印刷工廠和縫衣工廠的描寫，即使傳奇作家的最噁心的幻想，也比不上。其對於工人健康的影響是自明的。樞密院主任醫官及公共衛生報告主編者賽門醫師曾說：「在《第四報告》（1863年）內，我曾說明，要工人主張他們的第一健康權，那是實際上不可能的，這所謂健康權是，無論雇主叫他們做什麼工作，雇主皆應在自己能夠負責的限度內，設法防止一切可以避免的有害身體條件的勞動。我曾指出，在工人能自己實踐這衛生正義以前，他們不能在衛生警察有償行政得到有效的支持。……無數男女工的生命，現在是白費

---

[175]《童工委員會第五報告》，1866年，第16頁，第96、97號；第130頁，第3961號。還可參看1864年的《第三報告》，第48、56頁。

地，在其職業所帶來無止境的肉體痛苦中，被折磨與縮短了[176]。」賽門醫師為要說明工作場所對於勞動者健康狀況的影響，還提供了一個死亡表如次：[177]

各產業所使用的各種年齡的工人數	在健康方面互相比較的產業	各種產業每 10 萬人中以年齡為區別的死亡率		
		25 至 35 歲	35 至 45 歲	45 至 55 歲
958,265	英格蘭及威爾斯的農業	743	805	1,141
（男）22,301 （女）12,379	倫敦裁縫業	958	1,262	2,093
13,803	倫敦印刷業	894	1,747	2,367

D 近代家庭工業

我現在要轉而論及所謂家庭工業。我們要了解這個以近代機械工業為背景的資本剝削領域的可怕，可觀察英格蘭若干偏遠區域的表面上非常恬靜的製釘業[178]。但在此，我們只要從花邊製造業和草編業（還未採用機械，且也未與工廠運營或與製造業運營的產業部門相競爭），引述幾個例證。

---

[176]《公共衛生第六報告》，倫敦，1864 年，第 31 頁。

[177] 前揭報告第 30 頁。——賽門醫生說，倫敦縫工、印刷工人在 25 至 35 歲間的死亡率，比本文表上的計算更大得多。倫敦的雇主，常從農村輸入許多 30 歲以下的少年人到這種職業上來學藝，也就是充當「學徒」或「見習」（improvers）。這些人，在國勢調查上是算作倫敦人，從而把倫敦死亡率所依以計算的人數增加了，但這種人不曾依比例增加倫敦人的實際死亡數。他們多數會回到農村去；並且當重病時，他們總是回農村去的。

[178] 在這裡，我是指鎚的釘，不是指由機械切造的釘。參看《童工委員會第三報告》，第 11、19 頁，第 125 號至 30 號；第 53 頁，第 11 號；第 114 頁，第 487 號；第 137 頁，第 674 號。

在英國花邊業所雇用的 15 萬人中，受 1861 年《工廠法》監督的，約有 1 萬。在其餘 14 萬人中，大部分是婦人、少年人和兒童（男性僅占少數）。這種「便宜的」供剝削實體的健康狀況，可從下表推知。這是楚門醫師（Dr.Trueman，諾丁罕普通醫護室醫師）編製的。在 686 名患病的花邊女工中（大多數是 17 至 24 歲），患肺病的人數占如下的比率：

1852 年每 45 人中有 1 人	1853 年每 28 人中有 1 人
1854 年每 17 人中有 1 人	1855 年每 18 人中有 1 人
1856 年每 15 人中有 1 人	1857 年每 13 人中有 1 人
1858 年每 15 人中有 1 人	1859 年每 9 人中有 1 人
1860 年每 8 人中有 1 人	1861 年每 8 人中有 1 人 [179]

肺病率的增加，在最樂觀的進步主義者和德意志推銷自由貿易的最大謊言叫賣者看來，應該是滿意的。

1861 年的《工廠法》，規範以機械製造的花邊製造業（以機械製造花邊在英國已是常例）。我們要在此略加檢視（只檢視在家中工作的工人，不問在製造廠及倉庫內工作的）的部門，又可分為兩部分：其一為花邊加工（在機械所製成的花邊上加工，那又包含許多分項），其二為花邊織造。

花邊加工的工作，是在「主婦家」（Mistress houses）進行，或在女工自己家中獨力或得兒女幫助進行的。「主婦家」也是由極貧窮的婦人開設的。工作場所，是在私人住家中。她從製造廠主或批發商那裡包下工作來，雇用婦人、少女和幼童勞動。使用的人數，視房間的大小與業務的浮動需求而定。被雇女工數，有時自 20 至 40 人，有時自 10 至 20 人不等。兒童開始工作的最低年齡，平均為 6 歲，但有許多兒童在未滿 5 歲以前，就開始工作了。通常的勞動時間，自早晨 8 點起至晚上 8 點，中間有 1 又 1/2 小時可以用餐。用餐的時間是極不規則的，且

---

[179]《童工委員會第二報告》，第 22 頁，第 166 號。

往往在污穢的工作場所內進行。在生意好的時候，工作往往從早晨8點（甚至是6點）起，至晚上10點、11點或12點不等。英國營房依法律規定，每個士兵應占有500至600立方呎的空間；在陸軍醫院內，每個士兵必須占有1,200立方呎的空間。但在這加工豬欄房間內，卻每人不過占67至100立方呎的空間。還有煤氣燈同時在消耗氧氣。為使花邊保持潔淨，工作場所皆鋪有石板或磚塊，但即使在冬天，工作的兒童也常被迫把鞋脫去。「在諾丁罕，我們常看見14至20名兒童，擠在一個不過12平方呎大的小房間內，每日工作15小時。這種工作是吃力的，因其甚疲累、單調且勞動條件又極有害身體。……最年幼的兒童，也須有緊張的注意力和驚人的速度，從不讓指頭的運動停止或減緩。假設有人向他們問話，他們絕不抬起眼睛來，深怕虛擲瞬間光陰。勞動時間愈是延長，『主婦』鞭策用的『長棒』愈是用得多。兒童漸漸疲勞了，當他們長久從事一種單調、費眼力的、因姿勢必須保持不變而消耗精力的工作，快要結束的時候，他們簡直像鳥一樣不能安逸下來。他們的工作，簡直是奴隸的工作[180]。」反之，女工和兒女在家裡（這所謂家，是指一間租賃的房屋，多半是一間閣樓），一道勞動的情形還更壞。這類工作，是在諾丁罕周圍80英里半徑內進行的。在倉庫內做工的兒童，於晚間9點或10點回家時，往往還帶一包花邊回去，在家裡加工。而偽善的資本家在此時，還藉由雇員之口，以迷湯的言詞對他們說：「這是給母親做的。」實際上他很清楚，這班可憐的兒童，仍非坐下來幫忙不可[181]。

花邊製造（Spittenklöppelns, pillow Lacemaking）在英格蘭，主要是在英國兩個農業區域內進行。其一是荷尼頓市附近花邊製造區域，該區沿得文郡南岸20、30英里地方，並包括北德文郡若干地方。其二包括

---

[180]《童工委員會第二報告》，1864年，第19、20、21頁。
[181] 前揭報告第21、26頁。

白金漢、貝德福、北安普敦諸郡的大部分，及牛津、亨丁敦兩郡的鄰近地帶。工作場所往往便是農業工資勞動者居住的小屋。有許多製造業者，雇用 3,000 名以上這種花邊勞動者。大都是兒童與少年人，並且全是女性。花邊加工業所有各種被形容為偶發的情形，都在這裡重演了。唯一的差別是「花邊學校」代替了「主婦家」。這種學校就在貧婦人的小屋裡開辦。「學校」中的兒童，從 5 歲起，常更小，至 12 或 15 歲。年齡最小的，在最初一年，每日做工 4 至 8 小時。稍長的，即從早晨 6 點起，做至晚間 8 點或 10 點。「工作的房間，通常即是小屋的臥室。為防止強風侵入，那裡的煙囪是閉著的。同住者須靠自己的體溫，保持自己的溫度，在冬季也往往如此。有時，這所謂教室，簡直像一個沒有火爐的小貯藏室。……這種窟一樣的小屋異常的擠，空氣極端壞。加上水溝、廁所、腐敗物及其他各種小屋周遭常有的污穢的有害影響。」關於空間位置，則「在一所花邊學校裡有 18 個少女和一個主婦，每人僅占有 35 立方呎，在另一所，氣味臭不可聞，有 18 個人，每人僅占有 24 又 1/2 立方呎。在這種產業，有 2 歲和 2 歲半的幼童被雇用[182]。」

在白金漢與貝德福兩郡花邊織造業告終之處，即有草編業且延伸至哈特福郡的大部分和艾色克斯的西部、北部。1861 年，草編業與草帽製造業，共雇用 40,043 人中，有 3,815 人是各種年齡的男子，其餘都是女性。未滿 20 歲的女子共 14,913 人，其中有幼童 7,000 人。在這種產業上，草編學校取代花邊學校。兒童通常從 4 歲起，且往往從 3 歲至 4 歲之間就開始學習草編的方法。當然他們不曾受任何教育。他們到這種學校來每日織 30 碼草編，僅為服從那餓得半死的母親的命令。兒童自己為要區別這種吸血機關，常稱普通小學為「自然學校」。他們的母親還往往在他們放學後叫他們在家裡工作，一直做到晚上 10 點、11 點乃至 12 點。因必須不斷以唾液浸濕麥桿及手指，他們的嘴常被割破。

---

[182] 前揭報告第 29、30 頁。

照巴拉德醫師（Dr. Bellard）說：「倫敦整體醫官一般的意見，是每一個人的寢室或工作室，至少應有 300 立方呎的適當空間。但草編學校分配到的空間位置比花邊學校還小。每人少則 12 又 2/3 立方呎、17 立方呎、18 又 1/2 立方呎，多也不及 22 立方呎。」據童工委員懷特說，空間愈小，如與一個每邊長 3 呎的箱相比，尚不及孩童該有的 1/2。但兒童卻要在這情形下生活到 12 歲乃至 14 歲。幾乎餓死的惡劣雙親，也只知道拚命剝削兒童的勞動。難怪兒童一旦長成，自然而然離開父母，不管他們的事。「在這樣培養起來的人口中，難怪會如此無知、如此邪惡。……他們的道德是最墮落的。……大多數婦人都有私生子，且是發生在如此未發育年齡的女人身上，以致最熟悉犯罪統計的人，也不免吃驚[183]。」但基督教問題專家蒙塔朗貝爾伯爵（Graf Montalembert），還說有這種模範家庭的國家，是歐洲典型基督教的國家！

在上述兩種產業，工資是極可悲的，草編學校的兒童，最多每星期不超過 3 先令。又因到處以貨物支付工資的方法（Trucksystem，此法在花邊織造區域尤為盛行），所以名目上已經很低的工資，實際還要再打一個折扣[184]。

E 由近代製造業和家庭工業到近代機械產業的推移；《工廠法》在這些產業上的施行所促進的革命

婦女及兒童勞動的全然濫用、一切正常勞動和生活必要條件的全然掠奪、過度與夜間勞動的全然野蠻行徑……這種種都使勞動力變得便宜，但終究會碰到難以跨越的自然限制。從而，以此等方法為基礎的商品便宜化過程，和資本家的剝削一般也都會碰到這種限制。達到這一點，當然須經過相當的年月。但這一點一旦達到，採用機械的時候就到

---

[183] 前揭報告第 40、41 頁。

[184] 《童工委員會第一報告》，1863 年，第 185 頁。

了,分散的家庭工業及製造業急轉為工廠產業的時候就到了。

這種轉變的最大的實例,是穿著物的生產。照童工雇傭委員會的分類,這種產業包括草帽製造業、女帽製造業、帽製造業、裁縫業、女帽與女裝業[185]、襯衫製造業、束腹製造業、手套製造業、鞋製造業,及其他許多小部門,如製造領帶、硬衣領等等。1861 年,英格蘭及威爾斯這些產業所產用的女工數,為 586,299 名,其中至少有 115,242 名,年齡在 20 歲以下,有 16,650 名在 15 歲以下。又,英國 1861 年這些女工數,為 750,334 名。同時,英格蘭與威爾斯的帽製造業、手套製造業、鞋製造業、裁縫業所雇用的男工人數,為 437,969 名,其中有 14,964 名年齡在 15 歲以下,89,285 名年齡在 15 至 20 歲之間,333,117 名年齡在 20 歲以上。屬於這方面的許多較小部門,未計算在內。我們對這些數字,且不表示意見。如此,我們將發現,單就英格蘭和威爾斯來說,依 1861 年國勢調查所示,被雇在穿著物製造上的人數,全部為 1,024,277 名。其所雇用的人數,與農業及飼畜業所吸收的人數大約相等。由此我們可以了解,機械的魔力所召喚出的大量生產物,以及「所釋」出的大量勞動者。

穿著物的生產,一部分是由製造廠(在其內,不過再生產了一種分工,構成這種分工的四散成分,都是現成的)進行;一部分由手工業的小老闆進行(他們不再像先前一樣為個別消費者工作,而是為製造廠及批發倉庫工作了,因此一個都市全體,或一個區域延伸,常專門從事某些產業,例如鞋製造業以形成一項專業);最後,有相當規模是由所謂家內勞動者(他們形成製造廠、批發倉庫乃至小老闆的外圍部門)進行[186]。其原料、半成品等等,是機械工業供給的;便宜的大量人類實體

---

[185] Millinery 嚴格來說,是只製造頭部穿戴物的,但也製造女子外套和短外套。Dressmakers 則與德國的 Putzmacherinnen 相當。

[186] 在英國,女帽製造業(Millinery)、女裝製造業(Dressmakers),大部分是在雇主屋內經營的,工人一部分是住宿的訂有契約的女工,另一部分是

是由機械工業和改良農業「解放」出來的個人構成的。這種製造業的產生，主要是因為資本家需有一支隨時應付需求任何增加的工人隊伍[187]。這種製造業，也還允許分散的手工業和家庭工業，作為廣闊的基礎而繼續存在。這些勞動部門所生產的剩餘價值是很大的，其所生產的物品是愈來愈便宜的。這在過去和現在，皆主要因為工資降至不超過悲慘無為所必需的限度，而工作時間則延至人體所能支持的最高限。其生產物的銷路向來之所以不斷擴大，且還日益擴大，是因為轉為商品的人類血與汗非常便宜。就英國的殖民市場（在那裡盛行英國本國的品味與習俗）來說，尤其是如此。但那終究會達到一個臨界點。到這一點後，舊方法的基礎──工人之全然殘暴的剝削配合著系統性的分工──就不再能應付擴大中的市場及不再能應付擴增得更快速的資本家的競爭了。機械降臨的時候到了。而在這生產範圍內對準無數部門（如女裝製造業、裁縫業、製鞋業、縫紉業、製帽業等等）全數予以襲擊的毫無疑問革命性機械，是縫紉機。

對於勞動者，這個機械，和一切在現代工業時期奪取新產業部門的機械，有相同的立即影響。太過年幼的兒童被遣散了。與家內工作者（他們大多數是「貧民中最貧苦的人」）的工資比較，機械勞動者的工資是相對地提高的。而與機械競爭的處境比較好的手工業者的工資，卻降低了。新機械勞動者完全是少女與少婦。得機械力之助，她們把成年男工在粗重工作擁有的壟斷破壞了，同時在輕工作方面，她們又把年長的婦人和未成熟的兒童驅逐了。這種一面倒的競爭，撲滅了最弱的手工勞動者。最近 10 年間倫敦因飢餓而死亡的人數的激增，是與機械

住在外面的日雇女工。

[187] 委員懷特視察一個軍服製造廠，那裡雇有 1,000 至 1,200 人，幾乎全是女性；視察一個鞋製造廠，那裡雇有 1,300 人，幾乎半數是兒童和少年人。（《童工委員會第二報告》，第 17 頁，第 319 號。）

縫紉的擴大齊頭並進的[188]。新的女工，或兼用手腳、或只用手、或坐或站（視機械的輕重、大小與特別構造如何而定），運轉縫紉機。在這種工作上，她們必須支出大量的勞動力。她們的勞動時間雖大致比在舊制度之下更短，但她們的職業，仍因過程持續的時間甚長，而有害健康。在已經很窄且很擠的工作房間，例如製鞋、製束腹、製帽等等的房間內，再把縫紉機擺進去，更增加有害身體的影響。委員洛德曾說：「在有30、40個機械工人做工的天花版極低的房間內，只站一下，也受不了。……房間內的溫度（有一部分因為熱熨斗的煤氣爐的作用）是可怕的……即使工作時間適度（比方說從早晨8點起至下午6點止）在這種地方，每日通常仍有3、4個人昏過去[189]。」

工業方法的革命——那是生產資料改革的必然結果——受種種過渡形態的混合影響。這種種過渡形態，隨縫紉機在一產業部門或另一部門、採用範圍的大小與時期的長短而變、隨工人原先的狀況而變、隨製造業、手工業或家庭工業的優勢而變，且隨工作場所的租金[190]而變等等。例如女裝製造業，在那裡勞動經由簡單的合作已被組織起來，所以，縫紉機最先僅是作為該製造產業的一個新因素。而在裁縫業、襯衫業、製鞋業等產業上，則一切的形態互相交錯。有時是真正的工廠體系；有時是中間人（Zwischenanwander）從為首資本家那裡領原料，而

---

[188] 舉一例。1864年2月25日，戶籍調查員的每週死亡報告，說有5人餓死。同日《泰晤士報》也報告一件餓死的事。一星期有6個人成為飢餓的犧牲品！

[189]《童工委員會第二報告》，1864年，第67頁，第406-9號；第84頁，第124號；第73頁，第441號；第66頁，第6號；第84頁，第126號；第78頁，第85號；第76頁，第69號；第72頁，第483號。

[190]「工作室的租金，似乎是決定這個問題的最後要素。也就因此，將工作分授於小雇主和家庭的舊制度，在首都維持得最久並且恢復得最早。」（前揭報告第83頁，第123號。）最後一句，是專就製鞋業而言的。

在「房間」或「閣樓」裡縫紉機的周圍組成 10 名、50 名，或 50 名以上的工資勞動者工作；最後，有時（當機械尚未組成體系，僅小比例被使用時，情形往往如此），是手工業者或家內工作者，和家裡人或少數雇來沒有縫紉機的勞動者一起，使用自己的縫紉機[191]。而今日在英國實際盛行的制度是：資本家在自己的房產內，集中大量機械，而以這些機械的生產物分配給家內工作者的隊伍間，叫他們做更進一步的加工[192]。不過，過渡的形態雖有多種，但隱蔽不了其轉為真正工廠體系的趨勢。縫紉機本身的性質，就是培養這種趨勢的：第一，這種機械的多元用途，使以前分離的各產業部門，能集中在同一屋簷下，在同一個管理之下；第二，各種預備的用針工作，及其他若干操作，最適宜在縫紉機安置的場所進行；第三，以自有機械從事生產的家內工作者及縫衣匠，必致於被剝削。這種命運，已經在某程度內加在他們身上了。投在縫紉機上的資本量，不斷地增加[193]。此事刺激機製物品的生產及充斥市場，並向家內工作者發出賣掉他們縫紉機。而縫紉機本身的生產過剩，又使難以找到銷路的生產者，把縫紉機以每星期出租，從而透過其致命的競爭，壓垮機械的小擁有者[194]。而機械構造的持續改變、機械價值的無止境減低，又使舊的機械天天折價，結果以不合理的價格大批賣給大資本家；唯有在大資本家手中，這種舊式機械才能得利。最後以蒸汽機代替人力給這情況像在一切類似的革命一樣，予致命一擊。使用蒸汽力之初，也僅遇到種種技術上的障礙，例如機械的不穩定性、速度調節上的困難、輕機械之急速磨損等等。但這一切障礙，不久就為經驗所克服

---

[191] 在手套製造業上，工人的狀態，幾乎和被救濟民的狀況沒有區別，所以沒有這種現象。

[192]《童工委員會第二報告》，1864 年，第 2 頁，第 122 號。

[193] 列斯特靴鞋批發製造業，在 1864 年，已經使用 800 架縫紉機。

[194]《童工委員會第二報告》，1864 年，第 84 頁，第 124 號。

了[195]。一方面，許多機械在一個大製造廠內集中，固導致使用蒸汽力；另一方面，蒸汽與人類肌肉的競爭，也促使工人與機械集中在大工廠內。因此，英國今日不僅在穿著物的龐大產業，也在上述大多數產業，經歷了由製造業、手工業、家內工作，轉為工廠體系的革命了。惟在此之前，這種種已在現代工業影響下完全被改變及被分解的生產形態，雖沒參與工廠體系所包含的社會進步要素，卻曾長期再現甚至過分再現工廠體系的一切恐怖[196]。

自發進行的產業革命，又因《工廠法》擴及一切雇用婦人、少年人和兒童的產業部門而得到人為的促進。工作日在長短、休息、上下工時間上受到強制規範，兒童的輪班制度及排除未滿一定年齡的兒童的雇用。這種種，一方面都必須更多機械[197]，又使作為原動力的肌肉必須由蒸汽代替[198]。而另一方面，因要在空間上替補時間上的損失，共同利用

---

[195] 倫敦皮姆利科的軍服製造業、倫敦德里的提利・亨德森襯衫工廠、利麥立克的泰特制服廠（那裡約雇用 1,200 工人），都有這種情形。

[196]「工廠制度的傾向。」（《童工委員會第二報告》，1864 年，第 67 頁。）「這全部職業，現今正好在過渡狀態中。這種過渡狀態，花邊業織布業等等也正在經歷。」（前揭報告第 405 號。）「一個完全的革命。」（前揭報告第 66 頁，第 318 號。）1840 年童工委員被任命時，織襪還是手工業。1846 年後，有各種織襪機械被採用了；現在這種機械，都是由蒸汽力推動的。英格蘭織襪業使用的總人數（3 歲以上的男女工），在 1862 年，約有 12 萬 9 千人。但依照 1862 年 2 月 11 日的議會報告，在此總數中，只有 4,063 人，受《工廠法》取締。

[197] 拿製陶業為例。「不列顛製陶所格拉斯哥」的科克倫公司，曾報告說：「為維持我們的產量，我們曾大大擴充機械，那是由不熟練的勞動照料的；每日的經驗都告訴我們，這個方法的產量比舊方法的產量大。」（《工廠監督專員半年報告。1865 年 10 月 31 日》，第 13 頁。）「《工廠法》實施的結果，是促進機械的進一步的採用。」（前揭報告，第 13、14 頁。）

[198]《工廠法》推廣到製陶業後，以機械轆轤代替手轆轤的現象，大大增加了。

的生產資料如熔爐、建築物等等又不得不擴充。一句話，生產資料須更加集中，勞動者須相應地更群集。不過在《工廠法》威脅下的各種製造業，雖強烈的反對，但它反覆援引的論據，不外是要保持舊有的營業規模，必須有較大的資本支出。但製造業與家庭工業之間的中間形態，與家庭工業本身，當工作日與兒童雇用受這樣的限制時，卻只有沒落。這種種產業形態所有的競爭力，乃以廉價勞動力之無限制的剝削為唯一基礎。

　　工廠體系存在的基本條件之一，是結果的確實性；即在一定期間造出一定量商品或有用效果。尤其是在工作日的長度固定時更是如此。又，工作日法定的休息時間，也隱含因週期及突然停工，不會給正在生產過程中的製品造成任何損害。在純機械性的產業，當然比在物理、化學過程占相當地位的產業（例如製陶工業、印花工業、染色工業、烘焙業及大多數金屬製造業），更易有結果的確實性和工作中斷的可能性。在工作日的長度毫無限制、夜間勞動不受禁止、人類生命無止境浪費時，工作性質所造成向更好改變的輕微干擾，都被視為是大自然立下的永久障礙。但任何驅除害蟲的毒藥，也不及移除這種永久障礙的《工廠法》那樣確實。沒有誰，比製陶業方的諸位先生，更高聲抗議「不可能」。但1864年《工廠法》實施到製陶業上16個月後，一切「不可能」就都消失了。《工廠法》在製陶業上喚起的「改良的方法，即以壓縮代替蒸發的製造液狀黏土的方法，和烘製陶器的新建爐等等，都是製陶技術上的重要事項。其所劃出的進步，實為前世紀所不能比擬的。……爐的溫度大大減低，燃料大大節省，但其在陶器上產生的作用卻更迅速了[199]」。雖有各種預言，但陶製品的成本價格沒有增加，生產量卻大大增加了。1864年12月至1865年12月，那12個月間，陶製品輸出額，比前3年間平均的輸出額，在價值上超出138,628鎊。再就火柴製

---

[199]《工廠監督專員半年報告。1864年10月31日》，第96、127頁。

造來說，人們一向總以為，少年工人在吃正餐時，仍須以火柴棍浸入磷溶液中，使散發的毒氣與工人的面部接觸為不可免的要求。但《工廠法》（1864年）的實施，使時間的節省變得必要，因此強迫一種「浸漬機」的出現；有賴於此，毒氣已不再能接觸到勞動者身上了[200]。又，在今日依然不受《工廠法》限制的花邊製造業各部門，人們也以為，因各種花邊材料乾燥所需的時間各有不同，有的只需3分鐘，有的需要1小時以上，所以要使用餐時間有規則是不可能的。對於這種主張，童工委員也答說：「這裡所說的情形，與《第一報告》所述的壁紙印刷業的情形，正好相同。該行業的主要製造商曾有人說，從所用材料的性質及不同的製程來看，在任何特定時間，為用餐而停工，非發生巨大損失不可。……1864年《工廠法》的增補條例，第6節，第6款，卻規定用餐時間的實行，自該法制定日起得延遲18個月的時間[201]。但這個法律在議會通過不久之後，由於仔細及事先安排，這項擔心的困難得以克服，製造廠主就發現了如次的事實：「《工廠法》在我們這種製造業上施行，我們預期會發生的不便，我們很高興地說，沒有發生。未見生產受任何干擾，即我們在同時間內生產更多[202]。」很明顯，已由經驗知道英國國會沒人敢指責已過度宣揚的趨勢，要掃除工作日的規範及限制在制程性質上遇到一切的所謂障礙，單制定一個強制性法律已經很夠。因此，當《工廠法》將在某產業部門實施時，總會給6個月乃至18個月的猶豫期間，讓製造廠主移除種種技術上的障礙。米拉波（Honoré Mirabeau，法國的政治家，不是那位經濟學家）的格言：「不可能？別對我說這混蛋的話。」最適用於近代的技術。不過，《工廠法》雖如此促成製造業

---

[200] 這種機械及其他若干種機械在火柴製造上的採用，曾在一個部門，用32個14至17歲的少年男女，代替230個少年男女。1865年採用蒸汽力時，勞動的節省更進步了。
[201]《童工委員會第二報告》，1864年，第9頁，第50號。
[202]《工廠監督專員半年報告。1865年10月31日》，第22頁。

體系轉為工廠體系所必要的物質要素,但同時,因《工廠法》使資本支出必須擴大,故又促進了小老闆的式微和資本的集中[203]。

不說可由技術方法除去的技術障礙,工人本身無規律的習慣,也會妨礙勞動時間的規範。在計件工資制度盛行,及一日或一星期時間上的喪失,得由之後的過時勞動或夜間勞動來替補——這是一個殘酷對待成年工人,並毀掉他的妻子和孩子的過程——的地方,情形尤其是如此[204]。勞動力支出的這種缺乏規則的情形,固然是單調苦活的厭惡之自然及粗暴的反應;但也有極大程度,肇因於生產的無政府狀態,而生產的無政府狀態,又以資本家不受拘束剝削勞動力為前提。即不說產業循環上一般的週期性變動,及各生產部門受限於特別的市況浮動,我們也還可以歸於所謂「季節」(saison)——那或以適於航海季節的週期性為根據、或以時尚為根據,及因突然接到的大批訂單,必須在最短期間內交貨。因鐵路及電報普及之故,這種訂貨習慣更為頻繁。「鐵道體系在全國擴展的結果,對於近期交貨的習慣,頗有助長的趨勢。購買者

---

[203] 「我們必須記著,這各種改良雖曾在若干工廠充分地實施,但並未普遍地實施。要把這種種改良應用到許多舊製造廠,那非增加資本的支出不可。但這種增加的資本支出,是許多開設工廠的人沒有的。……《工廠法》的施行,必然會伴隨著發生暫時的紊亂。紊亂的大小,則與所要救濟的弊害的大小成正比。」(前揭報告第96、97頁。)

[204] 「拿熔礦所為例。每到星期之末,勞動時間就會大大增加,因工人在星期一,乃至在星期二的一部或全部,有怠於勞動的習慣。」(《童工委員會第三報告》,第6頁。)「小老闆的勞動時間,通常是極不規則的。他們會輕鬆兩三天,然後晝夜勞動以彌補。……他們常常使用自己的兒女,如果他們有。」(前揭報告第7頁。)「上工時間的漫無規則,是因為過度勞動可能、並且實際能夠彌補損失所引起的。」(前揭報告第18頁。)「在伯明罕,有莫大的時間損失掉……一部分是無所謂地消磨,另一部分卻像奴隸一樣勞苦。」(前揭報告第11頁。)

不像他們習於向零售店購買，他們每兩星期從格拉斯哥、曼徹斯特和愛丁堡，到批發的都市倉庫來買一次。數年前，我們可以在生意冷淡的時候，為應付下一季的需求，常能把貨物準備好，但現今誰也不能預先斷定下一季的需求 205。」

依然不受《工廠法》管制的工廠與製造廠，在所謂旺季時期，因突然的訂單，往往會週期地盛行極可怕的過勞。在工廠、製造廠和倉庫的外圍部門，即所謂家內工作，其受雇是極不規律的，其原料、其訂單，皆取決於資本家的任性。在這行業，資本家完全不必顧慮建築物、機械等等的耗損及工作停頓的風險，而只以勞動者的血肉冒險。他們在這情況下奮力地系統性養成了一個可以隨傳隨到的產業後備軍（industrielle Reservearmee）。這個產業後備軍，在一年中某一個時期，在最不人道操勞下折騰得要死，而在另一個時期，卻因工作缺乏餓得要死。《童工委員報告》上曾說：「當危急之際需要額外勞動時，雇主即利用家內工作的習常無規律性，使人工作到夜間 11 點、12 點，乃至凌晨 2 點，或如通常所謂的『全天候』。勞動的場所臭氣之烈，可以使你昏倒，所以當你到門口，將門打開時，你憚於走進一步 206。」有一個證人（一個製鞋工人）談及這些老闆說：「他們是古怪的人，他們覺得使男孩在半年內從事過苦的工作，在其餘半年內幾乎閒置，也對男孩毫無損害 207。」

這種「與行業一同發展的習慣」，像技術上的障礙一樣，至今仍被有利害關係的資本家，稱為工作性質上的自然障礙。英國棉業初受《工廠法》威脅時，棉業大王是最喜歡這樣叫喊的。固然，他們的產業比任何其他產業都更依賴世界市場，從而依賴航海業，但經驗卻給他們

205《童工委員會第四報告》，第 32、33 頁。「鐵道組織的擴張，據說曾大大助成近期交貨的習慣，因此頗引起工作的急促、吃飯時間的忽略，和工作時間的超時。」（前揭報告第 31 頁。）
206《童工委員會第四報告》，第 35 頁，第 235、237 號。
207《童工委員會第四報告》，第 127 頁，第 56 號。

以謊言。從那之後，英格蘭的工廠監督專員，把一切冒稱的營業障礙，都視為全然假話了[208]。童工委員完全忠於職守的調查，已經證明在若干產業管制工作時間的效果是使前所雇用的勞動量，更平均地分配在整個年度[209]；這種管制，對要命的、無意義的、本身就與現代工業體系非常不一致的時尚任性，是最早的合理的約束[210]；海洋航行與交通工具的發展，一般已把季節工作的技術基礎掃除[211]；一切其他被認為難以克服的事情，也因建築物增大、機械增加，同時雇用工人數的增加[212]，及此等

---

[208]「說到營業因訂貨運送時間不適合而起的損失，我記起了1832年和1833年製造廠主所愛唱的論調。這種論調，在蒸汽未將距離縮短、未將新的交通規則確立以前，是有力的，但若在現在提出，卻不是這樣了。在那時，這個主張已經承受不起事實的試驗，現在還更受不起。」（《工廠監督專員半年報告。1862年10月31日》，第54、55頁。）

[209]《童工委員會第四報告》，第18頁，第118號。

[210]貝勒斯在1699年就說過這樣的話：「時尚的變化，增加了貧困的人。那有兩大害處。第一，工人在冬季因沒有工作而陷於貧困。織物商人或織布業者，在春天尚未來到、時尚趨勢還沒分曉以前，不敢投下資本使用他們。第二，到春天，工人往往嫌不足。織布業者為滿足一季或半年的國內需求，必須雇用許多學徒。這個辦法奪去了耕作的手，枯竭了勞動者的農村，使都市充滿乞食者，並在冬天，使若干不願乞食的人餓死。」（貝勒斯《論貧民、製造業、商業、殖民，和不道德》，第9頁。）

[211]《童工委員會第五報告》，第171頁，第31號。

[212]布拉福出口商的代表證供：「在這種種情形下，不需要一個少年工人在倉庫內，在上午8點至下午7點半之外做額外時間的工作。所需要的，是額外的勞動和額外的費用。如果不是因一些雇主太過貪財，這些少年人實在沒有勞動到這麼晚的必要。一個額外的機械，僅值16鎊或18鎊。像現在這樣的額外時間，有許多是設備不充分和場所不充足所致。」（前揭報告第171頁，第31號、36號、38號。）

因素在營運批發商方式（das system des Grosshandels）[213] 上帶來的變革，被一掃而空了。但雖如此，若不是國會普及法令對勞動時間的強制性管制的壓力[214]，資本永不會配合如此的改革。這是資本代言人一再承認的。

IX 《工廠法》（衛生條款與教育條款）及其在英國的普及

社會，對於生產過程的自發性的發展形態，實以工廠立法，為最早有意識的、及有計畫的反應。我們講過，工廠立法和棉紗、自動機、電報一樣，是現代工業的必然的產物。但在轉論該項立法在英國的擴散以前，我們且就英國《工廠法》，略述其中若干與工作時間無關的條款。

衛生條款（Gesundheitsklauseln）的字義，是極籠統的，使資本家很容易規避。然而姑不說此，它的內容也非常貧弱；事實上它限於規定牆應粉刷、其他幾點應講求清潔、空氣要流通、機械的危險應設法保護。我將在第三卷，詳述英國製造廠主，曾如何狂熱反對這種只要少許支出在器具上即保障其工人肢體的條款。這項反對給自由貿易主義的教條——在利害關係互相衝突的社會內，只要各人藉由尋求各人自己的利益，即可增進公共福利——一個鮮明及耀眼的解釋。且舉一例就夠。我們知道，在過去 20 年間，亞麻工業曾大肆擴張，隨之打麻工廠也在愛爾蘭增加了。1864 年，該處有打麻工廠 1,800 所。照例，在秋冬兩季，

---

[213]《童工委員會第五報告》。倫敦有一位製造廠主，他認為工作日之強制的取締，對製造廠主而言是保障勞動者，對大商人而言，是保護製造廠主。他曾說：「我們營業上所受壓迫，是由運輸業者造成的。他們要用帆船將貨物在一定季節送到目的地，以便從中賺取帆船運費和汽船運費的差額。如有兩條汽船開行，他們又必定選最先開行的一條，以能搶先趕到國外市場。」

[214] 有一位製造廠主說：「在一般國會條例的壓力下，那種情形只有推廣事業才能除去。」（前揭告第 10 頁，第 38 號。）

婦人與少年人，即附近小農民的妻子兒女，一群完全不熟悉機械的人，會離開田間，被吸收到打麻工廠來，從事以亞麻投入滾輪機內的勞動。由此發生的災害，論件數與性質，皆成為機械史上無可比擬的案例。考克附近基爾迪南有一個打麻工廠，自1852至1856年，發生過6次死亡和60次殘廢的事件。每一次這種意外事件，都只要數先令的花費，以最簡單的設備就可以防止。懷特醫生（任帕垂克的工廠鑒定醫師），在其官方報告（1856年12月15日）中說：「打麻工廠發生的嚴重意外都是最可怕的。多數是軀幹被鋸去1/4，受害者或死亡或殘廢，終生痛苦。工廠在該處增加以後，這種可怕的結果也必定會蔓延，如果以立法管制這將是一項大恩惠……我相信，將打麻工廠予適當的監督，定可避免巨大的生命和肢體上的犧牲[215]。」維持清潔與衛生的最簡單的設備，也須由國會的法案來強制實行；還有什麼事，能比這件事實，更明白地表示資本主義生產方式的特性？在製陶工業方面，1864年的《工廠法》，「粉刷及清掃兩百多個工作場所。這種工作場所有許多已經20年不曾粉刷，有一些是從來不曾粉刷過」（這就是資本家的「節慾」），其所雇用的27,878工匠，一向就在拖長的日間勞動和常在夜間勞動中，呼吸這有毒的空氣，從而使一種在其他方面較無害的工作，成為疾病與死亡的溫床。法案使通風改善許多[216]。同時，《工廠法》的這個部分又明顯說明了，資本主義生產方式在本質上，排斥進行各種超過一定限度的合理改良。我們一再講過，英國的醫師曾一致聲明，在持續工作的地方，每一個人至少應占有500立方呎空間。如今，若《工廠法》已由其強制規定，間接促進小工作場所轉為工廠，從而間接侵害小資本家的財產權，確保大資本家的壟斷權，那麼，規定每個工人在工作場所內必須享有適當的空間，就會使成千小資本家在這強制規定的一擊

---

[215] 前揭報告第15頁，第72號。
[216] 《工廠監督專員半年報告。1865年10月31日》，第127頁。

之下，被直接剝奪！那會動搖資本主義生產方式的根本，即以勞動力之自由購買、自由消費為手段，使一切大大小小的資本自我擴增。是以，提到 500 立方呎空間，工廠立法便無路可走了。衛生官員、工業調查員、工廠監督專員都曾一再重複說明，500 立方呎空間是必要的，但要強迫資本接受這種要求，卻是不可能的。他們在事實上說明了，工人患肺結核病或其他各種肺病，是資本生存的必要條件[217]。

　　大體來說，《工廠法》的教育條款（Erziehungsklauseln）是毫不足取的，但它仍以基礎教育為雇用兒童的強制條件[218]。這個條款的成功，第一次證明了，以教育與體操[219]和體力勞動結合是可能的，以體力勞動和教育與體操相結合也是可能的。工廠監督專員在詢問學校教師時，發

---

[217] 我們由實驗發現了，一個健全的平均的個人，一次普通強度的呼吸，約須消費 25 立方吋的空氣。每分鐘人約須呼吸 20 次。所以，一個人在每日 24 小時內，必須消費空氣 72 萬立方吋，即 416 立方呎。又，我們知道，經過呼吸的空氣，必須在自然的大工作場所內淨化，才能在同一過程上再起作用。依照瓦倫亭（Valentin）和布魯納（Brunner）的實驗，一個健全的人，在一小時內，約吐出 1,300 立方吋的碳酸氣。也就是在 24 小時內，由肺部排出的固體碳，約有 8 盎司。「每個人至少應有 800 立方呎。」赫胥黎（Huxley）。

[218] 依照英國的《工廠法》，父母不得送未滿 14 歲的兒童，到「受取締」的工廠去做工，除非同時讓他們受初等教育。這個法律的遵守，是由製造廠主負責任的。「工廠教育是強制的，那是勞動的一個條件。」（《工廠監督專員半年報告。1863 年 10 月 31 日》，第 111 頁。）

[219] 以體操（在少年人為軍事訓練）結合於強制教育，對於工廠兒童和貧民學校兒童，會產生有利的結果。關於這點，可參看西尼爾在社會科學促進協會第 7 屆年會的演說詞。（這篇演說，曾載在《議程報告》中，倫敦，1863 年，第 63、64 頁。）還可參看《工廠監督專員半年報告。1865 年 10 月 31 日》，第 118、119、120 頁，126 頁以下。

現工廠兒童與常規日校學生比較，雖只受一半時間的教育，但所學得的是一樣多，且往往更多。「這可從單純的事實來說明。他們雖只半日到校，但他們時時覺得新鮮，且時時準備及願意受教。他們以一半時間從事體力勞動、及以一半時間受教的制度，使工作與教育成為交互的休息和轉換心情；從而使工作與教育，輪替比整日專注一事更適合兒童。一個終日在學校內的兒童（特別是熱天），不能和一個剛剛把工作放下、心情非常活潑的兒童競爭，乃是非常清楚的事[220]。」關於這一點，西尼爾1863年在愛丁堡社會科學大會的演說，也可為證。在那裡他曾說明，中上階級兒童的單調、及無用的冗長在校時間，徒然增加教師的勞動，同時教師又不僅無益、且絕對有害地，浪費兒童的時間、健康與精力[221]。像歐文所詳細說明的那樣，未來教育——這種教育，把生產性勞動和智育體育結合起來，使每一個已達一定年齡的兒童皆可享受，此不僅為增加生產效益的方法，且為生產健全人類的唯一方法——的種子，是從工廠體系發芽的。

---

[220]《工廠監督專員半年報告。1865年10月31日》，第118頁。有一位誠實的絲製造廠主對童工委員說：「我確信，產生優秀工人的真正祕訣，是從幼年期起將教育和勞動結合。當然，工作不能太重、不能太煩、不能太不衛生。我希望，我自己的兒童有勞動和遊戲，這樣他們的學校功課才不至於單調無味。」（《童工委員會第五報告》，第82頁，第36號。）

[221] 西尼爾《議程報告》，第65、66頁。——試比較西尼爾1863年的演說，和他1833年對於《工廠法》的誹謗；或比較這個大會的見解，和英國若干農村區域今日仍有許多貧窮父母為飢寒所逼，不得教育其子女的事實，我們就可以說明，現代工業發展到一定的程度，即能由物質生產方法和社會生產關係的變革，變革人的頭腦。關於貧窮父母不得教育子女這一點，史奈爾（Snell）曾報告說，在薩莫塞特，貧民因要請求教區救濟，往往不得不使子女退學。費爾特姆市牧師沃拉頓（Wollarton）也曾陳述，有若干家庭「因送兒童上學」，其救濟請求即不獲批准！

製造業的分工，使一個完全的人，終生全爲一簡單細部操作所困。我們講過，現代工業透過技術的方法，把這種分工廢止了。但同時，該產業的資本主義形態，又以一種更可怕的形式，復製出同一分工來，在眞正的工廠內，藉由將勞動者變成機械的活體附屬物；而在工廠外其他各處，卻一部分藉由機械及機械工人的偶爾使用[222]，一部分藉由婦女勞動、兒童勞動及不熟練勞動，被普遍用作重建分工的新基礎。製造業的分工與現代工業的方法之間的對立，現在強烈地發動了。而在這種可怕的事實——近代工廠及製造廠雇用的兒童，大部分從極幼小的年齡起，就專注一種最簡單的操作，且經過多年的剝削後，仍不被教會一種後來可以在同一製造廠或工廠內用得上的工作——之上，這種對立表現得尤爲顯著。試以英國的印書業爲例。該業的舊制度，是與舊製造業和手工業相應的。依照這種制度，每一個學徒都由輕易，進到愈來愈難的工作。他們經過訓練的課程，然後成爲精通的印刷工人。無論何人，要從事這種手作的行業，皆須能讀與寫。但自印刷機被採用以來，一切都改變了。印刷機只雇用兩種勞動者。一種是成年工人，他們是照應機械的；一種大多是 11 至 17 歲的少年工人，他們的唯一職責，是把紙張送到機械裡去，或把已經印好的紙張從機械取出。他們每星期有幾天要

---

[222] 有些地方，手工機械（即由人力推動的機械），直接或間接與發展的機械體系（即由機械動力推動的機械）競爭。那些地方，就推動機械的勞動者來說，發生了一個大的變化。原本是蒸汽機代替勞動者，現在是勞動者代替蒸汽機。勞動力的緊張和支出，達到驚人的程度，而受這種苦的還多是未成年人。委員隆格就發覺，在科芬特里及其附近，往往雇用 10 至 15 歲的兒童來推動絲帶織機。此外，還有推動小機械的更年幼的兒童。「這是異常吃力的工作。兒童只是蒸汽力的代用品。」（《童工委員會第五報告》，1866 年，第 114 頁，第 6 號。）——關於這種「奴隸制度」（this system of slavery）的殺人的結果，亦可參看該報告。「奴隸制度」，亦是政府報告給它的名稱。

從事這種無聊的工作（特別在倫敦）一口氣 14、15，乃至 16 小時，有時且連續工作至 36 小時，其中只有 2 小時用餐和睡眠的時間[223]。他們大多數不認得字，也大概是澈底的野蠻和異常古怪的傢伙。「他們從事這種工作，不必有任何智力上的訓練。那用不著技巧，更用不著判斷力。他們的工資，與一般兒童的工資相比，雖然較高，但不與年齡一同比例提高，他們大多不能期望有較好的待遇、不能期望升到機械照應工的位置，因為每一個機械只用一個照應工人，但至少須用兩個或往往 4 個少年工人[224]。」所以，當他們的年齡增長，不適合做這種工作之後（17 歲以後，便不適合做這種工作了），他們便會被印刷廠解雇，成為罪行的新兵員。雖有人作某種嘗試，希望在別處給他們就業，皆因他們的無知和野性及他們肉體上與心智上的墮落，皆歸無效。

關於製造業工作場所內的分工，我們說的話也適用於社會內部的分工。在手工業與製造業仍為社會生產的普遍基礎時，生產者專屬於一個生產部門的事實，和其原有的職業多面性的斷裂[225]，乃是一個必要的發展步驟。立於這個基礎上面的每一個分開的生產部門，皆由經驗找出適合它的技術形態，慢慢完善它，在達到一定成熟程度之後，還極迅速地使它固定下來。除由商業提供新原材料外，唯一能到處引起改變的事，就是勞動工具的逐漸變化了。但一旦經由經驗確認為不變的工具

---

[223] 前揭報告第 3 頁，第 24 號。

[224] 前揭報告第 7 頁，第 60 號。

[225] 蘇格蘭高地有些地方，不多年前，依《統計書》所示，還是每一個自耕農民用親自鞣造的皮，親自製作皮鞋。還有許多牧羊人和小屋農民，他們和妻子到教堂去時，是穿自己縫紉的衣服，而製造衣服的材料，是自手所剪的羊毛和自手所植的亞麻。並且，製造此等物品所用的東西，除鞋針、縫針、頂針、戒指，及鐵製的織機裝置外，幾乎沒有一件是買來的。染料也主要是由婦女在草木上採取的。（《史都華全集》，漢彌爾頓編，倫敦，第 8 卷，第 327、328 頁。）

形態，依然會像此前的形態，由一代傳至一代，往往相傳數千年，一成不變。有一個特徵是，一直到十八世紀，各種不同行業，都被稱爲祕訣（Mysteries）[226]。只有職業上內行的人，能夠通透其中的奧義。這一幅帷幕，使人類自己的社會的生產過程，在人類的面前隱蔽著；且使各種自發分離的生產部門，對於職業外的人，甚至對於業內的人，都成謎霧。現代工業把這一幅帷幕撕開了。現代工業所追求的原則（即不考慮任何借助人之手來執行的可能，將各生產過程分解成其運轉要素），創造了新的近代工藝學（Technologie）。工業生產過程之多變的、表面上互不相連及固化的形態，現分解爲自然科學許多有意的及系統的、爲取得已知有用效果的應用。就像力學，在最複雜的機械體系內，僅發現單純機械力的不斷重複。工藝學也只發現運轉的少數基本形態。各種生產行爲所使用的工具雖多樣化，但都必然要採取人力。近世產業絕不視生產過程的現存形態爲最終的。所以，從前各種生產方法的技術基礎，在本質上是保守的，近世產業的技術基礎，卻是革命的[227]。勞動者的機能及勞

---

[226] 在艾提恩・布瓦洛（Etienne Boileau）的名著《職業書》中，我們可以看到這樣的話，幫夥（Ceselle）要升作老闆（Meister）時，必須宣誓，「以兄弟之愛，愛護同行、在職業上扶助同行，不故意洩漏本行的祕訣，爲全體的利益，絕不爲要推銷本人的貨品，故意讓買者注意同行出品的缺點。」

[227] 「不使生產工具，進而使生產關係，從而使全部社會關係不斷地革命，資產階級是不能存在的。反之，舊生產方法的原樣的保持，卻是從前一切產業階級所依以存在的第一個條件。資產階級時代與其他一切時代所依以區別的特徵是；生產的不斷的變革、社會狀況的不斷的擾亂、永久的不安和變動。一切固定的刻板的關係，以及伴隨而起的傳統見解觀念，都被掃除了。新形成的東西尚未固定，就成了陳腐的。一切安定固定的東西，都被蒸發了，一切的聖物，都被冒瀆了。所有人都不得不以冷眼注視他們的生活地位，他們的相互關係。」（參看恩格斯、馬克思合著《共產黨宣言》，倫敦，1848 年，第 5 頁。）

動過程的社會結合，須經由機械、化學過程及其他各種方法，而與生產的技術基礎，一起持續改變。同時它們使社會內部的分工也發生革命，及使大量的資本和大群的工人，不斷從一生產部門，移轉到另一生產部門。如果，現代工業的性質而言，是一方面以勞動的變更、機能的流暢、勞動者普遍的移動性為條件；但在另一方面，它又在它的資本主義的形態上，複製了舊式的分工，及其硬化的特殊性。這是一種絕對的矛盾。我們曾講過，這種近代工業的技術必要條件和其資本形態固有的社會特質之間的絕對矛盾，如何除去工人處境的安定和安全；並藉由好不容易從其手中奪去勞動設備，不斷地威脅其維生手段[228]；又藉由壓抑其細部機能，又使其變成過剩之物。我們還講過，這種對立如何洩憤在荒謬性的創造上，使一支工業儲備軍處於窮困中以期能一直受資本的差遣；以引起勞動階級的不斷的犧牲，勞動力最毫不介意的揮霍，和因社會無政府狀態造成的荒廢（將每一次經濟的進步變成社會災難）。惟以上皆屬於消極面。當工作的變更，現本身竟照著不可抵抗的自然律，並在遇到全面反抗時，施以自然律的盲目破壞行動[229]，現代工業也會在另一方面，透過它自身的激變必須承認，工作的變更作為生產的基本法則

---

[228]「你奪去我生活的手段，

你也把我的生命奪去了。」

（莎士比亞《威尼斯商人》。）

[229] 一個法國工人，他從舊金山回來時，曾這樣自述：「我在加利福尼亞曾做過各種職業。我絕不能相信，我是能做這樣多種職業的。我以為我只適合印刷業。……但一旦置身在這個冒險者的世界中，我也像別的冒險者一樣，像換襯衫一樣更換自己的職業了。因為礦山勞動的待遇不太好，我就到市鎮上去，在那裡我曾做過活版工人、鋪石工人、鉛管工人等等。當我發覺隨便哪種工作我都適合做時，我覺得，我更不像一個軟體動物，更像一個人了。」〔科爾本（C. A. Corbon）《職業教育》，第 2 版，巴黎，1860 年，第 50 頁。〕

是讓工人適於不同的工作,並使勞動者的不同性向有盡可能大的發揮;近代工業確實強迫社會(在死亡的懲罰下)以充分發揮的個人(適於不同的勞動,隨時面對生產的任何改變,且其在執行不同的社會機能只不過是其天賦及習得能力自由發揮的許多方式而已)取代如今的細部工人(終生一直被一項且同樣的瑣細操作所困,從而變成人的某一碎片)。一個已自發形成導致這次革命的步驟,是工業學校與農業學校,及職業學校的建立。在那裡,工人的子女接受少許有關工藝及各種生產工具的實際使用法。《工廠法》,雖不過從資本手裡挖得首次些許的讓步且只限以小學教育和工廠勞動相結合;但無疑的,工人階級在不可避免地奪得政權之後,工藝教育仍會在理論方面和實用方面,在勞動學校內取得它應有的位置;這也是沒有疑問的。這種以廢止舊分工為最後目標的革命酵母,正好與資本主義生產形態及其相應的勞動經濟狀況絕對性的對立。但一種已知生產形態內在對立之歷史發展,乃是該種生產形態所由以崩解及建立新形態的唯一的路。「我不會縫到隙縫之外」這句話,雖是手工業者智慧的卓見,但自鐘錶匠瓦特發明蒸汽機、理髮匠阿克萊特發明塞洛紡織機、寶石工人傅爾頓(Fulton)發明輪船以來,那一句話就成了荒唐之至[230]。

在《工廠法》僅限於管制工廠、製造廠等等的勞動時,它被視為對

---

[230] 經濟學史上一個特出的人物貝勒斯,早在十七世紀末葉,就極清楚地了解了,現在的教育制度和分工制度有廢止的必要。這種教育和分工,在社會的一極端,生出了病態的肥大;在社會的另一極端,生出了病態的瘦小。他說:「不勞動的學,比起不勞動,不能更好多少。……體力勞動,那是原始的神的制度。……勞動之於身體健康,有如飲食之於生存;遊手好閒固使人免除痛苦,但疾病會把痛苦帶來。生命的燈,依勞動而添油,思考則是將油點用。……兒童的愚陋的使用(那是對於巴塞多及其近世模仿者的預覺的諷刺),使兒童的心也愚陋。」(《設立工業大學之提議》,倫敦,1696年,第12、14及18頁。)

資本剝削權的干涉。當《工廠法》進而管制所謂家內勞動[231]時,它立即被視為對國家力量、對親權的直接攻擊。膽怯的英國國會很久都不敢這樣做。但事實之威力,最終迫使英國國會承認,現代工業把傳統家庭立基的經濟基礎及與此相應的家庭勞動推翻時,是連帶把傳統家庭關係也放開了。兒童的權利,已經不能不主張。1866年童工委員會最後的報告,也說:「各種證據,很明顯以不幸至痛苦的程度指出,比起面對其他人,男女兒童在面對父母最需要保護。兒童勞動(廣義)、家內勞動(狹義)的無限制剝削制度,是這樣維持的:父母不受一點約束,對於自己稚弱的兒女,可以行使此專擅而有害的權力。……父母不應擁有這絕對的權力,以致把兒女僅當機械,冀望盡可能在每個星期賺取工資。在一切這類情況下,兒童作為一項自然的權利可正當地向立法機構請求下受保護,使自己在體力方面得免於過早破壞,在智力與道德方面,得免於墮落[232]。」但不是親權的濫用,使資本家對兒童勞動力為直接或間接的剝削;相反地,乃是藉由掃除親權經濟基礎的資本主義剝削方式,使親權行使墮落到權力的有害濫用。舊家庭關係在資本制度下的瓦解,雖顯得可怕且可厭,但因現代工業曾在家庭組織範圍之外的生產過程中,給予婦女、少年和男女兒童以重要位置,故又為家庭及兩性關係的較高形態,創造了新的經濟基礎。當然,條頓語基督教的家庭形態,正如古羅馬的家庭形態、古希臘的家庭形態、或東方的家庭形態,都不是絕對及最終的。但合起來,則形成一個歷史發展的系列。又,很明顯,不分男女老幼的集體勞動團體,雖在自發的殘酷的資本主義形態(在那裡,是勞動者為生產過程而存在,不是生產過程為勞動者而存在)下,是腐敗與奴隸狀態的有毒泉源,但在適當的情形下,那卻必然會成為人

---

[231] 這種勞動,大多數是在小工作場所。這種情形,可以在花邊業、草編業上看到。要知其詳細,還可研究雪非耳、伯明罕等處的金屬製造業。

[232]《童工委員會第五報告》,第25頁,第162號。《第二報告》,第38頁,第285、289號;第35頁,第191號。

類發展的泉源[233]。

《工廠法》本來是以例外法律的資格，專門針對最初採用機械的機製紡織業的。但現代工業之歷史的發展方式，卻證明了，這種例外法律有轉為普遍化（影響整體社會生產的法律）的必要。在工業的背後，製造業、手工業、家庭產業的傳統形態，完完全全地革命了。製造業不斷轉為工廠，手工業不斷轉為製造業；而在一個比起來非常短的時期內，手工業和家庭產業的範圍，又變成了貧苦的巢穴，讓資本主義的剝削，在那裡自由的揮灑。但最後起決定作用的是兩件事。第一，持續重現的經驗證明了，如資本在這一處受到法律的管制，它會在另一處更無節制作為替補[234]。第二，資本家自己也要求競爭條件的平等，換言之，要求對於勞動的剝削，加上平等的限制[235]。關於後一點，我們且聽聽兩種傷心的呼籲。布里斯托市庫克斯利公司（釘、鎖等物的製造商），曾自發實施《工廠法》的條例：「因附近各工廠仍實行舊時不規則的制度，所以庫克斯利公司蒙受了一種不利，其童工往往被慫恿在下午6點後，再到別的工廠去繼續工作。該公司自然會說，這對於他們不公正也有損其利益。因這種額外的勞動，將消耗一部分童工體力，這可是他們公司的權益[236]。」倫敦紙盒及紙袋製造業者辛普森，也曾向童工委員陳述：「他願意簽署任何請求立法干涉的請願書。……他在夜間關門後，往往終夜睡不好，生怕有別家做到較晚的時間，把他的訂單搶去[237]。」童工委員會更總結起來說：「大雇主的工廠受管制，而同業的較小工廠勞動時間則不受法律限制，那是對於大雇主的一種不公。較小的工作場所免

---

[233]「工廠勞動能夠和家內勞動一樣純潔優美，也許更純潔優美。」（《工廠監督專員半年報告。1865年10月31日》，第127頁。）

[234] 前揭報告第27、32頁。

[235] 關於這點，可在工廠監督專員報告內，找出許多例證。

[236]《童工委員會第五報告》，第10頁，第35號。

[237]《童工委員會第五報告》，第9頁，第28號。

於時間上的限制,這當然是創造競爭條件的不公。但除此之外,對於大製造業者,還有一種不利:他們所雇用的未成年人與婦人的勞動供給,往往被不受法律限制的工作場所奪去。又,這還會刺激小工作場所的增加,這種小工作場所,就民眾的健康、舒適、教育及普遍改良各方面來說,幾乎一律是最不利的[238]。」

童工委員會最後一次報告,提議使140萬以上的兒童、少年男女、婦人——約有半數,是被小產業和家內工作剝削的——受《工廠法》管制[239]。報告裡說:「若國會採納,置上述提及的大量兒童、少年及女性於保護性立法是適當的……則無疑此種立法,不僅對於幼弱(這是立法的直接對象)會產生最有益的影響,即對於人數更多的成年工人〔他們在這種就業上,也將直接(婦女)或間接(男子)受這種法律的影響〕,也會產生最有益的影響。這種法律,強迫他們的勞動時間固定且適度、使他們的工作場所衛生且清潔、培育並改善他們的體力儲存(這不僅是他們個人的幸福,也是國家的幸福之所倚)、從破壞體質引致早衰的青年時期的過度辛勞,救出下一代;最後,確保他們在13歲之前至少有接受初步教育的機會,把澈底無知——助理童工委員的報告曾予以正確

---

[238] 前揭報告第25頁,第165、166、167號。關於大經營優於小經營的地方,可參看《童工委員會第三報告》,第13頁,第144號;第25頁,第121號;第26頁,第125號;第27頁,第140號等等。

[239] 受取締的產業部門,有如下述:花邊製造業、襪織業、草編業、衣類製造業(及其所屬的多種部門)、人造花業、製鞋業、製帽業、手套製造業、裁縫業、自熔礦業至製釘業的各種金屬工業、製紙業、玻璃製造業、菸草製造業、印度橡皮製造業、紐帶(織工用的)製造業、手工地毯業、雨傘陽傘製造業、紡錘及紗卷製造業、印刷業、裝訂業、文具製造業(包括紙袋、卡片、色紙等等)、繩製造業、黑玉裝飾品製造業、絲手織業、科芬特里織業、製鹽業、油脂蠟燭業、水泥製造業、砂糖精製業、餅乾製造業、木材加工業,及其他各種混成產業。

的呈現，那使我們每次想到都引起深切的痛苦，使我們對於民族墮落的情形，產生深刻的感覺——歸於終結[240]。」保守黨內閣藉1867年2月5日的詔書，才宣稱工業調查委員的建議[241]，已列入議案。但要做到這樣，一個延長20年之久的以廉價身體為客體的實驗乃是必要的。1840年，國會已指派委員會研究兒童勞動的狀況。其報告（1842年刊行）如西尼爾所說，揭發「雇主與父母貪婪、自利和殘忍的最駭人一面，及少年男女與幼童貧苦、墮落、和摧殘前所未見的。……人們也許會說，它所描寫的，是過去時代的慘狀。但不幸有種種證據，證明這些慘狀，現在和以前一樣嚴重。兩年前哈德威克（Hardwicke）曾刊行一小冊子，說1842年報告所控訴的種種弊害，現今（1863年）依然大肆氾濫。這個報告20年來居然無人留意，而在這期間培育出來的、無知識、無信仰也無人情的兒童，又竟然成了這代人的父母。這事實，意外的證明勞動階級兒童的道德及健康，被普遍忽略[242]。」

社會條件已經有變，國會曾擱置童工委員會1840年的要求，不敢再如此對待童工委員會1862年的要求。因此，1864年童工委員會報告尚只發表一部分時，土器工業（包括製陶業）、壁紙、火柴、彈藥筒、雷管、麻紗裁剪業，已經和織物工業一樣受法案管制。當時的保守黨內閣，由1867年2月5日敕詔宣布，以童工委員會最後建議（其調查工

---

[240]《童工委員會第五報告》，第25頁，第169號。

[241]《工廠法擴充條例》，是1867年8月12日通過的。受該法取締的產業，有各種金屬鑄造業、金屬鍛冶業、金屬製造業（包括機械建造）；還包括玻璃製造業、紙製造業、馬來樹膠製造業、彈性橡皮製造業、菸草製造業、印刷業、裝訂業，以及一切使用工人在50名以上的工作場所。——《勞動時間取締法》，是1867年8月17日通過的。受該法取締的，是各種小工作場所及所謂家內勞動。關於這兩個法令及1872年的《新礦業法》等等，我將在第二卷回頭來討論。

[242] 西尼爾《社會科學協會》，第55、56及57頁以下。

作至 1866 年始竣）為基礎的法案已被採納。

《工廠法擴充條例》（*Factory Acts Extension Act*）在 1867 年 8 月 15 日，《工作場所管理條例》（*Workshop's Regulation Act*）在 8 月 21 日，先後得國王裁可。前者適用於大規模產業，後者適用於小規模產業。

《工廠法擴充條例》適用於：熔礦廠、製銅廠、鑄造廠、機械建造廠、金屬製造廠、樹膠製造廠、造紙廠、玻璃製造廠、菸草製造廠、信箋印刷廠（包括報紙印刷）、裝訂廠。總之，一切這一類的工業設施，同時雇用 50 名工人以上，每年至少開工 100 日的，皆受該條例管理。

要了解這個《工作場所管理條例》案所涵蓋的適用範圍，我們且引述其中數種詮釋條款如下：

「稱手工業者，謂任何以行業方式，或以營利為目的，或附隨於製造物品或物品一部分，或為適於物品銷售而附隨於變更、修理、裝飾或完工的手工勞動。」

「稱工作場所者，謂有任何兒童、未成年人或婦人在內從事任何手工藝，雇用者有權入內及管理之任何房間或露天或有遮蓋的場所。」

「稱受雇者，謂得工資或不得工資，而在主人或一個尊親之下，從事任何手工業。」

「稱尊親者，謂父母、管理者，或有權保護或監督任何兒童或未成年人之人。」

該法第 7 條規定，凡違規雇用兒童、未成年人或婦人之人，課以罰金。受罰者不限於工作場所的占有者（尊親或其他人），甚至「尊親或從兒童、未成年人或婦人勞動，得直接利益，或對其有監督權的人」，也包括在內。

影響大規模機構的《工廠法擴充條例》，因擠滿種種邪惡的例外，並對資本家懦弱的妥協，毀損了《工廠法》的效力。

《工作場所管理條例》的各細目，本來就夠貧弱的，其執行最初是授權於市政府及縣政當局。在他們手裡，那等於是虛文。1871 年國會

才把執行權收回,委託工廠監督專員任其事。工廠監督專員所轄區域,一舉增加了 10 萬個以上的工作場所和 300 個瓦工廠。但本來就人員不足的職員,卻不得增加 8 人以上[243]。

1867 年英國這項立法給人的印象是:一方面,支配階級的國會,不得不在原則上採取如此非常的措施,及如此大規模地反對資本主義剝削的過度;另一方面,在有助於實行這些措施時,他們卻猶豫嫌惡和無誠意。

1862 年的調查委員會,還建議對於採礦業,制定一種新法規。有別於其他各種產業,採礦業具有一種異常特徵:在那裡,地主與資本家的利益相聯。這兩種利益的對立,對於工廠立法頗為有利。故其缺乏,已經足以說明,礦業立法的拖延及詭辯。

1840 年調查委員會所暴露的真相如此可怕,震驚了全歐。國會因良心過不去,才於 1842 年通過《礦業法》(*Mining Act*)。但該法僅禁止雇用婦人及未滿 10 歲兒童在礦山地下從事勞動。

此後於 1860 年制定的《礦山監督條例》(*Mines Inspection Act*),規定礦山應受專任公務員監督,並規定不得僱用 10 至 12 歲的兒童,除已有學校證明書或已一定時數在校者。因專任的監督人數過少,其權力極貧弱,以及其他種種我們往前推進就會明朗的原因,這個條例幾乎完全是虛文。

關於礦山問題最近發表的藍皮書之一,是《礦山特別調查委員會報告及證詞。1866 年 7 月 23 日》。在這以前,曾在下議院議員中選出一國會委員,賦以傳召及審問證人的權力。這個報告就是由這個委員會製成的,那是一厚冊的對開本。報告本文只有 5 行,其內容是:委員會

---

[243] 工廠監督局的職員,計有 2 監督專員、2 助監督專員、41 副監督員。1871 年,如本文所述,加派了 8 位副監督員。英格蘭、蘇格蘭、愛爾蘭三處《工廠法》的實施費用,在 1871 至 1872 年年度中,合計不過 25,347 鎊,其中還包括控告雇主的訴訟費用。

沒有任何事要說,還須審問更多證人。

這個委員會審問證人的方式,與英國法庭的交叉審問之方式是相似的。在英國法庭上,是由律師,用突如其來令人摸不著頭緒以毫不相關卻曖昧的問題,威脅、驚嚇及混淆證人,並由證人口裡套出強加意義的答案來。在這情況,下議院選任的委員就是交叉審問者在當中,有好幾位是礦山擁有者和採礦業者。而證人大多是礦工。這全套滑稽劇極富有資本主義的精神,其報告,我們不能不摘錄如下。為簡明計,我把調查的結果分類敘述。每一項問與答在英國藍皮書中都附有號碼的;此處引述的證言,全是礦坑工人供述的。

1. 10歲以上兒童在礦坑的雇用——礦山的工作,把來往的時間包括在內,通常有14或15小時之久,有時自上午3點、4點或5點,至下午5點或6點。(第6、452、83號。)成年工人分兩班替換工作,每班做8小時;但為節省費用,少年工人是不輪班的。(第80、203、204號。)較年幼的少年工人,以開關礦坑各部氣口為主,較年長的少年工人從事較重的工作,如搬運煤炭等。(第122、739、1747號。)他們在地下做這樣長久的時間,一直做到18或22歲,然後才從事真正的礦工勞動。(第161號。)兒童與少年工人現在的待遇,比以前任何時候都更壞,工作比以前任何時候都更苦。(第1663至1667號。)礦工們幾乎是異口同聲,要求國會頒布條例,禁止未滿14歲的兒童從事礦坑勞動。胡塞·維維安(他自己也是一個採礦業者)問:「這要求,不隨工人家庭貧苦的程度有別嗎?」布魯士也問:「在父親受傷、患病或死亡,而只有一個母親的情形下,禁止12至14歲的兒童為了家庭幸福,每日去賺1先令7便士的工資,你不覺得是一件殘忍的事嗎?……你們一定要訂立普遍的規則嗎?……你們不願意建議立法,使12至14歲的兒童,在父母處於任何情形下皆不得被雇用嗎?」答:「是的。」(第107至110號。)維維安又問:「假設真通過一種法律,禁止14歲以下的兒童被雇用,……難道沒可能兒童的父母在別的方面,例如在製造業上,為其兒童找工作嗎?」答:「我想不盡然是這樣。」

（第174號。）金納爾特問：「少年工人有些是管理氣口的嗎？」答：「是。」問：「每一次你開啓或關閉氣口，都很吃力嗎？」答：「常常是這樣。」問：「這種工作，好像很輕鬆，實際上卻是很苦的嗎？」答：「關在那裡，像關在牢裡一樣。」維維安又問：「把燈給兒童，他也不能讀書嗎？」答：「是的，如果他找到蠟燭，他就可以讀書。但若被發現在讀書，他就犯規了。在那裡他要全力做自己的工作，他有他應盡的義務，他首先要照顧好該責任，我想在坑內讀書是不准的。」（第139、141、143、153、160號。）

2. 教育。礦工要求比照工廠的成例，為他們的兒童制定一種強迫教育的法律。他們宣稱1860年法案的條款，雖規定10至12歲的兒童，必須有學校證明方得雇用，但他們認為這個條文，完全是虛文。關於這個主題，對證人的訊問滑稽極了。問：「需要補充條文來對抗雇主還是對抗雙親呢？」答：「我想，對兩者，都須予以對抗。」問：「你不能說，對哪一方應有較多對抗？」答：「不，我難以答覆這個問題。」（第115、116號。）問：「雇主方面完全不願兒童有時間上學嗎？」答：「絕不願意；工作時間絕不會為這個目的而縮短。」（第137號。）金納爾特問：「煤礦工一般會改進自己的教育嗎？你能舉出一個例子來證明自從其開始工作的人，會大大改進自己的教育？或他們不願回到過去及損失他們可能賺得的利益？」答：「他們大都會退步，不會改進，他們大半染得惡習，染上飲酒、賭博種種嗜好而完全變壞。」（第211號。）問：「他們有做任何嘗試（提供指引）去進夜校嗎？」答：「設有夜校的礦坑是極少數；在有夜校的礦坑，或許有少數兒童到夜校去；但他們身體太疲憊了，致沒意願再到學校去。」（第454號。）有產階級推定：「這樣看來，你是反對教育了。」答：「絕不反對。」（第443號。）問：「但雇主不是必定要兒童交學校證明嗎？」答：「依照法律，他們是要，但我不知道他們有被雇主要求。」問：「你認為，關於要求學校證明的規定，未曾在煤礦工普遍實施嗎？」答：「確未實施。」（第443、444號）問：「礦工對於這個教育的問

題，都很感興趣嗎？」答：「多數人很感興趣。」（第 717 號。）問：「他們都渴望法律切實執行嗎？」答：「多數人是這樣渴望。」（第 718 號。）問：「你認為在我國，不得人民幫助，任一項通過的法律也能有所成效嗎？」答：「有許多人希望反對雇用兒童，但他們也許會由此成為被注意的人物。」（第 720 號。）問：「被誰注意？」答：「被他的雇主。」（第 721 號。）問：「你認為，遵守法律的人也會被雇主找到過失嗎？」答：「我相信會。」（第 722 號。）問：「你聽說有工人反對雇用 10 至 12 歲，不能寫也不能讀的兒童嗎？」答：「這是不讓人有選擇自由的問題。」（第 723 號。）問：「你要求國會干涉嗎？」答：「我想，倘若要在煤礦工兒童的教育上做一點有成效的事情，則以國會的法案製定強迫教育，乃屬必要之舉。」（第 1634 號。）問：「你要以這種義務，只加在煤礦工身上，還是要加在英國所有工人身上呢？」答：「我現在是以煤礦工的資格說話。」（第 1636 號。）問：「你為什麼區別礦工兒童和其他兒童呢？」答：「因為我覺得他們是法則的例外。」（第 1638 號）。問：「就哪方面來說呢？」答：「就生理方面來說。」（第 1639 號。）問：「為什麼對於他們比其他少年階層，教育更有價值呢？」答：「我不知道是否更有價值；但因煤礦的工作過苦了，被雇用的兒童，更少有在星期學校或日校受教育的機會。」（第 1640 號。）答：「這類的問題，是不可能從其本身來絕對地考量的。」（第 1644 號。）問：「那裡的學校夠嗎？」答：「不夠。」（第 1646 號。）問：「如果國家要求每一個兒童都必須送到學校去，有這樣多的學校讓兒童去嗎？」答：「沒有；但我認為，若情形真的發生，學校便會增設起來的。」（第 1647 號。）問：「恐怕有一些兒童，是完全不能寫、不能讀的。」答：「大多數不能。大多數成年工人也不能。」（第 705、726 號。）

　　3. 婦女勞動。自 1842 年後，婦女不准從事地底勞動，僅能在地面上裝載煤炭等物、搬運煤炭至運河或火車車廂上，或揀選煤炭了。最近 3、4 年間她們受雇的人數顯著增加了。（第 1727 號。）她們大多

數是礦工的妻、女及寡婦,年齡自 12 至 50 或 60 歲。(第 645、1779 號。)問:「關於婦女勞動,礦工的意見如何呢?」答:「我想他們大都反對。」(第 648 號。)問:「你覺得其中有什麼地方可以反對?」答:「我想,因為會引起性的墮落。」(第 649 號。)問:「有一種特別的服裝嗎?」答:「是的,那簡直是男裝,我相信那有時會淹沒一切的端莊感。」問:「婦人吸菸嗎?」答:「有一部分會。」問:「我猜想礦坑內的工作是極不乾淨的?」答:「極不乾淨。」問:「她們身上都是汙黑骯髒的?」答:「她們和在地底工作的人一樣髒。有兒女的人不在少數(且充斥在坑邊)。我相信,她們對兒女一定不能盡母親的責任。」(第 650、654、701 號。)問:「你認為,這種寡婦可以在別的地方找到工資相等的職業嗎(每星期有 8 至 10 先令的工資)?」答:「我無法回答這個問題。」(第 709 號。)問:「你還願意阻止她們靠這職業謀生嗎?」(好一個鐵石心腸的傢伙)答:「我願意如此。」(第 710 號。)問:「關於婦人勞動,你們這裡一般人的想法如何?」答:「一般人都認為,這可以使婦人墮落,我們以礦工的資格,願意更尊敬她們,不忍見她們在坑邊從事工作。有部分工作很苦,有些女子每日須擔煤炭 10 噸之多。」(第 1715、1717 號。)問:「你認為,在礦坑做事的婦人,比在工廠做事的婦人更無德性嗎?」答:「與工廠少女相較,壞的百分比略高一點。」(第 1237 號。)問:「你對於工廠的道德狀況,也不滿意嗎?」答:「不滿意。」(第 1737 號。)問:「你也要禁止工廠雇用女工嗎?」答:「不要。」(第 1734 號。)問:「為什麼不要呢?」答:「我覺得,工廠的勞動對於婦女,是更值得尊重的職業。」(第 1735 號。)問:「你認為那也有害於婦女的道德嗎?」答:「比礦坑旁邊的工作當然要好些;但我考慮的更是社會方面,不只是道德方面。礦坑工作對於婦女的社會地位,有極端悲慘的貶抑。這 400、500 名少女成為煤礦工人的妻子以後,男人大都因這種墮落女人而受苦,而離家求醉。」(第 1736 號。)問:「如果不准婦人在礦坑做工,你認為,也應禁止婦人在鐵工廠做工嗎?」答:「關於另一種職

業，我不能發表意見。」（第1737號。）問：「鐵工廠內婦人的工作環境，和礦坑上面婦人的工作環境，有什麼區別呢？」答：「我對此無從答覆」（第1740號。）問：「你能找出令一階級和別階級的區別所在？」答：「我不能確實答覆你，但我逐家探問的結果，知道我們這一個區域的情形，非常可悲。」（第1750號。）問：「在婦人勞動可使婦人墮落的地方，你都要加以干涉嗎？」答：「是的，若有此事將是有害，我認為英國人的最好的感情，都是由母親的教誨得到的。」（第1751號。）問：「農業婦人的工作也是這樣，不是嗎？」答：「是的，但農業只有兩季工作，礦坑卻是四季工作。她們的工作往往是晝夜不斷、渾身透濕的，她們的體格虛弱及健康敗壞。」（1752號。）問：「你或許對於這個課題未曾研究？」答：「我確曾留意這個課題，我贊同且不曾發現，和礦坑旁邊的婦人勞動同樣的影響。……這是男子的工作，……而且是強壯男子的工作。」（第1753、1793、1794號。）問：「你對於這課題全部的意見是，想提昇和善待自己的優良礦坑工人未得婦人幫助而只是受她們牽累嗎？」答：「是的。」（1808號。）這些中產階級再盤問一些扭曲的問題之後，他們對寡婦，對貧苦家庭的「同情心」的祕密，畢竟暴露出來了。他們說：「煤礦擁有者指派一些紳士去督察。這種紳士為了博得稱許，通常把事情處理得儘可能非常經濟。成年男工人每日須付工資2先令6便士，若改雇女工，每日就只須付工資1先令，至多1先令6便士了。」（第1816號。）

4. 驗屍結果。「你們這一區的工人，在意外事件發生時，相信驗屍的種種手續嗎？」答：「不，他們不相信。」（第306號。）問：「為什麼呢？」答：「主要因為選任的驗屍陪審員，對於礦山及其他類似的事項多半不明瞭。他不召喚工人作證。被召喚的通常是附近的小商人，他們往往受礦山擁有者（他們的顧客）的影響，他們一般不知道礦坑的情形也甚少聽懂證人用語及類似的話。「你認為陪審員中有由礦工組成了。」「是，有一部分……工人認為判決與證人的證供不一致。」（第361、364、366、363、371、375號。）問：「陪審的目的在不偏

祖，是不是？」答：「是。」（第379號。）問：「陪審員由相當一部分工人擔任，就公平嗎？」答：「我看不出工人有任何動機要偏袒。他們對於礦山相關的作業的確有更充分的知識。」（第380號。）問：「工人不會為工人的利益作出不當苛刻的判決嗎？」答：「不會，我想是不會。」（第378、379、380號。）

5. 不法的砝碼及量器。工人要求將每兩星期付工資一次的辦法改為每一星期付工資一次，要求不以煤車的立方容積計算，而改以重量計算，並要求保障不使用不法的砝碼等等（第1071號。）問：「假設有某處狡詐地把煤車加大，工人不會以提前14日的通知，辭去那裡的工作嗎？」答：「下一個地方也一樣。」（第1071號。）問：「那裡不好，但他能離開嗎？」答：「一般而言，他到哪裡都必須服從。」（第1072號。）問：「只要有14日前的通知，就可以走，是嗎？」答：「是的。」（第1073號。）但他們還不滿意。

6. 礦山監督。工人所苦的，不僅是氣體爆炸的災變（第234號以下。）「工人更喊苦的，是礦坑通風太壞。通風總是壞成這樣，讓他們簡直不能呼吸。他們只要在那裡做一段時間的工作，隨後，任何職業都不能勝任；在我做工的那個礦坑，有些工人就因此被逼去職回家。有些人就因通風不良而停工幾周，那裡是沒有爆炸性氣體；一般主要坑道的空氣雖好，但不曾設法把空氣通入我們勞動的所在。」問：「為什麼你們不向監督專員求助呢？」答：「敢說實話的工人是極少的，有許多人因告訴監督專員而被犧牲及失業。」問：「為什麼？投訴了就會被貼上標籤（Gezeichneter Mann）嗎？」答：「是。」問：「他不能到別個礦坑找工作嗎？」答：「不能。」問：「你認為，你週遭的礦坑從不曾在監督專員手裡，確實施行法律嗎？」答：「不曾，那裡簡直可以說是沒有監督，自監督專員視察一次以後，現在已經7年了⋯⋯在我的那一區域，監督專員的人數不夠。那裡只有一位70多歲的老人，要監督130多個礦坑。」問：「你們希望有副監督嗎？」答：「是。」（第234、241、251、254、274、275、554、276、293號。）問：「你們自己不告

發,單靠監督專員監察,政府有可能聘用足夠多專員來做你們要求做的事?」答:「這幾乎等於是不可能的事。」問:「你們希望專員多來幾次嗎?」答:「是,且不是被召喚的。」(第277、280號。)問:「你認為,監督專員多視察幾次,就會把供給良好空氣的責任(?)由礦坑擁有者肩上,移到政府官吏肩上嗎?」答:「不,我不是這樣想;我認為勵行現存的法律,是監督專員的責任。」(第285號。)問:「你說副監督時,你是指比目前監督專員薪水少、級別低的人嗎?」答:「如果可以不如此,我們並不希望他們的位置更低。」(第294號。)問:「你只要增加監督專員的人數,還是要添加一個低級的監督專員呢?」答:「我們要一種有作為、處世公正、不顧一己利害的人物。」(第295號。)問:「若你們的願望實現了,委派許多次級監督下來,你不怕他們有熟練不足的危險嗎?」答:「我不擔心,我想政府一定會委派適當的人來。」(第297號。)這樣的審問,讓委員會主席也忍不住插進來問:「你們要有一個層級的人能視察礦坑的一切細節,到每一個礦坑、每一個角落去深入實情,然後將視察的結果報告主監督專員,監督專員再以科學的知道影響所陳事實嗎?」(第298、299號。)「假如所有舊礦坑一律改換通風的設備,不會太破費嗎?」答:「費用可能會有,但同時保護了人命。」(第531號。)有一位礦工反對1860年法案的第17條。他說:「現在,如果監督專員發覺礦坑某部分不宜於工作,他就必須陳報礦山擁有主和內政大臣。然後,以20日的時間給礦山擁有主研究,到20日終了時,他有權不對礦坑做任何改變;拒絕時,礦山擁有主呈報內政大臣,內提出5名技師,內政大臣即在礦山所有主提出的5名技師中,指定一位或數位作為仲裁人;所以,在這情形下,仲裁人實際是礦山擁有者自己指派的。」(第581號。)於是,有產階級的審問官(他自己也是一位礦山擁有主)說:「這不是一種純推測性抗議嗎?」(第586號。)問:「你們對於礦山技師的正直很有意見啊?」答:「他們確實是極之不公正的人。」(第588號。)問:「礦山技師不都擁有一種公共特性?他們都像你們憂慮的那樣,不能公平判

斷嗎？」答：「我不願回答有關這些人的個人性格這類問題。我相信在多數時候，他們做事是極不公正的，在這種關乎人命的情形下，他們實在不應如此。」（第589號。）這位有產者竟不怕羞，問道：「氣體爆炸，礦山擁有主不也蒙受損失嗎？」還問：「你們工人在蘭開夏，不是無須政府幫助就能維護自己的利益嗎？」答：「不能。」（第1042號。）1865年，大不列顛計有煤坑3,217個，監督專員共12名。依約克夏一位礦山主計算（見1867年1月26日《泰晤士報》），把監督專員在辦公室辦公的時間除外，每一個礦山，必須經過10年，才有一個專員來視察一次。無怪在過去10年間（特別是1866、1867年），氣體爆炸的事件，就次數和程度來說，都是逐漸增加。有時每爆炸一次，要犧牲兩三百人。「自由」資本主義生產的美妙之處就在此！

1872年通過的條例是極不完備的，但第一次規範礦山兒童勞動時間，使開礦業者及礦山擁有者對災害須負相當責任的，就是這個條例。

1867年會依敕令，指派一委員會研究兒童、少年人和婦人在農業上的就業。該委員會曾公布若干極重要的報告，並曾幾度嘗試依修正的形式，將工廠法案的原則應用到農業上來，但至今完全沒有成功。我在此提醒人們注意的一點是，這些工廠法案原則的普遍適用，已成為一個無法抵抗的趨勢了。

《工廠法》是勞動階級在肉體方面、心智方面的保護手段。但當《工廠法》的普遍擴展為不可避免時，則如上所示，該項擴展加快無數孤立的小型產業轉為少數大規模結合的產業；從而加速資本之集中及工廠制度之專擅。《工廠法》的普及，把局部隱蔽資本支配的古代形態和過渡形態，悉數破壞，並以資本之直接及公然的支配，代替它們。同時，它又使反抗資本支配的直接的抗爭也普遍化。《工廠法》的普及，既在各個別工作場所內勵行劃一性、規律性、秩序性與節約；又由工作日的限制和規範，給技術改良、整體資本主義生產的無政府狀態和巨變、勞動的強度、機械與勞動者間的競爭予極大的刺激。藉由小型及家庭產業的摧毀也破壞了過剩人口的最後的避難所，及整個社會機制與之

並存的僅存安全閥。總之,當生產過程的物質條件與社會規模結合由此成熟時,其資本主義生產形態的矛盾與對立也成熟了,從而提供新社會的形成要素予力量去剝削舊社會 244。

---

244 歐文——合作型工廠與合作型商店的創始人,他的信徒對於這個孤立的轉換因素的意義抱有幻想,但如上所述,他自己是沒有這種幻想的——不僅實行了他的工廠制度的試驗,且在理論上認為這個制度是社會革命的起點。但萊登大學經濟學教授菲塞林(Vissering)先生,對於這點似乎是懷疑的。其所著《實際財政學綱要》(1860至1862年),在最適切的形式上,複述庸俗經濟學的一切庸俗的主張。他是贊成手工業經營,反對現代工業的。

第四版注。英國的工廠立法,用它互相矛盾的《工廠法》、《工廠法擴充條例》,及《工作場所法》,形成了一個「新的立法上的合尾鼠」,那是不能再忍耐了。因此,1878年,制定了《工廠與工作場所法》(*Factory and Workshop Act*),將這一類的法律,全部編在一起。當然,要在這裡詳細評述英國現行的工業法典,是不可能的。只要簡潔概括地說說就夠了。這個法律所包括的範圍如下:(1) 織物工廠。在那裡幾乎每一件事情都和先前沒有兩樣。10歲以上的兒童,每日准許勞動5又1/2個小時,或每日(除星期六)6小時。少年人和婦人,星期一至星期五每日10小時,星期六不得超過6又1/2個小時。(2) 非織物工廠。那裡要比先前更與織物工廠受相同的取締了;但仍有許多袒護資本家的例外。在許多情形下,這種例外只要得內政部的認可,就可以擴大。(3) 工作場所。其定義和先前大體相同。在工作場所也雇用兒童、少年人和婦人的限度內,它和非織物工廠受大體相同的待遇,但仍有許多細節處減輕了。(4) 不雇用兒童、少年人,但兼雇用18歲以上男女工的工作場所。這種工作場所,還有許多減輕的地方。(5) 家內的工作場所(Domestic Workshops),即在家內使用家人的工作場所。在那裡,限制更有彈性。且因工廠監督專員,非受大臣或審判官的命令,不得擅入兼作住屋的工作室,以致法律實施更多了一層障礙。最後,草編業、花邊業、手套製造業,還無條件認為是家內勞動。不過,有這種種缺點的

X　現代工業與農業

　　現代工業曾在農業及農業生產者的社會關係上，引起革命。關於這種革命，我且留待以後研究；在此，我們僅簡單的預期指出其若干結果。機械使用對工廠勞動者在生理產生的傷害，如果大部分可以在農業上避免[245]。但其取代勞動者的作用，卻在農業上更強烈及少有抵抗。這一點，我們也將在以後詳述。為說明起見，我們且以劍橋及薩福克兩郡的情形為例。最近20年間（直至1868年），這兩郡的耕地面積顯然增加，其農村人口卻不僅相對減少，且已是絕對減少了。在美國，農業機械僅取代勞動者（也就是，准許生產者耕作較大的面積），但尚未驅逐已雇用的勞動者。但1861年在英格蘭、威爾斯，製造農用機械的人數，有1,034人，而以蒸汽機及農業機械從事的農業勞動者數，僅1,205人。

　　現代工業在農業引起的革命遠比其他範圍來得大，正因此剿滅舊社會的堡壘——自耕農民（Bauer）——而以工資勞動者代替他們。社會變革的要求，與階級對立的事實，在農村和在都市一樣了。最陳舊、最不合理的農業方法，為科學的方法所代替了。原本在稚幼未發展形態

這個法律，和瑞士聯邦1877年3月23日制定的《工廠法》，在這一類法律中依然可算是最優的。試一比較這兩個法典也很有趣。這種比較，可以暴露兩種立法方法的長處和短處。英國的立法是採取「歷史的」方法，是由一件到一件的；大陸方面的立法，卻以法國革命的傳統為根據，而以概括為主。引為遺憾的是英國的法典就它對於工作場所的規定而言，尚因監督專員人數不足，大部分只是虛文。——F. E.

[245] 關於英國農業的採用機械，可參看哈姆（W. Hamm）在《英格蘭的農具與農用機械》中的適切敘述（第2版，1856年）。但關於英國農業的發展，他的敘述，卻未免盲從拉維爾尼（Lèonce de Lavergne）了。

第四版注。當然，這部著作現在已經過時了。——F. E.

上，使農業和製造業結合一起的舊式聯繫，被資本主義生產完全撕碎了。但同時，資本主義生產，又以農業和工業各自暫時分離的更完善形態為基礎，而為未來較高級的綜合——農業和工業的結合——創造了物質的條件。資本主義生產，藉由在大中心點集中人口並使都市人口，日益占得優勢；一方面，它把社會之歷史的動力集中了；另一方面，它又干擾了人與土地間的物質流通，也就是使人類，不能以食物及衣物形式消費掉的土地成分歸還土地，從而，破壞土地持續肥力所需的條件。因此，它使都市勞動者犧牲肉體的健康，又使農村勞動者犧牲智力的生活[246]。不過，它雖顛覆維持這種物質流通的自然生成的條件，但也急需將這種物質流通作用，作為社會生產之規範性法則，及依一種與人類完全發展相適的形態，恢復成一系統。在農業像在製造業一樣，生產過程在資本支配下的轉型，同時意味生產者的苦難史，勞動工具則成為奴役剝削及致貧勞動者的手段。勞動過程的社會結合及機構轉為壓迫勞動者個人的活力、自由和獨立的有組織方式。但都市勞動者的聚集，足以增強他們的抵抗力，農村勞動者分散在廣大面積的事實，卻足以削弱他們的抵抗力。又，近世農業和都市工業一樣，是以勞動力本身的浪費和患病為代價，以增進勞動生產力和勞動量（Flüssgmachung der Arbeit）。尤有進者，資本主義農業的一切進步，不僅是掠奪勞動者的技術上進步，且是掠奪地力的技術上進步：在一定時間內增進土地肥沃度的一切進步，結果都成為毀壞肥沃度持續泉源的進步。是以一國（例如美國）

---

[246]「你們將人民分成兩個敵對的陣營，一邊是健壯的農民，一邊是文弱的矮子。天啊！一個分割為農業利害關係和商業利害關係的國家，不但不以這種奇怪而不自然的分割自慚，反以此自稱為健全的國家，甚至自詡為開化文明的國家。」（厄克特《通用語集》，第119頁。）這一段話，正好說明一種批判方法的長處和短處。這種批判方法，能批判現在、非難現在，但不能理解現在。

愈是以近代工業為基礎而起步發展，則此破壞過程也進行得愈迅速[247]。

---

[247] 參看李比希《化學在農業和生理學上的應用》，第 7 版，1862 年，尤其是第 1 卷《農業的自然法則概論》。李比希的不朽功績之一，是他從自然科學的立場，把近代農業的消極方面展開了。再者，他對於農業發展之歷史的敘述，雖不免有嚴重錯誤，但總在這方面包含著卓越的見解。但他竟發出這樣無意義的議論來，那是值得遺憾的。他說：「把土壤耕得更深、犁得更頻繁的結果，是對鬆土內部的空氣流通有益的；並且，受空氣作用的土壤面積，又得以擴大和更新。但很容易看出，土地的盈餘收益，不與土地上所用的勞動成比例。因前者比後者，是用較小得多的比例增加。」但接著他又說：「這個法則，最初是約翰‧彌爾依如下的方法，在其所著《經濟學原理》（第 1 卷，第 11 頁）中敘述的。他說：『在其他事情相等的限度內，與所使用的勞動者的增加相對而言，土地生產物是以漸減的比率增加的。這是一個農業上的普遍法則。』」（在這個引文中，彌爾是用錯誤的方程式，複述李嘉圖學派的法則；因為，所使用的勞動者的減少，和農業的進步，在英格蘭總是相伴而起的，這個在英格蘭發現並且為英格蘭所用的法則，可能並不適用於英格蘭。）「這是一個極堪注目的事實，因彌爾並不了解這個法則的根據。」（李比希，前書，第 1 卷，第 143 頁。）且不說李比希對於「勞動」一詞的解釋是錯誤的，和經濟學上的解釋完全不同。還有一件「極堪注目的事實」是，他認為約翰‧彌爾是這個學說的首倡者。實際上，這個學說最先是由亞當‧史密斯時代的詹姆斯‧安德森（James Anderson）發表的；又曾在十九世紀初葉，在若干種著作上，反覆被人重述過。剽竊的能手馬爾薩斯（他的人口理論是最無恥的剽竊），在 1815 年採用過這個學說；衛斯特（West）曾與安德森同時，但獨立地展開過這個學說；但到 1817 年，這個學說才被李嘉圖用來和一般的價值學說聯結，因而在李嘉圖大名下為世界所周知。1820 年，詹姆斯‧彌爾（約翰‧彌爾的父親），把這個學說通俗化了。最後這個學說，才作為一個老生常談的學派教義，由約翰‧彌爾等人反覆敘述。這是不容否認的，約翰‧彌爾的「極堪注目的權威」，幾乎完全得力於這一類的顛倒錯亂。

因此，資本主義生產發展社會一體的技術及促進社會一體不同生產過程的結合，僅藉由逐漸損害一切財富的泉源——土地和勞動者。

第五篇

絕對剩餘價值與相對剩餘價值的生產

第十四章

絕對剩餘價值與相對剩餘價值

關於勞動過程，我們先前（參照第五章）是撇開其歷史上的諸種形態，抽象地把它當作人類與大自然之間的過程來考量。我們那時是說：「假如我們從其結果的觀點，考量整個勞動過程，則勞動工具與勞動對象為生產資料，勞動自身為生產性勞動。」在該章注腳 8 中，還補充說：「單是由勞動過程的立場來定義生產性勞動的方法，絕不直接適用於資本主義生產過程。」現在，我們得進一步來討論這項課題。

如把勞動過程視為純粹個人，則同一勞動者，會把稍後要分離的一切機能，統合於他一身。當個人為其生計，占有自然的客體時，他是自己控管自己，後來才為他人所控管。一個單獨的人，如不在自己的頭腦的控管下運轉自己的肌肉，即不能操縱大自然。在天然軀幹上，頭與手是相待為用；同樣的，勞動過程也把頭的勞動與手的勞動統合起來。到後來，這兩者分離了，變成死敵了。因此，生產物不復為個人的直接生產物，而成為一種社會生產物，為集體勞動者所共同生產，換言之，即藉由勞動者的結合各自多少不等地只參與處理其勞動對象的一部分。勞動過程之合作性質愈益明顯，生產性勞動及其執行者即生產勞動者的概念，也必然明顯起來。勞動要具生產性，不再需要親自動手工作。只要作為集體勞動者的一個有機體，執行它的某種附屬機能，那就夠了。以上所述的關於生產性勞動的初始定義，係從物質生產自身的本質導出，那對於被視為一個整體的集體勞動者，仍然適用，但若把集體勞動者每位成員個別分開，卻另當別論了。

可是在其他方面，生產性勞動之概念又變狹窄了。資本主義的生產，並不單是商品的生產，在本質上且是剩餘價值的生產。勞動者不是為自己生產，而是為資本生產。所以，僅僅生產還是不夠的，他必須生產剩餘價值。只有為資本家生產剩餘價值的勞動者，換言之，只有為資本自我擴增而工作的勞動者，才是生產性的。我們不妨在物質對象的生產領域以外舉一個例子：學校教師要被稱為生產性勞動者，單是在學童頭腦上花工夫是不夠的；除此以外，他還須像馬一樣為增進學校擁有者的財富而盡力。學校擁有者不投資到臘腸工廠，而投資到教育工廠，並

不改變該關係。因此，生產性勞動者的概念，並不僅隱含工作與有用效果及勞動者與勞動生產物之間的關係，且隱含一種源自歷史的、特殊的社會生產關係，它把勞動者視為創造剩餘價值的直接手段。所以，成為一個生產性勞動者，並不是幸運，倒是一種不幸。古典派政治經濟體學者常常把剩餘價值的生產，視為生產性勞動者的顯著特徵，那是我在本書第四篇論剩餘價值學說史時，要詳細說明的。他們因對於剩餘價值的性質之理解不同，故對於生產性勞動者所下的定義也不一樣。重農學派堅持：只有農業勞動提供剩餘價值，故主張只有農業勞動是生產性勞動，因在他們看來，剩餘價值唯有以地租形態存在。

在工作日的一定點內，勞動者僅生產其勞動力價值的等價，把工作日延長到這一點以上，並把這剩餘勞動歸於資本占有，那即是絕對剩餘價值的生產。那是資本主義體系的普遍基礎，且是相對剩餘價值生產之起點。在相對剩餘價值的生產上，以工作日業已分成必要勞動與剩餘勞動兩部分為前提。如要延長剩餘勞動，就得以各種方法，使工資的等價得在較短時間內生產，以縮減必要勞動。絕對剩餘價值的生產，完全以工作日的長短為轉移；相對剩餘價值的生產，則會澈底對勞動的技術過程和社會的組成，進行革命。

因此，相對剩餘價值的生產，乃以特殊的資本主義的生產方式為前提；此種生產方式，原是勞動在形式上隸屬於資本的基礎上，連同它的方法、工具及條件，自發地興起並發展的。在此種發展推移中，勞動對資本形式的隸屬，乃為勞動對資本實際的隸屬所代替。

關於若干中間形態（Zwitterformen），這裡只要粗略提及就行了。在這種形態中，剩餘勞動非以直接強制奪自生產者，生產者自己也不在形式上隸屬於資本。在這種形態上，資本還不曾獲得勞動過程的直接控制權。與那些用傳統古老方法，經營手工業或農業的獨立生產者並存的，有高利貸業者，或商人；他們用其高利貸資本或商人資本，像寄生蟲地以吸生產者為生。一個社會如果是由這種剝削形態占優勢，資本主義的生產方式即無由存在。不過，這種剝削形態，可以說是走向資本主

義生產方式的一個過渡，我們在中世紀末葉所見到的就是如此。最後，在這類中間形態中，有的還在現代工業的背景下，到處複製出來，不過外貌全改變了；近世的家庭工業，就是一例。

一方面，若絕對剩餘價值的生產，只須勞動對資本爲形式上隸屬；例如，只須原來爲自己工作或在師傅下面充作學徒的手工業者，變爲資本家直接支配下的工資勞動者。另一方面，前面講過，生產相對剩餘價值的方法，同時也是生產絕對剩餘價值的方法。不但如此，工作日的過度延長，結果變成現代工業的特殊產物。就一般而論，特殊的資本主義的生產方式，一旦支配某一生產部門全體，它就不僅僅是生產相對剩餘價值的手段；若各種重要生產部門都受其支配，則尤是如此。到這時，資本主義的生產方式，已成爲普遍的在社會居支配的生產形態。資本主義生產方式，作爲生產相對剩餘價值的特殊方法起到作用，只限於以下兩種情況：第一是以前只在形式上隸屬於資本的產業，也就是用作宣傳；第二是以前已實際隸屬於資本的產業，依生產方法（produktionsmethoden）上的改變而持續進行革命。

從一定的觀點看來，相對的與絕對的剩餘價值之間的任何區別，像是虛構的。如把工作日絕對延長到勞動者自身生存的必要勞動時間以上，則相對的剩餘價值也是絕對的；如因勞動生產力的發達，使必要勞動得侷限在工作日的一部分，則絕對的剩餘價值也是相對的。不過，如果我們把剩餘價值的作用記在心裡，這種同一性的外觀，就會消失。資本主義生產方式一旦確立，並成爲普遍的生產方式，則在剩餘價值率的提昇成爲問題時，就會感到絕對的與相對的剩餘價值之間的差異了。且假定勞動力是照著它的價值支付，在這種假定下，剩餘價值率的提昇，總不外乎以下兩種方法之一：要就是在勞動生產力與勞動強度的正常水準不變時，實際延長工作日；不然，就是在工作日的長度不變時，變更工作日的兩個構成部分（即必要勞動與剩餘勞動）的相對量。假如工資不落在勞動力價值以下，這後一方法上的變化，是以勞動生產力或勞動強度的變化爲前提。

假如勞動者要為他自身及其家屬的生存，用其全部時間去生產維生資料，他將沒有時間為其他人提供無給的勞動。如果勞動生產力沒有某種程度的發展，勞動者也就沒有這種為其支配的多餘時間；沒有這多餘時間，也就沒有剩餘勞動，從而沒有資本家、沒有奴隸擁有者、沒有封建領主，一言以蔽之，就是沒有大產業階層（Grossbesitzerklasse）[1]。

　　因此，我們可以說，剩餘價值是建立在一個自然基礎之上，不過，那只是就以下極一般的意義而言：沒有絕對的自然障礙，阻止人把他自己生存所需的勞動卸下並轉嫁於他人，就像沒有絕對的自然障礙，阻止使人吃他人的肉一樣[2]。這種歷史性發展的勞動生產力，雖有時伴有神祕的觀念，其實毫無神祕可言。在人類脫卻最初的動物狀態，並由此發展其勞動而在某種程度內社會化之後，才開始產生這種事態，即一個人的剩餘勞動，成為他人的生存條件。在文明初期，勞動生產力低微，人類欲望也低微。人類的欲望是和滿足欲望的手段一同發展的，並藉著該手段的發展而發展。而且，在初期的時候，依靠他人勞動而生活的社會部分，與直接生產者的人數相比，是極其微小的。待勞動的生產力進步，社會上這小部分人，乃有絕對的與相對的增加[3]。資本與其伴隨的關係（Kapitalverhältnis），遂在經濟土壤──那是長期發展過程的產物──上萌生了。勞動的已有的生產力，作為資本關係的基礎與起點，並非自然的賜物，而是幾千萬年歷史的賜物。

---

[1] 「特殊資本家階級的存在，乃是依賴勞動生產力。」（拉姆賽《財富分配論》，第206頁。）「假如每個人的勞動，只夠生產他自己的食物，那就沒有何等財產存在了。」（萊文斯登《公債制度及其影響》，第14至15頁。）

[2] 據最近的計算，單就地球已經探索到的部分來說，至少尚有4,000,000名食人的人。

[3] 「在美洲土著的印第安人中，差不多一切的客體，都是屬於勞動者所有，生產物的99%都是屬於勞動者。而在英國，歸屬於勞動者的部分恐怕還不到2/3。」〔《東印度貿易的利益》（按：作者匿名），第73頁。〕

社會生產發展的程度有大有小，姑且不論其發展型態，勞動生產力總要受諸種天然條件的限制。那些條件，可以歸之於人類自身的體質（如人種等）和圍繞著人類的自然。外部的天然條件，在經濟方面分為兩大類：一是維生資料的大自然財富，即肥沃的土地和有豐富魚類的水域等等；一是勞動工具的自然財富，如瀑布、可航行河道、森林、金屬礦山、煤礦等。在文明初期，前一類自然財富具有決定性作用；在文明較高的階段，則是後一類自然財富具有決定性作用。試把英國與印度，或把古代雅典及科林斯與黑海沿岸諸邦一比較，即可知其分曉。

　　強制非滿足不可的自然欲望之數愈少，天然的土地肥沃度與氣候的適宜度愈大，生產者維生與生殖所必要的勞動時間即愈小。因此，必要勞動以上可為他人勞動的超過部分，也愈大。老早以前，狄奧多羅斯對於古代埃及人就這樣說過：「他們對於兒童教育所費氣力與費用之少，簡直達到了令人難於置信的程度。他們把隨手的極單純的食物，煮給兒童們吃。紙莎草莖的最底部，只要可在火上烤，也是他們給兒童的食糧。水草的根與莖，有的讓兒童生食，有的則為他們煮好、烤好。因為氣候溫暖，大多數兒童不用穿鞋、不用穿衣。所以，一個兒童長到成人，父母所花的費用，總共不過 20 德拉克瑪（Drachma）。埃及人口之所以那樣繁多，埃及之所以有許多大建築物，主要可由此得到說明[4]。」但古代埃及的大建築與其說是基於其人口之多，毋寧說是基於其可自由差遣的人口比例之大。就個別勞動者來說，其必要勞動時間愈小，則其所能提供的剩餘勞動愈大。就勞動人口來說，也是如此。必要維生資料生產上所必要的勞動者人口部分愈小，得以從事其他工作之勞動人口部分即愈大。

　　假定資本主義生產已經確立，則在其他情形維持不變，工作日的長度又已知，剩餘勞動量將隨勞動的天然條件，特別是隨土地的肥沃度

---

[4] 狄奧多羅斯《歷史文庫》，第 1 卷，第 80 章。

而變化。但我們並不能據此就說，肥沃度最高的土地，最適於資本主義生產方式的成長。資本主義生產方式，奠基於人類對自然的支配。過於豐饒的自然，「使人類依賴，像兒童依賴牽繩一樣」。這種過於豐饒的自然，使人類不把發展自身這件事當作自然的必要[5]。資本的母國，並不是在草木繁茂的熱帶，而是在溫帶地方。形成社會分工的天然基礎藉由自然環境的變化，刺激人類，增加其欲望、能力、勞動工具與勞動方式的，絕不僅是土地的豐饒性，而是土地的差異性、是土地自然產物的多樣性及四季變化。自然力，必須藉由人類之手的勞作，在社會的管制下、予以節約並加以大規模的占有和克服。這個事實，在產業史上，有最決定性的作用。在埃及[6]、倫巴底、荷蘭等處所行的灌溉工事，即可為例；在印度與波斯的灌溉工事也是如此；這些國家借助人工運河所行的灌溉，不僅供給土地不可缺少的水，還以沉澱物的形式，由山丘上流

---

[5] 「前者（自然的富）雖貴重而有利，但使人們不注意、傲慢、不節制；反之，後者則強制人們精細、勤學、有技藝、有政策。」（湯瑪斯‧孟《英國對外貿易致富論》，另題：《對外貿易平衡為富之規則》，倫敦，1669 年，第 181 至 182 頁。）「一個國民位在這樣的地帶，維生資料大抵由自然生產，衣服、住宅無須注意或不許人注意的地帶，那是最可咒詛的事。我不能想像比這更可咒詛的事。……還有與此完全反對的極端情況。總之，縱使勞動也不能得到生產物的土地，與不勞動也可供給豐富生產物的土地，是同樣的不好。」〔《當前食糧高價的研究》（按：作者匿名），倫敦，1667 年，第 10 頁。〕

[6] 在埃及，因有預先確定尼羅河水漲水落的必要，遂產生了天文學與農業指導者（即僧侶階級）的支配。「至點」（Sonnenwende）為尼羅河開始氾濫時期，埃及人不得不以最大的注意力來觀察。這個時期確定了，他們才好在農業上作適當的處置，所以，這在他們是一個重要問題，他們不得不向天空探求至點來回的明證。」〔居維爾（Cuvier）《地球回轉論》，巴黎，1863 年，第 141 頁。〕

給土地礦物性的肥料。隸屬阿拉伯版圖的西班牙與西西里的產業曾甚繁榮，其祕密即存於其灌溉工事之中[7]。

單是有利的自然條件，只提供剩餘勞動（從而，剩餘價值或剩餘生產物）的可能性，從不提供它的現實性。勞動自然條件有差異的結果是：同一勞動量，所滿足的欲望量，因國而不同[8]，所以在其他方面相似的情況下，必要勞動時間是頗不一致的。這些自然條件，只在作為自然的限制，也就是，決定從何點起得開始為他人勞動的情況，才影響剩餘勞動。產業愈進步，這些自然的限制愈是退卻。西歐社會的勞動者只能付出剩餘勞動，購買為自己生計而勞動的權力。由此在這種社會內部，很容易產生一種見解，以為提供剩餘生產物[9]，是人類勞動固有的性質。但我們試以亞細亞愛琴海東部諸島的居民為例來考量，那裡西米椰樹野生於森林中，「當居民在西米樹上鑽孔，並確定木髓已經成熟時，即截

---

[7] 印度之微小而不相連絡的生產組織，都由國家權力所支配，而此國家權力的物質基礎之一，就是給水的調節。對於此，印度的回教支配者，較其後繼支配者英國人，更有理解。在1866年，孟加拉奧利薩地方，竟有100多萬印度人，因飢餓而犧牲生命。我們只要想起這件事，就夠明白了。

[8] 支出同量勞動，生產等量維生資料的兩個國家，實際上是不存在的。人類的欲望，因其生活所在地的氣候，或為酷烈、或為溫和，而有所增減。從而，人類必須勤勉努力的程度，也因不同的國度而產生差異。那種差異的程度，以寒暑的程度來測量，是再正確不過。我們由此可以得出這樣的普遍結論：一定數人口所必要的勞動量，在氣候嚴寒的地方最大，在氣候酷熱的地方最小。因為前者需要更多的衣物，且需要在土地的耕作上支出更多的勞動。（《論自然利息率的支配原因》，倫敦，1750年，第60頁。）這部劃時期匿名作的作者，為約瑟夫・馬西（J. Massie）。休謨的《利息論》，就是以他這部著作為底本。

[9] 「任何勞動，總歸要留下一個剩餘量。」普魯東這麼說，他似乎把這視為是市民權利義務之一。

斷其樹幹再分成數節,而抽其髓再混以水而濾清之,就獲得可以使用的西米。一棵樹可採得的西米量,通常為 300 磅,有時可採到 500 乃至 600 磅。這種居民像我們到森林去撿柴一樣,去為他們採麵包[10]。」現在假定東部這位麵包採取者,為滿足其一切欲望,每週需要 12 小時勞動。大自然對他們的直接賜與,是擁有許多閒暇時間。在他能把這閒暇時間為自身做生產性利用以前,必須有整個系列的歷史事件;在他們把閒暇時間當作為他人的剩餘勞動而支出以前,又須有外部的強制。但若把資本主義的生產引進來,這些老實的人們,恐怕為了使自己能占有一工作日的生產物,而不免有每週工作 6 日的必要。他為什麼要一週工作 6 日呢?或者他為什麼一定要提供 5 日剩餘勞動呢?這非大自然的恩澤所得以說明。大自然恩澤所能說明的,只是他的必要勞動時間,限於每週一日。無論如何,他的剩餘生產物,都不是出自人類勞動本有的神祕的性質。

因此,不僅勞動之歷史發展的社會的生產力,表現為吞併該勞動的資本之生產力;勞動的自然生產力,也是這樣表現。

李嘉圖自己從未考慮到剩餘價值的起源。他視此為資本主義生產方式的固有物。在他看來,這種生產方式是社會生產的自然形態。當他說到勞動生產力的時候,他總不以為那是剩餘價值的原因,而以為那是決定剩餘價值量的原因。但另一方面,他的學派,已揚言勞動生產力是利潤(意即剩餘價值)的發生原因。這無論如何,對於反對重商主義派是前進了一步。因為重商主義派是從交換行為、從生產物在其價值以上的出售,去導出生產物價格超過其生產成本的原因。不過,對於這種問題,李嘉圖派只是逃避而沒有解決。實際上,這些有產階級經濟學者,本能地也確實是如此,知道剩餘價值的起源這個爆炸性的問題,若是深

---

[10] 舒烏(F. Schouw)《土地・植物・人類》,第 2 版,萊比錫,1854 年,第 148 頁。

入論究，必定極其危險。在李嘉圖以後半世紀，有約翰・彌爾，他拙劣地複述最初庸俗化李嘉圖學說者的惡劣的遁辭，儼然主張他優於重商主義派。然而對於他，我們又該作何感想呢？

彌爾說：「利潤的原因，是勞動生產超過維持勞動所需的東西。」這全是舊話重提，但卻附加了他自己的獨特意見，他說：「改變一下理論的方式；資本之所以產生利潤，乃是由於食物、衣服、原料、勞動工具等等，耐用到超過其生產所需的時間。」在這裡，他把勞動時間的持續（Dauer），與勞動生產物的持續，混爲一談。照此見解，麵包師（他的生產物只持續一天）與機械製造者（他的生產物，能持續到 20 年乃至更多）比較，絕不能從其工資勞動者，攫取同一利潤了。那是自然，假如鳥巢耐用的時間，不長於築巢所需的時間，鳥一定不會要巢的。

這種基本眞理一確立起來，彌爾就確立起他優於重商主義派。他接著說：「由此我們知道，利潤不是出自交換的事件，而是出自勞動的生產性能力。並且，不管交換發生與否，一國的總利潤額，常是由勞動的生產性能力決定。即使分業的局面未成，買賣都不存在，利潤卻仍舊存在。」於是，在彌爾看來，成爲資本主義生產之普遍條件的交換，即買與賣，不過是一項事件，即使勞動力不買及不賣，利潤依然會存在！

他繼續說：「假如一國勞動者集體的生產，超過工資總額 20%，那就不論商品價格如何，利潤將爲 20%。」這在一方面，是同義反復的珍品；因爲，勞動者如爲資本家生產 20% 的剩餘價值，則利潤對於勞動者工資總額的比例，爲 20：100。但在另一方面，說「利潤將爲 20%」，卻是絕對的錯誤。利潤常是小於 20% 的，因爲利潤要以墊付資本的總額計算。例如，假定資本家墊付 500 鎊，其中 400 鎊墊付在生產資料上面，100 鎊墊付在工資上面，如果依上述假定：剩餘價值率爲 20%，則利潤率就爲 20：500，即 4%，而非 20%。

接著又有一個極好的範例，說明彌爾處理社會生產的各種歷史形態的方法。他說：「我在本書全假定：勞動者與資本家爲各別階級的事態，除少數例外，是普世通行的；也就是，由資本家墊付全部費用，勞

動者的全部報酬也包括在內。」把今日還只作爲例外而在地球上支配的事態，看作普遍的事態，當然是稀有的幻覺。但我們再看下去。彌爾爽快地承認：「資本家之所以如此，並非有絕對的必要。」相反的「勞動者如有資本可以暫時維持生活，他就算在生產完成以前，不支取超出維生所需的工資，且甚至完全不支取工資也沒有什麼不行。但在後一情況，因爲勞動者也提供了營業上必要基金的一部分，故在這限度內，也成了一個資本家。」其實，彌爾還可以進一步說，不僅爲自己墊付維生資料，且墊付生產資料的勞動者，實際就是自己的工資勞動者。他還可以說那些不爲領主，只爲自己提供徭役勞動的美國自耕農民，無異是自己的農奴。

彌爾這樣明白論證資本主義生產即使在它不存在的地方，仍常常存在之後，更從反方完成其一貫主張，論證資本主義生產即在它存在的地方，也不存在。他說：「就在前一情況（資本家對工資勞動者墊付其全部維生資料全部的情況），我們對於勞動者，也可用同一見地（即當作資本家）去觀察。因爲他是在市場價格以下（！）提供勞動，可以說他借給其雇主當中的差額（？）並以利息等等收回……[11]。」在現實上，勞動者是在一週，無償的墊付勞動於資本家，以期在該週的末了取得他的勞動的市場價格。在彌爾看來，這就是勞動者轉爲資本家的緣故！在平坦的平原，土堆看著也像山，現代資產階級的低能平庸，從其「偉大才智者」的高度就可以衡量出來。

---

[11] 約翰·彌爾《經濟學原理》，倫敦，1863年，第252至253頁及其他諸處。

第十五章

勞動力價格和剩餘價值在量上的變化

勞動力的價值，是取決於普通勞動者習慣上需要的維生資料的價值。這種維生資料的數量就任一時代一定社會來說，總是已知，從而可以視爲是恆定的量；變化的，是此種量的價值。此外，關於勞動力價值的決定，還有其他兩個參與的因素。一是發展勞動力的費用，該種費用的多寡，是隨生產方式而變的；一是勞動力的自然的差異，即男性勞動力及女性勞動力、成年勞動力及兒童勞動力的差別。這不同類別勞動力的雇用，雖是出於生產方式的要求，但其雇用，終不免在勞動者家族的維持費上及在成年男性勞動者的價值上，引起大的區別。不過在下面的研究中，我們是把這兩個因素撇除來探討的[1]。

我在這裡假定：(1) 商品依其價值販賣；(2) 勞動力價格，有時超過其價值以上，但從不落在其價值以下。

在這種假定上，我們知道：剩餘價值和勞動力價格的相對量，是取決於以下三種情形：(1) 工作日的長度或勞動之外延的大小；(2) 勞動的正常強度，勞動的密集量，在一定時間內，支出一定的勞動量；(3) 勞動的生產力，因爲依照生產條件發展的程度，同一量的勞動，會在同一時間內，產生不等量的生產物。此三因素顯然能有非常不一樣的組合：或者是其中一因素不變，其他兩因素可變；或者兩因素不變，一因素可變；最後，或者三因素同時可變。當這些因素同時變化時，其各自變化的大小與方向上，也可發生種種差異；依此事實，那些組合就更加多種多樣了。下面只就其主要的組合來說明。

I 工作日長度及勞動強度不變，勞動生產力可變

在這種假定下，勞動力的價值與剩餘價值的量，依三種法則決定：

第一，不論勞動的生產力，從而，不論生產物數量乃至各個商品的

---

[1] 第三版注。在第 554 頁（本頁）考量的事項，在這情況，當然是要被排除的。——F. E.

價格如何變化，既定長度的工作日，總是產出相同的價值生產物。

假如由 12 小時的一工作日產出的價值為 6 先令，那麼，所產出的物品量，雖隨勞動生產力而變異，但由 6 先令代表的價值，必分配在這或多量或少量的物品之上。

第二，勞動力的價值與剩餘價值，以相反的方向變化。如果勞動生產力發生或增或減的變化，則勞動力的價值會發生相反方向的變化，剩餘價值會發生方向相同的變化。

12 小時的一工作日所創造的價值，是一不變量，例如 6 先令。這項不變量，等於勞動力價值（這個價值會由勞動者以等價替補）與剩餘價值之和。在不變量的兩部分中，一方不減少，他方即不得增加，這是不言而喻的事實。讓我們假定這兩個構成部分在開始即相等：勞動力價值 3 先令，剩餘價值 3 先令。剩餘價值不由 3 先令減到 2 先令，勞動力價值則不得由 3 先令增到 4 先令。勞動力價值不由 3 先令減到 2 先令，剩餘價值也不得由 3 先令增到 4 先令。所以，在此種情形下，剩餘價值或勞動力價值的絕對量，都因其相對量即比例量沒有同時發生變化，而無從變更。雙方同時減少或同時增加，是不可能的。

再來，勞動生產力不提昇，勞動力價值是不得減少的，剩餘價值是不能增加的。就前例來說，除非勞動生產力提昇，使以前需要 6 小時生產的維生資料量，能在 4 小時生產出來，勞動力的價值，就不能由 3 先令降到 2 先令。反之，如非勞動生產力降低，導致以前只要 6 小時生產的維生資料，需要 8 小時去生產，勞動力的價值也不得由 3 先令增至 4 先令。由此事實，可導出以下結論，即勞動生產力的增進，會引起勞動力價值的滑落和剩餘價值的增加；反之，勞動生產力減低，會引起勞動力價值的增加和剩餘價值的減少。

在制定這項法則時，李嘉圖忽略了一種情況。即，剩餘價值或剩餘勞動之量的變化，雖會在勞動力價值或必要勞動量的大小上引起相反的變化，但絕不能說，雙方以同一比例變化。雙方會以相同的量增加或減少，但價值生產物各部分或工作日各部分的增減比例，乃取決於它們

在勞動生產力發生變化以前原來的大小。假如勞動力價值為 4 先令或必要勞動時間為 8 小時，並且剩餘價值為 2 先令，或剩餘勞動時間為 4 小時，那麼，勞動生產力增進的結果，如果勞動力價值降到 3 先令，或必要勞動減到 6 小時，剩餘價值就會增加到 3 先令，或剩餘勞動增到 6 小時。加在一方的量是 1 先令或 2 小時，減在另一方的量也是 1 先令或 2 小時。但雙方之量的比例變化，卻不一樣。勞動力的價值，由 4 先令減到 3 先令，即是減少 1/4 或 25%，同時剩餘價值由 2 先令增加到 3 先令，則是增加 1/2 或 50%。由此可以引出這樣的結論：當勞動生產力發生一定的變化時，由此引起的剩餘價值之比例的增減，乃取決於由剩餘價值代表的工作日部分的原有大小，其原來愈小者，則剩餘價值的比例的增減愈大，原來愈大者，則比例增減愈小。

第三，剩餘價值的增加或減少，常是勞動力價值相應減少或相應增加的結果，但絕不是它的原因[2]。

因為工作日的量不變，且由此不變量的價值所代表；因為剩餘價值量的任何變化，都會在勞動力價值量上引起相應的但相反的變化；更因為必須勞動生產力有所變化，勞動力價值才能有所變化，故其顯然的結論是，在這些條件之下，剩餘價值的量的變化，都是發生於勞動力價值量的相反的變化。我們講過，勞動力價值與剩餘價值要在量上發生絕對的變化，非其相對的量發生變化不可，由此我們可以作出這樣的結論：勞動力價值的絕對量不先發生變化，勞動力價值與剩餘價值之相對量，

---

[2] 對於這第三原則，許多作者，特別是麥克庫洛赫，曾附以這樣荒謬的補充：勞動力的價值即使不減低，剩餘價值也可因資本家以前所不得不繳納的賦稅的廢止，而增加起來。這種賦稅的廢止，對於產業資本家直接由勞動者吸取的剩餘價值量，絕對不給予變化；受其影響的，不過是剩餘價值在產業資本家自己與第三者之間的分割比例。勞動力價值與剩餘價值的比例，並不會由此引起何等變化。所以，麥克庫洛赫的例外，不過證明他對於原則如何誤解。他常常不幸地使李嘉圖庸俗化，正如薩伊使亞當·史密斯庸俗化一樣。

絕不能有任何變化。

依照第三法則，剩餘價值的量的變化，乃以勞動力價值上的一種變動為前提，而此變動則由勞動生產力的變化而產生。剩餘價值的量的變化界限，是由勞動力的新的價值界限（Wertgrenze）所設定。不過，縱使情況允許這種法則發生作用，其間也會發生各種輔助性變動。例如，即在勞動生產力增進，勞動力價值由 4 先令減至 3 先令，或必要勞動時間由 8 小時減至 6 小時的情況，勞動力的價格，也有不低到 3 先令 8 便士、3 先令 6 便士、3 先令 2 便士以下的可能，從而，剩餘價值也有不增到 3 先令 4 便士、3 先令 6 便士、3 先令 10 便士以上的可能。以 3 先令為最低限的新勞動力價格的降低程度，是取決於一種相對的權重，因為在天秤上，一方將有資本的壓力，另一方將有勞動者的反抗。

勞動力價值，是由一定量維生資料的價值決定。隨勞動生產力變化而變動的，不是這種維生資料量，而是它的價值。勞動生產力增進時，在勞動力價格與剩餘價值不發生任何的變化下，勞動者與資本家仍有可能占有更大的維生資料量，同時如果勞動力的價值本來為 3 先令，必要勞動時間為 6 小時，如果同樣的，剩餘價值為 3 先令，剩餘勞動時間為 6 小時，那麼，勞動的生產力即使有兩倍的增進，在必要勞動對剩餘勞動的比例不生變化的限度內，剩餘價值與勞動力價格的量都不會發生變化。不過，它們兩方的使用價值量，較之前有兩倍的增加；而使用價值也較之前便宜一半。勞動力在價格上雖然不變，但已在其價值之上。不過，如果勞動力價格的低落，未低落到勞動力新價值設定的可能最低限，即 1 先令 6 便士，而是低落到 2 先令 10 便士或 2 先令 6 便士，則由這降低了的勞動力價格所代表的維生資料量，仍要增加。這就是說，勞動力的價格雖然隨勞動生產力增進而不斷降低，但勞動者的維生資料量仍能不斷成長。不過，即使在這情況，勞動力價值的下降會導致剩餘價值相對應的提昇；於是，使勞動者與資本家在地位上的鴻溝不斷擴

大[3]。

我們上面說過正確制定上述三原則的第一人，是李嘉圖。不過李嘉圖的說明，含有以下的缺點：(1) 他把這些法則適用的特殊條件，視為資本主義生產之普遍及唯一的條件。他不知道工作日長度的變化，也不知道勞動強度上的變化，從而，他只認定勞動生產力是唯一的可變因素。(2) 比前一點更損害其分析的，就是他跟其他經濟學者一樣，不撇開剩餘價值的特殊形態（如利潤、地租等），去研究剩餘價值；於是他把剩餘價值率的法則，和利潤率的法則直接混為一談。我們已經講過，利潤率是剩餘價值對總墊付資本的比率，剩餘價值率則是剩餘價值對可變資本部分的比率。假定一宗資本（C）500 鎊，分割為原料勞動工具等（c）共 400 鎊，工資（v）100 鎊；由此更假定剩餘價值（m）等於 100 鎊。這一來，剩餘價值率為 $m/v = 100$ 鎊 $/ 100$ 鎊 $= 100\%$，利潤率為 $m/C = 100$ 鎊 $/ 500$ 鎊 $= 20\%$。此外，利潤率得取決於一切不在剩餘價值率上發生影響的情形，那是顯而易見的。在本書第三卷，我將指證：同一剩餘價值率，可有任何數目的利潤率；在一定情形之下，種種不同的剩餘價值率，可以由同一利潤率來表現。

II 工作日、勞動生產力不變，勞動強度可變

勞動強度增強，就是說，在一定時間內，勞動的支出增多。因此，強度較高的一工作日，比之長度相同但強度較低的一工作日，可以體現為更多的生產物。增加了的勞動生產力，也將在同一工作日中，提供較多的生產物，那是事實。但在後一種情況，每件生產物的價值，將因

---

[3]「產業生產力發生變化，一定量的勞動及資本，得造出比以前多或少的生產物；在這時候，可以是工資部分變化，由這工資所代表的生產物量不變；也可以是那種生產物的量變化，工資部分不變。」〔《經濟學大綱》（按：作者匿名），倫敦，1832 年，第 67 頁。〕

其所費勞動比前一種少而低下；但在勞動強度增強的情況，每件生產物的價值，則因其所費勞動和以前一樣，故維持不變。在這情況，生產物的數量增加了，其個別價格沒有隨之低落；但因生產物量增多，其價格總額卻增大了。然在生產力增進的情況，則是以同一價值，分配到較多量的生產物上。因此，在工作日長度不變的限度內，強度增加了的工作日，會體現為較大的價值，從而，在貨幣價值不變的限度內，會體現為更多的貨幣。其創造的價值，隨著勞動強度偏離社會正常強度的程度，有種種變化。於是，同一工作日，不再創造一個不變的價值，而是一個可變的價值。例如，通常強度的 12 小時工作日所創造的價值，如 6 先令，強度較大的 12 小時工作日所創造的價值，也許是 7 先令、8 先令或更多的先令。顯然，如果一日勞動創造的價值，由 6 先令增加到 8 先令，則這個價值所分割成的兩部分，即勞動力價格與剩餘價值，會同時以同一程度或不同的程度增加，它們雙方可同時由 3 先令增至 4 先令。在這情況，勞動力價格的增加，並不一定隱含勞動力價格已經增到價值以上。反而，其價格的提高，或與其價值的跌落相伴。勞動力價格的提高，不夠抵償勞動力磨損的增高，就有此種現象。

我們知道：撇除一時的例外，勞動生產力的變化，限於受影響產業生產物是勞動者日常消費品的情況，才會引起勞動力的價值，從而剩餘價值量的變化。此種限制條件不能適用目前的例子。因為當勞動發生外延的（在時間上）或內含的（在強度上）變化時，常常會在其創造價值的量上發生相應的變化，是獨立於體現該價值的物品的性質的。

假如每種產業部門的勞動強度，同時及均等的增強，則新的較高的強度，將成為社會通常的程度，從而不會計入。但即使在這種情況，勞動強度仍因國而不同，因此，把價值法則應用到國際上時，也許會有所修飾。一個強度較高國家的工作日，比一個強度較低國家的工作日，會

以較大量的貨幣來表現[4]。

III　勞動生產力與強度不變，工作日的長度可變

工作日，可向兩個方面變化，或者延長，或者縮短。

1. 工作日的縮短，在這裡假定的條件（即勞動生產力與強度不變）下，不會在勞動力價值上，從而在必要勞動時間上，引起變化。但剩餘勞動及剩餘價值卻因此縮小了。隨著剩餘價值的絕對量減少，其相對量（與未生變化的勞動力的價值量相對而言）也減少。在此情況，資本家只有使勞動力價格落在其價值以下，方可避免損害。

通常反對工作日縮減的一切議論，都假定，這個現象是在我們已假定存在的條件下發生的。但在現實上適得其反。工作日的縮短，常是在勞動生產力或勞動強度發生變化以後，或直接隨之變化[5]。

2. 工作日的延長。如果必要勞動時間為 6 小時，勞動力價值為 3 先令；又如剩餘勞動時間為 6 小時，剩餘價值為 3 先令。那麼，總工作日為 12 小時，體現在 6 先令的價值中。現在如果假定工作日延長 2 小時，勞動力的價格不變，則剩餘價值的絕對量與相對量，都會增加。勞動力的絕對價值量，雖然不變，但卻會相對地減少。在 1 項假定的條件下，勞動力價值的絕對量沒有變化，其相對量不得發生變化。在現在的情況，勞動力價值相對量的變化，乃是剩餘價值絕對量變化的結果。

---

[4] 「在其他一切情形不變的限度內，英國製造業者得以同樣時間，供給多於他國製造業者所能供給的生產物；英國一星期 60 小時的勞動，平均可抵他國一星期 72 乃至 80 小時的勞動。」（《工廠監督專員半年報告。1885 年 10 月 31 日》，第 65 頁。）大陸諸國要縮小大陸諸國勞動時間與英國勞動時間上的這種差距，其最可靠的手段，就是在法律上更廣泛地縮短工廠工作日。

[5] 「由《十小時勞動法》的運用，發現了……諸種抵償的情形。」（《工廠監督專員半年報告。1848 年 12 月 1 日》，第 7 頁。）

因為體現工作日的價值，隨著工作日的長度而增加，剩餘價值與勞動力價格，就顯然可同時以等量或不等量增加了。這種同時的增加，得行於以下兩種狀況：其一是在工作日實際延長的情況；其他是在工作日不延長但勞動強度增強的情況。

當工作日延長時，勞動力價格縱使在名目上不變甚至提高，但有降低到價值以下的可能。我們會記得：勞動力的一日價值，是以其正常的平均持續時間（或勞動者正常的存續期間），及有機人體實質相應正常的運轉，以符合人性來估算的[6]。在一定點之內，與工作日延長不可分的勞動力磨損的增加，雖可由較高的工資而得到替補。但超過此界點，則磨損將以幾何級數增加，且每一項適合勞動力之正常的再生產與職能的條件，將被壓制。勞動力價格與其剝削程度，將不復是可用同一單位度量的數量。

IV 勞動的持續時間、其生產力與強度同時變化

在這情況，顯然有產生許多組合的可能。其中，或者是兩個因素變化，其餘第三個不變；或者是三個因素同時都變化。它們可用同一程度變化，用相異的程度變化；可往同一方向變化，往相反方向變化；結果，其變化可以全部或部分相互抵銷。不過，每個可能情況的分析，容易由前面 I、II、III 項所揭示的結果而說明。如依次把各個因素當作可變，把其他兩因素暫時當作不變，那就可以見到各種可能組合的結果了。因此，下面只就兩個重要情況，予以簡單考量。

1. 勞動生產力降低，同時工作日延長

這裡論及的勞動生產力降低，是指那些決定勞動力價值的生產物

---

[6] 「一個人在 24 小時中達到的勞動量，得由研究其身體的化學變化，近似予以確定。因為物質的形態轉化，可以表明運動力的已有的運用。」〔葛洛夫（Grove）《論各種物理力的相互關係》，倫敦，1864 年。〕

的產業部門而言。土地肥沃度減少，其生產物價格相應抬高，以致引起勞動生產力降低，就是一個例子。現在假定工作日為 12 小時，由其創造的價值為 6 先令，其中一半替代勞動力價值，一半形成剩餘價值，於是，工作日分割為 6 小時必要勞動和 6 小時剩餘勞動。如果因土地生產物價格增高的結果，勞動力價值由 3 先令增至 4 先令，因而必要勞動由 6 小時增至 8 小時，那在工作日長度沒有變化的限度內，剩餘勞動將由 6 小時減至 4 小時，剩餘價值將由 3 先令減至 2 先令。如工作日延長 2 小時，即由 12 小時延長到 14 小時，剩餘勞動依然為 6 小時，剩餘價值為 3 先令，但剩餘價值與以必要勞動時間計算的勞動力價值相比，仍要減少。如果工作日延長 4 小時，即由 12 小時延長到 16 小時，則剩餘價值與勞動力價值之比例量，剩餘勞動與必要勞動之比例量，持續不變，但剩餘價值的絕對量，會由 3 先令增至 4 先令，剩餘勞動由 6 小時增至 8 小時，即增加 33 又 1/3%。因此，在勞動生產力降低，同時工作日延長的情況，如剩餘價值的絕對量不變，則其比例量會減少；如果相對量繼續不變，則與此同時其絕對量增加。並且，工作日如延長到相當的程度，雙方都可增加。

自 1799 至 1815 年的期間，英國糧食的價格騰貴。以維生資料來表示的實際工資雖然跌落，名目工資卻在提高。由這種事實，衛斯特（West）與李嘉圖得出了以下的結論，即農業勞動生產力的降低，引起了剩餘價值率的降低。他們把這僅僅存在於其想像中的假定，作為他們一種重要調研——分析工資、利潤與地租的相對的量——的出發點。然在事實上，剩餘價值的絕對量與相對量，靠著勞動強度的增強和工作日的延長，而都有增加。在這個時期，已確立工作日延長到荒謬絕倫的程

度的權利[7]，以一面促進貧困、一面加速累積資本為該時期的特徵[8]。

2. 勞動強度與勞動生產力增進，同時工作日縮短

增加勞動生產力與加大勞動強度，有相似結果。它們都會在一定時間內，增加生產物的數量。因此，雙方都會縮短勞動者所需生產維生資料或其等價的工作日部分。工作日最小的長度，是由這種必要的但可縮減的工作日部分所限定。如果全工作日竟縮減到這部分的長度，剩餘勞

---

[7] 「穀物與勞動完全相並而行的現象，是很少發生的。不過，雙方都有其不能進一步分離的明顯界限。在物價騰貴，工資由此低落到證供（即1814至1815年對議會調查委員的證供）中指陳的那種程度的時代，勞動階級曾作出異常的努力；那種努力對於每個人是極值得讚賞的，同時且確有助於資本的增殖。不過，誰都不希望那種努力變成永續而無限制的。作為一時的應急之策固大可讚賞，若變為永續，則結果無異於把一國的人口增殖，推進到該國食物所設定的界限。」（馬爾薩斯《地租性質及其進步的研究》，倫敦，1815年，第48頁注。）馬爾薩斯的榮譽所在，就是當李嘉圖及其他學者忽視顯而易見的事實，以工作日的大小不變，作為研究的基礎時，馬爾薩斯卻極力看重勞動時間的延長。這個事實，在他著作中別的地方，曾經直接說到。不過，他所侍奉的保守的利害關係，卻使他看不出以下的事實，也就是特別在沒有戰爭需要，而在世界市場上，英國已不復有獨占餘地的時候，工作日的無限制的延長，及機械的驚人的發展與婦女兒童勞動的剝削，勢將使勞動階級一大部分變為過剩。這種「過剩人口」，與其由資本主義生產的歷史的自然法則說明，自不如由自然之永久的法則說明，要更為便利，且與支配階級——馬爾薩斯是以牧師的熱忱皈依於這個階級——的利害關係遙為一致。

[8] 「在戰爭的時候，使資本增加的主要原因之一，是在任何社會都占有最大多數的勞動者，將更加努力、更加貧困。迫於環境之必要，將有更多的婦女與兒童從事勞動，而原來已經從事勞動的人，則不免要以同一原因，而以更多的時間去增加生產。」（《經濟論，解說當前國家困難之主要原因》，倫敦，1830年，第248頁。）

動將消失，那在資本的支配之下，顯然成爲不可能。只有透過壓抑資本主義生產形態，工作日才可縮減到必要勞動時間的限度。但即使在那種情況，必要勞動將擴大其自身的範圍。因爲，在一方面，「維生手段」的概念將大大擴張，勞動者將要求一種全然不同的生活水準；另一方面，現在算作剩餘勞動的一部分，到那時也會算作必要勞動。我指的是組成預備基金與積累基金的勞動。

勞動生產力愈增加，工作日便愈能縮短；工作日愈縮短，勞動強度便愈能增強。從社會的觀點來說：勞動生產力得隨勞動經濟同比例的增進；此種勞動經濟，不僅包含生產資料的經濟，且包含一切無用勞動的避免。資本主義生產方式，雖然一方面在各個個別營業內部厲行節約，另一方面卻透過其無政府的競爭制度，造出勞動力與社會生產資料的最荒謬絕倫的揮霍，更別提製造了巨大的就業，那在今日雖爲不可免，但在其自身卻是不必要的。

在勞動強度與勞動生產力已知的時候，工作愈是均等分配於社會上一切能力強者之間，及當一部分特殊階級被奪去將勞動的天然負擔轉嫁給社會另一層的權利，則社會用以從事物質生產的必要部分，將愈是縮小；從而個人從事自由活動、智力活動、社會活動的時間部分，必愈是增加。從這方面看來，工作日縮短所取得的界限，最終就是勞動的普遍化。在資本主義社會中，一個階級所取得的空閒時間，是由大眾以全部一生轉爲勞動時間而來的。

第十六章

剩餘價值率的種種方程式

我們已經知道，剩餘價值率是依下列方程式表現的：

$$\text{I.} \quad \frac{\text{剩餘價值}}{\text{可變資本}} \left(\frac{m}{v}\right) = \frac{\text{剩餘價值}}{\text{勞動力價值}} = \frac{\text{剩餘勞動}}{\text{必要勞動}}$$

前兩方程式，表示價值與價值的比例，第三方程式表示生產此等價值之時間與時間的比例。這些相互補充的方程式，在概念上是嚴格確定及正確的。古典派經濟學對此雖未曾有意識的確定，但也在本質上有所成就。在古典派經濟學方面，我們見到以下的衍生方程式：

$$\text{II.} \quad \frac{\text{剩餘價值}}{\text{工作日}} = \frac{\text{剩餘價值}}{\text{生產物價值}} = \frac{\text{剩餘勞動}}{\text{總生產物}}$$

此等方程式交替著，把同一比例，表現為勞動時間的比例、為體現勞動時間的價值的比例、為價值所依以存在的生產物的比例。不用說，這裡所謂「生產物價值」，只解作工作日所新創的價值。生產物價值（Produktenwert）的不變部分，不算在內。

由 II 所示的一切方程式，真實的勞動剝削程度或剩餘價值率，被不實表示。茲假定工作日為 12 小時，其他條件依照前此事例的假定，則真實的剝削程度，將依以下的比例表示：

$$\frac{6 \text{ 小時剩餘勞動}}{6 \text{ 小時必要勞動}} = \frac{3 \text{ 先令剩餘價值}}{3 \text{ 先令可變資本}} = 100\%$$

然依照前示 II 項方程式，則如次式：

$$\frac{6 \text{ 小時剩餘勞動}}{12 \text{ 小時的工作日}} = \frac{3 \text{ 先令的剩餘價值}}{6 \text{ 先令的創造價值}} = 50\%$$

此等衍生的方程式，實際只表現工作日或其生產的價值，是以何種比例分割於資本家和勞動者之間。假如此等方程式被視為資本自我擴增程度的直接表現，則以下的錯誤的法則──剩餘勞動或剩餘價值，從

不達到100%[1]——將被維持著。因為剩餘勞動常常只是工作日的一個可整除的部分，或剩餘價值常常只是創造的價值一個可整除的部分；剩餘勞動常須小於工作日，剩餘價值常須小於總創造的價值。但如要達到100/100的比例，它們雙方就必須相等。剩餘勞動如吸收全日（這裡是指週或年的平均日），必要勞動就必需等於零。但必要勞動如消失，剩餘勞動也必消失，因為剩餘勞動是必要勞動的一個函數。因此，剩餘勞動／工作日，或剩餘價值／創造的價值的比例，絕不能達到100/100的界限，更不能達到（100+x）/100的界限。然而，真實的勞動剝削程度即剩餘價值率，卻能達到這種比例。試以萊昂斯·德·拉維爾尼（Lèonce de Lavergne）的估算為例。據那估算，英國農業勞動者，不過

---

[1] 例如，在洛貝爾圖斯（Rodbertus）《給基爾希曼第三信——李嘉圖地租論的反駁及新地租論的建立》（柏林，1851年）中，就可以見到。關於這封信，以後還有提到的機會，在那信中，作者的地租論儘管錯誤，但他卻看破了資本主義生產的本質。

第三版注。由上面這句話可見，馬克思只要發現前輩中有真實的進步和正確的新思想，都能以好意來評價。但此後刊行的《洛貝爾圖斯給魯道夫·麥爾（Rudolf Meyer）的書簡》，卻使馬克思這裡給他的評價不得不加以限制。書簡中說：「資本不僅要從勞動中解救出來，且得從它自身救出。假設把企業資本家的活動，解作是資本委託於他的國民經濟及國家經濟上的機能；且把他所得的利潤，解作是一種形態上的薪俸，那種救濟就最易於達成了；因為我們還不知有其他的社會組織。但薪俸是可以規制的；在過於侵越到工資範圍的情況，甚至還可以減少。馬克思的社會侵入——我想這樣稱呼他的著作——同樣是應當防止的。……總之，馬克思的著作，與其稱為關於資本的研究，毋寧說是對於今日資本形態的一種論駁。他把今日的資本形態和資本概念本身混為一談了。這就是他的錯誤的來源。」（洛貝爾圖斯《書簡集》，魯道夫·麥爾編，柏林，1881年，第1卷，第111頁，洛貝爾圖斯第48信。）——洛貝爾圖斯在「社交信件」所示的大膽的突擊，遂終葬送在這種意識形態的老生常談中了。——F. E.

獲得生產物或其價值的 1/4，反之，租地農場主即資本家，則獲得生產物[2] 或其價值的 3/4（至於這 3/4 的暴利，後來在資本家、地主等人之間如何分配，暫且不論）。也就是說：英國農業勞動者的剩餘勞動對必要勞動的比例為 3：1，這表示 300% 的剝削率。

把工作日視為恆數的受寵方法，由前述 II 項方程式的應用，成定局。因為在此等方程式上，常把剩餘價值和已知長度的工作日相比較。在只注意產生的價值分割的狀況，也是如此。已實現為一定價值的工作日，常常是已知長度的工作日。

把剩餘價值與勞動力價值表現為創造的價值諸構成部分的習慣——這種習慣，是源自資本主義生產方式自身，它的重要性，後面再說——隱蔽了以資本為特徵的交易事實，即可變資本交換活勞動力的事實，從而隱蔽了勞動者與生產物互相排除的事實。這些事實沒有顯示出來。顯示出來的，是一個協作關係——勞動者與資本家，即在形成這種協作上，按照各自的貢獻比例分配生產物——的錯誤的外觀[3]。

此外，II 項方程式常能再轉為 I 項方程式。例如，就 6 小時剩餘勞動／12 小時的工作日方程式來說，必要勞動時間，就是等於由 12 小時，減去 6 小時剩餘勞動。由此得出以下結果：

$$\frac{6 小時剩餘勞動}{6 小時必要勞動} = \frac{100}{100}$$

---

[2] 替補墊付不變資本的生產物部分，在這種計算上，自然要剔除出去。拉維爾尼是一位盲目的英國崇拜者，他對於資本家所得的份額，不會估算過高，只會估算過低了。

[3] 資本主義生產過程相當發達的一切形態，都是合作的形態。因此，要像拉波爾德（A. de Laborde）伯爵在他所著的《社會總利害上之協作精神》（巴黎，1818 年）中那樣，把資本主義生產過程的特殊的對立性質抽象，並把它變為自由的協作形態，是再容易不過的事。就那位新英格蘭人卡瑞（H. Carey）來說，哪怕是關於奴隸制度的情形，他也有時成功地表演這個戲法。

至於我們已經偶然述及的第三方程式，則如下：

$$\text{III.} \quad \frac{剩餘價值}{勞動力價值} = \frac{剩餘勞動}{必要勞動} = \frac{無給勞動}{有給勞動}$$

無給勞動／有給勞動的方程式，會引起一種誤解，說資本家所給付的，是勞動的代價，而非勞動力的代價，但經過我們在前面研討之後，不會再有那種誤解了。無給勞動／有給勞動的方程式，不過是剩餘勞動／必要勞動方程式的更通俗的表現。資本家支付勞動力的價值，只要與勞動力的價格相等，並換得活勞動力的支配。資本家對這種勞動力的使用權，分作兩個期間。在一個期間，勞動者僅生產其勞動力的價值或其等價，資本家由此替補他所墊付的勞動力價格，恰如他在市場購買現成生產物一樣。反之，在剩餘勞動期間，勞動力的使用權，得為資本家創造出一種不費其等價（Wertersatz）的價值[4]。這個勞動力的支出，是不須資本家付任何代價的。在這種意義上，剩餘勞動得稱為無給勞動。

因此，資本就不但如亞當・史密斯所說，是對於勞動的支配，在本質上，實是對於無給勞動的支配。一切剩餘價值不論後來結晶為何種特殊姿態（利潤、利息或地租），在實質上，總歸是無給勞動時間的實體化。資本自我擴增的祕密，歸結為資本對於他人一定量的無給勞動，享有支配權。

---

[4] 重農主義者雖不曾看破剩餘價值的祕密，但至少，他們對於這一點是明白的：剩餘價值是「它的擁有者不購買而販賣的、獨立的，可以自由處置的財富」。（杜爾閣《關於財富之形成與分配之考量》，第 11 頁。）

第六篇

工 資

第十七章

勞動力價值（及各自價格）的工資化

在資產階級社會的表面上，勞動者的工資，顯示為勞動的價格，即對一定量勞動支付的一定量的貨幣。因此，人們說勞動的價值，並把這種價值之貨幣的表現，稱為勞動的必要價格或自然價格。在另一方面，他們又說勞動的市場價格，即在其自然價格上下波動的價格。

但商品的價值是什麼呢？那是在商品生產上支出的社會勞動的客觀形態。商品價值量又如何量度呢？由包含在商品中的勞動量去量度。那麼，比方說一個 12 小時的工作日的價值，該如何決定呢？結果只好荒謬地同義重複，說：由包含在 12 小時工作日內的 12 小時勞動[1]。

勞動要作為商品在市場上出售，必須在出售以前已經存在。但是，勞動如能由勞動者給予客觀的存在，勞動者就是出賣商品，不是出賣勞動了[2]。

暫時不論這些矛盾，以貨幣，即以物化了的勞動，與活的勞動直接交換，其結果，如不是揚棄了那在資本主義生產基礎上始得自由展開

---

[1] 「李嘉圖先生以為，價值取決於生產上支出的勞動量。他把那一望即知的足以妨礙他這種學說的一個難關，很巧妙地迴避過去。若要嚴格堅持著這種原則而主張勞動的價值，取決於勞動生產上所支出的勞動量，那顯然要生出荒謬的結論。他用一種巧妙的論法說：勞動的價值，取決於生產工資所必要的勞動量，或用他自己的話說，勞動的價值，是以生產工資所必要的勞動來衡量；而此勞動量，則是指所給予勞動者的貨幣或商品生產上所必要的勞動量。這好像是說：布的價值，不是由布生產上支出的勞動量來衡量，卻由布所交換的銀生產上支出的勞動量來衡量。」（《價值性質之批判的研究》，第 50、51 頁。）

[2] 「你固然可以把勞動稱呼為商品，但這種商品畢竟與普通商品不同。後者最初就是以交換的目的而生產，生產出來了，然後再搬往市場，它必須在市場上，以一定的比率與其他商品交換。若勞動，則是在帶往市場的那一瞬間所造出，或毋寧說在造出之前，已被帶往市場。」（《政治經濟學論爭的觀察：尤其關於價值、需求與供給》，第 75、76 頁。）

的價值法則，便是揚棄了那以工資勞動為基礎的資本主義生產本身。比方，12 小時的工作日，以 6 先令的貨幣價值來體現。先假設是等價與等價交換，在這情況，勞動者就是以 12 小時勞動，取得 6 先令報酬；他的勞動的價格，等於他的生產物的價格。在這情況，他沒有對勞動購買者生產剩餘價值，那 6 先令不轉化為資本，結果資本主義生產的基礎就消失了。但勞動者就是在這基礎上出賣他的勞動，他的勞動就是在這基礎上變為工資勞動的。其次假設，他的 12 小時勞動，只能取得少於 6 先令的代價，即少於 12 小時勞動代價。12 小時勞動所交換的，只是 10 小時勞動、6 小時勞動。以不等的量為相等，不僅揚棄了價值決定的法則。這樣一種自我毀滅的矛盾，也絕沒有作為一種法則來宣揚或樹立的可能[3]。

在形式上，把勞動區分為物化勞動與活勞動，然後再由這形式上的區別，推論較多量勞動交換較少量勞動，也是無益的[4]。加上，因商品的價值，不取決於實際上物化在商品中的勞動量，而取決於商品生產上必要的活的勞動量，所以這種推論，更顯得荒謬。就說一件商品代表 6 小時勞動吧！假如藉一項發明，那件商品竟能以 3 小時生產出來，那麼就算是已經生產出來的商品價值，也要降低一半。它以前代表 6 小時勞動，現在則是代表 3 小時的必要的社會勞動了。也就是說，決定商品價值量的，是那種商品生產上必要的勞動量，而非勞動的物化形態。

---

[3] 「把勞動視為商品，把勞動的產物即資本也視為商品，那麼，假如這兩商品的價值，是由等量的勞動所決定，則一定量的勞動，就可……交換那由同量勞動生產的一定量的資本了。過去勞動，與現在勞動，將以等量交換。但與其他商品相比較的勞動的價值……不是由等量的勞動所決定。」（亞當·史密斯《國富論》，威克菲爾德編，倫敦，1836 年，第 1 卷，第 231 頁注。）

[4] 「以過去勞動交換未來勞動時，我們總得同意（社會契約的一個新版！）後者（資本家）必須比前者（勞動者）取得更大的價值。」（西斯蒙第《論商業財富》，日內瓦，1803 年，第 1 卷，第 37 頁。）

在商品市場上，與貨幣擁有者直接對立的，實際上不是勞動，而是勞動者。勞動者所出賣的，是他的勞動力。當他的勞動在實際上開始時，那已經不是屬於他了。從而，也不能再為他所出賣。勞動是實體及價值內在的尺度，但它自身沒有價值[5]。

在「勞動的價值」（Wert der Arbeit）這個用語上，價值的概念，不但完全被抹去，且實際上被反轉。說勞動的價值，和說地球的價值，是同樣的想象。但這些想象的措辭，是起因於生產關係的本身。它們屬於本質關係的表現形態之範疇。事物在外觀上往往以倒轉的形態呈現，那是經濟學以外一切科學所熟知的[6]。

古典派經濟學由日常生活借來「勞動的價格」這範疇，不加進一

---

[5] 「勞動為價值的唯一標準……為一切財富的創造者，它不是商品。」（霍奇斯基《通俗經濟學》，第186頁。）

[6] 反之，認為這句話不過是詩人的狂想的企圖，不過表示自己沒有分析能力罷了。普魯東說：「說勞動有價值，並不是把勞動本身視為嚴格的商品，不過是指勞動內部被認為潛藏著的價值。勞動的價值，是一個比喻的表現。」對於他這個議論，我是這樣反駁的：「勞動這種商品，是一個可怕的現實，但普魯東在作為商品的勞動上，只看到語法上的省略。所以，以勞動商品性為基礎的當前整個社會，今後要被視為是以詩人的狂想為基礎、以比喻的表現為基礎了。假如社會要驅除苦惱它的一切不便，最好是讓它驅除諸種曖昧的語詞，改變言語的形態。為了這個目的，只須申請大學，把大學辭典改成新版就行了。」（馬克思《哲學的貧困》，第34、35頁。）自然，把價值視為沒有任何意義的東西，是方便多了。這樣一來我們就能毫不費力地把一切事物都包括在這個範疇之下。例如薩伊就是這麼做。他問：「價值是什麼？」答：「一物之所值。」然而「價格是什麼？」答：「表現在貨幣上的一物的價值。」既然如此，「為什麼土地的勞動……具有價值？」答：「因為我們對它給予了一種價格。」也就是說：價值是一物之所值。因為我們以貨幣表現土地的價值，故土地有「價值」。這當然是理解事物「如何」和「因何」的最簡單的方法！

步的批判,而僅問這種價格如何決定?接著就認定:需求與供給關係的變動,對於勞動的價格,正如對於其他一切商品的價格一樣,是唯一無二的說明,即市場價格在一定平均值的上下波動。在其他一切情形不變的限度內,假如需求與供給平衡,這種價格的波動就中止。這樣一來,需求與供給也無從說明什麼了。在需求與供給歸於均衡的那一瞬間,勞動的價格,不是取決於需求與供給的關係,那是它的自然價格。但我們的問題,正是這種自然價格如何決定。或者,我們把市場價格波動的期間假定為較長的期間(比方說一年),我們將會發現,那些上上下下的波動,將相互抵銷。而得出一個相對恆定的中間平均量。這項平均量,自然不是由自己相互抵銷的諸種變動決定。因為,對偶然的勞動市場價格占優勢,並調節著市場價格的這種價格,即重農學派稱為「必要價格」,亞當‧史密斯稱為「自然價格」的價格,在勞動上,也如在其他商品上一樣,只不過是以貨幣表現的價值。經濟學期望由這個方法,通過勞動的偶然價格,可達到勞動的價值。接著又以為這種價值,正如在其他商品上一樣,是由生產成本決定。但是勞動者的生產成本(即勞動者生產或再生產自己的費用)是什麼呢?經濟學是在無意識之間,以這個問題,代替了原來的問題。因為它對於勞動生產成本的探討,不過在打轉,絕未離開原點。可知經濟學者所稱的勞動的價值,實是勞動力的價值(Wert der Arbeitekraft)。勞動力存在於勞動者人格之內,與其機能(即勞動)不同,那正如機械與其自身的作用不同一樣。經濟學者因為一心一意想著勞動市場價格與其所謂價值的區別,注意著此種價值與利潤率的關係,和與由勞動工具生產的商品價值的關係,遂沒有發現,分析的過程不但曾由勞動的市場價格,引到勞動的推定的價值,且曾把勞動的價值,歸於勞動力的價值。古典派經濟學對於自己分析的這種結果,沒有意識到,他們不加批判地,把「勞動的價值」、「勞動的自然價格」這一類範疇,視為這種討論的價值關係之最後及適當的表現。其結果便如後面所說,陷入不可解的混亂與矛盾。同時這派經濟學給那些只原則上崇拜外觀的庸俗經濟學者之淺薄,提供了一個堅實的操作基

礎。

我們現在且看：勞動力的價值及價格，在這轉化的條件下，如何以工資呈現。

我們知道：勞動力的一日分價值，是以勞動者一定的生存長度為基礎來計算，而工作日的長度，又與此一定的生存長度相照應。現在假定通常的工作日為 12 小時，勞動力的一日價值為 3 先令；此 3 先令，即體現 6 小時勞動的價值的貨幣表現。如勞動者收受 3 先令，他就是收受了在 12 小時內發揮機能的勞動力的價值。現在假如這一日分勞動力的價值，表現為一日分勞動的價值，我們就會得出 12 小時勞動有 3 先令價值的方程式。這一來，勞動力的價值，就決定勞動的價值，或用貨幣表現來說，就是決定必要價格。另一方面，如果勞動力的價格與勞動力的價值不一致，則勞動的價格，也同樣與所謂勞動的價值不一致了。

勞動價值，既然僅是勞動力價值的不合理的表現，其結論自然是：勞動價值，常須小於勞動所生產的價值。因為資本家常要使勞動力，工作長過再生產其自身價值所必要的時間。以前例來說，在 12 小時內發揮機能的勞動力的價值是 3 先令，這種價值的再生產需要 6 小時。另一方面，其所生產的價值，卻是 6 先令。因為，勞動力實際發揮機能的時間為 12 小時，其生產的價值，不是取決於它自身的價值，而是取決於它發揮機能的時間的長度。因此，這裡就生出了一見即知荒謬的結論了：造出 6 先令價值的勞動，其價值為 3 先令[7]。

再來我們將知道：代表工作日有給部分（即 6 小時勞動）的 3 先令的價值，將顯示為全工作日 12 小時的價值或價格（這全工作日中是含有 6 小時無給勞動的）。於是，工資的形態，就把工作日分割為必要

---

[7] 參照《政治經濟體批判》，第 40 頁。我在那裡陳述，當考量資本的時候，應解決以下的問題，即「以勞動時間決定交換價值這件事為基礎的生產，將如何導出勞動的交換價值小於勞動生產物的交換價值的結論？」

勞動與剩餘勞動，或有給勞動與無給勞動的一切痕跡，全都消去了。一切的勞動，都顯示為有給勞動。在徭役勞動上，勞動者為自己所做的勞動，和為領主所做的強制勞動，無論在時間上、在空間上，都極鮮明地區別出來。在奴隸勞動上，就連奴隸僅替補其自身維生資料價值的工作日部分，換言之，就連他實際專為自己工作的工作日部分，也顯示為主人的勞動。一切的奴隸勞動都顯示為無給勞動[8]。反之，在工資勞動上，就算剩餘勞動或無給勞動，也顯示為有給勞動。在奴隸勞動的情況，所有權關係，隱蔽了奴隸為自身的勞動；而在工資勞動的情況，則貨幣關係，隱蔽著工資勞動者的無報酬勞動。

因此，我們會懂得：把勞動力的價值及價格轉為工資形態，或轉為勞動自身的價值及價格，有一種決定的重要性。這種表現形態，把現實關係隱蔽起來，正好顯示該關係的反面。勞動者與資本家的一切法律觀念、資本主義生產方式的一切迷惑、此種生產方式下的一切自由幻想，以及庸俗經濟學者的一切辯解的敷衍，都是以這個表現形態作為基礎。

如果歷史需要很長時期，才能揭開工資最底層的祕密，但若要理解上述那種表現形態之必然性或其存在理由，卻是再容易不過的事。

資本與勞動之間的交換，最初是和一切其他商品的買賣一樣，呈現於我們知覺之上。購買者給予一定額的貨幣，出賣者則提供性質與貨幣相異的物品。在這裡，法律意識，至多不過承認一種以法律上等價方程式表現的物質性區別，那方程式是：「你給，我也給。我給，你做。你給，所以我做。你做，所以我也做。」

再來，因為交換價值與使用價值，本身是不能相互通約的量；所以「勞動的價值」、「勞動的價格」云云，似乎不比「棉花的價值」、

---

[8] 《晨星報》是倫敦的自由貿易機關報，它天真到近乎愚鈍；美國南北戰爭的當下它以人類一切可能的義憤，反復主張南方聯合諸州的黑人勞動，絕對是無給的。試把這種黑人一日的生活費用，和倫敦東區自由勞動者一日的生活費用，比較一番吧！

「棉花的價格」云云更不合理。加上勞動者是在他已經提供勞動之後，才取得報酬。而貨幣在它充作支付手段的機能上，是事後才使所提供的物品（就當前這特殊情況來說，是所提供的勞動的價值或價格）的價值或價格實現。最後，勞動者對資本家供給的「使用價值」，實際並不是他的勞動力，而是那種勞動力的機能、是某些一定有用的勞動，如裁縫勞動、製鞋勞動、紡織勞動等等。而在另一方面，這同樣的勞動，是普遍的價值創造要素，由此具有不同於其他一切商品的特質，這件事，是超出正常意識的理解。

現在我們且站在這樣一個勞動者的立場來考量。他以 12 小時勞動的代價，取得 6 小時勞動所生產的價值，即 3 先令。事實上，對他來說，他的 12 小時勞動，是 3 先令的購買手段。他的勞動力的價值，隨其日常維生資料的價值而變動，那可由 3 先令增至 4 先令，也可由 3 先令減到 2 先令。或者，他的勞動力的價值不變，但其價格，可因需求與供給的變動關係，而增至 4 先令，或跌到 2 先令。但不論如何，他總是提供 12 小時勞動。他所取得的等價在量上的變動，在他看來，必然要顯示為 12 小時工作的價值或價格的變動。這種事實，對於把工作日視為恆定量的亞當·史密斯[9]，遂得出以下的錯誤主張。他認為：維生資料的價值雖可變動，從而，同一工作日對於勞動者雖可代表或多或少的貨幣，但勞動的價值不變。

在另一方面，讓我們再就資本家來考量。他期望以盡可能最少量的貨幣，得到盡可能最多量的勞動。因此在實際上，令他關心的，只是勞動力的價格與由勞動力機能所創造的價值的差額。但是，他力求以盡可能低廉的價格購買一切商品；他常常以在價值以下購買、在價值以上出賣及單純的欺騙來計算利潤。因此，他永遠不會理解這種事實：如果勞動的價值這東西是實質存在，且如實地支付這種價值，則任何資本都不

---

9 亞當·史密斯提到計件工資時，只不過偶爾暗示工作日的變化。

存在，他的貨幣也不會轉為資本。

此外，在工資的實際運作上，還顯示出以下各現象。這諸種現象，彷彿證明被支付的，不是勞動力的價值，而是勞動力機能（即勞動本身）的價值。我們可以把這些現象歸納為兩大類：(1) 勞動工資隨工作日的長度變化而變化。假如這個論據正確，我們也可以說，因為租借機械一週比租借同一機械一日所費更多，所以被支付的不是機械的價值，而是機械運作的價值。(2) 從事同一工作的不同勞動者的工資，存在著個人的區別。這項個人的區別，雖在奴隸制度中（在那裡是明顯、公開、無任何矯飾地出售勞動力自體）可以見到，但我們絕不受其迷惑。但工資勞動制度與奴隸制度有一個唯一不同之處，即是：勞動力超過平均的利益，或勞動力低於平均的不利，就奴隸制度來說，都屬於奴隸擁有者，而就工資勞動制度來說，卻是屬於勞動者自身。因為在工資勞動制度上，勞動力是由勞動者自己出售，在奴隸制度上，勞動力則是由第三者販售。

總之，「勞動的價值與價格」或「工資」為表現形態，勞動力的價值與價格則是隱藏在那種表現形態後面的本質關係，兩者是有差別的。一切現象和其隱藏的底層都是這樣。表現形態得直接且自發地以流行的思維方式呈現；本質關係則必須仰賴科學始可發現。古典派經濟學雖幾乎觸及了事物的真實關係，但沒有意識地制定它。只要它還附著在有產階級皮膚之內，這是做不到的。

第十八章

計時工資

工資自身採取極多種形態。這事實，普通的經濟學教本是認識不到的。因為普通的經濟學教本，盡是注意問題的物質方面。形態上的區別，則一概被忽略。不過，關於所有這些形態的說明，是屬於工資勞動的特殊研究，而非本書所應當涉及的。但在這裡仍得就兩個根本的形態簡單涉獵。

我們會記得：勞動力的出售，須有一定的期間。因此，直接表現勞動力每日價值、每週價值等等的轉化形態，即為日工資、週工資一類「計時工資」（Zeitlohn）的形態。

現在首先應注意的就是：第十五章述及的關於勞動力價格與剩餘價值之相對量的改變，得由單純的形態變化，轉為工資的法則。同樣的，勞動力的交換價值，與這個價值轉成的維生資料總和之間的區別，現在會作為名目工資（nominellem Arbeitslohn）與真實工資（reellem Arbeitslohn）之間的區別，再現出來。關於已經在本質形態上說明過的表現形態，這裡用不著再多餘地複述。所以下面只限於說明計時工資的若干特點。

勞動者對於其一日勞動或一週勞動所獲得的貨幣額[1]，形成他的名目工資額，或依價值計算的工資。但顯然的，依照工作日的長度，換言之，即依照每日供給的實際勞動量，相同的日工資或週工資，可以代表極不相同的勞動價格，也就是勞動量相等，其所得的貨幣額極不相等[2]。因此在考量計時工資時，我們必須再把工資，即日工資或週工資的總額，與勞動的價格區別。然而我們如何發現這種價格（即一定勞動量的貨幣價值）呢？以工作日的小時平均數，除以勞動力的平均日

---

[1] 在這種討論上，貨幣價值常假定是不變的。

[2] 「勞動的價格，是為一定量勞動而支付的貨幣額。」（愛德華・衛斯特《穀物價格與工資》，倫敦，1826年，第67頁。）衛斯特就是題名「牛津大學一校友著」，《土地投資論》（倫敦，1815年）的作者，他這部匿名著作在英國經濟學史上具有劃時期的價值。

價值，我們就可發現勞動的平均價格。例如，勞動力的日價值3先令，代表6勞動小時生產物的價值；假如工作日為12小時，1勞動小時的價格為3先令／12，即等於3便士。像這樣發現的1勞動小時的價格，可用作勞動價格的單位尺度。

　　由以上的說明，可得出這種結論，即勞動價格縱使不斷降低，日工資、週工資等等仍得維持原狀。舉例來說，如果通常的工作日為10小時，勞動力的日價值為3先令，則1勞動小時的價格，就為3又3/5便士。工作日由10小時增至12小時，1勞動小時的價格，馬上會跌落到3便士；如更增至15小時，還會馬上跌落到2又3/5便士。但雖然如此，日工資、週工資仍維持原狀不變。反之，當勞動價格不變甚至跌落時，日工資、週工資還會增高。例如工作日為10小時，勞動力價值為3先令，1勞動小時的價格為3又3/5便士。假如營業擴大的結果，工作日延長至12小時，勞動價格保持原樣不變，那他現在的日工資，雖增加到3先令7又1/5便士，仍不會在勞動價格上引起任何變化。當勞動不在外延上（時間上）增加，而在內含上（強度）增強時，也會得出同一結果[3]。因此，名目上的日工資、週工資，得在勞動價格保持原樣或跌落的情況下增加。當一家之主支出的勞動量，由其家人的勞動而增加時，勞動者家庭收入同樣適用上面的說明。總之，有種種方法可一面降低勞動價格，同時不必縮減名目上的日工資或週工資[4]。

---

[3] 「勞動的工資，依存於勞動的價格和已經提供的勞動量。……勞動工資提高，不一定就含有勞動價格增進的意味。在勞動時間延長，勞動者的努力加大時，勞動的價格縱然不變，勞動的工資，卻不妨大大增加。」（衛斯特，前書第67、68及112頁。）不過，關於「勞動的價格」究將如何決定的主要問題，衛斯特是用平凡的語調來敷衍的。

[4] 我們前面屢屢引用過的《工商業論》的作者（十八世紀產業資產階級的狂熱的代表者），關於這點雖然表現得有點混亂，但卻正確地感覺到了這點。他說：「由食品及其他生活必需品的價格而決定的，是勞動量，而不是勞動的

把這當作一般的原則,會生出以下的結論:在日勞動、週勞動量不變的限度內,日工資或週工資,取決於勞動價格;而此勞動價格,又隨勞動力的價值,或隨勞動力價格與其價值的差額,而有種種變化。反之,勞動價格、日工資、週工資,就取決於日勞動量或週勞動量。

計時工資的單位尺度,即1小時勞動的價格,是以平均工作日的小時數,除以勞動力每日價值所得之商。且假設平均工作日為12小時,勞動力的日價值為6勞動小時生產物的價值,即3先令。在這種假定下,1勞動小時的價格為3便士,其所生產的價值則為6便士。假如勞動者現在工作不到每日12小時(或每週不到6日),或僅6小時乃至8小時,他在同一勞動價格下所得的日工資,就只有2先令或1先令6便士[5]。依據假定,他為了要生產與其勞動力價值相應的日工資,每日就得平均勞動6小時;並且依據同一假定,他每小時有一半為自己勞動,剩餘一半為資本家勞動,他在工作不到12小時的狀況下,他自己就顯然得不到6小時生產物的價值。我們已在前面述及過度勞動的毀壞性結果;在這裡,我們又發現勞動者沒有充分就業的痛苦泉源。

假設每小時工資的固定,使資本家沒有支付日工資、週工資的義

價格(名目的日工資或週工資)。如果生活必需品價格極度低落,勞動量自然會按比例減少。……製造家們都知道,除了變更名目上的額數外,還有種種方法增減勞動的價格。」(前書第48及61頁。)西尼耳《工資率三講》(倫敦,1830年),乃擅自利用衛斯特的著作寫成。他在該書中說:「勞動者主要關心他的工資額。」(第15頁。)這就無異於說,勞動者主要關心的是他的所得(即名目上的工資額),不是他的所與(即勞動量)!

[5] 職業範圍這樣異常減少的影響,和法律一般縮短工作日的影響,截然不同。前者於工作日的絕對量無何等關係,15小時的工作日也好,6小時的工作日也好,一樣可以。勞動的正常價格,在15小時工作日的場合,是以每日平均15小時勞動為基礎來計算;在6小時工作日的場合,是以每日平均6小時勞動為基礎來計算。所以,他在前一場合只工作7又1/2個小時,在後一場合只工作3小時,結果是一樣的。

務，卻能在勞動者被雇用的時間內，按小時支付工資，則在這情況，他雇傭勞動者的時間，比起原來作為勞動價格尺度單位（即每小時工資）計算基礎的時間，還能再縮短一些。因為那種尺度單位，是依勞動力的日價值／一定小時數的工作日的比例所決定。工作日如果不包含一定的小時數，那尺度單位的一切意義，自然會消失。有給勞動與無給勞動的關聯也被摧毀。資本家這時對於勞動者可不給予生存上必要的勞動時間，也能由後者身上擠出一定量的剩餘勞動來。他澈底破壞雇傭上的一切規律，而依照自己的便利、任性與眼前的利益，使龐大的過度勞動，與相對的或絕對的失業交替。他能在支付「勞動標準價格」的口實之下，不給予勞動者任何相應的替補，而把工作日異常延長。所以，在1860年，倫敦建築業勞動者，就為反對資本家以小時計算工資的企圖，發動了一次完全合理的暴動。工作日的法定限制終止了這類的惡害，但當然還不曾防止因機械參與競爭、所雇勞動者素質的變化、局部危機或普遍危機而產生的就業減少事態。

　　日工資或週工資增加時，勞動的價格可在名目上不變，甚至可低落到它的正常水準以下。這種現象，在勞動價格（以每小時計算）不變，工作日延長超過其正常時間的情況，經常出現。假如勞動力的日價值／工作日這項分數，分母增加，分子將更急速地增加。勞動力的價值隨勞動力運作的期間增加，使勞動力的磨損增加而增加；並且比勞動力運作期間的增加更快速。所以，在勞動時間沒有法定限制，以計時工資為通則的許多產業部門上，遂自發產生了一種習慣，只視一定點（例如滿10小時）以內的工作日，為「標準工作日」、「一日工作」、「正常工作小時」。超過這項限度的勞動時間，則為額外時間（Overtime），對此額外時間，雖以每小時為計算的尺度單位，而給予較好支付（「額外報酬」），但那報酬在比例上是小得可笑的[6]。標準工作日在這裡是作

---

[6] 「額外時間（在花邊製造業上）的給付率是異常低微的，每小時由 1/2 便士或 3/4 便士到 2 便士不等。這和勞動者在健康上及活力上所受到的惡害之大，

為實際工作日的一部分而存在；以一整年來說，後者往往比前者的時間長[7]。當工作日延長超過一定的標準限度時，勞動價格的增加，在英國不同產業部門，採取以下的形態：因所謂標準時間中的勞動價格過於低廉，如期望得到充分工資的勞動者，不得不在有較好報酬的額外時間工作[8]。工作日的法定限制，終結了資本家的這些快意[9]。

恰好成一個慘痛的對照。……而由這樣獲得的小額臨時收入，往往還得開銷在額外營養上。」（《童工委員會第二報告》，第16頁，第117號。）

[7] 例如在最近《工廠法》實施以前，我們就在壁紙印刷業見到這種情形。「我們一直勞動下去，連飲食的休息也沒有。10又1/2個小時的日工，在午後4點半就終結了；此後統統算是額外時間，那很少在8點以前完結。所以實際上，我們終年在從事額外勞動。」（見《童工委員第一報告》，第125頁所載史密斯的證供。）

[8] 例如，在蘇格蘭的漂白工廠，就可見到此種情形。「在1862年《工廠法》實施以前，蘇格蘭若干地方的漂白業，就是依一種額外時間制度從事經營的。正規的工作日為10小時。對於這工作日，每人每日給付1先令2便士的名目工資。此外，每天有3小時乃至4小時的額外時間，按照每小時3便士的比例給付。這種制度的結果是：……單從事正規的勞動，每人每週得不到8先令以上的收入。……沒有額外時間，他們的日工資是不夠的。」（《工廠監督專員半年報告。1863年4月30日》，第10頁。）──「為獲得成年工人的較長的工作時間，而給予較高的工資，是一個太強而不能抵抗的誘惑。」（《工廠監督專員半年報告。1848年4月30日》，第5頁。）在倫敦的裝訂書籍業方面，多使用14至15歲的少女，她們雖有契約規定勞動時間，但每月的最後一週，她們要和年長的男工混在一起，一直勞動到夜間10、11、12點乃至1點。「製造廠主以額外的給付和晚餐誘惑她們」，這種晚餐，是在附近的公共場所吃的。在此等「年輕的永生者」（Young Immortals）之間，雖發生異常淫蕩的勾當（《童工委員會第五報告》，第44頁，第191號），但她們所裝訂的書籍，卻有大量聖經還有其他各種德育的書。這該是一種抵償吧！

[9] 參看《工廠監督專員半年報告。1863年4月30日》，第5頁。在1860年

在無論哪一種產業上，其工作日愈延長，則其勞動工資愈低下。這是一般公認的事實[10]。此事實，已由工廠監督專員雷德格雷夫，以1839到1859年，20年間的比較性回顧予以例證了。據他所證示的，在《十小時工作法》規範的工廠工資雖有增加，但每日工作14小時乃至15小時的工廠，工資則一律下降[11]。

　　上述的法則是：「在勞動價格不變的限度內，日工資、週工資，取決於所耗費的勞動量。」由此首先得出的結論就是：勞動的價格愈低，則勞動者要確保可憐的平均工資，其所須提供的勞動量必愈大，或工作日必愈長。在這情況，勞動價格低下的事實，將作為勞動時間延長的刺激而作用著[12]。

　　然而在另一方面，勞動時間延長，又會引起勞動價格，從而引起日

大罷工與工廠停閉的當中，倫敦建築工人以對於事態的正確的認識，表示只有在以下兩條件下，承認計時工資：(1)確定1勞動小時的價格，同時要確定標準工作日為9小時或10小時；並且10小時工作日的1小時的價格，要比9小時工作日的1小時的價格為大；(2)超過標準工作日以上的時間，都是額外時間，對額外時間要給付更高的工資。

[10]「在以長時間勞動為通則的地方，其工資也通常極低，這是眾所周知的事實。」（《工廠監督專員半年報告。1863年10月31日》，第9頁。）「僅得最貧弱營養的勞動，大抵是過度延長的勞動。」（《公共衛生第六報告》，1864年，第15頁。）

[11]《工廠監督專員半年報告。1860年4月30日》，第31、32頁。

[12]舉例來說。英國手製釘工人的勞動價格是低廉的，因此他們的週工資極其有限，但他們每天卻得勞動15小時。「每日的勞動小時極多（上午6點起，下午8點止），為了獲得11便士乃至1先令，他們在這全部時間中都得激烈的勞動。並且，在他們的所得中，還要為工具的磨損、燃料的耗費以及鐵的消耗，一共扣除2又1/2便士乃至3便士。」（《童工委員會第三報告》，第136頁，第671號。）而女工以同樣勞動時間所得的週工資，不過5先令。（前揭報告第137頁，第674號。）

工資或週工資的下滑。

勞動價格由勞動力的日價值／一定小時數的工作日來決定，顯示了：沒有任何替補的工作日的延長，即降低勞動價格。但允許資本家在長期間內延長工作日的同樣情況，首先會允許他，最後進而強迫他，降低名目上的勞動價格，以致勞動的小時數增加了，其總價格卻減少，日工資或週工資也相應減少。這裡只要指出兩種情況就夠了。假如一個勞動者從事一個半或兩個人的工作，就算市場上勞動力的供給不變，勞動的供給也將隨而增加。這樣一來，勞動者之間產生的競爭，允許資本家降低勞動價格。勞動價格低落，在另一方面，允許他更把勞動時間延長[13]。不過，這種異常超過社會平均水準的無給勞動量的支配，馬上會變為資本家本身之間互相競爭的根源。商品價格有一部分是包含勞動價格。勞動價格的無給部分，不一定要算入商品的價格內。那可以贈與商品購買者。這是由競爭促成的第一步。由競爭促成的第二步，就是至少把延長工作日所創造的異常剩餘價值至少一部分，也從商品販賣價格中排出。這樣一來，商品的異常低廉的販賣價格，最初是偶爾生出，之後則漸漸變得固定。往後這種低廉的販賣價格，還將成為勞動時間過長而工資則甚貧弱的恆定基礎；但在原先，這低廉的販賣價格，卻是工資貧弱所造成。因為競爭的分析，不屬於當前的主題，所以關於這項動向，這裡只提出一點暗示。暫且看資本家的自白吧：「在伯明罕，雇主間的競爭異常厲害。他們許多人都不得不以雇主的資格，做他們平常恥而不

---

[13] 例如，某工廠勞動者，如拒絕一直以來的長時間勞動，「他的位置頃刻間，就會被其他不論做多長時間都行的勞動者所奪去，因而失去工作。」（《工廠監督專員半年報告。1848年10月31日》，第39頁，證供第58號。）「假如一個勞動者，成就兩個人所做的勞動……則因這追加勞動的供給，可使勞動價格減低，……由此使利潤率一般提高。」（西尼耳《工資率三講》，倫敦，1830年，第14頁。）

為的事；而且，那樣做並不會多掙錢，只不過使大眾獲得利益[14]。」讀者會記起倫敦的兩種烘焙業者：一是以全價格出售的烘焙業者，一是以低於平均價格出售的烘焙業者。前者曾對國會調查委員會，責難他們的競爭者說：「他們現在首先是靠欺騙大眾（由製造摻雜商品），其次，是以 12 小時的工資得到 18 小時的勞動來維持的。……職工的無給勞動，成為進行競爭的泉源，在今日仍是如此。……烘焙業老闆間的競爭，使夜間勞動的廢止有困難。減價求售者既在成本價格（與麵粉價格相應的成本價格）以下販賣其麵包，自不得不由職工剝削較多的勞動，以資彌補。……假如我讓職工工作 12 小時，而鄰近同業者卻使其職工勞動 18 小時乃至 20 小時，他在販賣價格上一定會勝過我。假如職工們能堅決要求過時工作的給付，這種流弊當可矯正。……減價求售者所雇用的許多職工，都是只要有工資可得，幾乎多麼低廉都甘心的外國人和未成年人等[15]。」

　　上面這種哀訴，是饒有興味的，因為那表示：映在資本家腦中的，不過是生產關係的表象。資本家不知道，勞動的正常價格也包含有一定量的無給勞動；而該種無給勞動，正是他的利得的正常泉源。由資本家看來，剩餘勞動時間的範疇完全不存在，因為那是包含在標準工作日中，他相信他對於這個，已經在日工資上支付過了。不過，超過通常勞動價格所相應的界限以延長工作日所生出的額外時間，資本家卻確認其存在。在他與低價出售競爭者對抗時，他甚至堅持，對這額外時間須給付額外報酬。至於這額外報酬，和一般每小時勞動價格一樣，包含無給勞動的事實，他卻不知道。舉

---

[14]《童工委員會第三報告》，第 66 頁，證供第 22 號。
[15]《關於烘焙業職工的不平原因的報告》，倫敦，1862 年，第 411 頁，並參照證供第 479、359 及 27 號。但以全價售賣麵包者及其發言人貝內特（Bennett）卻曾這樣自白：他們的工人「從晚上 11 點上工！……一直繼續勞動到隔天早上 8 點，或竟繼續到隔天晚上 7 點。」（前揭報告第 22 頁。）

例來說，假設 12 小時工作日的每 1 小時價格為 3 便士，這 3 便士代表 1/2 勞動小時的價值生產物；同時，額外工時 1 小時的價格為 4 便士，代表 2/3 勞動小時的價值生產物。在前一情況，資本家對於每 1 勞動小時，有 1/2 占為己有；在後一情況，則是 1/3 沒有給付。

第十九章

計件工資

計時工資是勞動力價值或價格的轉化形態，計件工資（Stücklohn）不過是計時工資的轉化形態。

乍看之下，在計件工資上，從勞動者買來的使用價值，不是他的勞動力的機能，即活的勞動，而是已經實現在生產物上的勞動；並且，這種勞動價格，還不像計時工資那樣，由勞動力的日價值／一定小時數的工作日這項分數決定，而像是依生產者的工作能力決定[1]。

這種信賴外表的自信首先不免被這個事實所動搖：以上兩種工資形態，會同時並存於同一產業部門。例如，「倫敦的排字工，以計件工資為通例，以計時工資為例外；各地方的排字工，則以計時工資為通例，計件工資為例外。倫敦港口的造船工，都依計件或依工種支付工資；其他各港的造船工，則依計時工資支付[2]。」在倫敦同一馬具製造廠中，往往就同一工作對於法國人支付計件工資，對於英國人則支付計時工資。就在計件工資普遍通行的正規工廠中，也往往因工作的特殊性不適於這種工資形態，而支付計時工資[3]。不過，工資支付上的形態差異（雖然當

---

[1] 「計件勞動制度，標示了勞動者歷史上的一個時代。它既不是凡事憑資本家意志行事的日雇勞動者的地位，也不是預期在不遠將來可以一身兼為勞動者與資本家的合作勞動者，卻在兩者之間形成一個中間階段。計件勞動者雖是使用雇主的資本從事勞動，他實際上是自己的雇主。」〔約翰·瓦茲（John Watts）《工會與罷工，機械與合作組織》，曼徹斯特，1865年，第52、53頁。〕我引述這幾句話，因為它是陳腐、辯護而老套的汗水坑。這位瓦茲先生，從前還以歐文主義自炫，而在1842年刊行《經濟學上的事實與虛構》的小書。在那書中，他曾說：「財產是贓物。」不過，這是老早以前的事。

[2] 鄧寧（T.J. Dunning）《工會與罷工》，倫敦，1860年，第22頁。

[3] 這兩種工資形態同時存在，是怎樣有利於製造廠主方的欺詐，由下面的報告即可得知：「某工廠雇有400個勞動者，其半數為計件勞動者，他們對於從事較長時間的勞動，有直接利益。其他半數200人是獲取計時工資，他們工作的勞動時間，雖與計件勞動者的勞動時間相等，但他們不能由額外時間得

中的一種形態，會比別種形態，更有利於資本主義生產之發展），絕不會在工資本質上引起何等變化，那是自明的。

讓我們假定普通工作日 12 小時，其中 6 小時有給，6 小時無給；這種工作日的價值生產物為 6 先令，從而 1 小時勞動的價值生產物為 6 便士。更假定：依經驗所示的結果，一個勞動者以平均的強度與技巧，對於一件物品的生產，事實上只支出社會的必要的勞動時間，他在 12 小時內供給生產物 24 件（那或是各個分離的物品、或是繼續製品中可以度量的部分）。在那種情況，這 24 件的價值，除去當中包含的不變資本部分之後，為 6 先令，從而，每件的價值為 3 便士。勞動者，每件得 1 又 1/2 便士；在 12 小時內，共賺得 3 先令。是假定勞動者為自己勞動 6 小時、為資本家勞動 6 小時，還是假定他每小時以一半為自己勞動、一半為資本家勞動，那與計時工資沒有什麼差別；同樣的，是假定每件物品的一半為有給部分，一半為無給部分，還是假定 12 件的價格只等值勞動力價值，其他 12 件體化為剩餘價值，那也與計件工資，沒有什麼差別。

計件工資形態，與計時工資形態，是同樣的不合理。例如，兩件商品，除去生產上所耗費的生產資料的價值之後，值 6 便士，作為 1 勞動小時的生產物，勞動者由此獲有 3 便士的價格。在實際上，計件工資沒有直接表現任何價值關係。在這裡成為問題的，不是各件商品依體化在商品內的勞動時間所計算的價值，反之，乃是勞動者支出，依其生產的

到何等給付。……此 200 人只要在每日做半小時的勞動，就等於一個人 50 小時的勞動，或等於一個人一個星期的勞動的 6/5。這就是對於雇主的積極的利得。」（《工廠監督專員半年報告。1860 年 10 月 31 日》，第 9 頁。）「額外勞動現在極為盛行，那大抵沒有被發覺的危險，就算對法律所課的刑罰，也是有保障的。至於那些非受計件工資，而受週工資的勞動者的損害……我們已經在以前許多報告中指明了。」（《工廠監督專員半年報告。1859 年 4 月 30 日》霍納所述，第 8、9 頁。）

件數所計算的勞動時間。在計時工資上,勞動的衡量,取決於其直接的持續時間;在計件工資上,勞動的衡量,取決於勞動在一定時間內體化成生產物的量[4]。勞動時間自身的價格,最後是由日勞動的價值＝勞動力的日價值的等式所決定。因此,計件工資,不過是計時工資的一種修正形態。

我們現在且稍微深入地考量計件工資具特色的特質。

在計件工資上,勞動的品質,是為製作物本身所控制;要得充分的計件工資,製作物就得有平均的優點。所以,從此觀點,計件工資成了剋扣工資與資本主義欺詐的最豐碩的泉源了。

計件工資給資本家測量勞動強度以確定的尺度。因此,只有這種體現在預先決定並由經驗確定的商品量內的勞動時間,才算作社會的必要勞動時間,並作為這樣的勞動時間來支付。因此,在倫敦大規模的裁縫工作場中,都把一件製作物,例如一件背心,稱為一小時或半小時,每小時付6便士。透過操作,可以知道一小時的平均生產物。在新款式產生或從事修繕等情況,雇主與勞動者間就常為某件特別製作物,是否等於一小時或其他時間而起爭議,結果還是取決於經驗。在倫敦家具製造所等也是如此。假如勞動者沒有平均的工作能力,從而,不能在一日供給一定最低限量的製作物,雇主是要把他解雇的[5]。

在這情況,工作的品質與強度,由工資自身的形態所控制。勞動

---

[4] 「工資有兩種衡量法:一是依照勞動的持續時間衡量、一是由勞動生產物衡量。」（《經濟要論》,巴黎,1796年,第23頁。）這部匿名著作的真實作者為加尼耶（G. Garnier）。

[5] 「他（紡紗工人）領受一定重量的棉花,經過一定時間之後,便須返還有一定織細程度的一定重量的絞線或棉紗。他對於這返還的製作物,按照每磅領受工資。假如製作物不夠精良,他得受罰;假如製作物量沒有達到一定時間規定的最低限度,他將被解雇,而代以更能勝任的勞動者。」（前揭烏爾《製造業哲學》,第317頁。）

上的監督,很大一部分變得多餘。因此,這種計件工資形態,遂爲上述近代「家內勞動」設定了基礎,也同樣爲剝削及壓迫等級組織制度（hierarchisch gegliederten Systems der Exploitation und unterdrückung）奠基。後者有兩個基本形態。在一方面,計件工資使介於資本家與工資勞動者間的寄生者,即「勞動的分租」（ubletting of labor）,更容易介入。這些中間人的利得,全出於資本家支付的勞動價格與中間人實際付給勞動者的那部分價格的差額[6]。在英國,這種制度被有特色地稱爲「血汗制度」（sweating system）。在另一方面,在計件工資制度允許資本家與工頭（在製造業上爲組長,在礦山上爲採煤者,在工廠中爲實際的機械工人）之間,締結每件支付若干的契約,後者依此契約所定價格,擔招募其助理工人與給付工資的責任。資本對勞動者的剝削,在這情況,是通過勞動者對勞動者的剝削,才實現的[7]。

在計件工資已經確定的限度內,盡可能使勞動力加強,自然是勞動者自己所樂爲的,但資本家卻容易由此把勞動強度的標準程度提高[8]。同

---

[6]「當一種製作物,要經過許多從中獲取利得的人的手,而實際只由最後的人製作時,落到女工手中的給付,一定是貧弱且不相稱的部分。」（《童工委員會第二報告》,第70頁,第424號。）

[7] 辯護者瓦茲也說:「假設能廢止勞動者爲一己利益而使同儕過度勞動的方法,代以另一方法,使參與同一勞作的所有人,各按照各自的能力訂立連帶的契約,那在計件勞動制度上,一定是一大改進。」（瓦茲,前書第53頁。）關於這種制度的討厭之點,可參照《童工委員會第三報告》,第66頁,第22號;第11頁,第13、53、59、124號等等。

[8] 這種自發的結果,往往要受人爲的刺激。例如在倫敦的機械製造業上,就通行著以下的欺騙手段:「資本家選定具有優秀體力與熟練的一個勞動者充當工頭,對他每3個月（或其他期間）,給付追加的工資,但以這個默契爲條件:他會設法,使那些領受普通工資的勞動者,像他一樣拼命的工作。……那些使勞動者的活動、卓越熟練,及其勞動能力歸於萎縮的資本家之所以都

樣的，工作日的延長，因其提高日工資、週工資，故也為勞動者自己所樂為[9]。可是，我們即使把以下的事實——工作日的延長，即使在計件工資不變時，也包含勞動價格的降低——不列入考慮，我們以前討論計時工資時曾經說明的反作用，也會因此發生。

把少數例外拋開不說，在計時工資上，對於同類一工作是給付同一工資。而在計件工資上，勞動時間的價格，雖也是由一定量生產物所衡量，但日工資、週工資，卻隨勞動者個人的差異發生變化：在一定時間內，某一勞動者只供給最低量的生產物，其他勞動者供給平均量的生產物，第三者則供給平均量以上的生產物。於是，就實際收入來說，就依各個勞動者的技巧、體力、精力、持續力的不同，產生了莫大區別[10]。但這自然沒有改變資本與工資勞動間的普遍關係。第一，從工作場所整體來說，個人的區別會相互平衡，因此，在一定勞動時間內，會供給平

抱怨工會，由此點就夠明白，無須解釋了。」（鄧寧《工會與罷工》，倫敦，1860年，第22、23頁。）因為這位作者自己就是勞動者，且是某工會的祕書，他的這種敘述在旁人看來，也許不免失之誇張。但讀者請拿莫爾頓所著的「極有價值的」《農業百科辭典》，參看其中「勞動者」一條。那位編者竟把我們這裡所論及的方法，當作良好的方法，向租地農業者推薦。

[9]「領受計件工資的一切勞動者……都以超出工作日法定限界為利益。關於甘願在額外時間勞動的這種觀察，就織布和繰絲的女工們說，是特別適當的。」（《工廠監督專員半年報告。1858年4月30日》，第9頁。）「於雇主有利的這種計件勞動制度……其所給付的工資雖然低廉，但對於少年陶業工人，卻是一種直接的激刺，使他們從事驚人的過度勞動。……那是促使陶業工人身體惡化的一大原因。」（《童工委員會第一報告》，第13頁。）

[10]「在職業勞動都支給計件工資的地方……其工資額會有極大的差異。……然而就日工資來說，則工資的水準，一般趨於均等。……雇主也好，勞動者也好，雙方都承認那是職業上有平均效率的勞動者的工資準則。」（鄧寧，前書第17頁。）

均生產物，所付工資總額將為該特殊產業部門的平均工資。第二，工資對剩餘價值的比例也沒有變化，因為由各個勞動者特別供給的剩餘價值量，恰與其收到的工資相應。不過，個體性會在計件工資上取得較寬的發揮範圍，那在一方會發展勞動者的個體性，從而發展其自由、獨立、克己等意識，同時更在另一方促進他們相互間的競爭。因此，計件工資有一種傾向，把個別工資抬高到平均水準以上，同時卻使平均水準本身降低。但一特定的計件工資，如久而久之地由傳統固定了，以致特別難以降低，則在如此例外情況下，雇主有時求助於把它強制轉為計時工資。舉例來說，如像 1860 年科芬特里市絲帶織工的大罷工，就是由反抗雇主這個方法釀起的 [11]。最後，計件工資還是前章所述小時計算制度（Stunden systems）的一個主要支柱 [12]。

---

[11] 「手工業職工的勞動，由日工資或計件工資所規制。……各業的職工，每日能成就多少工作，老闆大致知道。所以，他們往往會比例於各職工所成就的勞作，來給付工資。因此，職工們即使未受任何監視，也會為他們自身的利益，盡可能的加緊勞動。」〔坎蒂隆（Philip Cantillon）《商業一般性質論》，1765 年，阿姆斯特丹版，第 185、202 頁。〕《商業一般性質論》於 1755 年刊行。其中所論，頗為魁奈、史都華、亞當·史密斯等所利用。據上面所引，作者顯然把計件工資視為計時工資的轉化形態。這部書的法文版，雖在標題上表示是由英文版翻譯，但題稱「已故倫敦市商人坎蒂隆著《商業之分析》」的英文版，記年為 1759 年，比法文版晚出版 4 年；並且從內容上看，也知道英語本是後來訂正的。例如在法文版中，沒有提及休謨，在英文版中，配第幾乎不曾再提到。英文版在學說方面是更不重要的，但包含許多有關英國商業及貴金屬買賣的事，是法文版所沒有的，英文版的標題曾說，這部書「主要是採用極有創見的某已故紳士的草稿改作而成」。這似乎不僅是虛構，雖然這種虛構當時極為流行。

[12] 「某工作場所雇用的勞動者，有時竟大大超過事實上作業之所需，那不是我們時常見到的嗎？他們之所以如此，往往是由於臨時工作（那可以全然是想像的）的期待。因為勞動者領受計件工資，故雇主方盡可對自己說，他可不

由上面的說明就知道，計件工資是最適合資本主義生產方式的工資形態。這種工資形態，原不是嶄新的，在十四世紀英、法兩國的勞動法上，它就已經與計時工資同等的為政府所公認，但它贏得較大的施行範圍，卻是在真正的製造業時代。在現代工業的狂潮壓進時代，特別是由 1797 至 1815 年間，它曾經作為延長工作日和降低工資的槓桿而作用著。關於那個時代工資變動的極重要材料，可求之於藍皮書《穀物條例請願特別調查委員會的報告與證述》（1813 至 1814 年的議會）和《穀物栽培、通商、消費狀態及有關這一切的法律的上議院委員會報告》（1814 至 1815 年的議會）。在那裡面我們可找到證明的文件，說明自反雅各賓戰爭（Antijakobinerkriegs）開始以來，勞動價格是持續地跌落。例如，在機織業上，因計件工資異常低落之故，儘管工作日極度延長，日工資仍比從前低。「棉織工的實際收入，遠比從前要少，他們對於普通勞動者的優越性，先前極大，現在幾乎完全消失。實際上，熟練勞動與普通勞動間的工資差別，現在已比過去任何時期小得多[13]。」計件工資把勞動強度和勞動時間增加了，要知道這種增加，對於農業無產者的利益是怎樣微小，我們且由擁護地主及農場主利益的一部書中，抄引以下的文句。其中說：「農事上的作業，大抵是由日雇或計件勞動者擔當。他們的週工資約為 12 先令。我們雖然可以假定，在計件工資的情況，比在週工資的情況，勞動者因在勞動上有較大的刺激，故能多得 1 先令乃至 2 先令，但就其一年的總收入來說，恐怕他由失業引起的減收，還要超過上述的增收。……不過跟據一般的事實，他們的工資，與必要維生資料的價格，保持一定的比例，所以，有子女兩人的成年勞動

　　冒任何風險；時間的全部損失，都是由失業勞動者負擔的。」〔格雷戈爾（H. Gregoir）《布魯塞爾懲治法庭中的印刷業者》，布魯塞爾，1865 年，第 9 頁。〕

[13]《大不列顛商業政策述評》，倫敦，1815 年，第 48 頁。

者，不仰賴教區的救濟，已可扶養一家[14]。」在當時，馬爾薩斯曾就議會發表的這各種事實，這樣表示過：「我得表白：我對於計件工資這樣大範圍實施，表示疑慮。一日做 12 小時、14 小時，乃至更長時間的眞正苦工，任何對人類都太多[15]。」

在受《工廠法》管制的各工作場所中，計件工資成為通則。因為在那種情況，資本僅能藉由加強勞動以增進工作日的實效[16]。

因勞動生產力變化，同量生產物中表現的勞動時間，有種種不同。因此，計件工資也有種種不同。因為計件工資，不過是一定勞動時間的價格表現（preisausdruck）。就前例來說，12 小時生產 24 件；同時，12 小時生產物的價值為 6 先令，勞動力的日價值為 3 先令，1 勞動小時的價格為 3 便士，每件的工資為 1/2 便士。每件生產物，吸去 1/2 勞動小時。假使勞動生產力倍增的結果，同一工作日所供給的生產物，由 24 件增至 48 件，那麼在其他一切情形不變的限度內，每件生產物的計件工資，將由僅 1/2 便士跌落到 3/4 便士，因為現在每件不是代表 1/2 工作小時，而是代表 1/4 工作小時。24×1 又 1/2 便士，等於 3 先令；48×3/4 便士同樣等於 3 先令。換言之，計件工資將於同一時間所產物品件數的增多，而比例降低，從而，於同一件物品所支出勞動時間的減少而比例降低[17]。計件工資的這種變動，雖僅為名目上的，但卻導致資

---

[14]《大不列顛地主及租地農業家擁護論》，倫敦，1814 年，第 4、5 頁。

[15] 馬爾薩斯《地租性質及其進步的研究》，倫敦，1815 年。

[16]「領受計件工資者⋯⋯恐怕占工廠勞動者總數 4/5。」（《工廠監督專員半年報告．1858 年 4 月 30 日》，第 9 頁。）

[17]「他的紡織機械的生產力，被正確測定了。用這種機械完成的工作的給付率，隨此種機械生產力的增進而減低，不過不以同一比率減低。」（烏爾《製造業哲學》，第 317 頁。）後來，烏爾自己把他這最後辯護的一句撤消了。他承認走錠精紡機的增長，有引起追加勞動的必要。所以，勞動不因其生產力增加，而以同一比率減少。接著他又說：「由這種勞動的增加，機械的生產

本家與勞動者間的不斷的鬥爭。不是資本家把那種變動當作實際減低工資的口實；便是勞動生產力上的增進，伴著勞動強度上的增強；不然的話，就是由於勞動者看重計件工資的表面，以為他們被支付的對象是其生產物，不是其勞動力，因而反對在商品販賣價格不減低時把工資減低。「勞動者小心注意原料價格與製成品價格，他就能夠正確計算雇主的利潤[18]。」資本對於勞動者的這種要求，當然視為一大錯誤，認為他們對於工資勞動的性質，缺乏了解[19]。他大聲抗議這種對產業進步課稅的奪權企圖。並率直地宣聲，勞動生產力與勞動者毫無關聯[20]。

力將有 1/5 的增進。這一來，紡織工人所成就的工作，得不到和以前比率相等的給付了。但因他的工資不是照 1/5 的比率減低，故機械的改良，對於他若干小時勞動的貨幣報酬，有提高的作用。」但他又說：「以上的說明，須作某種修正。……紡織工人現在得在追加的 6 便士中，取出一部分來，當作追加的工資，來付給未成年的助手。同時，成年工人還有一部分被驅逐。」（前書第 321 頁。）這種事實，絕沒有表現工資提高的傾向。

[18] 亨利‧福塞特（H. Fawcett）《英國勞動者的經濟地位》，劍橋及倫敦，1865年，第 178 頁。

[19] 倫敦《旗幟報》在 1861 年 10 月 20 日號，載有約翰‧布萊特公司向洛赤代爾地方審判官，對「地毯工會代表的協迫所提起的控訴。該公司採用一種新機械，使以前生產 160 碼地毯所需的時間及勞動（！），現在可生產 240 碼。由投資在機械改良上所得的利潤，勞動者沒有權利要求分配。因此，公司提議把每碼的工資率，由 1.5 便士降低為 1 便士；使勞動者由同一勞動所得的收入，和以前相同。這裡只有名目上的降低。關於這件事，他們主張無須事先鄭重向勞動者方面預告。」

[20]「工會因要維持工資，竭力要分享由改良機械所得的利益（多麼可怕呀！）。……因勞動縮短而要求高較工資，那等於對機械的進步課稅。」（《論職業之結合》，新版，倫敦，1834 年，第 42 頁。）

第二十章

工資的全國性差異

在第十五章，我們已把那些可在勞動力價值的絕對量或相對量（與剩餘價值比較的相對量）上引起變化的種種組合討論過了。另一方面，勞動力價格所依以實現的維生資料量，還可在這種價格變化之外，發生獨立的相異運動[1]。我們又講過，只要單純把勞動力的價值或價格，詮釋工資的外表形態，就會轉化這一切法則，為工資變動的法則。在同一國度中，工資的這些變動，表現為種種變化的結合；就相異的各國來說，這些變動，則表現為國民工資（nationaler Arbeitslohne）的同時的差異。因此，比較各國的國民工資時，必須考慮勞動力價值的變數，所由以決定的一切要件，例如自然的和歷史發展的首要生活必需品的價格與範圍、勞動者的教育費、婦女勞動和兒童勞動所扮演的角色、勞動的生產力，以及勞動的外延量與內含量等等。哪怕是極膚淺的比較，也須先把各國同一產業上的平均的日工資，照同樣大的工作日還原。在各種日工資這樣平均化之後，更須把計時工資換算為計件工資；因為只有計件工資是勞動生產力與勞動強度的測量器。

各國都有一定的中位的勞動強度。生產一種商品的勞動強度，在此水準以下者，皆須在商品的生產上，費去社會必要勞動時間以上的時間，從而，不得算是標準品質的勞動。就一定國度而言，以勞動時間為價值尺度的法則，只受到國民平均以上的強度的影響。在以各個國家為構成分子的世界市場，卻不是如此。勞動的中位強度，因國而不同，一國的中位強度較大，他國的中位強度較小。但這些國民的平均，形成了一個階梯，那是以世界勞動的平均單位為尺度單位的。強度較大的國民的勞動，比之強度較小的國民的勞動，得在同一時間內，產出較多的價值，由較多的貨幣來表現。

---

[1] 「因為購買了更多的更低廉的物品，便說工資（作者在此是就其貨幣的表現而言）提高了，那不是正確的說法。」（亞當·史密斯《國富論》，大衛·布坎南編，1814年，第1卷，第417頁注。）

價值法則在國際上的應用，更會受到以下事實的影響：生產力較大的國民，如不由競爭而把它的商品販賣價格降低而與其價值相等，則生產力較大的國民的勞動，會在世界市場上，算作是強度較大的國民的勞動。

　　一國資本主義生產愈發達，其勞動國民強度及生產力，將以同一比例，高出國際水準之上[2]。因此，在不同國度，以同一勞動時間生產的各種相異量的同種商品，會有不等的國際價值。此等價值以相異的價格來表現，也就是，依照國際價值，以不同的貨幣額來表現。於是，在資本主義生產方式較發達諸國的貨幣的相對價值，要比資本主義生產方式不發達諸國的貨幣的相對價值小；由此事實引出的結論是：在貨幣上表現的勞動力的等價，即名目工資，在前一種國家，要比在後一種國家更高。當然，關於勞動者所自行處理的維生資料（即眞實工資），是不能這樣說的。

　　但我們就把相異諸國貨幣價值上的這種相對差異，擱置不論，我們也不難發現以下的事實，即日工資、週工資在前一種國家，要比在後一種國家更高；反之，相對的勞動價格，即與剩餘價值和生產物價值比較的勞動價格，則在後一種國家，要比在前一種國家更高[3]。

---

[2]「這種法則在個別生產部門上的應用，究將由何種與生產力有關的情形，而發生變更，且留待他處研究吧！」

[3] 詹姆斯・安德森（James Anderson）曾在他對亞當・史密斯的論戰中說：「在土地生產物和一般穀物價格低廉的貧國中，表面的勞動價格，雖常較低廉，但其眞實的勞動價格，事實上卻大多比其他各國高，這是值得注意的現象。因爲每日給與勞動者的工資，是勞動之表面的價格，而非其眞實的價格。勞動的眞實價格，是一定量勞作對於雇主的實際的破費。這樣考量起來，穀物及其他維生資料的價格，在貧國雖常常遠爲低廉，勞動的價格則大抵在富國比較低廉。……按日計算的勞動，在蘇格蘭雖比在英格蘭低廉多了，……可是計件勞動，則統統是英格蘭方低廉。」（詹姆斯・安德森《論各種振興

1833年工廠委員會委員柯威爾（J. W. Cowell），曾就紡織業進行周到的調查，得到以下結論：「英國的工資，自勞動者看來，雖比歐洲大陸方面高，但在資本家看來，事實上卻是較低。」（烏爾《製造業哲學》，第314頁。）英國工廠監督亞歷山大·雷德格雷夫，在1866年10月31日的工廠報告，曾就英國與歐洲大陸諸國的比較統計，論證歐洲大陸諸國的工資儘管比英國低，其勞動時間也儘管遠比英國長，但與生產物比較的勞動價格，卻比英國貴。據一位在奧登堡棉紗廠擔任經理的英國人所說，那個工廠的勞動時間，是由上午5點半到晚上8點，星期六也是如此，以這樣的長時間，在英國人監督下勞動所供給的生產物，也趕不上英國勞動者10小時供給的生產物，若在德國人監督下，其供給量會更少。那個工廠的工資，雖遠比英國低，有時竟低50%，但與機械比較而計算的職工數，卻遠比英國多，在若干部門，竟為5：3。關於俄國的棉紗廠，雷德格雷夫先生曾提供極其詳細的報告。其所用材料，由一位一直在俄國工廠充當經理的英國人供給。在富有各種醜惡事的俄國土地上，英國工廠初期所見的例來令人戰慄的諸種現象，現今依然流行著。本土的俄國資本家都不會當工廠經理，在經理位置的當然都是英國人。他們儘管採行過度的勞動，日夜連續的勞動，儘管僅給勞動者最可恥的低額報酬，但俄國的製造品，還是只能在限制外國競爭的情況下勉強維持。──最後，我且把雷德格雷夫指示歐洲各國每個紡紗廠、每個紡紗工人的紡錘平均數的比較表，列在下面。據他自己說，此等數字為數年前所蒐集，此後英國工廠的規模及每一勞動者的紡錘數都增加了。不過，他在表中假定歐洲大陸諸國，與英國有均等的進步，所以那些數字還保有比較的價值。

國民產業精神之手段》，愛丁堡，1777年，第350、351頁。）反之，低廉的工資還會喚起勞動的騰貴。「愛爾蘭的勞動價格，比英格蘭貴。……因為那裡的工資太過低微了。」（《鐵道救命委員議事錄》，1867年，第2079號。）

每個工廠的紡錘平均數

英國	12,600
瑞士	8,000
奧地利	7,000
薩克森	4,500
比利時	4,000
法國	1,500
普魯士	1,500

每個勞動者的紡錘平均數

法國	14
俄國	28
普魯士	37
巴伐利亞	46
奧地利	49
比利時	50
薩克森	50
瑞士	55
德意志諸小邦	55
英國	74

雷德格雷夫先生說：「這個比較，還對英國不利，其理由是：英國大多數工廠，是兼營機械織布業與紡紗業，而在表中，織工的人數並沒有除去。其他諸國的工廠，大抵以紡紗為專業。如果能精確地以同樣情況進行比較，我就會在我的管轄區內發現許多棉紗工廠，只要用一個職工（機械照管人）、兩個助理工人，就可照管一架有 2,200 個紡錘的走錠精紡機，一日生產長達 400 英里、重 220 磅的棉紗。」（《工廠監督專員半年報告。1866 年 10 月 31 日》，第 31 至 37 頁以下。）

我們知道英國各公司曾在歐洲東部乃至亞洲鋪設鐵道，它們除雇用在地勞動者外，還使用一定數量的英國工人。迫於實際上的必要，它們

不能不考慮勞動強度上的國民差異,但那對公司無何等損失。它們的經驗表示了工資的大小,或多或少與勞動的中位強度相應,而與生產物比較的相對勞動價格,卻一般在相反的意義上變動。

卡瑞(H. Carey)在其最初經濟論著之一《工資率論》[4]中,企圖論證各國國民的工資,與各該國國民的工作日的生產力程度成正比。他想依據這種國際的關係,引出工資比例於勞動生產力或增或減的結論。卡瑞照例是用無批判的膚淺的方法,把統計的材料雜亂羅列起來。但即使他不是用這個方法論證上述結論的前提,我們也可根據剩餘價值生產的全部分析,顯出這個結論的荒謬。最妙的一點是,他並不主張,事物依照理論應該是如何,實際也就是如何。因為自然的經濟關係,被國家的干涉所歪曲了。因此,計算各國國民的工資,必須把那依賦稅方式歸到國家手中的工資部分,視為也是歸到勞動者自己手中的。然而,卡瑞先生不應進而考量,此等「國費」是否是資本主義發展的「自然果實」嗎?這種推論,和這位作者是十分相稱的。他首先把資本主義的生產關係,視為永久的自然法則與理性法則,並說破壞這法則之自由和諧的作用的,只是國家的干涉;在這以後,再由英國所加於世界市場之惡毒的影響(這影響好像不是起因於資本主義生產的自然法則)發現國家的干涉(即由國家保護這種自然法則及理性法則,即保護關稅制度)是必要的。此外,他還發現了:把現存社會的矛盾對立化為學說的李嘉圖等人的定理,不是現實經濟運動之觀念的產物,相反地,英國及其他國家的資本主義生產之現實的對立,卻是李嘉圖等人的學說的結果!最後他還發現:破壞資本主義生產方式之固有的美與固有和諧的,終不外是商業。再進一步,恐怕他會發現,資本主義生產上的唯一的惡害,就是資本本身吧!只有這樣一個極無批判精神和充滿錯誤解釋的人(雖然他抱

---

[4] 卡瑞《工資率論,全世界勞動者狀態互相差異的原因的研究》,費城,1835年。

持保護主義的異端學說），堪成爲巴斯夏及今日一切其他自由貿易樂觀主義者的和諧智慧的祕密泉源。

第七篇

資本的積累過程

導 論

一個貨幣額成為生產資料及勞動力的轉化,是當作資本用的價值量所通過的第一段運動。這種運動,是在流通範圍,在市場上進行的。第二段運動,即是生產過程。這過程,在生產資料轉為商品,其價值大於其構成分子的價值時,換言之,轉為商品,其價值等於原墊付資本加剩餘價值時,便宣告終結。這種商品接著必須再投入流通範圍,就在那裡販賣,並在貨幣上實現其價值。這貨幣又重新轉為資本,如此不斷反復更新。像這樣不斷通過各繼起階段的循環,就是資本的流通（Zirkulation des Kapitals）。

積累（Akkumulation）的第一條件是,資本家必須販賣其商品,更把販賣商品所收得的貨幣的大部分再轉為資本。在下面我們假定資本是以正常的方法,通過其流通過程。至於這種過程的詳細分析,則留待本書第二卷。

生產剩餘價值的資本家,即直接由勞動者吸取無給勞動,更把這無給勞動固定在商品上的資本家,無疑是這種剩餘價值的最初占有者,但絕不是最終的擁有者。他必須拿剩餘價值,和那些在全社會生產上盡了別種機能的資本家、和土地擁有者等等分配。因此,剩餘價值要分割為各種不同的部分,歸屬於各種相異範疇的人,採取利潤、利息、商業利益（Handelsgewinn）、地租等各別的互相獨立的形態。此等轉化的剩餘價值形態,我們只能留到本書第三卷討論。

因此我們以下的說明,在一方面假定生產商品的資本家,是照價值販賣,至於資本在流通範圍內的新形態、或再生產隱藏在這形態下的具體條件,則不打算論及。另一方面,我們又把資本主義的生產者,視為是剩餘價值全部的擁有者,或視為是一切分贓者的代表。總之,我們對於積累,暫時只打算由抽象的觀點,把它當作直接生產過程上的一個通過點來考量。

在積累發生的限度內,資本家必會販賣他的商品,並把販賣所得的貨幣再轉為資本。此外,剩餘價值分割為種種部分的事實,不會在剩餘價值的性質上,也不會在剩餘價值作為積累要素的必要條件上引起變化

工業資本家，無論自己保留剩餘價值多少、讓渡他人多少，他總歸是剩餘價值的最初的占有者。因此，我們說明積累時的假定，與現實積累上的情形，並沒有什麼差別。在另一方面，積累過程之單純的基本形態，不免被剩餘價值的分割及帶來積累流通的事件弄得曖昧不明；所以，在積累過程的純粹的分析上，我們必須暫時把隱蔽那種機制內部作用的一切現象，置於度外。

第二十一章

單純再生產

生產過程，無論其社會形態如何，都必須是連續的、週期性、不斷地通過相同的各階段。一個社會不能中止消費，也同樣的不能中止生產。所以，每一次社會的生產過程，如視作一個整體關聯和無間斷的更新的川流，便同時是再生產過程（Reproduktionsprozess）。

生產的條件，同時也就是再生產的條件。不論哪種社會，除非其生產物的一部分，不斷再轉為生產資料或再轉為新生產物的要素，它就不能賡續生產，從而不能再生產。在其他情形不變的限度內，一個社會，如不以等量同類的物品，替補它在一年的期間內消耗的生產資料即勞動工具、原料及輔助材料等，它就不能再生產及維持同一水準的財富。此等物品，必須從年產物量中分離，而重新投入生產過程。因此，每年年產物中的一定部分，必須屬於生產的領域。此一定部分的生產物，最初就注定供生產性消費（Produktire Konsumtion），它們的物品形態，大多不適於個人的消費（Individuelle Konsumtion）。

如果生產採取資本主義的形態，再生產也同樣採取資本主義的形態。在資本主義生產方式之下，勞動過程不過是資本擴增的一個手段；同樣的，在資本主義再生產形態之下，勞動過程也不過是再生產的一個手段，而這墊付價值，是作為資本、作為自我擴增的價值看待的。一個人之所以披有資本家的經濟外表，只不過因為他的貨幣不斷發揮資本的職能。例如，100鎊今年轉為資本，產生20鎊的剩餘價值，這一貨幣額在明年、在以後各年度，都必得重演同樣操作。剩餘價值，作為墊付資本的週期性增量，或作為運行中的資本（prozessierenden Kapital）之週期性果實，便取得了從資本流出的收益（Revenue）的形態[1]。

---

[1] 「消費他人勞動生產物的富有者，只能由交換的行為（商品的購買），獲得那種生產物。……所以，他們似乎很快就會把他們的準備金用得乾乾淨淨。……但在我們這種社會制度下，所謂財富，早已具有一種力量，可以靠他人的勞動而自行再生產。……財富，正如同勞動一樣，且藉著勞動逐年供給富有者所能消費的果實，不致令富有者變得貧窮。這果實，就是由資本生出

假如這收益只不過充當資本家的消費基金，週期性取得、週期性耗去，那麼，在其他情形不變的限度內，我們就有了單純再生產（einfache Reproduktion）。這種單純再生產，雖只是生產過程以舊規模重複，但這樣的重複或持續性，卻給予生產過程以若干新的性質，或者說，造成孤立斷續生產過程所擁有的若干明顯特徵的消失。

一定時間內的勞動力的購買，是生產過程的開端；這個開端，每逢勞動力約定期滿，或經過一定生產期間（一週、一月等），即不斷重複。但是勞動者，須待他已經把勞動力支出、已經在商品中，不僅實現了勞動力價值，且實現了剩餘價值以後，方才能得到他的給付。因此，他所生產的，不僅是剩餘價值，在這情況，我們假定那是充作資本家個人的消費基金（Konsumtionsfond）；並在可變資本（勞動者自己被給付的基金）以工資形態流回到勞動者手中以前，生產出可變資本。他的就業只在他不斷再生產這種基金才會持續。視工資爲生產物一個份額的經濟學方程式（參照第十六章第II項），就是由此導出的[2]。以工資形態不斷流回到勞動者手中的，是勞動者不斷再生產的生產物的一部分。不錯，資本家是以貨幣支付勞動者，但這貨幣不外是其勞動的生產物的轉化形態。當勞動者把生產資料的一部分轉爲生產物時，他以前的生產物的一部分，則在市場上轉爲貨幣。他本星期或今年所取得的勞動力的給付，是他上星期或去年的勞動。由貨幣介入所產生的幻想，在我們不以單個勞動者與單個資本家，而以整個勞動者階級與資本家階級來考量時，是馬上消失的。資本家階級不斷以貨幣形態支付勞動者階級票據，使後者能在勞動者階級所生產、資本家階級所占有的生產物中，支取一

的所得。」（西斯蒙第《新經濟學原理》，第 I 卷，第 81、82 頁。）

[2] 「工資也好，利潤也好，都可視爲是完成生產物的一部分。」（拉姆賽《財富分配論》，愛丁堡，1836 年，第 142 頁。）「以薪俸形態歸到勞動者手中的生產物之份額。」（詹姆斯・彌爾《經濟學要論》，法譯本，巴黎，1823 年，第 34 頁。）

部分。勞動者也不斷把這票據返還資本家階級，從而能在其自己的生產物中，取得其份額。這種交易，被生產物的商品形態和商品的貨幣形態所掩蔽了。

因此，可變資本，不過是提供維生資料基金或勞動基金（Arbeitsfond）所採取的一種特殊的歷史表象形態；那種勞動基金，為勞動者維持自己及家庭所必要，並且，無論社會生產制度為何，都得由勞動者自己生產和再生產出來。這個勞動基金之不斷以貨幣形態，流到勞動者手中支付其勞動，因為其所創造的生產物，不斷以資本形態離開。但這種現象，並沒有絲毫改變以下的事實，即，資本家墊付於勞動者的，是勞動者自己體現在生產物的勞動[3]。試以徭役農民為例。在一週中，比如他有 3 天以自己的生產資料，耕作他自己的田園，其他 3 天則在領主土地上從事強迫工作。他雖不斷再生產自己的勞動基金，但這勞動基金，在這個案例，從來不是第三者為他的勞動而墊付的貨幣。他對領主的無給的強制勞動，不曾具有自願的有給勞動的性質。如果有一天，他的田園、家畜、種子，總之，他的生產資料，為領主所占有，在這以後他就不得不向領主出賣自己的勞動力了。在其他情形不變的限度內，他依然每週勞動 6 日，3 日為自己，其餘 3 日為領主，從此領主成為支付工資的資本家了。農民這時依舊是把生產資料，當作生產資料來用，而把它們的價值移轉到生產物上。生產物的一定部分，依舊要用在再生產上面。但是，從徭役勞動轉為工資勞動的形態，則由那時起照先前那樣生產並再生產的勞動基金，也變成由領主以工資形態墊付的資本形態。即在今日，勞動基金，不過以資本形態冒出在地球上。但這隨處可見的事實，有產階級經濟學者是視若無睹的，他們的狹隘的頭腦，不能把表象形態，從事物的本體分開[4]。

---

[3] 「以資本墊支勞動者的工資，並不會增加維持勞動的基金。」（馬爾薩斯《經濟學諸定義》，倫敦，1853 年，第 22 頁，編者加澤諾夫注。）

[4] 「工資由資本家墊支的勞動者，就在今日，還沒有達到全球勞動者的 1/4。」

考量資本主義生產過程時，我們如果把它當作是一個不斷更新的川流，可變資本才喪失其由資本家基金中墊付的價值[5]之特性。但雖然如此，這個過程終須從某時某處開始。所以，依我們上面的立場來說，似乎有這種情形：資本家曾在某時期，透過某種與他人的無給勞動無關的原始積累（ursprüngliche Akkumulation），成為貨幣擁有者，因此，他得以勞動力購買者的資格進出市場。但無論如何，資本主義生產過程的單純的持續，即單純再生產，總會在可變資本，並且在總資本上，引起一些其他的驚人變化。

例如，以 1,000 鎊資本，週期的（比方說每年）造出 200 鎊剩餘價值；如這剩餘價值每年消費掉，很清楚 5 年之後，被消費的剩餘價值的總額為 5×200，即 1,000 鎊，與原來墊付的 1000 鎊資本價值相等。如果年年造出的剩餘價值，僅是一部分，例如僅有一半消費掉，則在 10 年之後，也會發生同一結果，因為 10×100，等於 1,000 鎊。通則：以一年間被消費的剩餘價值除以墊付資本價值，就可知道，原墊付資本會被資本家所消費而消失的年數。或再生產的期間。資本家設想，他是消費他人的無給勞動的產物，即剩餘價值，而照樣保存其原資本價值；但他這種想法，不能改變事實。經過一定年數之後，他占有的資本價值，等於他在同一期間沒有給予等價而占有的剩餘價值總額，他消費了的價值總額，等於其原資本的總值。不錯，他手中保有一筆額數不變的資本，其中的一部分如建築物、機械等，在其開業當時即已存在。但在這裡我們必須處理的，不是該資本之物質的要素，而是該資本的價值。一個人如因他負起與其一切財產相等的債務，而將財產全部用完，很清楚，他的全部財產，就不過代表他的債務總額。資本家消費完其墊付資

（瓊斯《國家經濟學教程》，赫特福，1852 年，第 36 頁。）

[5] 「製造業勞動者的工資，雖由雇主墊支，其實並未增加雇主何等費用，因為這種工資的價值，一般會連同利潤，在他勞動所轉成的對象物之增大的價值中再形成。」（亞當・史密斯《國富論》，第 2 篇，第 3 章，第 355 頁。）

本的等價時也是如此。他現有資本的價值,不過代表他未給予代價而占有的剩餘價值總額。他的原資本,沒有一個價值的原子還存在著。

因此,且把積累這件事暫置不論。生產過程的單純的持續,或單純再生產,也必然會在或長或短的時期後,把每一筆資本轉為積累的資本,或資本化的剩餘價值。資本縱使是雇主自身勞動所原始獲得的,也遲早要成為不付等價而占有的價值、成為他人的無給勞動以貨幣形態或其他形態下的具體物。

我們在第四章講過,要把貨幣轉為資本,單靠商品的生產和流通是不夠的。那必須在一方面有價值或貨幣的擁有者,在另一方面有價值創造實體的擁有者;在一方面有生產資料及維生資料的擁有者,在另一方面有那些除了勞動力外即一無所有的人,他們互相作為購買者和販賣者而對立。即,勞動生產物與勞動自身的分離,客觀的勞動條件與主觀的勞動力的分離,乃是資本主義生產實際的真實基礎和出發點。

然而,這在最初只不過作為出發點的事實,往後,卻經由生產過程的單純持續,即透過單純再生產,成為資本主義生產之特殊結果,不斷更新及永久化了。在一方面,生產過程不斷使物質的財富轉為資本、轉為供資本家創造更多財富和享受的手段;同時在另一方面,勞動者則以原來進入生產過程的姿態,退出來,他是財富的泉源,但全無一切自己致富的手段。因為在他進入生產過程以前,他自己的勞動,已經由其勞動力的出售,而從他自己分離,被資本家占有,而併入資本;所以在生產過程進行中,他的勞動必須不斷體現在不屬於他的生產物中。又因為生產過程,實即資本家消費勞動力的過程,所以勞動者的生產物,不但要不斷轉為商品,還要不斷轉為資本、轉為吸收價值創造力的價值、轉為購買勞動者個人的維生資料,轉為支配生產者的生產資料[6]。因此,勞

---

[6] 「這就是生產的消費之顯著特質。凡屬在生產上消費了的,都是資本。它透過這種消費,才成為資本。」(詹姆斯・彌爾《經濟學要論》,第242頁。)但詹姆斯・彌爾並未對這顯著的特質作進一步的論究。

動者要不斷生產物質，客觀的財富，但這財富要以資本形態，作為支配他和剝削他的對立權力。同時，資本家也要不斷生產勞動力，這勞動力被當作從其自身客體分離，及由此能單獨體現的主觀的財富泉源，簡言之，資本家生產勞動者但是被當作做工資勞動者[7]。使勞動者這樣的不斷再生產、這樣的永續存在，那正是資本主義生產不可或缺的條件。

勞動者進行消費有兩種方法。先從生產方面來說，他透過他的勞動，消費生產資料，把它們轉為價值比墊付資本高的生產物。這是他的生產性消費。這種消費，同時就是購買他的勞動力的資本家，消費他的勞動力。在另一方面，勞動者把出賣其勞動力所得的貨幣，轉作維生資料；這是他個人的消費。所以，勞動者的生產性消費，和他個人的消費，是完全不同的。在生產性消費上，他是作為資本的動力而行動，屬於資本家的；在個人的消費上，他是屬於自己的，在生產過程之外，執行其必要的維生機能。前者的結果，是資本家的生存，後者的結果，則是勞動者自身的生存。

在討論工作日時，我們已經知道：勞動者常被迫把他個人的消費，變成生產過程的附隨事項。在那種情況，他是為維持其勞動力的運轉，而供給自己以維生資料，就像供給蒸汽機以煤與水與以油供給輪軸一樣。他這時的消費資料，不外是生產資料所必須的消費資料；他個人的消費，直接成了生產性消費。不過，這種現象，像是一種濫用，本質上不屬於資本主義生產過程的[8]。

---

[7] 「當一種新製造業開始時，多數貧民會由此獲得職業，那是確實的，但他們仍舊是貧民；並且，在這種製造業持續經營中，還要造出更多的貧民。」（《羊毛限制輸出的理由》，倫敦，1677年，第19頁。）「租地農業家頻作荒謬的主張，說他們在養貧民，其實貧民不過被維持在貧困狀態中。」（《最近濟貧稅增加的理由，或勞動價格及糧食價格的比較觀察》，倫敦，1777年，第31頁。）

[8] 羅西（Rossi）即使道破了「生產的消費」之祕密，但卻不曾極力論究這一點。

可是，如果我們不就單個資本家及單個勞動者考量，而就資本家階級及勞動者階級考量；又不就孤立的生產過程考量，而把資本家生產過程，就其實際社會範圍來考量，就顯出不同的面向了。──資本家以其資本的一部分全力進行，轉為勞動力，而擴增其全部總資本的價值。那在他是一舉兩得。他不僅由從勞動者那裡獲得的東西獲利，且由他所給勞動者的東西獲利。他為交換勞動力而支出的資本，由勞動者轉為維生資料，這種維生資料的消費，助成現存勞動者的肌肉、神經、骨骼、腦髓等等的再生產，和育成新勞動者。所以，勞動者階級之個人的消費，在嚴格必需的限度內，含有以下的意義，即由資本給與的維生資料交換勞動力，再轉為可供資本剝削的新勞動力。資本家所離不開的生產資料的生產與再生產，是勞動者自身。因此，勞動者個人的消費，不論是行於工作場所內部或外部，也不論是否勞動過程之部分、終不失為資本的生產及再生產的一要素，那正如機械的掃除，不論其是否在運轉中進行，都不失為資本生產及再生產的要素一樣。勞動者的消費其維生資料，是為他自己，而非討好資本家，那也不會在問題上產生何等影響。載重獸類之進食，是獸類享受它所食，但它的消費，依然為生產過程上一個必要要素。勞動者階級的維持及再生產，必為資本再生產的必要條件。但資本家可以安心地把這種條件的滿足，委之於勞動者自我保存及繁衍的本能。他所要操心的，只是把勞動者的個人消費，盡可能減至嚴格的必要性。在這點上，他和那些強制其勞動者攝取較多營養物，而非強制其攝取較少營養物的嚴酷南美人相較，實有天壤之別[9]。

---

[9] 「在南美洲礦山工作的勞動者，其工作的堅苦，恐怕在世界上是首屈一指了；他們每日的工作，是把180磅乃至200磅重的生礦，背在背上，由地下450尺的深處，運至地面。而他們賴以生存的，則是麵包和長豆。他們雖寧願只吃麵包，知道他們只吃麵包會擔當不了激烈的勞動的雇主，卻把他們當馬一樣看待，強迫他們兼吃長豆，因為與麵包比起來，長豆所含的磷酸鈣是多多了。」（李比希《化學在農業和生理學上的應用》，第1篇，第194頁註。）

因此，資本家與其觀念代表者即經濟學家，都認為勞動者個人的消費中，只有那為勞動階級存續，從而為資本家有勞動力可消費所必要的部分，是生產性消費；至於在此以上，勞動者為他自己愉悅所消費的部分，則被視為非生產性消費[10]。如果資本的積累，未伴隨資本以勞動力為消費的增加，而把工資提高及把勞動者的消費增加，這追加的資本，是非生產性消費[11]。在實際上，勞動者的個人的消費，不過再生產了窮困的個人，所以從勞動者自身看來，是非生產性。但因那種消費，生產了創造他人財富的能力，所以從資本家及國家的立場看來，卻又是生產性[12]。

因此，從社會的觀點看來，勞動者階級即使不直接參與勞動過程，也和普通的勞動工具一樣，是資本的附屬物。就說他們個人的消費吧，在一定界限內，那也不過是資本生產過程的一要素。不過，這資本生產過程自身，要好好注意，不讓這些自覺的生產工具在危難中棄逃，因為它要把他們的生產物，一旦製出就由他們那一極，移向資本的另一極。個人的消費，一方面要提供他們自身生存及繁殖的手段，同時又要保證，藉由生活必要品的消失，使工人不斷再出現於勞動市場。羅馬的奴隸是被腳鐐所困；工資勞動者則被不可見的繩索，受制於其擁有者。他的外表上的獨立，是藉由雇主的不斷更換，和契約上的法律虛構來維持的。

---

[10] 詹姆斯・彌爾《經濟學要論》，第 238 頁以下。

[11] 「假如勞動價格提高到資本縱然增加，也不再能增加所用勞動的程度，我就要說，那種資本的增加，仍舊會不生產的消耗掉。」（李嘉圖《經濟學及賦稅之原理》，第 163 頁。）

[12] 「所謂嚴格的生產的消費，就是資本家以再生產為目的的財富之消費或破壞（他是指生產資料的消費）⋯⋯勞動者⋯⋯從那使用他們的人的立場來說、從國家的立場來說，是生產的消費者，但從他自身的立場來說，這種說法就不正確了。」（馬爾薩斯《經濟學諸定義》，第 30 頁。）

以前，資本在必要的情況，訴諸立法強求其對自由勞動者的私有權利。例如，在 1815 年以前的英國，對於機械製造工人之移往國外，曾以嚴刑及重罰予以禁止。

勞動者階級的再生產，含有技巧由一代傳到另一代的積累[13]。資本家把如此熟練階級的存在，當作正當屬於他的生產要素到何種程度，及把他們視爲是其可變資本的事實到何種地步，每當危機威脅他會喪失他們時，這一點便非常明顯地表現出來。美國南北戰爭及伴隨的棉花荒的結果，蘭開夏大多數棉紗工人都無工可做，那是世所皆知的。因此，從勞動者階級自身，乃至從社會其他階層間，傳出了一種口號，爲要使那些「多餘者」（Ueberflüssigen）能移往英國殖民地或移往美國，而叫嚷國家補助或國民自動捐款。當時（1863 年 3 月 24 日），《泰晤士報》上，曾揭載有前任曼徹斯特商會會長愛德穆德・波特（Edmund Potter）的一封信。那封信曾在下議院中妥當地被稱作「工廠家宣言」（Das Manifest der Fabrikanten）[14]。這裡且摘錄其中若干有特色的章節，在厚顏地主張資本對勞動力的私有權利。

「據聞，棉業工人的供給過多了……恐怕有縮減三分之一的必要。經過這樣的縮減，剩餘的三分之二才能有健全的需求。……輿論……要求移民國外……棉業製造廠主，是不願坐視其勞動供給被移走的。他們說不定會，且也許是正確的，以爲那是錯誤和不當。……假如爲協助移民而發行公債，在那情況雇主將有權提出主張，也許有權抗議。」波特說到這裡，更繼續表示棉業是如何有用；如何「無疑地由愛爾蘭及其他諸農業區域吸收了過剩人口」；其範圍如何廣大；那在 1860 年曾如

---

[13] 「能夠說是被積累或被預先準備的唯一物，就是勞動者的熟練。……熟練勞動的積累與貯藏，雖然是至關重要的活動，但就大多數勞動者來說，這種活動，沒有資本也可以實行。」（霍奇斯基《勞動擁護論》，第 12、13 頁。）

[14] 「這個書簡，可以視爲是製造廠主們的宣言。」（1863 年 4 月 27 日，費朗在下議院《關於棉花匱乏的動議》。）

何供給英國輸出總額的 5/13；並且，如果其市場（特別是印度市場）擴大，能以每磅 6 便士的價值供給充足的棉花，在數年之後這種工業範圍將如何增加等等。他由此更繼續說：「或許在一年、兩年、三年中，就可生產出必要的量來。……那時，我想提出這樣的問題：這種工業值得維持嗎？這種機械（他指活的勞動機械）值得費力來妥當保持嗎？想放棄這種機械，不是最大的愚蠢嗎？我是這樣想的。我承認勞動者不是財產，不是蘭開夏和雇主的財產。但蘭開夏和雇主的勢力，是繫於他們身上。他們是非一代所能取代的、智性的和養成的力量。就他們所運轉的其他機械來說，大抵在 12 個月之內，就能有利的取代和改善[15]。獎勵或容許（！）勞動力移往國外，資本家何去何從？……把勞動者的精華拔去，固定資本將大大折損，流動資本將不受制於以劣等勞動的短缺而奮鬥了。……據聞，勞動者自己甘願移民國外。勞動者有此希望是極其自然的。……如透過減少其勞動力，把勞動者的工資支出節省 1/5 或 500 萬鎊，來減少及壓縮棉業，請問，勞動者上一階層的小商人，會受怎樣的影響呢？地租以及小屋租金，會受怎樣的影響呢？再上溯至小農場主、優渥的家庭……乃至地主等，又會受怎樣的影響呢？輸出一國最優良製造業人口，並使其最具生產性的資本與財富的一部分價值摧毀，使國家趨於虛弱，想想看，還有任何建議比此使國內一切階級更具自毀性嗎？……我提議，募集 500 萬乃至 600 萬的融資，其期間或可延至兩或

---

[15] 我們應記得，在通常情形下，當減低工資成為問題時，同一資本，會發出完全不同的聲音。在那情況下，雇主們會異口同聲地宣明〔《資本論（第一卷）》（即本書）第十三章注 188〕：「工廠勞動者牢牢記著，他們的勞動，實際上是極低級的熟練勞動，沒有什麼比這更容易獲得；在質的方面，更易受充分的報酬，更易由短期間極少經驗者的訓練，獲得豐富的供給。他們（在 30 年內不能代替的）的勞動與熟練，只要有 6 個月的訓練就可以習得。所以相比起來，在生產事務上，主人的機械（據說 12 個月內，就能以有利而改善的機械代替），實際要占較重要的地位。」

三年；此款項受棉區管理局所屬特別委員會支配，依特殊的法律規則，強制某些職位或勞動，務使受款者的道德水準得由此提高。……放棄最優良的勞動者，並以擴大的耗損性國外移民，使全區的資本與價值陷於枯竭、使留下的勞動者產生墮落與意氣消沉的現象，想想看，對於土地擁有者或雇主，還有比這更壞的事嗎？」

棉業製造者選定的代言人波特，把「機械」（Maschinerie）區分為兩類；那兩者都屬於資本家，但一個是在他工廠內部，其他則在夜間與星期日，住在工廠外部的小屋中；一是無生命力的機械，其他是活的機械。無生命力的機械，不僅逐日毀損並折損價值，且其中一大部分因技術上不斷的進步而快速遭到淘汰，在幾個月內便得以新的機械來代換。然而活的機械則正好相反，延用愈長，它歷代積累的技巧等比愈加優良。《泰晤士報》曾這樣答覆這位棉業大廠主：

「埃德蒙・波特先生，對棉製造業者的異乎尋常及無上的重要性印象深刻到，為了要維持這個階級，並使其行業永續，不惜違反 50 萬勞動者的意願，將其收押在一龐大的道德貧民收容所中。波特先生問：這種工業值得維持嗎？我們答：一定的，用一切純正的手段。波特先生再問：機械值得費力來妥當維持嗎？在這情況，我們的回答就感到躊躇。因為波特先生所謂機械，是人類機械。因他曾持續主張，他不將人類機械，視為絕對的財產。我們必須表白：我們不認為值得費力去妥當維持人類機械──也就是把他們關起來，投以機油，直到需要他們為止──甚至不以為那行得通。人類機械，儘管你上油、儘管你擦拭，一不活動，便將鏽壞。加上，如我們所目睹的，人類機械會自動地發怒，我們大城市就會陷於裂開和狂亂的狀態。勞動者的再生產，也許如波特先生所說，需要一些時間。但手邊若有機械工和資本家，則製造業者雖多於我們所欲的數目。我們也能隨時為他們找到節儉勤奮及吃苦的勞動者，來支應他們。……波特先生表示『在一年、兩年或三年內』，棉製造業可以復活，因而要求我們不要『獎勵或容許（！）勞動者的國外移民』。他說，勞動者希望移民是極其自然的，但他卻認為，對於這 50

萬勞動者及其 70 萬依賴者，國家應當不問他們意向如何，將其幽閉在棉花區域。照這樣推論下去，他還一定以為，如果他們表示不滿，則國家不惜以武力壓制之、用施捨救濟品維持他們的生存，以等待棉業主人需要他們的機會。……這些主人簡直把『這種勞動力』當作鐵、煤和棉花一樣處理，為了從他們手中救出『這種勞動力』，現在已經是發動舉國大輿論的時候了[16]。」

《泰晤士報》這種社論，不過是玩笑之言。事實上，「大輿論」（Grose Offentliche Meinung）和波特先生把工廠操作員視為工廠動產設備的一部分，是一致的。勞動者的國外移民被阻止了[17]，他們被關在「道德的貧民收容所」並與棉業區，像以前一樣，成為蘭開夏棉製造業者的「勢力」。

因此，資本主義生產，是由它自身，再造出勞動力與勞動設備之間的分離。它複製剝削勞動者的條件且把它永久化。資本主義的生產過程，令勞動者為了生存，被迫不斷出賣勞動力；也使資本家為了可以致富，也得不斷購買勞動力[18]。資本家與勞動者以購買者與販賣者的身分，在商品市場上對立，那早已不是偶然的事。生產過程自身的進行，使勞動者作為其勞動力出賣者，不斷投回商品市場，而他的生產物，則不斷轉為別人能用來購買他的手段。事實上，勞動者在他出賣自身給資

---

[16]《泰晤士報》，1863 年 3 月 24 日。
[17]「議會對於國外移民，不肯批准一個銅板的支出，它只通過一種法律，使市政黨局把勞動者維持在不生不死的狀態中，或剝削他們，但不給予標準的工資。然而在 3 年以後的牛疫盛行時期，議會卻竟破除慣例，為賠償腰纏萬貫的地主們的損害，在一瞬間議決數百萬的支出。這些地主們的租地農業家，則被視為已由肉價的騰貴免除了損害。地主們在 1866 年議會開會時牛般的吼叫，簡直表明非印度人也可禮拜薩巴拉牛神；非朱庇特神，也可變為牛。」
[18]「勞動者要求維生資料來生活，企業家要求勞動來謀利。」（西斯蒙第《新經濟學原理》，第 I 卷，第 91 頁。）

本以前，已經是屬於資本的了。他的經濟的隸屬性[19]，是由他週期的出售自身、及由其主人的更換和由勞動力市場價格的波動而導致，但同時又被這些事實所隱蔽[20]。

因此，如把資本家的生產過程，就其再生產過程，就其持續相互關聯過程的方面來考量，就不但生產商品、生產剩餘價值，且還生產並再生產資本關係。這種關係的一方為資本家，另一方為工資勞動者[21]。

---

[19] 「這種農村的粗糙的隸屬形態，可見於達蘭郡。英國還有若干郡的情形，使租地農業家對於農業上的日雇勞動者，還未取得無限的所有權。達蘭郡就是這些郡中之一。礦業的存在，使農業上的日雇勞動者有選擇的自由。因此，在這一郡的租地農業家，一反慣例，只租賃那種已經設有工人小屋的田地。那種小屋的租金，是工資的一部分。小屋被稱為『僕舍』（hind's houses），其租賃含有一定的封建義務；租賃契約被稱為『拘束』（bondage）。勞動者如在他處就業，須由其女兒或其他的人代他負擔勞役義務。而勞動者自身則被稱為『隸農』（bonds-man）。這種關係，表示勞動者個人的消費，是怎樣由一個全新的方面看來，變為資本的消費（即生產的消費），這是值得注意的。這種隸農的尿糞，也成為遇事打算的主人，即租地農業家的一筆外快。……租地農業家除他自己的廁所外，絕不許附近設有廁所；他不是捨不得一點點尿糞，但他絕不肯放棄他領主權的任何部分。」（《公共衛生第七報告》，1864年，第188頁。）

[20] 我們要記得，就兒童勞動等等而論，就連自願出賣的形式，也不存在。

[21] 「資本以工資勞動為前提，工資勞動以資本為前提。它們互為條件、相互喚起。棉花工廠的勞動者，僅僅生產棉製品嗎？不是的，他還生產資本。他生產價值，那價值被重新應用，來支配他的勞動，並藉由那種新的支配，創造新的價值。」（馬克思〈工資勞動與資本〉，《新萊茵報》第266號，1849年4月7日。）──《新萊茵報》在上述標題下發表的文章，是我在1847年就該問題對布魯塞爾勞動者協會講演稿的一部分。那個講演稿的印刷，因二月革命而中途停頓了。

第二十二章

剩餘價值的資本化

I　累增規模的資本主義生產過程：商品生產所特具私有的法則過渡為資本主義占有的法則

我們迄今所討論的，是剩餘價值如何自資本散發；現在則要討論，資本如何產自剩餘價值。把剩餘價值用作資本，即把剩餘價值再轉為資本，即我們所謂資本積累[1]。

讓我們先從個別資本家的立場，來考量這種過程。假定一個紡紗業者墊付 10,000 鎊資本，其中 4/5，投用在棉花和機械等上面，其餘 1/5 作為工資。它每年生產值 12,000 鎊的棉紗 240,000 磅。如果剩餘價值率為 100%，剩餘價值就存於 40,000 磅棉紗的剩餘生產物或淨生產物（Nettoprodukt）中，那相當於總生產物（Bruttoprodukt）的 1/6。此剩餘生產物值 2,000 鎊，依販賣而實現。2,000 鎊的價值額，就是 2,000 鎊的價值額；我們在這筆貨幣額上，看不出也嗅不到剩餘價值的痕跡。當我們以一定的價值為剩餘價值時，乃表示這個價值如何來到其擁有者手中，但不致改變價值或貨幣的性質。

因此，紡紗業者要在其他情形不變的限度內，把這新增的 2,000 鎊貨幣額轉為資本，他就會將其中的 4/5，購買棉花及其他客體，其餘 1/5，則墊付在購買新紡紗工人上。這些工人，即用雇主墊付給他們價值，在市場上找到維生資料。這一來，這 2,000 鎊的新資本，將在紡紗廠中發揮其機能，且又產出 400 鎊的剩餘價值。

資本價值本來是以貨幣形態墊付的。反之，剩餘價值在最初卻是總生產物一定部分的價值。當這總生產物由販賣轉為貨幣時，資本價值即回復其原來的形態。在這瞬間以後，資本價值與剩餘價值兩者，都成為貨幣額，它們是由完全相同的方式，再轉為資本。它們都被資本家支出

---

[1]「資本的積累；即以所得的一部分當作資本使用。」（馬爾薩斯《經濟學諸定義》，加澤洛夫版，第 11 頁。）「所得的資本化。」（馬爾薩斯《經濟學原理》，第 2 版，倫敦，1836 年，第 320 頁。）

在商品的購買上。有了這樣購買來的商品，資本家的商品製造，乃得以重新開始，此時是以更大的規模開始。不過，他要購買那些商品，就必須在市場上找到它們。

他與其他一切資本家，同樣把年生產物送到市場，否則他自己的棉紗，將無從流通。不過，這些商品在上市以前，已作為總年生產量的一部分而存在。而這總年生產量，就是個別資本的總額即社會總資本在一年間轉成的各種物體的總額；各個資本家，只不過保有其中可整除部分。市場的交易，不過是此年生產個別成分的交換，不過把此等成分，由一個人手中轉到另一人手中，那既不能增加年生產的總額，也不能變更所生產的物體的性質。因此，總年生產物能在什麼方面使用，完全取決於它自身的構成，而絕非取決於它的流通。

年生產首先須供給以下的一切物體（使用價值），以替代一年中所耗費的資本的物質成分。把此等部分除去之後所留下的，就是剩餘價值所依存的淨生產物或剩餘生產物。然而這剩餘生產物由哪些物品構成呢？只有其中旨在滿足資本家階級需求與慾望的諸種物品從而屬於資本家階級的消費基金？但，果如是，把剩餘價值毫無殘留地消費在享樂上，那就只能有單純再生產了。

如要積累，就有把剩餘生產物一部分轉為資本之必要。但如非借助奇蹟，能轉為資本的，就限於能使用在勞動過程上的物品（即生產資料），和適於勞動者維生的物品（即維生資料）。結果，年剩餘勞動的一部分，必用於新增的生產資料及維生資料的生產上，這些新增的物品，得超過替補所墊付的資本。總之，剩餘價值能轉為資本，只因為那種價值所依存的剩餘生產物，已經含有新的資本的物質成分[2]。

---

[2] 輸出貿易，使一國的奢侈品能轉化為生產資料和維生資料，反之，也能使一國的生產資料和維生資料轉化為奢侈品；但這種輸出貿易，我們暫且擱在一邊。為了擺脫種種附隨事件的攪擾，而純粹地理解研究的對象，我們必須把商業世界全體視為一國，並假定資本主義生產已經到處確立，並且征服了一

但此等成分要在實際上發揮資本作用，資本家階級尚需要新增的勞動。如果已雇用的勞動者的剝削，不復能在外擴上或在強度增加，那就不能不採用新增的勞動力。關於這件事，資本主義生產機制自身，已先有安排了：資本主義生產，會把勞動階級轉作依存於工資的階級；他們通常的工資，不但夠確保他們的生存，且夠其繁衍。勞動者階級每年供給各種年齡工人的新增勞動力，資本僅需把這新增的勞動力，與包含在年生產中的新增剩餘生產資料合併起來就行；這樣，剩餘價值的資本化就完成了。具體來說，所謂積累，畢竟不外是資本以累增的規模再生產。單純再生產運行的環流，改變其形態，拿西斯蒙第的話來說，變為螺旋形運行[3]。

我們且回頭討論上面的例子。那也不外乎是亞伯拉罕（Abraham）生以撒（Isaac），以撒生雅各（Jacob）的老故事。10,000鎊的原資本，產生2,000鎊的剩餘價值，這剩餘價值轉為資本，該新的2,000鎊資本產生400鎊的剩餘價值。這也轉為資本，成為第二新增資本，又再產生80鎊的進一步剩餘價值。這樣連綿不斷地進行著。

這裡且把資本家消費的剩餘價值部分，存而不論。新增資本是結合在原資本中，還是與原資本分離而獨自發揮作用；是由原來從事積累的資本家利用，還是由他轉移給他人利用，都不是我們現在所關切的。我們在這裡所不該忘記的就是，在新形成的資本旁，原資本也繼續再生產它自己，且繼續生產剩餘價值；並且，關於一切積累資本，及其所引起的新增資本，都是如此。

原資本是由10,000鎊的墊付所形成。然而，這10,000鎊的擁有者，究竟如何得到這10,000鎊呢？政治經濟學的代言人異口同聲說，是「憑

切的產業部門。

[3] 西斯蒙第對於「所得的資本化」一語，過於滿足了，他沒有再探究那種作用的物質條件；因此他對於積累的分析，有一個大缺點。

他自己及其祖先的勞動」[4]。而在實際上，他們的假設似乎是唯一符合商品生產的法則。

然而就 2,000 鎊的新增資本而論，則大異其趣。這種新增資本的原發過程，我們是非常清楚的。它是資本化的剩餘價值。它的價值沒有單個原子不是依存於無給的勞動。合併新增勞動力的生產資料，和維持這種勞動力的維生資料，不外是資本家階級逐年從勞動者階級剝削的貢品，即剩餘生產物的構成部分。即使資本家階級是把這貢品的一部分，以全價購買新增勞動力，以等價交換等價，這也無異於征服者用他們從被征服者那裡奪取的貨幣，再向該被征服者購買商品的老詭計。

如果新增資本所雇用的，即是生產這種資本的勞動者，那他就不但要繼續擴增原資本的價值，還得對他自己過去勞動的生產物，用比從前所費更多的勞動去購買。當我們就資本家階級與勞動者階級全體的交易來觀察時，那依然是以從前所雇用勞動者的無給勞動，雇用新增的勞動者。資本家也許還用新增資本轉為機械，由此解雇那筆資本的生產者，而代之以若干兒童。但在上面無論哪種情況，勞動階級都是以某一年的剩餘勞動，造出翌年雇用新增勞動的資本[5]。這即是所謂由資本造出資本。

第一筆新增資本 2,000 鎊的積累前提，是資本家墊付 10,000 鎊的價值，這 10,000 鎊，則是憑藉他的「原始勞動」（ursprünglichen Arbeit），屬於他的。然而第二筆新增資本 400 鎊的前提，則不外第一筆新增資本 2,000 鎊的先前積累，那 400 鎊，不外是這 2,000 鎊的資本化的剩餘價值。由此，過去的無給勞動的擁有權，表現為不斷擴大規模占有活無給勞動的唯一條件。資本家在過去已積累的愈多，他就愈能積

---

[4] 「他的資本的成立，是由於本來的勞動。」（西斯蒙第《新經濟學原理》，巴黎版，第 I 卷，第 109 頁。）

[5] 「在資本使用勞動之前，勞動已創造出資本了。」（威克菲爾德《英國與美國》，倫敦，1833 年，第 II 卷，第 110 頁。）

累。

　　在構成第一筆新增資本的剩餘價值，只是部分原資本購買勞動力的結果，那種購買與商品交換法則一致。從法律的觀點來說，那不外是以這兩面的事實為前提：在勞動者方面，是自由處分自身的才能；在貨幣擁有者或商品擁有者方面，是自由處分屬於自己的價值。在第二筆以下的各個新增資本，只不過是第一筆新增資本的結果，也就是上述條件的結果；從而，在每項單個交易，都與商品交換法則一致的限度內，如假定資本家常照其實際的價值購買勞動力，勞動者常照實際的價值出賣勞動力，則基於商品生產和商品流通的占有法則（Gesetz der Aneignung）或私有財產法則，就顯然要依它自身內部及不寬容的辯證法，**轉變為它的相異物**。我們開放原始操作的等價交換，現在轉向成僅在表面上是交換。這是因為，第一，與勞動力交換的資本本身，不過是未給與等價即行占有的他人的勞動生產物的一部分；第二，這一筆資本，不但要由其生產者（即勞動者）來替補，且還以新增的剩餘替補。因此，存在於資本家與勞動者間的交換關係，就不過是一個屬於流通過程的外觀、不過是與交易真實本質全無關係，僅僅使其神祕化的形式。勞動力的不斷買賣現在僅是形式而已。其實際內容，是資本家一再以不用等價而占有他人前此實體化勞動的一部分，交換更大量的活勞動。私有權最初好像是建立在個人自己的勞動上。至少，我們有如此假定之必要，因為相互對立的，是權利相等的商品擁有者，一個人如不讓渡自己的商品，即無占有他人商品的手段，而他這自己的商品，只能以勞動來替補。可是到現在，就資本家方面來說，私有權竟轉為占有他人無給勞動或其生產物的權利，而就勞動者方面來說，則成為占有其本人生產物的不可能性。私有權與勞動的分離，成了一種法則的必然結果，這種法則，明顯是源自兩者同一性[6]。

---

[6] 資本家對他人勞動生產物的所有權，雖為「占有法則的嚴密的歸結，但這種

然而，資本主義的占有方式（Kapitalistische Aneignungsweise），雖像是在打商品生產原始法則的耳光，但它的出現，絕不是由於這種法則的違反，反之，毋寧說是由於這種法則的應用。為說明這點，這裡不妨再對以資本積累為顛峰終點的各連續階段簡短的回顧。

首先我們已知道：原本一個價值額轉為資本，完全是依照交換法則而行。交換當事者一方出賣自己的勞動力，另一方則購買此勞動力。前者取得其商品的價值，而向後者讓渡這種商品的使用價值，即讓渡勞動。後者借助屬於他的勞動，把同樣已屬於他的生產資料，轉為新的生產物。生產物在法律上亦是屬於他。

這個生產物的價值，第一要包含所耗費的生產資料的價值。有用的勞動，在耗費這些生產資料時，必定會把這些生產資料的價值，移轉到新生產物中去。但要能出賣，勞動力必須能在它被雇用的產業部門，供給有用的勞動。

這個生產物的價值，更含有勞動力價值的等價和一個剩餘價值。因為依一日、一週等一定期間出賣的勞動力的價值，必定小於它在同一期間所創造的價值。不過，勞動者也曾取得他的勞動力的交換價值，而讓渡其使用價值。就這點來說，和其他一切買賣沒有什麼不同。

這種特殊商品即勞動力，具有一種供給勞動、從而創造價值的特別使用價值，但這事實，不能影響商品生產的普遍法則。所以，在工資上面墊付的價值額如果不止於在生產物上再現，還加添一剩餘價值而再現，這絕不是欺騙賣者的結果（因為賣者已取得其商品的價值），而是買者已耗費此商品的結果。

交換的法則，要求彼此交換的商品其交換價值只能相等。它從開始甚至以此等商品的使用價值相異為條件。此種法則對購買品的消費沒有

法則的根本原則，卻反而是勞動者對於他本人的勞動生產物，有排他的所有權。」（切爾布里埃茲《財富或貧窮》，巴黎，1841年，第58頁。）不過，作者在這裡關於這種辯證法的倒轉，沒有予以正確的說明。

什麼關係，因為那是要在交易結束及執行之後才開始的。

貨幣最初轉為資本，是完全按照商品生產的經濟法則，乃至於由此派生的私有權。儘管如此，卻仍發生以下的結果：

(1) 生產物乃屬於資本家，非屬於勞動者。

(2) 生產物的價值，在墊付資本價值以外，尚含有一個剩餘價值，這剩餘價值在勞動者要耗其勞動，在資本家則無所費，然而也成為資本家的合法財產。

(3) 勞動者繼續保持他的勞動力，一找到購買者，就能重新出賣。

單純再生產，不外是那最初的操作之週期性重複。貨幣不斷重新轉為資本。法則並不因此受到破壞；反之，卻會因此得以不斷的操作。「許多連續的交換行為，會使最後的交換行為，僅是最初的交換行為的代表。」(西斯蒙第《新經濟學原理》，第Ⅰ卷，第70頁。)

可是，我們已講過，這種單純再生產，足以使這最初操作所具有的視作孤立過程，完全改變其特性，「在參與國民收入分配的人中，一方(勞動者)由新的工作，年年取得參與這種分配的新權利；他方(資本家)則由原已完成的工作，先取得參與這種分配的永久權利。」(前書第Ⅰ卷，第110、111頁。)但眾所周知，長子繼承權(Erstgeburt)所造就的奇蹟，並不限定在勞動的領域。

單純再生產縱使由規模擴大的再生產所代替、縱使由積累所代替，那也不會產生任何影響，在前者的情況，資本家揮霍殆盡剩餘價值的全部；而在後者的情況，他僅消費剩餘價值的一部分，把剩餘的部分轉為貨幣，藉以展示他的資產階級美德。

剩餘價值是屬於他，從不屬於其他任何人。他把剩餘價值墊付在生產上，正如同他初到市場時所做的一樣，是由他自己的基金從事墊付。至於這個基金在此情況是來自其勞動者的無給勞動的事實，絕無影響。如果勞動者B，是依勞動者A所生產的剩餘價值而被雇，在那情況下，首先，A供給這種剩餘價值，不曾減少其商品的正當價值分毫；第二，這種交易，於B沒有任何關係。B所要求的，並且他有權利要求的，

只是資本家應當支付他其勞動力的價值。「雙方皆受其利：勞動者在完成其工作之前（應解讀爲在其本身的勞動取得成果之前），已取得其勞動的果實（應解讀爲其他勞動者的無給勞動的果實）的墊付，故有利益；在雇主方面，則因這名勞動者的勞動，具有大於工資的價值（應解讀爲生產大於其工資價值的價值），故有利益。」（前書第Ⅰ卷，第135頁。）

誠然，我們如果把資本主義生產當作一個無間斷更新的川流來考量；並且，我們如果不就個別資本家、個別勞動者觀察，而就整個資本家階級和整個勞動者階級互相對立來觀察，那是另一種面貌。不過在這情況，我們要應用一個與商品生產完全無關的標準。

在商品生產上，賣者與買者只是相互獨立地面對著彼此。他們的相互關係，在他們所締契約期滿時，宣告終結。假如這種交易重複進行，那是與從前契約無任何關係的新契約的結果。即使同一賣者與同一買者，再做同一交易，也只算是偶然。

因此，如果把商品生產，或其有關過程中的一項交易，依其自身的經濟法則來判斷，我們就得使各個交換行爲，從其前前後後的交換行爲的任何關聯分離，而就其自身來考量。買與賣是行於特定個人之間，我們要在買賣之中，探求全社會階級之間的關係，那是勢所不許的。

現在發揮機能的資本，不管在過去，所通過一序列的週期性再生產和事先的積累有多長，仍常維持著本來的純潔性。在交換法則應用在個別交換行爲的限度內，占有方式得絲毫不影響商品生產所對應的私有權，便成就一個完全的革命。這些同樣的私有權，不論在生產物屬於生產者自己的初期時代，或是在資本主義時代，都同樣有效；在前一時代，生產物屬於生產者自身，生產者以等價交換等價，他要致富只能依靠他自身的勞動；但在資本主義時代，社會財富是以不斷增加的程度，被那些立在不斷及一再更新占有他人無給勞動地位的人擁有。

勞動者一把自身的勞動力當作商品而「自由」出售，這種結果，就變得無可避免。自此以後，商品生產普及化而變成了生產的典型形態。

此後每件生產物最初就是以販售為目的而生產，一切生產出來的財富，都要通過流通領域。商品生產，到以工資勞動為基礎的時候，乃得以行之於全社會，及始顯露其一切隱藏潛力。如果說因為工資勞動的出現，使商品生產變質，那就等於說，商品生產如果要保持不變質，就不得發展。商品生產由它自身內在的法則，發展為資本主義的生產，同時，商品生產私有的法則，以同一程度，轉為資本主義占有的法則[7]。

我們已經講過，即使在單純再生產的情況，一切資本（不管其源頭），都要轉為積累的資本、轉為資本化的剩餘價值。但在生產之洪流上，一切原來墊付的資本，與直接積累的資本比起來，即與再轉為資本（不管這資本是在積累者手中，還是在他人手中發揮作用）的剩餘價值或剩餘生產物比起來，成為一個消失中的數量（在數學意義上近於零的數量）。因此，在經濟學上，一般都把資本解作是「一再被用來生產剩餘價值的積累的財富」[8]（轉化了的剩餘價值或收入）；把資本家解作是「剩餘生產物的擁有者」[9]。也有人以為一切現存資本，都是積累的或資本化的利息。這種看法不過是對同一事情的不同表述，因為利息（Zins），不過是剩餘價值的一碎片[10]。

---

[7] 普魯東想由商品生產之永久的所有法則，來廢除資本主義的所有權，他的這種狡猾，是我們不得不嘆服的！

[8] 「所謂資本，就是以利潤為目的而使用的積累的財富。」（馬爾薩斯《經濟學原理》。）「資本……是由所得節蓄下來，並由那以獲得利潤為目的而使用的財富構成。」（瓊斯《經濟學導言》，倫敦，1833年，第16頁。）

[9] 「剩餘生產物或資本的擁有者。」（《國難的原因及其救治──給約翰・羅素爵士的一封信》，倫敦，1821年刊。）

[10] 「節蓄的每個部分都有複利的資本，有這樣大的吞併力，以致在所得所由生的世界上，一切的財富，老早以前就成了資本的利息。」（《經濟學人》雜誌，倫敦，1859年7月19日。）

II 經濟學上對累增規模再生產的錯誤觀念

在進一步研究積累或研究剩餘價值再轉為資本以前，我們須把古典派經濟學家引導的歧異性，予以排除。

資本家為他自身的消費，而以剩餘價值一部分購買的商品，不合乎其生產及價值創造的目的，同樣的，資本家為滿足他自然的和社會的要求而購買的勞動，也不算是生產性勞動。因為他用以購買這種商品及勞動的剩餘價值，沒有轉為資本，而是作為收入而消費或支出了。舊時封建貴族的平常生活方式，如黑格爾所正確指明的，「在於把他們手中的物品消費掉」，特別體現在其家臣扈從的奢華；中產階級經濟學視為極端重要的，是宣揚資本的積累為每位市民第一義務的教條，並諄諄告誡，如果要積累，他就得用其相當部分的收入，去雇用新增的生產性勞動者，這種勞動者所生產的，會大於他們所花費的。若把全部收入都消費掉，則無從積累。在另一方面，中產階級經濟學者得與以下的俗見相鬥爭。那俗見是把資本家的生產，與貨幣的貯藏混為一談[11]，並幻想：積累的財富，就是現有自然形態得免被破壞、即免被消費的財富；或是撤出流通的財富。貨幣從流通排除，即是絕對排除它充作資本的自我擴增。以商品積累形式的貯藏，純然是一種愚行[12]。大量的商品積

---

[11] 「今日的任何經濟學家，都不能認為節蓄就是貯藏貨幣了。如把這種局限的不充分的方法置諸不論，那就國民之富的立場而言，節蓄一語的意義，最好是在節蓄物之利用的差異上去認知，而那種差異性的基礎，就是節蓄物所維持的勞動種類，有現實的差異。」（馬爾薩斯《經濟學原理》，第38、39頁。）

[12] 例如，巴爾札克（Balzac）就是如此，他曾對各式各樣的貪欲作根本的研究，他描述老高利貸業者戈普塞克，已經到昏老時期，才由積累的商品從事貯藏。

累,是流通停滯或生產過剩的結果[13]。像上述的俗見,一方面受了這種眼界——即富者貯存大量財貨以漸漸消費它——的影響;在另一方面,又確實受到另一種現象——庫存準備品(Vorrat)的形成——的影響,後者乃一切生產方式的共通現象,我們在分析流通時,會大書特書。

因此,古典派經濟學不以非生產性勞動者消費剩餘生產物,而以生產性勞動者消費剩餘生產物,為積累過程的特徵,是非常正確的;但同時,古典派經濟學的謬誤,卻正是由此出發。使人們習慣把積累,僅僅視為生產性勞動者對剩餘生產物的消費;這等於說剩餘價值的資本化,僅在於剩餘價值轉為勞動力,就是亞當·史密斯。我們且聽李嘉圖說:「我們得理解,一國的生產物,是要全部消費掉的。但此等生產物,究竟是由再生產其他價值的人消費,還是由不再生產其他價值的人消費,其間會產生極大的差別。當我們說:節省收入,使其加入資本活動,那就意味說:加入資本的收入部分,是由生產性勞動者所消費,而不是由非生產性勞動者所消費。假定資本是由不消費而增加,那是再大不過的錯誤[14]。」李嘉圖及其一切繼起經濟學者,都追隨亞當·史密斯,主張「這所說的加入資本的收入部分,為生產性勞動者所消費」,那是再大不過的錯誤。依此見解,一切轉為資本的剩餘價值,都成為可變資本了。但事實上,這種剩餘價值是與最初墊付的價值,同樣分割為不變資本與可變資本、同樣分割為生產資料與勞動力。勞動力是可變資本存在於生產過程中的形態。在這生產過程中,勞動力自身,是被資本家所消費。生產資料則在勞動力執行其機能(即勞動),而被勞動力所消費。同時,為購買勞動力而支付的貨幣,之轉為維生資料,這維生資料,並不是由「生產性勞動」所消費,而是由「生產性勞動者」所消費。亞

---

[13]「資本的積累……交換的停滯……過剩生產。」(湯瑪斯·科貝特《論個人財富的原因與方式》,倫敦,1841年,第14頁。)

[14] 李嘉圖《經濟學及賦稅之原理》,第3版,倫敦,第163頁注。

當·史密斯透過一種根本曲解的分析，達到下面這樣的荒謬結論：即使每筆資本分割為不變部分與可變部分，但社會資本卻只成為可變資本，即只用於工資的支付上。例如，一個毛織物製造業者，把 2,000 鎊轉為資本，假定他用這筆貨幣的一部分購買織工，其餘部分購買毛紗及織機等等。但以毛紗及織機賣給他的人，又把賣得的貨幣的一部分，支付勞動的代價，這種關係輾轉下去，結果遂致 2,000 鎊全部都用在工資的支付上。即為 2,000 鎊所代表的全部生產物，都為生產性勞動者所消費。這個論點的全部要旨，就在於把我們由此處導往彼處的「輾轉下去」一語中。亞當·史密斯恰好在困難開始的地方，中止了他的研究[15]。

在我們注意年生產總額的限度內，逐年的再生產過程是容易理解的。但年生產每一組成部分，都不能不以商品送往市場，這就是困難開始之處。個別資本的移動和個人收入的移動，交互錯綜混淆著，並消失在普遍性地位的轉換──社會財富的流通──中。這眩惑我們的視線，並提出待解決的極錯綜複雜的問題。在本書第二卷，第三篇，我將對事實的實際關聯予以分析。重農學派的最偉大的功績，就是他們在「經濟表」（Tableau économique）中，最先嘗試把年生產經過流通過程的樣態，來描繪年生產[16]。

---

[15] 約翰·彌爾雖有他的《論理學》，但不曾看破他前輩學者的這種錯誤分析，這種分析就是站在資產階級的立場，也有從純粹專門者的立場予以訂正之必要。他到處都以門徒的篤信，複述他先師們的思想上的混亂。在這情況，他說：「資本本身，結果都會變成工資；那雖由生產物的販售而收回，但會再轉為工資的。」

[16] 在再生產過程的說明上，從而，在積累的說明上，亞當·史密斯與其前輩學者，特別是重農學派比較，就許多方面來說，不但不曾成就何等進步，甚至還退步了。就本文所述的他的幻想而言，他在經濟學上遺留下的實在荒唐無稽的教條是：商品的價格，是由工資、利潤（利息）及地租購成，換言之即是僅由工資與剩餘價值構成。斯托齊（Storch）就是由這個基礎出發，他

至於餘下的，作為資本家階級利益的政治經濟體，自然不會放棄利用亞當・史密斯所宣揚的教條：即整個剩餘生產被轉為資本的那部分皆由勞動階級所消費。

III 剩餘價值分割為資本與收入：節欲說

在前章，我們討論剩餘價值或剩餘生產物，只把它視為提供資本家個人消費的基金；在本章，我們又只把它視為積累的基金。但剩餘價值，既不單是前者，也不單是後者，兩者兼而有之。資本家把剩餘價值的一部分，作為收入（Revenue）而消費[17]，其餘部分則用作資本來積累。

在一定的剩餘價值量中，以上兩部分之一方愈小，他方即愈大。在其他一切情形不變的限度內，這兩部分間的比例，可決定積累量的大小。但決定這兩部分的分割比例的，則是剩餘價值的擁有者，即資本家。換言之這種分割，是資本家蓄意的行為。當資本家積累其所徵收的貢物的一部分時，人們總說那是他所節省的，因為他沒有將之吃掉；因為他在盡資本家的機能，及使其致富。

資本家在作為人格化的資本的限度內，才有一種歷史的價值，才像詼諧的利奇諾夫斯基（Lichnowsky）所說那樣，有「不拘年月的」歷

曾這樣天真地自白：「把必須價格，分解為其最單純的要素，那是不可能的。」（斯托齊《經濟學教程》，聖彼得堡版，1815年，第1卷，第140頁注。）把商品的價格，分解為其最單純的要素，竟不可能，那該是如何美妙的經濟科學，關於此，在本書第二卷，第三篇及第三卷，第七篇中，當詳細論究。

[17] 讀者會注意到，「所得」一語，有雙重意義：其一是指資本週期生產的果實，即剩餘價值；其二是指這果實中，由資本家週期消費的部分，或加入其消費基金中的部分。我也是在這雙重意義上使用「所得」一語，因為這是和英、法兩國經濟學家通常的用法一致的。

史上的存在。並且只有在這種限度內,他自身暫時存在的必然,才隱含在資本主義生產方式之暫時的必然中。不過,他既被視為人格化的資本,則促使他行動的動機,就不是使用價格及其作為享樂,而是交換價值及其擴增。他作為價值自身擴增的狂熱要求者,便無所顧忌地強迫人類為生產而生產。就這樣,社會的生產力得以發展,而形成較高級社會形態──即以每個人完全發展及自由發展為支配原則的社會──的實際基礎的物質生產條件,得以被創造。資本家在作為人格化的資本的限度內,才值得尊重。他在這種資格上,才具有守財奴那樣以熱愛財富為財富。不過,在守財奴,那僅是一個特異體質,而在資本家,那卻是社會機制的作用,在這個社會機制上,他不過是一個齒輪罷了。加上,隨著資本主義生產的發展,投放在一特定產業企業上的資本要不斷增加。競爭,會使資本主義生產方式之內在的法則,作為外部的強制法則,支配著每一個資本家。因此,他要維持其資本,就被迫要不斷擴大其資本,但資本的擴大,不借助於累增的積累是不行的。

所以,在他的行動只作為資本──在他身上賦有意識和意志的資本──的機能的限度內,他自己的私人消費,乃是一種對資本積累起來的掠奪。那正如複式簿記,把資本家的私人支出,記在其帳上資本的反方,即記在借方。積累是為了征服社會財富的世界、增加被其剝削的人才的量能,同時並擴大了資本家的直接的和間接的支配力[18]。但原罪四

---

[18] 高利貸業者,是舊式的資本家形態,但這個形態是不斷更新的。馬丁・路德曾就這種高利貸業者作極切當的說明:支配欲是致富衝動的一個要素。他說:「異教徒由其理性之光,得出高利貸業者為四重盜賊和殺人犯的結論。但我們基督教信徒卻尊敬他們,為他們的貨幣而崇拜他們。……吸盡他人的營養、強奪他人的營養、盜劫他人的營養,那正是犯了使人餓死、使人完全破滅的殺人罪。高利貸業者就是這種罪犯。他們應當自上絞架;如果他們身上有充分的肉,他們掠奪了多少金錢,就應有多少的烏鴉啄食他。但他們卻安閒自適地坐在椅子上。同時,小盜則被絞殺。……小盜戴上枷鎖,大盜卻

處橫行。隨著資本主義生產積累與財富的開發，資本家已不再是單單資本的化身了，他對於他自己的亞當（Adam），具有一種「人情之理解」（menschliches Rühren），他的教育逐漸使他把對禁慾主義的狂熱嘲笑為舊式守財奴的偏見。儘管古典型的資本家將個人的消費烙上違背其職分的罪惡及「抑制」（Enthaltung）積累，但近代化的資本家，卻以積累為「節制」（Entsagung）享樂。「啊！在他胸中，藏有兩個一直分道揚鑣的靈魂！」

在資本主義生產方式之歷史的初期——這是每個資本暴發戶必須個別通過的歷史階段——貪婪與致富的渴望，皆是屬支配的激情。但資本主義生產的進步，不但創造了一個歡欣的世界，並還由投機

以黃金絲綢來自炫。……所以，在這世上，除了惡魔，沒有比守財奴和高利貸業者更大的人類敵人，因為他們要求變為支配一切人類的神。土耳其人、武人或暴君縱為惡人，仍不得不讓人民生活，並且還自承為惡人，為人類之敵。他們有時還會且必須對他人給予若干同情。然而高利貸業者與貪財鬼，他們卻會盡其所能，使全世界陷於飢餓貧困的深淵，並由此使一切變為己有；他們立在像神一樣的地位上，使人永遠成為他的隸屬。他們穿起華麗的外衣，佩戴金鍊指環，拭拭袖口，儼然是高貴的敬神者。……高利貸是一隻大怪物，像餓狼一樣，它掠奪一切猶甚於卡庫斯、革律翁或安圖斯。他們裝模作樣，見者以為是虔敬的人物。所以世人無從知曉，被牽回他洞窟中去的公牛究往何處去了。但勇敢的海克力斯，一聽見公牛與被囚禁者的叫聲，就在懸崖嶙石間尋找卡庫斯，由凶漢手中解放了公牛。這所謂卡庫斯，就是指那貌似虔敬的高利貸業者，指那掠奪和鯨吞一切物的凶漢。卡庫斯不肯承認自己是作惡的人，他以為旁人無法發現，因為被牽回洞窟去的公牛從足跡看來，好像已被放出去。高利貸業者正是如此，他們自以為有用、自以為已經把公牛給予世人，其實，公牛全被他一個人撕裂吞食了。……如果我們對於攔路搶劫者、殺人者、強盜之流，施以絞刑或死刑，對於高利貸業者就更應該以車裂、殺戮、咒詛與斬首等等刑罰來處置了。」（馬丁·路德《反高利貸業者——致牧師》。）

（Spekulation）與信用制度（Kreditwesen），開啓了突然致富的許多泉源。當到達一定的發展階段時，世俗的揮霍度也是炫富與信用之泉源，乃成為「不幸」資本家一種營業上的必要。奢侈已成為資本的排場費用（Repräsentationskosten）。而且，資本家並不像守財奴那樣，守財奴的財富是與他自身的勞動及節制的消費呈比例，資本家的致富，則與其對他人勞動力的壓榨，和迫使勞動者就一切生活享樂的節制呈比例。因此，資本家的揮霍，絕不會像放恣的封建君主的揮霍一樣，具有善意的性質，他的揮霍背後藏有極度惡意的貪婪，和極為不安的算計；他的開銷，與他的積累一同成長，一方並不一定限制另一方。隨這種成長，在資本家的胸中，遂同時展開了積累熱情與享樂渴望之浮士德的衝突（Faustischer konflikt）。

艾金（Dr. Aikin）在他 1795 年發表的文章中說：「曼徹斯特的工業，可區分為四期。在第一期，製造廠主們為了生活，不得不努力工作。」他們當時致富，主要是掠奪送子女到他們那裡當學徒的父母；學徒的父母給他們高額的謝金，他們則使學徒飢餓。在另一方面，那時的平均利潤低微，要積累須異常節儉。因此，製造廠主過著守財奴一樣的生活，甚且連資本的利息也不肯消費。「到了第二期，他們已開始取得少量財產了，但還是和以前一樣的勞苦工作。」因為，每個奴隸役使者都知道，對勞動的直接剝削，須花費勞動。「他們還是過著以前一樣的樸實生活。……至第三期，奢侈開始了。國內各地市場，都被派遣騎馬的推銷員以擴大訂單……。在 1690 年以前，工業獲有資本 3,000 鎊至 4,000 鎊的，幾乎是罕見，或者完全沒有。然而從這時起，或約略在這時以後，業者已經積累有貨幣了，他們不建造木造及灰泥的房屋，而開始建造近代式的磚砌建築物了。」就在十八世紀初葉，一個曼徹斯特的製造廠主，如以一品脫的外國葡萄酒款待賓客，就遭他的所有鄰人議論和不滿。在機械出現以前，製造廠主在酒館聚會一晚的費用，絕沒有超過一杯甜酒 6 便士和一包菸 1 便士。直到 1758 年新時代開始，我們方才見到，實際經商的人，有一位有自己的馬車。到十八世紀最後 30 年

的「第四期，營業藉由歐洲每一處都設有經銷商及騎馬的推銷員而擴大，遂助長奢侈與開銷大大增進[19]」。假如這位善良的艾金復活，對今日的曼徹斯特，他將說些什麼呢！

積累啊！積累！那是摩西（Moses）及預言者！「勤奮提供留有積累的物資[20]。」所以，節約吧！節約！把剩餘價值或剩餘勞動之盡可能的大部分，再轉為資本吧！為積累而積累、為生產而生產，古典派經濟學就用這個方程式來表達有產階級時期的歷史的使命。關於財富的分娩陣痛，它毫不自欺欺人[21]。但在歷史的必然之前，悲傷有何用處呢？若在古典派經濟學看來，無產階級不過是生產剩餘價值的機械，資本家也不過是把這剩餘價值轉為新增資本的機械。它以惡意的真誠對待資本家的歷史性機能。為要迷惑資本家胸中享樂渴望與逐富間可怕的衝突，馬爾薩斯在十九世紀二〇年代初期，鼓吹這樣一種分工：實際從事生產的資本家，擔當起積累的任務；而參與剩餘價值分配的人們，地主貴族官吏和領受聖俸的牧師等，則從事消費。他說，「把開銷的狂熱與積累的狂熱分開」，至關重要[22]。早已成為享樂者與通世故者的資本家諸君便大聲疾呼起來。他們的代言人之一，或李嘉圖後繼者之一揚言說：馬爾薩斯先生之所以鼓吹高地租和重賦稅等，無非要由非生產性消費者，不斷保持對勤奮加以刺激的壓力！不惜一切，以生產、以持續增加其規模的生產為辨別敵我的標誌。但「用這樣的方法，其實不會鞭策生產，卻

---

[19] 約翰・艾金《曼徹斯特周圍三四十英里地方的描述》，倫敦，1795年，第181、182頁下、188頁。

[20] 亞當・史密斯《國富論》，第II篇，第3章。

[21] 薩伊也說：「富者的節蓄，是以貧者為犧牲。」「羅馬的無產者階級，幾乎全是犧牲社會而生活。……但我們大體可以說，……近世社會是由犧牲無產者階級，奪取無產者階級的勞動收益而生活。」（西斯蒙第《經濟學研究》，第I卷，第24頁。）

[22] 馬爾薩斯《經濟學原理》，第319、320頁。

不免予生產莫大的掣肘。而且,讓一些人維持著無所事事的生活,而一味勒索那些就性格上來說,如你能迫使其工作即能有成效的工作的人,也不是十分公平[23]。」從榮湯奪去鮮肉,冀望由此鞭策產業資本家,在他看來是不公正的處置;把勞動者的工資縮減到最低限度,使其不得不勤勉,則在他看來卻是必要的。但關於無給勞動的占有,乃剩餘價值之祕密的事實,他絕對沒有隱瞞。「勞動者方面的需求的增加,不過表示他們在他們自己的生產物中,由自己取去者減少,而把其中一較大部分,委之於雇主。若有人說:藉由(勞動者方面)的縮減消費,會產生供應過剩),我就這樣回答:這供應過剩與巨大利潤是同義詞[24]。」

　　學術上的論爭,是從勞動者那裡抽乾的暴利,應如何分配在產業資本家及富裕的遊手好閒等人之間,始對積累最有利;這種論爭在面臨七月革命時平息下來了。此後不久,都市的無產階級,在里昂響起了革命的警鐘;農村的無產階級,則在英國的農家庭院和穀物堆縱火。海峽的此岸開始散布歐文主義,彼岸則廣布聖西門主義與傅利葉主義。庸俗經濟學的喪鐘敲響了。西尼爾(Nassan W. Senior)在曼徹斯特發現,資本的利潤(包含利息),是十二小時工作日最後一小時無給勞動的產物,恰在這一年前,他還有一個發現問世。他傲然地說:「我把解作生產工具的資本一詞,換作『節欲』(Abstinenz)一詞[25]。」這是庸俗經濟學

---

[23]《需求性質之原理的研究》,第 67 頁。

[24] 前書第 50 頁。

[25] 西尼耳《經濟學基本原理》,法譯本,巴黎,1836 年,第 38 頁。在舊古典學派的追隨者看來,這也是一種過於狂妄的主張。「西尼耳先生以勞動和節欲這兩個名詞,代替勞動和資本這兩個名詞……。節欲是一個單純的否定。利潤的泉源,不是節欲,只是生產的資本之使用。」(馬爾薩斯《經濟學諸定義》,加澤諾夫編,第 130 頁編者注。)但約翰·彌爾卻一面接受李嘉圖的利潤說,同時又採用西尼耳的「節欲報酬說」。他對於黑格爾的矛盾(那是一切辯證法的泉源)雖毫無所知,但對於各種平凡的皮相的矛盾,卻是十

的「發現」的無比範本！以諂諛的文句——這就是全部——代換經濟學上的範疇。西尼爾說：「當野蠻人造弓時，他是在從事一種產業，但他沒有實行節欲。」這說明了以下的事實，即在初期社會狀態下，如何及為何沒有資本家方面的「節欲」，也造出了勞動設備。「社會愈進步，節欲愈有必要」[26]，這是就那些以占有他人勤奮果實為事業的人一方面說的。就這樣，勞動過程運行的一切條件，瞬間轉為資本家方面的各式各樣節欲行為了。穀物不全吃掉，一部分留作播種之用，那即是資本家的節欲！葡萄酒要讓其有發酵的時間，那也是資本家的節欲！[27] 資本家在「貸與（！）勞動者以生產工具」時，換言之，在他不把蒸汽機、棉花、鐵道、肥料、牲口等等自己耗費殆盡（依庸俗經濟學的幼稚說法，即不把「此等物的價值」，在奢侈品及其他消費物品上耗費殆盡），卻使它們和勞動力合併，用它們從勞動力中引出剩餘價值，他就是掠奪自己（Adam）[28]。資本家階級是如何執行這項事功，那在今日，還是庸俗經

分內行的。

第二版加注。不論哪種人類的行為，都可認為是它的反對方面的「節欲」。但這種單純的思考，庸俗經濟學家是從未想到的。吃飯是斷食的節欲，步行是站立的節欲，勞動是怠惰的節欲，怠惰是勞動的節欲，諸如此類。這些紳士們，最好是就史賓諾莎（Spinoza）「斷定即否定」一語，加以考慮！

[26] 西尼爾《經濟學基本原理》，第 342 頁。

[27] 「如非期待獲得追加的價值……（舉例來說），那就沒有人，……願意把他的小麥蒔在地下 12 個月、願意把他的葡萄酒放在地窖內若干年，他們都寧願直接消費它們或拿它們立即去換取等價物來消費了。」〔斯克羅普（Scrope）《經濟學》，波特編，紐約，1841 年，第 331、134 頁。〕

[28] 「資本家不把他的生產資料，轉化為維生資料、奢侈資料，而消費它的價值，卻寧願將它貸與勞動者。在這限度內，他要忍受一種節制。」〔莫利納里（G. de Molinari）《經濟學研究》，第 49 頁。〕這裡用「貸與」這個婉轉的名詞，是依照庸俗經濟學者的巧妙方法，其用意無非是要使那些受產業資本家剝削

濟學執拗拒絕洩露的祕密。夠了，世界之所以還能蹣跚而行，無非靠毘濕奴（Vishnu）這現代懺悔者（即資本家）的自我懲罰。其實，不僅是積累，就是單純的「資本保存，也須為了克服消費資本的誘惑，而不斷努力[29]」。在這種獻身與誘惑之間，救出資本家的，是人道的單純指令；此恰如奴隸制度的廢止，曾把最近喬治亞州的奴隸擁有者，從這樣進退兩難的困境中救出一樣。這個困境，是把鞭撻黑奴所得的剩餘生產物，全部揮霍在香檳酒上好呢？還是把其中一部分，再轉為更多的黑奴和土地好呢？

在最不同社會的經濟形態下，都不僅出現單純再生產，並還出現程度不一的累增規模的再生產。漸漸的，生產愈多，消費愈多，從而轉為生產資料的生產物也愈多。但在生產資料、生產物，乃至維生資料，還不曾以資本的形態，與勞動者相對立的限度內，那種過程不表現為資本的積累，不表現為資本家的機能[30]。數年前去世的瓊斯——他繼馬爾薩斯之後，擔任海利柏立學院的經濟學講座——曾就兩件重要事實，細密論究這個問題。因為印度的大多數人民都是自耕農，所以他們的生產物、他們的勞動設備與維生資料，絕不「採取從收入節省下來的基金的形態」[31]，絕不「採取來自前一積累過程的基金的形態」。另一方面，在

的工資勞動者，和那些剝削勞動，但從貸放資本家那裡借取貨幣的產業資本家，立於同一地位。

[29] 庫塞爾・塞納伊《論產業企業之理論與實際》，第 57 頁。

[30] 「各種所得對於國民資本發展的貢獻，因各種所得的進步階段而不同。假設有兩個國家，如果它們在那種進步上處在相異的地位，各種所得對於這兩個國家的資本發展的貢獻，也就不同。……在社會初期階段，……利潤……和工資及地租相比，是一個不重要的積累泉源……等到國民產業能力大有增進時，利潤就成為比較重要的積累泉源了。」（瓊斯《國家經濟學教程》，第 16、21 頁。）

[31] 前書第 36 頁以下。

舊有制度很少受英國統治破壞的諸省，那些非農業的勞動者，都為達官們所直接雇用。這些達官們把農業剩餘生產物的一部分，當作貢物或地租，收到自己手中。這生產物的一部分，在自然形態上，為達官們所消費；一部分，則由勞動者之手，轉為達官們消費的奢侈品及類似物品；同時其殘餘部分，則作為自擁勞動工具的勞動者的工資。在這情況，雖沒有奇異的聖者，憂心忡忡的騎士（即「節制的」資本家）介於其間，生產與累增規模的再生產依舊進行著。

IV 除了剩餘價值分割為資本與收入的比率，還有幾種情形，決定積累的量：勞動力的剝削程度、勞動的生產力、供使用資本與供消費資本在成長中的差額、墊付資本的量

如果剩餘價值分割為資本和收入的比率不變，積累資本的大小，顯然取決於剩餘價位的絕對量。設以 80% 資本化，20% 供消費，則積累資本，究為 2,400 鎊，還是 1,200 鎊，就要看剩餘價值的總額，究為 3,000 鎊，還是 500 鎊。這樣，決定剩餘價值量的一切情形，也在積累量的決定上發生作用。以下，我想就此等情形、就他們對積累可以提供新見解的限度內，作一概括說明。

我們會記得：剩餘價值率首先是取決於勞動力的剝削程度。經濟學異常看重這種事實，有把積累速度因勞動生產力增加而得的加速，和積累速度因對勞動者剝削加強而得的加速，同樣看待[32]。在討論剩餘價值

第四版注。上面的抄引定有錯誤，因為找不出那個文句。——F. E.

32 「李嘉圖說：『隨著社會發展的階段不同，資本或勞動使用手段（即勞動剝削手段）的積累速度，也有大小的差異。這種積累，在所有情況，都一定是取決於勞動生產力。勞動生產力，通常在豐饒土地甚多的地方最大。』假如這段話中『勞動生產力』一語，是指生產物中那歸屬於親手生產的人的那微

生產的諸章，我們已不斷假定，工資至少與勞動力的價值相等。但在實際上，工資是被強制低於這種價值占極關重要的部分，所以我們須在這裡略予考量。這種意義上的工資低下，事實上，就是在一定界限之內，把勞動者的必要消費基金，轉為資本的積累基金。

　　約翰・彌爾曾說：「工資沒有生產力。工資是生產力的價格。工資不得與勞動自身同樣貢獻於商品生產，和工具價格不得與工具自身同樣貢獻於商品生產一樣。假如勞動能不依購買而得，工資或許可省去[33]。」但是，如果勞動者能靠空氣而生活，任何價格都不能購買他們了。所以，勞動者毫無所費的說法，是一個數學意義上的界限，這個界限雖不斷接近0，但卻不能達到。資本的恆定的傾向，就在把勞動者壓向這毫無所費的界限。前面屢屢引述到的十八世紀的一位作家，即《工商業論》的作者，曾宣稱：英國之歷史的使命，就在把英國的工資，降低到法國及荷蘭的工資水準。這見解不外暴露英國資本主義靈魂深處中的祕密[34]。他率直地說：「假如我國的貧民（指稱勞動者的術語）也奢華地生活起來……勞動自然不得不騰貴。……那時，人們就要考慮到工業勞動者所消費的種種奢侈品，如白蘭地、杜松子酒、茶、砂糖、外國

　　小的一部分，李嘉圖所說，就簡直是重複，因為殘餘的生產部分，如果它的擁有者高興，便是資本所由以積累的基金。不過，這種事在土地最肥沃的地方多半是不會發生的？」（《政治經濟學論爭的觀察，尤其關於價值、需求與供給》，第74、75頁。）

[33] 約翰・彌爾《經濟學上的未決問題》，倫敦，1844年，第90頁。

[34] 《工商業論》，倫敦，1770年，第44頁。1866年12月及1867年1月的《泰晤士報》，也揭載了英國礦山主們的感情流露。其中並曾描寫比利時的礦山勞動者的幸福狀態，據說，他們只要求並只過著能繼續為雇主勞動所絕對必要的生活。比利時勞動者忍受許多困苦，但仍被《泰晤士報》比擬為模範勞動者（！）。在1867年2月初，馬爾基安的比利時礦山勞動者以罷工來答覆，但那次罷工被火藥和槍彈鎮壓下去了。

水果、烈性啤酒、印花亞麻布、鼻煙、香菸等等[35]。」他由北安普敦郡一位製造廠主的文章中，引錄其仰視天空而發的悲鳴：「法國勞動，比英國勞動要低廉三分之一。因爲法國貧民勤苦勞動，而又甘於粗衣粗食。他們很少吃肉，主要的食物是麵包、水果、植物的莖和根，以及魚乾。在小麥昂貴的時候，還只吃極少量的麵包[36]。」那位作者繼續說：「還得補充一點：他們所飲用的多是水，或是稀薄的飲料。所以他們所花的錢極其有限。……我們英國勞動者要做到這個地步，雖極困難，但並非不可行，因爲在法國與荷蘭，已經這樣實行了[37]。」20年後，有一位名列英國貴族的美國騙子班傑明・湯普森（Benjamin Thompson，又名拉姆福德伯爵，Count Rumford），也體諒神與人，而採取同一仁慈方向。他的「論文集」，可說是一本食譜，其中列舉的，是可以代替勞動者日常高價食物的各種代用品。這位不可思議的「哲學家」所特製的菜單如下：「大麥5磅，7又1/2便士；玉米5磅，6又1/4便士；燻製青魚3便士；鹽1便士；醋1便士；胡椒及野菜2便士；合計所費不過20又1/2便士，可做出供64人吃的湯。如果大麥及玉米都平價……這

---

[35] 前書第44、46頁。

[36] 這位北安普敦郡的製造廠主，犯了一個在無限感慨中可寬恕的欺騙罪。他在表面上是比較英國礦山勞動者的生活和法國礦山勞動者的生活，但其實他在本文節引的文句內，是描述法國的農業勞動者。這一點，後來由他混亂的敘述露出馬腳來了。

[37] 前書第70、71頁。
第三版注。這種事態，由此後成立的世界市場的競爭，而更進一步了。英國下議院議員斯泰普爾頓先生（Mr. Stapleton）曾在選舉人之前這樣演說：「如果中國成爲一現代工業國，我不知道歐洲工業勞動者要維持這種競爭，怎樣能不降低他們的水準，而與他們的競爭者立於相同的水準上。」（《泰晤士報》，1873年9月3日。）今日英國資本企圖達到的目標，已經不是歐洲大陸的工資，而是中國的工資了。

20盎司湯分攤給每個人的費用，還可節省到1/4便士（不到3芬尼）[38]。」惟因資本主義生產的進步，食品的摻雜，湯普森的理想歸於無用[39]。

由十八世紀末葉至十九世紀初葉的數十年間，英國農場主與地主，勵行絕對的最低工資。他們支付農業勞動者的工資，還在此最低限度以下，其不足額數，則由教區當局以救濟金的方式補給。英國田舍紳士們追求工資率的「合法的」固定，可由下面這個滑稽的例子表現出來：「當大地主於1795年在史賓漢連確定勞動者的工資時，他們已用中餐；他們顯然以爲，勞動者可以不用中餐……據他們決定：一塊重8磅11盎司的麵包價格如爲1先令，每人的週工資應爲3先令；麵包價格如騰貴，但仍在1先令5便士的限度內，工資可定期性增加；若更突破此水準，則工資要比例於麵包價格的騰貴而定期性減少；麵包價格達到2先令時，勞動者的營養量，就不得不比以前減少1/5[40]。」貝內特

---

[38] 班傑明・湯普森《政治經濟哲學論文集》，全3卷，倫敦，1796至1802年，第1卷，第288頁。艾登爵士在其所著《貧民的狀態，英國勞動階級史》，曾極力向貧民收容所的監督人推薦盧姆福德伯爵的乞丐湯，他並責備地警告英格蘭的勞動者說：「在蘇格蘭，有許多貧民不吃小麥、黑麥和肉類，他們吃混有水和鹽的燕麥與大麥，接連幾個月，但還是非常舒適。」（前書第1卷，第2篇，第2章，第503頁。）就在十九世紀，我們還發現同樣的「指示」。例如：「極衛生的混和麥粉，雖爲英格蘭農業勞動者所拒食……但在教育較爲優良的蘇格蘭，恐怕沒有這種偏見。」〔培里（Charles H. Parry）《現行穀物條例的必需問題》，倫敦，1816年，第69頁。〕這位培里先生還嘆息說，今日（1815年）英格蘭的勞動者，比之艾登時代（1797年），是更加墮落了。

[39] 據最近國會委員會關於維生資料摻雜問題的報告，在英國，藥品的摻雜製造，也不是例外，毋寧說是常態實行的。例如，把由倫敦34家藥店購來的鴉片分別加以化驗，就發現其中有31種，混合罌粟頭、麥粉、膠質、黏土、砂等等。絲毫沒有包含嗎啡成分的，竟不在少數。

[40] 紐納姆（G. B. Newnham）律師《評國會二院穀物條例委員會前的證供》，

（A. Bennette）是一位大農場主，他兼任治安裁判官、濟貧局管理委員及工資調節員。1814 年他受貴族院調查委員的審問：「勞動者一日勞動的價值，該有若干是由濟貧稅補充吧？」他答：「是的，各家族一週間的收入，必須由濟貧院補足，使每人有一塊 8 磅 11 盎司的麵包，和 3 便士的貨幣；……照我們看來，每個人一週的生存，有 8 磅 11 盎司的麵包就夠維持。用 3 便士製衣。如果教區當局覺得以供給衣服為便，則 3 便士可以不給。這種慣例，不僅通行於威爾特郡西部一帶，我相信全國也都通行[41]。」當時有一位有產階級作者，曾這樣喊：「他們（場主）竟在幾年之內，把其同胞中一個可敬的階級驅向貧民收容所，使其墮落。……他們妨礙其勞動僕婢方任何的積累，藉以增加他們自己的利得[42]。」在今日，在剩餘價值的形成上，從而在資本積累基金的形成上，直接掠奪勞動者必要消費基金這件事，有莫大的作用。所謂家庭工業，已為我們指示出來了（第十三章第Ⅷ節）。在本篇後面，我們將提出關於這個問題的更進一步的事實。

不拘在哪種產業部門，由勞動設備構成的不變資本部分，都須夠一定數勞動者（其數依企業規模而定）使用，但這並不是說，該資本部分，必須與其所雇勞動量，以同一比例增加。現在假定有一個工廠，雇用 100 個勞動者，每人勞動 8 小時，一日共提供 800 勞動小時。在這情況，資本家如要再獲得 400 勞動小時，他可以多雇 50 個勞動者。但他加雇勞動者時，他不但要為工資增墊資本，且要為勞動工具增墊資本。於是，另一個可能方法被採用了，那就是照原雇 100 勞動者而把每日的

倫敦，1815 年，第 28 頁注。

[41] 前書第 19、20 頁。

[42] 培里，前書第 77、69 頁。地主們以英國之名，進行反雅各賓戰爭，對於這戰爭，他們不但沒有蒙受何等損失，且還大發其財。「他們的地租在 18 年間，有增加 2 倍、3 倍、4 倍的，甚至還有加到 6 倍的。」（前書第 100、101 頁。）

工作時間，由 8 小時，延至 12 小時。在這情況，原有的勞動設備，就夠用了，惟其磨損比較迅速罷了。這樣一來，由勞動力更大伸張所追加的勞動，就能在不變資本部分無須比例增加的情況，增加積累的主體，即增加剩餘生產物與剩餘價值了。

在採掘工業，例如在採礦業上，原料並不構成墊付資本的一部分。勞動的對象並不是過去勞動的產物；如金屬、礦物、煤、石材等等，都是大自然的賜物。在這種情況，不變資本幾乎全由勞動設備構成。此等勞動設備，得從容吸收勞動者由晝夜輪班等方法所增加的勞動量。然生產物量及其價值，卻可在其他一切情形不變的限度內，與擴大的勞動成比例的增加。在那種情況，正如最初一日的生產上一樣，原始生產物形成者、轉為資本物質要素的創造者（即人類與大自然），仍相互協力地工作。端賴勞動力的彈性，積累的領域無須任何不變資本事先的增加，也可擴大。

在農業上，不追加墊付種子及肥料，耕地就不得擴大。但那種墊付一旦實行之後，哪怕是土地上面的純機械的動工，也會在生產物量上，產生奇異的影響。但當同數勞動者支出較多勞動量時，雖不求勞動設備上為新的資本墊付，土地的肥沃程度也會由此增進。在這情況，人類對大自然的直接作用，再度不藉任何新資本即可成為更大積累的直接泉源。

最後，在所謂製造業上，每一次在勞動上新增的支出，雖必須相應地在原料上追加支出，但不一定要在勞動設備上作追加支出。並且，因製造業要從採掘工業及農業取得其原料和勞動設備，故後者無須新增資本墊付即可創造新增生產物，當然也於前者有利。

概括的結論是：勞動力與土地，為財富的兩個主要的創造者；資本合併這兩者，而獲得一種擴張的能力。這種能力允許它把積累的要素，擴大到這個界限以外，這個界限，表面上像是由它自身的大小，換言之，表面上像是由已經生產出來的生產資料（它自身即在其中存在）的價值與量確定的。

資本積累上，還有一個重要因素，即是社會勞動的生產力程度。

隨著勞動生產力增加，遂體現一定量價值，從而一定量剩餘價值的生產物量，也相應增加。在剩餘價值率沒有變化的情況固不必說，即使在剩餘價值率降低，但其降低程度緩於勞動生產力的增加情況下，剩餘生產物量，也會增加。所以，剩餘生產物分割為收入與新增資本的比率如果沒有變更，資本家即使不減少積累基金，也可增加其消費。積累基金的相對量，在商品價格低廉，資本家得以支配比以前同樣多或更多的享樂手段時，還可犧牲消費基金，以行增加。而且，如我們前面講過的，在勞動生產力增加時，勞動者變得便宜，即在實際工資提高的情況，剩餘價值率也會增加。實際的工資也絕不與勞動生產力以同一比例提高。同一可變資本價值，從而運轉較多的勞動力，得運轉較多的勞動。同一不變資本價值，將體現在較多的生產資料中，換言之，即體現在較多的勞動工具、勞動材料及輔助材料中；從而，它提供更多的生產物使用價值與價值的要素，及吸收更多的勞動。所以，新增資本的價值儘管保持原狀，甚或減少，積累的速度，仍可增加。不但再生產規模在物質方面擴大；剩餘價值生產，還比新增資本的價值，更迅速地增加。

勞動生產力的發展，對於原已投用在生產過程的資本也有反應作用。運轉中的不變資本的一部分，是由機械一類勞動工具所構成，這種勞動工具，要經長時期才消費得了，並再生產出來，或由同種類的新勞動工具所取代。不過，這種勞動工具，逐年有一部分報銷，或有一部分達到其生產機能的極限。也就是說，逐年有一部分，週期地再生產，或週期地為同種類的新勞動工具所取代。假如勞動生產力在這些勞動工具用盡期間，因科學與技術的不斷進步而增加了，則取代舊機械、工具、器具的，將是更有效、更低廉（參照其提昇的效率而言）的機械、工具、器具等等。所以，我們就把已使用的勞動工具在細節上持續改進存而不論，舊的資本是以更具生產性的形式來重視。不變資本的另一部分，為原料與輔助材料，這些材料在一年之內，就要不斷地再生產；並且它們有最大一部分，是逐年為農業所生產的。所以，如在這方面的生

產上採用改進的方法,那對於新增資本和已經在運轉中的資本,幾乎同時都有影響。每一種化學上的改進,不僅增多有用材料的樣數,且會增加已知的有用材料的用途;並在資本成長時,將其投資範圍也擴大。不止於此,那同時還教會我們,如何把生產過程與消費過程上的排泄物,返還到再生產過程的環流中;這樣一來,不用預先投下資本,就可以創造資本新的材料。正如單單增加勞動力的伸張,已經可以增加對於自然財富的剝削一樣。科學與技術的進步,使資本有一種與實際運轉中的資本量相獨立的擴張能力;同時對於原資本已經進入更新階段的部分,發生作用。因此,這個資本部分,就把那在它舊形態用盡時,社會進步所無償提供的,併入到它的新形態中了。當然,勞動生產力的發展,不免要引起運轉中的資本一部分的價值減損。這種價值減損,如果在競爭上被痛切地感受到,其負擔要落在勞動者身上。資本家會增加對勞動者的剝削來彌補其損失。

　　勞動把它所消費的生產資料的價值,移轉到其生產物內。從另一方面來說,由一定量勞動推動的生產資料的價值與量,則隨勞動更具生產性而增加。所以,就算同一勞動量,不斷以同量新價值加於其生產物,但在勞動生產力提高時,由勞動移轉到生產物去的舊資本價值仍然會增加。

　　舉例來說。一個英國紡紗工人與一個中國紡紗工人,以同一強度、同一勞動時數從事勞動,他們在一週間各自創造相等的價值。但這種價值雖相等,藉強力的自動化操作而勞動的英國人的一週生產物,與僅藉紡車而勞動的中國人的一週生產物間,仍會有莫大的差別。英國人用中國人紡一磅棉花的同樣時間,可紡數百磅棉花。比之中國人,有數百倍的舊價值,被移轉到英國人的生產物中,而以新的有用的形態重現,且能重新作為資本而運轉,並將英國人的生產物的價值膨大起來。恩格斯曾指示我們說:「在 1782 年中,英國前三年的全部羊毛收穫,都因勞動者的缺乏,無法加工製作;如果沒有新發明的機械來幫忙進行紡

織，那些原封未動的羊毛收穫，還得繼續擱置[43]。」已體現在機械形態中的勞動，自然不會直接強迫任何人有朝氣，但能使較少數的勞動者，藉由相對較少量的活勞動的追加，不僅對羊毛為生產性消費，且由此附予其新的價值；同時還能在毛絨線及其他形態上，保存舊有的羊毛價值。不止於此，還可促進和刺激，羊毛的擴大再生產。轉移舊價值又同時創造新價值，那是活勞動的天性。所以，在生產資料的效能、範圍與價值擴大時，從而在積累因其生產力發展而增進時，勞動會把常在增加中的資本價值，以新形態予以維持，並使其永久化[44]。但勞動的這種

---

[43] 恩格斯《英國勞動階級的狀況》，第 20 頁。

[44] 古典派經濟學，因為對於勞動過程及價值增殖過程沒有充分的分析。故不曾適當地把握再生產上的這個最大要素。李嘉圖的著作就是如此。例如他說，生產力不論發生怎樣的變化，「100 萬勞動者在工廠中所生產的價值，總是一樣」。在此等勞動者的勞動時間與勞動強度沒有變化的限度內，這種說法是對的。不過，李嘉圖在若干推論上，忽視了一種事實，即勞動生產力一有差異，由同樣 100 萬勞動者轉化的生產資料量，將大有差異，因此在他們生產物中保存的價值量，從而，由他們供給的生產物的價值，都會產生極大的差異。在這裡，我想順便談到一點。李嘉圖依據上面的例子，想使薩伊明白使用價值（在這情況，他稱其為財富或物質的財富）與交換價值的區別，但沒有成功。薩伊答覆他：「李嘉圖說：應用較好方法的同樣 100 萬勞動者，不生產較多的價值，只能造出 2 倍或 3 倍的財富。這種事實，李嘉圖認為是經濟學上的難關，但若我們把生產視為（也應當視為）一個交換，這個難關就會消滅。我們就是在這種交換上，把我們的勞動、我們的土地、我們的資本，提供生產的勞務，而獲得生產物的。我們就藉著這種生產的勞務，而獲得世界所提供一切的生產物。所以……在名為生產的交換上，我們由生產的勞務所獲得的有用物愈多，我們就愈富有，我們的生產的勞動，就愈有價值。」（薩伊《給馬爾薩斯先生的信》，巴黎，1820 年，第 168、169 頁。）薩伊所要說明的「難關」（這「難關」，在他看來是存在的，李嘉圖則認為不存在），如下所述：勞動生產力增進的結果，一定量勞動所造出的使用價

自然力（Naturkraft），會表現為已併入勞動的資本內在的自我保存力（Selbsterhaltungskraft），正如社會勞動的生產力，會表現為資本固有的特性；資本家對於剩餘勞動恆定的占有，會表現為資本恆定的自我擴增一樣。

資本增加，供使用的資本與供消費的資本間的差額，也隨之增加。換言之，如像建築物、機械、排水管、代勞家畜，乃至各種器具一類的

值量增大了。但為什麼這種使用價值的價值不因而增大呢？他自己答道，這種難關，一把使用價值稱為交換價值，就解決了。交換價值，是以某種方式與交換相關聯的東西。所以，如果我們把這個以勞動和生產資料交換生產物的事，名為生產，則由生產供給的使用價值愈大，我們獲得的交換價值也愈多，這是像水一樣明白的事實。以製襪為例來說，製造者由一日勞動供給的使用價值（為）愈多，則他的長襪便愈多。但薩伊突然覺得，長襪的「數量愈大」，其價格（這自然與交換價值無任何關係）就會趨於低落，「因為競爭會強使他們（生產者）照成本提供他們的生產物」。但若資本家依照成本價格出賣商品，他的利潤將從何產生呢？不用擔心！薩伊這樣說明：生產力增進的結果，各個人以同一等價，以前得長襪一雙，現在可得兩雙了。因此，薩伊所達到的結論，與他企圖反駁的李嘉圖的命題，完全一樣。他在思考上這樣大大努力一番之後，就揚揚得意地，以如下的論調指點馬爾薩斯說：「先生，這確是恰當的學說。我相信，不依照這種學說，經濟學上的最大難關，特別是財富雖代表價值，但生產物價值減少，國民仍可更加富裕的問題，將無從解決。」（前書第170頁。）一位英國經濟學者，對於薩伊《給馬爾薩斯先生的信中》表現的這一類靈巧手法，曾批評說：「這種矯飾的腔調，歸總起來，就被薩伊先生自詡為自己的學說。他還熱心地慫恿馬爾薩斯，叫他在赫特福，像在歐洲大多數地方一樣傳授。他說：『如果對於以上的一切命題，發現有何等自相矛盾之處，最好是考量它們所表現的事物。我自信這些命題，是極為單純合理的。』無疑的，依照這種辦法，這些命題會表現為一切別的東西，唯獨不表現根本重要的事。」（《需求性質之原理的研究》，第116、110頁。）

勞動工具，在價值上、在物質上，都會增加起來；它們會在不斷重複的生產過程中，長期或短期地，發揮機能，或達成某種有用的效果。但它們自身只是逐漸磨損的，從而，只零碎地喪失其價值、只一點一點轉移其價值於生產物中。這些勞動工具在相同比例內，不附加其價值於生產物，只作為生產物形成者（Produktbildner），換言之，它們是全部被使用，但只一部分被消費。在相同比例內，像我們前面講過的那樣，它們就像水、蒸汽、空氣、電一類自然力一樣，提供同樣無酬的服務。過去勞動被活勞動所掌控而賦予生機時，其無酬的服務，會隨積累的晉級階段而日益增加。

因為過去勞動（vergangne Arbeit）常假裝為資本，換言之，即因為A、B、C等等其勞動的被動形態，假裝為非勞動者X的主動形態，有產階級和經濟學者們，遂都對於過去及死勞動的服務讚不絕口。照蘇格蘭的天才麥克庫洛赫所說，過去勞動，是應當在利息、利潤等等形態下，取得特殊報酬的[45]。過去勞動在生產資料形態上所給予活勞動過程之有力及不斷增加的協助，竟被歸功於過去勞動的這種形態（在這種形態下，那種勞動已作為無給勞動，離開了勞動者自身），即是資本形態。奴隸擁有者不能想到，勞動者自身與其成為奴隸的特性有區別，資本主義生產之實際代理人及其以歪理狡辯的理論家，也想不到，生產資料與其今日所披上的對抗性社會面具有區別。

勞動力的剝削程度如有一定，剩餘價值量就取決於同時被剝削的勞動者數的多寡。而此勞動者數，又以各種不同的比例，與資本量相應。所以，由連續積累而增加的資本愈多，則化分為消費基金與積累基金的價值總量也愈大。就這樣，資本家一方面儘管過著更逸樂的生活，同時仍可表示其更加「節欲」。最後，生產的一切發條，以更大的彈性運

---

[45] 西耳尼獲得了「節欲的工資」這種學說的專利權，但早在這之前，麥克庫洛赫已獲得了「過去勞動的工資」這種學說的專利權了。

作，會因墊付資本量的愈益增加而愈益擴大其規模。

V 所謂勞動基金

依據前面論證的過程已說明，資本並不是一個固定的量，而是社會財富中一個可以伸縮的部分，得隨新剩餘價值在收入與新增資本間的分配，不斷地波動。而且我們還知道，哪怕在運轉中的資本量已知的情況，體現在該資本量中的勞動力、科學、土地（經濟學上所說的土地，是指獨立於人類，而由大自然提供的一切勞動條件）等等，也會成為它的伸縮能力，而在某種限度內，成為一個與它自身數量無關的作用範圍。但在此研究上，我們把流通過程上的一切情形，即把種種使同量資本產生極不同效率程度的情形，存而不論。而且，因為我們以資本主義生產所設立的限制為前提，換言之，以社會生產過程一個純然自發成長的形態為前提，故關於任何用現有生產資料與勞動力量能而行的直接及有系統的更合理結合，也都忽略。古典派經濟學，習慣把社會的資本，視為有固定效率程度的一個固定量。這種偏見，又為機敏的庸俗邊沁[46]，首度成立了一個信條。邊沁乃是十九世紀普通有產階級智者中一位乏味、迂腐、好辯的預言家。他在哲學者之中，如同馬丁·塔珀（Martin Tupper）在詩人中一樣。兩者都只能在英國製造出來[47]。依他的

---

[46] 主要是參照邊沁《犯罪及刑罰論》，艾蒂安·杜蒙（Etienne Dumont）法譯本，第3版，巴黎，1826年，第2卷，第4篇，第2章。

[47] 傑瑞米·邊沁，是一種純粹的英國現象。就算把我們德國的哲學家克里斯蒂安·沃爾夫（Christian Wolf）也包括在一起來說，在任何時代、任何國家，也沒有像這樣不足掛齒的平庸者，竟然這麼自我滿足地橫行闊步。他並不是功利主義的發現者。他不過把愛爾維修（Helvétius）及其他十八世紀法蘭西作者的才氣橫溢的言論，用枯燥的方法再生產罷了。例如，要知道什麼對於狗有用，先得研究狗的性質。而這種性質自身，是不能由功利主義推知

信條，不但生產過程上最普通的現象（即突然的擴張及收縮）不能理解，就是積累本身，也完全不能理解[48]。邊沁自身，乃至馬爾薩斯、詹姆斯・彌爾、麥克庫洛赫等等，都是在辯護的目的上利用這個信條；他們特別利用這個信條，冀圖把資本的一部分，即可變資本或可轉為勞動力的資本部分，表示為一個固定量。可變資本的物質存在，即勞動者的維生資料量，也即所謂勞動基金（Arbeitsfond），被杜撰為社會財富中一個已由自然法則固定而不可變的分離部分。固然，要把社會財富中那作為不變資本的部分，以作為生產資料的物質形態來表示，一定要有一定量的活勞動。這勞動量，也是由技術面決定的。但發動這勞動量所需的勞動者數是沒有一定的（隨個別勞動力的剝削程度不同，而有種種變化）。此種勞動力的價格，也沒有一定，我們至多不過是能為它定下一個極具變化的最低界限。這個信條所根據的事實，在一方面是，社會財

的。如把這種原理應用到人身上來，想由功利主義來批判人的一切行為、運動、關係等等，那首先就須研究一般的人性，還須研究在各歷史時代變化了的人性。但邊沁不這樣做，他竟天真而乏味地把近代的商人，特別是英國的商人，假定為標準的人。所有對這種標準人及其世界有用的，則就其自身來說也是有用的。他還進而用這種標準，來評價過去、現在與將來。例如，宗教是有用的，因為刑法在法律名目上制裁的罪過，宗教也曾在宗教的名目上加以禁止；藝術批評是「有害的」，因為它妨礙貴人們對於馬丁・塔珀的欣賞，諸如此類。這位勇士的座右銘，是「沒有一天不寫作」。他就用上述這類廢話寫出了等身的著作。如果我有友人海涅（Heinrich Heine）的勇氣，我會把傑瑞米先生稱作資產階級愚蠢的天才。

[48]「經濟學者慣於把一定量的資本和一定數的勞動，視為是有劃一的力量或以劃一的強度發生作用的生產工具。……主張商品為唯一生產動因的人，證明生產絕不能擴大，因為擴大生產，以食物、原料、工具等等的預先擴大為必要條件。這其實就是說，任何生產擴大，非有預先的擴大不可，換言之，即生產擴大為不可能。」（貝利《貨幣及其變遷》，第58、70頁。）貝利主要是從流通過程的觀點，來批評這個信條。

富在非勞動者的享樂資料與生產資料之間如何分配,勞動者無權干預;在另一方面是,勞動者如非在幸運及例外情況,絕無權以富者的「收入」為犧牲,而擴大所謂「勞動基金」[49]。

惟其想把勞動基金之資本主義的限制,代之以勞動基金之社會及自然的限制,好一個愚笨的同語反複。這特別可以福塞特教授(Prof. Fawcett)為例。他說:「一國的流動資本(Zirkulierende kapital)[50],即是該國的工資基金。故要計算各勞動者收得的平均貨幣工資,只須以勞動者人數,除這資本額就行了[51]。」這無異於說:先把現實支付的個別工資加總起來,然後如此得出的總額,確定是神與大自然所決定及賜予的「勞動基金」的價值總額。最後,再以勞動者人數,除這個總額,便能發現每個勞動者平均收得多少。這是一個不尋常的妙計。福塞特先生還曾以同一語調作以下的陳述:「英國年度存儲的加總財富,分為兩個部分:一部分是作為資本,用以維持本國產業,其他部分則輸往外國。……投用在本國產業上的,只不過占有這個國家逐年存儲的財富的

---

[49] 約翰・彌爾在其所著《經濟學原理》中說:「真正使人感到疲勞而討厭的勞動,並不比別的勞動,獲得更好的報酬,卻幾乎一律獲得最不好的報酬……勞動愈討厭,則他僅獲得最低報酬的事實愈加確實。勞苦與收益,不像在公正的社會組織那樣,相互成正比,卻是常常成反比。」為避免誤解,且附帶一言:像約翰・彌爾一流人物,誠不免有一個缺點,就是一面守著經濟學上的傳統教條,一面卻具有近世傾向,但若把他們視為庸俗經濟學辯護者一流,卻是太不公平了。

[50] 劍橋大學經濟學教授亨利・福塞特《英國勞動者的經濟地位》,倫敦,1856年,第120頁。

[51] 這裡必須引起讀者注意的,就是可變資本與不變資本的範疇,首先是由我使用。亞當・史密斯以來的經濟學,都把這兩個範疇內包含的本質的區別,和那由流通過程生出的形式上的區別,即固定資本和流動資本的區別,混為一談。關於這個問題,在本書第二卷,第二篇還要進一步說明。

一部分，或許一個不大的部分⁵²。」這就是說，因不給予等價而從英國勞動者那裡抽取而得以挪用的每年產生剩餘生產物，就有一大部分，不是用在英國本國，而是在外國資本化了。可是，伴隨如此輸出的新增資本而輸出的，還有神與邊沁所發明的「勞動基金」的一部分⁵³。

---

⁵² 福塞特，前書第 122、123 頁。

⁵³ 我們可以這樣說：逐年以移民國外的形式，由英國輸出的，不僅是資本，還有勞動。不過，由國外移民者帶出去的家財工具，在本文中是沒有提及的。在此等移民者中，大部分都不是勞動者。他們大部分是租地農業家的兒子。逐年以獲取利息爲目的而輸往國外的英國的追加資本，對逐年積累的比例更大得多。逐年的國外移民，對逐年人口增殖的比例，是更小得多的。

第二十三章

資本主義積累的一般法則

I 在資本構成不變的情況，勞動力的需求隨積累而增加

這一章所要研究的，是資本的成長，對勞動者階級命運的影響。這種研究上最重要的因素，就是資本構成（Die zusammensetzung des kapitals）和這種構成在積累過程中所生的變化。

資本的構成有雙重意義。從價值方面來說，那是由資本分割為不變資本（即生產資料的價值）與可變資本（即勞動力的價值，也即工資總額）的比例而定。從資本在生產過程運轉的物質方面來說，一切資本，皆分割為生產資料與活的勞動力。這兩者的構成，是取決於所使用的生產資料量，與其使用所需的勞動量之間的比例。我稱前者為資本的價值構成（Wertzusammensetzung），後者為資本的技術構成（die echnische zusammensetzung）。這兩種構成之間，存有密切的相互關係。為要表現這種關係，我把這種資本價值構成，是取決於資本技術構成而又反映那種技術構成的改變，稱為資本的有機構成（die organische zusammensetzung）。當我們簡單說資本構成時，便是指這種有機構成。

在一特定生產部門投下的許多個別資本，其構成或多或少有所不同。我們由此等資本的個別構成的平均，得知這生產部門的總資本的構成。最後，我們又由一切生產部門的平均構成的總平均，得知一國社會總資本的構成。我們在下面，只就這種社會資本來說明。

資本的成長，含有其投入勞動力的可變資本部分的成長。轉為新增資本的剩餘價值部分，往往必再轉為可變資本，即新增勞動基金。假定其他一切情形不變，資本構成也不變，從而運轉一定量生產資料即不變資本，常須有同一勞動力的量，在那情況，勞動的需求和勞動者的維生基金，顯然會與資本增加，以同一比例增加；資本的增加愈迅速，這種維生基金的增加也愈迅速。因為資本年年生產剩餘價值，而這剩餘價值的一部分，年年加到原資本中去；因為這增量，隨著已在運轉中的資本的擴增，而年年成長；最後又因積累的規模，得在致富的特殊刺激

（如新發展的社會需求所拓展的新市場或新投資範圍等等）下，單由分割剩餘價值（或剩餘生產物）爲資本與收入的改變，而突然擴增，故資本的積累要求會超過勞動力或勞動者人數的增加，即勞動者的需求會超過其供給。這樣一來，工資就不免上揚。確實，如上面假定的情形持續不變，工資的上揚，終究會見諸事實。因爲，被雇勞動者數一年多過一年，遲早總會達到一個限點，以致積累的要求超過通常的勞動供給，從而引起工資的上揚。關於這項事實的悲嘆，我們在整個十五世紀及十八世紀前半期的英國都聽得慣熟。固然，工資勞動者的維持與增長，會由此得到或多或少的有利場境，絕不可能改變資本主義生產的根本特性。單純再生產會持續複製資本關係自身，即一方再生產資本家，另一方再生產工資勞動者；同樣的，累增規模的再生產即積累，也會再生產累增規模的資本關係，即在一極，再生產更多或更大的資本家，在其對極，再生產更多的工資勞動者。但勞動力爲了資本自我擴增，要不斷再合併於資本，而且不得與資本分離；它隸屬資本的關係，不過因購買它的個別資本家的更迭而被掩蔽。所以，像這樣的勞動力的再生產，實際是資本自身再生產的必要之物。所以，資本的積累，即無產者的增加[1]。

---

[1] 馬克思《工資勞動與資本》。「民衆所受的壓迫程度不變，則一國無產者階級人數愈大，其國乃愈富。」〔科林斯（Colins）《經濟學，革命與社會主義烏托邦的泉源》，巴黎，1857 年，第Ⅲ卷，第 331 頁。〕從經濟學上來考量，所謂「無產者階級」，不外乎是生產「資本」增加「資本」的工資勞動者，只要他們對於貝魁爾（Pecqueur）所謂「資本先生」的價值增殖欲望，一旦成爲多餘，他們馬上就會被驅逐。「原始森林的病弱的無產者」，乃是羅雪爾心中的美妙幻想。原始森林的棲息者，就是原始森林的擁有者。他像猩猩一樣，無所忌憚地把原始森林視爲自己的所有。所以，他不算是無產者。必須是原始森林利用他，不是他利用原始森林，他才成爲無產者。就健康狀態來說，這種人不僅足與近世無產階級相比，且還足與梅毒的瘰癧的上流階級相比。不過，羅雪爾先生所謂原始森林，恐怕就是他的故鄉呂內堡的叢林吧！

對於這種事實,古典派經濟學把握得很牢;以致亞當・史密斯、李嘉圖輩,都如前面所說,錯誤地把積累,與剩餘生產物(轉為資本的)全部由生產性勞動者的消費,或與其轉為新增工資勞動者的事實,等同起來。遠在 1696 年,約翰・貝勒斯(John Bellers)曾說:「假如一個人有 10 萬英畝土地、10 萬鎊貨幣、10 萬頭家畜,但卻沒有一個勞動者,這位富者,還不就是一個勞動者嗎?因為勞動者能使人富裕,故勞動者愈多,富人也愈多。……窮人的勞動,就是富人的富源[2]。」曼德維爾(Bernard de Mandeville)也在十八世紀之初說:「在擁有權確有保障的地方,生活沒有貨幣還可以,沒有貧民簡直不行。貧民沒有了,叫誰勞動呢?……對於貧民,是應當使他免於飢餓,可是不應讓他獲得任何值得貯存的東西。不管哪裡,即使是一個屬於最低階層的人,如果他非常勤勉,及控制貪慾,想由此提高其原生的條件,那誰也不應阻礙他。無論就社會上每個人來說,及就每個家庭來說,節儉都不可否認是最明智的方法。然而,對一切富裕國家有利的事,卻是最大部分的貧民從來不懶惰,但經常須支用其全部收入。……每天藉勞動而營生的人,除了貧困以外,沒有什麼可以激勵他成為可供差遣。緩和此種貧困可屬精明,若加以治療則失之愚笨。能促使勞動者勤勉的唯一手段,就是適度的貨幣量。太少,勞動者將依其不同性情,或者變得垂頭喪氣、或者陷於自暴自棄。但如過多,又將使其傲慢而怠惰。……由以上的說明可知,在不許奴隸存在的自由國度中,最可靠的財富在於眾多的勤奮貧民。因為此等貧民,不但是供給海陸軍從不辜負期望的溫床,並且沒有他們,任何的享樂都不能存在,任何一國的生產物都無從得利。要求社會(當然是包括非勞動者)幸福,及使人民愈安於最低劣的環境,就得以多數人的貧窮與無知為必要條件。知識使欲望擴大,使欲望變得繁

---

[2] 約翰・貝勒斯《設立工業大學之提議》,第 2 頁。

多。所欲愈少，滿足所需也愈容易³。」就是這位正直而頭腦清晰的曼德維爾，也尚有不理解的事，那就是積累過程的機制，會在增加資本時，增加辛勞貧民的數目。這種辛勞貧民，就是所謂工資勞動者，他們把自己的勞動力，轉為成長中的資本日益增加的自我擴增之能力，並由此把自己對於自己的生產物——已人格化為資本家的生產物——的依賴關係永久化。關於這種依賴關係，艾登勛爵（Sir F. M. Eden）曾在其所著《貧民的狀態，英國勞動階級史》中說：「我國的土地自然產物，確實不夠維持我們的生活。如果不是仰賴某些過去的勞動，我們的衣食住都成問題。至少，社會一部分人必須不知疲倦地被雇。……其他的人，雖然不紡織也不操勞，而能支配產業的生產物，但他們之得免於勞動，只是沾文明和秩序的光。……他們純然是市民制度（der Bürgerlichen Institutionen）的產物⁴。這樣一種制度，承認一個人除去自身勞動，也可透過不同的其他方法獲得財產。擁有獨立財富的人……他們之位居更高的優勢，絕非憑他們自己卓越的能力，幾乎全是……靠他人的勤勞。區別社會中的富有者與辛勞分子的，並不是因為前者擁有土地或擁有貨幣，而是因為他們支配著他人的勞動……這個計畫（艾登所贊成的計畫），將給有產者對為其勞動的人以充分（絕非過分的）影響與權威，把這類勞動者置在非下賤、非奴隸的條件下，處於安逸而寬大的依賴狀

---

3 曼德維爾《蜜蜂寓言》，第 5 版，倫敦，1728 年，評述第 212、213、228 頁。「有節制的生活和不斷的勞動（作者的思想，是說盡可能延長工作日、盡可能減少維生資料），是使貧者有合理的幸福，使國家（即地主、資本家，及他們在政治上的高官和代理人）富而有力的直接的路。」（《工商業論》，倫敦，1770 年，第 54 頁。）
4 艾登所應問的，寧是「市民制度」究從何產生。他由法律幻想的立場，不認法律為物質的生產關係的產物，卻反而以生產關係為法律的產物。對於孟德斯鳩的幻想的「法的精神」，林格（Linguet）單以「法的精神即是所有權」一語，就把它全盤推翻了。

態中；凡通曉人性及通曉人類史的人，都承認這種依賴狀態，是勞動者爲自身舒適所必要的⁵。」在這裡，我得順便指出，在亞當·史密斯的門人中，只有艾登勛爵，曾在十八世紀成就某種重要的功績⁶。

---

5 艾登《貧民的狀態，英國勞動階級史》，第Ⅰ卷，第1篇，第1章，第1、2頁，及序文第20頁。

6 如果讀者記起1798年刊行《人口論》的馬爾薩斯，我就要以下面的事實提醒讀者。就那部書最初刊行的內容來說，它也不過是對於笛福（Defoe）、史都華、湯森（Townsend）、富蘭克林、華萊士（Wallace）一輩人的言論，加以小學生般淺薄的、牧師般改頭換面的剽竊。那裡面沒有包含一個獨創的命題。至於那部小書之所以會名噪一時，全是由於黨派利害的關係。在當時，法蘭西的革命，已經在英國找到了熱心的擁護者。「人口的原理」，是在十八世紀慢慢演成的；嗣後便在一個大社會危機當中大鳴大放，被吹得像似康多塞（Condocet）等等學說的有效消毒劑；英國的寡頭政治，也把它視爲一切渴望人類進步的狂熱的大剷除器，報之以歡呼。馬爾薩斯對於他自己的這種成功，也大爲驚愕，於是進而著手改編他的《人口論》，把各種皮毛蒐集的材料，塞進舊的構造中，並追加一些非由他發現不過由他拼湊的新材料進去。此外，值得注意的是，馬爾薩斯雖爲英國國教的牧師，卻立過嚴守獨身的修道院誓言。因爲必須如此，他才能夠取得新教的劍橋大學的校友資格。「我們不容許已婚者爲校友會會員，一旦結婚，就會取消他的校友資格。」（《劍橋大學委員會會報》，第172頁。）這種事實，使馬爾薩斯對於其他新教牧師，有一種有利的區別，即其他的新教牧師，一方面脫棄牧師應該獨身的天主教的命令，主張以「多生」爲特殊的聖經的使命，到處以不體面的程度貢獻人口的增殖，但同時卻又向勞動者宣論「人口的原理」。這裡有一個特徵的現象，就是經濟上的原始罪惡、亞當的蘋果、急迫的情慾，以及牧師湯森滑稽稱說的「挫鈍丘比特的箭的各種障礙」──這種種事實，都爲新教神學或新教會的人所獨占，並持續獨占。除了有創見的、才氣橫溢的威尼斯牧師奧爾特斯（Ortes）一人以外，所有的人口問題的論者，差不多都是新教牧師。

把討論這個問題的小牧師們暫置勿論，如近世人口論集大成《動物體系論》（萊登，1767年。這本書的觀念得自魁奈及其老弟子米拉波間關於人口問題的論爭）的作者布魯克納（Bruckner），其次如牧師華萊士、牧師湯森、牧師馬爾薩斯及其弟子大主教湯瑪斯·查摩斯（Thomas Chalmers），都是新教的牧師。在最初，從事經濟學研究的，為霍布斯、洛克、休謨等哲學家，為湯瑪斯·摩爾（Thomas More）、騰普爾（Temple）、沙里（Sully）、德·韋特（De Witt）、諾茲（North）、勞（Law）、范德林特（Vanderlint）、坎蒂隆、富蘭克林等實業家政治家；而特別在理論方面收到最大結果的，是配第、巴本（Barbon）、曼德維爾、魁奈之流的醫生。就在十八世紀中葉，當時顯著的經濟學者牧師塔克（Tucker），還聲辯他為什麼要研究財神。然而此後，新教牧師的喪鐘，正是用這個「人口原理」敲起來的。配第把人口視為是財富之基礎，他和亞當·史密斯同樣為牧師的公然敵人，他好像預知到了他們這種拙劣的干涉，所以說：「牧師最肯制欲的時候，就是宗教最繁盛的時候；那正如同我們前面說到的法律一樣，法律家最少作為的時候，就是法律最有效果的時候。」因此，他忠告新牧師們說：假如諸位遵從使徒保羅的教言，由獨身而「制欲」，「諸位所造出的教職者，就不致超過現在教堂所能吸收的人數。換言之，英格蘭和威爾斯僅有12,000教職的時候，諸位造出24,000教職者，實為不智。那時候，得不到教職的12,000人，就得尋求謀生的路。他們要達到這種目的，最簡易的方法，就是向著世人宣稱已有教職的12,000人，在毒害並飢餓世人的靈魂，在誤導他們走向天國的路。」（配第《賦稅論》，倫敦，1667年，第57頁。）亞當·史密斯對於當時新教牧師們的態度，也可由以下的事實得知。參看〈一封給亞當·史密斯博士的書信：論其友人休謨之生涯與哲學〉（所謂基督教徒的一分子著，第4版，牛津，1784年）。諾里治市的主教霍爾尼博士（Dr. Horne），曾根據下述的理由非難亞當·史密斯：在他給斯特拉罕（Strahan）的公開信中，要「使他的朋友大衛（即休謨）成為不朽」，並昭告於世，說「休謨在臨終的床上，尚以琉善與惠斯特自娛」，此外，他還這樣魯莽地描述休謨，說「在他看來，休謨無論在其生前或死後，都在人間脆弱性許可的範圍之內，

在上面所假定的對勞動者最有利的積累條件下，勞動者對於資本的依賴關係，是採取可以容忍的形態，用艾登的話，就是採取「安逸而寬大的」形態。資本的成長，這種依賴關係與其說是跟著更向內深化，毋寧說是更向外延伸；換言之，不過資本剝削與支配的範圍，隨資本自身的量體及其從屬者數的增加，而益形擴大。在他們自己日益增加及持續轉爲新增資本的剩餘生產物中，會有較大一部分，是以支付手段的形式，流回到他們自己手中，使他們得以擴大其享樂範圍，除添加其置衣服、買家具等等的消費基金外，還可貯存少額的貨幣準備金。可是，衣

和全智有德的人物理想相近」。對於他這些議論，那位主教憤然譴責：「先生，你把一個對於整個宗教抱著不可救治的反感的人的品性和行爲；把一個用全部精力，在人間破壞、壓抑、剷除宗教精神；如果可能，應使其名字不復留於記憶中的人的品性和行爲，表示爲『全智有德』，這是適當的嗎？」（前書第8頁。）「眞理的愛好者，不用喪氣！無神論是不會永久存續的。」（前書第17頁。）亞當·史密斯「抱有在國內傳播無神論的可怕的惡意」。（這是就他的《道德情操論》說的。）「大體說來，博士先生，閣下的手段是高明的。但這次我相信閣下不會成功。您想依大衛·休謨的實例說服我們，使我們相信無神論是缺少元氣者唯一的興奮劑、是死之恐怖的適當解毒劑。……閣下只好向著成爲廢墟的巴比倫微笑！只好向覆滅在紅海中的無情的法老王祝福！」（前書第21、22頁。）
有一位正統基督教徒，亞當·史密斯的同學，曾在史密斯死後這樣描述他：「他對於休謨的友誼……使他不克成爲一個基督教徒。……他對於他所愛好的公正人的話，幾乎沒有不相信的。假如他是有創見的天文學者霍洛克斯（Horrox）的友人，他也許會相信：即使沒有雲的作用，月亮有時也會在澄澈的天空中消失。……他在政治上的主義，接近共和論。」（詹姆斯·安德森《蜜蜂》，18卷，愛丁堡，1791至1793年，第3卷，第166、165頁。）牧師湯瑪斯·查摩斯就猜想，亞當·史密斯發明「不生產的勞動者」這個範疇完全是出於惡意，專門拿來影射新教牧師的，雖然這些新教牧師在主的葡萄園中，也有他們被祝福的工作。

食、待遇的改善及較大的儲蓄，不足以廢絕奴隸的剝削；同樣的，工資勞動者的剝削，也自無從由此得到消除。勞動價格隨資本積累而提高的現象，實際不過表示勞動者為自己鑄造的黃金鎖鏈，已經有這樣長、這樣重，就算放鬆其緊度也無妨而已。關於這個主題的論爭，大抵都把主要事實——即資本主義生產的突出特徵——忽略了。今日，勞動力的售出，並不是要由勞動力的勞務，或其生產物，來滿足買者個人自身的需求。買者的目的，是在擴增自己的資本；換言之，在求商品的生產中，含有超過他支付代價的勞動，即含有不付代價而得由販賣商品所實現的價值部分。剩餘價值的生產，是資本主義生產方式的絕對法則。勞動力之所以暢銷，只由於它能把生產資料作為資本來保存、作為資本來再生產它自己的價值，更以無給勞動，供作新增資本的泉源[7]。所以，不論勞動力的銷售條件對勞動者如何有利，其中總包含勞動力不斷再販售，和一切財富以資本形式不斷擴大再生產的必要。前面講過：工資在其本身性質上，就隱含勞動者提供一定量無給勞動。如把工資提高而勞動價格下滑那等等事實擱置不論，則工資的增加，至多不過表示，勞動者所必須提供的無給勞動量減少。這種無給勞動量的減少，絕不能達到威脅資本制度本身存在的限度。假設不問關於工資率的激烈衝突——在那種衝突中，主人大體上總不失為主人，那是亞當・史密斯已經告訴過我們的——則由資本積累引起的勞動價格的提高，不外隱含下述兩情況之一：

　　1. 如不妨礙積累的進行，勞動價格得繼續提高。在這種事實上，沒有何等值得驚訝的地方。因為亞當・史密斯講過：「利潤縱然降低，

---

[7] 第二版注。「不論為工業勞動者，或為農業勞動者，他們受雇的界限總是一樣的。這個界限就是，由他的勞動生產物，雇主有榨出利潤的可能。如果工資率太高，導致雇主的利得，降到資本的平均利潤以下，雇主就不會雇傭勞動者；要他們續雇，就只有勞動者接受工資減低。」〔約翰・韋德（John Wade）《中產階級和勞動階級的歷史》，第 241 頁。〕

資本不僅會繼續增加,且會遠比以前更爲急速地增加。……利潤小的大資本,一般都比利潤大的小資本,增加得更快。」在這種情況下,無給勞動的減少,顯然絕不妨礙資本支配的擴大。

2. 勞動價格提高,利得的刺激遭鈍化,以致積累變緩。在此種情況,積累率雖然減退,但隨其減退的主要原因,即資本與可供剝削的勞動力之間的不相稱,也歸於消失。也就是說,資本主義生產過程的機制,把它暫時創造的障礙除去了。由此,勞動的價格,將再落到與資本自我擴增的要求相對應的水準,至於此水準,是在工資提高以前的標準水準以上,或在其以下,或與其一致,那都沒有關係。

我們由此知道:在第一種情況,並不是勞動力或勞動者人口之絕對或比例的增加之減弱,引起資本的過剩,反而是資本的過量,引起可供剝削的勞動力的不足。在第二種情況也不是勞動力或勞動者人數之絕對或比例的增加之增強,引起資本的不足,反而是資本的相對減量,引起可供剝削的勞動力(或其價格)的過剩。資本積累的這些絕對變動,反映爲可供剝削的勞動力的量的相對變動,從而像是由勞動力的量的自體變動所產生。以數學上的用語來說:積累量爲自變數,工資量爲應變數,不能反過來說。這好比,在產業循環的危機期,商品價格的普遍下降,表示爲貨幣價值的提高;在其繁榮期,商品價格的普遍上揚,表示爲貨幣價值的下滑。於是,屬於所謂通貨學派(Currency Schule)的人們,乃根據此種事實,得出以下的結論:在物價上揚時,是流通中的貨幣過多;在物價下滑時,是流通中的貨幣過少。他們這樣對事實的無知和完全誤解[8],恰好同那些經濟學者是難兄難弟,那些經濟學者對於以上所說的積累現象,在一個情況,認爲是工資勞動者過少的結果;在另一情況,則認爲是工資勞動者過多的結果。

植根於號稱「自然人口法則」(naturlichen Populationsgesetz)的資

---

8 參看馬克思《政治經濟體批判》,第 166 頁以下。

本主義生產法則，得簡單地概述如下：資本積累與工資率的相關性，不外就是轉為資本的無給勞動，與運轉新增資本所必需的新增有給勞動的相關性。所以，這並非兩種相互獨立的量（即一方為資本量，他方為勞動者人口數）的關係，而是同一勞動人口的無給勞動與有給勞動的關係。如果由勞動者階級所提及，及由資本家階級所積累的無給勞動量增加過於迅速，以致它轉為資本，而要求有給勞動異常大的增加，工資就會提高，在其他一切情形不變的限度內，無給勞動就會依比例減少。但這種減少，一觸到滋養資本的剩餘勞動，不再能以常量供給的限點，馬上就會引起反彈。收入中轉為資本的部分減少，積累放緩，由此，工資提高的變動受到阻止。所以，勞動價格的提高，將被限制在這限度內，在這限度內它不只不會牴觸資本主義制度的根基，且會確保資本主義再生產規模的擴大。由經濟學者變形為號稱大自然法則的資本積累法則，在實際上，不過表述以下的事實：勞動剝削程度的減退及勞動價格的提高，一旦嚴重危及資本關係的持續再生產在規模上一直的擴大，那積累自身的性質就會予以排除。在這種生產方式之下，物質財富，非為勞動者的發展需求而存在，反而是勞動者為滿足既存價值自我擴增的需求而存在，上述那種事實不可能有別的形式。人類在宗教上，是受他自己頭腦的產物所支配，在資本主義生產之下，則是受他自己雙手的產物所支配[9]。

---

[9] 「如果我們現在回到最初的研究，認為資本本身不過是人類勞動的產物……為什麼人類會陷在他自己的生產物（即資本）支配之下，甚至成為資本的隸屬這一件事，就似乎完全不能理解了。但因為在現實上，這種隸屬是毫無疑問地存在，所以我們就不禁要提起以下的問題：勞動者怎麼會由資本支配者（因為他們是資本的創造者），變為資本的奴隸呢？」〔邱念（Von Thünen）《孤立國》，第 2 卷，第 2 篇，羅斯托克，1863 年，第 5、6 頁。〕提起這個問題，是邱念的功勞，但他對於這個問題的解答是幼稚的。

II　在積累及伴隨積累的集中（Konzentration）進程中，資本可變部分的相對減少

據經濟學者們自己的主張，引起工資提高的，既非社會財富的實際量，也非已在運轉中的資本量，而只是積累的持續成長，和該成長的快速程度（亞當・史密斯《國富論》，第1篇，第8章）。我們以上所考量的，只是這種過程的一個特殊階段，在這階段資本雖增加，它的技術構成是不變的。但過程會越過這一個階段向前進。

資本主義制度的普遍基礎一固定，在積累的進程中，就必然要達到一個限點，在這個限點上，社會勞動生產力的發展，成為積累最有力的槓桿。亞當・史密斯曾說：「引起工資提高的原因，就是資本的增加，而資本的增加，易於增進勞動生產力，並使較少量勞動生產較多量生產物。」

土地的肥沃及其他諸種自然條件暫且不論；獨立與孤立的生產者的技巧（這與其說是在量上由其製作物的多寡來表現，毋寧說是在質上由其製作物的良率來表現），也暫且不論，則社會的勞動生產力程度，就由一個勞動者，在一定時間，同一勞動力強度，以生產資料轉為生產物的相對量來表示。他如此轉換的生產資料量，隨其勞動生產力的增加而日益擴大。但生產資料要進行雙重任務。即某一些生產資料的增加，是勞動生產力增加的結果；另一些生產資料的增加，為增強勞動生產力的條件。例如，得助於製造業分工與採用機械，同一時間可加工較多量的原料，從而得以較多量的原料及輔助材料，進入勞動過程，這就是勞動生產力增進的結果。在另一方面，如像機械、代勞家畜、礦物性肥料及排水管等等之量，卻是增強勞動生產力的條件。又集中在建築物、熔鐵爐、運輸工具等等方面的生產資料量，也可如此說。但不論是條件還是結果，當生產資料量與所合併的勞動力相較有所成長時，總歸是勞動生產力成長的表現。所以，勞動生產力的增加，是表示在這個事實上：與其所運轉的生產資料量相較而言，勞動量在減少，換言之，與客觀因素

相較而言，勞動過程的主觀因素在減少。

資本技術構成的這種改變（即生產資料量，和啓動它的勞動力的量比較而言，在成長），會再反映到資本的價值構成上，透過增加資本價值的不變部分，犧牲其可變部分而增加。例如，有一種資本，原本是以 50% 投在生產資料上、以 50% 投在勞動力上，但後來隨著勞動生產力的增進，生產資料占 80%，勞動力卻只占有 20%。不變資本部分與可變資本部分相比呈累增的法則，已由前述商品價格的比較分析——不管其所比較的，是同一國家的相異諸經濟時代，還是同一時代的相異諸國——證明是正確的。總之，價格中有一個要素，只代表所耗費的生產資料的價值或不變資本部分，這個要素的相對量，是與積累的提高成正比；價格中還有一個要素，關於勞動的給付，或僅代表可變資本部分，這個要素的相對量，則與積累的提高成反比。

不過，可變資本部分與不變資本部分相比的減少，或改變的資本價值構成，只近似地表示資本物質成分其構成的改變。比如，十八世紀初期紡紗業上投下的資本價值，是不變資本部分占 1/2，可變資本部分占 1/2，而在今日則不變資本部分占 7/8，可變資本部分占 1/8，但另一方面由一定量紡織勞動在生產上耗費的原料量與勞動工具量，今日恐有十八世紀初期的幾百倍之多。這當中的緣由不外是勞動生產力的增強，勞動所耗費的生產資料的量固然增加，然與其量比較，其價值則已減少。也就是說，生產資料的價值雖然絕對地增加，但其增加並不與其量成比例。所以，與生產資料量（由不變資本轉成）及勞動力量（由可變資本轉成）在差額上的增加比較，不變資本及可變資本在差額上的增加，是小得多的。後者之差雖與前者之差一同增加，但是以較小的程度增加。

可是，積累的增進，雖使可變資本部分的相對量縮小，但絕不因此，就說它的絕對量沒有增加的可能。假如一個資本價值，原分為不變資本 50%，可變資本 50%，後來劃分為不變資本 80%，可變資本 20%。在這當中，如果原資本為 6,000 鎊，現在增加到 18,000 鎊，則可

變資本也有 1/5 的增加，即由原來的 3,000 鎊，增加到 3,600 鎊。但要使勞動需求增加 20%，從前只須有 20% 的追加資本，現在卻不能不把原資本增加 3 倍。

在第四篇，我們已經講過，社會勞動的生產力的發展，是以大規模的合作為前提；我們又講過，只有在那種前提下，勞動的分工與結合，才能組織起來，生產資料才得由大規模的集中而節省；只有在那種前提下，那些在性質方面只適於共用的勞動工具（如機械體系）始能出現；巨大的自然力始能為生產效勞；生產過程始得轉為科學之技術的應用。在商品生產基礎之上，生產資料屬於私人財產，手工匠孤立及獨立地生產商品，或將其勞動力當作商品出售，因缺乏獨立經營的資力，在這種基礎上，作為前提的大規模的合作，只有依個別資本的增加而實現，或配合社會生產資料及維生資料轉為資本家私有財產而實現。商品生產的基礎，只在資本主義形態上，才擔當得起大規模的生產。所以，特殊的資本主義生產方式，是以個別商品生產者手中有一定量的資本積累，為必要的前提條件。由此我們必須假定：這種積累，是發生於手工業向資本主義工業的過渡中。這種積累，不是特殊的資本主義生產方式之歷史的結果，毋寧是它的歷史的基礎，故可稱為原始積累（die ursprügliche Akkumulation）。至於這種積累本身如何開始，我們用不著在此探究，我們只要說它形成起點就行了。但是，一切促進勞動社會生產力的方法，雖是在這種基礎上發展起來，但它們同時又是增進剩餘價值或剩餘生產物（積累的形成要素）的生產方法。所以，它們又是以資本生產資本的方法，或是加速資本積累的方法。剩餘價值持續再轉為資本的過程，現在表現為參與生產過程的資本遞增量的形式。而這種遞增量，復又成為生產擴大規模的基礎，並與此相伴，成為提高勞動生產力的方法的基礎、成為剩餘價值加速生產的方法的基礎。所以一定程度的資本積累，雖表現為特殊資本主義生產方式的條件，但資本主義生產方式，卻又反過來加速資本的積累。即，特殊的資本主義生產方式，隨資本的積累而發展；同時資本的積累，又隨特殊的資本主義生產方式而加速。這

兩個經濟因素,以相互給予複合比的刺激,引起資本技術構成的改變,由此使可變資本部分與不變資本部分相比日益顯小。

每一個別資本,都是生產資料的一個或大或小的集中,指揮著一個相應的或大或小的勞動軍(Arbeiterarmee)。每一筆積累,都成為新積累的手段。每一筆積累,隨著作為資本使用遞增的財富量,使個別資本家手中的財富的集中加大,並由此擴大大規模生產和特殊資本主義生產方式的基礎。社會資本的成長,是由於許許多多個別資本的成長。在其他一切情形不變的限度內,諸個別資本及與此相應的生產資料的集中,與此等資本形成社會總資本中可整除部分等比增加。同時,部分原資本遂與這原資本脫離,作為新的獨立的資本來運轉。把其他原因擱置不論,資本家家庭的財產分配,在這點起著重大的作用。所以,隨資本的積累,資本家數也有或多或少的成長。這種直接產生於積累或與積累相一致的集中,有兩點特徵:第一,在其他情形不變的限度內,社會生產資料在個別資本家手中遞增的集中,為社會財富的擴增程度所限制;第二,固著在各個特殊生產部門的社會資本部分,是劃分於多數資本家之間,他們是作為獨立的商品生產者而相互競爭對立著。因此,積累與伴隨積累的集中,不僅是分散在許多方面;並且,每一筆運轉中資本的增加,都不免要受新資本形成與舊資本再分所阻撓。因此,積累在一方面表現為生產資料與勞動支配權的遞增集中,在另一方面又表現為許多個別資本相互間的排斥。

社會總資本碎分為許多個別資本,或此等碎分部分相互間的排斥,為此等個別資本相互吸引的事實所抵銷。但這種互相吸引,並不就指單純的與積累有同一意義的生產資料與勞動支配權的集中;卻是指已經形成的諸資本的集中、是個別資本獨立性的揚棄、是資本家被資本家剝削、是許多小資本轉為少數大資本。這種過程,與前一過程不同,因為它只以已經存在及已在運轉中的資本在分配上的改變為前提;因而它的作用範圍,不受限於社會財富的絕對的成長、不受限於積累的絕對的界限。資本正因在許多人手中喪失,所以能大量掌握在一個人手中成

長。這就是集權（Zentralisation），是和積累（Akkumulation）及集中（Konzentration）有區別的。

關於資本集權或資本吸引資本的法則，我們不能在這裡詳細討論，只簡單提示若干事實就行。營業上的競爭，是以商品的廉價來進行。在其他情形不變的限度內，商品的廉價要看勞動的生產力，而勞動的生產力又要看生產的規模。所以，大資本會打倒小資本。我們還要記得：隨著資本主義生產方式的發展，在標準條件下營運所需的個別資本的最低量是增加了。因此，小的資本就只好擠向那些生產領域，即現代工業才零星推動，或還不曾為現代工業完全征服的領域。在這類生產領域中，激烈展開的競爭是與對抗的資本數成正比，與其大小成反比；結果許多小資本家往往以消失而告終。他們的資本，一部分轉到其征服者手中，一部分則消失。我們即把此暫置不論。資本主義生產的發展會有一個全新的力量生出來，即信用制度（Kreditwesen）。這種制度，在最初只是私下暗摸地混進為積累作一個卑躬屈膝的助手；藉著不可見的線，把那些以大量或小量散落在社會表面的貨幣資源，牽引到個別資本家或聯合的資本家手中；但轉眼間，它在競爭戰場上，就變成了一個新的可怕武器，最後還轉為一個資本集權的巨大社會機制。

競爭與信用，是集權的兩個最有力的槓桿；這兩者與資本主義的生產和積累成相稱的發展。加上積累的進步，會增加易受集權的物質（即個別資本）；同時資本主義生產的擴大，一方面會創造社會需求，另一方面又會為巨大的產業企業──這是以事先的資本集權為實現基礎的──創造其所需的技術手段。今日牽引個別資本在一起的吸引力及其集權傾向，是過去任何時代所不能望其項背的。在某種限度內，集權舉動的相對性擴展度與能量，誠然是由資本家財富的既有量與經濟機制的優越性所決定，但集權的進展，絕不依存於社會財富量之積極成長。這正是集權與集中的特殊區別，因為集中僅是擴大再生產的另一名稱。集權卻只要變更既存資本的分配、變更社會資本成分數量的分類，就可發生。在此等情況，資本得由許多個人的手中撤到一個人手上來，而成長

為龐大的數量。如就一定的產業部門而論，集權的極限就是以這一部門投下的一切個別資本，融合為單一資本[10]。在特定社會中，這種極限，唯有整個社會資本集結在單一資本家手中，或集結到單一資本家公司手中，方能達到。

集權經由使產業資本家能擴大其經營的規模，來完成積累的作用。經營規模的擴大，或是積累的結果、或是集權的結果；集權的進行，或是藉強力合併的手段實行（在這個情況，若干資本對於其他資本成為壓倒性吸收的中心，並由此擊破其他資本個別的凝聚力，而吸收其分離的斷片）、或是通過較為平坦的程序，將既經形成或在形成中的多數資本，融合組成股份公司；但無論如何，經濟上的效果總是一樣的。不論在什麼地方，產業建制規模的擴大，都是一個出發點，從那裡，多數人的集體勞動，將有一個更綜合的組織；他們的物質的動力，將有更廣大的發展，換言之，即以慣常方法營運的孤立生產過程，將日益轉為社會結合的和科學性配置的生產過程。

不過，顯而易見的是；積累是資本由環狀形態轉為螺形形態再生產而進行的漸次性增加，與集權比較，是一個極緩慢的過程；集權所要求的，不過是變更社會資本成分數量的分類。假如我們必等待少數個別資本家，靠積累到足以進行鐵道的構築，恐怕世界到今日還沒有鐵道出現。但集權卻以股份公司的手段，轉瞬間就把這事業成就了。由此可知，集權會加速並強化積累的效果，同時還擴大並加速資本技術構成的革命，也就是犧牲其可變資本而增加其不變資本，並由此縮減勞動的相對需求。

藉由集權而一夜融合來的資本量，如同其他資本一樣增長及再生

---

[10] 第四版注。最近在英、美兩國發展的托拉斯，至少是要由這個方法達到上述的目標，也就是把一切屬於同一營業部門的大經營統合起來，使其成為實際上擁有獨占權的一個大股份公司。——F. E.

產，只是更加迅速；並由此成為社會積累之新而有力的槓桿。所以，我們今日一說到社會積累的進展，默示有集權的效用。

在正常積累進程中形成的新增資本（參照第二十二章第Ⅰ節），大體是作為利用新發明與發現，及產業改良的載具。不過，舊資本一達到相當時期，也要澈底更新，要脫去其舊的表皮，以一個完善的技術形態重生；在那種形態上，它也和新增資本一樣，得以較少量的勞動，運轉較多量的原料與機械。而由此必然發生的勞動需求，隨資本在經歷這種更新過程上由集權舉動已大量聚集的程度，明顯會變本加厲的絕對減少。

所以在一方面，與積累過程中形成的新增資本量相對而言，這種新增資本所吸收的勞動者是愈來愈小；在另一方面，以構成的改變來週期性再生產的舊資本，也逐退愈來愈多它以前所雇用的勞動者。

Ⅲ 相對過剩人口（或產業後備軍）的漸進性生產

資本的積累本來雖只是表現為資本之量的擴大，但如我們已經講過的，它是由資本構成上漸進質性上的改變，及犧牲可變資本部分來擴大不變資本部分所導致[11]。

特殊的資本主義生產方式，適應於這個生產方式的勞動生產力的發展，及由此引起的資本有機構成的改變，不僅與積累的進步，或與社會財富的成長，採取一致的步驟；而是以迅速得多的速度向前進展。因為單純的積累，或社會總資本的絕對擴大，同時還伴有總資本各個別要素的集權；因為新增資本的技術上變革，同時還伴有原資本的技術構成

---

[11] 第三版注。關於這點，馬克思的藏本附有以下標注：「這裡附加一言，以供後來參證。即資本的擴大，如果不過是量的擴大，則就同一營業部門的或大或小的資本而言，利潤的大小，是與墊付資本的大小成比例。如量的擴大，伴有質的變化，則大資本的利潤率，同時也會提高。」——F. E.

的類似變革。即在積累進行中，不變資本部分對可變資本部分的比率，將伴隨改變。那種比率，如假定原先是 1：1，現在次第成為 2：1、3：1、4：1、5：1、7：1 等等。隨著資本增加，資本總價值中轉為勞動力的部分，將逐漸從 1/2 遞減成 1/3、1/4、1/5、1/6、1/8；等等，同時轉為生產資料的部分，則在總價值中，逐漸遞增成 2/3、3/4、4/5、5/6、7/8 等等。因為勞動的需求，不是取決於總資本量的大小，而是取決於可變資本量的大小，所以，它不像我們以前假定那樣，與總資本為比例的增加，卻是隨總資本增加而漸進地減少。就因為它對於總資本量是相對減少，故總資本量增加，它的減少將愈加速。確實，隨著總資本的成長，其可變部分，或合併在總資本中的勞動也增加，但其增加的比例是不斷遞減的。積累在一定技術基礎上擴大以單純生產運作的中間時期縮短了。為要吸收新增的勞動者數，甚且，為要在舊資本不斷轉變其形態時保住既經雇用的勞動者，總資本有以持續累進的加速其積累之必要。但還不只此。這種增長中的積累與集權，又會成為引起資本構成的新改變，及促使可變資本（較之不變資本）加速地趨於減少的泉源。可變資本部分這種加速的相對減少——它隨總資本加速的增加而生，且較其增加更為迅速——在另一方面，是採取這樣一種相反的形態，在這形態中，勞動人口之明顯、絕對的增加，常常比勞動者雇用手段（或可變資本）的增加，更為迅速。資本主義的積累，會比例於其自身的能量與範圍，持續產生相對過剩的超過資本自我擴增平均所需勞動人口的限度，因此是過剩人口。

　　就社會資本總額來考量，它的積累運行，會引起週期性改變，或多或少影響其整體；會把它的諸種階段，同時分配在不同的生產領域。在若干生產領域，資本構成的改變，無須資本絕對量增加，而單純是集權的結果；在其他生產領域，資本之絕對成長，與其可變資本部分或其所吸收的勞動力之絕對減少，相關聯；更在其他領域，資本暫時，在它一定的技術基礎上，繼續成長，並以這種增加比例，吸收新增勞動力，在另一個時候，它又改變其有機構成，並減縮其可變資本。然而在一切的

生產領域，可變資本部分的增加，從而被其雇用的勞動者人數的增加，往往總伴有一種強烈的波動，和暫時性過剩人口的生產；這種過剩人口生產，無論是採取較顯著的形態（即排斥已雇勞動者），還是採取較不明顯但也較實際的形態（即新增勞動人口愈發難於吸入通常管道中），都沒有關係[12]。隨著已在運轉中的社會資本量及其增加程度增進、生產規模與其所啟動的勞動者人數增加了、此等勞動者的勞動生產力發展了、財富一切泉源之流日益寬廣及充實了，於是，資本對勞動者的較大的吸引力，也將以較大的規模，伴隨著資本對勞動者的較大的排斥力。

---

[12] 據英格蘭與威爾斯的戶口調查，從事農業的全體人數（包括土地擁有者、租地農業家、園丁、牧羊者等），在1851年為2,011,447人，在1861年為1,924,110人，共計減少87,337人。毛線製造業在1851年為102,714人，在1861年為79,242人。絲製造業，在1851年為111,940人，在1861年為101,678人。印花布染製業，在1851年為12,098人，在1861年為12,556人。就最後這種產業來說，它的規模雖異常擴大，但人數增加是極有限的，被雇勞動者數，與其規模相比，其實是大大減少。製帽業在1851年為15,957人，在1861年為13,814人。草帽及軟帽製造業，在1851年為20,393人，在1861年為18,176人。麥芽製造業，在1851年為10,566人，在1861年為10,677人。蠟燭製造業，在1851年為4,949人，在1861年為4,686人——這種減少，主要是由於汽油燈的推廣。製梳業在1851年為2,038人，在1861年為1,478人。鋸木業在1851年為30,552人，在1861年為31,674人——這種微小的增加，是由於鋸木業的流行。製釘業在1851年為26,940人，在1861年為26,130人——這種減少，是機械競爭的結果。採銅錫業的勞動者，1851年為31,360人，1861年為32,041人。而棉花紡織業上的勞動者，1851年為371,777人，1861年為456,646人。煤礦業在1851年為183,389人，在1861年為246,613人。「總之，自1851年以後，勞動者增加最顯著的方面，都是到現今使用機械尚沒有良好成績的諸產業。」（《1861年英格蘭及威爾斯的戶口調查》，第3卷，倫敦，1863年，第35、36、37頁以下。）

資本有機構成及其技術形態改變的迅速程度將會增加，而在同時及交替地，涉及此種改變的生產領域，也必增加。因此，勞動人口一方面成就資本的積累，同時卻一直在增加的範圍，造出種種手段，使自己變為相對多餘的，從而轉為相對過剩人口[13]。這就是資本主義生產特有的人口法則。事實上，每種特殊的歷史性生產方式，都有它自己在歷史上適用的特殊的人口法則且只存在於不受人類干涉的範圍內。

---

[13] 可變資本相對量累進減少的法則，以及那種法則在工資勞動者階級狀況上所產生的影響，在古典派經濟學者中已有些卓越的學者感到了，但沒有充分把握它。其中在這方面留下最大功績的，要算約翰·巴頓（John Barton），雖然他和所有其他古典派經濟學者一樣，把不變資本和固定資本混淆、把可變資本和流動資本混淆。他說：「勞動的需求，不是繫於固定資本的增加，而是繫於流動資本的增加。這兩種資本的比例，如果不論在什麼時候什麼地方都是一樣，則在實際上會得出的結論是，被雇勞動者數與國家之財富成比例。不過，這個假定與實際情形不合。隨著技術進步及文明普及，固定資本對流動資本的比率，會不斷增加。英國生產洋紗一匹所使用的固定資本額，比之印度生產紗布一匹所使用的固定資本額，至少有100倍，也許竟有1,000倍。反之，其流動資本額，則不過是後者的百分之一或千分之一，……縱使把逐年節蓄的全部都化為固定資本，那也不會在勞動需求的增加上，產生何等影響。」（巴頓《論各種影響社會勞動階級狀態之情形》，倫敦，1817年，第16、17頁。）「使國家純收入增加的原因，同時就是使人口過剩、使勞動者階級狀態惡化的原因。」（李嘉圖《經濟學及賦稅之原理》，第469頁。）與資本的增加相比，「勞動的需求，是在遞減。」（前書第480頁注。）「決定用來維持勞動的資本額，得自行變化，而與總資本的變化相獨立。雇傭上的大變動與勞動者的困乏，得隨資本自身的豐富，而益加頻繁。」（瓊斯《經濟學導言》，倫敦，1833年，第13頁。）「勞動需求……的增加，不與一般資本的積累成比例。……從而，預定用在再生產上的國民資財的增加，將因社會日益進步之故，以致對於勞動者的地位，僅能發生日益變小的影響。」（拉姆賽《財富分配論》，第90、91頁。）

但若，剩餘的勞動人口，是積累的必然產物或是資本主義基礎上財富發展的必然產物，此種人口過剩，反過來還成為資本主義積累的槓桿，不，成為資本主義生產方式的存在條件。過剩的人口，形成一個可任意處置的產業後備軍（indstrielleu Reservearmee），它像是由資本出錢養成的一樣，絕對隸屬於資本。不管人口的實際增加有何等限制，資本總歸可為它自我擴增的變動需要，創造一堆隨時可供它剝削的人類物質（Menschen material）。資本的突然的擴張力，得隨積累的進展，和與積累相伴的勞動生產力的發展而成長；它的擴張力成長，不僅因為運轉中的資本的彈性已經加大、不僅因為資本只在其中形成一可伸縮部分的社會絕對財富已經擴增，也不僅因為信用每次受到特殊刺激，會馬上把該財富的異常部分，當作新增資本委於生產支配；除此等等以外，還因為生產過程自身的技術條件（如機械、運輸手段等等），允許把大量剩餘生產物，極迅速地轉為新增的生產資料。隨積累進展而充溢起來，並得轉為新增資本的大量社會財富，瘋狂地擠進那些市場突然擴展的舊生產部門，或擠進鐵道（其需求係因應舊市場的發展而產生）一類的新形成的生產部門。在所有這些情況，都必須突然有巨量的人口，在不損害其他生產領域的規模的限度內，投入決定點的可能。這種大量供給必須取之於過剩人口。近代產業所特有的途徑，就是通過相當活躍、生產繁忙、危機、停滯諸階段，為期 10 年（其間有時也為諸種小振幅所中斷）的循環。這種循環之所以能夠成立，就是因有過剩人口或產業後備軍持續形成，嗣後或大或小地被吸收，然後再形成。但產業循環的諸種階段，反過來也會補充過剩人口，並成為這種過剩人口最具能量的再生產因素之一。

　　近代產業的這種特殊途徑，在近代以前的早期人類歷史時期，都不存在。即在近代資本主義生產的初期，那也沒有出現的可能。在那時，資本構成的改變是極其緩慢的。所以勞動需求的成長，大體與資本的積累相應。與更近代的進步比較，那時資本積累的進步已算遲緩了，但它還要受制於可供剝削的勞動人口的自然限制。這種限制，只有藉我們

後面要述及的強力手段始能排除。生產規模的不規制性擴張,是生產規模的同等突然收縮之前提;後者又引起前者,但生產規模如沒有可任意處置的人類物質、如沒有勞動者數的增加(在這裡,是指與人口的絕對成長無關),則絕無突發擴張的可能。這種勞動者數的增加,是由持續把勞動者一部分「游離」(freisetzt)的單純過程達成的、使被雇勞動者人數比增加的生產為少的方法達成的。因此,近代產業的全部運行形態,是依賴持續把一部分勞動人口轉為失業者或半就業者的事實上。信用擴張與緊縮的現象,不過是產業循環週期轉變的徵候,政治經濟學卻把它看作是週期轉變的原因,那足以顯示它的淺薄。天體一旦投入一定運行,常會重複同一運行;同樣的,一旦投入上述擴張與緊縮運轉的社會生產,也會如此。結果反過來成為原因;整個過程——它一直再生產它自身的條件——的不同偶然性,是採取週期性的形態。這種週期性一旦固定了,在經濟學眼中,相對過剩人口(即超過資本自我擴增平均所需的人口)的生產,就成了近代產業的必要條件了。

原為牛津大學經濟學教授,後來任職英國殖民部的亨利・梅里瓦爾(H. Marivale)說過:「假如在這些危機當中,國家奮起致力於將幾十萬過剩人口,移往國外,那將會引起怎樣的後果呢?就是:當勞動需求首度恢復時,勞動會有所不足。人類的生殖儘管再迅速,要補充失去的成年勞動力,無論如何非有一代的期間不可。我們製造業者的利潤,主要依賴一種能力:利用需求興旺的繁榮瞬間,以圖替補停滯期所蒙受的損失。這種能力的取得,只能透過支配機械與體力勞動。他必須在手邊準備著;他必須能夠遵照市場的情況,當擴張時能增加上述元素操作的活動,且又能在鬆馳時再度減少。不然的話,要想在競爭賽場上維持國家財富所依的優勝地位,恐怕難得做到吧[14]。」就連馬爾薩斯,也承認

---

[14] 麥利維爾(H. Merivale)《殖民及殖民地講座》,倫敦,1841、1842年,第1卷,第146頁。

人口過剩是近代產業的一個必然；但他之所謂人口過剩，是依據他的窄狹見地，解作是勞動人口的絕對過度成長，而非其相對的多餘。他說：「對於結婚持愼重態度的習慣，如普遍地通行於該國的勞動者階級之間，則一個主要依存工商業的國家，將受到損害。……從人口的性質上來說，如要在有特殊需求的情況增加向市場提供勞動者，勢非經過16年乃至18年不可。然由儲蓄而以收入轉爲資本的過程，卻可以進行得快得多。維持勞動基金量的增加，常比其人口的增加迅速[15]。」經濟學在這樣把相對過剩勞動人口之持續的生產，宣示爲資本主義積累的一個必然以後，更極輕易地以老處女的姿態，將替資本家之「美的理想」（Beau idéal）說好話，對那些被新增資本（多餘者自己所創造的新增資本）所逐在街上的「多餘者」（Ueberzähligen），發出以下的論調：「我等製造業者，爲各位傾盡所能，來增加各位生活上必要的資本；各位必須調節你們的人數，適於維生資料，以成就其餘的任務[16]。」

資本主義的生產，絕不以人口自然增加所供給的可任意處置的勞動力之量爲滿足。它爲了能隨心所欲，需要不受這種自然限制的一個產業後備軍。

關於此，我們以上皆假定被雇勞動者人數的增或減，與可變資本的增或減，完全一致。

但當資本所支配的勞動者數保持原狀，甚或減少時，可變資本仍可在如下情況增加起來；即個別勞動者供給較多勞動的情況。由此，即使勞動價格不變甚至降低，但因比之勞動量的增加，那種降低較爲緩慢，故工資仍將提高。在這種情況，可變資本的增加乃是更多勞動的指數，

---

[15] 馬爾薩斯《經濟學原理》，第254、319、320頁。在這書中，馬爾薩斯借助西斯蒙第，發現了資本主義生產的美好的三位一體：生產過剩、人口過剩、消費過剩——那是極精緻的三個怪物！參看恩格斯《國民經濟學批判綱要》，第101頁以下。

[16] 馬蒂諾（Harriet Martineau）《曼徹斯特的罷工》，1842年，第101頁。

而非被雇勞動者數更多的指數。每個資本家絕對情願,一定量的勞動,不出自較多的勞動者數,而出自較少的勞動者數,如果勞動所費相同。因為在使用較多勞動者數的情況,不變資本的支出須與所推動的勞動量比例增加,而在使用較少勞動者數的情況,則不變資本的增加較為緩慢。生產規模愈大,由較少勞動者數壓出同量勞動的動機也愈強,其動機則隨資本的積累而增強。

我們講過:資本主義生產方式的發展與勞動生產力的發展——同時為積累的原因與結果——使資本家得從外擴方面或密集方面,擴大對個別勞動力的剝削,以支出同一可變資本,推動較多量的勞動。我們還講過:資本家是漸進地用未熟練工人代替熟練工人、用未成熟的勞動力代替成熟的勞動力、用女工代替男工、用少年或兒童代替成年的勞動力。這樣一來,他得以相同資本購買較多的勞動力。

因此,隨著積累的進展,一方面,較大的可變資本,不用徵募較多的勞動者,可推動較多的勞動;另一方面,同量的可變資本,又得以同量的勞動力,推動較多的勞動;最後,得以更多低級的勞動力取代高級勞動力。

所以,相對過剩人口的生產,或勞動者的游離,比起生產過程之技術革命(伴隨積累的進步而生,且為積累的進步所加速),要來得迅速得多;且較可變資本比不變資本相應的減少,也更迅速。假如生產資料,隨其範圍的加大與效力的加強,而成為勞動者的就業手段,這種事態,又因以下的事實而再度修正;那就是,比例於勞動生產力的增進,資本增加其勞動供給,比其增加對勞動者的需求更迅速。勞動者階級中,就業者部分的過勞,勢將促使產業後備軍隊伍增加;反過來,產業後備軍由其競爭給就業者部分更大的壓力,又迫使後者提供過勞且服從資本的支配。對由勞動者階級中一部分人的過勞,強使其他勞動者陷於遊手好閒的責難,及倒過來的責任,成為個別資本家的致富手段[17];同

---

[17] 就在 1863 年棉花匱乏的當時,布拉克本市棉紡工人,曾發表一本猛烈抨擊

時且會適應社會積累的進展,而以一定規模,加速產業後備軍的生產。在相對過剩人口形成上,這項要素有多麼重要,可以英國為例來證明。英國「保全」勞動的技術手段,是異常的。可是如果在明天就把一般勞動減少到合理的數量,並把各種部類的勞動階級,就其年齡及性別予以比例性配置,則要以現存的勞動者人口,來執行國家現有規模的生產,是會絕對不足的。那樣一來,現在「非生產性」勞動者大多數,就不得不轉為「生產性」勞動者了。

大體而論,工資的一般變動,是專由產業後備軍的擴張及緊縮來調節,而此產業後備軍的擴張及緊縮,又與產業循環的週期性變化相應。所以,工資變動,不是取決於勞動者絕對人口數的變動,而是取決於勞動者階級分割為現役軍與預備軍的變動比例、取決於過剩人口相對數的

過度勞動——《工廠法》實施的結果,這種過度勞動,當然只影響成年男工——的小冊子,其中說:「這個工廠的成年工人,每天要做 12 小時乃至 13 小時的勞動,儘管同時有幾百個被迫無事可做的勞動者,為了要維持家族的生活,且為了防止同儕過度勞動而早死的現象,情願擔任一部分時間的勞動。」又說:「我們要問:像這樣使若干勞動者超時勞動的辦法,會在雇主和被雇者間創造出好感嗎?過度勞動者與強迫不勞動者,同樣會感到不公平啊。如果適當的分配,這個地方的一切勞動者將都會有職業。我們的要求是合法的,因為我們不過請求雇主,至少在現狀轉好以前,與其使一部分勞動者因無工可做,而不得不依慈善生活,同時卻使別的勞動者過度的勞動,就不如普遍地把工作時間縮短。」(《工廠監督專員半年報告。1863 年 10 月 31 日》,第 8 頁。)《工商業論》的作者,也用他通常沒有錯誤的資產階級的本能,理解了相對過剩人口所及於就業勞動者的影響。他說:「在這個王國內,怠惰的另一原因,就是勞動者人數,還嫌不充分。……當製造業有非常的需求而感到勞動不足時,勞動者就會感到自己的重要,同時使雇主也這樣感覺。這是值得驚訝的。他們的性情實在墮落不堪,在那種情況,一群一群的勞動者會團結起來,以虛度終日的手段來苦惱雇主。」(《工商業論》,第 27、28 頁。)這些人是要求提高工資。

增或減、取決於那種過剩人口時而被吸收、時而被游離的程度。因而，勞動市場現顯示相對不足是因資本在擴張，勞動市場現再顯示過剩是因資本在緊縮，那就近代產業及其 10 年一度的循環及其週期性諸階段（隨著積累的進展，此等階段會由不規則的日益迅速地相互繼起的諸種振幅，變得錯綜複雜）而言，倒是一個美好的法則。這假託資本的運行是依賴人口的絕對變化，而不是反過來依勞動市場的供需受資本交替擴張及緊縮規範，正是經濟學者的信條。據他們所說，工資因資本的積累而提高。而這提高的工資，將刺激勞動人口更迅速的繁殖；這種繁殖進至勞動市場成為過剩，從而使資本對於勞動的供給，顯示不足。在此情況工資又跌落，事情又走向反面。勞動者人口會因工資的跌落，而逐漸減少；這樣一來，資本比之勞動者人口，再現相對過剩；或如其他諸人所說，工資低落及勞動者剝削相應的增加，再度加速積累，同時低廉的工資，又會阻止勞動者階級的增加。到這時，勞動的供給少於需求，工資於是上漲，並如此不斷地重複下去。這在發達的資本主義生產看來，實在是一種美好的運行方法！在工資提高，因而實際適宜工作的人口積極增加之前，必須再三經過一個很長的時期，產業戰必須在這個時期進行，並決出勝負。

在 1849 至 1859 年之間，英國農業區域的穀物價格雖然跌落，勞動工資卻有增加（從實際方面考量，那只是名目上的增加）。例如，在威爾特郡，週工資由 7 先令增到 8 先令；在多塞特郡，則由 7 或 8 先令增加到 9 先令等等。這種增加的原因，是農業上的過剩人口，被戰爭需要，或被鐵道、工廠、礦山等方面的龐大擴張，引起了異常流出的結果。工資愈低，工資雖略有增加，其增加的百分比就愈顯得高。例如，週工資如果是 20 先令，由 20 先令增加到 22 先令，即是增加 10%；但若週工資是 7 先令，由 7 先令增至 9 先令，卻是增加 28 又 4/7%。這就非常好聽了。四處的農場主，都咆哮起來；倫敦《經濟學人》（*The Economist*）關於這吃不飽餓不死的工資，十分認真地喋喋不休，說是

「普遍而實質的進步」[18]。然而農場主該怎麼辦呢？他們將遵照教條的經濟學的頭腦，等待此優良報酬帶來農業勞動者的增加和加乘，由此再招致其工資的跌落嗎？不是的。農場主採用了更多的機械；在那瞬間，勞動者又以農場主也感到滿意的比例，再次顯得過多了。這樣一來，農業上比以前投下了「更多的資本」，而採取更具生產性形態了。勞動需求不但相對地減低，並且絕對地減低。

上面這種經濟上的虛構，把規範工資普遍運行的法則，即規範勞動者階級（總勞動力）與社會總資本的比例的法則，和勞動人口在各生產領域間的分配的法則，混為一談了。比如，市場景況良好的結果，某一特殊生產領域的積累特別活躍，其利潤在平均水準以上，吸引新增資本流到這種生產領域，在這種情形下，勞動需求自然增加，工資自然增高。因此在此市況良好的生產領域，就要因工資的提高，吸收掉勞動人口的較大部分，致使該生產領域的勞動力供給過剩，結果，工資或再降低到從前的平均水準，或竟因勞動者過多的壓力而降到此水準以下。這樣一來，勞動者向著這種產業部門的流入，就不但會停止，甚至會發生流出現象。在這裡經濟學者自信已經見到：勞動者的絕對增加，因何與工資的增加相伴；工資的減少，因何與勞動者的絕對增加相伴。但他所見到的，不過是某特殊生產領域的勞動市場的局部波動、不過是勞動人口在不同投資領域間的分配隨資本要求而變的現象。

在停滯與相當繁榮的時期，產業後備軍對現役勞動軍施以壓力；當生產過剩與激發的時期，產業後備軍阻止現役勞動軍的要求。所以，相對的過剩人口，是勞動供需法則運作的軸心。它把這法則作用的範圍，限於絕對適合資本的剝削與支配的活動。

談到這裡，我們必須回頭來述及經濟辯護論上一大成就。我們該記得，由於新機械的採用或舊機械的擴張，一部分可變資本轉成了不變

---

[18]《經濟學人》雜誌，1860 年 6 月 21 日。

資本，這種活動，原是「綁定」（bindet）資本，「游離」（freisetzt）勞動，而經濟的辯護學者（der Ökonomische Apologet），卻從反方向，把它解成為了勞動者而游離資本。我們現在已能充分理解這些辯護學者的厚顏無恥了。其實被游離了的不僅是被機械直接逐出的勞動者；那些可以未來替代他們的新興世代、那些依舊式基礎實行正常擴充的行業可以正式吸收的臨時新增勞動者，都要遭受同一命運。他們現在是被游離了，讓每筆期待雇用的新資本能隨意處置。不管此等資本所吸收的，是這些勞動者還是其他勞動者，如果此等資本由市場吸去的勞動者人數，恰好與機械逐出到市場上的勞動者人數相等，它對於一般勞動需求的影響，就等於零了。假如此等資本吸收的勞動者人數較少，過剩者數勢將增加；若所吸收的人數較多，則一般勞動需求，也不過依照被雇者數超過「被游離者」數的比例而增加。因此，尋找出路的新增資本所給予一般勞動需求的刺激，無論在以上哪種情況，都要被機械逐出勞動者的事實中和到某一程度。也就是說，資本主義生產機制是這樣安排的：它使資本之絕對的增加，不伴隨有相應的一般勞動需求的提高。辯護論者稱此為不幸者的替補，換言之，是被汰換的勞動者在編入產業後備軍過渡期間所蒙受的窮困、痛苦與可能死亡的替補！勞動的需求，並不與資本的增加一致；勞動的供給，也並不與勞動者階級的增加一致。我們這裡不要把它們視為是相互作用的兩個獨立的力量。骰子是造假的！資本同時在雙方作用著。它一方面由積累增加勞動的需求，另一方面又由勞動者的「游離」，而增加他們的供給；同時，更在失業者加壓於就業者不得不提供較多的勞動。這樣一來，勞動的供給，就在某限度內，與勞動者的供給相獨立了。在這種基礎上，勞動供需法則的運作，成全了資本的專制。勞動者工作愈多、為他人生產的財富愈多、他們的勞動生產力愈是增強，則他們作為資本自我擴增手段的機能，以同一尺度增加他們的愈來愈多不安；當他們看穿自己何以至此的祕密時、當他們發覺自己相互競爭的強度，全由於相對過剩人口的壓迫程度時、當他們由工會及其他方法，企圖在就業者與失業者間，組織一項正式合作，以打破或

削弱資本主義生產這種自然法則所加於他們這一階級的破壞性影響時，資本及其阿諛者即政治經濟體學者，便立即叫嚷起來，說那侵害了所謂「永遠的」、「神聖的」供需法則。就業者與失業者間每一種組合，將會攪亂該法則的「協調性」作用。但在另一方面，例如在殖民地的情況，一旦有相反的情形，妨礙產業後備軍的形成、妨礙勞動者階級絕對隸從資本家階級時，資本及其平庸的桑丘・潘薩（Sancho Panza），卻馬上就會背叛那「神聖的」供需法則，並企圖用強力手段和國家干預來阻止它的不適宜作用。

IV 相對過剩人口的各種存在形態，資本主義積累的一般法則

相對的過剩人口，有各種可能的存在形態。凡處在半失業或全失業狀態中的勞動者，都屬於過剩人口。這種過剩人口，會依產業循環的轉變階段，形成大週期性重複的諸種形態；在危機時期的急性形態，不振時期的慢性形態。如果我們現在不要說到這諸種形態，相對過剩人口就常常具有這三種形態，即流動形態、潛伏形態、停滯形態。

近代產業中心，為工廠、製造所、熔礦所、礦山等等，在這些場所，有時勞動者被逐出、有時勞動者再被大量吸收，大體說來被雇者人數是在增加的。但與生產規模比較，那種增加率卻在不斷下降。這就是過剩人口存在的流動形態。

在自動式工廠和一切應用機械並只實行現代勞動分工的大工作場所一樣，使用大量未成年的少年工人。當這些少年工人一達到成年，在同一產業部門繼續工作下去的只有極少數，其餘大部分則正式被解雇。此等被解雇者，成為隨產業擴大而成長的流動過剩人口，一個要素。他們有一部分，跟在流往外國的資本之後，流往外國。其結果，如像在英國，就有女性人口比男性人口成長格外迅速的現象。勞動者人數的自然增加，不夠滿足資本積累的要求，但卻經常超過那種要求，那是附著在

資本運行本身的一個矛盾。資本要求少年勞動者多，成年勞動者少。於是，一方面有成千上萬勞動者因被分工套在特定產業部門而處於失業狀態，同時卻又有人訴說缺乏人手[19]，這真是一種露骨到無以復加的矛盾。而且，資本對於勞動力的消耗是如此迅猛，以致勞動者一到了中年就多少苟延殘喘。他們就算不落入臨時雇員行列中，其地位也會由高級勞動者降為下級勞動者。生命最短促的，就是現代工業上的勞動者。曼徹斯特的保健醫官李醫生（Dr. Lee）說過：「在曼徹斯特，上層中產階級的平均死亡年齡為 38 歲，勞動階級的平均死亡年齡為 17 歲。前者在利物浦為 35 歲，後者為 15 歲。即優裕階級比之於不受眷顧市民，有兩倍以上的延壽值[20]。在這種情形下，這一部分無產階級的絕對增加必須採取以下的形態，即個別成員急速耗盡，以增加其全體人數。勞動者一代一代地急速更迭（這法則，不適用於全人口中的其他階級）。這種社會的需要，是由早婚（那是勞動者活在現代工業狀況下的必然結果）和兒童勞動的剝削（這種剝削，趨使生產兒童的一個溢價）來滿足的。

資本主義生產方式一旦染指農業方面，及在農業方面占有某種比例，農村勞動人口的需求，在農業墊付資本積累增加的同時，絕對地下降；但這種人口的排斥力，不像在非農業的產業上一樣，能由較大的吸引力得到彌補。其結果是，農村人口的一部分，不斷轉為都市無產階級或製造業無產階級，並窺伺著有利於這種轉化的情況。（這裡所謂製造

---

[19] 在 1866 年的下半期，倫敦有 8 萬乃至 9 萬勞動者失業了。然該半年的工廠報告卻說：「要說需求恰好會在必須有供給的瞬間，造出供給，那似乎不是絕對正確的。以勞動而論，就不是如此。去年有許多機械，就因為缺乏勞動力，不得不停頓。」（《工廠監督專員半年報告。1866 年 10 月 30 日》，第 81 頁。）

[20] 1875 年 1 月 15 日，當時伯明罕市市長，即今日（1883 年）商務大臣約瑟夫・張伯倫（Joseph Chamberlain），在該市衛生會議席上的開會致詞。

業，是指非農業的一切產業[21]。）由此，相對過剩人口的這項源頭乃不斷地流動著。但這種向著都市不斷的流出，是以農村自身不斷潛伏著過剩人口爲前提；這種潛伏過剩人口的範圍，惟有當開排放之門特大時才顯而易見。因此農村勞動者的工資，竟低落到最低限度，他們經常是有一隻腳陷在被救濟的貧困泥坑中。

　　第三個範疇的相對過剩人口，就是停滯的過剩人口，它形成現役勞動軍中的一部分，但其就業極不正式。它對資本提供了一個取之不竭貯水池，其中蓄有可隨意處置的勞動力。他們這些過剩人口的生活條件，沉到勞動者階級的平均水準以下。這事實，恰好使他們成爲資本剝削特殊分支的廣大基礎。他們的特徵，就是最大的勞動時間與最低的工資。其主要形態，我們在「家庭工業」的那一節，已經知道了。他們不斷從現代工業和農業的臨時雇員隊伍募得；特別是由那些沒落的產業分支——如被製造業所征服的手工業，以及被機械所征服的製造業。隨著積累的範圍和能量增加了，過剩人口相應成長；於是他們這種臨時雇員的隊伍，也有所擴充。但這種過剩人口，同時形成勞動者階級中一個自己再生產與自己永續化的要素，它在勞動者階級的總增額上，比其他諸要素，還占有較大比例。在實際上，與工資量（即與不同範疇的勞動者得以支配的維生資料量）成反比的，不僅是出生與死亡之數，同時還有家庭的絕對人數。資本主義社會的這項法則，在野蠻人固不必說，甚至在文明化的殖民地人民，也覺其荒謬。我們由此注意到若干種動物的無

---

[21] 《1861年英格蘭及威爾斯的戶口調查》中說：「781個都市的居民，已達到10,960,998人之多，而村落及農村教區的居民，則不過9,105,226人。……1851年的都市計爲580處，其人口差不多與農村各地方的人口相等。然而在此後10年間，農村地方的人口，僅有50萬人的增加，而同時580處都市的人口，則有1,554,067人的增加。前者的增加爲6.5%，後者的增加則爲17.3%。兩者在人口增加率上之所以發生這種差別，乃因農村人口向都市移住。人口的總增加，有3/4是在都市方面。」

盡生殖，它們的個體是脆弱的及不斷被獵殺[22]。

最後，沉在相對過剩人口底層部分的，就是那些靠救濟維生的貧民。把流浪者、犯罪者、賣淫者，簡言之，即把嚴格的流蕩無產階級（Lumpenproletariat）撇開來說，這個社會階層包含有三個範疇。一是有勞動能力者。我們只要對英國被救濟的貧民統計，作一粗略觀察，就可發現以下的事實：被救濟的貧民數，每隨危機而增加，每隨行業的復興而減少。二是孤兒與被救濟者的兒童。他們是產業後備軍的候補者。如在1860年那樣的大繁榮時期，他們就被急速大量地編入現役勞動軍中。三是墮落者、衣衫襤褸者及無勞動能力者。他們的主要構成分子，是因分工而無能適應的人們、是超過勞動者標準年齡以上的人們，最後是產業上的受害者，他們的人數隨危險性機械、礦山、化學工廠等增加而增加，即殘廢者、患病者以及寡婦等等。被救濟的貧民，乃是現役勞動軍的殘廢院，也即是產業後備軍的重負。被救濟的貧民的生產，是相對過剩人口生產上一個不可避免的結果；其存在的必然性，是依存於相對過剩人口的必然性；兩者合起來，成為資本主義生產與資本家庭財富發展上的一個存在條件。貧困的救濟，為資本主義生產上一項意外支出（falschen Kosten），但資本家很懂得把這項意外支出的大部分，從自己肩上轉嫁到勞動者階級與低層中產階級肩上。

社會財富愈大，運轉中的資本愈大，這種資本成長的範圍與能量

---

[22]「貧困似乎有利於生殖。」（亞當‧史密斯《國富論》，第1篇，第8章第185頁。）依照精明而富於才氣的修道院長加利亞尼（Galiani）說，那種事實，還是出於造物主特別智慧的安排。他說：「經過造物主的安排，擔任最有用職分的人，都出生於富裕的境遇中。」（加利亞尼，前書第78頁。）
「貧困就算達到了飢餓與惡疫的極點，也不但不足以妨礙人口的增殖，反而有促進人口增殖的傾向。」〔賴英（S. Laing）《國難》，1844年，第69頁。〕賴英以統計解釋這種事實以後，更繼續說：「如果一切人民都處在舒適境遇中，地球上的人口必會迅速趨於減少。」

愈大，無產階級的絕對數及其勞動生產力愈大，則產業後備軍也愈大。促進發展資本的擴張力的原因，同樣會發展可隨其意處置的勞動力。所以，產業後備軍的相對量，將伴隨財富的潛能一同增加。但與現役勞動軍比較起來，產業後備軍愈大，統合的過剩人口——他們的貧困，與他們的勞動折磨成反比——也愈大。最後，勞動者階級中患惡疾的行乞階層和產業後備軍愈大，官方確認爲待救濟的貧民也愈多。這就是資本主義積累的絕對普遍的法則。如同其他一切法則一樣，這種法則也會因種種情形，而在運用上有所修正，但我們在這裡不打算分析此等情形。

經濟學大師們，都規勸勞動者將他們自己的人數，配合資本的要求。這種愚笨現在是顯而易見了。使勞動者人數不斷配合資本要求的，是資本主義生產與積累的機制。這種適應的開頭，就創造出相對過剩人口或產業後備軍；其結果，是現役勞動軍中不斷擴大的底層陷於貧困，和被救濟的貧民成爲一個重擔。

得助於社會勞動生產力的增進，以累進減少的人力支出，可運轉數量不斷增加的生產資料；這個法則，在資本主義社會（其特徵不是在勞動者利用勞動設備，而毋寧說是勞動設備利用勞動者）完全以倒過來的方式運轉，且如下面這樣表現的：勞動生產力愈高，勞動者所加於就業手段上的壓力愈大，從而他們的生存條件（即他們必須爲增加他人之財富、爲促進資本自我擴增，出賣自己的勞動力），也愈加不安定。所以，生產資料與勞動生產力比生產性人口增加得更急速的事實，在資本主義制度下竟反過來表現爲：勞動者人口比資本爲求自我擴增得以不斷雇用此項人口增加的條件，更爲迅速的增加。

在本書第四篇分析相對剩餘價值生產的時候，我們已知道：在資本主義制度的內部，提高勞動社會生產力的一切方法，是以犧牲個別勞動者而進行的；生產發展上的一切手段，都轉爲對生產者行使支配和剝削的手段，勞動者由此被肢解爲支離破碎的人，他們全體則貶爲機械的附件；他們的工作，被奪去了一切魅力，且變爲厭惡的苦勞；科學愈在生產上作爲獨立的力量，歸併在勞動過程中，勞動者就要以同一比例，失

去他在勞動過程上的智力潛力；生產方法扭曲了勞動者工作的條件，在勞動過程中，勞動者受制於卑劣而極其可憎的專制；他們的全部生涯，轉為勞動時間，其妻兒也被拖引到資本的轢殺車輪之下。然而，剩餘價值生產的一切方法，同時就是積累的方法，而每次積累的擴大，都再成為生產剩餘價值的方法發展的手段。所以這裡就產生出以下的結論，即資本積累增進，勞動者所得的工資不管是高是低，其地位總歸要以同一比例趨於惡化。最後，使產業後備軍或相對過剩人口常常與積累範圍和能量相均衡的法則，又把勞動者鎖在資本上面，比火神赫菲斯托斯所鍛煉將普羅米修斯鎖在石頭上的鍥子還要牢固得多。這種法則作用奠定，貧困的積累遂與資本的積累相應。在社會的一極有財富的積累，同時在其對極——即生產其生產物成資本形態的階級——上，則有窮困、辛勞奴役的苦悶、無知、凶暴及知性墮落等等的積累。

　　資本主義積累上的這項敵對的特性[23]，經濟學者曾在種種形態上予以提示。但他們的提示，都把此特性和以下諸現象混為一談了。這諸種現象，雖在某限度內和它類似，然而本質相異，而且是屬於資本主義以前的生產方式的現象。

　　在十八世紀，經濟學上有一位名叫奧爾特斯（Ortes）的大著述家，一位威尼斯的修士，他就以資本主義生產上的對立性，視為社會財富一道普遍的自然法則。他說：「一國經濟上的利害得失，常彼此維持平衡。若干人的財富上的充盈，常與他人財富上的不足相埒。少數人的巨

---

23 「下面的一切事實，一天比一天更明顯了：資產階級所依以運動的生產關係，沒有統一的單純的性質，但有一種雙重的性質；在這種關係下，富足生產出來了，貧困也依同一比例生產出來了；在這種關係下，生產力在發展著，而對於生產力的抑制力，也在依同一比例發展；而且，此等關係之所以能為市民即資產階級造出財富，就因為它同時會不斷破壞這個階級內一部分成員的財富，並造出一個連續增加的無產階級。」（馬克思《哲學的貧困》，第116頁。）

富，常與更多數人的首要必需品的絕對缺乏相伴。一國的財富，與其人口相應，其貧困，則與其財富相應。若干人的勤勉，強使其他的人流於懶惰。貧者、惰者，乃是富者、勤者的一個必然結果[24]。」約在奧爾特斯表述這種見解的10年後，英國聖公會的新教牧師湯森（Townsend），卻以完全殘酷的方式，讚美貧困為財富之必然的條件。他說：「由法律來強制勞動，不免要引起過多的麻煩、暴戾與叫囂。……然而飢餓，不只是平和的、恬靜的、毫不放鬆的壓迫，並且可以作為刺激勤勉與勞動的最自然的動機，喚起最大的努力。」所以，一切問題，端在使勞動者階級永久飢餓。對於這點，湯森認為，那特別作用在貧民間的人口原則，已經把事情安排好了。「似乎依照大自然法則，貧民在某種程度上就是輕率而缺乏遠慮的（似乎口中不含著金湯匙就投生到世上，那樣輕率而缺乏遠慮）。因此，社會上乃經常有若干人擔當社區裡最卑賤、最汙濁及最卑屈的任務。人類幸福的基金，因此頗有增加，同時比較優雅的人，不但因此得解除苦役，……且還有自由，可以不斷從事適合其不同性向的各種志業。《濟貧法》有一種傾向，要破壞這種神與大自然在世上所建立的制度之調和與美好、對稱和秩序[25]。」那位威尼斯修士，

---

[24] 奧爾特斯《國民經濟論》，第6篇，1777年，庫斯托第編《義大利經濟名著》，近世篇，第21卷，第6、9、22、25頁等處。奧爾特斯更在同書（第32頁）說：「我與其設計一些對人民幸福無所助益的制度，不如研究他們不幸的原因。」

[25] 「一個希望人類幸福者」（即牧師約瑟夫·湯森），《論濟貧法》，1786年，倫敦，1817年，重刊，第15、39、41頁。湯森這部著作及其所著《西班牙旅行記》，馬爾薩斯屢屢一連幾頁的抄錄，但這位嬌貴牧師自己的學說，則有一大部分取自史都華，雖然他在抄錄時頗有竄改。例如史都華說：「在這種奴隸制度之下，有一使人勤勉（為了非勞動者的利益）的強制方法。……那些人因為是別人的奴隸，都是被迫去勞動（也就是白白替人勞動）。現今，卻因為他們是他們自己的欲望的奴隸，故被迫去勞動（白白

在使貧困永久化的關鍵命運之內，發現基督教慈悲、獨身、修道院、布施等等的存在理由；這個新教受祿牧師，就在同一事實之中，發現一種非難英國《濟貧法》——這給予貧民享受公共救濟的權利——的藉口。斯托齊（Storch）說過：「社會財富的發展，產出了這樣一個有用的社會階級，……它執行最無聊、最低賤、最令人嫌惡的職能，簡言之，就是把人生一切不愉快而且卑微的事都擔在自己肩上，以便其他各階級取得閒暇、平靜的心境及品性上因襲的（說得好！）高貴[26]。」他問自己，伴有大眾貧困與墮落的這種資本主義文明，與野蠻制度比較起來，究竟進步在哪呢？他的唯一答案是：「安全。」西斯蒙第（Sismondi）曾說：「承蒙產業與科學的進步，每個勞動者每天所能生產的，遠多於他每天所要消費的。但在同時，他的勞動雖生產財富，他如主張自己把這財富消費掉，那就會使他更不適於勞動了。」據他所說：「假如所有人都須以像勞動者持續的辛勞，來購買製造業者所提供的一切享樂，人們（即非勞動者）恐怕不會情願有藝術上的成就，和製造業者供給的一切享樂了。……在今日，努力已與其報酬分開了，不是同一個人先工作之後再休息，而是某些人一直工作，某些人一直休息。……所以，勞動生產力的無限加乘，除了增進遊手好閒富者的奢侈與享樂外，不再有任何結果[27]。」在最後，冷血的資產階級空論家特拉西（Destutt de Tracy）還殘忍地衝口說出：「在貧窮之國，人民都是舒適的；而在富裕之國，則他們一般都是貧窮的[28]。」

地，為非勞動者勞動）。」不過史都華雖如此說，但不像肥胖的修道院主持湯森那樣，說工資勞動者應當常常挨餓。反之，他是主張增加工資勞動者的慾望，使他們增加的慾望，成為一個為嬌貴階級勞動的刺激。

[26] 斯托齊《經濟學教程》，聖彼得堡，1815年，第III卷，第223頁。

[27] 西斯蒙第《新經濟學原理》，第I卷，第78、79、80、81、85頁。

[28] 特拉西《論意志及其效果》，第231頁。

V 資本積累的一般法則的例解

A 由1846至1866年的英國

最近 20 年，是近世社會中最適合研究資本主義積累的時期。在這個期間，宛如幸運錢袋被發現了。而在所有國家中，英國在這方面再度提供我們典型的實例，因為在世界市場上英國占第一位；資本主義的生產，惟有在英國得到了充分的發展；最後，庸俗經濟學的最後退路，又被 1846 年以降的自由貿易千禧年的引進，被截斷了。在這 20 年中，生產的驚人進步，而其中後半期的成就更大大地凌駕前半期。這事實，我們已在第四篇充分指出。

在最近半世紀，英國人口的絕對增加，雖非常之大，但其相對的增加，或增加的比率，則是持續遞減。戶口調查所提供的材料如下。

英格蘭與威爾斯每 10 年人口年增殖的百分率：

1811-1821 年	1.533%
1821-1831 年	1.446%
1831-1841 年	1.326%
1841-1851 年	1.216%
1851-1861 年	1.141%

現在讓我們來考量財富的增加。關於財富增加之最確實的基礎，就是所得稅項下的利潤、地租等等的變動。由 1853 到 1864 年間，英國有繳納所得稅義務的利潤（農場主及其他若干項目的利潤，不包含在內）的增加，為 50.47%；即年平均為 4.58%[29]，但同時期的人口平均率，卻不過 12% 左右。有納稅義務的土地租金（房屋、鐵道、礦山、漁場等包括在內），由 1853 至 1864 年間增加 38%，即年平均增加 3 又 5/12%。而其中增加最顯著的，是如下諸項目 [30]。

---

[29]《國內收入委員會第十報告》，倫敦，1866 年，第 38 頁。
[30] 前書。

	1864 較 1853 的年所得的增量比	年平均增加
房屋	38.60%	3.50%
採石場	84.76%	7.70%
礦山	68.85%	6.26%
煉鐵廠	39.92%	3.63%
漁場	57.37%	5.21%
煤氣廠	126.02%	11.45%
鐵道	83.29%	7.57%

就 1853 至 1864 年分成三組的每連續 4 年來比較，我們將知道所得增加的程度，是不斷地增進。例如，由利潤出來的所得，由 1853 至 1857 年，每年增加 1.73%；由 1857 至 1861 年，每年增加 2.74%；由 1861 至 1864 年，每年增加 9.30%。英國在一切所得稅項下的所得總額，1856 年為 307,068,898 鎊，1859 年為 328,127,416 鎊，1862 年為 351,745,241 鎊，1863 年為 359,142,897 鎊，1864 年為 362,462,279 鎊，1865 年為 385,530,020 鎊[31]。

資本的積累，同時伴有資本的集權與集中。英國沒有關於英格蘭的農業官方統計（但有關於愛爾蘭的），據它由 10 郡自願提供資料的結果，由 1851 至 1861 年間，100 英畝以下的租地，由 31,583 個，減至 26,597 個，也就是其中有 5,016 個被較大的租地合併[32]。由 1815 至

---

[31] 這些數字，用在比較的目的上是很適當。但絕對地說，卻是虛偽的，因為每年恐怕有一億鎊的所得，沒有公布出來。關於這點，國內收入委員會在每一次報告中，都指責那有組織的欺瞞，特別是工商業方的欺瞞。例如說：「某股份公司，其申報應課稅的利潤為 6,000 鎊，稅務員卻計算出有 88,000 鎊，結果乃照稅務員的計算徵收。另有一個公司的申報額為 190,000 鎊，但後來迫而承認實際有 250,000 鎊。」（前書第 42 頁。）

[32] 前揭《英格蘭及威爾斯的戶口調查》，第 3 卷，第 29 頁。約翰‧布萊特

1825 年間，完全沒有應該負擔繼承稅 100 萬鎊以上的個人地產。然而在 1825 至 1855 年，此種地產計有 8 份，而由 1856 至 1859 年 6 月的 4 年半中，竟出現了 4 份[33]。然而，我們將 1864 及 1865 年的 D 種所得稅利潤（除去農場主的利潤及其他），加以簡單分析，就大可發現資本集權的傾向。但在此要預先提醒一點，就是這種所得達到 60 鎊以上，即得課予所得稅。英格蘭、威爾斯及蘇格蘭之應課所得稅的所得總額，在 1864 年為 95,844,222 鎊，1865 年為 105,435,579 鎊[34]。納稅者數，在 1864 年，為人口總數 23,891,009 人中的 308,416 人；在 1865 年，為人口總數 24,127,003 人中的 332,431 人。這兩年這些所得的分配，如下表。

	至 1864 年 4 月 5 日為止的一年 利潤所得（鎊）	人員（人）	至 1865 年 4 月 5 日為止的一年 利潤所得（鎊）	人員（人）
總所得	95,844,222	308,416	105,435,738	332,431
其中	57,028,289	23,334	64,554,297	24,265
其中	36,415,225	3,619	42,535,576	4,021
其中	22,809,781	832	27,555,313	973
其中	8,744,762	91	11,077,238	107

英國的煤產額，1855 年為 61,453,079 噸，值 16,113,167 鎊；1864 年為 92,787,873 噸，值 23,197,968 鎊。生鐵產額在 1855 年為 3,218,154 噸，值 8,045,385 鎊；在 1864 年為 4,767,951 噸，值 11,919,877 鎊。而英國運行的鐵道長度，1854 年為 8,054 英里，已繳納資本達 286,068,794 鎊；1864 年為 12,789 英里，已繳納資本達 425,719,613 鎊。此外，英國

（John Brights）認為：英格蘭的土地，由 150 個地主領有一半；蘇格蘭的土地，則由 12 個地主領有一半。他這種主張，是從不曾被人否認過的。

[33]《國內收入委員會第四報告》，倫敦，1860 年，第 17 頁。

[34] 這是純所得，法律所認可的一定額已經扣除了。

的輸出輸入總額，1854 年為 268,210,145 鎊，1865 年為 489,923,285 鎊。以下表示輸出的變動。

1846 年	58,842,377 鎊
1849 年	63,596,052 鎊
1856 年	115,826,948 鎊
1860 年	135,842,817 鎊
1865 年	165,862,402 鎊
1866 年	188,917,563 鎊 [35]

有了這若干實例，我們就不難理解英國戶籍司長的勝利歡呼了，他說：「人口的增長固然迅速，但畢竟還不能與產業和財富的進展取得一致步調[36]。」

我們可再回頭談到此種產業的直接執行者，或此種財富的生產者，即勞動者階級了。格拉斯頓（Gladstone）說過：「在人民消費力減少的時候、在勞動者階級及作業員之痛苦及貧困增進的時候，上層階級之財富，卻同時在不斷地積累，他們的資本卻在不斷地增加，這已是毫無疑義的事實了，這是我國社會狀態上的一個最憂鬱的特色[37]。」這位假裝熱忱的大臣，曾在 1843 年 2 月 13 日的下議院中，這樣說過。在 20 年後的 1863 年 4 月 16 日，他在提出預算案的演說中又這樣表示：「由 1842 至 1852 年間，我國可課稅的所得，增加 6%……而由 1853 至 1861 年的 8 年間，如以 1853 年為基期來計算，又增加了 20%！這事實，簡

---

[35] 當時（1867 年 3 月）的印度及中國市場，已由於英國棉製品的輸運而感到供給過多了。1866 年，棉業勞動者的工資，開始減低 5%；翌年遂引起普雷斯頓 2 萬人的罷工。（這是跟著襲來的危機的前奏曲。——F. E.）

[36]《英格蘭及威爾斯的戶口調查》，第 3 卷，第 11 頁。

[37] 1843 年 2 月 13 日，格拉斯頓在下議院的演說。（《泰晤士報》，1843 年 2 月 14 日；《議會議事錄》，同年 2 月 13 日。）

直達到了令人難以置信的驚人程度。……財富與權力令人陶醉的擴增悉以有產階級為限。……必定對勞動人民有間接的利益，因為普遍消費的商品，由此變低廉了。富者誠然更富有，貧民也逐漸減少其貧困程度。但貧窮的極限，是否少到何種程度，那就未敢斷言了[38]。」這是多麼蹩腳！如果勞動者階級依然貧困，只不過較他們為富有階級造出的「財富與權力令人陶醉的擴增」，「減少其貧困程度」，那在相對意義上，他們仍是貧困。如果貧困的極限不曾減退，那就定然會因財富極限的增進而增進了。至於其所主張的維生資料低廉，也非事實，據倫敦孤兒院報告一類的官方統計所示，與1851至1853年間比較，1860至1862年那3年中的生活必需品價格，平均上揚20%。就此後3年即1863至1865年而論，肉類、奶油、牛乳、砂糖、鹽、煤以及其他許多維生必需品，都在不斷漲價[39]。而格拉斯頓在1864年4月7日的預算演說，更對於剩餘價值製出的進步及對於由「貧困而變調和」的人民幸福，作押韻的(Pindarischer)讚頌。他談到「接近於」被救濟的貧困大眾，談到「工資不曾增加」的諸產業部門，最後並還概論勞動者階級的幸福說：「人生有十分之九，是在為生存而競爭[40]。」不像格拉斯頓那樣受官方地位

---

[38] 1863年4月16日格拉斯頓在下議院的演說。（《晨星報》，同年4月17日。）

[39] 參照藍皮書的官報《聯合王國雜錄統計》（第4部，倫敦，1866年，第260至273頁以下）中所載。且不說孤兒院及其他機關的統計，就是主張支付孤兒津貼的教務雜誌，也可為佐證。此等雜誌從未忘記生活必需品的昂貴情形。

[40] 1864年4月7日，格拉斯頓在下議院的演說。據《議會議事錄》是說：「一般說來，人生在多數情況，不外是生存競爭。」——英國有一位作家，曾引述莫里埃（Moliére）下面的文句，來顯示格拉斯頓1863和1864年預算演說中所含的連續而顯著的矛盾：

「看看這個人是如何：他由黑到白。

他在早上，會譴責他在晚上的意見。

拘束的福塞特（Fawcett）教授，卻率直地說：「貨幣工資由這種資本增加（最近 10 年間）而擴增的事實，我自然不否認，但因許多生活必需品日漸價昂（他相信那是由於貴金屬的價值低落），故這種表面的利益已失去很大程度。……富者日益加速富裕起來，而勞動階級所享受的安適，則不見有可以察覺到的進步。……勞動者簡直成為他們的債權者即零售商人的奴隸[41]。」

英國勞動者階級，究竟在何等情形下，為有產者創造「財富與權力令人陶醉的增加」，我們已在討論「工作日」及「機械」的諸章揭示過了。不過，在那幾章，我們主要關注勞動者的社會機能。為充分明瞭資本主義的積累法則，我們必得注意勞動者在工作場所外部的條件，即其營養條件與住宅條件。但因篇幅上的限制，這裡主要只關注工業無產階級與農業勞動者中的報酬最微薄者，他們形成勞動者階級的多數。

首先，我想略略提及那些被政府認為應被救濟的貧民或勞動者中，已經喪失生存條件（勞動力的出賣），靠公共施捨而茫然過活的那部分。依據政府的調查，英格蘭[42]官方登記有案的被救濟貧民，在 1855 年有 851,369 人，在 1856 年有 877,767 人，在 1865 年有 971,433 人。而在 1863 及 1864 年，因棉花缺乏，故前者增加到 1,079,382 人，後者為 1,014,978 人。1866 年的危機，倫敦受到的打擊最大，這個世界市場中心擁有超過蘇格蘭的人口密度，它在同年度的被救濟貧民，就比 1865

他惹人煩惱，也煩擾他自己。

他時時更改他的思維，就像時時更換衣服。」

（《交換論》，倫敦，1864 年，第 135 頁。）

[41] 亨利・福塞特《英國勞動者的經濟地位》，第 67、82 頁。勞動者之所以更須依賴零售商人，是因為他們的職業不確定，並且有失業的可能性。

[42] 說「英格蘭」時，除英格蘭外，通常把威爾斯包括在內；說「大不列顛」時，更含有蘇格蘭在內；說「聯合王國」時，除以上三者外，還把愛爾蘭包括在內。

年增加 19.5%，比 1864 年增加 24.4%，而在其進到 1867 年的前幾個月間，其增加趨勢，比前一年度還要顯著。但當分析被救濟貧民的統計時，有兩種事實值得注意。其一是，被救濟貧民的上下浮動，反映著產業循環的週期性轉變，其二是階級鬥爭及勞動者的階級意識，隨資本的積累呈比例發展起來，關於被救濟貧民的現實人數的政府統計，就愈不免流於欺騙。例如，最近兩年的英國報紙（如《泰晤士報》、《帕爾默爾報》等），曾就虐待被救濟貧民的事實，大聲抗議，其實那是自古皆然的老故事。恩格斯在 1844 年，曾論述過完全同樣的恐怖，和完全同樣以僞善的「煽情文學」說出的短暫反抗。不過，最近 10 年倫敦餓死人數的驚人增加，毫無疑義的證實勞動者對貧民習藝所內的奴隸狀態持有的滋長恐慌[43]。

B 英國工業勞動階級中報酬最微薄的階層

在 1862 年棉花缺乏的時期，史密斯醫師（Dr. Smith）曾受樞密院的囑託，調查蘭開夏與柴郡兩郡受苦的棉花工人們的營養狀態。他依他過去多年的觀察，得出以下的結論，即「爲避免飢餓疾病」，一位正常婦人一天的食物，至少須包含 3,900 喱的碳素和 180 喱的氮素，正常男子一天的食物，至少須包含 4,300 喱的碳素和 200 喱的氮素。婦人的營養素與兩磅優良小麥麵包所含的數量相等時，男子的就還要增加 1/9。成年男女平均一週的營養，至少須有 28,600 喱的碳素與 1,330 喱的氮素。他的這種計算，事實上以令人驚訝的方式，竟與迫於窮困的棉花工人們被壓低消費的可憐營養量恰好一致。在 1862 年 12 月，他們一週的營養量，計爲 29,211 喱碳素與 1,295 喱氮素。

---

[43] 亞當・史密斯有時把 Workhouse（貧民收容所）一字，和 Manufactory（製造廠），用在同一意義上，這件事對於他以後的進步，投下了特殊的啓示。例如，他在〈分工論〉一章劈頭就說：「被雇在各種不同作業部門的人，常常可以集合在同一 Workhouse 中。」

在 1863 年，英國樞密院命令調查同國勞動者階級中營養最不良者的貧困狀態，樞密院醫官賽門醫師（Dr. Simon），遂選定這位史密斯醫師擔當這項任務。他的調查，涉及農業勞動者與工業勞動者中的絲織工人、女縫工、皮手套工人、織襪工人、織手套工人以及製鞋工人；屬於工業勞動者方面的，除織襪工人以外，其餘都在都市中工作。但不管是對於哪方面的勞動者，他都是選取健康狀況最好與境況較優的家族，作爲調查上的原則。

他的調查的概括結論如下：「在被調查的戶內勞動者各部類中，氮素平均供給量略略超過估計勉強足夠標準的（僅免於飢餓疾病發生的界限），只有一個；勉強達到限度的，有一個；碳素、氮素都感不足的，有兩個部類，而其中之一不足程度異常嚴重。就調查過的農業人口家族而論，有 1/5 以上，沒有得到估計足夠的碳素食物，有 1/3 以上，沒有得到估計足夠的氮素食物。而在柏克郡、牛津郡和薩莫塞特郡三郡，氮素食物的不足簡直已成爲當地平均的飲食[44]。」在英國中，以英格蘭王國爲最富裕，但在農業勞動者中，則以屬於英格蘭者最營養不足[45]。而在此等農業勞動者中，又主要以婦女及兒童最缺乏食物。因爲「成年男子必須吃才上工」。至於調查過了的都市勞動者的窮困程度，則更爲不堪。「他們的營養極壞，以致在他們之間一定會發生許多有害健康和嚴重的艱辛[46]。」（這一切是資本家方的「艱辛」！也就是「節制」著不付其勞動者僅爲繁衍所絕對必需的維生資料。）

下面這個表，把最窮困時期的棉業勞動者的食物配給，與史密斯醫師所假定的最低營養量加以比較，可以顯示上述都市勞動者各部類的營養條件[47]。

---

[44]《公共衛生第六報告》，倫敦，1864 年，第 13 頁。

[45] 前書第 17 頁。

[46] 前書第 13 頁。

[47] 前書附錄第 232 頁。

男女	每週的碳素平均量	每週的氮素平均量
5 種戶內職業	28,876 喱	1,192 喱
蘭開夏的失業勞動者	28,211 喱	1,295 喱
在男女同數的假定下，被允許供給蘭開夏勞動者的最低量	28,600 喱	1,330 喱

在調查過的工業勞動者的諸部類中，完全沒有啤酒可喝的占一半（或 60/125），沒有牛奶可喝的占 28/100。一個家族每週的流質營養物平均量，從女縫工的 7 盎司，到織襪工的 24 又 3/4 盎司間變動。完全沒有喝到牛奶的人，有一大部分是倫敦的女縫工。每週的麵包食糧消費量，從女縫工的 7 又 3/4 磅，到鞋匠的 11 又 1/4 磅間變動。一個成年工人每週的平均總額為 9.9 磅。砂糖（糖蜜等）消費量，從皮手套工人 4 盎司到織襪工人 11 盎司間變動，一切部類的成年工人每人每週的平均總額為 8 盎司。一個成年工人每週消費的奶油（脂肪及其他）平均量為 5 盎司。肉類（醃肉及其他）週平均量，從絲織工的 7 又 1/4 盎司到皮手套工人的 18 又 1/4 盎司間變動，而各部類的平均總額則為 13.6 盎司。一個成年工人每週的食物費用，有以下的平均數字：絲織工人 2 先令 2 又 1/4 便士、女縫工 2 先令 7 便士、皮手套工人 2 先令 9 又 1/2 便士、鞋匠 2 先令 7 又 3/4 便士、織襪工 2 先令 6 又 1/4 便士。麥克斯菲市的絲織工的平均食物費用，不過 1 先令 8 又 1/2 便士。最差的部類是女縫工、絲織工及皮手套工人[48]。

關於這些事實，賽門醫師在他的綜合衛生報告中說：「由飲食不足而激發或惡化疾病的例子，實在多到不能數，每一個熟悉《濟貧法》下的醫療實務或住院及門診等等的人，都能夠斷言。……但據我看來，關於此還要附加一項極其重要的衛生環境。我們要記得：食物的缺乏是非常難忍的；而極嚴重的飲食貧乏，往往是在其他各種各類的缺乏

---

48 前書第 232、233 頁。

後面產生的。在飲食不足成為衛生問題以前許久、在生理學者思考計算生死攸關的碳素與氮素的最低限量以前許久，勞動者的家庭中，已全然缺少物質性舒適。衣服與燃料，比食物更為不足；對於嚴酷的天氣，是沒有任何適當的防衛；而居住的空間，則侷促到了造成疾病或助長疾病的那種擁擠程度。家具器皿都沒有，甚至想保持清潔也感到破費，或者辦不到。如果仍有竭力維持清潔的自尊，每次這類努力就等於是加重餓肚子的痛苦。勞動者的住家都是能夠以最低價取得的窩棚；在那些區域普遍都談不上衛生的管理，排水溝、掃街、禁止隨地便溺等等，都很少注意；水的供給是最不充裕、最不清潔的；如在都市中，則光線與空氣都壞極了。像這各方面在衛生上的危險，凡當貧困到食物也呈匱乏的光景，都是貧困之所在。如把這些弊害總計起來，對危及生命的分量就夠可怖了；他單是食物匱乏這件事本身已為一非同小可的事。……特別是當他們不認為這種要予以避免的貧困，是起於怠惰應得的懲罰的時候，那就會喚起痛苦之感。是的，問題是勞動者的貧困。而且就戶內操作員而論，他們僅僅換得了少許食物的工作，常要延長到驚人的程度。說這種工作能使勞動者自立，那顯然是只在限制意味下。……這有名無實的自立，終究不過是通往被救濟的貧困這一條或長或短的迴轉罷了[49]。」

最勤勞的勞動階層的飢餓痛苦，與基於資本主義積累的富者其奢侈消費（無論那消費是粗率的還是考究的）之間，存在密切的關聯，這關聯，要認識經濟上的法則才能明瞭。但關於「窮人的住宅」則不是如此。生產資料愈集權，勞動者就愈要相應地聚集到狹小的空間。凡是不存偏見的觀察者，都當承認資本主義的積累愈急速，勞動人民的住宅狀態即愈悲慘。財富的增加，透過爆破建造不良區域、建造銀行、倉庫一類大建築物，並為商用的交通與奢華的大馬車擴展街道及鋪設鐵路以圖「改善」城市；這樣一來，貧民就要被驅往更壞、更擁擠的隱身之

---

[49] 前書第 14、15 頁。

處。在另一方面，住處租價又將與其屋況成反比的提高；房屋投機者所剝削的苦難礦山，比波托西礦山花費更少或獲利更豐這事實，是人盡皆知的。在這情況下，資本主義積累，從而，資本主義財產關係一般所含的對立性質，異常明顯[50]。甚至是關於勞動者住宅狀態的英國官方的報告，也對於「財產及其權利」充滿異端口吻的猛攻。隨著產業發展、積累增進、都市成長及「改良」，弊害也以同一步調增多，致僅為恐懼「顯要」也難倖免傳染病，在1847到1864年間，就制定了不下10條有關衛生警察設施的國會法令；而在利物浦、格拉斯哥及其他諸市，有產階級且於驚駭之餘透過都市當局採取強烈措施。然而，賽門醫師在他1865年的報告中說：「我們大體上不妨這樣說，英國的弊害是不受控制的。」1864年，朱利安‧亨特醫師（Dr. Julian Hunter）曾依樞密院的命令，調查農業勞動者住宅的條件狀態，翌年又調查都市方面之貧民階級住宅的條件。他的名噪一時的調查結果，載於《公共衛生（1865）第七報告》及《公共衛生（1866）第八報告》中。關於農業勞動者的部分，留待後面再說。關於都市住宅的條件，且先引錄賽門醫師的概述作為引言。他說：「就職務上來說，我的專業在於醫學的見解，但站在公司的人道立場上，則不容忽視這種禍害的其他方面。……伴隨住宅過度擁擠而必然發生的現象，就是一切優雅的否定，身體與身體機能如此不潔的混雜、獸性及性愛的如此裸露，以致使他們不像人類而毋寧像動物。在這些影響之下無疑使人墮落。這種影響作用愈久，墮落程度愈加深。而在其詛咒下生出的兒童，往往不免要受劣行的啟蒙（Baptism into infamy）。凡在這種境況下生活的人，要期待他將來在其他方面，渴望

---

[50] 「公然無恥地為財產權犧牲人權這件事，在勞動階級住宅方面最為嚴重。任何大都會，都可以視為是人間的犧牲之所、都可以視為是祭壇，那裡逐年會把幾千人當作貢品，貢獻給貪欲的摩洛克火神。」（賴英《國難》，1844年，第15頁。）

肉體上及道德上的純潔爲本質之文明的氛圍，是絕沒希望的[51]。」

就絕對不適於人類的過度密集居住而論，倫敦算是首屈一指。亨特醫師說：「我覺得有兩點顯而易見的事：第一，在倫敦各自擁有一萬人的大型群落，約有 20 個。這每個群落的悲慘條件，幾乎超出在英國任何地方所見的任何情景；並且差不多完全是起因於房屋設備的不良。第二，此等群落的房屋其密集和頹廢的狀態，遠超過 20 年前[52]。」「倫敦及新堡某些地區所見的生活，就說是地獄，也非言過其實[53]。」

倫敦的大城市在「改進」中，舊有的道路和房屋在進行爆破壞，工廠及人流的湧入一直成長，最後，隨土地租金增加的房租在攀升，都會使勞動者階級中比較優渥的人、小商人以及其他屬於中產階級下層的人，愈來愈多落到這些卑陋居住條件的詛咒中。「房租如此飛漲，致很少勞動者租得起一間房以上[54]。」在倫敦幾乎沒有一所房屋沒有許多中間人從中增加它的負擔。因爲倫敦的土地價格，常遠高於土地年收入，所以購買土地的人，都是以審定價格（即在徵收時，由審查官審定的價格）投機再販賣出去；否則就是看準附近某些大機構，由此賺得大漲特漲的地價。其結果，將近屆期的租賃契約的買賣，成爲正常的交易。「對於從事這種行業的紳士們所可期待的，就是爲所欲爲。換言之，即當他們爲屋主的時候，盡可能向租戶剝削，並盡可能地使房子的繼有者

---

[51]《公共衛生第八報告》，倫敦，1856 年，第 14 頁注。

[52] 前書第 89 頁。亨特醫師曾就這種貧民窟的兒童描述如下：「在貧民這樣擁擠群居以前，他們的兒童，是在怎樣的情形下受教養，我們不知道。但到現在，他們的兒童的生活情形，卻是半裸體的、醉酒的、卑褻的、喧嘩的，與各種年齡的人胡鬧到半夜。他們在我國堪稱空前惡劣的境況下，受一種使他們將來成爲『危險階級』人物的教育。只有大膽的預言家才敢斷言受過這種教育的人，長成後會怎樣作爲。」（前書第 5 頁。）

[53] 前書第 63 頁。

[54]《聖馬丁區衛生官吏報告》，1865 年。

少得⁵⁵。」因為房租是按週支付，這些紳士們是不會冒風險的。市內鋪設鐵道的結果是：「我們最近看到這種光景：倫敦東區的一些家庭在周六晚背著他們一丁點財物，在街上徘徊，除了貧民收容所外沒有任何落腳處⁵⁶。」貧民收容所已有人滿之患，而由國會批准的「改善」，還剛開始執行。勞動者因其老舊住宅被拆而被驅逐出來時，並不離開他們舊的教區，即使離開，也必盡可能地定居在靠近的地帶。「他們自然要設法住得離他們的工作地點近，為了不越出原地或在鄰近教區住下，原本住兩間房的人只好局限在一間房內……被驅逐出來的人，都住在比以前貴但卻比以前差的房屋中。……定居在河濱大道的勞動者有一半人……到工作場所去，要徒步兩英里之遠。」這同一河濱大道，是一條主要通衢——給外來者留下倫敦財富之威風印象——可視為倫敦城市聚集人口的範例。在其某教區的人口，據保健官吏的計算，每一畝有581人，雖然那計算包括了泰晤士河面積的一半。倫敦一向採行的每項衛生措施，是藉由拆毀不適宜居住的房屋來驅逐勞動者，顯然只是把勞動者由一個區域，驅向更形擁擠的其他區域內。亨特醫師說：「這全部辦法，必須視為不合理的處置而予以中止。否則就得有效地喚起公眾同情（！），使其盡那毫不誇張地現稱為『國家義務』的義務，也就是對那些雖無資本自建房屋，卻能按期繳納房租的人，供給住宅⁵⁷。」讚美這種資本主義的正義吧！當土地擁有者、房屋擁有者與實業家們，因鋪設鐵道、開拓新街道的「改善」，致其擁有物被徵用時，他們不僅要取得全額的替補，並還須對於其被迫的「節欲」，依照神與人的法則，慰以極佳的利潤。但勞動者卻連同他的妻子與家當，被趕上街頭；如果他們成群結隊地湧到教區代表指定為高雅的區域，他們就要遭以衛生之名的起訴！

55《公共衛生第八報告》，倫敦，1866年，第91頁。

56 前書第88頁。

57 前書第89頁。

在十九世紀之初,英國除倫敦外,沒有一個擁有 10 萬居民的都市。超過 5 萬人的也還只有 5 個。然至今日,5 萬居民以上的都市已有 28 個。「這種轉變的結果,不但都市人口的級別有驚人的增加,而以往人滿為患的小都市,現也已在其四周環繞起建築物,而成為在任何方向都沒有廣闊天空的中心地帶,像這種地帶已不復為富者所眷戀,他們都捨此而遷移到賞心悅目的郊外了。富者留下的房屋,就變為一家分住一室的大住宅;而在一家之中,往往還有兩三個投宿的人。在這樣非為他們建造的且完全不適宜的住宅中,密集住著許多人,那必然會製造出使成年墮落並使兒童前途毀壞的環境[58]。」工商業都市中的資本積累愈迅速,可供剝削的人類物質的流入也愈迅速,而為這些流入勞動者臨時的住處,也愈加不成樣子了。泰恩河畔新堡是一個產額不斷成長的煤、鐵中心區,是僅次於倫敦的住宅地獄。那裡住在個別房間內的人數,不下 34,000 人。在最近,新堡及蓋茲赫德兩處的許多房屋,都由於其絕對有害社區被當局拆毀了。新房屋的建築雖極為緩慢,但業務的進展卻是非常迅速的。所以在 1865 年,該市比前更人滿為患,簡直沒有一間招租的房間。新堡熱病院的艾布列頓醫師(Dr. Embleton)說:「傷寒的持續與猖獗,最大的原因在於人口過密和其住處的不清潔,這是毫無疑問的。勞動者所住的房屋,都位在閉塞而極有害健康的工地或巷尾;就空間、光線、空氣以及清潔各項來說,簡直是最不充足和對身體有害的典型及任何文明社會的恥辱。在他們的房間裡,成年男女和小孩,夜間都混睡在一起。成年男子們,做夜班的和做日班的輪流不斷地更換,所以被褥沒有冷的時候。整個房屋的水供給是不好的,廁所的設備更壞,汙穢、通風不良及具傳染性[59]。」而這種住宿處,每週租賃價格卻是 8 便士到 3 先令。亨特醫師說:「泰恩河畔新堡,包含有我們國民最

---

[58] 前書第 55 頁、56 頁。

[59] 前書第 149 頁。

優秀同夥的範本,他們常由街道和房屋的外部環境,沉淪到近於野蠻的狀態[60]。」

有某些產業都市的住處狀態,今日縱然還過得去,但因資本和勞動潮汐起伏不定的結果,明天也許就要變得不忍卒睹了。市營造當局說不定也曾同心協力移除這最令人震驚的弊端,但那種地方頃刻間就有大批的襤褸愛爾蘭人或頹廢的英格蘭農業勞動者,如蝗蟲般成群蜂湧而來。他們被推進地窖及閣樓裡,或安置在迄今尚過得去的勞動者住處裡,把那些住所轉為像三十年戰爭中的民房借宿一樣的宿舍,快速變換其投宿者。例如布拉福市就是如此,這個市政當局孜孜於市區的改善。在 1861 年,那裡還空著 1,751 棟未住人的房屋。然而到現在,使穩健自由主義者、黑人同情者福斯特先生(Mr. Forster)爽快歡呼的產業復興,已經來臨了。產業的復興,自然同時會導致不斷波動的「產業軍」或「相對過剩人口」之溢出。亨特醫師由某保險公司代理商所獲得的表中[61],就記載著那些令人戰慄的地窖和分租房間,大抵是由一些報酬較

---

[60] 前書第 50 頁。
[61] 布拉福市某一勞動者保險公司代理處製成的表:
(《公共衛生第八報告》,第 111 頁。)

吳爾侃街 122 號	1 室	16 人
倫姆勒街 13 號	1 室	11 人
波威爾街 41 號	1 室	11 人
波特蘭街 112 號	1 室	10 人
哈狄街 17 號	1 室	10 人
諾爾茲街 18 號	1 室	16 人
諾爾茲街 17 號	1 室	13 人
懷默街 191 號	1 室	成年 8 人
約威特街 56 號	1 室	12 人
喬治街 150 號	1 室	3 家

優的勞動者所居住。他們表示：如果有較好的住處，他們是願意租賃的。在這當中，他們每一位都變成墮落的襤褸者及罹病的人；同時那位穩健自由主義者、下議院議員福斯特，卻正在為自由貿易的祝福、為布拉福市傑出的毛絨業者的利潤，而流著歡喜之淚！布拉福市有一位濟貧醫師，名叫貝爾（Dr Bell），曾在他1865年9月的報告中，述及他管區內罹患熱病者的驚人死亡率，是起因於其住處性質。他說：「在一個1,500立方呎的小地窖中……有10個人居住。在文森特街、格林艾爾廣場以及萊斯，有1,450人居住223棟房子，其中有435張床鋪和36個廁所。……這床鋪，是指一卷髒而舊的破布，或一束殘屑。平均3.3名勞動者睡一張床，其中有5、6人睡一床的。據他們告訴我，還有完全不睡床，在地板上和衣而睡的；男的、女的、結了婚的、未婚的，通通混在一起。至於此等住處，有許多是黑暗、潮濕、汙穢而散發惡臭的洞窟，絕對不適合人類居住，根本用不著說。這是疾病與死亡傳播的中

萊佛爾・科特・馬利格街11號	1室	11人
馬歇爾街28號	1室	10人
馬歇爾街49號	3室	3家
喬治街128號	1室	18人
喬治街130號	1室	16人
愛德華街4號	1室	17人
喬治街49號	1室	2家
約克街34號	1室	2家
蘇爾特・派街底	2室	26人
攝政廣場	1（地窖）	8人
艾克爾街	1（地窖）	7人
羅伯特路	1（地窖）	7人
後普拉特街（煉銅場）	1（地窖）	7人
埃比尼澤街27號	1（地窖）	6人

心，那些生活在較適境況下，任這種毒菌在其中如此擴散的人，也將身受其害[62]。」

就住處的悽慘景況這一點來說，次於倫敦及布拉福的就是布里斯托。「在歐洲堪稱為最富裕都市之一的布里斯托，充斥著赤貧與家居的悲慘[63]。」

C 流浪人口

我們將由此論到那些源自農業但大都從事工業的民眾階層。他們是資本的輕裝步兵，隨資本的需要，不斷轉換就業地點，今天在這，明天或許在那。一旦不行軍，即張起「野營」。他們這種流浪勞動被用在排水和建築以及燒磚、燒石灰、建築鐵道等方面的各種作業。在他們的野營附近一帶，就有天花、傷寒、霍亂、猩紅熱一類瘟疫橫行而來[64]。如像在鐵道一類需要大量投資的企業，承包商通常為其勞動軍供給木造小屋或其他類似住處。那種住處，完全沒有衛生設備，是在當地官方監視不到的村落臨時架設的。像那樣的村落，對承包商最有利，他們視勞動者，為產業兵與租戶，而從事雙重剝削。那種小屋所包納的洞穴一樣的房間，為一間、兩間或三間，其居住者無論為挖土工人或其他勞動者，每週須分別繳納 1 先令、3 先令或 4 先令的租金[65]。這只要舉一個例子就行了。據賽門醫師的報告，在 1864 年 9 月，內政大臣格雷勛爵（Sir George Grey）曾由塞文奧克斯教區妨害生活移除委員會主席，接到以下的控告狀：「約在 12 個月前，這個教區還未聞有天花的存在。在這時期以前不久，由路易斯罕到坦布里治的鐵道工程開始了；加上這個工程的主要部分於本市鄰接地區進行；工程派遣總部也設在本市，所以多

---

[62] 前書第 114 頁。

[63] 前書第 50 頁。

[64] 《公共衛生第七報告》，倫敦，1865 年，第 18 頁。

[65] 前書第 165 頁。

數勞動者就必然要在這裡雇用。但把此等勞動者全部收容在原有的小屋中，實在不可能，於是承包商傑伊先生（Mr. Jay）就沿工程路線若干地點，建造臨時小屋作爲他們特別的住宿。在這些小屋中，換氣設備、排水設備都沒有，混雜擁擠更是不可避免，因爲每個小屋只有兩個房間，不管一家有多少人口都得住下來，且每一住戶必須收容寄宿者。據我們收到的醫師的報告，在夜間這些可憐的人們，還會爲了閃避不潔的死水，和由近窗廁所發出的有毒惡臭，被迫忍耐著窒息的一切痛苦。不時往此等小屋參訪的一位醫師，曾就此種狀態詳細地訴之於妨害生活移除委員；他以嚴詞痛陳此居住條件的不良，並力言不採取某些衛生措施，將不免發生嚴重的後果。約在一年前，傑伊先生曾應允撥出一個小屋，以便立即收容其所雇勞動者中的傳染病患者。在去年 7 月 23 日，他提到這諾言。但此後，在他所雇勞動者中，儘管發現了若干天花患者，並有兩名因此死亡，他還未採取措施來履行他的諾言。9 月 9 日，凱爾森（Kelson）醫師又以同一臨時小屋再出現天花病患的事，向我報告，並指述那些小屋的條件極其可怖。我還應向閣下提供消息，就是，這個教區設置有一棟隔離房屋，稱爲傳染病房，專供收容區內染傳染病患者之用；過去數月來，這個傳染病房，接連不斷地充滿了傳染病者。甚至有的家庭，竟因天花與熱病，失去 5 個兒童。本年 4 月 1 日至 9 月 1 日的 5 個月間，這個教區因天花死去的，不下 10 名之多，其中有 4 名是住在這前已提及的小屋。凡患天花的家庭，都竭力保守隱私，所以明知其爲數頗多，但患者的確切數目，還是無從知道的 [66]。」

工作於礦坑及其他礦山的勞動者，屬於英國無產階級中報酬最優

---

[66] 前書第 18 頁注。查普夫里斯聯合教區的濟貧官員，向戶籍監督報告說：「在達佛霍爾，由石灰屑積成的山上，鑿有若干小洞。那些小洞，就是在附近鐵道上工作的工人及其他勞動者的住宅。沒有排水溝，也沒有廁所。除了在頂上鑿有作爲煙囪的小孔外，更沒有其他的換氣地方。在這種狀態下，天花有時極其猖獗，他們（這種穴居人）有些還因此喪失性命。」（同上，注 2。）

厚的部類。他們為獲得這種優厚工資所付的代價，我在前面已經講述過了[67]。現在只想迅速一瞥其住處狀態。採礦業者不論是礦山擁有者，還是礦山租借者，通常要為他所雇的勞動者建造若干小屋。這種小屋和用作燃料的煤，都是「無代價」地給與勞動者，形成工資的一部分，其實，這是以物抵工資。不住這種小屋的人，每年取得 4 鎊替補。在礦山地區，礦工自己與群集其周圍的手工匠者、零售商人所構成的人口，迅速集中起來。土地租金在礦山也如同在其他地方一樣，人口一稠密，就會提高，因此業主就在盡可能接近坑口的狹小區域內，很快建起足夠收容勞動者及其家屬的許多小屋。假如在這附近採掘新坑或重開舊坑，其壓力即相應加劇。在小屋的建造上，只要非絕對不可避免的一切支出，資本家就會遵從他唯一的重要見解，一律「節欲」。朱利安·亨特醫師說：「北安普敦及達蘭兩郡煤坑礦工及其他勞動者所下榻的住處，如撇開蒙茅斯郡的類似教區不說，那或許算是在英國所能見到的最差與最昂貴的大型樣本。……極端壞的地方，就是在一間房內收容許多人、在窄狹的地段密集蓋許多小屋、水的缺乏、沒有廁所，以及屋上架屋或一屋區分為若干層等等。……租屋人簡直不是定居者，而像是屯營的殖民團[68]。」史蒂文斯醫師（Dr. Stevens）說：「我遵照命令，大抵視察過了達蘭聯合教區各大煤礦村落。……一般的批評，是說那裡對於居民的健康，沒有採取任何保護策略。我看除了極少數情況外，這全是事實。所有礦工，都是以 12 個月為期，『束縛』（Bound 這個字，與「隸農」Bondage 一詞，同是源於農奴制時代）於礦山租賃者或擁有者之下。……假如礦工表示不滿，或以何等形式煩擾了『監督人』，他們的姓名將被記在便箋上，到了年度『束縛』更新之際，即被解雇。……在

---

[67] 第四篇末所揭載的各點，主要是關於煤礦勞動者的。而關於金屬礦山方面的更不良的狀態，則請參照 1864 年敕命委員會所提供的確實報告。

[68] 前書第 180、182 頁。

我看來，沒有一種實物工資制度（Truck-system），比這種人口密集地區所行的更壞。礦工被束於圍繞著有毒的影響下的房子，作為其一部分工資。他們自己不能有所作為；無論從哪點來說，都無異於一個農奴。除雇主外，他是否可由其他人得到生活的幫助，似有疑問。雇主會首先考慮他的損益表，這結果是相當確定的。他們所用的水，也常是取自雇主，無論水質好壞都得付錢，或者多是由其工資扣除[69]。」

當資本和「輿論」或甚至和健康部門發生衝突的時候，它對於它課加到勞動者工作與居家生活上的既危險又屈辱的諸種條件，定會毫無困難的「辯護」說那實在是利潤的必要手段。因此它對於工廠裡危險機械的保護措施、對於礦山等等維持換氣及安全的各種設備，一律行使「節欲」，而對於這裡論及的礦工住屋，也是根據同一理由來處理。樞密院醫官賽門醫師在他呈給政府的報告中說：「礦山業主辯解這種悲慘家戶設備的理由……說採掘的礦山，通常是租賃的。因為租賃權益期間短促（礦坑通常為 21 年），故不值得為其勞動者及被此工程吸引的其他人及零售商，創造設備良好的住宅。並且，如果他自己願對這點採寬厚處置，通常也不免被地主，以那些地下勞動者必得在地面上住起滿意及舒適的村落之特權而要求過份的追加地租，所困住。這種禁阻（縱非實際的禁阻）的價格，使那些有意建造房屋的人也不得不同樣退縮。……這種辯解的是非如何，不是這個報告所要討論的；假設滿意的房屋設備安置起來，其費用究由地主或租地人或勞動者或公眾負擔的問題，我們也沒有考量之必要。但不論如何，從彙集得來這各種報告（亨特醫師的、史蒂文斯的以及其他的），面對其中所證明的如此可恥的事實，我們就得提出速謀救濟的主張來。……土地擁有權的主張，竟是這樣的使用於不利公眾。地主首先以礦山擁有者的資格，召募產業殖民團到他地產上從事勞動，然後再以地面擁有者的資格，使他召募來的勞動者，不能獲

---

[69] 前書第 515、517 頁。

有其必須居住的適當住處。至於租地人，即資本主義採礦業者，他對於這種交易上的分割，並沒有金錢上的反對動機。因為他頗知道：後面這個條件，即使達到過分程度，結果也不是由他自己承擔；並且，承受這個負擔的勞動者，沒有受到能理解衛生權之價值的教育，居所即使極為淫亂及飲水即使極為污濁，也終究不會成為引起罷工的誘因[70]。」

D 危機對勞動者階級中報酬最優部分的影響

在把論點移到正常農業勞動者以前，我還得就工業劇變如何影響勞動者階級中報酬最優的部分（即勞動貴族），作一例示。我們當記得，在產業循環終了期發生的大危機之一，是在 1857 年襲來。而下一次循環期間，則是在 1866 年到期。那次的危機，主要是採呈現特別金融的特性，因為在正常的工廠區域，已忽略棉花饑荒的影響，預示了那個使資本從慣常的投資領域，過度投入貨幣市場的大中心。這次危機爆發於 1866 年 5 月，而其信號則是龐大倫敦銀行的破產；接著是無數金融詐欺公司的倒閉。構成倫敦一大產業部門的鐵船建造業，也捲入這場大災難。屬於這個行業的鉅子，不僅曾在旺盛時期中，妄作過度的生產，並還預想信用也可同樣程度流動，而接受巨額的訂購契約。然至最近，驚人的反動發生了，倫敦在該產業乃至在其他產業方面[71]，迄今（1867

---

[70] 前書第 16 頁。

[71] 「倫敦貧民整批的飢餓！」……近數日來，倫敦的牆上到處都張貼文字惹人注目的傳單：「肥牛啊！飢餓的人啊！肥牛從玻璃宮中出來，餵養著住在豪華宅第中的富裕者；對於飢餓的人，則任其疲病、任其死亡在悲慘的洞穴中。」載有這種不祥文字的傳單不斷更新，以前的傳單被銷毀了或被掩蓋了，馬上就會在同一場所或其他類似場所貼出新的來。這……使人想起那準備 1789 年法國革命的祕密革命團的行動。……當英國勞動者連同妻子凍餒而死的時候，該國勞動者的產物——幾百萬的黃金，卻被投用到俄羅斯、西班牙、義大利以及其他外國的企業去。（《雷諾新聞》，1867 年 1 月 20 日。）

年3月末）仍繼續處在那種反動中。在1867年初，《晨星報》一位通信記者曾視察過貧困之主要的中心地。為要顯示勞動者的處境，且從他那詳細的報告中，引錄以下這一節：「在倫敦東部波普拉、米爾沃爾、格林威治、德普特福德、萊姆豪斯與坎寧鎮等處，至少有15,000勞動者及其家族，陷於極端貧乏的狀態中。他們之中有3,000熟練的機械工人；在他們經過半年窮困後的今日，始在貧民收容所的圍場，錘擊鋪路用的石子。……我好不容易到了飢餓人群圍擠著的貧民收容所（在波普拉）的入口。……他們是為領受麵包券而來，但那時還沒有到發券的時間。那個圍場，是一個大的方形，有棚子環繞著，大堆雪掩蓋中央的鋪石。那中間還有用柳枝籬笆圍著的小空間，像羊欄一樣，那就是他們在天氣較好時勞動的地方。我去視察的那天，因為那些羊欄一樣的小空間被雪覆蓋，無法就坐，他們就在露天棚子下，忙著錘擊鋪路石子。每個人都是用一大塊鋪石當坐位，在覆蓋著霜的花崗石上揮動大鎚。他所錘碎的石子，沒達到5蒲式耳的量，不得停止。因為這是他一天限定的工作，這工作做完了，始能獲得3便士和食糧配給的報酬。圍場的另一部分，有一棟搖搖欲墜的木造小屋。當我們推開這小屋之門時，看見裡面塞著許多人，他們比肩擠湊起來以彼此的體溫與氣息取暖，一面從事拆解繩索的工作，一面則互相爭論著：看誰能以一定量的食物，勞動最長的時間。因為他們視勞動的耐力為一種榮譽。在這個貧民收容所中，收容有7,000待救濟的勞動者。在6個月乃至8個月前，他們之中有幾百人，還是領受最優厚工資的工匠。除了這7,000人外，還有些用完了積蓄但還有少許可典當物品的人，不願受教區的救濟。若把這些人也算進來，其總數恐怕要增加一倍。我離開這收容所，就到街上一巡。街上的建築物，大抵是在波普拉所常見的一層樓的小房屋。我的嚮導是失業委員會的一員。……我首先視察一個失業了27星期的鐵工的家庭。我看見他和他的家人坐在一間小的後房裡。那間房中還殘留有一點家具，並還有火；因為當天異常寒冷，不升點火絕對無法防護他那些赤著腳的小孩們的凍傷。在火前面的木盤上放著一些繩索，他的妻子、小孩，都用

此拆解成填絮，以便向教區領取食物配給。他自己每天為取得3便士和一點食糧配給，則在收容所的碎石場勞動。這天，他從碎石場回來用午餐，他帶著憂鬱的微笑向我說，他餓極了。他的午餐只有兩片麵包、一點油脂，和一杯沒有加牛奶的茶。……當我敲他鄰家的門時，一個中年婦人出來開門，默不作聲地把我們引到後面一間小的起居室。在那裡他們一家都在沉默中，注視著很快要熄滅的火。他們那樣的人，與他們的那種小屋，都籠罩著驚人的憂傷與絕望的光景，那使我們絕不想再看第二次。那位婦人指著他的小孩們，向我說：『先生，26個星期無所事事，我們所有的錢、我和孩子父親在景況較好時存下來，為了應付丟掉工作的全部20鎊，現在都用光了。看吧！』她一邊幾乎是凶悍地說，一邊拿出一本存入取出寫得明明白白的銀行存摺，我們由此知道他的小財產，由最初存5先令起，漸漸增加到20鎊；此後則又逐漸消失，從剩下若干鎊、若干先令，直到最後一次提款，才把這存摺化為一張無價值的白紙。這一家人，每天由收容所供給淡薄得可憐的一餐。……以下視察的，是原本在造船所工作的一個鐵工的家庭。他的妻子餓到病了，和衣躺在席上，只在身上蓋著一條毛氈，被褥等等都典當了。有兩個可憐的小孩看護著她，而他們自己卻像母親一樣需要人看護。19個星期的被迫無工可做，使他們陷入了這樣的困境。那個婦人談及她充滿痛苦的過去時，深深嘆息著，好像對於將來沒有存著任何替補的希望。……甫出這家的門口，一個青年人追上來，一定要我們到他家，看能否對他有些幫助。一個年輕的妻子、兩個可愛的小孩、一卷當票、一間空房──這是他要展示的。」

就1866年危機的餘波來說，我們從托利黨（Tory）報紙，得到以下這樣的摘錄。但我們必得記著：那摘錄所涉及的倫敦東端，不單如前所述是鐵船建造業中心，並且還是經常領受最低限度以下的報酬的所謂「家庭產業」的中心。「昨天在這個大都會中的一角，目擊到令人驚駭的光景。東端的幾千名失業者，雖不曾張起黑旗，在市內成群列隊地遊行，但其人流已夠震憾。讓我們回憶他們所受的苦吧！他們都快要餓死

了。那是簡單而可怕的事實……他們總共有 4 萬人，在我們眼前、在這個美好的大都會的一角，竟在世界僅見的財富最大積累的旁側，並排擠滿 4 萬多哀號無告的枯瘦之人。他們現在侵入到市內其他區域了。這些一直處於餓到半死的人們向我們訴苦、向天哀號；他們從他們悲慘的住處，告訴我們說找工作是不可能了，行乞也沒有用處。因為當地繳納地方稅的人，自身也因教區所索求的負擔，而被驅向要被救濟的貧困邊緣。」（《旗幟報》，1866 年 4 月 5 日。）

在英國資本家之間，有一種流行的說法，就是稱比利時為勞動者的樂園，因為「勞動的自由」或者──不外同一件事──「資本的自由」，比利時沒有受限於工會之專制，也沒有受限於《工廠法》。我們且就比利時的勞動者的「幸福」一說吧！關於這種「幸福」的祕密，確沒有比已故的杜佩蒂奧先生（Ducpétiaux）更有研究的人，他是比利時監獄署及慈善機關的總監督官及比利時統計中央委員會的委員。我們試翻閱他所著《比利時勞動階級的家計預算》（布魯塞爾，1855 年）在這書中，他特別就比利時勞動者的標準家庭來敘述。他以極正確的數據，計算這個家庭的年度收支，然後再就其營養狀態，與士兵、水手、囚徒等等相比較。這個家庭包括父母及 4 個子女，共 6 人，其中「4 個人可以整年就業」。假定「這一家之中沒有病人，也沒有不能勞動者」，「除了應納教堂少許固定席費外，在宗教、道德、知識各方面，沒有什麼支出」，「對於儲蓄銀行及互助會，也不奉獻」，「在奢侈及浪費情事，也沒有什麼支出」。不過，父親和長男會抽菸，星期日會往酒店走走，其費用每週計為 86 生丁。「把各種不同行業勞動者所取得的工資，加以廣泛蒐集，可得出以下結論：……一日工資的最高平均額，成年男子 1 法郎 56 生丁，婦人 89 生丁，青年男子 56 生丁，少女 55 生丁。依此計算，一家年收入的最大額度為 1,068 法郎……這個家庭，假定是一個典型的家庭，一切可能的收入都合計起來了，然而如果母親也歸領有工資，勢將引起家戶的管理走向問題。在那情況如何主持家內生計呢？誰照料小孩呢？誰準備餐食和負責洗濯及縫補呢？這是

勞動者不斷得面臨的難題。」

依據這假定,這一家的預算如下:

	一日的工資(法郎)	300 工作日的工資(法郎)
父	1.56	468
母	0.89	267
男孩	0.56	168
女孩	0.55	165
合計		1,068

現在,如假定勞動者攝取以下各類人等的食物,則這一家的年收入,就有這樣的不足:

水手的食物	1,828 法郎	不足額	760 法郎
士兵的食物	1,473 法郎	不足額	405 法郎
囚徒的食物	1,112 法郎	不足額	44 法郎

「我們由此知道:至少勞動者家庭攝取的食物,比之水手、士兵的平均數固然相形見絀,即使比之囚徒也趕不上。由 1847 至 1849 年間,比利時不同監獄的每個囚徒一天平均花費 63 生丁。把這個數目與勞動者一日的維生費比較起來,得出 13 生丁的差額。就坐牢來說,其費用固須包含管理費及監督費等在內,但囚徒不用付房租,且他們在福利社的購物費並不列入維持費用;而這些開銷因構成該機關的人數夠多,及其消費項目下所採購的食物和其它用品都以批發合約取得,足可與此相抵……然而勞動者中的多數人或大多數人,究竟如何過著更儉約的生活呢?那是採行一種只有勞動者們自己知道其中祕密的權宜之計:減少其日食糧配額;用黑麥麵包代替小麥麵包;對於肉、奶油或佐料等,或減少分量甚至完全不用;全家大小擠在一或兩間房內,少年少女不但混睡一塊,且往往同蓆而睡;關於穿衣、洗濯、日常用品等,都盡可能

地節省；星期日的消遣也放棄了。總之，無論哪方面都忍受著極其痛苦的貧困。一旦達到這貧困的極限時，食物價格稍稍上揚，或無工可做、或偶患疾病，就會加深其困厄，而招致完全的毀滅，債臺高築、賒借無門，只好把最必要的衣服及家具送往當鋪。結果是全家都登錄在被救濟者名簿中[72]。」其實，在這「資本家的樂園」中，最基本生活必需品價格上的些微改變，就會伴隨死亡及犯罪件數上的改變！（見《船員工會宣言：『向前邁進吧，佛拉蒙人！』》，布魯塞爾，1860年，第165頁。）據官方統計，全比利時共有93萬家庭，其中有9萬（含選舉人口45萬）富裕者，有選舉權者。屬於都市及村落的中產階級下層的家庭，為39萬（含選舉人口195萬），其中一大部分在不斷淪為無產階級。最後，勞動者的家庭，為45萬（含選舉人口225萬），其中典型的家庭，就是享受著杜佩蒂奧先生所描寫的那種幸福。其中有20萬以上，列入被救濟者名簿中！

E 英國的農業無產者

資本主義生產及積累的對立特性，沒有其他地方比在英國農業（包含家畜飼養業）表現得更粗暴了，其農業在進步，而其農業勞動者則在退步狀態中。我在論及此等農業勞動者之現狀以前，且迅速回顧其過去境況。英國的現代農業始於十八世紀中葉。但遠在這時以前，就發動了土地財產權的革命。生產方式的改變就是以這個革命為起點。

亞瑟・楊格（Arthur Young）雖是一位膚淺的思想家，但還不失為細心的觀察者，據他在1771年的敘述，當時英國的農業勞動者，比起「他們過著豐裕生活，且能積累財富」的十四世紀末的先人，已經扮演

---

[72] 杜佩蒂奧《比利時勞動階級的家計預算》，布魯塞爾，1855年，第151、154至156頁。

著極可憐的角色[73]，更別提「英國都市和農村勞動者的黃金時代」十五世紀了。但我們在此沒有追述到如此久遠的必要。在 1777 年刊行的一部頗有啟發性的書中，有這樣的描述：「大規模的農場主，幾乎與紳士立於同樣地位，同時可憐的農業勞動者卻肝腦塗地了。只要一比較他們過去 40 年的生活，就能充分明瞭他們現在是如何的不幸。……地主與佃農，聯合壓迫他們[74]。」以下，同書詳細論證 1737 至 1777 年間，實際農業工資幾乎跌落 25% 的情形。理查・普萊斯（Dr. Richard Price）也說：「現代的政策，實際上對上流階級更有利。所以，整個英國遲早將由上流者與乞丐，或貴族與奴隸所構成[75]。」

然而，由 1770 至 1780 年間的英國農業勞動者的地位，不論是就其食物及住處來講，或是就其自尊和娛樂等來講，都為此後不復能達到的理想了。把他們的平均工資，以小麥的品脫量來表示，則在 1770 至 1771 年間為 90 品脫，在艾登時代（1797 年）僅 65 品脫，至 1808 年，則只剩 60 品脫[76]。

在反雅各賓黨戰爭之際，土地擁有者、農場主、製造業者、商人、

---

[73] 牛津大學經濟學教授羅傑斯（James E. Th. Rogers）《英國農業及物價史》，牛津，1866 年，第 1 卷，第 690 頁。這個著作，到現在還只刊行了最初兩卷；僅包含由 1259 到 1400 年的期間。第 2 卷所載，純為統計材料。這部書是我們當時第一部可靠的價值史料。

[74] 《最近濟救貧稅增加的理由，或又名勞動價格及食糧食價格的比較觀察》，倫敦，1777 年，第 5、11 頁。

[75] 普萊斯《定期支付論》，第 6 版，莫爾根編，倫敦，1803 年，第 2 卷，第 158、159 頁。作者在 159 頁說：「與 1514 年比較，現在工作日的名目價格，不過高了大約 4 或 5 倍。但穀物的價格，卻提高 7 倍；肉類及衣物的價格，約提高 15 倍。也就是說，勞動的價格，沒有按照生活費增加的比例增加，和當時的生活費比例來說，勞動的價格在現在，好像只有當時的一半。」

[76] 巴頓，前書第 26 頁。若就十八世紀末葉而論，則請參照前揭艾登的著作。

銀行業者、股票經紀人、軍需品承包商等等，都大發其財，可這戰爭結束時的農業勞動者的狀態，則如我們前面所描述過的那樣，一部分由於銀行鈔票的貶值、一部分由於無關鈔票貶值的主要生活必需品的騰貴，名目工資是增加了，現實工資是怎樣呢？這裡雖沒有詳細論述現實工資之必要，但其變動，卻能由簡單的方法舉證出來。《濟貧法》及其施行辦法，在 1795 年與 1814 年無任何差別。至於這種法律如何在鄉村地區推行，我們是該記得；也就是，勞動者的工資，與維持其簡單生存所必要的名目額之差則由教區的救濟形態補足。由農場主支付工資，由教區補助工資不足額。這種工資與工資不足額的比率，表示了兩件事：一是工資低落到了最低限度以下；一是農業勞動者，作為工資勞動者與被救濟貧民所合成的程度，或其轉為教區的農奴的程度。我們且就代表各郡平均狀態的一郡來說吧！在 1795 年的北安普敦郡，一週的平均工資為 7 先令 8 便士，六口一家的年支出總額為 36 鎊 12 先令 5 便士，一年的總收入為 29 鎊 18 先令，由教區補助的不足額為 6 鎊 14 先令 5 便士。然同郡在 1814 年的工資，為 12 先令 2 便士，五口一家的年支出總額為 54 鎊 18 先令 4 便士，一年的總收入為 36 鎊 2 先令，由教區補助的不足額，為 18 鎊 6 先令 4 便士[77]。也就是說：1795 年的不足額，還不到工資的 1/4，而 1814 年的不足額，卻已超過工資的 1/2。在此種情形下，艾登在農業勞動者小屋中發現的一絲慰藉，至 1814 年已消失得無影無蹤了，這是自明的事實[78]。自此以後，在農場主豢養的一切動物中，就要以勞動者，即有聲工具（instrumentum vocale），為最受壓迫、最受惡劣餵養和最受殘忍對待的了。

同樣的事態，一直沉寂的持續到了以下這個時候。「1830 年，斯溫（Swing）暴動發生了，那次暴動以穀堆的熊熊火焰，向我們（即統

---

[77] 培里，前書第 86 頁。

[78] 前書第 213 頁。

治階級）竭示：在農業英國的表面之下，也正如在工業英國的表面之下，悲慘與凶狠的反抗性不滿，非常猛烈地悶燒起來了[79]。」當時撒德勒（Sadler）曾在下議院給農業勞動者命名為「白奴」（White Slave），某主教也曾在上議院響應這個外號。當時最著名的經濟學者威克菲爾德（E. G. Wakefield）說：「英格蘭南部的農民……不是自由人，也不是奴隸，而是被救濟的貧民[80]。」

《穀物條例》剛撤廢之前不久的時期，進一步透露了農業勞動者的地位。在一方面，論證《穀物條例》對實際穀物生產者的保護是何等薄弱，那是中產階級煽動者的利益；在另一方面，土地貴族對工廠體系所加的非難（他們是全然腐敗、無情及斯文的游手好閒者，卻偏對工廠勞動者的苦難假裝同情），以及他們對於工廠立法所表示的「外交的熱忱」，都為工業方面的有產階級所深惡痛絕。英國有句諺語：兩賊不和，良善者從中獲利。實際上，統治階級的這兩派，他們彼此關於誰更無恥地剝削勞動者這問題的喧嘩及激烈論爭，雙方都成為真理的助產士。沙夫茨伯里伯爵（Earl Shaftesbury），即艾胥利勛爵（Lord Ashley）；他就是貴族式仁慈的反工廠戰役的指揮官。所以，他在1844至1845年間，屢屢成為《晨報》（Morning Chronicle）上暴露農業勞動者狀態最喜歡的主角。那個報紙是當時最有力的自由黨機關報，它在各農業地區派有特派員。那些特派員不以一般的敘述和統計為滿足，更進而發表他們親自調查的勞動者家庭和其地主雙方的姓名。下面這個表[81]，表示布蘭福爾、溫伯恩及浦爾市附近三個村莊所支付的工資。此等村莊是班克斯（Mr. G. Bankes）及沙夫茨伯里伯爵的財產。這位伯爵，這位低教會派的泰斗、英國虔信教派的頭目，他和班克斯曾如何在

---

[79] 賴英，前書62頁。
[80] 威克菲爾德《英國與美國》，倫敦，1833年，第1卷，第47頁。
[81] 《倫敦經濟學界》雜誌，1845年，3月29日出版，第290頁。

勞動者可憐的工資中，以房租的名目剋扣一大部分：

(a) 兒童	(b) 家庭人員數	(c) 成年男子週工資	(d) 兒童的週工資	(e) 全家庭週收入	(f) 週房租	(g) 週工資扣除週房租的餘額	(h) 每人之週收入
		先令	先令 便士	先令 便士	先令 便士	先令 便士	先令 便士
\multicolumn{8}{c}{第一村}
2	4	8	──	8 0	2 0	6 0	1 6
3	5	8	──	8 0	1 6	6 6	1 3 又 1/2
2	4	8	──	8 0	1 0	7 0	1 9
2	4	8	──	8 0	1 0	7 0	1 9
6	8	7	1 0 至 1 6	10 6	2 0	8 6	1 3/4
3	5	7	1 0 至 2 0	7 0	1 4	5 8	1 1 又 1/2
\multicolumn{8}{c}{第二村}
6	8	7	1 0 至 1 6	10 0	1 6	8 6	1 3/4
6	8	7	1 0 至 1 6	7 0	1 3 又 1/2	5 8 又 1/2	0 8 又 1/2
8	10	7	──	7 0	1 3 又 1/2	5 8 又 1/2	0 7
4	6	7	──	7 0	1 6 又 1/2	5 5 又 1/2	0 11
3	5	7	──	7 0	1 6 又 1/2	5 5 又 1/2	1 1
\multicolumn{8}{c}{第三村}
4	6	7	──	7 0	1 0	6 0	1 0
3	5	7	1 0 至 2 0	11 6	0 10	10 8	2 1 又 3/5
0	2	5	1 0 至 2 6	5 0	1 0	4 0	2 0

《穀物條例》的廢止，給英國農業絕大的刺激。極大規模的排水[82]、廄飼的新方法和人工栽培青穀的新方法、機械施肥裝置的採用、黏土性土壤的新調度、礦物性肥料的增加使用、蒸汽機及各種新機具的應用、

---

[82] 為此目的，土地貴族曾以極低的利息，由國庫把資金墊付給他們自己——這自然是由議會通過的——對於這種資金，租地農業家須以兩倍的利息率返還。

更集約耕作的普及等等，都是這個時代的特徵。據皇家農業協會主席普西（Mr. Pusey）宣稱，當時耕作上的相對費用，由於新機械的採用而幾乎減少了一半。在另一方面，土地的實際收穫則迅速提高。每英畝投資額的增加，及由此引起的農地更迅速集中，乃新方法之基本條件[83]。同時，從1846至1856年，耕地的面積擴大了464,119英畝，而東部諸郡，原來用作養兔場或貧瘠牧場而現在則變爲龐大穀物栽培地的廣大面積，尚不計算在內。可是，在另一方面，從事農業的人員總數，我們已經知道減少了。不同性別、不同年齡的實際農業勞動者，在1851年，總數爲1,241,396人，至1861年則減至1,163,217人[84]。所以，英國戶籍司長正確地指出：「在1801年以後，農場主及農業勞動者的增加……與農產物的增加，沒有保持均衡[85]。」但至最近，伴隨耕地面積的增加、更集約的耕作、合併於土地並投在土地上的資本的空前積累、英國農業史上無前例的土地產物的增加，以及地主手中之地租的過多豐盈和資本家農場主的財富的成長等等，而發生的農業人口積極減少現象，卻更使那種不均衡變得顯著。假如我們再把都市銷售市場和自由貿易領域不斷迅速擴大的事實，連帶考慮，我們會以爲農村勞動者歷經多次歧視，結果

---

[83] 關於中等租地農業家減少的事實，特別可由戶口調查的這個項目而知：「租地農業家的兒子、孫子、兄弟、侄子、女兒、孫女、姊妹、侄女。」——簡言之，即租地農業者使用的家人。屬於這個項目的人口，在1851年爲216,851人，至1861年不過176,151人。由1851至1871年間，英國20英畝以下的租地，減少900件以上，由50到70英畝的租地，則由8,252件減到6,370件。100英畝以下的其他所有租地，都有類似的減少。然而，在這20年中，大租地的件數卻增加了。300至500英畝的租地，由7,771件增到8,410件；500英畝以上的，由2,755件增到3,714件；1,000英畝以上的，則由492件增至582件。

[84] 牧羊者人數，由12,517人增到25,559人。

[85]《英格蘭及威爾斯的戶口調查》，第36頁。

將被藝術性安置於那種使他們沉醉於幸福的狀態中。

然而羅傑斯教授（Prof. Rogers）卻得出以下的結論：以今日英國農業勞動者的命運，與他們十四世紀下半業及十五世紀的先人相比，固然望塵莫及，就是與從1770至1780年那個時期的先人相比，亦異常惡化了，「農民已經又變為農奴」，而且是衣食更加惡劣的農奴[86]。朱利安・亨特醫師在他關於農村勞動者住處的劃時代報告中說：「農僕（hind，由農奴時代傳襲下來的農村勞動者的名稱）的成本，是依照僅夠維持其生活的最低可能額，來規定的。……他的工資與住所，沒有計算在利潤——即由他的勞動所榨出的利潤上面。他在農耕的計算上，是等於零[87]。……他的維生資料，常被假設是一個固定的數量[88]。」「如果把他的收入進一步縮減，那他就可以說：『我什麼也沒有，什麼也不在乎。』因為他現在除了絕不可缺的少許物品以外，一無所有，所以對於將來，也無所懼。他已經成為農場主計算上的零了。繁榮也好，歉收也好，橫豎與他無關，所以，他無所用心[89]。」

在1863年，政府曾對被處流刑和懲役的罪犯們的營養狀態與勞動狀態，作過調查。其結果都載在兩大部藍皮書中。其中寫道：「把英國監獄中罪犯的飲食，與同國貧民收容所的被救濟貧民和自由勞動者的飲食，加以精密的比較……罪犯的營養，比後兩者的任一方，都更為優良[90]。」但「服懲役的正常罪犯被課予的勞動量，確實只相當於普通勞

---

[86] 羅傑斯《英國農業及物價史》，第693頁。羅傑斯先生是自由主義派人物，與科布登（Cobden）及布萊特（Bright）為友人。他不是過去時代的讚美者。

[87] 《公共衛生第七報告》，倫敦，1865年，第242頁。屋主聽到勞動者的所得增加了一點，通常會立即把房租抬高；租地農業者一發現「勞動者的妻子找到了工作」，也通常會立即把勞動者的工資減低。

[88] 前書第135頁。

[89] 前書第134頁。

[90] 《關於流刑及懲役……調查委員會的報告》，倫敦，1863年，第42、50頁。

動者所完成的勞動的一半[91]」。且看若干有特別意義的證人證供。愛丁堡監獄典獄官約翰‧史密斯的證供（第 5056 號）是：「英格蘭監獄的飲食，優於同國普通勞動者的飲食。」第 50 號：「蘇格蘭普通農業勞動者，連吃一點肉的時候都非常稀罕。」第 3047 號：「問：對囚徒給予遠比普通勞動者優良的飲食的必要性，你沒有留意嗎？答：沒有。」第 3048 號：「問：要確認服懲役囚徒的食物，略等於自由勞動者的食物，是否可能，你認為有進一步實驗之必要嗎[92]？」「農業勞動者會說：我從事強烈的勞動，而不能得到充分的食物。入獄之後，勞動沒有以前那樣強烈，但卻吃得十分充足。所以，我與其在此勞動還不如再入獄了[93]。」下面所揭的概括比較數字，係由上述報告 I 第一卷所附諸表合編而成。

一週的營養量[94]

	含氮素成分 （盎司）	無氮素成分 （盎司）	礦物性成分 （盎司）	合計 （盎司）
波蘭監獄罪犯	28.95	150.06	4.68	183.69
英國水兵	29.63	152.91	4.52	187.06
士兵	25.55	114.49	3.94	143.98
馬車製造工	24.53	162.06	4.23	190.82
排字工	21.24	100.83	3.12	125.19
農業勞動者	17.73	118.06	3.29	139.08

1863 年，醫務委員會對於食物攝取最不良的階級的營養狀態，所作調查的一般結果，讀者是已經知道的。至於大部分農業勞動者家庭的

---

[91] 前書第 77 頁。〈最高法院院長備忘錄〉。

[92] 前書第 II 卷證供。

[93] 前書第 I 卷附錄，第 280 頁。

[94] 前書第 274、275 頁。

飲食，都在「防止飢餓病」的必要最低限度以下這事實，讀者當也能記憶。這在康瓦耳、德文、薩莫塞特、威爾特、斯塔福、牛津、柏克士、哈特福等等純粹農業區域，尤其如此。史密斯醫師說：「勞動者自身所取得的營養，大於平均量所顯示的，因為他比起他的家人要攝取更多的食物，這是其從事勞動所必要的。而在較為貧困的地方，他幾乎要吃掉一家人所享用的全部的肉及醃肉……。勞動者的妻子，乃至他們在發育期的孩童所取得的食物，多半不足，特別是氮素，在各郡幾乎都是如此[95]。」至於與農場主居住的僕婢，則營養充足。他們的人數，在1851年為288,277人，在1861年則減至204,962人。史密斯醫師說：「婦人從事戶外的耕作勞動，不論在其他方面如何不利，但在現在的情形下，卻對他一家極為有利。因為由此所追加的收入，得以購置鞋子衣服及支付房租，並使一家有較好的營養[96]。」這個調查最值得注意的結果，就是英格蘭的農業勞動者，比之英國其他地方的農業勞動者，其「營養遠遠不良」。這由下表可以得知：

平均農業成人勞動者一週消費的碳素量和氮素量[97]

	碳素（哩）	氮素（哩）
英格蘭	46,673	1,594
威爾斯	48,354	2,031
蘇格蘭	48,980	2,348
愛爾蘭	43,366	2,434

---

[95]《公共衛生第六報告》，1863年，第238、249、261、262頁。
[96] 前書第262頁。
[97] 前書第17頁。英格蘭農業勞動者所享有的牛乳，只有愛爾蘭農業勞動者的1/4；他們所享有的麵包，只有愛爾蘭農業勞動者的1/2，愛爾蘭農業勞動者較好的營養狀態，在十九世紀初葉，已在亞瑟・楊格（Arthur Young）所著《愛爾蘭旅行記》中描述過了。其較好的簡單理由是，貧困的愛爾蘭租地農

業家,比富裕的英格蘭租地農業家,更加人道得多。以威爾斯而論,本文中所述,不適用於其西南部地方。那裡的所有醫生一致認為,由肺結核和瘰癧而起的死亡率,隨著人民身體狀態惡化而增加了;並都認為,他們身體狀態的惡化,是由於貧困。「他的(農業勞動者的)一日的生活費,雖約為5便士,但許多地區的租地農業家(因他自己也很貧困)所給付他的工資,卻遠比5便士少。用鹽漬、乾得像桃花心木一樣硬的……一片醃肉或豬油(營養少而難消化),摻在混有粗麥粉和蔥的大量稀薄的湯或粥中調和味道。這就是他們通常的正餐。」……工業進步的結果,對於處在這樣酷寒與潮濕地方的勞動者,不過以低廉的棉織品,代替堅實的手織棉布;以「有名無實的茶」,代替強烈的飲料而已。「農民櫛風沐雨好幾小時以後,回到他的小屋;他的小屋中,雖用泥炭或混有黏土或煤屑所製成的煤塊,升起火來,但此等燃料會熊熊地吐出炭酸氣及硫酸氣來。小屋的牆壁用泥和石所造成,其底層就是光地。屋頂是一束隨便放著的,濕透了的草桿。為了保暖,一點點小孔都緊塞起來,屋內充滿著可怕的惡臭,他經常是在這種空氣中,腳踏光地、身裏濕衣,和妻子共食共寢。曾在這種小屋中,在夜中逗留若干小時的助產醫生們,都告訴我們,說他們的腳,是如何地浸沒在光地的泥濘中;他們如何為了呼吸,不得不在牆上鑽一個孔。營養不足的農民,每夜都生活在這種或其他種種有害健康的影響下,這是可由所有方面的證人,得到證明的;此等影響產生虛弱的瘰癧的人民這一件事,也不乏證據。卡馬森夏及喀地干兩郡的濟貧官吏們,就曾在他們的報告中適當地,論證這種事實。而在此以外,還流行著更可怕的傳染病,即白痴。再說說氣候吧!那裡每年有8、9個月吹著強烈的西南風,帶來暴雨,主要侵襲山的西坡。除有圍牆的場所外,樹木是極稀罕的,那都被暴風吹拔了,農民的小屋一般都是建在山麓,往往也建在峽谷或石坑中;能在牧場生活的,只有少數的羊與牛。……年輕的人,都向格拉摩干郡及蒙茅斯郡的東部礦區移住了。卡馬森夏是礦工的養成所和病院……故其人口數僅勉強維持原狀。」例如,在喀地干郡:

	1851 年	1861 年
男子	45,155	44,446

賽門醫師在他對政府提出的健康報告中說：「關於我國農業勞動者住所之量的不足與質的悲慘，亨特醫師報告的每一頁，皆可舉證。過去許多年以來，在這方面的農業勞動者的狀態逐漸惡化了；他們找尋住房的困難程度及所找得的住房對於他們需求的不適合程度，都比過去數世紀尤甚。特別是最近20、30年來，這種弊害益發滋長迅速；勞動者家居環境的悲慘狀態，可以說是達到極點了。如把那些靠他的勞動致富的人，有時以憐憫待他的情況除外，他在這個問題上早已達到了束手無策的地步了。他是否應在他所耕耘的土地上尋找住房；他所找得的住房，究竟適合人住還是適合豬住；那住房是否有足以緩和其貧困壓力的小庭園──所有這些問題，已不是取決於他對他所需要的適當住所，是否有支付合理房租的意向和能力，卻取決於他人對如何行使「自己高興怎樣就可怎樣處分其擁有物的權利」才合適。不論農地多大，都沒有法律規定必須設下一定數量勞動者的住所，更沒有規定應該有多少適合人住的住所。儘管對於土地，勞動是和陽光及雨一樣有它的必要，但任何法律都不曾爲勞動者保留下對於土地的些許權利。……並且，還有一件大大不利於農業勞動者的外來因素。……那就是，《濟貧法》規定有關安頓及濟貧稅負擔所生的影響[98]。在此種影響下，任何教區，都要爲其金錢上的利益儘量縮減其區內居住的農業勞動者數至最低。因爲這種農業勞動，對於辛苦勞動的勞動者及其家庭，並無隱含安全及永久獨立保障，他們大抵經過或長或短的迴轉，而走上被救濟的貧困的結局；貧困在整個迴轉過程是如此迫近，致一旦罹患疾病或暫時失業，就必須直接仰賴

| 女子 | 52,459 | 52,955 |
| 合計 | 97,614 | 97,401 |

（《公共衛生第七報告》，倫敦，1865年，第498、502頁以下──亨特醫師的報告。）

[98] 這個法律，至1856年有若干改善之處，但其無濟於事，不久就由經驗證明了。

教區的救助。所以,居住在一個教區內的農業勞動者人口增多,那就等於為他們負擔的濟貧稅增多。……大地主們[99]……之所以不肯在他們自己的地產內設立勞動者住所,就是為要免除此後對於貧民的一半負擔。英國的憲法及法律,對於『高興怎樣處分其擁有物,就可以怎樣處分』的地主,賦予了一種無條件的擁有權,使他可以像對待異邦人一樣的對待土地的耕作者,把他們逐出自己領地。關於這種立法的適用範圍,不是我們在這裡要討論的問題。……但這種收回權,並不僅是在理論上存在,並且還……是農業勞動者居住環境的一個主要管理條件……在異常大規模的施行。……關於這種弊害的範圍,只要把亨特醫師根據最近戶口普查所編纂的例證,舉列出來就行了。也就是說,在最近10年間,房屋的當地需求,儘管在不斷增加,而英格蘭821個分割教區或市鎮所拆毀的房屋,卻遞有進展;把那些被迫不得居住在自己工作所在的教區的人撇開不論,此等地方在1861年,就比在1851年少了4.5%的住房,收容多了5.5%的人口。據亨特醫師所說,當那種驅逐人口的過程完成時,結果就產生了只殘留極少數木屋的展示村落(Show-village),那種村落,享有比其階級優厚報酬的正規奴僕,及被需要的人如牧羊人、園丁或狩獵監視人等等,才被允許居住[100]。但土地是需要耕作的;

---

[99] 為了理解以下的敘述,讀者應記得,所謂「不開放村落」(Close villages, geschlossne Dörfer),是指屬於一個大地主或兩個大地主的村落;所謂「開放村落」(Open Villages, offne Dörfer),是指屬於許多小地主所有的村落。建築投機家只能在後一種村落建築小屋或宿舍。

[100] 這種遊覽村落,外表雖堂皇,其內容卻空洞一如凱薩琳二世(Katharina II)在克里米亞旅行中所見的村落。到最近,就連牧人也往往被這種遊覽村落驅逐了。例如在哈普洛市場附近,雖有一個占地約500英畝的牧羊場,但僅使用一個牧羊人來勞動。在從前,為使牧人可以無須在列斯特及北安普敦的廣大美麗牧場中長途步行,通常會在租地的內部備有一小屋;但現在,他卻是每週取得1/18先令的住宿費,必須到遙遠的開放村落去尋找住宅。

而從事這種耕作的勞動者，都不是地主房客，他們在鄰近不開放村落的小屋拆毀後，遷往那為數眾多的小房主所擁有的開放村落，由那裡到他們的工作所在，也許有 3 英里之遠。凡陷於這種事態的農村小屋，都是處於完全不加修葺及任其以慘澹的條件顯示其注定毀滅的命運。人們看著它朝向自然傾頹的種種階段。然而不論在任何傾頹階段，只要它還保持房屋的形貌，勞動者都被允許租借並慶幸能經常如此，甚且要支付相當於優良房屋的房租。除了身無分文的占有者以外，誰也不肯對此等房屋加以修補或改良。到最後完全不能居住了，於是又多了一個被拆毀的村落，而將來的濟貧稅則相應減輕。當大地主依照這種方法，在自己有控制力的土地上驅逐人口，減免濟貧稅的當中，其最近的市集或開放村落，則收容那些被驅逐的勞動者。但這所謂「最近」，距其每日勞動所在的農地，有 3、4 英里之遙；勞動者每日除做換取麵包的苦勞以外，還得追加一無所獲的 6 英里乃至 8 英里的徒步。他們的妻子及子女從事農業勞動，同樣要在這種不利條件下進行。而且，距離所給予他們的勞苦還不只此。在開放村落中，木屋投機客購置少許的土地，以盡可能的廉價、盡可能的密集程度來建造小屋，所以，此等小屋雖鄰接於敞闊的田野，但竟具有最壞的都市住宅的某些最壞面貌；英格蘭的農業勞動者，都是擠塞在這種慘澹的住所中[101]。……而且，農業勞動者就算居住

---

[101]「開放村落裡的勞動者住宅，自然常是擠得滿滿的。此等住宅，通常是建築投機者在那稱為自有地段的邊緣，成排建築起來，所以除了從前面，日光和空氣都無從進來。」（亨特醫師《公共衛生第七報告》，第 135 頁。）這種村落的啤酒店與雜貨店，往往是由房子主人附帶經營。在這情況，農業勞動者在租地農業家外，還有第二個主人。並且，他必須同時還是這第二主人的顧客。「他一週收入 10 先令，每年 4 鎊房租，其他餘額數，……必須用來購買販賣者任意開價的少許茶、砂糖、麵包粉、肥皂、蠟燭、啤酒。」（前書第 134 頁。）像這種開放村落，其實就是英國農業無產階級的「流刑執行處」。許多小屋純是一種宿舍，附近的流浪者都在那裡進出。

在自己耕作的土地之上,也並不代表他享有與其生產努力相稱的家居環境。甚至在王侯領地之上……他的木屋……也往往是極其簡陋的。有些地主,一面雖認定勞動者及其家屬住怎樣的豬欄都行,但同時卻毫不知恥地向他們剝削盡可能多的房租[102]。他所供給的小屋,也許僅有一間破爛的單人床寢室,沒有火爐、沒有廁所,沒有可以敞開的窗戶,除壕溝外沒有給水設備,且沒有庭園,但勞動者對於這不法行為無可奈何。……禁止隨地便溺條例……不過是虛文罷了……其實主要是讓那些小屋出租人自行處理。……由罕見的燦爛光景轉過眼來,注意這有辱英國文明的壓倒性事實,從正義的立場來說是必要的。儘管目前住所的不良品質是極為普遍的事實,但有權勢的觀察者卻異口同聲的說,遠比這

農業勞動者及其家人,原可在極糟的境遇下,由一種奇妙的方法維持他們堅實與純潔的品性,但一到這裡,就終不免趨於墮落。對於建築投機者、小地主,和開放村落,上流的重利剝削者往往是聳聳他們的肩頭,但他們充分知道他們的「不開放村落」和「遊覽村落」,就是「開放村落」的原產地;沒有後者,前者是不能存在的。「如沒有小地主……大部分的農業勞動者。說不定要睡在他們從事耕作的農地的樹下。」(前書第135頁。)「開放村落」與「不開放村落」的制度,在英格蘭中部諸郡及東部一帶,都很通行。

[102]「雇主(租地農業家或地主),……每週以10先令雇用一個勞動者,而因此直接或間接確保他的利潤,然後再在真正自由的市場上,以僅值20鎊的房屋,由同一勞動者每年吸取4至5鎊的房租。屋主維持房租的人為市價,是用這樣的命令的權力:『住我的房子,否則不給予勞動證明書,看你到哪裡去找工作。』……假如一個勞動者為要改善自己的生活,而去當鐵道上的路工或採石場工人,這種權力馬上會告訴他:『照這低廉工資替我工作下去,不然的話,就請在一週前作離開的預告,把豬也帶走,看你在庭園中種植的馬鈴薯,能怎麼拔走吧!』假如他還是覺得離開有利,屋主(或租地農業家)就往往會抬高房租,作為他離職的罰款。」(前書,亨特醫師的報告,第132頁。)

更為迫切而急待匡救的弊害,是住所數量的不足,這實在是可悲的事。農村勞動者住所過密的狀態,多年以來已不僅成為關心衛生者的重大問題,且成為關心端正及道德生活者的重大問題。報告農村地區傳染病蔓延事實的人們,都像以制式陳腔濫調,堅持這樣主張,住所過密的極端重要性,讓一切阻止任何傳染病蔓延的企圖都是無望工程。並且,儘管田園生活有許多有益健康的影響,但因有助長傳染病蔓延的這種住所過密存在,故也會助長其他非傳染性的疾病的發生,這事實也曾經一再被指明。指責我們農村人口過密狀態的人們,對於進一步的災害,也不曾保持沉默。即使其主要關心只在有害健康,往往不免要把別的關係移到該課題上。在他們頻繁指出,已婚及未婚成年男女多擠在窄狹寢室中的事實時,相信在其表述那種環境下的男女,絕難維持其端正道德不受損[103]。例如,在我最近年度報告的附錄中,有奧德醫師(Dr. Ord)的報告。他說白金漢郡的溫格,爆發一種熱病,且提及那熱病是如何由一個從溫格雷夫來的青年帶來的:『他發熱病後幾天,與其他9個人同睡一房。在兩星期之內幾個人受傳染了,不到幾週,那9個人中有5個患病,一個死去。』……當時有一位聖・喬治醫院的哈維醫師(Dr. Harvey),在流行期間曾以私人醫師的資格診治溫格的病患,他給我的報告與上述報告恰好相同,他說:『一個年輕女子患熱病,晚上與她同睡在一間房中的有她的父母、她的一個私生子、兩個年輕兄弟,外加各

---

[103]「新婚的夫婦,對於同一寢室內的成年兄弟姊妹,不會給予好的啟迪。這裡雖不必一定要舉出實例,但關於亂倫的婦女所受到的痛苦或死亡,卻有充分的材料予以證明。」(前書,亨特醫師的報告,第137頁。)有一位農村地方的警官,曾多年從事倫敦最不良區域的偵探工作。他對於他那個村落的少女形容:「我雖在倫敦最不良區域奉職過多年,但像她們在性方面這樣大膽和無恥的事,是從來沒有見過的。……她們過著像豬一樣的生活。成年的男子、女子,大抵和父母睡在同一個寢室內。」(《童工委員會第六報告》,倫敦,1867年,附錄,第77頁,第155號。)

有一個私生子的兩個姊妹,合計 10 人。而在數週以前,這同一房間,還是 13 個人的寢室。』[104]」

亨特醫師曾調查過 5,375 個農業勞動者木屋,那些農業勞動者,不全屬於純粹的農業區域,而是散在英格蘭各郡。在他所調查的這些住宅中,有 2,195 個木屋只有一間往往同時兼作起居室的寢室;只有兩間寢室的,占 2,930 個木屋;有兩間寢室以上的,占 250 個木屋。以下且就 12 郡採選若干範本。

a. 貝德福郡

萊斯特林沃斯教區:寢室長約 12 呎,寬約 10 呎。比這更小的還不少。小小的平房往往以木板隔成兩個寢室,在高 5 呎 6 吋的廚房中,放一張床。房租一年 3 鎊。便器由租客自備,房東僅僅供給一個放便器用的洞穴。有誰設好廁所,鄰居都來共用。理查森一家的房屋美好得無以復加。「其灰泥的牆壁,膨脹得像婦人屈膝行禮時的衣服。山形牆的一端突出,一端凹進;而在此凹進的方向,立著一個用泥土和木製成的形似象鼻的彎煙突,旁邊撐有一根防止它倒下的長棒。門和窗都是扁菱形的。」在視察過的 17 棟房屋中,僅有 4 棟有一個以上的寢室,但它們卻都過擠。僅有一個寢室的小屋中,住有 3 個大人,3 個小孩,而在其他一個同樣的小屋中,則住有夫婦倆加 6 個小孩,諸如此類。

鄧頓教區:房租昂貴,由 4 鎊到 5 鎊。成年男子一週的工資 10 先令。為湊足房租,其家人都從事麥桿編結。房租愈高,必須合起來工作以負擔房租的人數就愈多。有 6 個成年人連同 4 個小孩住在一個寢室內,其房租要 3 鎊 10 先令。這個教區房租最低廉的小屋,其外廓是長 15 呎,寬 10 呎。房租 3 鎊。在視察過的 14 棟房屋中,有兩間寢室的只有一棟。村外不遠的某房屋,租戶都在房腳任意大小便,該屋的門的

---

[104]《公共衛生第七報告》,1864 年,第 9 至 14 頁以下。

下方全然被腐蝕朽爛了9吋。到夜間關門的時候,則巧妙地墊上若干磚頭,並覆以草席。窗戶的一半,玻璃跟窗框全毀壞了。室內沒有一點家具,只有3個大人5個小孩擠成一團。可是這教區與比畢格斯韋聯合教區的其餘教區相較,還不算壞。

b. 柏克夏

賓漢教區:在1864年6月,有一個小平屋內,住著夫婦和4個小孩。一個女孩由工作場所帶回猩紅熱,死了。其他一個小孩也病了,死了。當亨特醫師被請到的時候,母親和一個孩子得了傷寒,父親和其餘一個孩子睡在屋外。但隔離是難以做到的。因爲在這個悲慘村落的擁擠市場中,堆有待洗濯的患熱病家戶的亞麻布。H家一週的房租一先令,僅一間寢室,住有夫婦和6個小孩。另一家的一週房租爲8便士,長14呎6吋,寬7尺;廚房高6尺;寢室沒有窗、沒有爐、沒有門,除了通到門廊更沒有其他出入口,庭園也是沒有的。最近這個房屋中住有一個男子,和他的兩個成年女兒和一個成年兒子。父親和兒子睡在床上,兩個女兒則睡在過道上。他們都生了一個小孩,其中有一個曾爲分娩到貧民收容所去,然後再回來。

c. 白金漢郡

在這一郡中,建在1,000英畝地面上的30棟小屋,約住130至140人。在布拉登漢教區的1,000英畝地面上,1851年建屋36棟,居住者男子84人,女子54人。男女數的不平衡至1861年緩和了,其所住爲男子98人,女子87人。即在10年之中,男子增加14人,女子增加33人。然而同期間的小屋數,卻減少了一棟。

文斯洛教區:這個教區的大部分新屋,都是以良好樣式建成。小屋需求極大,因此極不像樣的平屋,一週要租1先令乃至1先令3便士。

華特・伊頓教區:這裡的地主,眼見增長中的人口,而把既有房屋拆毀20%。一個須徒步到4英里之遠去工作的可憐勞動者,曾被人這

樣問：你不能在近點的地方找到小屋嗎？他答：「不能，他們肯容受我們這麼多人數的家庭嗎？」

在鄰近文斯洛教區的丁克斯尾端，某一棟小屋的一間寢室，長11呎，寬9呎，最高處6呎5吋，住有4個大人、4個小孩。還有一間寢室，長11呎3吋，寬9呎，高5呎10吋，住6個人。這些家庭所住的空間，都比每個囚犯被認為該有的空間小。每棟小屋都只有一個寢室，並且都沒有後門，非常缺乏水。一週的租金，卻是從1先令4便士到2先令。在視察過的16棟房屋中，只有一個男子一週的收入有10先令。在此種情形下，每個人的空氣量，相當於全夜關閉在4立方呎的箱中。然而在舊時的小屋，還供給一定量非故意裝設的換氣設備。

d. 劍橋郡

甘布林格教區屬於幾個地主所有。這裡到處能見到極其敗壞的小平房。麥稈編織極其流行。「死一般的倦怠，對於不潔之絕望的屈服」，支配著這個教區。該教區中心的房屋，全任其傾頹而不加注意。在其南北兩端則更見慘澹，許多房屋都朽爛不堪了。住在別地的地主，自由自在地從這可憐的貧民窟吸取人血。房租異常之高，在同一寢室內住8、9個人。各有1、2個小孩的6個大人一同塞在一間小寢室中的例子，就有兩個。

e. 艾色克斯郡

在該郡的許多教區中，人口與小屋同時減少。不過仍有22教區之多，其房屋的拆毀仍不足以阻止人口的增加，也尚未在「移住都市」名目下普遍進行驅逐。在面積占3,443英畝的芬格林霍教區，其小屋在1851年有145棟，而至1861年，則不過110棟。但雖如此，住在那裡的人還是不願離開，並且還在那種遭遇之下增長起來。在拉姆斯登·克拉格斯，1851年，252個人住61棟房子，但至1861年，則是261人擠在49棟房屋之內。在巴休敦，1851年，由157人住在占地面積1,827

英畝的 35 棟小屋中，但 10 年之後，則是由 180 人住 27 棟小屋。在芬格林霍、南範布里奇、威德福、巴休敦、拉姆斯登・克拉格斯等區，在 1851 年有占地面積 8,449 英畝的小屋 316 棟，共住 1,392 人，但至 1861 年，同面積的小屋數減到 249 棟了，其居住者數卻增加到 1,473 人。

f. 赫瑞福郡

這個小郡農民所受「驅逐精神」（Eviktionsgeist）的痛苦，比英格蘭其他任何郡都更厲害。納德比區的過擠小屋大抵只有兩間寢室，多半是屬於農場主的。這種小屋每年輕易獲取 3、4 鎊的租金。而這些農場主支付給農業勞動者的工資，則每週不過 9 先令。

g. 亨丁敦郡

1851 年，哈特福教區有小屋 87 棟；此後不久，這個小教區（面積 1,720 英畝），拆毀 19 棟小屋。而居民之數則在 1831 年為 452 人，1852 年為 382 人，1861 年為 341 人。被視察過的小屋有 14 棟，每棟都只有一個寢室。其中有一棟，住有一對夫婦、3 個成年兒子、一個成年女兒，再加 4 個小孩，共 10 人。另有一棟擠住著 3 個大人、6 個小孩。有某一間住 8 個人的寢室，長 12 呎 10 吋，寬 12 呎 2 吋，高 6 呎 9 吋，把室內突出部分都加總起來，每人平均約有 130 立方呎。在 14 棟房子的 14 間寢室內，共住有 34 個大人，33 個小孩。此等小屋很少附有庭園，不過有一片放租的小菜圃，讓住宿者以一路得（rood，一英畝的 1/4）10 先令乃至 12 先令租下來。這種租地通常與小屋隔離，小屋如沒有廁所，那就是大小便的地方，否則就是在小屋內安置一個像壁櫥五斗櫃的抽屜式木缽當作廁所，待其滿載再拿到那正缺少其內容的菜圃去卸空。就算在日本，生活條件的循環，也比這來得高雅。

h. 林肯郡

蘭格托佛特教區：在這教區的某一小屋中，住有一對夫婦、岳母和

5個小孩。小屋內有廚房跟洗濯室，廚房對面為寢室，廚房與寢室長12呎2吋，寬9呎5吋。總面積長21呎2吋，寬9呎5吋。寢室是閣樓，牆壁像錐形糖塊向著屋頂集中，天窗向前面開著。他為什麼住在這裡呢？因為有庭園嗎？不是的，庭園小極了。因為房租便宜嗎？不是的，每週1先令3便士，貴極了。因為靠近他工作的地方嗎？不是的，離工作場所有6英里之遠，每天得往復步行12英里。然而他住在這裡，因他能租到這個小屋。他要一棟專供他一家用的小屋，至於這小屋在什麼地方、什麼價格及怎樣的條件，他都顧不得了。下面的表是蘭格托佛特教區住38個大人和36個兒童，有12個寢室的12棟小屋的統計。

小屋編號	寢室	成年者	兒童	人員合計	小屋編號	寢室	成年者	兒童	人員合計
1	1	3	5	8	7	1	3	3	6
2	1	4	3	7	8	1	3	2	5
3	1	4	4	8	9	1	2	0	2
4	1	5	4	9	10	1	2	3	5
5	1	2	2	4	11	1	3	3	6
6	1	5	3	8	12	1	2	4	6

i. 肯特郡

　　肯寧頓教區：在1859年，住民的擁擠達到極點。當年白喉流行，教區醫師以職務上的關係調查最貧階級的狀態。他發現當地儘管僱用許多勞動，各類小屋卻不斷拆毀，卻不曾建築新的小屋。在某一地區，有被稱為鳥籠的4棟小屋，每棟有4個房間，其大小如下：

　　廚房　　　　　長9呎5吋　　　寬8呎11吋　　高6呎6吋。
　　洗濯室　　　　長8呎6吋　　　寬4呎6吋　　　高6呎6吋。
　　寢室　　　　　長8呎5吋　　　寬5呎10吋　　高6呎3吋。
　　寢室　　　　　長8呎3吋　　　寬8呎4吋　　　高6呎3吋。

j. 北安普敦郡

在布林沃斯、皮克福德及福洛爾諸村，一到冬天，就有 20-30 人因找不到工作而流浪街頭。農場主每每不能充分耕作穀物和蘿蔔栽培地。地主知道最好把他全部零散小農地，合集為兩三處大農地。這樣一來，有些人就無工可做了。一邊是土地需要勞動，另一邊則是被詐奪的勞動者，殷切地要求獲得土地。夏天狂熱的過勞，冬季則陷於半飢餓的狀態，無怪他們常用其獨特的方言說：「牧師和上流人士勾結著，逼殺我們！」

在福洛爾村，一個極小的寢室內住有一對夫婦，加 4、5 或 6 個小孩；有一個小寢室，住 3 個大人 5 個小孩；更還有一對夫婦、一個祖父和患猩紅熱的 6 個小孩一同住著；有兩棟各有兩間寢室的小屋，一棟住有 8 個大人的一個家庭，一棟住有 9 個大人的一個家庭。

k. 威爾特郡

斯特拉頓教區：有 31 棟房屋被視察過。其中有 8 棟房屋，都只有一個寢室。在同教區的彭基爾，有一棟小屋，每週房租 1 先令 3 便士，住著 4 個大人 4 個小孩一家。除了牆壁還過得去，由粗劈石片的地板到腐朽的茅屋頂，都不值一提。

l. 伍斯特郡

這一郡的小屋拆毀雖不過份，但由 1851 至 1861 年間，一屋的平均居住人數，卻由 4.2 人增加到了 4.6 人。

巴德西教區：這個教區有許多附有小庭園的小平房。若干農場主說小屋是「很妨害生活，因為它們招來貧困者」。某紳士說：「縱使建造小屋，他們的狀況並不因此改善。你即使建造起 500 棟，馬上就會被租滿。實際上，你建造愈多，他們的需求也愈多。」（即在他看來，房屋會招致住民，而住民則依大自然法則壓迫著住房手段。）關於這點，亨特醫師說：「這些貧民，總歸是來自某地。巴德西既然沒有失業津貼那

樣的特殊吸引力,他們就必然是因為不合適地方的推力而移住到這裡來了。假如每個人都能在他工作所在的附近,租到一塊菜圃地,他就不用搬到巴德西了。巴德西一小片空地的租價,是農場主付地主的租金的兩倍。」

人口向都市的不斷移入,由農地集中、耕地牧場化,以及機械的採用等所造成的鄉村人口的不斷過剩化,與小屋農業人口因小屋拆毀而不斷被趕的現象,相互攜手並行。一定地方的人口愈空虛,在同地方的「相對過剩人口」就愈增加;而他們對就業手段的壓力愈大,農業人口比於住房手段的絕對過剩,也愈大;因此,在莊村方面,地方的過剩人口,與染上惡疫的人群擁擠現象,遂日益顯著。人口在分散的小村和在小鄉村市鎮方面的密集,和人口在地表的強制的枯竭,是相應的。農業勞動者人數儘管在減少,由他們所生產的生產物量儘管在增加,他們卻不斷地被無用化,這種事實,就是使他們陷入被救濟的貧困。而此被救濟的貧困,結果又成為驅逐他們的一個動機,並成為使他們住房變得非常悲慘的主要泉源。這種難堪狀態,挫折了他們最後的反抗力,使他們更變成地主和農場主的奴隸[105]。這一來工資的最低限,對於他們就成為

---

[105]「鄉下農人與生的工作,甚至他們的地位,讓他們擁有尊嚴。他們不是奴隸,而是和平的士兵。他們應由地主給予相當於已婚者的住宅,因為地主有權向他們要求強制的勞動,和國家向士兵要求強制的勞動一樣。且地主對於他們的勞動未給予市場價格,也和國家對於士兵的勞動,沒有兩樣。他們和士兵,同樣是從幼小無知,只知道自己的本分和故鄉那時候起,就被找去了。他們受早婚事實和各種限制居住的法律的影響,又和士兵受新兵徵募和軍隊處罰令的影響一樣。」(亨特,《公共衛生第七報告》,第132頁。)有時也有例外的好心腸的地主,對於自己造出的慘況動憐憫之情。列斯特勛爵祝賀霍克哈姆城落成的時候說:「獨居在自己的領土,是一件最憂鬱不過的事。我環顧四周,除了我自己的房屋以外,再沒有其他的房屋;我是一個巨城的巨人,把一切鄰人都吃光了。」

大自然法則了。在另一方面，土地儘管不斷引起「相對過剩人口」，但同時卻又呈人口不足。此種人口不足現象，不僅明顯地見於那些人口快速流向都市、礦山、鐵道建設的地方；並且在春夏之交、採收季節及在英國精耕細作的集約農業需要額外勞動力的時期，到處重複出現。也就是說，農業勞動者對於土地耕作上的經常需求，常顯得過多，而對於耕作上之例外的或暫時的需求，則又常顯得過少[106]。因此，我們在政府公文中，就發現同一個地方，同時訴說勞動不足與勞動過多的矛盾。暫時的或當地的勞動不足，並不會引起工資的提高，那不過迫使婦女和兒童下田，及剝削的年齡持續降低。婦女兒童的剝削規模一旦擴大，那馬上就要反過來成為一個新手段，促使成年男子農業勞動者過剩，從而使他們的工資低下。在英格蘭的東部，盛產著這個惡性循環的美好果實：勞動幫派制度（Gangsystem Oder Bandensystem）。下面且就這種制度，作一簡單的敘述[107]。

---

[106] 在最近十幾年來，法國也有類似的運動發生；資本主義生產愈是侵入農業，那裡就愈是把過剩農村人口驅向都市。在法國也是在「過剩人口」的產地，顯現出住宅狀態及其他情形的惡化。至於那因土地分割制度而起的特殊「農村無產階級」（Land proletaliat）。那可以參照以前引述過的科林斯《經濟學》及馬克思《路易·波拿巴的霧月十八日》（第 2 版，漢堡，1869 年，第 56 頁以下）。1846 年，法國都市人口占 24.42%，農村人口占 75.58%；然至 1861 年，都市人口占 28.86%，農村人口則占 71.14%。在最近 5 年中，農村人口率的減少日益顯著。早在 1846 年皮爾·杜邦（Pierre Dupont）已在其所著《勞動者》中，這樣歌頌：
「衣衫襤褸，住在悲慘的洞穴裡、
屋簷下、塵芥裡；
我們過著貓頭鷹和盜賊般的生活，
變成了黑暗的愛好者。」

[107] 1867 年 3 月底刊行的《童工委員會第六報告》。那是專門紀述農業上這種勞動幫派制度的。

勞動幫派制度，幾乎專通行於林肯、亨丁敦、劍橋、諾福克、薩福克以及諾丁罕諸郡，而在北安普敦、貝德福及拉特蘭等相鄰的諸郡中在不同地區也可以見到。這裡且以林肯郡為例。這個郡有一大部分是新的土地，原為沼澤地，或者如上述其他東部諸郡一樣，是最近由海中獲取的陸地。在排水上，蒸汽機發揮了驚人的作用。昔日的沼澤與砂地，今日竟成為鬱鬱蒼蒼的穀物之海，並有最高的地租。如在亞克斯霍姆島及特倫特河畔諸教區所見的人工沖積地，也是如此。在這些地區，其農地因為是新起的，故不僅沒有新建造小屋，還把舊小屋拆毀了，因此勞動的供給相對就必得從若干英里以外的開放村落，沿著蜿蜒的山路而來。農民從前在冬季不斷洪患中覓得的住所，就只是那些開放村落。定居在 400 到 1,000 畝農地上的勞動者（他們被稱為「受限的勞動者」，Confined labourers），是專門使用在有恆久性的、困難的、藉馬協助的農業勞動上。平均每 100 畝租地，還沒有一棟小屋。例如，某沼澤地的農場主，曾向調查委員會這樣證供：「我租賃 320 畝全是可耕地。那裡沒有一棟小屋。在我的農地上，現僅住著一個勞動者。我還有 4 個馬夫住在這附近。需要多數勞動者的輕易工作，則找勞動幫派去做[108]。」土地耕作上需要多量輕易勞動，如除草、鋤地、施肥及拾取石子等等。像這樣的勞動，通常是由那些住在開放村落的勞動幫派（或有組織的一群勞動者）去擔任。

勞動幫派的隊員，包括婦人、少年男女（由 13 到 18 歲，不過少年男子一到 13 歲，就多半要被排除）及男女兒童（由 6 到 13 歲）。每隊由 10 人以至 40、50 人不等。幫派的隊長常為普通農村勞動者，這種人雖多為被稱作壞傢伙、無固定職業、好飲酒的無賴，但還有一定的企業幹勁和本事。由他召集的勞動幫派，是在他的指揮下工作，而非在農場主指揮下工作。他常與農場主，成立計件勞動的契約。他的收入雖比普

---

[108]《童工委員會第六報告》，第 37 頁，證供第 137 號。

通農村勞動者的收入平均多不了多少[109]，幾乎全視其如何靈巧指揮勞動幫派，在最短時間內榨出最大勞動而定。農場主都知道，婦女誠然要在男子指揮之下才會按部就班工作，但如傅立葉所說，不論是婦女還是兒童，只要一著手勞動，他們就肯拚命地付出自己的力氣；但成年的男子勞動者則不是如此，他們都會狡猾地盡可能節省自己的力氣。勞動幫派長率領他的隊伍，由這個農地到那個農地；一年中，使他的隊員勞作6個月乃至8個月。在勞動者的家庭看來，在他指揮下勞動，比在偶爾雇用兒童的個別農場主指揮下勞動，收益遠遠較多，而且更爲安定。就因爲這種緣故，使他在開放村落內的勢力如此鞏固；致要雇用兒童，都得通過他的媒介。因此，撇開勞動幫派而個別地出借兒童，就成了他的副業。

這個制度的黑暗面，就是使兒童及少年少女過勞，使他們每天不得不在5英里乃至6、7英里的距離之間徒步往來，最後，就是勞動幫派裡面的風紀紊亂。幫派長在若干地區雖被稱爲「駕馭者」（The driver），並攜帶一根長棒，但他使用長棒的時候極少，也不大聽見殘酷對待的怨言。他是一位民主的皇帝，或是一種哈梅恩的花衣風笛手（eine Art Rattenfänger von Hameln）。因爲他有對部下維持人望的必要，故他藉著在他指揮下展開吉普賽生活魅力，來約束其部下。粗俗的自由、喧囂的酣樂和最猥褻的言行，給予勞動幫派以魔力。他通常在酒館中耗去他的錢財，酣醉歸來由魁梧的悍婦左右扶著，蹣跚走在行列的前面，而兒童及少年少女則跟在後面，叫囂肆意地唱著猥褻的歌曲。他們這樣的回程，以傅立葉所謂「顯性受精」（Phanerogamie）做爲一天的秩序。13、14歲的少女與其同年齡的男伴發生關係、生下小孩，已屬

---

[109] 但其中有些隊長已變爲能租500英畝地的農業家，變爲若干棟成排小屋的擁有者。

普遍。供給勞動幫派分遣員的開放村落，早變成了罪惡深重的地方[110]。這種地方比起英國王國的其他地方，要有兩倍多的私生子。在這種學校育成的少女，會在結婚後有怎樣的道德性格，那是我們已經說過了的。他們的子女在沒有受到鴉片之毒的限度內，將成為勞動幫派的新兵。

像以上所說的這種典型的勞動幫派，被稱為公勞動幫派、普通勞動幫派或流浪勞動幫派。因為此外還有私勞動幫派存在。私勞動幫派的組織，與普通勞動幫派相同，不過人員較少；並且這種隊伍不是在幫派長指揮下勞動，而是在老農僕——在農場主看來不知道怎樣使用更好的老農僕——手下勞動，在這種勞動幫派中，吉普賽人的狂態消失了，但兒童報酬更壞、待遇更壞的事實，眾所皆知。

最近數年來，勞動幫派制度在不斷擴大[111]；這種制度，顯然不是為幫派長的利益而存在，而是為增進大農場主[112]的財富，從而，為增進地主的財富而存在[113]。農場主因既要把他的勞動者數，保持在正常水準以下；卻又要為額外的勞作，備足額外的勞動者；並且要以最少可能的貨幣額，榨出最大可能的勞動[114]；此外，又要使成年男勞動者流於「過

---

[110]「路德福德郡的少女，有一半在勞動幫派裡死掉了。」（同上報告附錄第6頁，第32號。）

[111]「近年以來，勞動幫派逐漸增加了。有些地方的勞動幫派，至最近方始推行。而在這種制度……已推行多年的地方，參加勞動幫派的兒童人數加多了，他們的年齡也更小了。」（同上報告第79頁，第174號。）

[112]「小租地農業家，從不使用勞動幫派，使用婦女和兒童最多的，非貧瘠的土地，而是每英畝能提供40至50先令地租的土地。」（前書第17頁，第14號。）

[113] 有一位地主，他覺得他的地租的經驗質好，所以向調查委員憤然說：非難的發生不過是因為制度的名稱；若不取名為「勞動幫派」而取名為「少年農工合作自給會」，一切都不成問題了。

[114] 有一位曾經充當勞動幫派長的人說：「勞動幫派的勞動，比其他勞動低廉，因此這種勞動有人雇用。」（前書第17頁，第14號。）某一個租地農業

剩」，所以再沒有比勞動幫派制度更好的方法。一方面儘管承認農業勞動者有多少人在失業，但另一方面又承認因爲成年男勞動者不足，因爲農民向都市移住，所以有勞動幫派制度的「必要」這種矛盾現象，可由以前的說明而得到理解[115]。林肯郡的鋤去了雜草的土地，和沒有清除的人類的雜草，恰好是資本主義生產上互相對立的兩極[116]。

家說：「勞動幫派的勞動，對於租地農業家確實是最低廉的，但對兒童則是最有害的。」（前書第 16 頁，第 3 號。）

[115]「今日由勞動幫派兒童擔任的工作，有一大部分在從前是由成年男子和婦人擔任，這是毫無疑問的。在使用兒童和婦人的地方，成年男子的失業都更多了。」（前書第 43 頁，第 202 號。）在另一方面，還有這樣的反對主張：「在許多農業地方，特別是在穀物產業的地方；因爲農民移往他處，且因爲鐵道便利他們流往大都市，故勞動問題成爲極重大的問題。我（這所謂『我』，是指某大地主的管事）因此認定兒童的使用，有絕對的必要。」（前書第 80 頁，第 180 號。）英國的農業地方，與其他文明世界不同。那裡的勞動問題，是指地主及租地農業家的問題，那問題是：在農民流出不斷增加的情況，要如何才能在農村地方，維持充分的「相對過剩人口」，並由此使「勞動工資的最低限度」，可以永久保持。

[116] 我在前面引述過的《公共衛生報告》，雖在論及兒童死亡率的時候，順便提到了勞動幫派制度，但報紙和大眾都還不知道它。但在另一方面，童工委員的最後報告，卻常被歡迎爲惹人注意的新聞材料。林肯郡多的是優美的紳士淑女和領受優俸的牧師們，他們這些人，一面雖以「改善南洋土著道德」的特殊目的，向南半球派遣傳教士，一面卻睜眼看著那種制度在自己領土內發展起來；對於他們這種行徑，自由主義的報紙以懷疑的態度詰問過，而同時更投合優雅社會氣味的報紙，也都集中注意力，去考量那些肯在這種奴隸狀態下拍賣兒女的農民的墮落情形！其實農民處在「優雅」人們視爲可詛咒的境遇之下，別說拍賣兒女，就是把自己的兒女吃掉，也沒有什麼稀奇的；眞值得稀奇的，倒是他們大抵還維持著品性的堅定。就算在盛行勞動幫派的地方，爲人父母的農民，也都對這種制度表示嫌忌，這是政府方

F　愛爾蘭

在結束這一節的時候，我們還有暫時造訪愛爾蘭的必要。首先且述問題所在的重要事實。

愛爾蘭的人口，在 1841 年為 8,822,664 人，1851 年減為 6,623,985 人，1861 年減為 5,850,309 人，至 1866 年，更減為 5,500,000 人，約與 1801 年的人口相當。這種人口減少趨勢，乃開始於饑荒的 1846 年。此後下列 20 年間，愛爾蘭竟失去它的總人口 5/16 以上[117]。自 1851 年 5 月至 1865 年 7 月間，由愛爾蘭移住其他地方的人，總數為 1,591,487 人。其中，在 1861 至 1865 年最後 5 年間移出的，就有 50 萬人以上。由 1851 到 1861 年間，同國的住宅數，減少 52,990 棟。在同一時期內，15 英畝乃至 30 英畝的農地數，雖有 61,000 處的增加；30 英畝以上的農地數，雖有 10,900 處的增加；但各種農地的總數，卻減少 120,000 處之多。也就是說，這種減少，完全是由於 15 英畝以下的農地的刪除，或者說由於它們的集權。

的各種報告所論證的。「兒童的父母，大都感謝這種法律義務的限制，因有這種限制，他們就可抗拒他們屢屢受到的壓迫與誘惑了。這事實在證供中可以找到許多實例。他們之所以不使子女就學，而令其從事勞動，那是因為他們不這樣做，自己就有被解雇的危險；雇主們、教區的官吏們，有時就是用這種威嚇方式，強使他們令子女去勞動。……時間上、精力上的浪費；過度的無益疲勞，帶給農村勞動者及其子女的痛苦；小屋內過度擁擠與公勞動幫派制度對於農民子女品性的破壞影響；這各種事實，該會在勞動貧民身上引起如何的反感，那是我們所能完全理解的，沒有詳細說明的必要。他們一定意識到了，那些使他們肉體上、精神上感到不少痛苦的事情，都是自己無法支配的，如果有權力支配，他們絕不會同意。對於這種種事情，他們是只能聽人擺布。」（前揭報告第 20 頁，第 82 號；第 23 頁，第 96 號。）

[117] 愛爾蘭的人口，在 1801 年為 5,319,867 人，在 1811 年為 6,084,996 人，在 1821 年為 6,869,544 人，在 1831 年為 7,828,347 人，在 1841 年為 8,222,664 人。

人口的減少，必然伴隨生產物量的減少。在我們的探究目的上，只須考量由 1861 至 1865 年那 5 年間就行了；在這 5 年間，在 50 萬以上的人口移民國外，絕對的人口數竟減少 33 萬以上（參照 A 表）。

A 表

家畜類

年	馬			牛		
	總數	減少		總數	減少	增加
1860	619,811	―		3,606,374	―	―
1861	614,232	5,579		3,471,688	134,686	―
1862	602,894	11,338		3,254,890	216,798	―
1863	579,978	22,916		3,144,231	110,659	―
1864	562,158	17,820		3,262,294	―	118,063
1865	547,867	14,291		3,493,414	―	231,120

年	羊			豬		
	總數	減少	增加	總數	減少	增加
1860	3,542,080	―	―	1,271,072	―	―
1861	3,556,050	―	13,970	1,102,042	169,030	―
1862	3,456,132	99,918	―	1,154,324	―	52,282
1863	3,308,204	147,982	―	1,067,458	86,866	―
1864	3,366,941	―	58,737	1,058,480	8,978	―
1865	3,688,742	―	321,801	1,299,893	―	241,413

上表會得出以下的結果：

馬	牛	羊	豬
絕對減少	絕對減少	絕對減少	絕對減少
71,944	112,960	146,662	288,211[118]

---

[118] 如果我們回溯較遠的過去，結果會顯得更不利。羊在 1865 年為 3,688,742 頭，在 1856 年為 3,694,294 頭；豬在 1865 年為 1,299,893 頭，在 1858 年為 1,409,883 頭。

現在，我們且轉論供給家畜和人類以維生資料的農業。B表所揭各年度的增減，係參照前一年而計算的。在穀物中，包含小麥、燕麥、大麥、黑麥、長豆及豌豆；在蔬菜類中，包含馬鈴薯、蕪菁、甜菜、金盞草、捲心菜、紅蘿蔔、防風草、野豌豆等等。

B 表
耕地與草場面積的增減（英畝）

年	穀物耕地 減少	蔬菜類耕地 減少	蔬菜類耕地 增加	草原飼料地 減少	草原飼料地 增加
1861	15,701	36,974	—	47,969	—
1862	72,734	74,785	—	—	6,623
1863	144,719	19,358	—	—	7,724
1864	122,437	2,317	—	—	47,486
1865	72,450	—	25,241	—	68,970
1861-1865	428,041	108,193	—	—	82,834

年	亞麻耕地 減少	亞麻耕地 增加	農耕及畜牧地總面積 減少	農耕及畜牧地總面積 增加
1861	—	19,271	81,373	—
1862	—	2,055	138,841	—
1863	—	63,922	92,431	—
1864	—	87,761	—	10,493
1865	50,159	—	28,398	—
1861-1865	—	122,850	330,350	—

在 1865 年，「草場」增加了 127,470 英畝。那主要是由於未被利用的荒地及沼澤地，減少 101,543 英畝的結果。假如把 1865 年與 1864 年加以比較，則穀類有 246,667 夸特（其中，小麥 48,999 夸特，燕麥 160,605 夸特，大麥 29,892 夸特）的減少，馬鈴薯有 446,398 噸的減少；而馬鈴薯栽培地的面積，卻在 1865 年有所增加（參照 C 表）。

C 表

1865 年與 1864 年相較耕地面積和每英畝生產物及總生產物的增減[119]

生產物	耕地英畝數 1864 年	耕地英畝數 1865 年	1865 年 增加	1865 年 減少	每英畝生產物 1864 年	每英畝生產物 1865 年	1865 年 增加	1865 年 減少	總生產物 1864 年	總生產物 1865 年	1865 年 增加	1865 年 減少
小麥	276,483	266,989	—	9,494	cwt. 13.3	cwt. 13.0	cwt. —	cwt. 0.3	Qrs. 875,782	Qrs. 826,783	Qrs. —	Qrs. 48,999
燕麥	1,814,886	1,745,228	—	69,658	12.1	12.3	0.2	—	7,826,332	7,659,727	—	166,605
大雷麥	172,700	177,102	4,402	—	15.9	14.9	—	1.0	761,909	732,017	—	29,892
貝雷麥 黑麥 }	8,894	10,091	1,197	—	16.4	14.8	—	1.6	15,160	13,989	5,684	1,171
					tons 8.5	tons 10.4	tons 1.9	tons —	tons 12,680	tons 18,314	tons —	tons —
馬鈴薯	1,039,724	1,066,260	26,536	—	4.1	3.6	—	0.5	4,312,388	3,865,990	446,398	446,398
蕪菁	337,355	334,212	—	3,143	10.3	9.9	—	0.4	3,467,659	3,301,683	—	165,976
金盞草	14,073	14,389	316	—	10.5	13.3	2.8	—	147,284	191,937	44,653	—
捲心菜	31,821	33,622	1,801	—	9.3	10.4	1.1	—	297,375	350,252	52,877	—
					stone=14Lb		tons					
亞麻	301,693	251,433	—	50,260	34.2	25.2	—	9.0	64,506	39,561	—	24,945
乾草	1,609,569	1,678,493	68,924	—	tons 1.6	tons 1.8	tons 0.2	—	2,607,153	3,068,707	461,554	—

[119] 表中的數字，得自《愛爾蘭農業統計》摘要（都柏林，1860 年及以後的續刊）及《愛爾蘭農業統計平均產物預算表》（都柏林，1866 年）。此等統計均由政府編製，逐年向議會提出。

愛爾蘭的人口及農產物的變動，已如上述。我們且進而論及它的地主，大農場主及工業資本家們的財富的變動。這種變動，反映在所得稅的增減上。但理解 D 表所應注意的事項，就是在 D 種所得（農場主所得以外的利潤）中，包含有稱為「專業」所得的利潤（如律師、醫生等等的所得）；而在未揭出細目的 C 種及 E 種所得中，包含文官、軍官、掛名受祿者及國債券持有者的所得。

D 表
得扣所得稅的添加收入（鎊）[120]

	1860 年	1861 年	1862 年	1863 年	1864 年	1865 年
A 種：地租	13,893,829	13,003,554	13,398,938	13,494,091	13,470,700	13,801,616
B 種：農場主的利潤	2,765,387	2,773,644	2,937,899	2,938,923	2,930,874	2,946,072
D 種：工業利潤及其他	4,891,652	4,836,203	4,858,800	4,846,497	4,546,147	4,850,199
由 A 種至 E 種之合計	22,962,885	22,998,394	23,597,574	23,658,631	23,236,298	23,930,340

第二版加注。據政府的統計，1872 年的耕地面積，比 1871 年減少 134,915 英畝；蔬菜、蘿蔔之屬的栽培擴大了。在耕地面積中，小麥栽培地減少 16,000 英畝，燕麥栽培地減少 14,000 英畝，大麥及黑麥栽培地減少 4,000 英畝，馬鈴薯栽培地減少 66,632 英畝，亞麻栽培地減少 34,667 英畝，牧草等等栽培地則減少 3,000 英畝。在最近 5 年中，小麥栽培地的減退數字如下：1868 年 285,000 英畝，1869 年 280,000 英畝，1870 年 229,000 英畝，1871 年 244,000 英畝，1872 年 228,000 英畝。在這最後一年中，以成數而論，馬增加 2,600 頭，牛增加 80,000 頭，羊增加 68,609 頭，豬則減少 236,000 頭。

[120]《國內收入委員會第十號報告》，倫敦，1866 年。

由 1853 到 1864 年，D 種收入的年平均增加，在愛爾蘭不過為 0.93，而在大不列顛全體，則達到 4.58。E 表乃表示 1864 年及 1865 年的利潤（農場主的利潤除外）分配。

E 表

愛爾蘭的 D 種收入，即利潤收入（60 鎊以上）[121]

	1864 年		1865 年	
	英鎊	分配人數	英鎊	分配人數
年總收入額	4,368,610	17,467	4,669,979	18,081
・60 鎊以上 100 鎊以下的年收入	238,726	5,015	222,575	4,703
・年總收入 年總收入的餘額 其中	1,979,066 2,150,818 1,073,906 1,076,912 430,535 646,377 262,819	11,321 1,131 1,010 121 95 26 3	2,028,571 2,418,833 1,097,927 1,320,906 584,458 736,448 274,528	12,184 1,194 1,044 150 122 28 3

如果愛爾蘭那樣的人口減退現象，發生在資本主義生產發達的及以工業為主體的英格蘭，那英格蘭恐怕不免要出血致死了。然而愛爾蘭在今日，還不過是由寬大海峽所隔開的英格蘭的一個農業區域，它對英格蘭供給穀物、羊毛、牲畜，並供給產業上、軍事上的新兵。

因為人口減少，愛爾蘭有大量的土地廢耕，以致引起土地產物的激減[122]。同時，用作牧場的土地面積儘管擴大，但在某種畜牧部門上，生產也絕對減少；而在其他畜牧部門，則不過有微不足道的一點進步，

---

[121] 本表 D 種總所得，與前表不一致，那是因為法律允許的免稅額已經減除。

[122] 當我們注意每英畝生產物的減少時，切不要忘記以下的事實，即在一個半世紀中，英格蘭雖在間接地輸出愛爾蘭的土地，但對於愛爾蘭耕作者，並未給予恢復土地肥力的手段。

並且,那一點進步還不斷受到退化的阻撓。人口減少了,地租和農業場主者的利潤,卻不斷增加。不過,利潤的增加不像地租那樣穩定,原因是容易理解的。在一方面,隨著小農地往大農地的集中化與耕地的牧場化,總生產物中轉為剩餘生產物的部分有較大增加,惟其如此,總生產物縱然減少,其中的一部分即剩餘生產物,卻仍有所增加;在另一方面,最近 20 年來,特別是最近 10 年來,肉類、羊毛等在英國市場價格上揚的結果,剩餘生產物在貨幣價值上的增進,比之其量的增加更為快速。

由生產者自身消費的生產物,不是商品。在同一意義上,只作為生產者自身的就業手段和維生資料,而不合併他人的勞動,以擴增其自身價值之分散的生產資料,也不是資本。使用在農業上的生產資料量,雖隨人口減少而減少,但使用在農業上的資本量,卻增加了。因為這是將原為分散的生產資料一部分集中後再轉為資本的結果。

除農業外,愛爾蘭投用在工商業上的總資本,在最近 20 年來不斷出現的大波動下,慢慢有所積累。但這種資本之個別構成部分的集中,卻反而來得迅速多了。並且,這種總資本的絕對的增加雖小,但與減縮的人口數比起來,又顯示它相對地在大幅增加。

在這裡,在我們眼前大規模地揭示了一個過程,這過程對於支持古典派經濟學的以下教條,是再好不過了。那教條是說:窮困是由絕對的過剩人口產生;一旦人口減退,均衡便又恢復。愛爾蘭的實驗,比起過去為馬爾薩斯信徒所讚美的十四世紀中葉的黑死病,是更重要了。但這裡應順便一提的是,想把十四世紀的尺度,應用到十九世紀的生產條件,及與此生產條件相應的人口情形之上,那只能說是學校教師的天真;而且,那不僅是天真,且還把以下的事實忽略了:緊隨上述黑死病及人口減少而起的現象,在海峽此岸的英格蘭,是農民得到解放,和他們的財富的增加,反之,在海峽彼岸的法蘭西,則是相反地強化他們的

奴隸狀態及增進他們的貧困 [123]。

　　愛爾蘭由1846年的饑荒，犧牲了100萬以上的人命。但被犧牲的，都是貧困的人。對於同國的財富，沒有造成一點損害。此後20年的人口外移，不斷仍有所增加的人口外移，並不曾摧毀生產資料和使用生產資料的人類。這是與三十年戰爭不同的地方。愛爾蘭的天才，發明了一種嶄新的方法，鼓勵貧民由窮困的舞臺，驅遣到數千里以外。往美國移民的人們會每年向故國的滯留者，匯回一定額旅費。這樣，今年移出的一隊，到明年就能帶出另一隊，結果，向國外移民，就不但不增加愛爾蘭任何負擔，且是其輸出貿易之最獲利的一個部門。最後，國外移民還成為一個系統性過程，它不單是人口排出的通路空隙，經由每年汲出的人口，超過每年新生補充的人口，使絕對的人口水準，逐年低落 [124]。

　　然而國外移民，對於那些滯留在國內的、免於人口過剩的愛爾蘭勞動者，有怎樣的影響呢？那影響是相對的過剩人口，就在今日，也還和1846年以前沒有什麼不同；工資同樣低廉、勞動者的壓迫增加了、農村地區的貧困更迫出了一種新的危機。原因很簡單。在國外移民的當中，農業是以同一步調推行革命；相對過剩人口的產生，比絕對的人口減退還要來得迅速。我們一看C表，就知道愛爾蘭的耕地牧場化，比起英格蘭的耕地牧場化，是必定會作用得更劇烈的。在英格蘭，畜牧與蔬菜類的栽培雖然都稱得上同步增長，而在愛爾蘭，則實有所減退。從前耕作的土地有許多休耕了，或者永久轉為草場；從前未經利用的荒地或泥煤沼地，則有一大部分用以擴展畜牧。較小的及中層的農場

---

[123] 愛爾蘭簡直變成了「人口原則」的天國。湯瑪斯・撒德勒（Thomas Sadler）在發表其討論人口的論著以前，曾刊行他的名著《愛爾蘭──其惡弊及其政治》（第2版，倫敦，1829年）。他在這部書中，把愛爾蘭各區域的統計及各區域內各郡的統計加以比較，由此論證愛爾蘭的窮困，並不像馬爾薩斯所說的那樣，與人口數成正比，卻是與人口數成反比。

[124] 由1851到1874年，移民國外者的總數，為2,325,922人。

主——我把未耕作到 100 英畝以上的農場主,都算在這個部類——現今仍約占總數 8/10[125]。他們逐個及以空前無比的程度,被那些資本運營的農業競爭者所碾壓,並且乃不斷向工資勞動者階級供給新的補充隊伍。愛爾蘭的唯一現代工業,就是亞麻製造業;這種製造業上需要的成年男工比較不多,儘管,自 1861 至 1866 年棉花上揚以來,這種工業雖頗有擴張,但它所雇用的人數,仍只是全人口中一個無關緊要的部分。並且,在這項工業,也正如在其他一切大現代工業一樣,哪怕就在它所吸收的人口數呈絕對增加的情況,也往往要因其自身範圍內的不斷浮動,而持續造出相對的過剩人口來。農業人口的貧困,形成龐大襯衫製造廠的基礎,而其勞動者隊伍,則多散在國內各地。在這裡,我們又碰到了以前描述過的家庭工業制度,那制度是由過少的給付與過度的勞動,擁有其創造額外勞動者的系統性手段。最後,愛爾蘭的人口減退,雖然沒有像資本主義生產充分發展的國家那樣帶來破壞性結果,但在國內市場上,也並不是沒有引起恆定的反作用。由人民移民國外所造成的空隙,不單限縮地方的勞動需求,且還使零售業者、手工匠、商人的一般收入縮小。E 表所表示的 60 至 100 鎊的收入減退,即由於此。

關於愛爾蘭農業勞動者的狀態,在愛爾蘭《濟貧法》監督官的報告(1870 年)[126] 中,有一個簡單扼要的敘述。此等監督官,因為是這樣一個政府的官吏,這個政府只是靠刺刀和或明或暗的圍堵狀態所維持,故不得不在措辭上十分審慎,那是英格蘭同僚們所蔑視的。但雖如此,他們仍不讓其政府安眠在幻想中。據他們所說,農村地方的工資率仍極低下,而這低下的工資率,還算經過了最近 20 年間 50 至 60% 的提高。

---

[125] 第二版注。據莫菲(Murphy)在其所著《產業的、政治的及社會的愛爾蘭》(1870 年)中所載的表:100 英畝以下的保有地,占租地 94.6%,100 英畝以上者,僅占 5.4%。

[126] 參照《濟貧法監督員關於都柏林農業勞動者工資之報告》,1870 年。並參照《愛爾蘭農業勞動報告》,1862 年 3 月 8 日。

現今一週的平均工資，為 6 至 9 先令。然而隱藏在這表面上提高之背後的，是實際工資的低落。因為工資的提高，絕沒有與同一期維生必需品價格的上揚，保持對應。試從愛爾蘭某一貧民收容所的官方計算，摘出其精華作為例證吧！

一週每個人的平均生活費：

年	食、用	衣	合計
自 1848 年 9 月 29 日 至 1849 年 9 月 29 日	1 先令 3 又 1/4 便士	3 便士	1 先令 6 又 1/4 便士
自 1868 年 9 月 29 日 至 1869 年 9 月 29 日	2 先令 7 又 1/4 便士	6 便士	3 先令 1 又 1/4 便士

與 20 年前比較起來，維生必需品的價格，已足足為兩倍，而衣物類的價格，也恰好為兩倍。

就算把這種不均衡撇開不說，單是比較由黃金所表現的工資率，也不會給予我們精準的結論。在饑荒以前，農村工資的大部分是用實物支付，以貨幣支付的只不過占極小部分；而在今日，則是以貨幣支付為通則。單憑此種事實，就會生出以下的結論：不管實際工資的數額為何，工資的貨幣率是非增加不可的。「在饑荒以前，勞動者還享有他的斗室一塊可以栽培馬鈴薯、飼養豬或家禽的四分之一畝、或半畝或一畝土地及設備，然而今日，他必須購買麵包且已無廚餘以飼養豬或家禽；從而由出賣豬、家禽，乃至雞蛋而得的一切收入，都喪失了[127]。」其實在從前，農業勞動者實為小農場主之最小者；他們多半是靠中型農地與大型農地來確保自己就業的後衛。他們成為純粹的工資勞動者階級的一部分、成為一個特殊階級，通過貨幣關係而與工資給付者相結合，那只是 1846 年大災害以來的事。

他們在 1846 年的居住狀態，我們是知道的。自此以後，那種狀態

---

[127]《濟貧法監督員報告》，第 29 頁。

更形惡化。農業雇勞動者,是一天一天減少,但他們有一部分,迄今尚住在農場主持有地的小屋中,那種令人不忍卒睹的過擠狀況,遠超過英國農業勞動者在這方面所提供最壞的範本。這事實,除了阿爾斯特若干寬廣地域外,所有在南部的考克、利麥立克、啓肯尼諸郡,在東部的威克洛、威克斯福諸郡,在中部的國王、皇后、都柏林諸郡,在西部的斯來哥、羅斯康蒙、梅歐、哥爾威諸郡,都一樣存在。一位濟貧監督官厲聲說:「農村勞動者所住的小屋,簡直是基督教及本邦文明的恥辱[128]。」爲使勞動者更加愛好這種小屋,不知在什麼時代附著於其住所的一片土地,也被系統性沒收了。「他們的存在全屬受限於地主及其代理人的感覺,這使他們對於那些將其視爲被剝奪權利人種的人們,生起一種對立與憎惡的念頭[129]。」

農業革命的第一步行動,就是掃除那些位在勞動場所的小屋。這個掃除工作以最大的規模進行,儼然是奉旨掃除一樣,結果是許多勞動者被迫在村落與都市尋求遮身的場所。他們宛如廢物般,被投進那些最糟偏僻貧民窟的閣樓、窖穴、地下室以及角落中。愛爾蘭人所特有對家的依戀心、性格上的歡樂、家庭生活的純潔,是一向著名的。他們有幾千個這樣的家庭,突然被移植到了罪惡的溫床中,這是因於民族偏見的英國人也肯證言的。成年的男子,現在都得在鄰近農場主那裡找工作,那些農場主只肯以最不確實的工資形態按日雇用他們。加上,「他們到勞動的場所,須在長距離之間往來。途中往往被淋濕或遭遇其他種種困難,以致時常變得衰弱、患病,而陷於窮困[130]。」

「在農村地方被視爲過剩勞動的人,逐年都得由都市方面收容[131]。」因此世人對於「都市及村落勞動過剩的時候,若干鄉村地方竟

---

[128] 前書第 12 頁。

[129] 前書第 25 頁。

[130] 前書第 25 頁。

[131] 前書第 27 頁。

缺乏勞動者,或怕缺乏勞動者[132]」,感到奇怪。其實這種勞動缺乏之感,只限於「春秋兩季,農忙的季節」,而「在其他季節,許多勞動者都無所事事[133]」。也就是說:「由收穫主要農作物即馬鈴薯的10月,至翌年早春的時間……他們都無工可做[134]。」而且哪怕是在繁忙季節,「也有一連幾天不勞動的時候,或不免要碰到各種的干擾[135]」。伴隨農業革命——如耕地牧場化、機械的採用,以及嚴格意義的勞動節約等等——發生的這種結果,因典型地主、因那些不消費其地租於國外,而屈居在其愛爾蘭領地內的土地擁有者,進一步嚴重化了。為了不使供給及需求法則受到妨礙,這些紳士們,「主要從小佃農,取得勞動供給。那些佃農,不論在什麼時候,都得應地主的要求去勞動。許多情況下,他們的工資,比普通勞動者的當日工資還低;並且,如像在播種期或採收期那樣的關鍵時期,他們雖然眼見自己農作物受到不利或損害,也顧不得[136]。」

這種雇傭的不確定性與不規範性,勞動停滯現象的不斷再現且經久的持續,是相對過剩人口的徵候,此等徵候,都在《濟貧法》行政報告中,作為愛爾蘭農業無產階級許多痛苦原因而被指出。我們應記得:英格蘭的農業無產階級,也有過同樣的景象。但其間有一不同之處,就是在工業國的英格蘭,其工業上的預備軍,是來自鄉村地區;而在農業國愛爾蘭的農業預備軍,則來自那成為被逐農業勞動者避難所的都市和城鎮。在英格蘭,農業的過剩勞動者轉為工廠操作員,而在愛爾蘭,被驅逐到城鎮的農業勞動者,雖然壓迫著城鎮的工資,但他們仍舊是農業勞動者,會不斷為求得工作,而被送還到鄉村地區去。

---

[132] 前書第 25 頁。

[133] 前書第 32 頁。

[134] 前書第 32 頁。

[135] 前書第 25 頁。

[136] 前書第 30 頁。

《濟貧法》監督官曾概述農業勞動者的物質條件如下：「他們雖過著極端儉約的生活，但其工資，對於供給一普通家庭的食物和支付房租，仍嫌不夠。要爲自身及妻子添製一點衣服，必須依賴其他財源。……他們斗室中的那種氛圍，與受限於其他方面的困乏情形結合起來，使他們這個階級格外容易受到傷寒和肺結核的侵襲[137]。」據監督官們的證辭所異口同聲證明的，在這種狀態下，無怪乎他們這個階級滲透了陰鬱的不滿，使他們緬懷過去、嫌惡現在、對將來絕望，終至委身於「煽動家之邪惡的影響」，只有一個固執的想法，就是移民美國。這就是想像的桃花源土，從偉大的馬爾薩斯萬靈丹，即人口減少，轉化成綠色愛爾蘭！

然而愛爾蘭的工業操作員，是過著怎樣的幸福生活呢？那由下面一個例子可以得知。英國工廠監督官羅伯特・貝克（Robert Baker）說：「當我最近視察愛爾蘭北部的時候，我發現同地某一熟練勞動者，是如此努力成就他的子女的教育。我照他親口的證供逐字寫在下面。他是一名熟練工廠勞動者，因我見他負責供給曼徹斯特市場的商品製造。強生：我是一個鎚工，每週由星期一到星期五，由早上6點上工，晚上11點下工，星期六則在下午6點下工。並有3小時的用餐及休息時間。我有5個子女。我一週勞動所得工資爲10先令6便士。我的妻子，和我一起勞動，她每週的工資爲5先令。長女12歲，照管家務。她是我們一家的廚師，一家唯一的僕人，她照料弟妹上學。每早從我們住宅通過的小姑娘，在5點半喚醒我。我和妻子一同起床去上工。在上工以前，我們什麼都沒吃。長女則終日照料弟妹。我們工作到8點才回家來吃早飯。每星期只喝一次茶。其餘時間有時吃燕麥粥，有時吃玉米粥。到了冬天，則在玉米粥裡加點砂糖和水。在夏天我們吃點馬鈴薯，那是在我們自己的小庭園栽種的。沒有馬鈴薯的話，還是吃粥。我們偶爾也

---

[137] 前書第21、13頁。

喝點牛奶。不管星期日也好、平日也好，我們一年到頭都是這樣過下去。夜間，工作終了，我們極其疲勞。有時我們也會有一片肉，但那太罕見了。我們有 3 個小孩上學，每人每週約要 1 便士的費用。房租每週 9 便士，泥煤就算再便宜，每兩週也要花 1 先令 6 便士 [138]。」這就是愛爾蘭的工資，這就是愛爾蘭的生活。

實際上，愛爾蘭的窮困，現今仍是英格蘭日常的話題。由 1866 年終到 1867 年初，有一位名為達弗林勛爵（Lord Dufferin）的大地主，曾在《泰晤士報》上著手解決這個問題。「多麼有人情味的大地主！」

據前揭 E 表，我們知道在 1864 年，總利潤為 4,368,610 鎊，其中為 3 位剩餘價值製造者所占有的，不過 262,819 鎊。然而至 1865 年，這 3 位大「節欲者」的收藏家庭在總利潤 4,669,979 鎊中所占有的，已達到 274,528 鎊。在 1864 年，有 26 位剩餘價值製造者占有 646,377 鎊；在 1865 年，28 位剩餘價值製造者占有 736,448 鎊。1864 年，121 位剩餘價值製造者占有 1,076,912 鎊；1865 年，150 位剩餘價值製造者占有 1,320,906 鎊。1864 年，1,131 位剩餘價值製造者占有 2,150,818 鎊，約當年利潤總額之一半；1865 年，1,194 位剩餘價值製造者，共占有 2,418,833 鎊，占年利潤總額一半以上。但因英格蘭、蘇格蘭及愛爾蘭以無法想像的極少數大地主，在年度全國地租總額中，竟鯨吞如此巨大的份額，致英國國家的智慧，覺得對於地租的分配，還以不提出像利潤分配那樣的統計資料為上策。達弗林勛爵就是這種大地主之一。說地租與利潤一直「超多」的觀念；或說此種過多，常與人民貧困的過多有某種關聯的觀念，皆是「有損聲譽的」、「不健全的」。他是完全根據事實。那事實就是愛爾蘭人口減少，地租卻隨之飆升。因此，人口的減少，於地主有利，從而於土地、於那些只被視為土地附屬物的人民有

---

[138]《工廠監督專員半年報告。1866 年 10 月 31 日》，第 98 頁。

利。他根據這種事實故倡言：愛爾蘭的人口，現今還是過剩；國外移民之流還太緩慢。要使愛爾蘭享有完全的幸福，今後至少還須排出 30 幾萬勞動者人口。桑格拉多派（Sangrados）的醫生，見病人沒有起色，往往命其放血，再無起色便再放血，直到病患的病沒有了、血也沒有了的時候為止；我們不要把這位地主（且為詩人）與桑格拉多派醫生同樣看待。他只要求放出 30 幾萬人的血，但要讓愛爾蘭千年太平，則非放 200 萬人的血不可。這證據是不難提供的。

愛爾蘭在 1864 年的農地數及其面積[139]：

	數目	英畝
(1) 1 英畝以下	48,653	25,394
(2) 1 英畝以上 5 英畝以下	82,037	288,916
(3) 5 英畝以上 15 英畝以下	176,368	1,836,310
(4) 15 英畝以上 30 英畝以下	136,578	3,051,343
(5) 30 英畝以上 50 英畝以下	71,961	2,906,274
(6) 50 英畝以上 100 英畝以下	54,247	3,983,880
(7) 100 英畝以上	31,927	8,227,807
(8) 總面積	——	26,319,924

由 1851 至 1861 年之間的集權結果，主要使 1 英畝以下到 15 英畝的前三類的農地，被吞併了。這些農地有首先消失之必要。結果產生出 307,058 個「多餘的」農場主，如大略估計他們一家平均為 4 人，則其總人數將達到 1,228,232 人。如果作一過分的假定，說在農業革命完成後，其中有 1/4 的人口，得再被吸收，其結果就有 921,174 人待移民外國。至於屬於第 4 類至第 6 類的 15 英畝以上到 100 英畝以下的農地，

---

[139] 在這總面積中，包含泥煤地、沼地及荒地。

用以從事資本主義的穀物耕作已嫌小，用在牧羊的目的上，則是近於零的面積，這是在英格蘭早就知道的。因此，在上述的同一假定下，更有788,761 人要移民國外。與前者合計，即為 1,709,532 人。因為食慾是由吃當中生出來的，愛爾蘭地主立即發現：有 3,500,000 人口的愛爾蘭，仍時常窮困，是因為它的人口過多。因此，要滿足愛爾蘭成為英格蘭的牧羊場與放牧場其終極命運，它的人口還必須進一步減退[140]。

但就像這個懷世界的一切好事一樣，這個有利可圖的方法，也有它

---

[140] 各個土地擁有者，乃至英國的立法院，都在有計畫地利用饑荒及其結果，以達成強制推行農業革命的目的，以減少愛爾蘭的人口，使其達到地主所希望的限制。關於這種事實，在本書第三卷討論土地所有權的章節中，還要詳細地論證。至於小租地農業家與農業勞動者的狀態，也將在那裡重新論到。這裡只要引述一段文字就行了。西尼爾在其遺稿《關於愛爾蘭的雜誌、對話及論文》（全 2 卷，倫敦，1868 年，第 II 卷，第 282 頁）中說：「G 博士說：『我們有了《濟貧法》，《濟貧法》是地主確保勝利的一大工具；我們還有一種更有力的工具，就是國外移民。』……凡屬愛爾蘭的友人，都不能希望地主與凱爾特族小租地農業家間的抗爭，繼續延長下去。若那種抗爭，不能由租地農業家方面的勝利結束，則尤其如此。愈早把這種抗爭結束、愈早使愛爾蘭成為一個牧場國，使其人口像牧場國一樣稀少，那就對一切階級愈有利。」1815 年的《穀物條例》，使愛爾蘭穀物對於大不列顛自由輸入，保有一種獨占權。因此，這種條例，就成為助長穀物栽培的人工的刺激了。至 1846 年《穀物條例》撤廢，上面這種獨占權突然被廢除了。把其他情形擱置不論，單是這種情形，就夠成為愛爾蘭耕地牧場化、租地累積化和農民被驅逐這幾種現象的一大刺激。由 1815 至 1846 年間，世人都讚揚愛爾蘭的土地豐饒，並力陳愛爾蘭的土地，本來就適合小麥的栽種，但至 1846 年以後，英國的農學者、經濟學者、政治家們，又突然發現愛爾蘭的土地，僅適合種植牧草了。拉維爾尼先生（Lèonce de Lavergne）很快就在海峽的彼岸傳播起這種見解。像這種近似兒戲的勾當，由拉維爾尼先生這種「認真的」人物去做，是再適當不過的。

的短處。地租在愛爾蘭積累,而愛爾蘭人則以同一步調在美國積累。被羊和公牛驅往國外的愛爾蘭人,再以芬尼亞兄弟會(Fenian)的名目,崛起於大西洋的彼岸。巨大的新興的共和國,面向著海對岸的老女皇,日益增加其威脅地昂起頭來:

殘酷的命運,折磨著羅馬人,

殘殺兄弟姐妹的罪孽啊!

第二十四章

原始積累

I 原始積累的祕密

　　貨幣如何轉為資本、如何由資本產生剩餘價值，並如何依剩餘價值造出更多的資本，那都是我們已經知道的。但資本的積累，是以剩餘價值的存在為前提；剩餘價值是以資本主義生產的存在為前提；資本主義生產，又是以資本及勞動力已經大量存在於商品生產者手中為前提。因此，這整個運轉，就好像是在一個惡性的循環中回轉了。要從這惡性循環中脫出，我們只能假定在資本主義積累之前，有一種原始積累（ursprüngliche Akkumulation——亞當·史密斯稱此為先前的積累，previous accumulation），換言之，要假定一種積累，它不是資本主義生產方式的結果，而是其出發點。

　　這種原始積累在政治經濟上所扮演的角色，和原罪（Sündenfall）在神學上扮演的角色一樣。亞當咬了蘋果，於是罪過落到人類身上了。對於這種原始積累，人們是把它當作一種過去的逸話來解釋它的起源。在許久許久以前，世上有兩種人：一種是勤勉、智慧，特別是節儉的精英；一種是耗盡自己的維生資料，並超過用於放蕩的生活的怠惰流氓。神學上的原罪的傳說，確實告知我們，人類如何被注定要在額上流著汗才能吃到麵包，但經濟學上的原罪的歷史，卻揭示我們，有一些決非必要的人存在。沒關係，如是，屬於前一類的人，積累財富；而屬於後一類的人，則除了自己的皮以外，沒有其他可以出賣。結果，不論如何勞動仍只有拿自己本身來出賣的大多數人的貧，與老早就不工作但財富尚不斷增加的少數人的富，就從此原罪來決定。像這種枯燥無味為貧窮辯護的幼稚故事，每天都在向我們說教。如像梯也爾先生（M. Thiers），他就曾以政治家的全副嚴肅神情，在曾經風趣的法國人面前，厚著臉皮反覆講述這故事。當財產權成為問題時，歌頌此兒童精神食糧為一切年齡、一切發展階段的人的適當讀物，乃成為神聖的義務。在現實歷史上，征服、奴役、劫掠、殺戮，簡言之，武力扮演重大角色，那是如此的惡名昭彰。但在脆弱的政治經濟編年史，自遠古以來卻是由田園詩所

支配。正義與「勞動」，一直是唯一的致富手段，僅有「目前時代」是例外。其實，原始積累的方法，絕不是田園詩式的！

　　貨幣與商品，並非最初就是資本，那正如生產資料及維生資料，並非最初即是資本一樣。貨幣與商品，得轉爲資本；但這種轉化，只能發生於以這個事實爲中心的一定情形下：兩種極不相同的商品擁有者——在一方面，是貨幣、生產資料、維生資料擁有者，他渴望藉由購買他人的勞動力，以增加自己所占有的價值量；在另一方面，是自由勞動者，他是自身的勞動力的出售者，從而是勞動的出售者——必須面對面接觸。自由勞動者有雙重意義：他不像奴隸、農奴那樣，直接形成生產資料的一部分，也不像自耕農那樣，保有生產資料，他毋寧說是無憂於其任何生產資料、不受其任何生產資料的牽累了。商品市場上這兩極的分化，給予了資本主義生產的基本條件。資本制度的前提，即是勞動者與令其勞動得以實現的手段一切擁有權完全分離。資本主義的生產一旦立定腳跟，它就不單維持這種分離，且以不斷擴大的規模，再生產這種分離。所以，爲資本制度開路的過程，不外就是勞動者與其生產資料擁有權分離的過程。這個過程，一面把社會維生資料及生產資料轉爲資本，另一面把直接生產者轉爲工資勞動者。故所謂原始積累，不外是生產者與生產資料分離的歷史過程。而它之所以表現爲「原始的」，那是因爲它形成資本及資本生產方式的史前期。

　　資本主義社會的經濟結構，是由封建社會的經濟結構產生出來。前者的要素，由後者的分解而被游離出來。

　　直接生產者即勞動者，到他已經不是土地的附屬物及已經不是他人的農僕、農奴或奴隸時，才能處分他自身。他要成爲能隨時找到市場、隨時出賣其商品（即勞動力）的自由出賣者，他得進一步擺脫基爾特的支配，擺脫基爾特關於學徒制度與工匠制度及阻礙勞動的種種規定。因此，生產者轉爲工資勞動者的歷史運動，一方面表現爲生產者解脫農奴身分和基爾特桎梏的運動，我們有產階級的歷史家，是只看到運動的這一面；但在另一方面，這些新的自由民，只有在他們自己的一切生產資

料，和舊封建制度給予他們生存上的一切保證，都被剝奪之後，才成為他們本身的出賣者。這部剝奪的史實，是以血與火的文字，寫在人類記錄中的。

產業資本家，這些新權勢者，不僅要取代基爾特手工業老闆，更要取代財富之源的擁有者，即封建領主。從這方面看來，他們取得社會權力，乃是戰勝封建勢力及其可憎恨特權的結果；是戰勝基爾特及其在生產自由發展和人對人自由剝削上，所加的桎梏的結果。不過，產業上的騎士，之所以能代替佩劍的騎士，只因為他們有一些和他們全無關係的事件可以利用。他們登上優勝者所利用的手段，和羅馬自由民用來支配其守護神的手段，一樣卑劣。

工資勞動者及資本家所由生的發展的起點，是勞動者的勞役。此後的進展，則存於這種形態的改變，換言之，存於封建剝削，到資本主義剝削的轉化中。要理解這種演進，殊無追溯過遠之必要。資本主義生產的最初萌芽，在十四世紀、十五世紀，已散見於地中海沿岸的若干市鎮，然而資本主義時代的序幕，卻到十六世紀方才揭開。在資本主義呈現的地方，農奴制度的廢止早已實行了；在中世紀發展至最高點有主權的市鎮，也早已在衰落了。

在原始積累的歷史上，一切對資本家階級形成有槓桿作用的革命，都是劃時代的之舉；但多數民眾被突然且強制地奪走其維生資料，及作為自由和「無所屬」的無產階級而投到勞動市場上來的瞬間，尤其如此。剝奪農業生產者即農民的土地，就是這全過程的基礎。這種剝奪的歷史，在各不同的國度，有其不同的面向；它是以不同的順序、不同的時期，走過其不同的階段。其典型形態，只見於英格蘭[1]。故我們以英格

---

[1] 資本主義的生產，最初是在義大利發展，而農奴關係的分解，也在那裡最早發生。義大利農奴，在獲得土地時效權以前，就已經解放了。他們一解放，就成為自由的無產階級。而在當時，那些大抵由羅馬時代傳下的都市，又已經有了歡迎他們的新主人。但十五世紀末葉以來，世界市場發生革命，義大

蘭為例。

II 農民土地的剝奪

英格蘭的農奴制，實際上在十四世紀末期已經消滅了。在當時，尤其是十五世紀，英國人口的最大多數[2]，皆為自由的自耕農（Bauer），儘管這些自耕農的財產權，尚為封建的招牌所隱蔽著。在較大領主的土地上，過去由農奴充當的土地管理人（Bailiff），已被自由的農場主（Pächter）所代替。農業的工資勞動者，包括兩種人，一種是利用閒暇時間在大領地下工作的自耕農，一種是立於獨立地位，相對或絕對來說都只占少數的工資勞動者特別階級。後者實際上也兼為自耕農。他們除工資外，還分得小屋和 4 英畝或以上的耕地。此外，他們且得與自耕農同樣享有公共土地的使用權。在公共土地上放牧其牲畜，並取得木材、柴薪和泥炭等[3]。在歐洲一切國家中，封建的生產，都以把土地分於

利北部的商業至上權被破壞時，卻發生了與上述方向相反的運動，也就是都市的勞動者，大批地驅往農村，因而對於園藝經營式的小規模耕作，給予了空前的刺激。

[2] 「以自己的手，耕自己的田的小土地擁有者所過的生活，是相當順適的。……他們在當時，比在現在，在國民中占有更為重要的部分。如果當時的統計可以採信的話，靠耕種小自由所有地而生活的人，計有 16 萬之多（把他們的家族合算起來，定然占有全人口的 1/7 以上）。這種小地主的年平均所得，……為 60 至 70 鎊。自耕土地的人數，是比租耕土地的人數為多的。」（麥考利《英國史》，第 10 版，倫敦，1854 年，第 I 卷，第 333、334 頁。）甚至在十七世紀最後 30 餘年間，英國人口尚有 4/5 為農民。（前書第 413 頁。）我之所以在這裡引述麥考利，因為他是歷史的有組織的偽造者，他對於這類事實，是盡可能加以抹煞的。

[3] 我們絕不要忘記，就連農奴也不僅是住宅所附屬的一塊小土地的擁有者（雖然是有納貢義務的擁有者），且為共同土地的共同擁有者。米拉波在他所著

盡可能多的次家臣數爲特徵。如同其他一切主權國一樣，封建領主的權力，不是依存於他地租名冊的長度，乃依存於他的臣下數目，後者又依存於其自耕農數目[4]。所以，諾曼人征服以後的英國土地，雖然分裂爲巨大的男爵領地，往往一個男爵領地，包括900個盎格魯‧撒克遜舊貴族領地，但小自耕農仍散見於全國各地，大領主土地不過點綴地介於其間罷了。這種狀態，再伴以當時的市鎭繁榮（這種繁榮是十五世紀的特徵），遂促成英國國民的財富；對此是最高法院院長福特斯鳩（Fortescue）在其《英國法讚頌》（Laudes Legum Angliae）中所生動描述過的。但資本主義的財富，還談不到。

對資本主義生產方式附以基礎的革命的前奏曲，開演於十五世紀最後30幾年及十六世紀最初十年。當時封建的家臣，正好如詹姆斯‧史都華（Sir James Steuart）所適當描寫的，「到處無用地充滿了房屋和城堡」，這種封建家臣團的分解，遂把許許多多自由的無產者投到勞動市場上來。當時的王權，其自身原是有產階級發展的一個產物；它爲要掌握絕對的主權，強制地促進了這些封建家臣團的分解，但那絕不是這種分解的唯一原因。大封建領主在對國王及議會進行粗暴地抗爭中，他們以強暴的手段，將自耕農逐出土地（他們和封建領主同樣有封建權利的土地），並霸占他們的公共土地，結果遂造出了無從比較的更多的無產階級。在英國，佛拉蒙羊毛製造業的勃興，及與此相應的羊毛價格的昂貴直接刺激了這些逐出。舊的貴族，都被大封建戰爭所消滅了。新的貴

《普魯士王國》中，說「那裡（西利西亞）的農民，就是農奴」。但他們是共同地的擁有者。「當時的西利西亞人，尙不曾獲得分割共同地的刺激。但在新界之內，沒有一個村落，在實行這種分割時，不獲得最大的成功。」（《普魯士王國》，1788年，第2卷，第125、126頁。）

4 在日本，土地所有的組織，是純粹封建的；小農的經營，是頗爲發達的。該國的情形，比所有大都市在資產階級偏見下寫成的史書，是更爲忠實可靠的歐洲中世紀的描寫。犧牲中世紀而取得「自由」，那是再方便不過的事！

族,已經是他們的時代的兒子,在他們看來,貨幣是權力中的權力。所以他們的要求,就是把耕地轉爲牧場。哈里森(Harrison)在其所著《英國紀》(霍林希德編年史的序言),曾敘述剝奪小自耕農土地是如何的荒廢地方。「我們的大侵奪者,有什麼可畏懼的?」他們以暴力夷平自耕農的住宅和勞動者的小屋,或任其腐朽。哈里森說:「假如把各分封領地的舊采邑記錄拿來比較……我們馬上會發現,無數的房屋在某些采邑都消滅了,國內能供養的人口大爲縮小了;儘管若干新都市趨於繁榮,但多數的市鎮要不歸於頹廢要不四分之一或半數消失。……至於那些被破壞而轉爲牧場,除領主房屋外,更無其他任何住宅……我也能敘述一些。」這位老編年史者的抱怨,雖常不免有些誇張,但卻忠實反映出了生產條件的革命,曾在當時人心中留下的印象。把最高法院院長福特斯鳩的文獻與湯瑪斯・摩爾(Thomas More)的文獻一加比較,就揭露十五世紀與十六世紀之間的鴻溝。誠如桑頓所說,英國勞動者階級,未經過任何過渡階段,就由黃金時代掉進鐵器時代。

在這種革命的當前,立法機關感到驚愕。當時英國的立法機關,還沒有達到以「國富」(即資本的形成,對大眾無所顧忌的剝削和民眾的貧困化)爲一切政治手段極致的文明高度。培根在《亨利七世傳》中說:「在當時(1489年),圈地更加常見了,從前沒有多數人及其家庭便不能施肥的耕地,都轉爲使用少數牧人即可輕易處理的牧場了;從前爲許多小自耕農(yeomen)生活基礎的年期租地、終身租地及任意租地,都轉爲領主的私有地了。結果是人民頹廢,因此市鎮、教會、什一稅等等,都不免頹廢。……在這種爲難之處的匡治上,國王及議會的智慧,值得讚賞。……他們對於那種使人口減少的圈地和牧場,採行一種奪走的策略。」根據 1489 年亨利七世當時定下的一種條例(第十九章),至少附有 20 英畝土地的農民房屋概禁止拆毀。這種法律,曾在亨利八世第 25 年制定的條例中予以更新。其中有云:「許多農地與大牲畜群,特別是大羊群,都集中在少數人手中,因此地租騰貴、耕地減縮、教堂與房屋被拆毀;且驚人的多數人,都被奪去了維持自身及一

家生計的手段。」於是,該法律命令重建荒廢的農場,並在穀物耕地與牧場等等之間,定下比例。1533年的一個條例,曾列舉若干地主擁有24,000頭羊,因而規定羊的擁有量,不得超過2,000頭以上[5]。然而人民的怨謗,乃至亨利七世後繼續有150年之久旨在反對剝奪小農場主及自耕農的立法,都同樣沒有效果。其失效的祕密,培根不自覺地,在其所著《文明與道德論文集》(第29文)中這樣揭示我們:「國王亨利七世企圖造出合一定標準的務農農地及房屋的計畫,是深思遠慮而且值得讚賞的。他那計畫,要求給各臣民一定量的土地,使他們不處於奴隸狀態,而在富裕下生活;使擁有者自己也在手中握著耕犁,不僅是雇工[6]。」然而,資本主義制度所要求的,卻正是把大眾降格並安置在跡近奴隸狀態下,把他們轉為雇工、把他們的勞動設備轉為資本。在這種轉變的時代,英國的立法,卻企圖使農業工資勞動者的小屋,保留4英

---

[5] 湯瑪斯・摩爾(Thomas More)在其所著《烏托邦》中,曾說英國是一個奇怪國度,那裡的「羊,把人吃盡了」。(見魯賓遜譯《烏托邦》,亞伯爾版,倫敦,1869年,第41頁。)

[6] 培根曾就自由而小康的自耕農與優秀的步兵間之關聯,作這樣的說明:「為了使有工作能力的人不致陷於貧困,而替他們準備充分的租地,那對於我們王國的權力和威儀,是極重要的。要達成這種目的,我國土地的大部分,就得轉移於介在紳士與小屋農及隸農之間的小農階級或中等人民,成為他們的所有。……照一切軍事專家的主張……軍隊的主力,在於步兵。那些在奴隸窮乏境遇下育成的人,絕不能成為優良的步兵,只有在自由而小康境遇下育成的人可以。所以,一國如過於重視貴族及上流人士,使農民與耕作者變為他們的勞動者、隸農或小屋農(那不過是有地方棲身的乞丐),那樣一來,縱使能有良好的騎兵,也絕不能得到堅忍卓絕的步兵。……在法國、義大利及其他諸國就是如此。在此等國家中,人民只有兩極,一極是貴族,另一極是窮乏的農民;因此,它們的步兵隊組織就只好雇瑞士人為傭兵了;人民儘管多,但卻幾乎沒有士兵。」(培根《亨利七世傳》,英國肯內特(Kennet),1719年版,全本翻印,倫敦,1870年,第308頁。)

畝土地,並禁止在他們小屋中有借居的人。在詹姆士一世治下的 1627 年,就有佛倫特米廠的羅傑·克洛克爾(Roger Crocker),因在其領地建築小屋,沒有把 4 英畝土地當作永久附屬物,而被宣告有罪。延至查理一世的 1638 年,還任命一個敕命委員會強化舊法律的實施,特別是每小屋應附有 4 英畝土地的條例。就在克倫威爾(Cromwell)時代,在倫敦周圍 4 英里內,建築未附有 4 英畝土地的房屋,也必被禁止。直至十八世紀上半葉,農業勞動者的小屋如沒有附屬一英畝或 2 英畝土地,仍不免受到抱怨。然至今日,一個小屋如備有一個小的庭園,或能在遠離小屋的地方租到若干小塊土地,在農業勞動者看來就算是幸運了。亨特醫師說:「在這方面,地主與農場主是相互提攜的。使小屋附有若干英畝土地,恐不免要招來勞動者過於獨立的結果[7]。」

　　十六世紀的宗教改革,與繼起的大規模冒領教會地產的運動,對於強制剝奪民眾土地的過程,給予了驚人及新的刺激。在宗教改革的當時,天主教教會是英國大部分土地的封建擁有者。對修道院的壓迫,使住在修道院等處的人們,都被投進無產者的隊伍中。教會的地產,則大抵是給那些貪婪的國王寵臣,或以近似玩笑的微乎其微的價格,賣給那些投機的農場主和市民。這班人把世襲教會領地的租戶大批驅逐,而合併他們的持有地。至於貧困農業勞動者,以前在教會什一稅中,本有取得一部分的法律保障土地,這時也在暗中被沒收了[8]。伊莉莎白女王在巡幸英國國內之後,曾嘆說「到處皆是待救濟的窮人」。在這位女王治世的第 43 年,竟不得不藉由濟貧稅的採行,官方承認被救濟貧困

---

[7] 《公共衛生第七報告》,1864 年,第 184 頁。──「依照舊法律分派的土地量,就今日來判斷,對勞動者是嫌過大了;不如把他們變為小規模租地農業者。」〔喬治·羅伯茲(G. Roberts)《過去數世紀英格蘭南部諸郡人民之社會史》,倫敦,1856 年,第 184、185 頁。〕

[8] 「貧民參與什一稅分配的權利,是由往昔法律條文的語意所確定了的。」〔塔克特(Tuckett)《勞動人口之今昔狀態史》,第 II 卷,第 804、805 頁。〕

（Pauperismus）的存在。「這種法律的起草者，似乎以說明其背景為可恥。這由他們反乎慣例，沒對這法律附以前文而知[9]。」這種法律，被查理一世第 16 年的條例（第四章）永久化了；事實上只在 1834 年，採取新的更嚴厲的形態[10]。宗教改革的這種直接影響，還不算是它最有持續

---

[9] 威廉・科貝特（William Cobbett）《宗教改革史》，第 471 節。

[10] 新教的「精神」，可由以下的事實而知。在英格蘭南部地方，若干地主與富裕的租地農業家，曾聚首集議，就伊莉莎白女王的《濟貧法》的正確解釋，起草 10 項質問；他們把這 10 項質問，提問於當時著名的一位法學者，即高等律師斯尼格（Sergeant Snigge——後來曾為詹姆士一世治下的審判官），而請其開陳所見，其中第 9 項質問是：「本區比較富裕的租地農業家們，設計了一種巧妙的方法。用這方法實施這個條例（伊莉莎白第 43 年）所遭遇的一切困難，都可除去。那方法就是：他們創議在本教區設立一個監獄。然後通告鄰人，如有誰決定租地給這教區的貧民，他就可在一定的時日，以密封函件提出他接引他們的最低價格；那些貧民必須關在上述的監獄中，才不能拒絕這種引渡。這種計畫的創議者，以為在鄰近諸郡，尚有人不願勞動，同時又沒有財產信用，足以獲得土地或船舶，那是生活所必要的。他們以為，盡可誘導這種人，使他們對教區為最有利的貢獻，貧民如果在雇主保護下死亡了，罪在雇主，教區總算對於他們盡了義務。固然依據現行條例，這種有思慮的方策，恐怕不能見諸實行。不過，諸位要知道，本郡及鄰接諸郡的獨立農民，都樂於加入我們這個組織，並慫恿他們的議員，提出這樣一種法律：允許監禁貧民，並強迫他們勞動，如果貧民拒絕這種監禁、拒絕這種強迫工作，則不給予任何救濟。我們希望這種法律可以使貧困者不要求救濟。」〔布拉基（R. Blakey）《從極初時代以來的政治文獻史》，倫敦，1855 年，第 II 卷，第 84、85 頁。〕——蘇格蘭廢除農奴制度，比英格蘭晚幾百年。遲至 1698 年，薩爾頓的弗萊徹（Fletcher）始在蘇格蘭的議會中這樣宣言：「蘇格蘭的乞丐，不下 20 萬人。我在主義上為共和論者，但我所能提倡的唯一救治方策，就是恢復農奴制的舊狀態，把一切無法生計獨立的人，變為奴隸。」艾登在其所著《貧民的狀態，英國勞動階級史》，第 I 卷，第

性的影響。教會領地形成土地擁有權傳統狀態的宗教堡壘。教會領地消滅時，這種狀態也就不再能夠維持了[11]。

就在十七世紀最後數十年間，小自耕農即獨立農民階級，還擁有多於農場主階級的人數。他們形成克倫威爾勢力的支柱；比起醉醺醺的鄉紳、比起那些作為鄉紳僕人及不得不迎娶其主人棄妾的田舍牧師，他們是更好得多。這事實，就連麥考利也是承認的。哪怕是農業工資勞動者，他們也分享共有土地。在1750年，小自耕農消失了[12]。至十八世紀最後十幾年間，這種共有土地的最後痕跡，也被抹去了。我們在這裡，且撇開農業革命（Agrikulturrevolution）之純經濟的原因，而只論及這種革命所採用的強制手段。

在斯圖亞特王朝復興後，英國土地擁有者，是以合法手段實行掠奪的。（這種掠奪在歐洲大陸各處，都沒有經過任何法律手續。）他們廢

1章，第60、61頁中，也同樣說：「農奴制的退步，好像必然會帶來貧困；製造業與商業，是我國貧窮的父和母。」艾登和那位在主義上為共和論者的弗萊徹，在這一點上有錯誤：就是使農民變為無產階級的，從而，變為被救濟民的，不是農奴制的廢止，而是農民土地所有權的廢止。——法國的剝奪形態是不同的；在那裡，與英國《濟貧法》相當的法律，是1571年的摩林（Moulins）法令與1656年的敕令。

[11] 羅傑斯先生在他著述《農業史》的當時，雖還是新教正統派的溫床——牛津大學的經濟學教授，但在該書序言中，他卻力陳宗教改革，是使民眾化為被救濟民的手段。

[12] 一個薩福克紳士《給班柏立勛爵書，論食品價格的高昂》（伊普斯威治，1795年，第4頁）。《當前食品價格與租地大小之關係》一書的匿名作者，雖是一位大租地制的狂熱擁護者，但在該書第133頁卻說：「當我看到支持我國國民獨立的一群自耕農的消滅，是不勝悲痛的。他們的土地，現在都落到獨占的地主手中了。地主把他的土地，分租於小租地農，小租地農則在比隸農——他們隨時準備在不幸的時候，聽人召喚——無任何優點的條件下，保有他們的租地。當我看到這現象時，我也是不勝悲痛的。」

除封建土地保有，即廢止土地對國家的一切給付義務，而以農民及一般民眾的稅賦，「賠償」國家；他們對於以前僅有封建所有權的地產，則使其見證為近代的私有土地的權利；最後，更勵行《居住法》（Laws of Settlement）。這種法律對於英國農業勞動者的影響，和韃靼王波利斯・戈杜諾夫（Boris Godunof）敕令對於俄國農民的影響一樣。

這種「光榮的革命」，不僅使奧蘭治親王威廉三世（William of Orange）立於支配者的地位，並使地主的和資本家的剩餘價值霸占者，也立於支配者的地位[13]。對於國有地的盜掠，本來還是比較和緩地進行，到這時，他們才以大規模的盜掠來開啓新的時代。他們對於國有地，或者由贈與的方式取得、或者以荒謬的價格取得，甚或是由直接的掠奪取得，以合併於其私有地內[14]。這一切的進行，都絲毫沒有顧及法律上的不成文規定。像這樣以欺詐方法霸占的國有地，連同以前被人盜掠的教會領地（未曾在共和革命中再喪失的那部分），就成了英國今日寡頭政府御用地的基礎[15]。有產階級的資本家，曾助長以上的操作。他

---

[13] 關於這位資產階級英雄的私人道德，請看下面的事實吧：「他在1695年，以愛爾蘭的重要土地，給與奧克尼夫人，因為這位夫人為國王所寵幸，且在上流社會中占有非常的勢力。……她的高貴的任務，被人猜想是不名譽的任務。」（大英博物館《斯羅恩稿本集》，第4224號。）那個稿本的標題是：「由薩莫斯、哈利法克斯、牛津及弗農等給士魯斯柏立公爵書簡中，看到的威廉王的品性與行為。」這是一個珍奇的作品。

[14] 「半賣半贈，非法讓渡御用地，是英國史上的汙穢的一章，……是對於國家的一大欺詐。」〔紐曼（F. W. Newman）《經濟學講義》，倫敦，1851年，第129、130頁。〕

關於今日英國大地主們如何取得土地所有權的詳細情形，可參照《我們的舊貴族，貴族義務》，倫敦，1879年。——F. E.

[15] 例如，柏克（Edmund Burke）記述貝德福公爵家——其後裔，便是「自由主義的山雀」約翰・羅素爵士——的小著，即可供參考。

們的目的在促進土地的自由交易、在擴大大農地制度的現代農業範圍、在增加自由農業無產者的及時供給。此外,新土地貴族和新的財閥、新孵化的大金融家集團,以及由當時保護稅支援著的大製造商,是自然的盟友。英國有產階級為自己利益的行動,和瑞典有產階級以反向操作,聯手自耕農為經濟盟友、幫助國王,從寡頭政府手裡強制奪還舊有王地(此事見於1604年以降,查理十世和查理十一世時代),是一樣聰明。

共有地(Das Gemeindeeigentum)與前述國有地(Staatseigentum)完全不同,那原是古代條頓族的制度,在封建制的外衣下存續下來。我們已經知道,對於這種共有地的強制性掠奪,是始於十五世紀末葉,而持續至十六世紀,那大抵與耕地轉牧場相伴。但在當時,那過程是由個人的暴力行動來推進,立法機關對於那種暴力行動,雖繼續抗鬥有150年之久,都沒有收到效果。十八世紀的進步,表現在這個事實上,即法律自身也變為共有地盜掠的工具——雖然大農場主,同時還利用其獨立的小方法,來從事盜掠[16]。這種掠奪的國會形態,就是《共有地圈圍案》(Bills for Inclosures of Commons)。這種法令,使共有地讓渡為地主私有、使人民被剝奪。艾登勛爵(Sir F. M. Eden)雖力圖以共有地視為大地主(取代封建領主的大地主)的私有土地,但他要求議會制定《共有地圈圍法》,說共有地轉為私有土地,必須來一次國會政變(ein parlamentarischer Staatsstreich),又要求對被剝奪的貧民,制定「賠償」法時,他也反駁了他自己特為大地主辯護所作的狡猾[17]。

任意的租戶(Tenant-at-will),代替獨立的自耕農而出現了。這種

---

[16]「租地農業家不准小屋農在他們自身及子女外,保有任何的生物。他們的理由是:如果他們飼養家畜或家禽,就不免會向他們的倉庫盜取飼料。他們還說:一直讓小屋農民貧窮下去啊!要這樣他們才肯勤勉。但我相信真正的事實是:租地農業家,要把共同地的一切權利,完全掌握在自己手裡。」(《圈圍荒地的結果之政治學的研究》,倫敦,1785年,第75頁。)

[17] 艾登《貧民的狀態,英國勞動階級史》,序言,第17、19頁。

任意租戶，就是逐年依契約租地的小農場主，是完全受地主意向支配的暴民。在這種租戶代替自耕農時，同時又行著國有地的盜掠，特別是共有地的系統性的掠奪。因此助長農地的擴大，十八世紀時的人，曾稱那種農地為資本農地[18]或稱為商人農地（Kaufmanns-pachten）[19]。而農業人口則被「釋出」成為製造工業的無產者。

國富（Nationalreichtum）等同民貧（Volksarmut）的事實，在這種事實的理解上，十八世紀還不及十九世紀來得充分。惟其如此，在當時的經濟文獻中，關於「圈圍共有地」這件事，遂有極激烈的論爭出現。在下面，且從我手邊的大量材料中，選出可以表示當時情況的摘錄。

某位作者憤慨地說：「在哈特福郡的若干教區，平均有 50 至 150 英畝的農地 24 塊，合併而為 3 個大農地了[20]。」「在北安普敦郡和列斯特郡，共有地在極大規模地圈圍，而因此生出的新領地，則被轉為牧場。結果從前一年耕作 1,500 英畝面積的許多領地，現在一年只不過耕作 50 英畝。從前的住宅、穀倉、畜廄等等的廢址，成了前居住者的唯一痕跡了。在開放村落原有 100 棟的房屋及家庭，現在大都減到 10 棟、8 棟。且就那些在 15 年前或 20 年前才開始圈圍的大多數教區來說，在這種教區內保有土地的人數，就比在開放村落狀態下保有土地的人數，更少得多。從前由 20、30 個農場主、小租戶、小地主保有的土地，現在則由 4、5 位富裕畜牧業者收奪為大圈領地，這已成為常見的現象了。那些被奪者的家庭及其生計，乃至由他們雇用及依他們生活的其他

---

[18]「資本租地」（Capital-farms）。一個實業家，《論麵粉業與玉米高價的兩封信》，倫敦，1767 年，第 19、20 頁。

[19]「商人租地」（Merchant-farms）。《食物高價的研究》，倫敦，1767 年，第 11 頁注。這部匿名刊行的佳作，是牧師佛斯特（Nathaniel Foster）寫的。

[20] 湯瑪斯・萊特（Thomas Wright）《論大租地的獨占，一封給大眾的短信》，1779 年，第 2、3 頁。

許多家庭,概被逐出[21]。」在圈地藉口下被鄰近大地主所合併的土地,不單是荒地;須對共同體納一定地租的耕地,也往往同樣被圈圍進去。「這裡且就既經改良的土地和開放地的圈圍來說。這種消失的村落,勢必增加農地的壟斷、提高食品的價格,並引起人口的減少,這事實,甚至擁護圈地的作家,也是承認的。……即使是現正進行的荒地圈圍,貧民也將因有一部分維生資料被剝奪而受苦;由此,已屬過大的農地,更加擴大[22]。」普萊斯博士(Dr. Price)說:「當土地歸屬到少數大農場主手中時,小農場主(普萊斯所稱的小農場主,就是指那些靠土地上的生產物,和共有地上所養的羊、家禽、豬等來維持自身及一家生活,幾無須購買任何維生資料眾多的小地主和小租戶)結果要變為替他人提供勞動來賺取其維生資料,且必須赴市場購買一切他所缺的人,……強迫愈大,或許勞動就愈多……因為被逐的人們,都為求職和立身之地而流入市鎮和製造業上來,故市鎮和製造業的範圍擴大了。這就是農地不斷獨占的自然操作的方法,也即多年在我國實際進行著的方法[23]。」他因此總結圈地的效果說:「總而言之,下層人民的處境,無論在哪方面,都趨於惡化了。他們由小地主的地位,降為日雇勞動者(Tagelöhnern)及雇工的地位。他們的生存狀態比以前更困難了[24]。」事實上,公有地的

---

[21] 牧師亞丁敦(Addington)《開放地圈圍之贊成的論據和反對的論據》,第 II 卷,倫敦,1772 年,第 37 至 43 頁及其他各處。

[22] 普萊斯博士,前揭著作第 II 卷,第 155 頁。試一讀佛斯特、亞丁敦、肯特、普萊斯、詹姆斯·安德森的論著。把這些論著,和麥克庫洛赫在他的目錄著作《經濟學文獻》(倫敦,1845 年)中所提示的慘澹而阿諛的饒舌,加以比較。

[23] 普萊斯,前書第 147、148 頁。

[24] 普萊斯,前書第 159 頁。這使我們想起古代羅馬了:「未分割的土地的大部分,是由富者占有。他們就當時的事態,斷定他們所占有的土地,不會被奪還,於是,他們就把那些附近的屬於貧民的小塊土地,半買半掠奪地合併

霸占及隨之而來的農業革命,對農業勞動者的刺激是如此尖銳,致甚至伊登也說,農業勞動者的工資在 1765 至 1780 年間開始降至最低水準以下,且得靠官方濟貧救助來補足。他說,他們的工資「僅足其絕對生存需要。」我們暫且聽聽圈地擁護論者(普萊斯博士的反對者)的高論吧:「在開放地上沒有見到浪費勞動的事,不能因此便引出人口減退的結論。……如果因小農場主變為必須替他人工作的人,結果產出了更多的勞動,那其實是國民(那些變為替他人工作的人,當然除外)所期待的一種利益。……當他們的聯合勞動,被利用到一個農地時,其生產物將增加,對製造業將是一種剩餘。國家富源之一的製造業,藉此將比例於穀物生產量的增加而擴大[25]。」

對於神聖財產權的最無恥的侵害及對於人身生命的極粗野的暴行,為資本主義生產方式基礎的建設所必要時,政治經濟學者是以斯多噶主義的漠不關心的冷靜態度來觀察。除此之外,保守黨及「博愛家」艾

起來。他們現在已不是耕作零碎小塊土地,而是耕作廣大的領域了。他們在農耕和飼畜上,都使用奴隸。因為自由民是不事勞動,只服兵役的。奴隸既免除兵役義務,能夠自由增殖、能夠有多數子女。所以在這點上,占有奴隸是非常有利的。因此,強而有力者,獨占了一切的富,一切的土地都充滿奴隸了。在另一方面,義大利人則因貧困、貢賦、兵役等等的折磨,而日益減少了。就在和平的時候,他們仍不能不過著完全無所事事的生活。因為富有者已占有土地,他們不用自由民耕種土地,都用奴隸耕種土地了。」〔阿庇安(Appian)《羅馬史》,第Ⅰ篇,第 7 章。〕以上的敘述,是以利西尼安法典以前的時代為對象。加速羅馬平民之沒落的是兵役;而查理曼大帝助長德意志自由農民之隸農化及農奴化的主要手段,也同樣是兵役。

[25]《食物高價與租地大小之關係》,第 124、129 頁。以下的引述,其傾向雖相反,其主張則一致:「勞動者由小屋被驅逐,為求職而流往都市;但因此有大量的剩餘造出了,資本也增加了。」(《國難》,第 2 版,倫敦,1843 年,第 14 頁。)

登勛爵的言論，可為我們提示一個例子。由十五世紀七〇年代到十八世紀，伴隨強制剝削人民而生的一系列盜掠、殘暴，以及人民窮困的現象，僅夠得出他輕鬆的結論：「在耕地與牧場之間，須設定一個適當的比例。就十四世紀全部及十五世紀大部分來說，有2、3英畝乃至4英畝耕地，才有牧場1英畝；至十六世紀中葉，有耕地2英畝，也就有牧場2英畝；之後，有1英畝耕地，就有牧場2英畝了；最後竟達到1英畝耕地，3英畝牧場的比例。」

農業勞動者與共有地的關聯，到十九世紀，自然不再為人記憶了。姑且不說比較近的事。由1801至1831年間，地主由農業人口手中盜掠的共有地，即由議會贈與他們的那3,511,770英畝共有地，曾給農業人口一個銅板的代價嗎？

最後對農業人口施行的整批土地剝奪，被稱為地產清除（Clearing of Estates），那其實是把人從土地清除出去。以上考量過的一切英國方法，到「清除」，才達於巔峰。照前章關於近代狀態的描述看，現今已沒有一個要掃除的獨立農民存在了，小屋的「清除」遂由此開始。因此，農業勞動者在他們自己耕作的土地上，甚至不再能找到他們居住所需的地方了。但「地產清除」的真正及嚴格的意義，我們僅可由近世傳奇中的天國（即蘇格蘭高地）得到理解。那裡地產清除的過程，其特徵是其進行極有系統，其一次執行的規模極大（愛爾蘭的地主，往往一舉掃蕩幾個村落，在蘇格蘭高地，則有和德意志一個公國那樣大的土地面積，一舉而被掃除），最後，被侵吞的地產，都以特殊的形態持有。

蘇格蘭高地的凱爾特人，由各種氏族所組成，那些氏族是它們各自所居土地的擁有者。各氏族的代表即其族長或「大人」（Grosser Mann, Great man），不過是這類土地的名目上擁有者。此與英格蘭女王是全國國土的名目上擁有者相同。英國政府對於此等族長相互間的內戰及對於他們不斷向蘇格蘭低地的侵掠，後來是鎮壓成功了，但那些族長絕不因此就放棄他們行之有年的掠奪業務，不過形態有所改變罷了。他們以自己的權力，把其名目上權利轉為私有財產權。當族民起而反抗，他們

就以公然的武力，把這些族民逐出。紐曼教授說：「照此作法，英國國王就把其臣民驅入海中，也沒有什麼不行了[26]。」這種革命，在蘇格蘭，是在覬覦王位者（Prätendenten）黨徒的最後武裝叛亂以後開始的。關於它初期的情形，得由詹姆斯·史都華[27]與詹姆斯·安德森[28]的文章追溯其經過。在十八世紀，被逐出的蓋爾人，被禁止移民國外，其目的是以武力使他們集中到格拉斯哥及其他製造業市鎮[29]。至於十九世紀探行的方法，我們只要把薩瑟蘭公爵夫人所成就的「清除」，作為一個例子[30]，就行了。這位公爵夫人通曉經濟，她一即位，立刻在經濟上進行

---

[26] 紐曼《經濟學講義》，第132頁。

[27] 史都華說：「如果你把此等土地的地租」（他錯誤地把地租這個經濟學上的範疇，應用於小農對族長所納的貢物）「與土地本身的大小加以比較，那會覺得是極小的。但若把它和租地所養的人口數比較，你將發現蘇格蘭高地的所有地，和肥沃地方的同價值的所有地比較，也許能夠維持10倍的人口。」（《史都華全集》，第1卷，第16章，第104頁。）

[28] 詹姆斯·安德森《論振興國民產業精神之手段》，愛丁堡，1777年。

[29] 在1860年，那些被剝奪了的人們，都在一種虛偽的口實之下，被強迫輸往加拿大。其中有些人逃往山中、逃往附近的小島去。警官追趕他們，他們一面與警官格鬥，一面逃走。

[30] 亞當·史密斯的注釋者布坎南說：「在蘇格蘭高地一帶，舊有的所有權狀態，現已日復一日被破壞了。……地主不顧慮世代租地人」（這個語詞也用錯了）「把土地提供給最高價格的投標者。如果這個投標者是一位改良家，他立即就要探行新耕作制度。所以，在先前，那些土地原是廣布著小租地人與農業勞動者，但其人口尚與生產物保持均衡。然在耕作改良地租增加的新制度下，人們開始要以盡可能最小的費用，獲取最大的生產物了；為達到此目的，無用的人手都要除去；於是人口減少了，但其減少，不是依照土地能夠維持的程度，卻是依照土地所能使用的程度。被驅逐的租地農民，乃向附近的都市去求生活……」（布坎南《亞當·史密斯國富論述評》，愛丁堡，1814年，第Ⅳ卷，第144頁。）「蘇格蘭的貴族，像拔除小樹一樣地驅逐其

澈底的整治；她所治理的全郡，其人口已由過去所行的類似方法，縮減到 15,000 人了，她決心把這全郡轉為牧羊場。由 1814 至 1820 年間，這大約包含有 3,000 家庭的 15,000 居民，都被有系統地逐出及根除。他們的村落被破壞及焚毀，其田地則全部轉為牧場。英國的士兵強制執行此逐出的命令，與居民發生衝突。有一個老婦人拒絕離開她的小屋，竟被燒死在烈焰中。這一來，這位高貴公爵夫人，把那不知從什麼時代起即為氏族所有的 794,000 英畝土地，占為己有了。她為那些被逐出的居民，指定了海濱約 6,000 英畝土地——一個家庭得 2 英畝。這種土地，在當時是任其荒蕪，並對於擁有者毫無收入可言的。但這位女公爵，卻寬宏大量，把這荒蕪土地以每英畝平均 2 先令 6 便士的地租，租給那些幾世紀來曾為她家庭流過血的族民，她把她偷來的族有地（Clanland）全部，分割為 29 個牧羊租地，每個租地居住一個家庭，他們大抵是由英格蘭移入的租地農僕。1825 年，那 15,000 蓋爾人，已由 131,000 頭羊所代替。這些被驅往海濱的原住民倖存者，試著依靠捕漁維生，他們成了兩棲動物而生存。照一位英國作者所說，他們是一半在陸上生活，一半在水中生活。雖然如此，僅及生活的一半 31。

人民的家族。他們像被野獸苦惱的印度人，復仇地蹂躪野獸一樣，對待村落和住民。人竟與一頭羊的毛或一頭羊的肉，或與更低的代價來交換了。……當蒙古人侵入中國北部時，曾提議剿滅其住民，而將其土地牧場化，但蘇格蘭高地的地主在這種建議上所抱的企圖，比蒙古人的提議還要卑劣。他們有許多人，確曾實行這個建議，而在自己國內，對待自己的國民。」〔喬治・恩索爾（George Ensor）《各國人口的研究》，倫敦，1818 年，第 215、216 頁。〕

31 薩瑟蘭公爵夫人，為要表示她對於美洲共和國的黑人奴隸之同情——但當「高貴的」英國人的全部心臟，都為奴隸擁有者而鼓動的美國南北戰爭時，這位貴婦人和她的同輩的貴婦人們，都持重地忘記表示這種同情——曾在倫敦鋪張揚厲地歡迎《湯姆叔叔的小屋》作者斯托（Beecher Stowe）。正在那

但勇敢的蓋爾人還須更艱苦地，對於族長竭盡山嶽般的浪漫及盲目崇拜。魚的香氣傳到族長「大人」鼻裡了，他們在那種香氣中，嗅出了生財之道。因此，這海濱也被租賃於倫敦的大魚商，蓋爾人再次被逐出。[32]

最後，牧羊場的一部分，還再被轉為獵鹿場。英格蘭沒有眞正的森林，那是誰都知道的。高貴大老們獵苑的鹿都是馴畜，肥得像倫敦市參事一樣。結果，蘇格蘭就成為「高貴熱情」（noble passion）的最後寄託之地了。在 1848 年，薩莫斯（Somers）曾說：「新森林像雨後春筍地簇生在蘇格蘭高地了。在加伊克這一邊，有格倫費希新森林，在其對面，則有亞德維利克新森林。在同一面，黑山的廣大荒地，最近也開始栽植了。由東到西，由亞伯丁附近到奧本的峭壁，現今都有森林綿沿著。而在高地的其他方面，還有洛奇・亞爾奇格、格倫加立、格倫莫里斯頓等新森林出現。一向作為小農場主社區中心的峽谷，已引入羊群了。那些小農場主則由此峽谷地方，被驅往更惡劣及更貧瘠的地帶，去討生活。現在鹿代替羊了，小租戶再次被驅逐；他們只好移向更貧瘠的地方及陷於更折磨人的貧困。鹿林[33]與人民是不能共存的。兩方總有一方要降服。如果在未來的 25 年間，森林的數量和範圍，以過去 25 年間的同一程度增加，蓋爾人就要絕跡於其故土了。……在蘇格蘭高地

時候，我卻在《紐約每日論壇報》上，披露了薩瑟蘭奴隸的關係（卡瑞在其所著《奴隸貿易》，倫敦，1853 年，第 202、203 頁中，曾部分抄引我這種敘述）。這篇文章，被一個蘇格蘭的報紙所轉載，並曾因此在該報與薩瑟蘭的阿諛者間，引起一場有趣的論爭。

32 關於這種魚買賣的趣事，在大衛・厄克特（David Erquhart）所著《挾帖新集》中可以見到。——西尼爾在他前面引述過的遺稿中，竟稱揚：「薩瑟蘭郡的處置，為開天闢地以來的最有利益的掃除運動之一。」

33 在蘇格蘭的鹿林中，並沒有一株樹木。那不過是由禿山驅出羊群，趕進鹿群，故名之為「鹿林」。「造林」是完全沒有的。

地主間進行的這種運動，一部分是由於功名心，一部分由於娛樂的愛好，……但其他更講實際的人們，則專以利潤為目的，而經營鹿的交易。因為在許多情況，為擁有者的利益打算，與其把一個山脈變為牧羊場，實不如把它變為森林。……渴求鹿林的獵人，錢袋裡有多少錢，就願出多少錢。由此給予蘇格蘭高地的痛苦，實不下於諾曼王政策所帶來的痛苦。鹿占據廣大的地域，人日益被驅向更狹隘的地域。……人民的自由節節被剝奪。……壓迫日復一日加劇。如同美洲、澳洲的荒地清除樹林一樣，人民的清除及離散，簡直被地主作為固定的原則、作為農業上的必要來推行。一切都靜靜地井然有序進行著[34]。」

---

[34] 薩莫斯（Robert Somers）著《來自蘇格蘭高地的書簡》或《1847年的饑荒》，倫敦，1848年，第12到18頁及其他各處。這些書簡最初是在《泰晤士報》發表。英國的經濟學者，都把1847年格蘭人的饑荒原因，歸之於人口過剩。無論如何，他們總是壓迫著他們自身的維生資料。「所有地掃除」（clearing of estates）一語，在德國是稱為「農民放逐」（Bauernlegen）。德國的「農民放逐」，特別是推行於三十年戰爭以後。遲至1790年，古薩克森侯國竟因此發生農民的暴動。那在東德意志是推行得非常澈底的。在普魯士許多地方，農民的所有權是由腓特烈二世第一次確定。他在征服西里西亞後，就叫地主再建小屋、再築倉庫，並為農民供給家畜和器具。因為他的軍隊非有兵不可，他的國庫非有納稅者不行。但在另一方面，農民在腓特烈的財政與專制主義的、官僚主義的、封建主義的混合行政之下，究竟過著怎樣的愉快生活呢？那可由腓特烈的崇拜者米拉波的以下敘述來得知——「亞麻為北德意志自耕農民的最大財富之一。然而那對於人類，只不過是妨止極端窮乏的一種手段罷了，那並不是什麼福祉的泉源。德意志的自耕農民，須支付直接稅、擔負徭役及各種類的服役。但除此以外，他們對於他們所購買的一切物品，還要支付間接稅。……而使他們完全歸於滅亡的另一事實，就是不能在自己願意的場所，以自己願意的方法，出賣他們的生產物。他們並還不敢向那些以較廉價格供給商品的商人，購買他們的必需品。由於所有這些原因，他們就在不知不覺間，逐漸陷於破滅了。本來，他們不紡織，也就

不能在規定的日期繳納直接稅。紡織業使他們的妻子、他們的子女、他們的僕婢，乃至他們自身，得有有用的勞作，並因此帶給他們一個財源。但雖然有這種補助手段，他們的生活仍是可憐極了。在夏季，他們像扁船上的奴隸一樣，從事耕作採收的勞動；每天晚上 9 點就睡覺，凌晨 2 點就要起來工作。在冬季，儘管需要大大的休息以恢復體力，但為要湊集應繳的賦稅，連自家吃的穀物和來年播種用的種子，也要賣掉，因此，在這個時節，他們為要填補這種不足，遂不得不從事紡織勞動。且還得極勤奮地從事這種勞動。他們在冬季常在深夜或凌晨 1 點就寢，在上午 5 或 6 點起來，或晚上 9 點就寢，凌晨 2 點起來。除了星期日以外，每天都是如此。這種過度的不眠與過度的勞動，使人橫受摧毀，因此竟招來農村男女比都會男女早衰老的結果。」

（米拉波《普魯士王國》，第Ⅲ卷，第 212 頁以下。）

第二版加注。在 1866 年 4 月，即在前揭薩莫斯著述刊行 18 年後，教授勒維（Leone Levi）在技術協會上，曾就牧羊場轉化為鹿林的事實，作一次講演。他在這演講中，有一節敘述蘇格蘭高地荒廢狀態的加劇，他說：「人口的消滅與耕地的牧場化，是一種毫無所費的最便利的獲取所得的手段。……鹿林代牧羊場而出現，那是蘇格蘭高地的一般的轉變。地主以前把農民由其所有地驅逐，現在同樣驅逐羊，而歡迎新的租地人——野獸和羽禽之屬——了。由福法郡的達爾豪樹伯爵的領地，以至詹格洛一帶，森林是連綿不斷的。……在此等森林中，都有許多狐狸、山貓、黃鼬、雪貂、鼬、野兔等等，最近更有家兔、栗鼠、鼠等等加進來了。有廣大的地帶（依蘇格蘭統計中的描述，那些地帶都有具有極大肥力和面積的牧場），都像這樣不許耕作、不許改良，而只在一年的短短期間內供少數人娛樂。」倫敦《經濟學人》在 1866 年 6 月 2 日出版的那一號中說：「前週，某蘇格蘭新聞的記事中載有以下的消息：蘇格蘭的最佳牧羊場之一，最近每年提供 1,200 鎊的地租，但到租賃契約滿期的今日，那塊牧羊場被轉化為鹿林了。從前，諾曼征服者威廉為造新林而破壞 36 村的封建本能，竟在這種情況發生作用了。包含蘇格蘭最肥沃土地在內的 2,000,000 英畝地，……現在已完全任其荒蕪了。葛蘭・梯爾特的野草，算是伯斯郡州最富含營養的牧草了。本・阿爾德的鹿

奪取教會地產、欺詐讓渡國有地、掠奪共有地、霸占封建地產與氏族地產，在無所顧忌的恐怖主義下，全轉為近代私有財產，這種種，都是原始積累的田園詩的方法。這些方法，給資本主義農業征服了領域，使土地成為資本的一部分和一筆資本，同時並為市鎮的產業，造出「一無所有」及被褫奪法律保護的無產者的必要供給。

III 十五世紀末葉以來對於被剝奪者的殘酷立法。壓低工資的法律

無產者是由封建家臣群體的分解，和強制從人民手中剝奪土地所造成的。由這樣「釋出」來的無產者，要想一被投放到世上即為新興的製造業所吸收，當然不可能。而在另一方面，這些從舊習慣生活方式突然被拉出的人，要突然適應其新狀態的秩序，也相當難。他們整批地轉為乞丐、搶劫、流浪者等等；這種轉化，一部分雖由於習性關係，大部分則由於環境逼迫使然。因此，在十五世紀末葉至十六世紀，西歐各國都制定懲治流浪者的殘酷法律。今日勞動者階級的祖宗，都曾因被迫變為流浪者及被救濟的貧民，而蒙受懲罰。他們繼續工作的舊環境，儘管已經不存在了，但立法者卻假定，他們是否繼續工作，全看他們自己是否有工作的善意，因此，當他們變為流浪者時，法律就把他們視為「自願

林，原是巴登諾克的最佳牧地。黑山鹿林的一部分，原是最適宜餵養蘇格蘭黑面羊的。至於在蘇格蘭全土中，純粹以娛樂為目的而任其荒蕪的土地，究竟有多大的範圍，我們可由其面積大於整個伯斯郡的面積這一件事而知。因此強制荒廢所引起的損失，就本·阿爾德森林所含的資源看來，也不難推知。本·阿爾德森林可養活 15,000 頭羊，但這森林在蘇格蘭全森林面積中，不過占有 1/13 罷了。……此等森林地，現在完全變成不生產的了，儼然像沉陷在北海底一樣。……像這種臨時造出的荒蕪或荒廢，是應該以斷然的立法干涉來剷除的。」

的」罪犯。

英格蘭的這種立法,開始於亨利七世時代。

在亨利八世治下的 1530 年,凡年老及無勞動能力的乞丐,被給與乞食特許狀。但身體強壯的流浪者,則應受鞭打與監禁的懲罰。他們將被繫在載重馬車的後面,鞭打至身體流血為止,然後再立下「自願勞動」的誓言,被遣回出生地,或其最近 3 年居留的所在。這是多可怕的諷刺!在亨利八世治下的第 27 年,重申以前的法律,並新加上一些更酷烈的條款。凡再度以流浪罪被捕的,除鞭打外,再割去其耳之一半,若三度再犯,則被視為重罪犯或公安之敵,處以死刑。

據愛德華六世即位第一年(1547 年)制定的法律:凡拒絕工作的,被告發為遊手好閒者,得被判為告發者的奴隸。主人得以麵包、水、稀薄的湯汁及他自認為適當的殘肉,豢養奴隸。他有權利強迫奴隸從事任何工作,無視如何噁心,用鞭、用鎖鏈都行。凡逃亡 14 天的奴隸,將被判定為終身奴隸,並在額上或背上烙以 S 字的烙印。奴隸三度逃亡時,得處以重罪者的死刑。主人可以把奴隸出售、遺贈或作為奴隸而租賃,像處分個人動產或家畜一樣。假如奴隸企圖反抗主人,也將處以死刑。治安官得依據報告,搜索這種流氓。如果一個流浪者在某地 3 天內無所事事,他將被送回他的出生地,用燒紅的鐵器在胸上烙以 V 字的烙印,然後用鎖鏈繫著,使其從事築路或其他的勞役。如果流浪者謊報出生地,他將終生成為該地居民或其市政府的奴隸,也烙以 S 字的烙印。不論是誰,都有權將流浪者的子女帶走為學徒,男得保留至 24 歲,女得保留至 20 歲。此等學徒如果逃亡,他們就須在那年齡以內成為主人的奴隸,主人得任意枷鎖他們、鞭打他們。主人為了易於識別,或更加確定,得在奴隸的頸上、腕上或腿上,套上鐵環[35]。這個法律的

---

[35]《工商業論》(1770 年)的作者說:「英國人在愛德華六世時代,就似乎已經認真地,開始製造業的獎勵和貧民的使用了。那可由當時『一切流浪者應

最終部分,並規定某些貧民,可在願意給他們飲食及給他們工作的地方或個人之下,受雇。這種教區奴隸,曾在「巡役」（Ronndsmen）的名稱下,到了十九世紀開始以後許久,還在英國維持著。

據伊莉莎白治下的 1572 年的法律,凡年在 14 歲以上,沒有領得特許狀的乞丐,尚無人願使役他 2 年,即應受酷烈的反復鞭打,並在左耳上烙印。凡年在 18 歲以上,再度被捕者,尚無人願使役他 2 年,他將被判處死刑;若三度被捕,則看作不容寬赦的重罪,而處以死刑。伊莉莎白治下第 18 年的法律（第 13 章）及 1597 年的法律,均曾有同樣的規定 36。

烙以烙印』這一條值得注意的法律而知。」（前書第 8 頁。）

36 湯瑪斯・摩爾在其所著《烏托邦》中說:「於是,就導致以下的事態:那貪得無厭的貪欲者（簡直是他出生地的傳染病）,一下把幾千英畝的土地,用柵或牆圈圍起來;對於原先的擁有者,就用種種欺騙的不法手段,或用暴力以苦累他們,使他們不得不賣掉所有的一切。他們這些可憐、愚魯的窮困者,男的、女的、丈夫、妻子、孤兒、寡婦,乃至抱著幼兒的母親,一律無赦的被迫離開。他們雖缺乏資力,但卻多的是人口,因為從事農業必須有許多人。他們既由自己慣熟的住宅被驅逐出來,安身無地,常徬徨於道中。他們所有的家具,雖然不值什麼,但如有充裕的時間,也許不難多換出一點錢來,可是他們既在倉卒之間被迫離開,自然只好白白丟掉了。當他們一文不名的徬徨時候,若去偷盜,那就會依所有的法律遭受絞刑;那麼除了當乞丐,就無路可走了。但一為乞丐,就要以不勞動而流浪的理由,作為流浪者,投到監獄去。他們儘管希望勞動,但誰也不肯給他們勞動。」在湯瑪斯・摩爾所說的這些迫而為盜的可憐被放逐者中,「有 72,000 大大小小的犯人,在亨利八世時代被殺掉」。〔霍林謝德（Holinshed）《英國記》,第 I 卷,第 186 頁。〕在伊莉莎白女王時代:「差不多沒有一年,沒有 3、400 名無賴者,排成行列送上絞刑臺去。」〔斯特萊普（Strype）《伊莉莎白女王時代之宗教改革運動、國教運動及英格蘭教會及其他各種事變編年紀》,第 2 版,第 1725 年,第 II 卷。〕據這位斯特萊普所說,在薩莫塞特郡,一年中

在詹姆士一世治下，流浪與乞食，均被視為無賴和流浪者的行徑。即決法庭（petty session）的治安官，有權公開鞭打他們，並得把初犯者判處 6 個月監禁，再犯者判處 2 年監禁。在他們被監禁的期間，治安官認為適當時，得隨時把他們提出來鞭打，想鞭打多少就鞭打多少。……被視為積習難改及有危險性的無賴者，即在其左肩上烙以 R 字的烙印，使其從事苦役。若再度因乞食被捕，則處以殺無赦的極刑。此等法律，在十八世紀初葉尚有效力，直至安女王治世第 12 年的法律（第 23 章），始予以廢止。

法蘭西也有同樣的法律存在。在十七世紀中葉，巴黎曾設立一個流浪者王國（Vagabundenkonigreich, royaume des truands），甚至在路易十六世初期的法律（1777 年 6 月 13 日），也規定由 16 至 60 歲的強壯者，如沒有維生資料，又不從事任何行業，則遣往船上從事奴隸的勞役。查理五世對於荷蘭的法律（1537 年 10 月），關於荷蘭各州各市的第一詔令（1614 年 3 月 10 日），乃至聯合省的告示（1649 年 6 月 2 日）等等，均有同一性質。

於是，先是土地被強制剝奪、被強制離開家宅、被迫轉為流浪者的農民，又依奇怪而可怕的法律被鞭打、烙印、折磨，被迫去接受工資制度的必要紀律。

社會單是在一端，有勞動條件以資本的形態集中在一群，在另一端，有一群人，他們除了自己的勞動力外別無他物可以出售，還是不夠。就是強迫後者自願出售自身，也還不夠。隨著資本主義生產的進步，發展了一個勞動者階級，這個階級由教育、傳統、習慣，認定那

被殺的有 40 人，被烙印的有 35 人，遭鞭打的有 37 人，作為「不可救藥的流浪者」而被釋放的，有 183 人。不過他還說：「因為裁判官的怠惰，和人民之愚昧的同情，這許多被告者實際不到實際犯罪者總數的 1/5。」他更附帶表示：「在這點，英格蘭其他諸郡，不但不比薩莫塞特郡好，卻有許多比薩莫塞特郡壞。」

種生產方式的要求，為不言而喻的大自然法則。已經充分發展的資本主義生產過程的組織，會把一切的抵抗打破。相對過剩人口的不斷造出，使勞動的供需法則，從而，使勞動者的工資，定型在順應資本需求的軌道中；經濟關係的模糊的強制力，完成資本家對於勞動者的支配。在此之後，經濟條件以外的直接的暴力，自然還被使用著，但只是偶一為之。在事物正常推移的限度內，勞動者可以聽任「生產自然法則」的擺布了，換言之，就是依賴資本；他對於資本的依賴性，是源自生產條件本身，且受其永久保證，但在資本主義生產之歷史性發生期間，不是如此。資產階級由它興起之初，為要「調節」工資，即將使工資維持在適於創造剩餘價值的界限，並為要延長工作日、及要使勞動者自身維持正常的程度，它是需要及動用國家的權力的。這就是所謂原始積累的一個基本要素。

工資勞動者階級產生於十四世紀後半期，但在當時乃至在下一世紀，它還不過占人口的極小部分，其地位，則由鄉村的獨立自耕農及市鎮的基爾特組織，所妥為保護。在鄉村也好、在市鎮也好，雇主與雇工在社會上是密切結合的。勞動對於資本的隸屬，只是形式的；換言之，生產方式自身，尚不曾具有特殊的資本主義性質。可變資本大大超過不變資本，工資勞動的需求，雖隨資本積累而急速成長，但工資勞動的供給，卻只緩慢地跟在後面。國民生產物的大部分，後來轉為資本積累基金的，在當時，仍舊算入勞動者的消費基金中。

工資勞動的立法[37]，先前原是以剝削勞動者為目的，後來竟演變成幾乎等於仇視勞動者的手段了；這種立法，在英格蘭是開始於愛德華三世治下的 1349 年的《勞動者法令》（*The Statute of Labourers*）。法蘭西相當於這種法律的，則是以國王約翰之名公布的 1350 年的敕令。

---

[37] 亞當・史密斯說：「不論何時，立法院如企圖調解雇主與勞動者間的爭執，其法律顧問常為雇主。」林格（Linguet）說：「法的精神，就是所有權。」

英、法兩國的立法相互並進,其意旨也一致。至於《勞動者法令》強制延長工作日的事實,我們已在前面(第八章,第Ⅴ節)描述過了,這裡不再複述。

《勞動者法令》,是依下議院的迫切要求而通過的。一位保守黨黨員樸實地說:「貧民從前要求的工資是如此高,以致對產業與財富有威脅,他們今日所得的工資又如此低,以致同樣地及或許更厲害地,從反方向,對產業與財富有威脅[38]。」市鎮與鄉村,計件勞動與日雇勞動,都確立了法定工資率。農業勞動者的雇用以一年為期,市鎮勞動者的雇用,則是依「公開市場」。給付工資不得超過法定額以上,違者投獄。但法定額以上的工資受者,較之給者,還要受更嚴厲的處罰。例如,在伊莉莎白女王治下之《學徒法》第 18 節及第 19 節,就規定給付法定額以上的工資者,監禁 10 日,而領受法定額以上的工資者,則監禁 21 日。1360 年的法律增加懲罰,更授權給付法定工資率的雇主,得以體罰迫使勞動者勞動。泥水匠、木匠相互約束的一切聯合、契約、誓約等等,都被宣布無效。由十四世紀,到《工會禁止法》廢除的 1825 年,勞動者的聯盟,都被視為是極惡的罪行。1349 年《勞動者法令》及因此派生的諸種法律的精神,明白地由這個事實表示了:國家雖規定工資的最高限度,但不考慮其最低限。

我們都知道:「十六世紀勞動者的狀況,更加惡化了。貨幣工資雖然上揚,但卻不曾與幣值下降及相應物價的上升成比例提高。換言之,就是工資在實際上下降了。但以降低工資為目的的法律,卻與『無人願雇』者的割耳刑罰和烙印刑罰,一同存續下來。在伊莉莎白女王治下第 5 年《學徒法》第 3 章中,治安官依法有確定工資,和依照季節及物價而調整工資之權。詹姆士一世更把這項勞動規定,擴展到織工紡紗工以

---

[38] 一個律師著,《自由貿易的詭辯》,倫敦,1850 年,第 55 頁。這位作者還辛辣地說:「我們常為雇主說話,現在就不能為被雇者有所作為嗎?」

及各種可能範疇的勞動者上[39]。」至喬治二世時代，取締勞動者聯盟的法律，已延伸至製造業。

尤其在真正的製造業時代，資本主義的生產方式，已經夠有力了，工資的法律規定已變爲不必要，且不切實際；但統治階級在必要的情況，還不願缺少這舊兵工廠的武器。喬治二世治下第8年的法律，且禁止倫敦附近的熟練裁縫工，在國喪以外的情況，給付2先令7又1/2便士以上的日工資。而喬治三世治下第13年的法律（第68章），更把絲織工工資的規定權，委之於治安官。就在1706年，關於治安官對工資的指令，能否適用於非農業勞動者的問題，還有取決於高等法院二次判決之必要。1799年的國會條例，還下令蘇格蘭礦工的工資，應繼續遵照伊莉莎白女王治下的法律，和1661、1671年兩項蘇格蘭條例來規定。然這當時的局勢，曾經過如何的變動，我們由英國下議院中一件前

---

[39] 依據詹姆士二世治下第2年法律第6章某一條，就知道若干布業者，是怎樣僭越地以治安裁判官的資格，爲自己的工作場所施行公定的工資率。——在德國，尤其在三十年戰爭以後以降低工資爲目的的法律，是屢見不鮮的。「對於人口稀薄地方的土地擁有者，僕婢和勞動者的缺乏，是一件頗麻煩的事，任何村民，皆不許以住宅租於獨身的男女；如果有這種投宿者，一定要報告官方；並且，這種投宿者如不願爲僕婢，哪怕他們已經在領受日工資，爲農民從事播種工作，或已經在穀物買賣的經營上生活，都須投入獄中。（《帝國對於西利西亞的特權與法令》，第Ⅰ章，第125條。）不欲遵從苛刻的條件、不以法定工資爲滿足，就是惡意不可理喻的無賴者；一世紀以來，地主的堂堂文告中，對於這種無賴者是責罰備至的。任何個別地主，都禁止超過地方規定的工資率給予工資。然而三十年戰爭停止後的服務條件，猶比百年以後的服務條件優越。在1852年，西利西亞的農僕，每週吃肉兩次，然至現世紀，西利西亞竟有些地方每年僅吃肉三次。以日工資而論，在三十年戰爭後，也比此後一世紀爲優。」〔古斯塔夫·弗雷塔格（Gustav Freytag）。〕

所未聞的事件就可以證明。400多年以來,一切規定工資最高限(工資絕不可逾此限)的法律雖都出自英國下議院,但至1796年,竟有惠特布瑞德(Whitbread)在同院提出農業日雇勞動者法定最低工資案。皮特(Pitt)反對這種提案,並且承認「貧民狀況是悲慘的」,最後,至1813年,管制工資的各種法律才終於廢止了。因為資本家既得依他的私法,規範其工廠;又得在農業勞動者工資未達到絕對必要最低限的情況,以濟貧稅補足;以上所說的各種法律已變得異常荒謬。但《勞動者法令》中,有幾種關於雇主與工資勞動者締結契約的規定——例如先期通告及類似的規定,對違犯契約的雇主,只許進行民事訴訟;相反的,對違反契約的勞動者,則允許進行刑事訴訟——至今(1873年)也還在實行。

反對工會的各種殘酷法律,延至1825年,始在無產階級威脅的態度之前撤除;然而所撤除的,不過是一部分。因為舊法律的若干美麗殘片,到1859年才消滅。最後,1871年6月29日的國會條例,才以法律上承認工會,除去這種階級立法的最後痕跡。然而同日的國會條例(關於暴行、威脅及妨害的刑法修正條例),實在無異於使舊的事態,在新的形式上重建起來。依這種國會的手法,勞動者在罷工或罷業(相互聯盟的製造廠主,同時將工廠閉鎖的罷業)情況可以利用的手段,竟由普通法的取締,轉而受例外刑法的取締了。而那種刑法取締的詮釋,又委之於以治安官資格出任的製造廠主自身。在兩年前,同一格拉斯頓先生,曾在同一下議院,以人所皆知的率直態度,提出一個法案,主張廢止一切反對勞動者階級的例外刑法。但他那法案,止步於一讀。這個問題一直延宕,直到後來「大自由黨」(grosse liberale Partei)與保守黨結盟,竟鼓起勇氣來背叛原本扶他上臺的無產階級。大自由黨還不以這種背叛為滿足,它更進而允許一向乞憐於統治階級的法官,重新挖出早先的反對「陰謀」法,使其適用於勞動者的聯盟。英國國會以不知羞恥的自利心,在500年間,一直成為資本家的永久御用組織反對勞動者,直到最後,才在民眾壓迫下無可奈何地放棄了反對罷工及工會的法

律。

　　法國中產階級在革命暴風雨的初期，就敢取走勞動者剛剛獲得的結社權。他們1791年6月14日的法令，宣布勞動者的一切聯盟，皆為「反抗自由與人權宣言的企圖」，應課以500里弗爾的罰金，和褫奪市民權一年[40]。這種法律，藉國家強制權，把勞動與資本間的鬥爭限制在有利於資本的範圍內。革命發生了幾次，王朝轉變了幾次，這法律依舊存續著。即使在「恐怖時代」，它也沒有被撼動。直到最近，方由刑法法典中排除。中產階級這種政變的口實，是最有特徵的。該法律的特別委員會沙普利耶（le Chapelier）報告說：「工資應當比現在稍高⋯⋯應當高到使領受工資者，不致因維生必需品缺乏，而陷於與奴隸狀態相近的絕對依賴。」但勞動者如就自己的利害關係達成任何理解，或採取共同的行動，冀使那「與奴隸狀態相近的絕對依賴」有所減輕，卻是不被允許。因為那樣做，他們定會損害「以前的老闆即今日的企業主的自由」（使勞動者保持奴隸狀態的自由！）；因為，反抗舊公司法人老闆的專制之聯盟（猜猜看！），不啻回復已被法蘭西憲法廢止的公司法人[41]。

Ⅳ　資本主義的農場主的產生

　　我們以上考量，如何以強制手段，造出被褫奪法律保護的無產者；如何以殘酷的紀律，把那些無產者轉為工資勞動者，國家如何無恥地，

---

[40] 這法律第1條說：「廢止一階級或一職業的各式各樣的市民結合，是法蘭西憲法的根本基礎之一，故禁止以任何口實、任何形式，恢復那種結合。」其第4條還說：「經營同一職業技藝或手工業的市民，如果為要拒絕勞動，成為要領受一定價格才肯勞動，而相互集議相互協定，那種集議和協定，有違憲法，應視為自由與人權宣言的破壞。」從而，像舊《勞動法》所規定的那樣，是國事犯。（《巴黎的革命》，巴黎，1791年，第Ⅷ卷，第523頁。）

[41] 布切斯（Buchez）與胡斯（Roux）合著《議會史》，第Ⅹ卷，第193至195頁。

以員警的力量，藉由增加勞動的剝削程度，來加速資本的積累。以下，我們要探究資本家的來歷。因為，徵用農業人口的土地，只不過直接造出了大地主。而關於農場主的產生，則殊費摸索，因為那是經過許多世紀的一個漫長過程。農奴和自由小土地擁有者一樣，是在極不同的保有權下持有土地，從而，他們也是在極不同的經濟條件下被解放。

英國農場主的最初形態，就是本身也為農奴的領主管事（Bailiff）。他的位置，類似古代羅馬管家（villicus）的位置，不同的只是他處理的範圍較為狹窄。在十四世紀後半期中，他的地位，已被直接從地主取得種子、家畜、農具供給的農場主（Pächter）所代替；其與自耕農（Bauer）的地位，無顯著差異。不過他剝削更多的工資勞動。不久他就成為半農場主（Halb Pächter），即佃農（metayer）。他的農業股本，一部分由自己籌措，一部分由地主提供。其總生產物，則依契約的比率，由兩方面支配。不過這種形態，頃刻間就在英國消失了，代之而起的是狹義的農場主，後者雇用工資勞動者，培殖自己的資本，並把剩餘生產物的一部分，以貨幣或實物的形式作為租金支付給地主。

在十五世紀中，獨立自耕農與那些一邊為工資勞動、一邊為自己耕作的農場主兼工人，都在以自身的勞動，為自己致富。在這種情形持續的限度內，農場主的境遇和生產範圍，同樣的平凡無奇。開始於十五世紀七〇年代，而延續至整個十六世紀（最後 10 年除外）的農業革命，一方面使農業人口貧困，同時則以同一速率，使農場主富裕[42]。他們藉由共有地的強奪，幾乎是不需代價地讓家畜大增特增，而這樣增多的家畜，供給他們更豐富的肥料，用在土地的耕作上。

到十六世紀，又添加了一個至關重要的要素。當時的農地契約頗

---

[42] 哈里森（Harrison）所著《英國記》中說：「雖然原租金 4 鎊的地方，現在要租到 40 磅，但臨到租賃契約期滿時，如果租地農業家手中沒有存下 6、7 年的地租額，他就會覺得他的利得太少了。」

長，往往達99年。貴金屬價值及貨幣價值隨後的漸漸下滑，使農場主獲得了黃金的果實。我們就把上面討論過的種種情形撇開不說吧，單是這種幣價值下滑，已招致工資低落。工資的一部分，被加到農場主的利潤中去了。穀物、羊毛、肉類，總而言之，一切農產物的價格，都持續上揚，結果，農場主不費何等努力而膨脹其貨幣資本。他們支付的地租，則以契約所定的舊貨幣價值計算[43]。

所以，他們是犧牲其工資勞動者與其地主兩方而致富的。把當時這種情形一加考量，就無怪英國十六世紀末葉會產生富裕的「資本農場主」（Kapitalpächter）階級了[44]。

---

[43] 關於十六世紀貨幣價值低落對於社會各階級的影響，可參照蘇格蘭一個紳士《關於現今我國各種不平事態的簡單調查》（倫敦，1581年）。因為這部書是用問答體寫的，故很長期間人們都相信是出自莎士比亞的手筆，延至1751年，仍是以他的名字刊行。其實這部書的真正作者，是威廉・斯塔福德（William Stafford）。在其中某處，騎士曾作以下的推論：「你，我的鄰人，農夫啊；你，雜貨商啊；你，銅匠及其他手工業者啊——你們都能真正擁護你們自身的利益。因為，現在所有物品雖都比從前昂貴，但你們所出賣的物品和勞動，也同樣昂貴。然而在我，我沒有什麼可以販賣，只購買高價的物品，所以我雖想由販賣物品漲價，來抵償購買高價物品的損失，但無法辦到。」在其他地方，騎士問博士：「請問閣下意下的人，究竟是指哪種人呢？首先，且看在這情況，究竟誰是毫不受損失的人？」博士：「那是指靠買賣而生活的人，因為他們以高價購買進來，以高價販賣出去。」騎士：「然而在這時候，你說誰是受到利得的人呢？」博士：「是依照原地租額繳納地租的一切租地耕作者。因為他們以舊的價格繳納，以新的價格出賣。也就是，他們所繳納的地租低廉，而由土地所獲得的生產物價格高昂。」騎士：「所受損失大於利得的，你認為是怎樣的人呢？」博士：「那就是一切貴族、騎士，以及其他依固定地租、固定薪俸生活，不耕作土地也不從事買賣的人。」

[44] 法國在中世紀之初，有一種由封建領主領受報酬的管理徵收人，被稱為

V　農業革命對工業的反作用，工業資本的國內市場的創設

我們講過，對農業人口間歇地卻一再更新地徵用其土地與放逐，把那些完全與法人基爾特無關也因此不受其束縛的無產大眾，供給市鎭的產業。這種運氣的情境，使老亞當・安德森（A. Anderson——不要和詹姆斯・安德森 James Anderson 混淆）在他的《商業史》中，相信是造化主的直接的干涉。關於原始積累的這項要素，我們須暫停下來，考量一下。喬弗瑞・聖伊萊爾（Geoffrey Saint-Hilaire）對於宇宙物質一方面

---

régisseur。他們由聚斂與欺瞞的方法，一躍而變爲資本家與實業家（homme d' affarres），往往還有成爲貴族的。參看貝桑松城守傑克・德・托冷氏，就 1359 年 12 月 25 日，至 1360 年 12 月 18 日應繳納於勃艮第侯爵、伯爵的地租，向他們第戎的管賬先生提出的計算書。〔亞勒克希斯・蒙泰（Alexis Monteil）《稿本史》，第 244 頁。〕我們由此知道：在社會生活的一切領域，究竟有多大的份額，歸屬於那些中間人。拿經濟方面來說，金融業者、證券交易業者、大商人、零售商人等，把營業上的精華吸取去了；拿民法方面來說，律師是請托人的寄生者；拿政治方面來說，議員比選舉人重要，各部大臣比主權者重要；拿宗教方面來說，上帝被「中保人」推在背後，而此中保人更被牧師們所橫奪，這些牧師把自己插入善良的牧羊者與羊之間，充作無可避免的中間人。在法國，也正如在英國一樣，大封建領地分割爲無數的小農地，但那種分割的情形，還更不利於農民。在十四世紀，租地或當時所謂「特利爾」（terriens）出現了。其數繼續增多，甚至遠在 100,000 以上。此等租地，以貨幣或實物的形態，支給生產物 1/5 或 1/12 或爲地租。租地的面積，有許多僅包含若干莫爾根，依其價值的高低與面積的大小，或者稱爲封土（fief），或者稱爲副封土（sub-fief）。所有這些租地，對於居民都享有某種限度的裁判權。在裁判中有 4 個等級。農民在這些小暴君之下，遭受怎樣的壓迫，我們是不難由此推知的。據蒙泰說：有一個時期法國有 160,000 個法庭。而在今日的法國，就算把治安裁判法庭合起來，也只有 4,000 個。

的濃縮化，是以其另一方面的稀薄化來說明[45]，恰和這一樣，獨立自足的自耕農的稀薄化，就伴隨了工業無產者的濃密化。然而不僅如此。耕作者人數儘管減少，土地卻提供了與從前等量的或更多量的生產物。因爲土地持有條件的革命，伴隨耕作方法的改良、合作的加大、生產資料的集中等等；因爲，農業的工資勞動者，不但曾以更大的強度從事勞動[46]，他們爲自身從事勞動的生產範圍也益形縮小了。這樣一來，農業人口有一部分被「釋出」（freigesetzt），他們這一部分人以前的營養資料，也被「釋出」了。這種營養資料，現今轉爲可變資本的物質要素。土地被徵用並被驅逐的自耕農，遂必須從他的新主人（即工業資本家）那裡，以工資的形態，購買這種營養資料的價值了。依存於國內農業的工業原料，也與維生資料相同。它轉爲不變資本的一個要素。

試舉一例來說。在腓特烈二世時代，威斯特發里亞的自耕農，都是從事亞麻的紡織，假定他們有一部分因其土地受強制徵用，被土地驅逐出來；剩下的一部分，轉爲大農場主的日雇勞動者；同時更假定有亞麻大紡織廠出現，把被「釋出」的人，收容在它那裡從事工資勞動。亞麻的外觀完全與從前一樣，它的每一根纖維，也看不出一點變化。不過在它體內，卻鑽進了一個新的社會的靈魂。現在亞麻成爲製造業主的不變資本的一部分了。那在從前，雖然是分配於一群小生產者（他們自行栽培，並與家人零碎地紡織）之間，現在卻集中在一位使他人爲其紡織的資本家手中了。亞麻紡織上支出的額外勞動，在從前，是實現爲無數自耕農家庭的額外收入，或就腓特烈二世時代來說，實現爲普魯士國王的稅賦；現今則是實現爲少數資本家的利潤。在從前，紡錘與織機散布在鄉村；現今則連同勞動者與原料，一同密集在少數的大勞動營中。並且，紡錘、織機以及原料，原是紡工、織工獨立生存的手段；現今則

---

[45] 見他所著《自然哲學概論》，巴黎，1838 年。
[46] 這是史都華極力主張的一點。

轉為支配紡工、織工[47]，且從他們吸出無給勞動的手段。一個人單看大規模的製造廠和大規模的農地，他不會知道那是把許多小生產場所打成一片而成，及從許多獨立小生產者徵用土地而成。然而大眾的直覺，是不會犯錯的。在革命的獅子米拉波（Mirabeau）時代，大製造廠仍被稱為聯合製造廠（Manufactures réunies），或如我們稱集合田園一樣，稱其為集合工作場（znsammengeschlagne Werkstatten）。米拉波說：「世人所注意的，只是通常稱為聯合製造廠的大製造廠，在那種廠中，有幾百人在一個人指揮之下勞動；至於極多數勞動者，各為自己打算而分開工作的製造場，則被視為不值得考慮，完全拋在背後了。其實這是一大錯誤。國家繁榮的真正重要客體，只是此等各別的製造場。……聯合製造廠雖使一二企業者成就巨富，但勞動者不過是熟練工匠，其報酬無論多寡，對於企業上的成功，他是完全無分的。反之，在各別工廠方面，發大財的人雖不會有，但多數勞動者都會享受舒適的生活。節儉和勤勉可以積存一點資本，為小孩的出生、病痛、他們本身或其親戚儲存一點。……勤勉而節儉的勞動者是會積存的，因為在他們心目中，善行和積極，不是可以增加少許工資（這不過對於他們每天僅夠糊口的生活稍有補益，對未來沒什麼重要）的手段，毋寧是在本質上改善自身地位的手段。……大的製造場所屬於某些雇用勞動者每天為他們利益工作的私人企業或許能令這些個人舒適些，但絕非值得政府注意的客體。大抵與小持有地耕作相結合的各別製造場所，才是自由的製造場所[48]。」但一

---

[47] 資本家說：「如果把你手中僅有的東西都給我，當作我命令你的酬勞，我將讓你有服事我的榮譽。」〔盧梭（Jean Jacques Rousseau）《經濟學論究》，日內瓦，1760年，第70頁。〕

[48] 米拉波《普魯士王國》，第III卷，第20至109頁及其他各處。米拉波以分散的工作場，比「集合的」工作場更經濟、更生產；並把後者視為政府所培養的人工的溫室植物。那是可由歐洲大陸當時製造業大部分的狀態來說明的。

部分農業人口的土地被徵用和放逐,卻不僅爲工業資本「釋出」勞動者及其維生資料和勞動物質來,且曾由此造出一個國內市場。

　　使小自耕農轉爲工資勞動者及使他們的維生資料及勞動設備轉爲資本物質要素的事件,同時就爲資本造出了國內市場。在從前,自耕農家庭所消費的大部分的維生資料和原料,是由他自己生產,但現在都成爲商品。大農場主販賣它們,他是在製造業上找到他的市場的。紗、麻布、粗毛織物,簡言之,即各自耕農以自家的原料,爲自家使用而紡織的各種物品,現在都轉爲製造業的製品,並轉而以鄉村地區爲銷售市場。從前照顧無數小生產者(依自己的打算而從事勞動的小工匠)的許多散居的顧客,現在都集中到由工業資本供給的大市場了[49]。也就是說,在自足的自耕農土地被徵用而與其生產資料分離的同時,還有鄉村家庭工業的破壞、還有製造業與農業的分離過程。而且,也只有這種鄉村家庭工業的破壞,能使國內市場,有資本主義生產方式所必要的範圍與穩固。

　　可是在眞正的製造業時代,這種轉變,還沒有急劇及澈底實現。我們當記著,這個時代的眞正的製造業,還只部分地征服國民生產領域,市鎭的手工業與鄉村的家庭工業,常常成爲其終極的基礎。假如這種基礎在某一形態,在某一特殊部門,在若干點上受到破壞,那不免會在其他地方,喚起同一基礎的再生。因爲在這眞正的製造業時代,原料的加工生產,還在某程度內需要這種基礎。所以,在這個時代就產生了一個小村民的新階級,他們以土地的耕作爲副業,以工業的勞動爲主業,

---

[49]「勞動者家族,在從事其他勞動之餘,努力生產 20 磅羊毛,使其轉化爲一家一年的衣著物;這本是區區不足道的。但若將其搬往市場,送入工廠,通過經紀人與商人,則將引起頗大的商業活動,從事這種商業活動的名目資本,也須 20 倍於這物品的價值。……勞動者階級就是在這種情形下,爲維持悲慘的工廠人口、維持寄生的零售商人階級、維持空虛的商業制度、貨幣制度、金融制度而被剝削的。」(厄克特《通用語集》,倫敦,第 120 頁。)

他們把工業勞動的生產物,直接賣給製造業,或經過商人之媒介,間接賣給製造業。這個事實,雖非最初即是英國史研究者感到迷惑的主要原因,但至少是原因之一。研究英國歷史的人會看到,從十五世紀七〇年代以來,鄉村地區就持續(不過偶有間斷)訴說資本農耕的侵入,和小農階級漸趨破滅;同時在另一方面又看見小農階級的人員雖在減退,狀況雖在惡化,卻常有小農階級再現[50]。其主要理由是:英國在這時代,以穀物的栽培為主,在那時代以牲畜的飼養為主,每經轉換,自耕農經營的範圍就有浮動。至現代工業興起,終由機械給與資本主義農業以持久的基礎。龐大的農業人口多數,至此始遭急劇的土地徵用,而農業與鄉村家庭工業的分離,也因此完成;構成鄉村家庭工業之根柢的紡織業,也為現代工業所根除[51]。現代工業至此始為工業資本征服整個國內

---

[50] 在克倫威爾時代,這是例外。在共和制度持續的限度內,英國所有階層的民眾,都由他們在都鐸王朝墮落的坑中得救了。

[51] 就在採用機械的同一個時候,大規模的現代羊毛工業,由嚴格的製造業、由農村的或家庭的製造業的破壞中,產生起來了,這事實塔克特是意識到的。(塔克特《勞動人口今昔狀態史》,第Ⅰ卷,第139至144頁。)「犁與軛,為神所發明,為英雄所使用。織機、紡錘、紡車的由來,沒有這樣高貴嗎?你們把紡車與犁分開、把紡錘與軛分開時,就產生了工廠與濟貧院、信用與危機,就造出了農業與商業兩個相對抗的國民。」(厄克特《通用語集》,第122頁。)這裡就導致了卡瑞對於英國行動的不平之鳴了,他的不平確有理由,他說:「英國使其他一切國家,轉化為純粹農業國,而它自身則成為工業國。」他表示:「土耳其就是這樣破滅的。因為英國不允許土耳其的土地擁有者及耕作者,把他們的犁和織機、鎚和耙自然聯合起來,以鞏固他們自身。」(《奴隸貿易》,第125頁。)據卡瑞說,那位厄克特,就是為英國利益而宣傳自由貿易,而破滅土耳其的主要人物之一。因此這裡就有一件趣事了,上述的分離過程,本來是由保護制度所促成,卡瑞(他是一位俄羅斯農奴制度的熱望者)卻想用保護制度來予以阻止。

市場[52]。

VI 工業資本家的產生

工業的[53]資本家，不像農場主那樣是徐徐產生的。無疑的，也有許多基爾特的老闆及更多的獨立小工匠，或甚至工資勞動者，轉為小資本家，然後再依工資勞動剝削的逐漸擴大，和相應的積累，轉為不折不扣的資本家。在中世紀市鎮的幼年期，逃亡的農奴有的變為主人、有的變為僕人。他們為主為僕，主要取決於他們逃亡時日的早晚。資本主義生產幼年期的情形，也往往是這樣。然而這種方法的蝸牛式的進行，與十五世紀末各大發現所創造的新世界市場的商業要求，絕不相應。中世紀，曾傳來兩個不同的資本形態，它們是成熟於極不同的社會經濟形態下，惟在資本主義生產方式以前，它們都還是被視為資本（als kapital quand meme）；那兩個資本形態，就是高利貸資本與商人資本。「在現在，一切社會的財富，首先都要落在資本家手中。……他對地主支付地租，對勞動者支付工資，對稅吏及什一稅徵收者支付其所要求的金額；勞動年產額中一大部分，實際是最大而且不斷在擴大的部分，則由他自己保留。今日的資本家，可以說是社會一切財富的最初擁有者，雖然他不曾由法律被賦予這種財產權。……這種財產權的變化，是起因於資

---

[52] 英國博愛的經濟學者，如彌爾、羅傑斯、戈德溫・史密斯、福塞特等；自由主義的製造廠主，如約翰・布萊特及其一派，都像上帝向該隱詢問亞伯的行蹤一樣，向英國的土地貴族們，詢問我們那幾千獨立農民到哪裡去了？各位又是從哪裡來的？在那些獨立農民的破滅中出來的呀！各位為什麼不進一步問：獨立的織布業者、紡織業者、手工業者，到哪裡去了呢？

[53] industriell 一字，在這裡，是用在與「農業」相對立的意義上；若照其「範疇的」意義解釋，則租地農業家和工業家，同為 industrieller Kapitalist（產業資本家）。

本的生息。……歐洲一切立法者,都努力用反對高利貸的法律,來防止它,那是一件值得注意的事。……資本家支配一國一切財富的權力,是財產權上一種完全的變革。這變革,究竟是由哪種法律,或哪一系列法律成就的呢?[54]」作者應記住,革命不是由法律成就的。

由高利貸業和商業手段形成的貨幣資本,要轉為產業資本,在鄉村會受到封建制度的妨礙,在市鎮會受到基爾特組織的妨礙[55]。然此等限制,隨封建社會的分解,和鄉村人口土地被徵用及其一部分的被逐出,而歸於消失。新的製造業,在通海口岸,或在舊都市及其基爾特組織勢力外的內地,相繼建設起來。所以,在英國,各公司法人都市,曾對此等新工業的培養所,釀起艱辛慘烈的抗爭。

美洲金銀產地的發現;美洲土著居民的滅絕、奴隸化、及葬身於礦坑內部;東印度的征服與掠劫之開始;非洲之被轉為商業的黑人獵場這等等事實,都顯示了資本主義生產時代的曙光。這些田園詩般的做法,就是原始積累的主要動力。緊隨此等做法而起的,是歐洲諸國以地球為舞臺而展開的商業戰;那種商業戰,是以荷蘭反抗西班牙開始,在英國反雅各賓黨戰爭中奪取廣大的面積,並在對中國的鴉片戰爭中繼續進行。

原始積累的不同動力,現在,多少可依時間的順序,特別分配在西班牙、葡萄牙、荷蘭、法國、英國等國之間。其在英國,此等動力已在十七世紀末葉,依殖民、國債、近世賦稅方式與保護制度,達成一系統性結合。在這些方法中,一部分得使用極凶暴的武力,如殖民制度就是如此。但它們全部都要利用國家的權力,利用集中及有組織的社會力量,以溫室般的,助長封建生產方式向資本主義生產方式的轉化過程,

---

[54]《自然的所有權與人為的所有權之比較》,倫敦,1832年,第98、99頁。這部匿名的著作,出於湯瑪斯・霍奇斯基之手。

[55] 不僅如此,就是遲至1794年,里茲市的小織布業者,尚派代表向議會,請求制定一種法律,禁止任何商人成為製造業者。

並縮短其過渡期。武力乃是一切孕育新社會的舊社會的產婆。它本身就是一種經濟力。

關於基督教的殖民制度，有一位專門研究基督教的威廉・霍維特（W. Howitt）曾說：「世界各地有所謂基督教人種，他們對於他們所能征服的一切種族所加的殘酷與暴行，非世界史上任何時代、任何多兇猛、多無知識、多無情、多無恥的人種的殘酷與暴行，所可比擬[56]。」荷蘭是十七世紀資本制度的領頭國，它的殖民地經營歷史，「展示了一種極度背叛、賄賂、大屠殺及卑劣的關係[57]」。最具特色的是：荷蘭人為要獲得在爪哇使用的奴隸，竟在蘇拉威西島實施一種盜人制度（System des Menschendiebstehler）。它為此目的，訓練一批盜人的人。盜賊、通譯者、販賣業者，是這項業務上的主要代理人；當地的王侯，是主要的販賣者。被盜來的青年人，在準備好用奴隸船送出以前，都是拘禁在蘇拉威西島的祕密土牢中。一份官方報告說：「例如，重加錫這個市鎮，就充滿祕密監獄；一個比一個可怕，那裡塞滿在貪欲與暴虐中受害的不幸者，他們被強制與家人分離。並被繫以鎖鏈。」荷蘭人為要獲得馬六甲，曾賄通葡萄牙的總督。1641年，總督允許他們進入市內，他們立即衝進總督邸，為要「節省」21,875鎊付給總督通敵的賄金，而把他殺掉。他們足跡所至，隨即發生荒廢與人口減少的現象。爪哇的巴紐旺伊，在1750年，居民達8萬以上，至1811年，不過留下1

---

[56] 威廉・霍維特（William Howitt）《殖民與基督教——歐洲人在殖民地待遇土著的通俗歷史》（倫敦，1838年，第9頁）。關於奴隸的待遇，查爾斯・孔德（Clarles Comte）在其所著《立法論》（第3版，布魯塞爾，1837年）中，編入了很好的材料。如要知道，資產階級在能無所顧忌，照著自己的形象來模造世界時，他們會怎樣處理他們自身和勞動者，我們對於這部書，是應作詳細的研究。

[57] 前爪哇副總督萊佛士（Thomas Stamford Raffles）《爪哇史》，倫敦，1817年。

萬8千人。這實在是稱心的商業啊！

誰都知道英國東印度公司除擁有印度政治的支配權外，還對於茶貿易、對於中國一般貿易、與歐洲往來的貨物運業，擁有獨家的壟斷權。但印度沿海貿易、諸島嶼間的沿海貿易，以及印度內地貿易，都是歸該公司的高級職員們所壟斷。鹽、鴉片、檳榔及其他商品的壟斷，簡直是財富的無盡藏。東印度公司職員們，自定價格，並任意洗劫不幸的印度人。印度總督也參與這種私人買賣。為他所寵遇的人們，都在比煉金術還要巧妙的從無生金的條件下，承包契約。大筆財產像雨後春筍般地一夜冒出來，原始積累的進行，不用墊付一個銅板。在華倫·哈斯丁（Warren Hastings）的審判記錄中，滿是這種實例。試舉一例來說，當沙利文帶著公務，往離鴉片出產區域頗遠的印度地方出發時，他承包一宗鴉片契約。他把這契約，賣給一位名叫賓恩的人，獲得4萬鎊；賓恩在同日更以6萬鎊的價格賣給其他人。這個契約的最後購買者即其履行者，還表明他由此賺到莫大的利益。根據一張提到國會中去的表冊，由1757到1766年，東印度公司及其職員們，從印度人那裡得到了600萬鎊的貢物！由1769到1770年間，英國人竟藉由囤積全部米穀，只以難以置信的價格賣出，在印度造出一次饑荒 58。

對原住民待遇最恐怖的，自然要算西印度那樣專營輸出貿易的開發殖民地，和墨西哥及印度那樣任人洗劫的人口稠密的富國。不過，即使在真正的殖民地，原始積累，也不辜負其基督教的性質。在1703年，新教主義正氣凜然的新英格蘭的清教徒們，曾集會決議，對每個印第安人的頭蓋或對每個被捕紅人，懸賞40鎊。1720年，每個頭蓋的賞金增加到100鎊了。1744年，當麻薩諸塞灣某種族被宣稱為叛徒時，其賞

---

58 在1866年，單是奧利薩一個地方，就有100萬以上的印度人餓死了。但當時的英國人，對那些將要餓死的人，卻以高價販賣維生資料，期使印度的國庫充實。

金如下：12 歲以上的男子頭蓋每個 100 鎊（新鈔），擄獲男子每個 105 鎊，擄獲婦人與小孩每個 50 鎊，後者的頭蓋每個 55 鎊。數十年後，這種殖民制度，曾對這些虔誠朝聖前輩的子孫——他們在那時正煽動背叛他們的祖國——施以報復。他們在英國的煽動與其賞金之下，被土著紅人的戰斧劈殺。英國國會並宣稱，警犬偵察與割取頭蓋，「是神與大自然所授於它的手段」。

殖民制度像溫室般地使貿易與航海業成熟。「壟斷公司」（路德語）是資本集中強而有力的槓桿。殖民地對於當時在萌發中的製造業確保市場，更依市場的壟斷，增強積累。在歐洲外部藉由露骨的劫掠、奴隸化、殺戮所擄獲的財寶，都流回母國，在那轉為資本。首先讓殖民制度充分發展的荷蘭，在 1648 年，已達到商業偉業的全盛期。它「對於東印度的貿易、對於歐洲東南部與西北部間的商業，幾乎全部獨占著。它的漁業、海運業、製造業，都凌駕於一切其他國家。荷蘭共和國的總資本，恐怕比歐洲其餘各國合起來的資本都還要大。」但居里希（Güliche）忘記補述的一件事，是在 1648 年，把歐洲其他一切國家的民眾總合起來，還不敵荷蘭民眾那樣工作過度、那樣貧困及那樣遭受凶暴的壓迫。

在今日，工業上的卓越，隱含商業上的優越。在所謂真正的製造業時期，從另一方面來說商業上的優越帶來工業上的優勢。惟其如此，所以當時的殖民制度所扮演的優勢角色。「異神」（der fremd Gott），原來是和歐洲各個舊神，在祭壇上並占一席的；有一天，它在一推一踢間把它們嚇成一團拋棄了。它宣布，人類的唯一歸宿及目的，是剩餘價值的製造（plusmacherei）。

公共信用制度即國債制度，在中世紀時代，已可從熱那亞和威尼斯發現其起源，不過到製造業時代，它才席捲全歐洲。殖民制度伴同海上貿易與商業戰爭，都是育成這種國債制度的加速室。所以這種制度首先在荷蘭立下根基。不管國家是專制的、立憲的，或是共和的，這種國債即國家的讓渡（Verausserung des Staats），總歸會在資本主義時代烙下

它的印記。在所謂國富中,只有一部分,是實際進入近世人民的集體持有中。這一部分,就是他們的國債[59]。必然的結果,就導來一國負債愈多乃愈富的近世教條。公共信用成為資本的信條。隨著國債的生成,代替冒瀆聖靈成不可饒恕的,是對國債的信心不足。

公債為原始積累之最強而有力的槓桿之一。它像魔術士揮動魔杖,使不孕的貨幣有生殖力並把它轉為資本。因此,產業投資甚或高利貸所不可免的困難與風險,貨幣都不用親自負擔了。國債的債權者,實際並不曾拿出什麼,因為他所貸與的金額,轉為容易流通的公債券了,這種公債券在他的手中,和同額現款有相同的作用。因此,即產生了一個無所事事的養老金領受者(Rentner)階級;因此,在政府與國民間盡媒介機能的金融業者,獲得了速成的財富;因此,賦稅包徵人、商人、私人製造業者,將以國債的一大部分,當作從天而降的資本來利用。但除開這些,國債還興起了股份公司,一切有價證券的轉讓,公債券的投機買賣(die Agiotage),簡而言之,即股票交易投機與近世的銀行支配(Moderne Bankokratic)。

以國家名目為裝飾的大銀行,在出生之始,即不外是一個私人投機者的協會,它站在政府方面,藉著政府給予它的特權,而取得以貨幣墊與政府的地位。所以,這些銀行股票的連續上漲,乃是國債積累的最確實測量。這些銀行的充分地發展,乃1694年英格蘭銀行設立以後的事。英格蘭銀行開始營業的第一筆生意,是以8%的利息,貸款給政府;同時更由國會授權從同筆資本鑄造貨幣的權能,即以銀行券的方式,再把它貸給大眾。它並得利用這些銀行券,作匯票的貼現、商品的墊款、購買貴金屬。不久,該銀行自身所製造的信用貨幣(Kreditgeld),又成為該銀行貸款給國家的鑄幣及算作國家支付公債

---

[59] 威廉・科貝特說:英國一切公共的機關,都稱為「皇家的」,但公家的債務,卻被稱為「國民的」。

利息的鑄幣。但用一隻手拿出去，一隻手拿更多的進來，那在英格蘭銀行是還嫌不夠的。它雖拿了更多的進來，但依然是它墊付出去的每一個銅板的國家的永久債權者。它逐漸變成了英國金屬貯藏的容器，及成為一切商業信用的重力中心。英國就在禁止焚殺魔女那時候，頒布僞造銀行券者絞殺無赦的命令。至於銀行財閥、金融業者、養老金領受者、經紀人、股票經紀商這一干人等的突然勃興，對於當時人曾產生怎樣的影響，此可由當時的各種文獻，例如波林格布洛克（Bolingbroke）的論著而知[60]。

　　國債的發生，國際信用制度也興起。那種信用制度，往往隱藏著這國或那國人民的原始積累的一個泉源。如像威尼斯偷竊制度諸種惡行，就形成荷蘭資本財富（Kapital reichtums）的祕密基礎之一；因爲威尼斯在其頹廢期，曾對荷蘭貸與巨額的貨幣。英國對荷蘭的關係也是如此。在十八世紀初葉，荷蘭製造業已落在人家後面好遠了，它已不再是一個優越的工商業國家。因此，自 1701 至 1776 年，荷蘭的主要業務之一，就是以龐大的資本貸與他國，特別是貸與英國，它的有力的競爭者。在今日，英國與美國之間，也可發現同樣的關係。今日在美國發現的許多身世不明的資本，昨天還是作爲資本化的兒童之血，存在於英國的。

　　公共收入，必須夠逐年支付公債的利息等等。國債既以公共收入爲支柱，於是近世的賦稅制度，就成爲借款制度的必要的補充了。政府靠借款來應付額外開銷，納稅者是無法直接感知到的，但其結果仍非由增稅來彌補不可。在另一方面，由債務積累所引起的增稅事實，又使政府產生新的臨時開支，因而不斷一再舉債。因此，以對最必要維生資料課稅（維生資料的價格，當然因以騰貴）爲運轉樞紐的近世財政制度，

---

[60]「如果韃靼人竟充滿今日的歐洲，那麼要使他們理解歐洲的金融業者是怎麼一回事，一定會頗感困難。」（孟德斯鳩《法之精神》，倫敦，1767 年，第 IV 卷，第 33 頁。）

就在其自身內部,包含自動進行的胎胚了。賦稅過重已不是一個偶發事件,而是一個原則了。所以,在開始採行這種制度的荷蘭,就有大愛國者韋特(de Witt)在他的「箴言」中,把這種制度讚美為促使工資勞動者恭順、節儉、勤勉,同時並使其過勞的最優制度。可是在這裡,我們視為更重要的,與其說是這種制度對工資勞動者狀態的破壞性影響,不如說是這點:即這種制度曾使自耕農、工匠,以及簡單說一切低階中產階級分子,受到強制的徵收。關於後者,就在有產階級經濟學者之間,也沒有兩種相異的見解。其徵收效力,又由構成這種賦稅制度的必要因素之一的保護制度,進一步加強了。

公債及與公債相應的財政制度,在財富之資本化及民眾的徵收上,扮演了重大的角色,因此,如像威廉·科貝特(Cobbett)、達布林德(Doubleday)等作者,都誤以為近世民眾窮困的根本原因是在這裡。

保護制度不外是一種人為的手段,藉這種手段,製造業者被製造出來了、獨立勞動者被剝奪了、國民的生產資料及維生資料被資本化了、由中世紀生產方式向近世生產方式的過渡,被強制地縮短了。歐洲各國都為要攫得這項發明的專利權,而彼此撕破臉。它們一旦變為剩餘價值製造者的僕役,就不單為這種目的,間接以保護稅、直接以輸出補助金掠奪其國民,並進而強制傾覆其屬地的一切產業,例如英格蘭強制傾覆愛爾蘭的羊毛製造業。在歐洲大陸,這種過程,因仿照科爾伯特(Colbert)的先例,而大大簡單化了。它們的原始工業資本,一部分就由國庫直接提供。米拉波喊道:「我們在探索七年戰爭以前撒克遜製造業繁榮的原因時,為什麼要追溯至這樣遠呢?為那1億8千萬的國債呀![61]」

殖民制度、公債、重稅、保護制度、商業戰爭等等都是真正的製造業時代的兒童,這些兒童,在現代工業的幼年期間,都有巨大的成長。

---

[61] 米拉波《普魯士王國》,第Ⅳ卷,第101頁。

現代工業的誕生，是以大規模的屠殺無辜者來預告的。英國的工廠，與英國的海軍一樣，是由強募手段召集新人。埃德亞爵士（Sir. F. M. Edea）看見十五世紀七〇年代到他那時代（十八世紀末葉）對農業人口土地徵用的可怕，已是麻木；對於建設資本主義農業和「耕地牧場正當比率」視為「基本」的這個過程，他也以自負的情緒來表示歡祝，可是，對於製造業剝削轉為工廠剝削，在資本與勞動力之間，樹立「適合關係」所必要的兒童的騙取與奴隸化，他卻不曾表示同樣的經濟上的洞見。他說：「在小屋和工作場所，到處搜尋貧困兒童；使他們在夜間大部分時間內輪班工作，任意掠奪青年人比任何人都更感到必要的休息；並使各種年齡及各種嗜好的多數男女，密集在窄狹地方，以助長放蕩與縱慾的蔓延──所有這些，是否是製造業成功運轉的必要條件、是否能增進個人的或全國的福祉，那或許是值得大家認真考慮的問題[62]。」菲爾登（Fielden）說：「在德比郡、在諾丁罕，特別是在蘭開夏，沿著有水可以運轉水車的河流，已設有大工廠，採用新發明的機械。在這些與市鎮遠隔的地方，突然需要幾千職工需要。蘭開夏原是一個人口比較稀薄及土地貧瘠的地區，故其對於人口的要求尤為迫切。而它最供不應求的，是兒童的纖小而敏捷的手指。因此，突然興起一種從倫敦、伯明罕及各處教區貧民收容所收取『學徒』的風氣，由 7 歲到 13、14 歲的幾千無所依靠的兒童，被送往北方。依照習慣，主人（即兒童的盜掠者）須給學徒衣食，使其住宿在工廠附近的『學徒小屋』中。監督人被指派監視學徒的勞動，但因監督人的工資，與他們所能剝削的工作量成比例，所以他們都使學徒勞動達至極限。因此，殘虐就成了必然的結果。……在許多工廠區域，特別在我所居住的罪惡蘭開夏，無辜無依的兒童，都任由製造廠主進行令人心碎的殘酷虐待。過度勞動使他們苦到

---

62 艾登《貧民的狀態，英國勞動階級史》，第 II 篇，第 1 章，第 420、421、422 頁。

奄奄一息。……他們在極精巧細緻的虐待中，遭受鞭打、上梏與折磨。以鞭打逼兒童勞動，有許多兒童餓到骨瘦如柴。……甚至還有迫而自殺的例子。……德比郡、諾丁罕、蘭開夏的幽美而浪漫的溪谷已遠離大眾的眼中，成為折磨人及虐殺人的陰森靜寂的地方了。製造業者的利潤是極優厚的。但這種利潤，適足以刺激其貪欲，使他們訴於一種隨機處置，冀望由此可以無限制地確保這種利潤。他們開始實行所謂『夜班』（Nachtarbeit）。就是在一組勞動者整個白晝工作後，再繼以別組勞動者徹夜工作。如此一來，日工在夜工離去時鑽進被窩裡，夜工在日工離去時鑽進被窩裡，床板永遠沒有冷的時候，那是蘭開夏共同的傳統[63]。」

在製造業時代，隨著資本主義生產的發展，歐洲的輿論，也喪失了它最後的廉恥心與良心。歐洲諸國都把一切可為資本積累手段的劣行，嘲笑似的引以為傲。試讀亞當・安德森（Adam Anderson）這位紳士的

---

[63] 約翰・菲爾登（John Fielden）《工廠制度的詛咒》第5、6頁。關於早期工廠制度的醜行，可參照前揭艾金著《曼徹斯特周圍三、四十英里地方的敘述》，第219頁及吉斯本（Gisborne）著《人類義務的研究》（1795年，第Ⅱ卷）。蒸汽機的採用，使一向位在農村瀑布旁邊的工廠，移轉到都市中心了。結果，「節欲的」剩餘價值製造者們，早已用不著向貧民收容所要求強制的奴隸供給，他們隨時可以找到兒童材料了。——當羅伯特・皮爾（法螺大臣皮爾之父）在1815年提出兒童保護案時，法蘭西斯・霍納（Francis Horner——他是生育委員會的特出人物，是李嘉圖的密友）曾在下議院聲言：「大家都知道，有一位破產者，竟把一隊（如果不妨這樣說）兒童，連同他的有價客體一同拍賣，他還把前者公然當作一部分財產，登在廣告上面。兩年前，曾有一件極可恥的事，提到英國高等法院刑事庭來，也就是倫敦某教區送交某製造廠主充當學徒的兒童，後來有多數移轉到別的製造廠主那裡去了；照若干慈善家所發現的，此等兒童都陷於瀕臨餓死的狀態中。此外，我，議會的一個委員，還知道一件更可怕的事，即在不多年以前，倫敦教區與蘭開夏製造者間，締結了一種兒童買賣契約，其中預定每購買20個健全兒童，應購買一個白痴。」

天真的《商業年鑑》吧。在那《年鑑》中，這位紳士對於以下的事實，竟大吹大擂地說是英國政治手腕的勝利。事實是：奴隸的貿易，原來只行於非洲和英領西印度之間，後來英國依烏得勒支媾和談判，與西班牙人成立《英西條約》，始從西班牙人，強奪一種在非洲和西領美洲之間經營奴隸貿易的特權。英國因此至 1743 年為止，每年有權供給西領美洲 4,800 個黑人。同時，這又成為英國走私貿易的官方掩護。利物浦市就是以奴隸貿易而繁榮的。奴隸貿易就是它的原始積累方法。即使在今日，利物浦的「體面」，還存在讚揚奴隸貿易的抒情詩人身上。那種貿易——參照已經引述過的艾金（1795 年）的著述——「和同市商業所特具且急速達到現在這種繁榮狀態的冒險精神相一致，那曾對於航海業與海員，給予莫大的工作機會，且大大增進了英國製品的需求。」利物浦使用在奴隸貿易上的船舶，1730 年為 15 艘，1751 年為 53 艘，1760 年為 74 艘，1770 年為 96 艘，1792 年為 132 艘。

在英國使兒童奴隸制度見諸實施的棉工業，又在美國，成為一個刺激，使從前多少帶有家長制性質的奴隸制度，轉為商業的剝削制度。歐洲工資勞動者的隱蔽的奴隸制度，實際上需以新世界的純粹及簡單奴隸制度為基礎[64]。

要建立資本主義生產方式的「永恆的大自然法則」；要完成勞動者與勞動條件的分離過程；要在一極，使社會的生產資料及維生資料轉為資本，在另一極，使民眾轉為工資勞動者，轉為「自由的勞動貧民」（近世社會的人為產物）[65]，規模是如此龐大。奧琪爾說，貨幣「出現世

---

[64] 在 1790 年，自由反對奴役的比例，在英領西印度為 1：10；在法領西印度為 1：14；在荷領西印度為 1：23。〔亨利・布魯安（Henry Bourgham）《歐洲列強的殖民政策研究》，愛丁堡，1803 年，第 II 卷，第 74 頁。〕

[65] 工資勞動者階級一惹人注意，「勞動貧民」（labouring poor）一語，就立即出現在英國法律中了。「勞動貧民」一方面是與「遊手好閒貧民」（即乞丐等）相對立；另一方面，是與尚未受他人剝削而自擁有勞動工具

上，會在臉頰的一邊，帶有先天的血斑[66]」，資本出現在世上，是從頭到腳，每個毛孔都滴著血和汙物[67]。

的勞動者相對立。這個用語，後來在法律上移轉到經濟學上了。由克佩伯（Culpeper）、蔡爾德（Child）等等，下至亞當・史密斯、艾登的著作中，都可見到。我們且依照這種事實，評一評「可詛咒的政治用語販賣者」柏克（Edmund Burke）的善意吧！他把「勞動貧民」一語，解作是「可詛咒的政治上的語詞」。這位阿諛者，當他為英國的寡頭政府所雇用時，對於法蘭西的革命扮演著浪漫主義者的角色；在美洲動亂初期，當他為北美殖民地所雇用時，他對於英國寡頭政府，卻是扮演著自由主義者的角色。他徹頭徹尾是平庸的資產階級。「商業的法則，是自然的法則，從而，是神的法則。」（柏克《貧乏論》，第31、32頁。）惟其他忠於神的法則，忠於自然的法則，所以無怪他常常會在最有利的市場上拍賣自己。塔克（Tucker）雖是一個牧師，屬於王黨，但在其他各點上，卻是一位端正的人物，一位有學力的經濟學者；他在他的論著中，曾對自由主義者時代的柏克，有一個絕好的特徵的描寫。在今日流行一種可恥的變節。它極虔誠的信仰「商業的法則」。惟其如此，所以再三把柏克估價，成了我們的義務；這樣的柏克，不過在才能一點上，和他們的後繼者有別啊！

[66] 馬利・奧琪爾（Marie Angier）《公共信用論》，巴黎，1842年刊。

[67] 「《評論季刊》，曾說資本在逃避混亂與紛擾，它的性質是膽怯的。他這話雖然極其真確，但沒有概括全面的真理。以前曾有人說自然懼怕真空；正像這樣，資本原是懼怕沒有利潤或利潤極微的所在。一有適當的利潤，資本就會膽大起來；如確有10%的利潤，資本就會在任何地方使用；有20%的利潤，它將活潑起來；有50%的利潤，它就積極大膽了；利潤達到100%，人間所定的一切法律都將被它踢開了；利潤達到300%，資本就會不顧任何的犯罪，資本擁有者甚至不惜冒絞首的風險了。走私與奴隸貿易，為我們充分證明了這裡所說的一切。」〔鄧寧（T.J. Dunning）《工會與罷工》，倫敦，1860年，第36頁。〕

Ⅷ　資本主義積累的歷史性傾向

資本的原始積累，換言之，資本的歷史起源，究竟是什麼呢？在不是由奴隸和農奴直接轉爲工資勞動者的限度內，換言之，在不僅僅有形態變化的限度內，那等於是對直接生產者的剝奪，即等於是以生產者自己勞動爲基礎的私有財產的解體。

作爲社會集體財產的對立體，私有財產僅存在於勞動設備及外部勞動條件屬於私人的地方。不過，這種私人，有勞動者與非勞動者的不同；因此，私有財產也有彼此不同的特性。私有財產在乍看之下，雖呈現無數濃淡不等的色調，但這種色調所對應的，不過是這兩極間的各種中間狀態。

勞動者私有的生產資料，那是小產業的基礎，無論其是農業或製造業。此小產業，在社會生產和勞動者自身的自由個性的發展上，爲必要條件。這種小生產方式，雖也存在於奴隸制度、農奴制度及其他依賴狀態之內，但其全面的展開、其全部能量的奔放、其適當古典的形態的採用，卻限於在勞動者運用其私有勞動設備的地方。就農民來說，是擁有他自己耕作的土地；就工匠來說，是擁有他自己以專門技術者資格處理的工具。

這種生產方式，是以土地的分開及其他生產資料的分散爲前提。此等生產資料的集中，乃至合作，乃至同一生產過程內部的分工、社會對大自然力的生產性支配及統制，以及社會生產力之自由的發展，均爲這種生產方式所不能有。這種生產方式，與生產及社會制度之狹隘及多多少少原始的界限一致。要使這種生產方式永存，用貝魁爾（Pecqueur）的適當說法，等於「令行普遍的凡庸」。這種生產方式一發展到一定的程度，就會帶來解體它自身的物質媒介。在這瞬間以後，社會的內部將開始萌發各種新力量和新熱情，並感到那種生產方式被舊社會組織束縛及拖累。它不得不被破壞，並且被破壞了。這種破壞，便是個人化及分散的生產資料，轉爲社會的集中性生產資料；便是多數人零碎的財產，

轉為少數人大量的財產，也即是民眾的土地、民眾的維生資料，和民眾的勞動工具被徵用。這種對廣大民眾可怕及痛苦的徵用，就形成資本史的前奏曲。這種徵用，包含一系列強力的方法。我們所回顧過的，只是資本原始積累上有劃時期意義的方法罷了。對直接生產者的剝奪，是以極無情的蠻橫作風，在最無恥、最惡意、最卑劣最卑鄙可恨的欲念衝動下完成的。自力獲得的私有財產，是以孤立、獨立勞動個人與其勞動條件之融合為基礎，但這種私有財產，為資本主義的私有財產所取代了，而資本主義的私有財產，則以他人的在形式上自由的勞動之剝削為基礎[68]。

當這種轉變過程都足以澈底分解舊社會時；當勞動者轉為無產者，其勞動條件轉為資本時；當資本主義生產方式自立時，勞動的進一步的社會化，土地及其他生產資料進一步轉為社會利用的，從而是共同的生產資料時；對私人有產者的進一步的剝奪，就要採取一種新的形態。這時被剝奪的，不再是為自己工作的勞動者，而是剝削許多勞動者的資本家。

這種剝奪，是由資本主義生產的內在法則的作用，即由資本的集權來完成的。一個資本家往往使許多資本家倒斃。伴隨著這種集權現象（許多資本家被少數資本家所剝奪），勞動過程的合作形態，將日益擴展為大規模；科學有意的技術性應用、土地有規律的耕作、勞動工具將更轉為僅能共同利用的勞動工具；一切生產資料，作為結合的社會化勞動之生產資料使用，將更加經濟；一切民眾都捲入世界市場網絡上；由這許多事實，資本主義統治的國際特性將發展。在轉變過程中橫奪和壟斷一切利益的資本大亨數目，不斷減少，同時窮乏、壓迫、隸屬、頹墮、剝削等等之量，則日益成長。但同時，為資本主義生產過程自身機制所訓練、所統合、所組織，而人數不斷增加的勞動者階級的反抗，也

---

[68]「我們是生存在一種完全新的社會情形之下。……我們在努力把各種所有權和各種勞動分離。」（西斯蒙第《新經濟學原理》，第II卷，第434頁。）

增長了。資本的壟斷，成了伴隨此壟斷，並在此壟斷下繁榮起來的生產方式的枷鎖。生產資料的集權和勞動的社會化，一達到與資本主義外殼不相容之點，這種外殼就要分崩離析。資本主義私有財產制的喪鐘，就響起來了。剝奪者被剝奪了。

由資本主義生產方式生出的資本主義侵吞方法，即資本主義私有財產制，是有產者以自身勞動為基礎的個人私有制的第一否定。但資本主義生產，又以一種大自然法則的不寬容性，造出它自身的否定。這是否定之否定。這種否定，並不是重建生產者的私有財產制，但將以資本主義時代所取得的為基礎，即以合作及土地與生產資料（由勞動所生產的生產資料）的共有為基礎，建立一種個人的所有財產制（individuelle Eigentum）。

以個人自己勞動為基礎的分散性私有財產制，轉為資本主義的私有財產制，是一種轉化。以事實上已以社會化生產為基礎的資本主義私有財產制，轉為社會化所有制，又是一種轉化。與後一種轉化比較起來，前一種轉化自然是更為持久、更為激烈、更為困難的過程。因為在前一情況，是少數霸占者對於群眾的剝奪；在後一情況，是群眾對於少數霸占者的剝奪[69]。

---

[69]「產業的進步——它的無意志的、無抵抗的載體，是資產階級——以勞動者由合作形成的革命的結合，代替他們由競爭引起的隔離的孤立。所以，隨著現代工業的發展，資產階級生產和占有生產物的基礎，就從資產階級腳下，被奪去了；也就是說，資產階級先生產了它自身的掘墓人。它的沒落與無產階級的勝利都是無可避免的。……在今日與資產階級對立的各種階級中，只有無產階級是真正革命的階級。其他各階級則隨現代工業出現而衰頹消滅。無產階級是現代工業特有的特徵的產物。……像小產業經營者、小商人、手工業者、小農民等等中層階級，都為要保障他們的中層階級的存在，才與資產階級抗爭。……他們力圖倒轉歷史的車輪，所以是反動的。」（馬克思與恩格斯合著《共產黨宣言》，倫敦，1848 年，第 9、11 頁。）

第二十五章

近世殖民學說

政治經濟在原則上,把極其相異的兩種私有財產制混為一談了。那兩種私有財產制之一,是以生產者自己的勞動為基礎;另一種則是以雇用他人的勞動為基礎。它忘記了,後者不單與前者正好相反,並且絕對僅在前者的墳墓上成長。

西歐是經濟學的故鄉,在那裡,原始積累的過程已多少完成了。在那裡資本主義體制已直接征服了國民生產的整個範疇,或在經濟條件尚未發展的地方,至少,那些屬於陳舊生產方式(那雖與資本主義生產方式並存,但卻逐漸走向衰微)的社會階層,也間接受其支配。經濟學者愈加熱心及愈加巧言地,要應用那沿襲資本主義前期世界的法律觀念及財產觀念於已完成的資本世界,其意識型態,是愈加為事實所反對。

在殖民地則不是如此[1]。在那裡,資本主義體制到處都會碰到生產者的抵抗。那裡的生產者,以自己的勞動條件的擁有者的資格,運用自己的勞動使自己致富,而非使資本家致富。這背道而馳的兩種經濟制度的矛盾,在那裡,實際顯現為兩者間的抗爭。資本家在他有母國強權為後盾的地方,企圖以武力掃除那以生產者獨立勞動為基礎的生產方式及占有方法。同一利害關係,在母國,迫使資本的阿諛者即經濟學者,在理論上認為資本主義生產方式與其反對物一致;在殖民地,同一利害關係又迫使他「坦白」並大聲宣稱這兩種生產方式的對立。為了這個目的,他證明:不對勞動者行使剝奪及不把他們的生產資料相應轉為資本,則社會勞動生產力的發展、合作、分工以及機械的大規模使用等等,皆不可能。為了所謂國富的利益,他尋找確保國民貧困的人為手段。在這情況,他的辯解甲胄,就像腐爛的火絨一樣,碎成一片片了。

威克菲爾德(E. G. Wakefield)關於殖民地雖沒有什麼新的發現[2],

---

[1] 這裡所論及的,是真正的殖民地、是自由殖民者所拓殖的處女地。從經濟上來說,美國仍然不過是歐洲的殖民地。但情形已由奴隸制度廢止而完全改變的舊殖民地,也包括在內。

[2] 威克菲爾德關於殖民地本質的幾許明見,早就由重農學者米拉波,甚至在更

但曾在殖民地，發現關於母國資本主義的生產條件的眞理。這是他的偉大功績。正如同保護制度原本[3]是想在母國人爲造出資本家一樣，威克菲爾德的殖民學說，英國曾有一個時候想用國會立法來強制執行的殖民學說，卻是企圖在殖民地造出工資勞動者。他稱此爲「系統性殖民」（Systematic colonization）。

威克菲爾德首先在殖民地發現了以下的事實，即一個人儘管擁有貨幣、維生資料、機械以及其他生產資料，如果他缺乏這相關的工資勞動者（即被迫而自願出賣自身的他人），他就不能成爲資本家。他發現了資本並不是一個客體，那是以物爲助力而建立的一種人際社會關係[4]。他對皮爾先生（Mr. Peer）以值5萬鎊的維生資料與生產資料，由英國攜往澳洲西部斯萬河的事，表示悲嘆。皮爾先生除此之外，還深謀遠慮地帶去了勞動階級的成年男女及兒童3,000人。可是，一到達目的地，「皮爾先生就找不到一個爲他安置床鋪，往河邊取水的僕人[5]」。不幸的皮爾先生！什麼都準備好了，但只忘記把英國的生產方式帶到斯萬河去。

在理解威克菲爾德以下的發現以前，且先述及兩件事。我們知道：生產資料與維生資料，在它仍爲直接生產者所持有的限度內，不是資本。在它成爲剝削勞動者的手段，同時並成爲支配勞動者手段的條件

早以前已由英國經濟學者們提過了。

[3] 到後來，保護制度成了國際競爭戰上一種暫時必要的手段。但採行保護制度的理由不論如何，其結果終歸一樣。

[4] 「一個黑人就是一個黑人，在一定情形之下他總成爲奴隸。一架紡棉機就是紡織棉紗的機械，在一定情形之下它總成爲資本。離開這種情形，它就不成資本，正如黃金本身不是貨幣，砂糖不是砂糖的價格一樣。……資本是一種社會的生產關係。它是一種歷史的生產關係。」（馬克思〈雇傭勞動與資本〉，1849年4月7日，《新萊茵報》，第266號。）

[5] 威克菲爾德《英國與美國》，第II卷，第33頁。

下，它才成爲資本。不過在經濟學者的腦海中，生產資料及維生資料的這種資本主義的靈魂，與此等物的物質的實體，有如此密切的連繫；致不管此等物在何種情形下，甚至在與資本正相反的情況，他們也名之爲資本。在威克菲爾德也是如此。其次，威克菲爾德對於生產資料分歸許多爲自己使用的獨立勞動者的個人財產這件事，稱之爲資本的均分（gleiche Teilung des Kapitals）。經濟學者的作法，正和封建的法學者一樣，後者對於純粹的貨幣關係，曾給它貼上封建法律的標籤。

威克菲爾德說：「假如社會一切成員都擁有等量的資本……任誰也沒有動機，要積累多於其親手所能使用的資本。在美洲的新殖民地，某種程度就是如此。擁有土地的熱望，在那裡妨礙著待雇工資勞動者階級的存在[6]。」在勞動者擁有其生產資料的限度內，他能爲自身積累；只要他能爲自身積累，則資本主義的積累和生產方式，就不可能；這種積累和生產方式所不可缺少的工資勞動者階級正缺乏。然而在舊時的歐洲，從勞動者徵用其勞動條件，是如何進行的呢？資本與工資勞動，是如何並存的呢？照威克菲爾德說，那是靠一種極爲原始的社會契約。「人類……曾經採行一種促進資本積累的單純設計。」這種設計，自然是從亞當時代以來，就被當作人類生存之唯一和終局目的，浮在人類想像中。即「人類已經把他們自己區分爲資本擁有者與勞動擁有者。……而這種區分，是協調與結合的結果[7]。」一言以蔽之，即大多數人爲了「資本的積累」的名譽，曾對自身行使剝奪。因此，一個人就不妨假定：這種克己本能的狂熱，可特別在殖民地傾全力發揮。因爲能夠使一種社會契約由夢境轉爲現實的人類與條件，唯有在殖民地存在著。然而，爲什麼又要提倡「系統性殖民」來取代自發無規範的殖民呢？可是，可是：「在美國聯邦北部諸州，屬於雇用勞動者那一類的人口，恐怕

---

[6] 前書第 I 卷，第 17、18 頁。

[7] 前書第 18 頁。

還沒有達到總人口的 1/10。……而在英國……其人口的大部分，都是勞動階級[8]。」為資本的榮耀而施行自我剝奪（Selbsexpropriationstrieb）的衝動，事實上，在勞動人類方面，是如此少的。致在威克菲爾德自己看來，奴隸制度是殖民地財富之唯一的自然的基礎。他的系統性殖民，不過是最壞的情況，因為他不幸要處理的，是自由民而非奴隸。「最初殖民於聖多明哥的西班牙人，並沒有從西班牙獲得勞動者。但是，沒有勞動者（即沒有奴隸制度），他們的資本是定會消失的。或至少，定會縮減到各個人所能親手使用的少額。實際上，由英國人建立的最後殖民地──斯萬河殖民地──就實際發生這種現象。在這殖民地上，包括種子、器具、牲畜等等的巨額資本，因為缺乏勞動者來使用而消失了；任何殖民者，都只保留恰夠自己能親手使用的資本[9]。」

我們已經知道，對民眾土地的徵用，構成了資本主義生產方式的基礎。相反的自由殖民地的本質，卻包含以下的事實，即土地的大部分，屬於公共財產，從而每個殖民者，都可以把那種土地的一部分，轉為其私有的財產、及轉為個人的生產資料，而仍無害於後來的殖民者作同樣的操作[10]。這種事實，正是殖民地的繁榮與根深蒂固的惡習──反對建立資本──的祕密。「在土地價格極低廉，一切人皆得自由的地方，在任何人想獲得土地，即可輕易獲得土地的地方，勞動極貴（就勞動者在生產物中所占的份額而言）固不必說；而且，以任何的代價，都還難以獲得被結合的勞動[11]。」

因為勞動者從勞動條件分離及從其根（即土地）分離的事實，在殖民地還不曾存在；或只零星存在，或只以非常局限的規模存在，故其

---

[8] 前書第 42、43、44 頁。

[9] 前書第 II 卷，第 5 頁。

[10]「土地，要成為殖民的一個要素，不僅須是未耕荒地，並須是可以轉為私有的公有地。」（前書第 II 卷，第 125 頁。）

[11] 前書第 I 卷，第 247 頁。

農業與工業也還不曾分離,其農民家庭工業也還不曾破壞。然而在這種殖民地中,資本的國內市場,究竟從何而來呢?「除了奴隸與在特殊工種上結合資本和勞動的雇主以外,在美洲,沒有專門從事農業的人口存在。從事土地耕作的自由的美洲人,同時還從事其他許多職業。他們所使用的家具與工具,照例有一部分是由他們自己製造。他往往還建築自己所住的房屋。不論距離的遠近,他們都要把自己所製造的生產物搬往市場。他們是紡織者,同時又是織布者。他們製造肥皂和蠟燭,在大部分的情況,還製作自己所穿的皮鞋與衣服。在美洲,耕作土地,往往是鐵匠、碾米匠,或零售商人的副業[12]。」然而在如此怪異的民眾中,資本家的「節欲的場地」,究竟在何處呢?

資本主義生產的大優點在此:它不但把工資勞動者當作工資勞動者而不斷再生產,並且比例於資本的積累,常常生產出工資勞動者的相對的過剩人口。惟其如此,勞動的供給需求法則,得以維持在正常軌道;工資的波動,得拘束在利於資本主義剝削的界限之內;最後,資本家視為不可或缺的條件(即勞動者對資本家的社會的依賴),也得由此確保。那種依賴,雖是一種無誤解之虞的依賴關係,但母國的經濟學者,卻沾沾自喜地把它扭曲為購買者與販賣者間的自由契約關係、為平等獨立的商品擁有者(即資本商品擁有者與勞動商品擁有者)間的自由契約關係。但這種美麗的妄想,一到殖民地就粉碎了。在那裡,因為許多勞動者都以成人資格來到這個世界,故與母國比較起來,其絕對人口的增殖,是更為急速的。但勞動市場,卻常感到供給不足。勞動供需法則陷入崩壞了。在一方面,渴望剝削與「節欲」的資本,不斷由舊世界投入;在另一方面,把工資勞動者當作工資勞動者來規則地再生產,卻遇到了極魯莽的、且在某種限度上難以克服的障礙。怎樣可以比資本積累,生產出過剩工資勞動者呢?今日的工資勞動者,到明天會成為給自

---

[12] 前書第 I 卷,第 21、22 頁。

己工作的獨立自耕農或工匠。他從勞動市場消失了，但卻不是進到貧民收容所。工資勞動者持續轉為獨立生產者，他不為資本工作，而為他自身工作；他不為資本家紳士階級致富，而為他自身致富。這種不斷的轉化，對勞動市場狀態發生了極有害的反作用。工資勞動者的剝削程度，固然是低微得不像樣，工資勞動者在契約上對於節欲的資本家，也失其依賴關係，並連帶失去其依賴感。我們這位威克菲爾德爵士，以那麼勇猛、那麼雄辯、那麼傷感所描述的一切為難之處，就是由此來的。

他為工資勞動供給的不持續、不規則、不充足，而感到不平。他說：「工資勞動的供給，不但常常過少，且極不確定[13]。」「資本家與勞動者之間所分配的生產物，雖然頗大，但勞動者所受得的份額，是如此之大，致他們頃刻間便成為資本家。……然而即使再長壽的人，也很少能積累巨額財富的[14]。」資本家即使要節制著對勞動者大部分勞動的支付，勞動者也是斷不允許的。即使資本家非常狡滑，當他由歐洲輸入資本時，連帶由歐洲輸入工資勞動者，也無濟於事。此等勞動者，轉瞬「就不是受雇的勞動者了。他們……即使不在勞動市場成為舊雇主的競爭者，也會成為獨立的土地擁有者[15]。」這是多麼可怕的事啊！優秀的資本家，竟支付他貴重的貨幣，由歐洲一起運來自己的競爭者！一切都行不通了。無怪威克菲爾德惋惜殖民地的工資勞動者缺少依賴關係、缺少依賴感。他的門人麥利維爾（Merivale）說，因為殖民地的工資高昂，故那裡「對於較低廉與較順從的勞動者──即不向資本家提條件，而由資本家提條件的階級有一種急迫的要求。……在舊文明國度，勞動者雖然自由，但卻是依大自然法則依賴資本家；在殖民地，則必須以人為手段造出這種依賴[16]。」然而照威克菲爾德的見地看來，殖民地這種

---

[13] 前書第II卷，第116頁。

[14] 前書第I卷，第131頁。

[15] 前書第II卷，第5頁。

[16] 麥利維爾《殖民及殖民地講座》，第II卷，第235至314頁及其他各處。莫

不合宜狀態的結果，究竟是怎樣呢？那不外是使生產者與國家財富「分散的野蠻化傾向」[17]。使生產資料散落在無數為自己工作的擁有者手中，資本的集權固不可能，勞動結合的一切基礎，也將遭受澈底破壞。凡需要投下固定資本，必須經歷多年的有永續性的企業，都會在運行上遭遇障礙。在歐洲，資本家對於這種企業的投資，是絲毫不會躊躇的，因為對於資本，勞動者階級常是過多的，且常是可供其處置的活的附屬物！在殖民地卻是多麼不同啊？威克菲爾德會告訴我們一件極可悲的奇談。在加拿大和紐約州，移民之潮是常常停滯的，但卻因此使「過剩」的勞動者，淤積起來。他曾與那裡的若干資本家談過話，這傳奇劇中的一個人物就嘆息說：「我們的資本，準備從事種種操作，都需要長時間才能

利納里（Molinari）雖然是一位溫和的自由貿易主義者，一位庸俗的經濟學者，但也說：「在奴隸制度已經廢止，而強制勞動尚不曾由等量自由勞動代替的殖民地中，許多的事實，都是與日常反映在我們眼前的事實相反的。那裡單純的勞動者（einfachen arbeiter），竟剝削產業上的企業家。他們所要求的高昂工資，與應歸屬他們的正當的生產物部分，簡直不成比例。殖民者因為不能由所生產的砂糖，得到夠抵償高昂工資的價格，不得已要用他的利潤來填補，往後更不得不用他的資本本身來填補。這一來，許多殖民者破產了，其他殖民者為了避免迫於眉睫的破產，也中止經營了。固然，與其看著人類世系的破滅，不如看著積累資本的破滅（莫利納里先生是多麼寬宏大量啊！）。但兩者都不破滅，不是更好嗎？」（莫利納里《經濟學研究》，第51、52頁。）莫利納里先生啊！莫利納里先生！如果歐洲企業家能縮小勞動者應得的正當的份額，在西印度勞動者也能縮小企業主應得的「正當的份額」，十誡究竟成了什麼呢？摩西和預言者究竟成了什麼呢？供給需求法則究竟成了什麼呢？閣下說，歐洲資本家沒有按日給付「正當的份額」，這所謂正當的份額，又是怎麼一回事呢？在殖民地那裡，勞動者竟「直率」到剝削資本家的程度了；所以在那種殖民地上，莫利納里先生是覺得必須用警察的權力，把這在其他各處會自動發生作用的供需法則，導入正軌的。

[17] 威克菲爾德，前書第II卷，第52頁。

完成，但因我們知道勞動者不久就要離開我們，所以我們不能開始這些操作。假如我們能確實保有移民者的勞動，我們是樂得馬上用高價來雇用的。並且，縱使這種勞動者一定要離開我們，如果我們在有需要的情況，一定能得到新的供給，我們也是願意雇用的[18]。」

威克菲爾德把英國資本主義農業與其「被結合」勞動，和美洲分散的自耕農業，作一華美的比較以後，不期然向我們展示事情的反面。他把美洲的民眾，描寫為富裕而獨立、有企業精神，且比較有教養的人。同時，「英國的農業勞動者，則為悲慘的窮困者，為待救濟的貧民……除了北美洲及若干新殖民地以外，究有何等國家的自由農業勞動者的工資，大大超過勞動者僅有的維生資料呢？……毫無疑問，英國使用在農業上的馬，為貴重財產之一。馬所享有的營養，還遠比農業勞動者為優[19]。」但不要擔憂，國富本質上再度與人民的貧困相一致。

然而殖民地的反資本主義的痼疾，該如何治療呢？假如一切的土地，都一舉而由公有轉為私有財產，毒弊的根源無疑會被破壞，但同時殖民地也被破壞了。所以，其關鍵在求得一舉而兩得的妙策。那就是撇開需求與供給的法則，以政府的權力，對處女地課以人為的價格，使移民者在能掙得足夠貨幣購買土地，並成為獨立農民以前，必須長時間做工資勞動[20]。這樣把土地的販賣價格，定到工資勞動者資力相對難負擔

---

[18] 前書第 191、192 頁。

[19] 前書第 I 卷，第 47、246 頁。

[20] 「那麼照你的主張，一個除手以外一無所有的人之所以能獲得工作、能兼有所得，不外是土地和資本為私人占有的結果了。……但我告訴你，事實是這樣，一個除手以外一無所有的人之所以存在，才是土地為私人占有的結果。……你把一個人推進真空裡面，你就把他應呼吸的空氣奪去了。當你把土地占有時，你就是這樣做的……你把他推進沒有任何財富的真空了，所以他只能聽你的意志來生活了。」（科林斯《經濟學》，第III卷，第 268 至 271 頁及其他各處。）

的程度,並破壞神聖的供需法則,從工資中強抽一筆貨幣額,政府就能由此設立一個貨幣基金,待其增加,即可將歐洲一文不名的人,輸來殖民地,為資本家充實工資勞動市場。在這種情況下,在所有可能的世界中,一切就都恰到好處了。這就是「系統性殖民」的大祕密。威克菲爾德洋洋得意地說:「勞動的供給必須是持續的、規則的。因為第一,無論怎樣的勞動者,在不曾為貨幣而勞動以前,都無法獲有購買土地的資力,因此,所有移民的勞動者都須有一段時間為工資及以結合的形式從事勞動,並由此產出可以使用更多勞動者的資本;第二,不再從事工資勞動而變為土地擁有者的每一位勞動者,將由土地的購買,提供使新勞動輸入殖民地的基金[21]。」由國家所課的土地價格,自然必定是「充分的價格」,也就是那種價格須高到「使勞動者未曾在工資勞動市場上找到替身以前,不能變為獨立土地擁有者[22]」。所以,這種「土地充分的價格」,不外是勞動者對資本家支付的贖金——由工資勞動市場退入土地所須繳納的贖金——之委婉的遁辭。勞動者首先得為其主人即資本家,創造出可以剝削更多勞動者的「資本」;其次,為了舊主人即資本家的利益,他得以自己的費用,使政府從海的彼岸,把「補位者」輸送到勞動市場來。

　　威克菲爾德先生特地為殖民地制定的這種「原始積累」方法,英國已實行多年了,這是極有特徵的一件事。那種方案的失敗,和皮爾(Sir. Robert Peel)銀行條例的失敗,一樣的丟臉。移民潮不過是由英領殖民地轉向美國罷了。在這期間,歐洲資本主義生產的進步及日增的政府壓力,已使威克菲爾德的方案,歸於無用了。在一方面,逐年驅往美洲的巨大而不止的人流,已在美國東部留下停滯的沉澱。自歐洲來的移民潮流,以更快的速度流入東部勞動市場,故雖有移向西部的潮流,也不能

---

[21] 威克菲爾德,前書第II卷,第192頁。

[22] 前書第45頁。

將其洗去。在另一方面，美國南北戰爭的結果，帶來莫大的國債，賦稅的壓力隨之，最劣等的金融貴族興起，龐大的公用土地，被濫贈於鐵道礦山等等的投機公司了，簡言之，資本的集權，以非常的速度進行著。因此，這個大共和國，已經不是移民勞動者的應許之地了。那裡工資的低落與工資勞動者的依賴性，雖和歐洲的水準相比還是差得極遠，但資本主義的生產，也已在那裡大步邁前。至於英國政府以殖民地未耕土地無恥的揮霍贈予貴族及資本家的事實，威克菲爾德自己也是大聲非難的；這種濫贈，加以淘金業所吸引的人流，與英國商品輸入對小工匠引起的競爭，遂特別在澳洲[23]產生了充裕的「相對的過剩勞動者人口」。故每次的郵船，幾乎都帶來「澳洲勞動市場過剩」的凶報。因此，在澳洲若干處，賣淫這件事就和在倫敦的乾草市場一樣放肆地盛行起來了。

不過，殖民地的狀態，不是我們在這裡要關心的。我們所關心的唯一事項，是舊世界的政治經濟學在新世界被發現且高聲宣揚的祕密。資本主義的生產方式與積累方式，及從而資本主義的私有財產制度，必須把以自身勞動取得的私有財產制度破壞，換言之，必須把勞動者土地徵用，並以此為基本條件。

---

[23] 澳洲一在立法上取得自主權，它馬上就為移居者制定了有利的法律。但英國政府所行的土地濫贈政策，卻顯然成了這種法律的障礙。「1862年《新土地法》的第一主要目的，就是要使人民的移民更為容易。」〔公有土地大臣達菲（Hon G. Duffy）《維多利亞土地法》，倫敦，1862年，第3頁。〕

經典名著文庫 183

資本論（第一卷）
Das Kapital, Volume I

叢書策劃	楊榮川
作　　者	卡爾・馬克思（Karl Marx）
譯　　者	郭大力、王亞南
審定兼校譯者	李華夏
編輯主編	侯家嵐
責任編輯	吳瑀芳
特約編輯	張碧娟
封面設計	姚孝慈
著者繪像	莊河源
出版者	五南圖書出版股份有限公司
發行人	楊榮川
總經理	楊士清
總編輯	楊秀麗
地　　址	臺北市大安區 106 和平東路二段 339 號 4 樓
電　　話	02-27055066（代表號）
傳　　真	02-27066100
網　　址	https://www.wunan.com.tw
電子郵件	wunan@wunan.com.tw
劃撥帳號	01068953
戶　　名	五南圖書出版股份有限公司
法律顧問	林勝安律師
出版日期	2025 年 6 月初版一刷
定　　價	950 元

本書為譯者後人王宏先生授權五南圖書出版股份有限公司在臺灣地區出版發行繁體字版本。
版權所有・翻印必究（缺頁或破損請寄回更換）

國家圖書館出版品預行編目(CIP)資料

資本論 / 卡爾・馬克思著；郭大力，王亞南譯. -- 初版 -- 臺北市：五南圖書出版股份有限公司, 2025.06-
　　冊；　公分
　　ISBN 978-626-423-337-8(第 1 卷：平裝)

1.CST: 資本論　2.CST: 馬克思經濟學　3.CST: 資本主義

550.1862　　　　　　　　　　　　　　114004046